KB068836

발간사

지난 2019년 발간된 「산업보안학」 1판이 모두 절판되고 성황리에 개정판을 준비할 수 있게 되어 저자 및 독자 여러분들께 감사드립니다. 다시 개정판을 개정할 수 있게 되어 영광으로 생각합니다.

앞으로도 산업보안 인력양성, 산업보안 학문의 정립, 산업보안관리사 자격이 국가자격으로 발전하는 데 있어 산업보안학이 큰 역할을 다할 수 있기를 바랍니다.

국가안보는 과거와 달리 군사안보 중심에서 경제안보 중심으로 변화하고 있습니다. 제4차 산업혁명시대에는 경제안보 분야가 우선적으로 자국의 이익과 국민안전에 작용하고 있는 실정입니다. 이에 산업보안의 중요성과 산업기술유출방지는 국가경제에 큰 영향 미칠 것으로 사료됩니다.

국가정보원 자료에 따르면 최근 5년간 산업기술유출 및 적발된 사례는 111건에 달하는 것으로 나타났습니다. 적발된 111건에는 국가안보 및 경제에 중대한 영향을 끼치는 '핵심 기술' 유출 사건도 35건이 포함된 것으로 파악되며, 전기전자(41건), 디스플레이(17건), 조선(14건), 자동차(8건), 정보통신(8건), 기계(8건) 등으로 나타났습니다. 또한 111건 가운데 중소기업에서 적발된 사례가 무려 66건에 달하는데 대기업(36건), 대학·연구소(8건), 공공 기관(1건) 순이었습니다. 상대적으로 보안이 취약하고 내부 관리가 허술한 중소기업을 타깃으로 기술 유출 시도가 빈번히 일어나고 있는 것으로 사료되며 피해 규모 추산이 가능한 기술들만 따져봐도 피해 예방액이 21조 원이 넘는 것으로 나타났습니다.

특히 기술유출 범죄가 중소기업 기술유출에 집중되어 있다는 것이 가장 큰 문제라 할 수 있고, 산업기술유출로 인한 피해추정액도 연간 50조 원 이상에 이른다는 통계는 산업기술유출범죄 문제가 개인이나 기업의 피해뿐만 아니라 국가적 문제라는 인식을 가져야 할 문제이며, 기업의 기술개발도 중요하지만 기술유출방지 및 산업보안 인프라의 조성과 산업보안전문인력 양성을 통해 이에 대한 방안이 마련되어야 한다고 판단되는 시기라 할 수 있습니다.

「산업보안학」의 발간을 통해 대기업 · 중견기업 · 중소기업의 대표이사(C.E.O)들이 산업보안에 대한 인식과 기술유출에 대한 관심을 이끌어내고, 산업보안 분야에 대한 과감한 예산 투자와 보안전문가 채용 및 보안인력부서의 신설 및 확대가 이루어질 수 있는 학문적 기반을 마련하고자 학회에서는 교육, 연구, 학술세미나, 정책토론 등 다양한 활동을 이어나가고 있으며, 산업보안의 전반적인 이해와 급변하는 국내외 환경에 대한 종합적이고 체계적인 학문적 기반을 구축하고, 이를 효과적으로 보급, 전달하기 위해 산업보안 현장과 학계 등 다양한 국내 산업보안 분야의 전문가의 회의 및 논의를 거쳐 표준화된 산업보안학의 틀과 새로운 패러다임을 제시하고자 국내 각 분야의 산업보안 전문가의 집필을 요청하였습니다.

산업보안학은 총 11장으로 구성되어 제1장 경제안보와 산업보안, 제2장 산업보안관계법, 제3장 산업보안 자산관리, 제4장 물리적 보안, 제5장 IT보안, 제6장 컴퓨터 탄생과 사이버 해킹의 문제, 제7장 산업보안과 범죄, 제8장 기술유출대응 및 산업보안조사, 제9장 연구보안, 제10장 산업융합보안, 방산보안, 제11장 산업기술보호와 산업보안 정책의 미래으로 구성되어 융 · 복합 학문으로써 산업보안에 대한 다방면의 내용을 포함하고 있습니다.

본서를 통하여 산업보안에 대한 학문적 기반을 다지고, 관련된 직업이 현 정부의 청년일자리창출정책에 맞게 새로운 직업 분야로 거듭날 수 있도록 정책적 근거로써 활용하며, 나아가 전문대학 · 대학교에서도 학과 개설의 증가를 통한 산업보안전문가 양성에 기여할 수 있도록 할 것입니다. 나아가 산업계에서 기술유출조사, 수사, 산업보안 시스템 및 관련 법률 등을 이해하고 융·복합적인 다양한 보안에 대한 위험을 인지하여 기술유출사고를 사전에 예방하고 선제전략과 탐지전략, 대응전략 등으로 보안 사고를 대응할 수 있도록 산업보안전문자격을 검증할 수 있도록 하여 산업보안 분야의 우수한 전문가 양성, 활용, 보급이 이루어지기를 기대합니다.

국가적 노력으로는 기술 탈취를 근절하기 위해서 기술거래 활성화와 개방 및 혁신으로 기술탈취의 취약점과 사각지대에 대한 대안을 국가정보원, 중소벤처기업부, 산업통상자원부, 국방부 등 정부 부처에서 마련해야 할 것이며, 이에 중소기업의 기술보호대책에 대한 예산을 확보하여 보안규칙, 기술보호 및 보안교육 등 기술보호를 위한 생태계 환경을 정부와 중소기업이 상호·협력하여 서로 상생할 수 있는 분위기의 환경을 조성하고, 본 서가 경제안보적 측면에서 산업기술유출방지와 기업범죄에 대한 기본서로서 그 역할을 담당하고, 나아가 국가발전과 경제안보에 기여하도록 앞으로도 노력하겠습니다.

신안보 차원에서의 산업보안학은 융합학의 대표적 학문이며, 독자적인 산업보안학문으로 구축하고자 새롭게 현실에 맞게 각 분야의 전문가분들과 교수님들이 참여하여 심혈을 기울여서 완성하였습니다. 많은 고견을 주신 역대 회장님과 자문을 주신 산업기술보호협회 및 국가정보원 산업기밀보호센터 관계자분들과 박영사 안종만 회장님과 안상준 대표님, 그리고 발간에 힘써 주신 모든 관계자분께도 감사드립니다. 부족하지만 많은 격려와 자문 부탁드립니다.

늘 고맙습니다

2021년 12월
제7대 사단법인 한국산업보안연구학회장
용인대학교 박준석 교수 배상

개정 제2판 서문

쌍용자동차와 SK하이닉스. 「산업기술의 유출방지 및 지원에 관한 법률(약칭 : 산업기술보호법)」을 제정하게 된 주요 출발점이다. 돌이켜 보면 현재의 SK하이닉스에는 사라진 현대전자와 하이닉스 반도체의 피눈물의 역사가 담겨져 있다. 공적자금 회수와 외자유치 논리 등에 맞선 SK하이닉스의 생존기록은 광기 속에서 살아남은 일종의 신화다. 그 신화는 국가정보원과 올바른 일부 공직자들이 있었기에 가능했다. 2004년 당시 산업기술보호법의 제정을 위해 비교법 조사연구의 책임을 맡고 있었다. 쌍용자동차의 기술유출이 문제가 되었던 시기였다. 포스코도 적대적 M&A의 대상이었다. 미국은 국가안보를 이유로 기술보호를 하고 있었지만 일본조차도 법률이 없었다. 당시 산자부와 과기처의 일부 공무원까지 투자유치 등을 명분으로 입법에 반대하고 있었다. 특히 규제대상이 과학자나 연구원들이라는 점에서 교수들조차 참여를 주저하였다.

그런 상황에서 국가정보원 산업기밀센터의 일부 임직원들이 뜻밖의 호소를 했다. '삼성전자가 없는 한국, 포스코가 없는 한국을 생각해 본 적 있는가. 하이닉스 반도체가 매각되지 않게 나서 달라.' 해외매각이 가져올 기술유출의 위험성을 강조했다. 해외매각만이 살길이라고 말할 때 '해외매각은 절대 안 된다'는 그들의 판단과 열정에 감동을 받았다. 하이닉스 반도체 기술이 특정국가로 넘어가게 되면 삼성전자를 따라 잡는 것은 시간문제였다. 해외매각이 한국경제의 새로운 위기를 초래할 수 있다는 사실을 꿰뚫고 있었다. 지혜를 모았다. 그것이 '산업기술보호법'이다. 그 후 중소기술보호법과 방위산업기술보호법도 제정되었다. 궁금하다. 당시 하이닉스 반도체를 2조원에 해외에 매각해야 한다면서 핏대를 올리던 관료와 정치인들은 무엇을 하고 있을까. 2021년도 매출액 40조와 자산 80조 이상을 예상하는 SK하이닉스를 보면서, 어떤 생각을 하고 있을까.

2020년 2월13일부터 시행된 미국의 '외국투자 리스크심사 현대화법'(FIRRMA)은 '중국제조 2025'를 제1차 목표로 하고 있다. 미국의 반격을 보면 중국의 기술성장을 저지하고, 미국의 국익을 지켜야 한다는 절박감이 넘쳐난다. 미국은 무역과 관세를 넘어 직접적인 대중압박 수단을 사용하고 있다. 동시에 미국의 제조업과 첨단기술을 지켜야 한다는 테크노 내셔널리즘을 분출시키고 있다. 미국은 생명공학 · 축전지 · 원자력 등 27개의 산업분야에 대해 외국인의 투자를 강력히 규제하고 있다. 미국은 인공지능 · 로봇 · 양자 정보과학 · 극초음속 병기 등 첨단기술을 군사적으로 이용하기 위한 연구개발을 진행하면서, 미래에 지켜야할 최첨단 기술로 게놈공학 · AI기계학습 · 양자암호 · 양자컴퓨터 · 첨단감시기술 등을 들고 있다.

중국은 2030년에 모든 AI 분야에서 최고를 꿈꾼다. 바이두는 자율운행, 알리바바는 스마트시티, 텐센트는 의료, 아이플라이텍은 음성인식에서 선도기업이 되도록 중국 정부가 육성하고 있다. BATi(Baidu, Alibaba, Tencent, iFLYTEK)로 불리는 이들은 미국의 GAFA(Google, Apple, Facebook, Amazon)와 13개 분야에서 말 그대로 기술전쟁 중이다. 21세기 전쟁의 대상은 이념이 아니라 기술패권이라는 점을 부각시키고 있다. 첨단기술력이 국가안보뿐만 아니라 외교적 수단으로 그리고 국력의 원천으로 간주되고 있다. 첨단기술이 게임 체인저를 넘어 국제질서를 장악하는 수단이 되고 있다. 현재 한국은 기술패권을 장악하기 위한 중국과 미국 사이에서 어려운 선택을 강요받고 있다. 거대한 국제시장이자 성장하는 중국. 국가안보와 수출의 핵심인 미국과의 동맹관계. 선택에 따라서는 첨단기술과 수출입에 큰 위기가 올 수 있다. 이것을 극복하는 방법은 무엇인가. 그것은 세계적 수준의 첨단기술을 보유하는 방법밖에 없다.

우리나라는 71개의 국가핵심기술, 150여 개의 방위산업기술, 5천여 개의 산업기술을 보유하고 있다. 이들 기술과 리얼 데이터를 산업재편과 부가가치의 원천으로 삼는 정책을 펼쳐야 한다. 동시에 세상을 바꿀 수 있는 최첨단기술(emerging technologies)의 개발에 총력을 기울여야 한다. 일본의 한국에 대한 기술수출 규제를 감내하면서 최첨단기술이야말로 경제안보이자 삶이라는 사실을 경험하였다. 강대국은 최첨단기술을 얼마나 보유하고 있는가에 따라 결정된다. 그리고 최첨단기술개발의 핵심은 고급인재이며, 이것을 지키는 것이 산업보안이라는 사실을 직시해야 한다.

이번에 개정한 『산업보안학』은 최근 개정된 산업기술보호법과 변화된 산업보안의 현실과 정책 등을 반영하였다. 제1장 경제안보와 산업보안, 제2장 산업보안 관계법, 제3장 산업보안 자산관리, 제4장 물리적 보안, 제5장 IT 보안, 제6장 컴퓨터 탄생과 사이버 해킹의 문제, 제7장 산업보안과 범죄, 제8장 기술유출대응 및 산업보안조사, 제9장 연구보안, 제10장 산업융합보안 및 방산보안, 제11장 산업기술보호와 산업보안 정책의 미래 등도 부분적으로 수정하였다. 특히 제6장은 사이버 해킹의 빠른 진화에 따라 전면개정을 하였다. 사이버 해킹과 관련한 주요 사건, 사이버 해킹의 주요 사례, 해킹의 위험성과 대책, 해킹방지를 위한 대책, 컴퓨터를 통한 사이버전쟁 등이다.

『산업보안학』이 산업보안 인재 양성의 출발점인 대학과 대학원에서 필수적 교재로 사용하고 있는 점은 매우 고무적이다. 산업보안관리사를 준비하는 분들에게도 핵심 교재임은 말할 필요도 없다. 산업보안 현장에서 일하는 분들에게도 주요한 지침서가 되기를 기대한다. 개정판의 집필에 참여한 교수님과 산업보안전문가님, 어려운 출판여건에서 개정판을 만들어주신 박영사 안종만 회장님과 안상준 대표님 및 임직원 여러분들, 국가정보원 산업기밀보호센터와 (사)한국산업기술보호협회의 전현직 임직원 여러분, 그리고 한국산업보안연구학회의 역대 회장단과 회원여러분들의 노력과 성원에 진심으로 감사드린다.

제5대 한국산업보안연구학회장
인하대학교 법학전문대학원
김민배 교수

차 례

| 3장 |　　산업보안 자산관리

| 4장 | 물리적 보안

|5장| IT 보안

|6장| 컴퓨터 탄생과 사이버 해킹의 문제

제1장

경제안보와
산업보안

제1절
산업보안이론

1. 이론화와 개념화

　모든 학문은 이론을 바탕으로 존재한다. 산업보안 역시 학문적으로 자리를 잡고 발전하기 위해서는 이론화가 필요하다. 이론이란 "광범위한 경험적 사실을 설명하는데 사용될 수 있는 추상적인 해석을 구축하는 작업"을 의미한다.[1] 따라서 이론은 설명의 한 부분으로 볼 수 있다. 설명으로서 이론이란 특정 시대와 공간에서 사람들의 지적 환경을 형성하는 정보, 신념, 태도의 세계와 특정 현상을 연결하는 지각적 방법을 뜻한다.[2] 예를 들어, 자동차가 움직이는 것을 현대인들은 엔진과 연소장치라는 용어들을 사용하며 과학적으로 '설명'하지만 자동차를 한 번도 보지도 못한 원시인들이라면 신의 섭리와 같은 초자연적인 현상으로 자동차가 움직이는 것을 '설명'할 수밖에 없을 것이다. 결국 이론이란 체계적이고 과학적 설명이라고 할 수 있다. 이런 의미에서 구드Goode와 해트Hatt는 '이론'을 사실의 의미 있는 체계로 설명하고, '사실'은 경험적으로 입증할 수 있는 관찰이라고 정의하고 있다.[3]

　이론은 또한 무슨 자료를 사용할 것인가를 규정함으로써 연구의 방향을 제시한다. 개념적 틀을 제공하여 현상을 분류하고 체계화하고 상호 관련성을 갖게 한다. 아울러 사실을 경험적으로 보편화시키고 체계화하며, 사실을 예측하며, 지식의 문제점을 지적해준다. 이론이 필요한 이유는 존재하는 사실을 이해하기 위해서라고

---

(1) 앤서니 기든스 지음, 김미숙외 옮김, 현대 사회학, 2009, p.25.

(2) George B. Vold, Thomas J. Bernard, and Jeffrey B. Snipes, Theoretical Criminology, New York: Oxford University Press, 1998, p.2.

(3) William J. Goode & Paul K. Hatt, Methods in Social Research, New York: McGraw-Hill Book Company, Inc., 1977.

할 수 있다. 단지 사실을 나열하는 것만으로는 의미 전달이 어렵기 때문이다. 결국 이론화는 사실 전달과 상황 파악을 위해 필수불가결한 요소인 셈이다. 결국 인식론적epistemological인 측면과 존재론적ontological 측면을 모두 고려해야 하는 것이다.(4)

이론은 '개념'이라는 렌즈를 통해 현상을 관찰하는 도구라고 표현할 수 있다. 하지만 렌즈의 시야에 포함되지 않은 부분은 간과하는 문제점을 안고 있다. 때문에 이론은 완결된 것이 아니며, 늘 비판적인 검토와 재구성의 대상이 된다. 이론은 많은 이해방식 가운데 하나라고 할 수 있으며, 새롭고 다른 이해방식이 나타나면 논쟁과 검증 과정을 거쳐 기존 이론이 존속하거나 아니면 새로운 이론으로 대체된다. 칼 포퍼Karl Popper가 강조하는 것처럼 반증가능성falsifiability이 이론의 주요한 요소가 되는 것이다. 이러한 변증법적 과정들이야말로 과학지식이 소통 및 축적되는 논리적 과정인 것이며, 동시에 과학 공동체의 이론화 기능인 것이다.(5)

이론화를 위해 가장 먼저 선행되어야 하는 작업이 개념화라고 할 수 있다. 개념화는 개념을 만드는 것으로, 특정 용어들을 사용할 때 의미하는 것을 특정화하는 과정이라고 볼 수 있다. 그래서 조너선 터너Jonathan Turner는 개념을 '이론의 기본적인 건축용 블록들'로 표현했다.(6) 개념이란 현상에서 사고와 추상화의 과정을 거쳐 특수한 부분을 용어로 표시해 놓은 것을 말한다. 다시 말해 개념은 정신적 관념을 나타내기 위해 우리가 사용하는 언어로 된 상징이다. 개념은 현상 그 자체는 아니고 개념이 대표하는 현상을 추상적으로 표시한 것이다. 우리는 다른 사람과 소통하기 위해 또한 정신적 관념을 공유하기 위해 개념을 사용한다.(7)

개념화를 위해 반드시 전제되어야 하는 필요조건이 배타성exclusiveness과 포괄성exhaustiveness이라고 할 수 있다. 두 가지 중 어느 하나를 충족하지 못한다면 독립된 개념으로 인정받기 어렵다고 할 수 있다. 다시 말해, 어떤 개념이 학문적으로 인정받기 위해서는 다른 개념과 중복되지 않고 독립성을 가져야 하며exclusive, 또한 그 개념과 관련된 모든 내용을 포괄적exhaustive으로 담고 있어야 한다. 예를 들어, 행정부는 국회나 법원이 포함되면 안 되는 반면에 국방부, 외교부 등 주요한 부처가 행정부 개념에서 빠지면 안 되는 것이다. 법학 안에 기계공학은 들어 갈 수 없지만, 「헌법」, 「형법」, 「민법」, 「상법」 등은 빠짐없이 포함해야 하는 것과 같은 논리이다. 산업보안 역시 다른 개념과 중복되지 않고 독립적인 요소만을 포함해야 하고, 산업보안에 당연히 포함해야 하는 요소들을 제외시켜서는 안 되는 것이다.[8]

2. 산업보안의 개념

국내에서 산업보안이란 용어는 1980년대 말부터 사용되었다고 볼 수 있는데 그 내용은 국내 첨단기술 보호활동에 한정되어 있었다. 1990년대 말부터는 언론·기업·정부 부처 등에서 광범위하게 사용되기 시작하여 2003년 10월 국가정보원에 '산업기밀보호센터'가 설립되고 산업보안의 중요성이 강조되면서 용어가 일반에게 널리 알려지기 시작했고, 2006년 「산업기술의 유출방지 및 보호에 관한 법률」이 제정되면서 제18조와 제20조 등에 산업보안 기술과 보안산업 등이 법률용어로까지 구체화되었다.[9]

국정원 산업기밀보호센터가 본격 가동되고 산업기술 유출 사례와 함께 산업보안의 중요성이 신문, 방송 등 언론을 중심으로 널리 알려지면서 산업보안이란 용어도 보편화하기 시작한 것이다. 아울러 2008년 한국산업보안연구학회가 창설되고 2014년과 2015년에 각각 한세대학교와 중앙대학교에 산업보안학과가 만들어지면서 산업보안에 대한 학문적 관심 또한 크게 높아졌다.

그러나 산업보안이란 용어만 사용된 것은 아니고, 산업기술보호, 산업기술유출방지 등 다양한 용어들이 산업보안의 의미로 함께 사용됐다. 이와 함께 보안관리, 기업보안, 융합보안 등의 용어 역시 산업보안과 비슷한 의미로 혼용되어 사용되고 있다. 이러한 다양한 용어들이 산업보안의 부분적 개념인지 아니면 별도의 독립적 개념인지에 대한 설정 또한 이뤄져 있지 않은 상태라 할 수 있다.[10] 실제로 산업보안 개념의 문제점을 학술적으로 검토한 연구 역시 거의 없는 실정이다. 따라서 산업

---

(8) 이창무, 산업보안 개념의 비판적 고찰, 한국경호경비학회지, 2017, 제50호, p.291.

(9) 「산업기술유출방지 및 보호에 관한 법률」, 제18조 ① 정부는 산업기술의 보호에 관한 국제협력을 촉진하기 위하여 관련 산업보안 기술 및 전문인력의 국제교류, 산업보안 기술의 국제표준화 및 국제공동연구개발 등에 관하여 필요한 국제협력사업을 추진할 수 있다. / 제20조 ① 정부는 산업기술을 보호하기 위하여 산업보안 기술의 개발 및 전문인력의 양성에 관한 시책을 수립하여 추진할 수 있다.

(10) 이창무, 「산업보안이론」, 2013, p.17.

보안 개념에 대한 비판적 고찰과 검증이 필요한 이유이며, 산업보안에 대한 보다 명확한 개념 설정이 필요하다고 할 수 있다.[11]

1) 산업의 개념

산업보안의 개념을 명확하게 파악하기 위해서는 우선 '산업'과 '보안'에 대한 개념부터 확실하게 파악할 필요가 있다. 산업이란 재화나 서비스를 생산하는 활동이다. 국립국어원의 '표준국어대사전'은 산업을 "인간의 생활을 경제적으로 풍요롭게 하기 위하여 재화나 서비스를 창출하는 생산적 기업이나 조직, 농업·목축업·임업·광업·공업을 비롯한 유형물有形物의 생산 이외에 상업·금융업·운수업·서비스업 따위와 같이 생산에 직접 결부되지 않으나 국민경제에 불가결한 사업도 포함하며, 좁은 뜻으로 공업만을 가리키기도 한다"고 보다 구체적으로 정의하고 있다. 사실상 경제활동의 모든 것을 포함한다고 볼 수 있다. 또 통계청의 한국표준산업분류에 따르면, 산업이란 "유사한 성질을 갖는 산업 활동에 주로 종사하는 생산단위의 집합"이라 정의되며, 산업 활동이란 "각 생산단위가 노동, 자본, 원료 등 자원을 투입하여, 재화 또는 서비스를 생산 또는 제공하는 일련의 활동과정"이라 정의된다. 산업 활동의 범위에는 영리적, 비영리적 활동이 모두 포함되나, 가정 내의 가사 활동은 제외된다.[12]

2) 보안의 개념

'보안'은 매우 익숙한 용어이지만, 그 의미는 매우 다양하다. 그러다보니 명확하지 않은 문제점이 있다. 산업보안을 비롯해, 정보보안, 보안산업, 사이버보안, 물리적 보안, 방산보안, 항공보안, 융합보안 등 갖가지 보안과 관련한 용어들이 널리 사용되고 있는 것이다. 그러면서도 이러한 다양한 용어들의 공통 분모가 되는 '보안'에 대한 명확한 개념 확립이 이뤄져 있지 못한 실정이다. 막연하게 "중요한 것을 지

---

(11) 산업보안 개념의 모호성과 정립 필요성은 이창무(2017), "산업보안 개념의 비판적 고찰" 한국경호경비학회지 제50호: pp.285-303에 상세하게 기술되어 있다.

(12) 통계청 홈페이지(http://kostat.go.kr/kssc/main/MainAction.do?method=sub&catgrp=kssc&catid1=kssc 01&catid2=kssc01a&catid3=kssc01ab)

키고 보호하는” 정도로 파악하고 있는 것이다.

우선 사전에서 정의하는 것처럼 보안 개념을 “안전을 유지하거나 사회 안녕과 질서를 지키는 것”으로 이해한다면 보안의 영역은 매우 광범위해진다. 국방을 비롯하여 치안이 보안의 영역에 포함되는 것은 물론이고 소방, 방재, 해상안전, 금융 감독 등 사실상 정부 활동 대부분이 보안의 영역에 속한다고 할 수 있다. 정부가 존재하는 근본 이유가 국민의 안전을 보장하기 위해서라는 점에서 더욱 설득력이 있다.

뿐만 아니라 기업의 손실과 피해가 결국 국가 손실과 피해로 연결되고 다시 국민들의 피해로 이어진다는 점에서 기업의 안전을 지키는 활동 역시 보안의 영역에 속한다. 아울러 국가와 기업뿐만 아니라 개인이 스스로 안전을 지키려는 자구 노력^{self-help} 역시 궁극적으로 사회 안녕과 질서와 연결된다는 측면에서 넓게 보아 보안의 영역에 포함된다고 볼 수 있다.

이렇듯 보안의 개념은 매우 다양하며 사실상 국가와 사회의 모든 부문과 관련성을 갖고 있다고 할 수 있다. 때문에 보안의 용어를 정확하게 사용하기 위해 군사보안, 산업보안, 금융보안, 사이버보안, 정보보안 등 각종 수식어가 동원된다. 이와 같이 모호한 보안개념을 명확하게 정의하기 위해서는 보안 개념을 보다 엄밀하게 규정할 필요가 있다.[13]

더욱이 우리는 흔히 ‘보안’과 ‘안전’을 혼동하여 사용하곤 한다. 그러나 ‘보안’과 ‘안전’이라는 용어가 별도로 존재하듯이 ‘보안’과 ‘안전’은 다른 개념이며, 따라서 구분해 사용해야 한다. ‘보안^{security}’과 ‘안전^{safety}’의 개념상 차이는 ‘인위성’ 여부에 따라 발생한다. ‘보안’은 사람의 행동으로 피해가 발생하는 상황을 전제로 한다. 위험이나 위협이 ‘의도적^{intentional}’이냐, ‘우연한^{accidental}’것이냐에 따라 ‘security^{보안}’와 ‘safety^{안전}’로 구분되는 것이다.

다시 말해 ‘security^{보안}’는 ‘의도적^{intentional}’인 위험·위협과 관련되며, ‘safety^{안전}’는 ‘우연한^{accidental}’ 위험·위협과 관련된다고 볼 수 있다.[14] 따라서 국가안보기밀이나 산업기밀을 유출을 방지하는 것은 사람의 행위에 의한 것이기 때문에 보안의 영역에 속한다. 살인, 강도와 같은 강력 범죄는 물론이고 사기, 횡령, 명예훼손 등 모든 범죄 역시 사람의 행위로 인해 피해가 발생하는 것이기 때문에 이러한 범죄를 방지하는 노력은 당연히 보안의 범주에 들어간다.

---

(13) 이창무, 「산업보안이론」, 2013, p.14.
(14) 이창무, 산업보안 개념의 비판적 고찰, 한국경호경비학회지, 2017, 제50호, p.292.

여기서 특히 중요한 변수가 '법을 위반하는 행위', 곧 '범죄'라고 할 수 있다. 인위적인 행동으로 인해 피해가 발생하는 경우 범죄와 연결되기 때문이다. 산업기밀 유출이나, 강도, 절도와 같이 의도적으로 피해를 주는 행위뿐만 아니라 실화失火나 과실 치상과 같은 과실 행위 역시 형사처벌의 대상이 된다는 점에서 인위적 행위에 의한 피해는 범죄와 관련된다.(15) 보안 개념에 있어서 고의성 여부가 중요한 이유이다. 따라서 보안은 단순히 실수하지 않음으로써 안전이 확보되는 것이 아니라 안전을 확보하기 위하여 어떠한 수단이 강구되어야 한다는 점에서 다르다는 것이다.(16)

때문에 'safety안전'는 '우연한 피해accidental harm'를 방지하고, 탐지하고, 대응하는 노력과 관련되는데 반해 'security보안'는 '악의적 피해malicious harm'를 방지하고, 탐지하고, 대응하는 노력이라는 주장도 제기된다Firesmith, 2003 : viii. 같은 맥락에서 미국의 산업보안 전문가인 로렌스 페넬리Lawrence J. Fennelly 역시 범죄예방을 보안의 가장 중요한 요소로 간주한다(Fennelly, 1999 : 3). 옥스퍼드 영어사전The Oxford English Dictionary도 'security'를 "위험과 위협으로부터 자유로운 상태The state of being free from danger or threat"로 규정하면서, 구체적으로 "테러, 절도, 또는 간첩행위와 같은 범죄 행위criminal activity such as terrorism, theft, or espionage에 대한 정부나 조직의 안전"으로 정의하고 있다. 오픈 인터넷 사전인 위키피디아Wikipedia 또한 'security'를 "폭행, 절도 또는 공공기물 파손과 같은 의도적인 범죄행위로 인한 피해 위험과 관련된다security addresses the risk of harm due to intentional criminal acts such as assault, burglary or vandalism."고 적시하고 있다.(17)

설사 홍수나 산사태와 같은 자연재해라고 하더라도 무리한 산림훼손, 건설 등은 물론 관리 소홀과 같은 과실이 개입하는 경우 사람에 의한 재해 즉 인재人災로 분류된다. 이런 경우 자연재해라 하더라도 사람의 실수, 즉 인위적 행위에 의해 피해가 발생한 것이기 때문에 보안의 영역에 속하는 것이다.

학문적인 관점에서도 이러한 사전적 개념과 비슷한 보안의 개념 정의가 제시된다. 이를테면, 피셔Fischer와 그린Green은 보안을 "개인이나 단체가 훼방이나 피해의 두려움 없이 하고자 하는 바를 영위할 수 있는 안정되고 예측 가능한 상태"로 규정하고 있다.(18) 또한 포스트Post와 킹스베리Kingsbury는 보안을 "방해받지 않고 조직 내

---

(15) 이창무, 산업보안 개념의 비판적 고찰, 한국경호경비학회지, 2017, 제50호, p.292.

(16) 이장국, 안전에 대한 용어적 및 어원적 연구, 한국안전학회지, 22권 2호, 2007, p.32.

(17) 이창무, 산업보안 개념의 비판적 고찰, 한국경호경비학회지, 2017, 제50호, pp.292-293에서 재인용.

(18) Robert J. Fischer & Gion Green, Introduction to Security, 7th ed. Boston: Butterworth Heinemann, 2004, p.21.

에서 활동을 가능하게 하는 환경을 지키고 유지하는" 것으로 정의한다.[19] 이러한 점들을 종합해 볼 때 '보안'이란 "범죄로부터 생명, 신체, 재산을 보호하고 사회의 안녕과 질서를 지키는 제반 활동"이라고 정의할 수 있다.

3) 산업보안의 개념

가. 광의廣義의 개념

이미 위에서 언급한 것처럼, 산업은 재화나 서비스를 생산하는 모든 경제활동을 의미하며, 보안은 "범죄로부터 생명, 신체, 재산을 보호하고 사회의 안녕과 질서를 지키는 제반 활동"이라고 규정한 바 있다. 따라서 이러한 산업과 보안의 개념을 바탕으로 산업보안의 개념은 넓은 의미에서 "범죄로부터 재화와 서비스를 생산하는 모든 경제활동을 보호하는 일체의 노력"이라고 볼 수 있다. 쉽게 말해 범죄로부터 산업을 보호하는 활동이며 구체적으로 범죄로부터 유·무형의 모든 산업 자산을 지키는 '자산보호asset protection'와 피해를 막는 손실방지loss prevention' 활동을 의미한다. 이러한 산업보안에 대한 개념 정의는 산업보안에서 있어서 선도적 역할을 담당해온 미국산업보안협회ASIS가 자산보호POA: Protection of Assets를 산업보안의 핵심 목표로 내세우고 있으며, 커닝엄Cunningham과 테일러Taylor(1985)를 비롯한 산업보안 관련 연구자들이 오래전부터 산업보안을 자산보호와 손실방지 개념에서 접근해 오고 있다는 점을 감안할 때 세계적으로 통용되는 산업보안 개념과 큰 차이가 없음을 알 수 있다.[20]

나. 협의狹義의 개념

산업보안의 개념을 산업의 전반적인 활동을 범죄로부터 지키는 의미로 파악하지 않고, 단순히 산업기술이나 기밀의 유출 방지에 국한하는 협의적 개념으로 파악하기도 한다. 국가정보대학원이 편찬한 '산업보안실무'에는 산업보안을 "산업 활동에 유용한 기술상, 경영상의 모든 정보나 인원, 문서, 시설, 자재 등을 산업스파이나 경쟁관계에 있는 기업은 물론이고 특정한 관계가 없는 자에게 누설 또는 침해당하

---

(19) Richard S. Post and Arthur A. Kingsbury, Security Administration: An Introduction, Springfield, IL: Charles C., Thomas, 1970, p.5.

(20) 이창무, 산업보안 개념의 비판적 고찰, 한국경호경비학회지, 2017, 제50호, pp.293-294에서 재인용.

지 않도록 보호 관리하기 위한 대응방안이나 활동"으로 규정하고 있다.[21]

또한 '산업보안업무편람'에서는 산업보안을 "산업체 · 연구소에서 보유하고 있는 기술 · 경영상 정보 및 이와 관련된 인원 · 문서 · 시설 · 통신 등을 경쟁 국가 또는 업체의 산업스파이나 전현직 임직원, 외국인 유치과학자 등 각종 위해 요소로부터 침해되지 않도록 보호하는 활동"으로 정의하고 있다.[22] 산업체의 피해를 방지하는 모든 활동이 아니라 산업기술과 기밀의 유출방지에 초점을 맞추고 있는 것이다.

이처럼 국익에 저해가 되는 기술이나 기밀 유출의 방지라는 관점에서 볼 때 산업보안을 위한 정부의 적극적 개입과 방지노력이 보다 확실한 근거를 갖게 된다고 볼 수 있다. 또한 국가 차원의 산업보안과 기업 차원의 산업보안으로 구분하여 파악할 수 있다. 산업보안을 산업기술과 기밀의 유출방지라는 협의적 의미로 해석할 때, 국가 차원의 산업보안이란 정부기관이 국익 보호를 위해 산업기밀 해외유출 차단을 위해 수행하는 교육 · 컨설팅 지원 등 유출 예방활동 및 산업스파이 색출활동을 말한다. 반면 기업 차원의 산업보안은 기업 · 연구소 등이 자체 보유하고 있는 기술 · 경영상 정보 및 이와 관련된 인원 · 문서 · 시설 · 전산 · 통신 등을 경쟁국가 또는 업체의 산업스파이 등 위해 요소로부터 보호하는 일체의 활동을 의미한다.

다. 산업보안 개념의 문제점

국내 산업보안 개념이 보편화하는 단계에서 산업기술이나 기밀 유출방지의 중요성을 강조하다보니 자연스럽게 산업기술 및 기밀유출 방지를 곧 산업보안의 개념으로 파악하는 계기가 된 측면이 있다. 「산업기술의 유출방지 및 보호에 관한 법률」이 2006년 제정되면서 이러한 경향은 가속화되어 왔다. 물론 산업기술 보호가 산업보안의 중요한 요소임에는 틀림없는 사실이지만, 산업기술보호와 산업보안을 동일시하는 것은 문제가 있을 수밖에 없다. 산업보안의 개념을 단순히 산업스파이 등으로부터 산업기술과 기밀을 보호하는 활동에 국한하는 것은 산업보안의 영역을 지나치게 축소하는 소극적 정의가 아닐 수 없다. 만약 산업보안이 산업기술 보호나 기밀보호의 의미라면 굳이 산업보안이라는 용어를 사용할 필요 없이 바로 '산업기술 보호'나 '산업기밀 보호'라는 용어를 사용하는 것이 정확할 것이다. 산업보안이 산업

---

(21) 국가정보원, 산업보안실무, 국가정보대학원, 1999, p.1.

(22) 국가정보원, 산업보안업무편람, 2002, p.3.

기술보호와 용어가 다르다는 점에서도 같은 의미로 해석하는 것은 문제가 있는 것이다.[23]

산업보안을 산업기술보호로 축소 연구하는 문제점에 대해서 정병수·류상일·김화수(2012) 역시 "산업보안의 범위를 지나치게 협소하게 설정하여 산업보안의 많은 영역을 제외시키는 문제점을 보이고 있다."고 주장한다. 특히 이들은 산업보안 연구에서 등장하는 핵심키워드를 분석한 결과, 가장 출현이 빈번했던 단어가 '산업기술(25회)'이라고 제시하여 산업보안 연구가 산업기술보호 중심으로 이뤄져 왔음을 밝혔다.[24]

최선태(2010)도 산업기술보호는 산업보안의 다양한 영역 중에 하나에 불과하지 산업보안과 산업기술보호가 혼용해서 사용될 용어는 아니라는 점을 강조한다. 미국산업보안협회ASIS의 조직구성을 보더라도 산업기술보호는 산업보안의 많은 분야 중의 하나이기 때문이다. 미국과 한국과의 다양한 차이점을 인정하더라도 우리나라의 산업보안 분야는 매우 미시적이고 지엽적인 한계를 보여 주고 있는 것이다.[25]

표 1-1 _ 미국의 산업보안 영역 분류 및 주요 내용

영 역	주요 내용
National Security (국가 안보)	Border Security(국경 보안)
	Government Agencies(정부 기관)
	Policy & Regulation(정책 및 규제)
	Terrorism(테러리즘)
Physical Security (물리 보안)	Architecture & Engineering(설계 및 공학)
	Employee Management(직원 관리)
	Fraud/White Collar Crime(부정/화이트칼라 범죄)
	Guard Force Management(경비원 관리)
	Intrusion & Access Control(침입 및 출입 통제)
	Investigations(조사)
	Perimeter Protection(외곽 보호)
	Supply Chain(공급망)
	Surveillance(감시)

---

(23) 이창무, 「산업보안이론」, 2013, p.19.

(24) 정병수·류상일·김화수, 산업보안의 연구경향 분석: 학술연구정보서비스(2000~2011년)를 중심으로, 한국치안행정논집, 2012, 9권 2호, p.209.

(25) 이창무, 산업보안 개념의 비판적 고찰, 한국경호경비학회지, 2017, 제50호, p.297에서 재인용.

영 역	주요 내용
CyberSecurity (사이버 보안)	Cloud Security(클라우드 보안)
	Cybercrime(사이버 범죄)
	Defenses(국방)
	Mobile Security(모바일 보안)
	Social Engineering(사회공학)
Strategic Security (전략기획 보안)	Enterprise Risk Management(기업 위험관리)
	Resilience(복원력)
	CSO/Leadership(CSO/리더십)
	Legal Issues(법적 이슈)
	Public/Private Partnerships(공공/민간 협력)
Security by Industry (산업별 보안)	Construction(건설)
	Education(교육)
	Emergency Services(응급 서비스)
	Financial Activities(금융)
	Government(정부)
	Healthcare(보건)
	Information(정보)
	Leisure and Hospitality(여가 및 관광)
	Manufacturing(제조업)
	Museums and Cultural Properties(미술관 및 문화시설)
	Natural Resources and Mining(천연자원 및 광업)
	Pharmaceutical(제약)
	Security, Professional, and Business Services(보안, 전문가 및 기업 서비스)
	Transportation(교통)
	Utilities(유틸리티)
	Wholesale and Retail Trade(도매 및 소매 유통)

출처: 'Security Management' 홈페이지(https://sm.asisonline.org)

산업보안을 제목에 담고 있는 여러 연구들이 산업보안 전문 인력, 산업보안 교육훈련, 산업보안 정책, 산업보안 인식, 산업보안관리활동, 산업보안 역량, 산업보안 담당자, 산업보안 패러다임, 산업보안 분야, 산업보안 범죄, 산업보안 문화, 산업보안 발전 등 다양한 주제를 다루고 있지만, 막상 연구 내용은 대부분 '산업기술보호'에 머물고 있는 것이다. 이처럼 산업보안을 협의적 개념으로 파악하는 경우 결국 산업기술보호와 산업보안의 개념의 구분이 어려워지고,[26] 그렇다면 굳이 산업보안 용어를 사용할 필요가 없는 것이다.

산업보안의 대상을 정보자산에 국한하는 경우도 있다. 산업보안 분야를 정보보안 분야와 동일시하거나(황윤희·정호준·유진, 2015; 김형근·안상희, 2014), 산업보안의 개념을 '외부의 침입으로부터 국가 및 개인의 중요한 정보자산을 보호하는 행동'이라고 정의하는(정성배·박준석·최영호, 2015) 경우도 있다. 산업보안이 비단 정보자산만이 아니라 인명, 시설, 장비 등 다양한 자산을 보호한다는 관점에서 이러한 개념 정의 역시 '포괄성'의 원칙에 위배된다고 볼 수 있다. 더불어 산업보안을 지식재산의 개념으로 축소하거나(임헌욱, 2015), 영업비밀과 동일시(김문선·전대성·남경현·김규로·한찬명, 2013)하는 연구 사례도 있다.[27]

〈표 1-1〉 미국의 산업보안 분야에서 보듯이 산업보안의 영역과 분야는 매우 다양하다. 하지만 그럼에도 국내에서는 산업보안 개념을 주로 '산업기술보호'로 축소하거나 '정보보호'의 부분으로 파악하여 자금횡령, 직장폭력이나 사업연속성관리BCP, 준법경영Compliance과 같은 산업보안의 중요한 주제에 대한 연구는 매우 미흡한 실정이다. 이런 이유로 인해 산업보안을 범죄로부터 산업을 보호하는 활동으로 해석하는 것이 필요하다. 보다 구체적으로 산업보안을 악의적인 불법 행위범죄로부터 유·무형의 모든 산업 자산을 지키는 '자산보호asset protection'와 피해를 막는 손실방지loss prevention' 활동으로 이해할 때 산업보안 개념에 대한 명확한 이해는 물론이고, '산업보안학'의 학문적 정체성을 정립하는 데도 큰 도움이 된다고 볼 수 있다.

4) 산업보안학의 다양성과 학문적 의의

산업보안의 개념을 왜 폭넓게 해석해야 하는가? 이는 '산업보안학'의 학문적 정체성과 관련되기 때문이다. 만약 산업기술이나 기밀의 유출방지에만 초점을 맞춘다면 이는 '산업기술보호학' 또는 '산업기밀보안학' 등으로 학문용어가 설정되어야 할 것이다. 산업보안이란 용어를 사용할 때는 산업 활동 가운데 구체적인 일부 활동만을 보호하는 것이 아니라 산업의 전반적인 활동 모두를 지키는 의미로 받아들여져야 하는 것이다. 산업보안과 관련된 학문 분야가 매우 다양하다는 점에서도 산업

---

(26) 조용순, 산업보안관리사 자격제도 발전방안에 대한 고찰, 한국경호경비학회지, 2014, 제40호, pp.186–187.

(27) 이창무, 산업보안 개념의 비판적 고찰, 한국경호경비학회지, 2017, 제50호, pp.297–298에서 재인용.

보안은 보다 넓은 범위에서 접근해야 할 것이다. 법학과 같은 규범학을 비롯하여 경제학, 경영학, 행정학, 범죄학 등 사회과학 분야, 그리고 정보통신, 전자전기공학, 생명공학, 건축공학, 산업공학 등 공학 분야가 모두 산업보안과 직접적인 관련성을 갖고 있다. 따라서 산업보안은 학문적 관점에서 융합convergence과 통섭consilience의 성격이 강하다.

지난 10여 년 사이 국내 학계는 학제적interdisciplinary 연구를 넘어서 학문의 통합과 융합을 향한 많은 움직임을 보이고 있다. 과학기술이 발달하고 사회가 복잡해지면서 여러 분야가 포함된 새로운 영역이 나타나게 되고 이를 설명하는 학문 분야 역시 기존의 학문 분류상 어느 한 학문 영역만으로 한계에 부딪칠 수밖에 없기 때문이다. 학문 분야들 간의 지속적인 융복합 현상이 일어나면서 새로운 학문 분야 역시 나타나고 있는 양상이다. 학문의 미시화micronization와 거시화macronization가 동시에 진행되고 있으며, 또한 학문 간 영역을 넘나드는 크로스오버crossover가 증가하고 있는 것이다. 산업보안학 역시 이러한 학문의 융복합 및 크로스오버 추세를 그대로 반영하여 새롭게 등장했다고 볼 수 있다. 산업보안 역시 사회과학과 규범학, 공학이라는 비교적 거리가 먼 것처럼 여겨지는 여러 학문 분야가 통섭적 결합을 통해 '산업보안학'이란 새로운 학문의 영역을 만들어 낼 수 있는 것이다. 이러한 통섭적 연구란 측면에서도 산업보안의 개념은 광의적으로 해석되어야 하는 것이다.[28]

3. 산업보안이론

1) 역치이론 Threshold Theory[29]

가. 역치의 개념

역치閾値란 자극이 어떤 반응을 일으키는 데 필요한 최소한의 자극을 말한다. 물이 100℃가 돼야 끓고, 단 1℃라도 낮으면 끓지 않는 것처럼 임계치를 넘어야만 비로소 효과가 발생한다는 것이 역치이론의 핵심내용이라고 할 수 있다. 운동 효과가 발생하기 위해서도 반드시 어느 정도 이상의 운동을 해야 하는 것과도 비슷하다. 일

---

(28) 이창무, 「산업보안이론」, 2013, pp.22-23에서 재인용.
(29) 이창무, 「산업보안이론」, 2013, pp.133-137 부분에서 재인용하고 데이터 수정.

정 선을 넘어서야만 효과가 나타난다는 측면에서 '문턱 이론'이라고도 불린다.

따라서 역치는 첫째, '변혁transformative'의 속성을 갖는다. 기존 상태에서 특정 자극이나 상황이 발생하지 않으면 절대 바뀔 수 없는 중요한 변화를 의미한다. 동시에 기존과는 차원이 다른 새로운 상태의 출현을 전제한다. 둘째, '되돌릴 수 없는 irreversible' 속성을 갖고 있다. 새로운 자극과 상황의 도래에 의해 바뀐 상태는 다시 원래의 상태로 되돌릴 수 없는 것이다. 셋째, '통합적integrative' 성격을 갖는다. 특정 자극이나 상황에 의해 변화가 초래되었다고 하더라도 특정 성격만을 갖는 것이 아니라 기존의 여러 특성들을 통합한 새로운 상태를 의미하는 것이다.[30]

나. 산업보안과 역치이론

산업보안의 역치란 경제규모와 고부가가치의 기술발달이 일정수준 이상 돼야 보안의 필요성이 발생한다는 의미라고 할 수 있다. 산업보안의 발달과 필요성 인식의 저변 확대는 일정 규모 이상의 경제성장과 기술발달이 필요한 것이다. 경제성장과 기술발달의 "문턱"을 넘어서야만 산업보안의 성장과 필요성 인식의 확산이 가능하다는 말이다.

지난 1960대 초반 이후 우리나라 경제는 급성장을 거듭해 왔다. 1962년부터 2009년까지 연평균 7퍼센트가 넘는 기록적인 성장률을 기록했다. 1인당 국민총생산GNP은 1960년 79달러에서 2009년 17,176달러로 210배 이상 증가했다. 〈표 1-2〉에서 보듯이, 1980년대 이후 2015년까지 지난 35년 사이만 해도 21배 이상 성장을 거듭했다. 지난 1997년 IMF 사태와 2008년 세계 금융위기로 잠시 주춤거리는 시기가 있었지만 경제성장 추세는 계속 이어지고 있으며 세계 11위 경제규모를 나타내고 있다.

---

(30) 역치이론에 대해서는 Rod O'Donnell, "A Critique of the Threshold Concept Hypothesis and an Application in Economics," Working Paper presented to School of Finance and Economics at University of Technology, 2010, pp.2–3 부분을 참조.

표 1-2 _ 한국의 주요 경제지표, 1980~2015

구 분	국내총생산 (GDP, 억달러)	국민총처분가능소득 (GNDI, 조원)	1인당 국민총소득 (GNI, 달러)
1980	643	39	1,660
1985	984	85	2,355
1990	2,703	192	6,303
1995	5,313	408	11,736
2000	5,336	601	11,292
2005	8,447	862	17,631
2010	10,147	1,172	20,562
2015	13,824	1,563	27,171

자료: 통계청, 국가통계포털

무엇보다도 중요한 사실은 1980년대 후반 한국사회는 대량생산 · 대량소비로 상징되는 포디즘Fordism적 사회로 변화했고, 민간경비 성장에 물질적 기반을 조성했다는 점이다. 미국의 경우에 있어서도 1950년대 초기 1인당 국민총생산이 3천 달러를 넘어서면서 산업보안의 중요성에 대한 인식이 보편화되기 시작했고 미국산업보안협회ASIS도 1955년에 창설되었다는 점을 고려할 때 한국 역시 1980년대 후반부터 산업보안에 대한 인식이 서서히 확산되기 시작했다고 볼 수 있다. 이처럼 산업보안의 보편화는 경제발전 및 포디즘Fordism적 사회로의 전환과 밀접한 관련성을 갖는다고 할 수 있다.[31]

다시 말해 경제성장이 어느 정도 수준에 오르기 전까지는 산업보안의 필요성이 설득력을 갖기 어렵다고 볼 수 있다. 매슬로우Maslow의 욕구단계설에서 보듯이 안전에 대한 욕구는 무엇보다도 먹고 사는 생리적 욕구가 해결되어야만 가능한 것이다. 자산을 보호하고 손실을 막으려면 지킬만한 가치가 있는 대상이 존재해야 하기 때문이다. 지킬 게 없는데 보안의 필요성이 생겨날 수 없는 것이다. 이런 측면에서 경제성장과 함께 기술개발 역시 산업보안의 중요성 확산에 커다란 기여를 하였다고 보인다.

---

(31) 이창무, "우리나라 민간경비 급성장의 동인(동인)분석", 한국정책과학학회보 제10권 제3호, 2006, p.160.

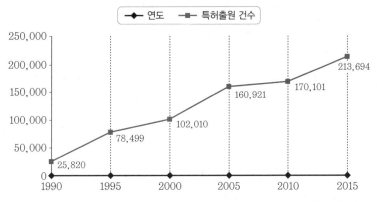

그림 1-1 _ 국제특허분류(IPC)별 특허 출원 건수 추이, 1990-2015

자료: 특허청 정보기획국 정보기획과

〈그림 1-1〉에 나타난 것처럼, 국제특허분류IPC별 특허 출원 건수는 크게 늘어나는 추세이다. 지난 1990년 등록된 특허 출원 건수가 25,820건이었으나, 2000년에는 특허가 102,010건으로 10년 사이에 295%나 급증하였다. 2000년 이후에도 특허 출원은 계속 증가하는 추세를 보이고 있어서 2010년의 경우 특허 출원 건수가 17만 건을 넘어섰고 2015년에는 21만 건을 넘어섰다. 1990년과 비교하면 무려 8배 이상 급증한 수치이다.

산업보안에 대한 관심이 2000년대 들어 크게 높아졌으며, 산업기밀보호센터 역시 2003년 설립되었다는 사실도 기술개발의 급증과 함께 지적 재산권에 대한 인식이 확산되는 시점과 무관하지 않다. 이러한 추세를 반영하듯이 우리나라는 반도체 · 디스플레이 · 휴대폰 등 IT 분야를 중심으로 자동차 · 조선 · 철강 등 여러 산업 분야에서 세계 최고 수준의 기술을 과시하고 있다.

한국의 IT산업의 기술수준은 세계 최고라고 평가받는 미국의 90% 수준에 이르고 있으며 세계시장 점유율 1위 제품도 2002년 49개 품목에서 2007년 127개 품목으로 증가하였다.[32] 결국 최근 경제규모와 기술개발의 수준 향상이 산업보안 인식 확산에 필요한 '역치', 곧 '문턱'을 넘어서면서 산업보안의 필요성과 중요성이 의미를 갖게 되었다고 할 수 있다.

(32) 국가정보원, 첨단산업기술보호동향 제10호, 2009, p.9.

2) 박수이론 Clap Theory (33)

가. 범죄성과 범죄기회

"손뼉도 마주쳐야 소리가 나는 법"이다. 범죄가 발생하기 위해서는 반드시 범죄성과 범죄기회가 모두 존재해야만 한다. 둘 중 어느 하나만 있어서는 절대로 범죄가 발생하지 않는다.(34) 범죄성과 범죄기회는 각각 범죄의 필요조건인 셈이다. 만약 범죄성과 범죄기회 둘 다 존재한다면 이는 범죄발생의 충분조건이 마련되었다고 볼 수 있다.

범죄성은 코딩coding에 의해 완성된다고 볼 수 있다. 쉽게 말해 어떻게 입력되느냐에 따라 사람들의 범죄성이 결정된다는 것이다. 사람들마다 유전적 '코딩'이 다르고, 신경전달물질의 '코딩'이 다르고, 보다 중요하게는 성장발달 과정의 '코딩'이 다른 것이다. 그리고 그 차이가 범죄성의 차이가 되며 결국 범죄발생의 차이로 연결된다. 특히 성장과정 초기의 '코딩'이 핵심적인데, 성장이 다 이뤄진 뒤의 '코딩'은 상대적으로 훨씬 더 어렵기 때문이다. 마치 석고반죽이 처음에는 말랑말랑하여 어떤 모양으로든 쉽게 주물러 만들 수 있지만 시간이 지나면 딱딱하게 굳어 조각칼이나 정 같은 도구를 이용해야만 모양을 바꿀 수 있듯이 말이다.(35)

범죄 코딩은 범죄에 대한 저항력을 약화시켜 범죄성을 강화시킨다. 또한 물질주의, 배금주의, 경제기업 활동 중심에 따른 치열한 경쟁이 "과정보다는 결과가 최고"라는 코딩을 초래하는 것이다. 다르게 표현하자면, 산업기밀유출이나 횡령과 같은 산업범죄가 심각한 '범죄'라는 사실에 대한 코딩이 부족하기 때문에 범죄성이 강화되는 측면도 있다.

그러나 '범죄 코딩'이 아무리 강력하더라도 범죄기회가 없다면 범죄를 저지를 수 없다. 더욱이 최근 경제규모가 커지면서 범죄의 기대 수익 또한 증가하고 있다. 또한 산업 활동의 전문화, 복잡화와 함께 M&A, 컨설팅 등 합법적 방법을 통한 기술유출 등 새로운 범죄기법이 발달하고 있고, 인터넷, USB 등 저장장치는 물론이고 해킹 등 범죄활용 가능 기술이 발달한 점 역시 산업범죄에 대한 새로운 범죄기회를 제공하고 있는 셈이다. 아울러 법제상의 미비로 이러한 법제상 허점을 범죄기회로 이용하는 사례도 늘고 있으며 경쟁 업체와 외국의 첨단기술 확보 필요성과 고수익

---

(33) 이창무, 「산업보안이론」, 2013, pp.144-146 부분에서 재인용.
(34) 이창무, 패러독스 범죄학, 메디치, 2009, p.166.
(35) 이창무, 패러독스 범죄학, 메디치, 2009, p.163.

보장이라는 추세 역시 새로운 범죄기회를 제공하고 있다.

나. 산업보안과 박수이론

산업범죄 역시 범죄성과 범죄 기회가 필요하다. 우선 산업기밀유출과 횡령 등 산업범죄를 저지르고자 하는 동기와 의지가 갖춰져 있어야 하고, 산업보안시스템의 허술함 등 산업범죄를 저지를 수 있는 기회가 주어져야 하는 것이다. 따라서 산업기밀유출이나 횡령 등을 저지를 동기와 의지가 있는 사람에게 보안 시스템이 취약하다면 산업범죄의 필요충분조건이 완성되는 셈이고 결국 산업범죄의 발생으로 귀결된다.

이를 공식화하면 다음과 같다.

$$IC = C \times O$$

(IC=industrial crime, C=criminality, O=opportunity)

이 공식에 따르면, 범죄성(C)과 범죄기회(O) 가운데 하나가 '0'이 되면 산업범죄IC는 자동적으로 '0'이 될 수밖에 없는 것이다. 반면 범죄성과 범죄기회가 모두 조금이라도 존재한다면 범죄는 발생하게 된다. 범죄성도 매우 높고 범죄기회도 많다면 범죄는 자연스럽게 발생하기 마련이다. 결국 산업보안이란 범죄성과 범죄기회 모두를 줄일 때 완벽해질 수 있을 것이다. 하지만 범죄성을 줄이는 것은 산업보안과 관련된 사람들이 담당하기에는 현실적으로 매우 어렵다. 보안시스템을 강화하고 보안관련 인원을 확충하는 등 범죄기회를 감소하는데 산업보안의 중점이 쏠려있는 이유이기도 하다. 무엇보다도 범죄기회가 '0'이 되면 산업범죄는 불가능해지기 때문이다.

제2절
경제안보와 산업보안

1. 국내외 환경의 변화

인류의 역사는 전쟁의 역사라 불릴 만큼 수많은 갈등과 분쟁이 존재해 왔고, 이러한 전쟁 속에서 국가 안보에 가장 결정적인 요인은 군사적 침입에 대비를 하는 개념이었다. 군사력이 국가안보의 핵심이니만큼 군사력 확충을 위해 병력 유지와 첨단 무기 개발과 보유에 총력을 기울였다. 또한 주변 강대국의 침략에 대비해 다른 나라들과 군사동맹을 맺고 군사 억지력을 강화하고자 했다. 제2차 세계 대전 이후에는 미국과 소련을 양대 주축으로 하는 자본주의와 사회주의 이념적 대립이 격화되면서 냉전이 지속되었고 군사적 대결과 함께 기술적 대결도 첨예해지면서 국가안보와 국익보호차원에서 공산권 국가로의 첨단기술 및 산업기밀 유출 차단에 대한 필요성이 대두되었다.

그러나 1990년대 초 소련의 붕괴 이후 자본주의와 사회주의의 이념 갈등이 종결됨에 따라 정치, 문화, 사회, 경제, 안보 등의 다양한 방면에서 국제적 환경이 변화하게 되었다. 세계화와 정보화의 진전에 따른 상호의존성 증대로 인해 국가 간 협력의 가능성 뿐 아니라 마찰과 갈등의 소지도 많아졌다. 대표적인 것은 경제분야에서 지역별·국가별 불균형 확대, 한 국가의 금융 재정 위기가 다른 나라에 미치는 파급영향, 시장개방과 지적 재산권 보호에 관련된 분쟁 등으로 인해 국제경제의 불안정성이 점차 커지는 추세이다. 이러한 세계경제의 불안정성은 지구촌의 빈곤, 자원고갈, 테러리즘, 기후변화, 환경오염, 재해 등과 결합하여 더 큰 위험요소로 증폭됨으로써 개별 국가의 안보에도 영향을 미칠 수 있다.

또한 지역분쟁, 외교적 갈등, 자원민족주의 등으로 인해 세계적으로 자원과 에너지 시장의 변동성이 커지고 있다. 특히 셰일가스, 해양광물 등 신종 자원개발을 위한 경쟁, 희소 금속류에 대한 전략적 통제 강화, 신재생 에너지 사용 확대 등 에너지 자원을 둘러싼 경쟁이 심화되어 미래의 안보위협으로 부상할 가능성이 있으며, 보편적 인권에 대한 인식 차이, 국제 사회의 규범 준수 여부, 상대국의 반정부 세력 지원 등으로 인해 국가 간에 갈등이 발생하고 있다.

한편 하버드대 경제학자 케네스 로고프Kenneth Rogoff 교수는 나노기술, 신경과학, 에너지분야 등의 기술혁신을 통해 향후 경제성장이 이루어질 것이라 주장하였으며, 2008년 노벨경제학상을 수상한 경제학자인 프린스턴대 폴 크루그먼Paul Krugman 교수도 기술혁신이 성장을 주도할 것으로 예측하고 있다. 이러한 기술혁신은 미래 창조기술의 개발을 통해 새로운 시장과 사회를 이끌어갈 주요 원동력이 될 것이라 주장하였고,(36) 이러한 환경 속에서 각국에서는 국가의 산업을 주도하는 원천기술, 뿌리기술, 핵심기술 등 기술의 개발, 투자 뿐 아니라 법적, 제도적, 기술적인 보호 방안을 제정, 구축하고 있다.

현대 사회에서는 국가가 국제적인 입지와 영향력을 발휘하는 가장 중요한 요인은 '경제력'이며, 이러한 경제력을 뒷받침하는 핵심요인이 바로 산업경쟁력이다. 산업경쟁력의 약화는 국가의 생존과 번영, 위신 등 국가의 핵심적인 가치와 연결된다는 측면에서 경제력이라는 요소의 중요성을 부각시켰으며, 세계 각국은 경제정보가 국가정보의 중심이라는 인식과 함께 미국 중앙정보국 CIA, 국가안보국 NSA, 중국 국가안전부 MSS, 일본의 JETRO, 러시아의 해외정보부 SVR, 연방보안부 FSB, 및 참모부 정보총국 GRU, 영국의 비밀정보부 M16, 프랑스의 대외안보총국 DGSE, 독일의 연방정보국 BND 등 국가정보기관의 경제방첩활동을 활발히 전개하고 있다.

우리나라의 경우 과거에는 특허청 주관으로 1952년 「특허법」, 1961년 「영업비밀보호법」 등 국내 산업에 대한 부정경쟁을 제한, 차단하고 공정한 시장을 개척하려 노력하였으며, 1989년경에는 정부를 중심으로 공산권으로의 첨단기술·산업기밀이 유출되지 않도록 하는 노력이 시작되었다. 특히 1998년 IMF 이후 국가경제 재도약을 위한 벤처산업 육성으로 신기술 신산업 시장의 개척과 2000년 이후 벤처기업 붐, 삼성, LG 등 반도체, 디스플레이, 휴대폰 사업의 증가로 세계적 수준의 기술

---

(36) 방위사업청, 2013, 튼튼한 안보와 창조경제 실현, 국방기술로부터: 방위사업청, '국방기술에 우리의 미래가 달렸습니다'

력을 보유하게 되었다. 자연스럽게 국내 기업과 경쟁관계에 있는 미국 · 일본 등 선진국 기업들이 국내 기업들의 연구개발R&D에 촉각을 기울이기 시작했고 이러한 기술개발 정보 수집에 나섰다. 중국, 대만 등 후발국 기업들 역시 IT · BT 등 국내 첨단 기술의 조기 확보를 위해 전력을 기울이면서 국내 기술을 수단방법을 가리지 않고 빼내려는 시도가 증가하게 되었다.

이들은 돈을 아끼지 않고 매수 · 절취 등 불법적인 수단은 물론이고 인수합병M&A과 같은 합법적 수단을 동원해 국내 첨단기술 유출 시도를 벌였다. 산업기술유출 시도의 증가로 국내 경제는 심각한 위협에 직면하게 됐고 금융교란의 우려까지 제기되었다. 또한 국가 간 자유무역협정FTA 체결 추진 등으로 IT · BT 등 첨단산업 분야뿐만 아니라 농업 · 공업 등 전통적인 산업분야까지 시장개방이 가속화될 것으로 전망되어 산업스파이 활동이 거의 모든 방면에 걸쳐 더욱 기승을 부릴 것으로 예상되면서 산업스파이 색출 및 예방활동 등 산업기술 보호활동을 전담할 새로운 조직 신설의 필요성이 제기되었다.

이후 첨단기술 보유업체 지정(254개) 등 기업 및 정부출연연구소의 보안강화를 위한 정책기획 · 지도 · 교육 등에 중점을 두고 수행해 오다가 1998년 삼성전자 반도체 기술 유출사건 및 2000년 산삼제조 배양기술 유출사건 등 산업스파이 사건을 수차 적발하면서 관련내용이 언론에 지속 보도되었고, 이에 따라 산업기밀 보호 필요성에 대한 사회적 인식도 점차 제고되게 되었다. 참여정부 시기에는 '과학기술 중심사회'를 12대 국정과제 중 하나로 채택, 2003.6. 대통령 지시로 첨단기술 해외유출 방지대책 수립을 구축하여 2003.10. 국가정보원에 산업기밀보호센터를 설립하여 본격적인 산업기술유출의 방지활동을 시작하게 되었다. 실제로 국내 첨단기술 보호활동은 위에서 언급한 것처럼 첨예한 동서 냉전과 함께 1989.1. 대통령 지시로 국가정보원에서 시작하였다. 이는 당시 산업보안활동이 공산권에 대한 대응이라는 제한적인 목적에서 벗어나지 못하였으나 첨단 산업기밀 보호를 개별 기업에만 맡기지 않고 국가안보 및 국익보호 차원에서 정부가 적극적으로 나섰다는 점에서 큰 의미가 있다 하겠다.[37]

국가정보원에 산업보안전담조직으로 산업기밀보호센터가 발족하면서 본격적인 산업스파이 색출과 국내 첨단산업체 및 연구소를 대상으로 첨단기술을 보호하기 위

---

(37) 현재도 국가정보원 이외에도 대검(반부패부), 서울중앙지검, 경찰청(외사국), 군사안보지원사령부(방산보안실)에서도 산업스파이 업무를 수행하고 있다.

한 예방활동이 본격화되기 시작했다. 산업기밀보호센터가 만들어진 2003년 해외 기술유출 적발사건이 6건에 불과했으나 불과 1년 뒤인 2004년에는 26건으로 4배 이상 증가한 것을 보더라도 국가정보원에 산업보안 전담조직이 설립된 것이 국내 산업보안에 획기적인 전환점 역할을 한 것을 알 수 있다. 실제로 국정원은 2003년 부터 2007년까지 모두 124건의 해외 기술유출 사건을 적발하여 약 185조 원 상당 의 국부 유출 피해를 예방한 것으로 평가받고 있다. 2007년 5월 적발한 국내 H자동 차사의 자동차 생산기술의 중국 유출 사건의 경우 관련 기술이 중국으로 빠져나갔 을 경우 향후 3년 동안 예상 피해액만도 22조 원이 넘는 것으로 평가되고, 같은 해 7 월에 적발한 D중공업의 조선기술 중국 유출 사건에는 LNG 등 세계적 경쟁력을 갖 고 있는 선박건조기술과 조선소 설립기술 등이 포함되어 있어서 유출되었을 경우 무려 35조원의 피해가 예상되는 심각한 기술유출 사건이었다.[38]

이들 사건을 적발하여 천문학적 국가산업 피해를 예방했다는 점에서 국정원 산 업보안 전담조직의 역할과 중요성이 널리 전파된 계기가 되기도 했다. 기술유출은 주로 회사 등 조직 사정에 밝은 전현직 직원들이 은밀하게 벌인다는 점에서 적발이 매우 어려운 게 사실이다. 막상 피해 실태조사를 하면 많은 기업들이 기술유출 피해 경험이 있다고 밝힌 반면 적발 건수가 상대적으로 적은 이유이다. 더욱이 적발하더 라도 법원에서 엄격한 물적 증거를 요구하고 있기 때문에 피해 규모와 파급 효과에 비해 유죄 입증이 어려울 뿐만 아니라 선고되는 형량도 기대에 미치지 못하는 경우 가 많다. 국정원 산업보안전담 조직은 물론 경찰, 검찰 등 관련 수사기관의 산업보 안 전담 조직과 인력이 확충되어야 하는 근거이기도 하다.

한편 국정원 산업기밀보호센터는 이러한 적발과 함께 보안환경, 보안체계 진단 을 통한 산업보안컨설팅, 중기청과 중소기업진흥공단의 기업체 연수 프로그램에 산업보안 교육강좌 개설, 전자, 정보통신, 생명공학, 화학, 기계 등 분야에 대한 산 업보안 협의회 구성과 산업보안 CEO 협의회, 벤처 CEO 협의회 등 적극적인 활동 을 지속해 왔으며, 법적, 제도적 보호를 위해 2006년 「산업기술 유출방지 및 보호에 관한 법률」, 2011년 「지식재산기본법」, 2012년 「뿌리산업 진흥과 첨단화에 관한 법 률」 등을 제정하여 법제도적 기반을 강화하고 있다.

---

(38) 국가정보원. (2008). 〈첨단산업기술보호동향〉 제9호.

2. 경제안보의 중요성 대두

20세기 이후 첨단기술의 발달로 세계화 정보화시대에 접어들면서 국가 간의 경쟁은 자원, 군사적 경쟁에서 정보, 기술경쟁으로의 변화를 겪어 왔다. 21세기 권력의 원천은 '정보'라고 할 수 있으며 정보 선점을 통해 경쟁력 우위를 확보하기 위한 세계 각국의 경제전쟁이 치열하게 벌어지고 있는 것이다. 그래서 미래학자 앨빈 토플러는 "산업스파이는 21세기 가장 큰 사업 중의 하나이며 결코 사라지지 않을 것"이라고 말한 바 있다. 산업스파이는 호시탐탐 원하는 기밀을 얻기 위해 보안의 빈틈을 노리고 있는 것이다.

세계 주요국가들의 표적이 되고 있는 방산기술과 전략물자의 불법 수출, 특허소송으로 인한 지식재산권 침해, 검은 자본으로 시장질서를 교란시키는 외국의 경제질서 교란 등 경제안보는 기술 유출 차원을 넘어 다양한 분야로 급격하게 확대되고 있다. 개인의 이익을 위해 누설된 기밀은 결국 부메랑으로 되돌아 와 우리 경제 전반에 더 큰 타격을 가할 수 있는 것이다. 과거 산업스파이는 기업을 넘어 국가의 주요기밀 유출까지 범위를 넓히고 있어 경제안보의 위험성을 높이고 있어 경제안보의 중요성이 대두되고 있다.

경제안보란 국가 경제 근간에 대한 대내외적 위협요인을 사전 차단 예방하여 국가의 경제적 번영을 지켜내는 개념으로 이해할 수 있다. 세계는 지금 경제안보를 둘러싸고 치열한 전쟁을 벌이고 있다. 중국 국가안전부MSS는 수천 명의 외교관, 유학생, 기업가 등을 저인망식으로 활용해 각종 기밀을 수집하고 있으며, 일본도 민관 합동으로 경쟁국의 정보를 인수하는 데 골몰하고 있고, 미국 역시 국가안보장국NSA 등을 통해 우방국을 포함한 다른 나라의 경제정보를 수단방법을 가리지 않고 수집하고 있는 것으로 드러났다.

무엇보다도 세계의 경제 환경은 1995년 세계무역기구WTO의 출범과 더불어 국경 없는 자유경쟁시대 도래 이후부터 시작되었으며, 경제시장의 국경이 없어지면서 기존 지정학적 경제환경에서 국가경쟁력, 첨단기술 보유 등 경제질서에 따라 국제적 주도권을 확보하게 되는 지경학적 경제환경으로의 변화가 이루어지고 있다.

이러한 환경에서 세계 각국은 경쟁에서 우위를 차지하기 위해 생산요소, 상품, 인력, 자본 및 기술 등의 상호 교류를 확대시켜 왔고, 세계화와 정보화의 진전에 따른 상호의존성 증대로 인해 국가 간 협력의 가능성이 높아짐과 동시에 마찰과 갈등의 소지를 증가시켜왔다. 특히 경제분야에서 나타나는 지역별·국가별 불균형 확대, 한 국가의 금융 재정 위기가 다른 나라에 미치는 파급영향, 시장개방과 지적 재산권 보호에 관련된 분쟁 등으로 인해 국제경제의 불안정성이 점차 커지는 추세를 보이고 있다.

이러한 세계경제의 불안정성은 지구촌의 빈곤, 자원고갈, 테러리즘, 기후변화, 환경오염, 재해 등과 결합하여 더 큰 위험요소로 증폭됨으로써 개별 국가의 안보에 영향을 미치고, 지역분쟁, 외교적 갈등, 자원민족주의 등으로 인해 세계적으로 자원과 에너지 시장의 변동성 등 더욱 큰 갈등을 야기하고 있다. 특히 셰일가스, 해양광물 등 신종 자원개발을 위한 경쟁, 희소 금속류에 대한 전략적 통제 강화, 신재생에너지 사용 확대 등 에너지 자원을 둘러싼 경쟁이 심화되어 미래의 안보위협으로 부상할 가능성이 있으며, 보편적 인권에 대한 인식 차이, 국제 사회의 규범 준수 여부, 상대국의 반정부 세력 지원 등으로 인해 국가 간에 갈등이 발생하고 있다.

한국은 경제발전 초기단계부터 해외에서 원자재와 상품을 수입하여 국내에서 가공, 수출하는 공업화 전략을 추진해 왔으며, 해외자본 및 해외 기술에 의존한 경제발전 전략을 추진하여 왔다. 특히 1997년 국제통화기금의 관리체제를 거치면서 해외자본의 유입과 외국인의 직접투자가 증가가 국가 기간산업의 경영권을 위협하고 있다는 점에서 경제가 국가의 존립에 지대한 영향을 미친다는 점을 인식하고 2000년도 이후부터 경제안보의 개념이 논의되었으며, 포괄안보시대에 접어들면서 다시금 그 중요성이 회자되고 있다.

2010년 이후 정부는 ICT 산업과 신산업, 신시장 개척, 경제외교 등을 주력으로 경제활성화를 추진하고 있으며, 특히 주력 기술산업인 ICT Information and Communications Technologies의 2013년 전체사업총괄 수입 441조는 2015년 기준 우리나라 국가 예산인 382.4조보다 약 115%, GDP의 30%를 상회하는 부가가치를 나타내고 있다는 점에서 기술산업의 중요성이 더욱 높아져 가고 있다는 점을 시사하고 있다.

국제적인 평가를 살펴보면 UN 산하 국제전기 통신연합 기구인 ITU International Telecommunication Union는 ICT에 대한 접근성, 이용도, 활용력 등의 지표를 활용하여 각 국의 ICT 발전정도 및 정보격차를 평가하는 지수인 ICT 국제지수를 발표하는데, 우리나라는 2010~2013년 1위, 2014년 2위로 평가되고 있으며, 세계경제포럼 WEF: World Economic Forum에서는 2014년 144개국 국가 경쟁력 평가에서 우리나라

의 국가경쟁력은 26위, 기술수용성은 25위, 혁신 분야는 17위로 평가하였고,

스위스 국제경영개발원IMD: International Institute for Management Development에서는 60개국 중 우리나라는 국가경쟁력 25위, 과학인프라 6위, 기술인프라 13위로, 세부 평가요인인 지식 재산권의 보호정도(41위 → 27위), 과학연구 수준이 국제적 기준보다 높은 정도(26위 → 19위), 연구개발투자, 연구개발인력, 특허 관련 지표는 꾸준히 높은 순위를 차지하며, 사이버보안이 기업에서 적절히 다루어지는 정도(58위 → 39위), 첨단 기술제품수출 관련 지표가 강점 영역으로 평가하고 있다는 점을 확인할 수 있다.

대외경제 의존도가 높은 우리나라의 경우 경제적 안정과 지속적인 성장을 위해서는 경제외교와 안보의 중요성이 특히 중요한 요인 중 하나이며, 청와대에서 발표한 국가안보전략을 기초로 정부가 추진하는 양자·다자간 경제외교를 적극적으로 전개하여 새로운 성장동력을 발굴하고, 기업의 해외진출 지원과 투자유치, 시장개척, 그리고 우호적인 대외경제 여건 조성에 주력한다는 점 또한 경제안보의 중요성을 더욱 부각시키고 있다.

또한 기술산업이 발전해 감에 따라 경제안보의 위협 요인으로 지목되고 있는 산업스파이 범죄가 증가하고 있으며, 산업기밀보호센터(2015)의 자료에 의하면 2010~2014년간 기술유출 건수는 총 438건, 기술유출 피해업체의 예상 피해액은 연평균 약 50조원으로 2014년 GDP 기준 3%에 이르고 있다는 점과, 매년 기술유출 범죄가 증가하고 있는 추세를 볼 때 경제안보적 측면에서 기술개발 뿐 아니라 핵심인력, 기술유출의 방지에 대한 필요성이 증대되어가고 있는 실정이다. 분야별 해외 기술유출 현황을 살펴보면, 2010~2014년간 정밀기계 분야 34%, 전기전자 26%, 정보통신 14% 등 우리 경제의 주력산업 분야가 표적이 되고 있음을 알 수 있다. 특히 우려해야 하는 점이 최근 핵심기술의 해외유출의 60% 가량이 중국으로 빠져나가고 있다는 사실이다. 중국의 기술력이 급성장하고 해외 수출에 있어서 우리 전략 수출 종목과 유사하다는 점에서 문제의 심각성이 있는 것이다.

세계 각국도 이러한 흐름에 맞추어 법, 제도적 제·개정을 통해 기술유출방지활동을 실시하고 있다. 미국의 경우 산업기술 유출범죄에 대해 형사적 성격을 띠는 경제스파이법을 1996년도에 제정하였고, 이러한 경제스파이 법의 모체가 된 민사적 성격의 통일영업비밀보호법 제·개정, 수출을 통한 기술유출 방지를 골자로 하는 기술수출관리법과 수출관리 규정, M&A 등을 통한 기술유출방지를 목적으로 하는 엑슨-플로리로 법, 외국인투자 및 국가안보법FINSA 제정 등 기술개발뿐 아니라 기술보호의 중요성까지 인식하여 대대적인 활동에 나서고 있는 실정이다. EU의 경

우 영업비밀 지침안^{TSP}을 검토하고, 독일의 경우 1986년 부정경쟁방지법 제정과 수출통제를 목적으로 하는 전쟁무기 관리법을 제정하였고, 대외경제법 등을 제정하고 있으며, 일본의 경우에도 부정경쟁 방지법, 외환 및 외국무역법을 제정하고, 최근 강대국으로 부상하고 있는 중국의 경우 반부정당경쟁법의 제정과 대외무역법, 2014년 국가안전법을 개정한 반간첩법 등을 제개정하며 세계적인 흐름에 발맞춰 가고 있는 실정이다. 특히 중국의 경우 외국의 투자와 기술유치를 적극적으로 실시하며, 반대로 자국의 기술이 해외로 나가는 것을 방지하는 전략을 사용하고 있으며, 기술선진국인 미국과 일본, 한국 등에 M&A를 통한 인수합병, 인력매수, 해외체류 자국인 포섭 등 다양한 방법으로 기술유출을 시도하고 있다. 최근에는 반도체 굴기를 선언한 중국이 삼성전자, SK하이닉스 임원들에게 기존 연봉의 2~5배를 제시하며 인력 스카우트에 나서고 있으며, 기존 전기·전자, 정보통신, 반도체 등의 분야뿐 아니라 군사기술 유출에도 많은 시도를 하고 있는 추세이다.

제2장

───────

산업보안
관계법

제1절
산업보안관계법의 개념과 체계

1. 개념

산업보안관계법은 산업적 가치가 높은 기술 및 관련된 경영상의 정보를 보호하는 법규의 총체이다. 산업보안관계법의 대표적인 법률인 「산업기술의 유출방지 및 보호에 관한 법률」(이하, "산업기술보호법"이라 한다.)은 산업기술을 "제품 또는 용역의 개발·생산·보급 및 사용에 필요한 제반 방법 내지 기술상의 정보 중에서 관계중앙행정기관의 장이 소관 분야의 산업경쟁력 제고 등을 위하여 법률 또는 해당 법률에서 위임한 명령에 따라 지정·고시·공고·인증하는 기술"로 정의하고 있다. 그러나 산업보안의 대상은 산업기술 외에도 방위산업기술, 중소기업기술 등 산업적 가치가 높은 기술이 포함될 뿐만 아니라 산업적·경제적 가치를 지닌 경영상의 정보도 포함된다.

산업보안관계법은 "보안"이라는 용어에서 알 수 있듯이 보호대상의 대부분은 영업비밀trade secret과 같이 비밀의 형태로 존재하며 산업스파이 등에 의해서 부정 유출되는 것을 규제한다. 그러나 「산업기술보호법」상 국가핵심기술과 같이 수출통제의 대상이 되는 기술들은 반드시 비밀의 형태로만 존재하지 않고 특허와 같이 공개된 정보로도 존재한다. 예를 들어, 방위산업기술 또는 국가핵심기술이 해외로 유출되어 적성국이나 경쟁국 정부 또는 연관된 기업의 손에 들어갈 경우에는 국가안보와 국민경제에 중요한 악영향을 줄 수 있기 때문에 그 형태가 영업비밀이든 특허든 모두 대상이 된다.

산업보안은 산업 전체적으로 적용 가능한 법률과 함께 국방, 금융, 에너지, 문화 등 산업 분야별 특성을 고려한 법률로 나눌 수 있다. 후자의 경우에는 전자에 대해 특별법적 지위를 가지게 된다. 그리고 산업보안은 때때로 무역분쟁으로 이어져 국가 차원의 무역제재(세관통제, 미국 통상법 301조 및 무역확장법 제232조 등)로 이어지는 일도 있으며, 또한 개별기술의 수출통제뿐만 아니라 기업 자체의 인수합병에 대한 통제를 하기도 한다.

2. 체계

산업보안관계법은 직접적 기술보호법과 간접적 산업보안법으로 나눌 수 있다. 전자에는 「산업기술보호법」, 「부정경쟁방지 및 영업비밀보호에 관한 법률」(이하, "영업비밀보호법"이라 한다.), 「중소기업기술 보호지원에 관한 법률」, 「방위산업기술 보호법」이 있고, 이 법들은 기술보호를 주요 내용으로 다루고 있으며, 대부분 규제적 성격을 띠고 있으나 중소기업기술보호법은 지원적 성격을 가진다.

한편 후자에는 「발명진흥법」, 「외국인투자촉진법」, 「정보통신망법」, 「정보통신기반보호법」, 「대·중소기업 상생협력 촉진에 관한 법률」, 「지식재산권법」, 「형법」 등이 있다. 간접적인 산업보안법들은 기술보호를 직접적·주요하게 다루고 있지 않지만, 해당 법률에서 기술보호와 관련된 일부 제도를 규정하고 있거나 기술보호 지원을 위한 보안정책 및 법적 지원을 규정하고 있다.

표 2-1 _ 산업보안관계법의 체계

구분		주요 내용
직접적기술보호법	산업기술보호법(산업부)	• 산업기술보호에 관한 종합계획 수립 • 국가핵심기술의 지정 및 수출 신고/승인, M&A 신고 • 산업기술의 부정 취득 등 금지
	영업비밀보호법(특허청)	• 영업비밀 보호(기업, 개인, 공공기관 포함) • 영업비밀의 부정 취득 등 금지 및 처벌
	중소기업기술 보호지원에 관한 법률(중소벤처기업부)	• 중소기업기술 보호에 관한 종합계획 수립 • 기술자료 임치제도 활용 지원, 전담기관 설치 등 각종 지원 • 침해에 대한 행정조사 및 중소기업기술분쟁 조정·중재 제도
	방위산업기술 보호법 (국방부/방사청)	• 방위산업기술보호에 관한 종합계획 수립 • 방위산업기술 지정 및 대상기관의 보호체계 구축 및 지원 • 불법적인 기술유출 발생 시 처벌

구 분		주요 내용
간접적 산업보안법	발명진흥법(특허청)	• 직무발명제도 • 사용자에 의한 직무발명 권리 승계와 개발자 보상
	대외무역법(산업부)	• 전략물자에 대한 수출 통제
	국가연구개발사업의 관리규정 (과기정통부)	• 국가연구개발 사업의 보안, 성과물 보호 등
	외국인투자 촉진법(산업부)	• 국가안보 위해와 관련된 외국인투자를 제한
	대 · 중소기업 상생협력 촉진법 (산업부/중기벤처부)	• 기술자료 임치제도(기술탈취 방지) • 정당한 이유 없는 기술자료 요구 금지
	방위사업법(국방부)	• 국방과학기술의 진흥과 국산화 • 방산물자 및 국방과학기술의 수출통제
	지식재산권법 (다수 부처)	• 특허 · 실용신안, 디자인, 상표, 저작권 • 반도체배치설계, 콘텐츠, 신품종 등 신지식재산
	형법(법무부)	• 절도죄/업무상 배임 · 횡령죄/증거인멸죄 등
	정보통신망법 (방송통신위원회)	• 정보통신망의 이용촉진, 정보통신서비스 이용자의 개인정보를 보호, 정보통신망의 건전하고 안전한 이용 환경 조성
	정보통신기반보호법 (과기정통부)	• 전자적 침해행위 대비, 주요정보통신기반시설의 보호에 관한 대책 수립
	통신비밀보호법 (법무부/과기정통부)	• 통신 및 대화의 비밀과 자유에 대한 제한은 그 대상을 한정하고 엄격한 법적 절차를 거치도록 함

제2절
기술보호 관련 법

1. 산업기술보호법

1) 제정배경

2000년도 들어 산업기술의 불법 해외유출이 심각한 수준이었으나 당시 '(구)「영업비밀보호법」(2013년 7월 개정 전 법률)'의 처벌대상이 민간기업 비밀누설의 경우로 한정되어 있고, 각종 법률에 산재하여 있는 관련 규정으로는 산업기술유출 방지 및 근절에 큰 효과를 내지 못하자 정부는 2006년 10월 「산업기술의 유출방지 및 보호에 관한 법률」을 제정하여 국내 핵심기술 등 산업기술을 보호하여 국가안전 및 국민경제의 안정을 도모하고자 하였다. 이 법 제정 이전에는 대학 및 정부출연 연구기관 등에서 단독으로 또는 산학협력을 통하여 공동으로 개발한 첨단기술이 유출되는 사례가 발생하더라도 비영리기관은 영업활동을 하는 기업이 아니므로 (구)「영업비밀보호법」상의 보호범위에서 제외되는 문제가 있었다. 또한 당시에는 「영업비밀보호법」과 같이 사후 규제적 법률만 존재할 뿐 기술보호를 위한 종합적이고 체계적인 정부계획을 수립하여 추진하기 위한 법적 기반이 미흡하였다. 「산업기술보호법」은 정부로 하여금 종합적인 기술보호 계획을 수립하도록 하고 기술유출을 사전에 예방하기 위한 각종 지원책을 포함하도록 하였다.

2) 보호대상

「산업기술보호법」은 '산업기술' 및 '국가핵심기술'을 그 보호대상으로 하고 있다.

가. 산업기술

"산업기술"이라 함은 제품 또는 용역의 개발·생산·보급 및 사용에 필요한 제반 방법 내지 기술상의 정보 중에서 관계중앙행정기관의 장이 소관 분야의 산업경쟁력 제고 등을 위하여 법률 또는 해당 법률에서 위임한 명령(대통령령·총리령·부령에 한정)에 따라 지정·고시·공고·인증하는 다음 각 목의 어느 하나에 해당하는 기술을 말한다.

가. 제9조에 따라 고시된 국가핵심기술

나. 「산업발전법」 제5조에 따라 고시된 첨단기술의 범위에 속하는 기술

다. 「산업기술혁신 촉진법」 제15조의2에 따라 인증된 신기술

라. 「전력기술관리법」 제6조의2에 따라 지정·고시된 새로운 전력기술

마. 「환경기술 및 환경산업 지원법」 제7조에 따라 인증된 신기술

바. 「건설기술 진흥법」 제14조에 따라 지정·고시된 새로운 건설기술

사. 「보건의료기술 진흥법」 제8조에 따라 인증된 보건신기술

아. 「뿌리산업 진흥과 첨단화에 관한 법률」 제14조에 따라 지정된 핵심 뿌리기술

자. 그 밖의 법률 또는 해당 법률에서 위임한 명령에 따라 지정·고시·공고·인증하는 기술 중 산업통상자원부장관이 관보에 고시하는 기술

나. 국가핵심기술

국가핵심기술이란 "국내외 시장에서 차지하는 기술적·경제적 가치가 높거나 관련 산업의 성장 잠재력이 높아 해외로 유출될 경우에 국가의 안전보장 및 국민경제의 발전에 중대한 악영향을 줄 우려가 있는 기술로서 법 제9조의 규정에 따라 지정된 것을 말한다."(법 제2조 2호) 국가핵심기술은 산업기술의 일종인데 그 범위와 관련하여 타법에 따라 국가핵심기술이 관계 중앙행정기관의 장이 지정·고시하는 산업기술 중에서 국가핵심기술을 제9조에 따라 지정하는 것인지, 아니면 지정·고시와 관계없이 기술적·경제적 가치가 높은 기술들 중 해외 유출시 국가안보 등에 중대한 영향을 줄 수 있는 기술을 법 제9조에 따라 지정한 산업기술인지가 문제된다. 국가안보 및 국민경제 수호라는 법의 목적을 충분히 달성하기 위해서는 국가핵심기술의 범위를 타 법률에 따라 지정·고시 등이 된 산업기술로 한정하여 지정하지 않고 기술적·경제적 가치가 높고 해외 유출 시 국가안보 등에 중대한 영향을 줄 수

있는 기술이라면 모두 국가핵심기술의 후보가 될 수 있는 것으로 보는 것이 타당하다.[39]

한편 특허와 같이 공개된 기술도 국가핵심기술이 될 수 있는지가 문제된다. 「산업기술보호법」의 적용을 받는 많은 기술들이 비밀로 유지되고 있는 기술이라고 할 수 있지만 특허기술과 같이 공개된 것을 보호대상에서 배제하는 것은 아니다. 특히 동법 제11조에서 국가핵심기술의 수출을 통제하고 있는데, 그 이유는 국가핵심기술의 해외 유출이 국가안전보장과 국민경제에 지대한 영향을 줄 수 있는 경우를 사전에 예방하기 위한 것이다. 예를 들면, 통신 관련 최신의 국가핵심기술이 특허권 양도에 의해서 중국, 인도 등 외국 정부의 영향을 받는 해외 공기업에게 이전되어 향후 우리나라 국가안보는 물론 통신시장의 경쟁력에 중대한 영향을 줄 것이 우려되는 경우라면 마땅히 동법 제11조에 의해서 통제를 해야 할 것이다.

3) 산업기술 보호를 위한 종합지원 체계

가. 산업기술의 유출방지 및 보호에 관한 종합계획 수립 · 시행

산업통상자원부장관은 관계 중앙행정기관의 장과 협의한 후 산업기술보호위원회의 심의를 거쳐 산업기술의 유출방지 및 보호에 관한 종합계획을 3년마다 수립 · 시행하여야 한다(법 제5조, 시행령 제2조). 관계 중앙행정기관의 장은 이 종합계획에 따라 세부계획을 수립 · 시행하여야 한다(법 제6조). 종합계획은 산업기술의 유출방지 및 보호에 관한 기본목표와 단계별 추진방안, 기반구축, 연구개발, 정보수집 · 분석, 국제협력, 교육 · 홍보 등 사항을 포함하도록 규정하고 있다.

나. 산업기술보호위원회

산업기술의 유출방지 및 보호에 관한 사항을 심의하기 위하여 산업통상부장관 소속으로 산업기술보호위원회를 두고 있다(법 제7조 제1항). 동 위원회는 처음에 국

---

[39] 손승우, 「지식재산권법의 이해」(개정판), 동방문화사, 2017, pp.360-361 참조. 2011년 7월 25일 개정법률 전에는 국가핵심기술을 "… 국내외 시장에서 차지하는 기술적 · 경제적 가치가 높거나 … 유출될 경우에 … 중대한 악영향을 줄 우려가 있는 산업기술로서 제9조의 규정에 따라 지정된 산업기술을 말한다."고 정의하고 있어서, 타법에 따라 관계 중앙행정기관의 장에 의해서 지정 · 고시하는 산업기술 중에서 국가핵심기술을 지정하는 것인지, 아니면 지정 · 고시와 관계없이 기술적 · 경제적 가치가 높은 기술들 중 해외 유출시 국가안보 등에 중대한 영향을 줄 수 있는 기술을 법 제9조에 따라 지정한 산업기술을 말하는지 분명하지 않았다.

무총리소속하에 설치하였으나 2013년 8월 22일 산업통상자원부장관 소속으로 이관되었다. 동 위원회는 산업기술의 유출방지 및 보호에 관한 종합계획의 수립·시행, 국가핵심기술의 지정·변경 및 해제, 국가핵심기술의 수출, 국가핵심기술을 보유하는 대상기관의 해외인수·합병등에 관한 사항(법 제11조의2) 등에 관한 사항을 심의한다(법 제7조). 산업기술보호위원회는 위원장인 산업통상자원부장관을 포함한 25인 이내의 위원으로 구성하며, 위원 중에는 관계중앙행정기관의 차관·차장, 정보수사기관의 장이 지명하는 자, 관련 분야에 학식과 경험이 풍부한 자로서 위원장이 성별을 고려하여 위촉하는 자 등에 해당하는 자가 5인 이상 포함되어야 한다(법 제7조 제2항).

다. 보호지침 및 실태조사

산업통상자원부장관은 산업기술을 보유한 기업·연구기관·전문기관·대학 등이 활용할 수 있도록 하기 위하여 산업기술의 유출 및 보호를 위하여 필요한 사항을 관계 중앙행정기관의장과 협의한 후 보호지침으로 제정하여 보급하고 있다(법 제3조). 2017년 2월 제정된 '산업기술보호지침 및 매뉴얼'에는 산업기술보호 자가진단, 기술유출 및 침해 예방방법, 연구개발 보안관리, 기술계약 시 보호방법, 해외 진출기업의 기술유출 방지, 침해 대응활동, 해외 전시회 제품보안 등에 있어서 구체적인 절차와 기준을 제시하고 있다.

그림 2-1 _ 국가핵심기술 보호 체계

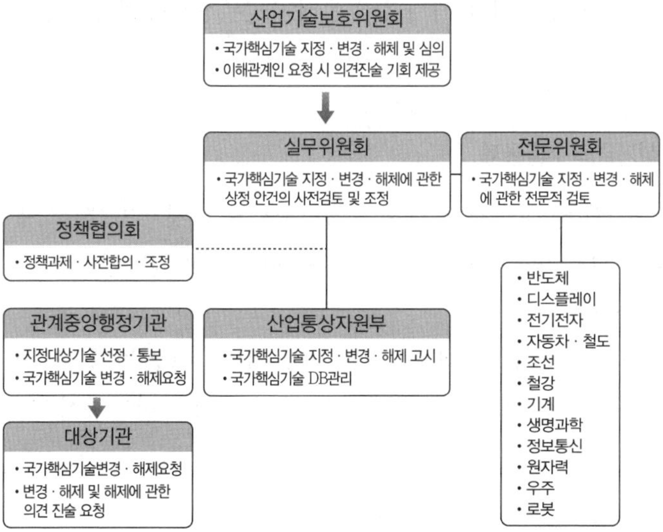

한편 산업통상자원부장관은 필요한 경우 대상기관의 산업기술의 보호 및 관리 현황에 대한 실태조사를 실시할 수 있다(법 제17조 제1항). 앞에서 언급한 보호지침은 대상기관이 기술보호를 적절히 수행하고 있는지를 판단하는 기준을 제시해 준다고 볼 수 있다.

4) 국가핵심기술의 지정과 수출통제

가. 국가핵심기술의 지정

산업통상자원부장관은 관계 중앙행정기관의 장으로부터 그 소관의 국가핵심기술 지정대상기술을 통보받아 산업기술보호위원회의 심의를 거쳐 '필요 최소한의 범위'에서 국가핵심기술로 지정할 수 있다(법 제9조 제1항). 지정된 국가핵심기술은 산업통상자원부장관에 의해 고시된다(법 제9조 제4항). 주의해야 할 것은 동법은 국가핵심기술을 지정할 뿐 이를 보유하고 있는 대상기관을 지정하는 것이 아니다.[40] 국가핵심기술을 지정할 때에는 해당 기술의 글로벌 경쟁력과 산업성장 주기뿐만 아니라 국가안보 및 국민경제에 미치는 파급효과, 시장점유율, 해당 분야의 연구동향 및 기술 확산과의 조화 등을 종합적으로 고려한다(법 제9조 제2항). 국가핵심기술은 현재 산업기술보호위원회 심의를 거쳐 반도체, 조선, 철강, 정보통신, 원자력 등 12개 분야에서 64개 기술이 지정되어 있다(산업통상자원부 고시 제2018-4호). 한편 대상기관은 해당 기관이 보유하고 있는 기술이 국가핵심기술에 해당하는지에 대한 판정을 대통령령으로 정하는 바에 따라 산업통상자원부장관에게 신청할 수 있다(법 제9조 제6항).

나. 국가핵심기술의 수출통제

국가핵심기술의 해외 수출은 크게 '승인'이 필요한 경우와 '신고'가 필요한 경우로 나누어진다. 그 구별은 국가로부터 연구개발비를 지원받아 개발한 것인지 아닌지에 따라 달라진다.

먼저, 대상기관이 국가로부터 연구개발비를 지원받아 개발한 국가핵심기술을 해외 매각, 기술이전 등의 방법으로 수출하고자 하는 경우 산업통상자원부장관의 승

---

(40) 손승우, 「지식재산권법의 이해」(개정판), p.366.

인을 얻어야 하며(법 제11조 제1항), 산업통상자원부장관은 승인을 얻지 아니하거나 부정한 방법으로 승인을 얻어 국가핵심기술을 수출한 경우에는 그 국가핵심기술의 수출중지 · 금지 · 원상회복 등의 조치를 명할 수 있다(법 제10조 제7항). 이러한 국가핵심기술의 수출 승인 여부를 판단함에 있어서 국가안보뿐만 아니라 국민경제적 파급효과 등을 종합적으로 검토한다. 현재까지 접수된 승인 건 대부분은 통상적이고 합법적인 기술거래에 해당하여 거의 대부분을 승인하였다.

둘째, 대상기관이 보유 · 관리하고 있는 승인대상이 아닌 국가핵심기술을 해외 매각 · 기술이전 등의 방법으로 수출하고자 하는 경우에는 사전에 산업통상자원부장관에게 신고하여야 한다(법 제11조 제4항). 이와 같이, 순수 민간 국가핵심기술에 대해서는 승인이 아닌 신고사항으로 규정하고 그 수출통제 기준으로 "국가안보"와 관련성만을 검토하며, 산업통상자원부장관에게 사전검토를 신청할 수 있다(법 제11조 제6항). 산업통상자원부장관은 신고대상인 국가핵심기술의 수출이 국가안보에 심각한 영향을 줄 수 있는 경우 또는 신고하지 아니하거나 허위로 신고하고 국가핵심기술을 수출한 경우에는 그 국가핵심기술의 수출중지 · 금지 · 원상복귀 등의 조치를 취할 수 있도록 하였다(법 제11조 제7항).

그림 2-2 _ 국가핵심기술의 수출승인 및 신고절차

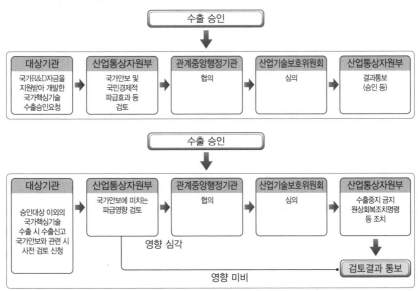

• 국가연구개발비를 지원받은 경우: 수출승인
• 국가연구개발비를 지원받지 않은 경우: 수출신고

다. 국가핵심기술을 보유하는 대상기관의 해외인수합병 규제

국가핵심기술의 유출은 불법적인 방법 외에도 국가핵심기술을 보유한 국내기업의 해외인수 · 합병M&A, 합작투자 등에 의해서도 발생한다. 2011년 개정 산업기술보호법은 외국인투자를 위축시키지 않는 범위에서 국가핵심기술의 해외유출을 목적으로 한 외국인 투자를 사전에 방지 · 차단할 수 있는 최소한의 법적 장치를 마련하였다.[41]

동법 제11조의2 제1항은 "국가로부터 연구개발비를 지원받아 개발한 국가핵심기술을 보유한 대상기관이 대통령령으로 정하는 해외 인수 · 합병, 합작투자 등 외국인투자를 진행하려는 경우에는 산업통상자원부장관에게 미리 신고하여야 한다."고 규정한다. 동조는 앞서 설명한 제11조와 달리 해외투자 위축을 최소화하기 위하여 신고대상을 '국가핵심기술' 가운데 국가로부터 연구개발비를 지원받아 개발한 국가핵심기술을 보유한 대상기관으로 제한하고 있다.

동조 제2항은 사전신고와 함께 사후신고 의무를 부과하고 있다. 사후신고는 원칙적으로 대상기관뿐만 아니라 인수 · 합병 등을 하려는 외국인에게도 부여되어야 하지만 해외투자 위축을 고려하여 대상기관의 사후신고의무를 규정하고 있다. 또한 산업통상자원부장관은 제1항 및 제2항에 따른 국가핵심기술의 유출이 국가안보에 심각한 영향을 줄 수 있다고 판단하는 경우에는 관계 중앙행정기관의 장과 협의한 후 위원회의 심의를 거쳐 해외인수 · 합병 등에 대하여 중지 · 금지 · 원상회복 등의 조치를 명할 수 있다(동조 제3항). 그리고 해외인수 · 합병 등을 진행하려는 자가 해당 해외인수 · 합병 등이 신고대상이 되는지 등 의문이 있는 때에는 산업통상자원부장관에게 미리 검토하여 줄 것을 신청할 수 있다(동조 제4항).

5) 산업기술 유출 및 침해행위 규제 및 분쟁조정

가. 산업기술 유출 및 침해행위 금지

부정한 방법으로 타인의 산업기술을 취득 · 사용 · 공개하는 행위를 금지하고, 산

---

(41) 2007년에 제정된 미국 「외국인투자 및 국가안보에 관한 법률(Foreign Investment and National Security Act, FINSA)」의 경우에도 해외 자본에 의한 미국 기간산업 인수 · 합병 등 거래 시 거래자의 자율적 신고를 원칙으로 정하고 있다. 이와 관련된 자세한 내용을 위하여, 손승우, "산업기술 유출형 M&A에 대한 규제방안", 「법학연구」 제20권 제2호, 충남대학교 법학연구소, 2009.12.30. 참조.

업기술에 대한 비밀유지의무가 있는 자가 그 산업기술을 유출·사용·공개하거나 제3자가 사용하게 하는 행위를 금지하고 있다(법 제14조 제1호, 제2호). 또한 이러한 부정 유출행위가 개입된 사실을 알거나 또는 중대한 과실로 알지 못하고 그 산업기술을 취득·사용 및 공개하거나, 산업기술을 취득한 후에 그 산업기술에 대하여 부정한 유출행위가 개입된 사실을 알고 또는 중대한 과실로 알지 못하고 그 산업기술을 사용하거나 공개하는 행위도 금지한다(법 제14조 제3호, 제4호).

또한 법 제11조 제1항의 규정에 따른 승인을 얻지 아니하거나 부정한 방법으로 승인을 얻어 국가핵심기술을 수출하는 행위(법 제14조 제5호); 국가핵심기술을 외국에서 사용하거나 사용되게 할 목적으로 제11조의2 제1항 및 제2항에 따른 신고를 하지 아니하거나 거짓이나 그 밖의 부정한 방법으로 신고를 하고서 해외인수·합병 등을 하는 행위(법 제14조 제6호), 그리고 제34조 또는 대상기관과의 계약 등에 따라 산업기술에 대한 비밀유지의무가 있는 자가 산업기술에 대한 보유 또는 사용 권한이 소멸됨에 따라 대상기관으로부터 산업기술에 관한 문서, 도화圖畵, 전자기록 등 특수매체기록의 반환이나 산업기술의 삭제를 요구받고도 부정한 이익을 얻거나 그 대상기관에 손해를 가할 목적으로 이를 거부 또는 기피하거나 그 사본을 보유하는 행위(법 제14조 제6호의2) 등을 금지하고 있다.

나. 산업기술 유출행위 등에 대한 재제

산업기술을 부정한 방법으로 유출한 자에 대하여 해외유출의 경우 15년 이하의 징역 또는 15억 원 이하의 벌금에 처하며, 국내유출의 경우에는 7년 이하의 징역 또는 7억 원 이하의 벌금에 처하되, 징역형과 벌금형을 병과할 수 있으며, 미수범과 예비·음모한 자의 경우에도 처벌할 수 있다(법 제36조, 제37조).

표 2-2 _ 산업기술의 침해와 처벌

구분(제14조)	위반행위	처벌(제36조)
부정한 방법 침해(1호)	절취·기망·협박 등 부정한 방법의 취득·사용·공개 행위	[해외유출] 15년 이하의 징역 또는 15억 원 이하의 벌금
비밀유지의무 위반(2호)	비밀유지의무자의 부정한 방법에 의한 유출·사용·공개 행위	[국내유출] 7년 이하의 징역 또는 7억 원 이하의 벌금
취득자의 침해행위(3호)	제1호 또는 제2호의 부정한 행위를 알고 취득·사용·공개 행위	범죄행위로 얻은 재산 몰수 또는 추징, 징역과 벌금 병과 가능
국가핵심기술의 승인 없이 또는 부정한 승인으로 수출(5호)	정부 지원 국가핵심기술의 수출승인 없이 또는 부정한 승인으로 기술을 수출한 행위	

구분(제14조)	위반행위	처벌(제36조)
국가핵심기술의 수출 중지 등 명령 불이행(6호)	수출신고의 수출중지 등 조치명령 불이행, 부정승인·신고의 시정명령 불이행	[해외유출] 15년 이하의 징역 또는 15억 원 이하의 벌금
사용·보유 권한 소멸 후 삭제 또는 반환 요구를 받고도 이를 거부하는 행위(6호의2)	비밀유지의무가 있는 자가 산업기술에 대한 보유 또는 사용 권한이 소멸됨에 따라 대상기관으로부터 산업기술에 관한 문서, 도화(圖畵), 전자기록 등 특수매체기록의 반환이나 산업기술의 삭제를 요구받고도 부정한 이익을 얻거나 그 대상기관에 손해를 가할 목적으로 이를 거부 또는 기피하거나 그 사본을 보유하는 행위	[국내유출] 7년 이하의 징역 또는 7억 원 이하의 벌금 범죄행위로 얻은 재산 몰수 또는 추징, 징역과 벌금 병과 가능
중과실에 의한 침해행위(4호)	• 제1호·제2호의 부정행위를 중대한 과실로 알지 못하고 취득·사용·공개 행위 • 선의취득 후에 제1호·제2호의 부정행위를 중대한 과실로 알지 못하고 사용·공개하는 행위	3년 이하의 징역 또는 3억 원 이하의 벌금

다음 어느 하나에 해당하는 자는 1천만 원 이하의 과태료에 처한다(법 제39조).

> ① 제10조 제3항을 위반하여 국가핵심기술의 보호조치를 거부·방해 또는 기피하는 자
> ② 제15조 제1항의 규정에 따른 산업기술 침해신고를 하지 아니한 자
> ③ 제17조에 따른 산업기술보호 실태조사를 위한 자료요청에 특별한 사유 없이 응하지 않거나 허위로 자료를 제출한 자

다. 산업기술분쟁조정위원회 및 산업기술보호협회

산업기술의 유출에 대한 분쟁을 신속하게 조정하기 위하여 산업통상자원부장관 소속하에 산업기술분쟁조정위원회를 설치하도록 하였다(법 제23조). 한편 대상기관은 산업기술의 유출방지 및 보호에 관한 시책을 효율적으로 추진하기 위하여 산업통상자원부장관의 인가를 받아 산업기술보호협회를 설립하여, 산업기술보호를 위한 지원, 정책의 개발 및 협력, 교육, 연구, 실태조사 등의 업무를 하고 있다.

2. 영업비밀보호법

1) 영업비밀의 개념과 입법 취지

「부정경쟁방지 및 영업비밀보호에 관한 법률」에서는 '영업비밀'을 정의하고 있다. 즉, 영업비밀이란 "공공연히 알려져 있지 아니하고 독립된 경제적 가치를 가지는 것으로서 비밀로 관리된 생산방법, 판매방법 기타 영업활동에 유용한 기술상 또는 경영상의 정보를 말한다"(법 제2조 제2호). 따라서 영업비밀로서 보호받기 위해서는 ① 공공연히 알려져 있지 않을 것(비공지성), ② 비밀로서 관리되고 있을 것(비밀관리성), ③ 독립된 경제적 가치를 가진 것으로서 생산방법·판매방법 기타 영업활동에 유용할 것(경제적 유용성), ④ 기술상 또는 경영상의 정보이어야 한다.

이 법에 따라 보호받은 영업비밀은 기업은 물론 개인 및 비영리기관이 보유한 정보를 포함한다.[42] 따라서 기업이 보유한 영업비밀은 물론 개인 또는 대학 및 공공연구기관 등 비영리기관이 보유한 영업비밀도 보호대상이 된다.[43]

「영업비밀보호법」은 이러한 영업비밀을 절취, 기망, 협박 기타 부정한 수단으로 취득하거나(부정취득), 근로계약 등에 의해 비밀유지 의무가 있는 자가 재직 중 또는 퇴직 후에 부정이익을 얻을 목적으로 영업비밀을 사용·공개하는 행위(비밀유지의무 위반)를 침해행위로 규정하고 있다. 영업비밀 침해행위에 대하여 동법은 손해배상 청구, 금지·예방청구 및 강력한 형사처벌 등을 통하여 구제를 받을 수 있도록 하고 있다.

> **┃ 특허와 영업비밀의 차이**
>
> 특허는 일정한 절차(출원)와 심사를 거쳐 획득되고 제한된 기간 동안 독점배타적 권리를 부여하고 그 보호기간이 만료된 이후에는 일반 공중이 이를 자유롭게 사용할 수 있도록 하고 있다. 따라서 특허권자는 정당한 권원 없이 제3자가 특허발명

---

(42) 2013년 7월 30일 개정 「영업비밀보호법」에 이전에는 이 법에 의해 보호받는 영업비밀은 기업 등 영리활동을 하는 법인이 보유한 것으로 한정되었다.

(43) 2013년 7월 30일 이전의 「부정경쟁방지 및 영업비밀보호에 관한 법률」 제18조 제1항에서는 "부정한 이익을 얻거나 기업에 손해를 입힐 목적으로 그 기업에 유용한 영업비밀을 외국에서 사용하거나 외국에서 사용될 것임을 알면서 취득·사용 또는 제3자에게 누설한 자는 10년 이하의 징역 또는 그 재산상 이득액의 2배 이상 10배 이하에 상당하는 벌금에 처한다."고 규정하고 있어서 영업비밀 침해에 대한 형사처벌 대상을 기업으로 한정하고 있음을 알 수 있다. 개정 법률에서는 영업비밀의 주체로서 기업을 삭제하고 "영업비밀보유자"로 규정하게 되었다.

을 업으로서 실시하는 것에 대하여 민·형사적인 조치를 취할 수 있다. 또한 특허는 출원 후 18개월이 지나면 공개되지만 특허권 획득 이후에는 강력한 권리로 무단 사용을 제한할 수 있다.

반면 영업비밀은 사실상의 재산de facto assets으로서 비밀로 유지하고 있는 상태 자체이므로 「영업비밀보호법」은 영업비밀에 대하여 어떤 권리를 부여하지 않으며, 다만 영업비밀을 부당한 방법으로 침해하는 행위에 대하여 불법행위에 대한 채권적 지위를 발생시킨다.[44] 따라서 영업비밀은 이를 보유하고 있는 기업 스스로가 적극적으로 비밀로서 유지·관리할 것이 요구되며 부정한 수단에 의한 취득이나 비밀유지의무 위반의 경우에 법원에 구제청구가 가능하다. 이점에서 영업비밀은 특허권, 실용신안권 등 지식재산권과 달리 독점배타적 권리를 가지지 못한다.

한편 특허권은 그 설정등록이 있는 날로부터 출원일 후 20년간 보호기간을 가진다. 이 기간이 경과되면 만인의 공유public domain가 되어 누구나 자유롭게 이를 사용할 수 있다. 영업비밀은 그 자체가 비밀로서 유지되고 경제적 가치를 지니는 이상 보호기간의 제한을 받지 않고 독점적으로 이를 이용할 수 있다. 또한 특허는 기술에 관한 것만이 보호대상이 되는 반면, 영업비밀은 공공연히 알려져 있지 아니한 기술상 정보뿐만 아니라 경영상의 정보까지 보호대상으로 한다.

2) 영업비밀의 종류

영업비밀로서 보호받을 수 있는 대상은 크게 "기술상의 영업비밀"과 "경영상의 영업비밀"로 나눌 수 있다.

가. 기술상의 영업비밀

기술적인 노하우나 산업상 기술이 보호대상이며, 구체적으로 시설 및 제품의 설계, 물건의 생산방법 및 제조방법, 공식, 실험데이터, 컴퓨터프로그램 등 정보가 해당된다. 예를 들면, 제품 및 장비가 모두 영업비밀이라고 볼 수 없지만 제품개발에 합리적인 노력과 비용이 투자되고 해당 업계에 널리 알려지지 않은 것으로서 역공정Reverse engineering에 의해서 용이하게 그 내용을 파악할 수 없는 것이라면 영업비밀

---

(44) 황의창·황광연, 「부정경쟁방지 및 영업비밀보호법」, 세창출판사, 2009, p.165.

로서 보호받을 수 있다.[45]

또한 연구개발과정, 결과보고서 및 연구에 사용된 데이터 등도 영업비밀의 보호대상이 될 수 있는데, 주의할 것은 연구에 성공하지 못하고 실패한 자료라도 경제적 유용성을 갖는 것이라면 영업비밀로서 보호받을 수 있다. 또한 컴퓨터프로그램은 일반적으로 저작권법으로 보호받고 있으나 영업비밀에 의해서도 보호받을 수 있다. 저작권법은 프로그램상의 '표현', 즉 원시코드를 보호하고 있지만 '아이디어'에 해당하는 알고리즘, 해법 등은 보호하지 않는다. 그러나 영업비밀에 의해서는 이러한 아이디어(알고리즘) 및 관련 기술자료도 보호대상이 될 수 있다.

나. 경영상의 영업비밀

경영상의 영업비밀에는 회사의 중장기 또는 단기 사업계획 및 주요전략, 재무, 생산예측, 주요 매뉴얼, 원가, 고객명부, 중요 인사정책, 제조비용견적 등에 관한 정보가 해당된다. 예를 들면, 고객명부는 영업활동에 중요한 정보로서 영업비밀의 보호대상이 된다. 그러나 영업비밀로 보호받기 위해서는 경쟁사가 보유하지 못함으로써 경쟁 우위를 유지해 주는 정도의 경제적 가치가 있어야 하며, 또한 합리적인 노력으로 경쟁기업이 알 수 없는 상태를 유지해야 한다.[46]

또한 기업의 중·단기 계획이나 경영전략, 신상품의 개발 및 판매계획, 투자계획, M&A 계획 등도 경쟁관계에 영향을 미치는 중요한 정보이므로 영업비밀의 보호대상이 된다. 한편 기업이 독자적으로 소유하고 있는 영업상 아이디어도 영업비밀의 대상이 될 수 있지만 마케팅 개념concept이나 상품에 관한 아이디어는 성질상 마케팅이 개시되는 순간 일반에게 알려지게 되므로 영업비밀로 보호받기 어렵다.(허드슨 호텔사 v. 초이스 호텔사 사건, 1993.6. (2nd Cir.))

3) 영업비밀로 보호받기 위한 요건

가. 비공지성

영업비밀로 보호받기 위해서는 영업비밀이 일반에게 알려져 있지 않는 상태에

---

(45) 손승우, 「지식재산권법의 이해」, p.331 참조.
(46) Id. p.333 참조.

있어야 한다. 특히 영업비밀의 공개에 의하여 경제적 가치를 얻을 수 있는 자(경쟁업체 또는 동종업체)에게 공공연히 알려져 있지 아니한 상태를 유지해야 한다. 이러한 비공지성은 절대적 비밀을 뜻하는 것이 아니므로, 만일 비밀보호자의 실수로 불특정인에게 비밀이 유출된 경우라도 당해 정보를 이해할 수 있는 일반 다수에게는 비밀로 유지된다면 비공지성은 유지되는 것으로 본다. 비공지성과 관련하여 주의해야 할 것은 잡지, 학술지 또는 전시회를 통하여 영업비밀에 관한 사항을 발표하거나 기타 부주의로 영업비밀을 공개하게 되면 아무리 훌륭한 기술정보라도 더 이상 보호받을 수 없게 된다.

한편 특허출원을 위해 출원서를 제출한 후에도 해당 출원정보가 공개되기 전이라면 비공지성이 만족된다고 볼 수 있다. 특허 출원일로부터 18개월이 경과하면 특허출원의 명세서, 도면 등이 공개공보에 게재되어 발명의 내용이 일반에게 공표된다. 따라서 특허출원이 되더라도 일반인에게 공개되지 전까지는 비공지성을 만족하게 된다.

나. 비밀관리성

영업비밀로 보호받기 위해서는 영업비밀 보유자 및 사용자 등이 정보를 비밀로 유지할 의사만 가지고는 부족하고 객관적이고 실질적으로 기업정보를 비밀로 관리해야 한다. 비밀관리성 판단은 사안에 따라 개별적으로 해야 한다. 2015년 1월 28일 시행된 개정「영업비밀보호법」 이전에는 비밀관리성의 정도를 "상당한 노력"으로 비밀을 유지할 것으로 요구하였다. 그러나 이 기준은 자금사정이 좋지 못하여 영업비밀 보호를 위한 충분한 시스템을 갖추기 어려운 중소기업에게 부담이 되었다. 이에 개정법은 "상당한 노력"을 "합리적인 노력"으로 완화하여 회사의 사정에 적합한 적절한 노력을 하였는지를 요구하게 되었다. 그러나 2019년 1월 8일 다시 동법률을 개정하여 "합리적인 노력"이 없더라도 비밀로 유지되었다면 영업비밀로 인정받을 수 있도록 요건을 완화하였다.[47] 그러나 실무적으로 "합리적 노력"과 "단순한 비밀관리"의 차이를 구별하는 것은 쉽지 않을 것으로 여겨진다.

한편 '합리적 노력'과 관련된 최근 판결에서, 비밀유지를 위한 '합리적인 노력'을 다하였는지는 해당 정보에 대한 접근을 제한하는 등의 조치(접근제한)를 통해 객관

---

(47) 「부정경쟁방지 및 영업비밀보호에 관한 법률」은 2019.1.8. 개정(제16204호)되어 2019.7.9. 시행될 예정이다. 영업비밀 정의에서 '합리적인 노력에 의하여 비밀로 유지된' 부분이 '비밀로 관리된'으로 변경되었다.

적으로 정보가 비밀로 유지·관리되고 있다는 사실이 인식 가능한 상태가 유지되고 있는지 여부(객관적 인식가능성)를 가지고 판단하였다. 즉 접근제한과 객관적 인식가능성이 확보되었는지 여부는 (a) 물리적·기술적 관리, (b) 인적·법적 관리, (c) 조직적 관리에 따라 판단하되, 그러한 조치가 '합리적'이었는지 여부는 영업비밀 보유 기업의 규모, 해당 정보의 성질과 가치, 해당 정보에 일상적인 접근을 허용하여야 할 영업상의 필요성이 존재하는지 여부, 영업비밀 보유자와 침해자 사이의 신뢰관계의 정도, 과거에 영업비밀을 침해당한 전력이 있는지 여부 등을 종합적으로 고려하여 판단하여야 한다(의정부지방법원 2016.9.27. 선고 2016노1670).

영업비밀로 보호받기 위한 비밀관리 노력의 구체적인 예를 살펴보면 다음과 같다.

① 직원 교육

　　모든 직원에 대해 영업비밀의 존재와 관리에 대한 교육을 실시하고 대외비 표시 및 출입통제 등 비밀관리 실천을 통하여 영업비밀에 대한 인식을 높인다.

② 문서관리규칙 제정

　　'영업비밀 관리규칙' 또는 '문서관리규칙'을 제정하여 영업비밀의 관리체계, 영업비밀의 분류, 영업비밀의 수납·관리·파기 등의 방법과 절차, 영업비밀 관리기록부의 비치 및 활용 등에 관한 사항을 명문화한다.

③ 영업비밀 분류 및 표시

　　보유하고 있는 정보자산을 파악하고 분류하여 등급(극비, 비밀, 대외비)을 부여하고, 서류에 '대외비' 등 영업비밀 표시를 하고 기업비밀관련 서류를 특정장소 및 잠금장치가 있는 곳에 보관한다.

④ 비밀유지의무 부여 및 전직금지계약 체결

　　모든 직원에 대해 근로계약으로 "비밀유지의무"를 부과하고, 핵심개발연구원 및 주요 임원에 대해서는 "전직금지계약"을 체결한다.

⑤ 출입통제

　　제조설비 등 중요한 지역 및 부서 방문객의 출입을 제한한다. 출입시 영업비밀을 취급하는 부서는 회사 ID카드와 별도의 ID 카드로 출입하게 한다. 출입시에도 카메라폰camera phone의 사용·반입을 제한하고 주요 통로에 감시카메라를 설치한다.

⑥ 네트워크 및 저장매체에 대한 보안

내부 네트워크상 중요 컴퓨터파일에 대해 패스워드, 인증절차 등 관리시스템을 적용하고 이메일, 메신저 등 통신보안 및 파일의 추적이 용이하도록 DRM, 포렌식Forensic 기술 등을 적용한다.

⑦ 주요시설의 분리

기업기밀과 연관된 연구개발 및 생산공정은 장소적으로 분리하고 보안체계를 적용한다.

⑧ 퇴직자 관리

연구 · 개발부서의 직원 또는 영업비밀 관리부서의 직원이 퇴직을 할 경우 사전에 영업비밀에 대한 철저한 인수인계를 실시하여야 한다. 영업비밀 관련 서류 및 프로그램 등 일체를 반납하도록 하며 집에서 작업한 서류 등의 반납 및 파일 삭제 확인서를 받아두어야 한다. 영업비밀유지의무 또는 전직금지 의무에 관해 상기시켜 주고, 당해 위반에 대한 관련 처벌규정을 설명해 주어야 한다.

만일 기업이 이상과 같은 비밀관리 노력을 소홀히 하여 영업비밀이 경쟁 업체에 유출되어 영업상 막대한 손해가 발생하더라도 해당 유출로부터 보호받을 수 없게 된다. 대법원은 피해회사는 피고인으로부터 회사기밀유지 각서를 제출받은 사실이 있으나, 영업비밀이 저장된 컴퓨터는 비밀번호도 설정돼 있지 않고 별도의 잠금장치도 없어 누구든지 컴퓨터를 켜고 자료를 열람 · 복사할 수 있었고, 백업된 CD가 넣어져 있는 서랍을 잠그지 않고 항상 열어두었기 때문에 누구든지 마음만 먹으면 이를 이용할 수 있었던 사실 등이 있어서 피해회사가 기밀유지 각서를 제출받은 사실만으로는 이 사건 자료가 합리적인 노력에 의해 비밀로 유지됐었다고 보기 어렵다고 판결한 바 있다.

다. 경제적 유용성

해당 정보가 현실적으로 생산방법, 판매방법 등에 필요한 정보이어야 한다. 즉, 생산비를 절감하거나 판매를 보다 효율적으로 수행하거나 상대방에 대하여 자신의 경쟁상의 우월적 지위를 제고하는 데 도움이 되거나 정보의 독자적인 개발을 위해 상당한 노력과 비용이 요구되어야 한다. 과거 종교상 경전에 기재된 문서의 부정취득을 둘러싸고 종교단체와 분파단체 간에 분쟁이 있었는데 미국 법원은 당해 문서의 가치는 정신적인 것이며 상업적인 것이 아니므로 영업비밀로서 독립한 경제적 가치를 가지는 것이 아니라고 판시하였다. 또한 세무사가 아무리 경제적 이윤을 창출할 수 있는 탈세방법을 알고 있더라도 이를 사용하는 것은 불법행위에 해당되므로 법적으로나 사회적으로 용인되지 않는 비밀정보이다.

기업이 영업범위 이외의 정보가 영업비밀이 되느냐는 논란이 있지만 장래의 영업에 관계가 있는 유용한 정보는 포함된다고 하겠다. 영업비밀이 반드시 현재 사용되고 있을 필요는 없으며 장래에 유용하다면 보호받을 수 있다.

4) 비밀유지의무와 전직금지계약

가. 비밀유지의무

많은 중소기업들은 소수의 인적 구성과 끈끈한 신뢰를 토대로 기술개발 및 경영을 하고 있는 관계로 비밀유지서약서Non-disclosure agreement: NDA 및 전직금지약정을 체결하지 않고 있는 경우가 많다. 그러나 「영업비밀보호법」에서 계약관계 등에 의하여 영업비밀을 비밀로서 유지하여야 할 의무가 있는 자가 부정한 이익을 얻거나 그 영업비밀의 보유자에게 손해를 가할 목적으로 그 영업비밀을 사용하거나 공개하는 행위(제2조 제3호 라목)를 영업비밀 침해행위로 보고 있다. 따라서 모든 종업원에 대해 비밀유지 의무를 부과하는 것은 중요하고도 저렴한 비용으로 법적 보호장치를 마련할 수 있는 일이다.

비밀유지의무는 대내적인 경우와 대외적인 경우로 나눌 수 있다. 첫째, 회사 내부적으로 기업정보를 다루는 모든 사원들은 신의칙에 따라 기업비밀을 유지할 의무를 지며, 둘째, 대외적 용역개발, 공동연구, 기술이전협상 등에 있어서도 일정한 비밀유지의무가 발생한다. 전자의 경우, 고용계약서 또는 별도의 서약서에 의해 비밀유지의무를 부여하는 것이 바람직한데, 만일 이러한 비밀유지의무를 명시적으로 약정하지 않는 경우라도 인적 신뢰 관계의 특성 등에 비추어 신의칙상 또는 묵시적으로 발생하기도 한다.

나. 전직금지 및 경업금지 의무

전직금지의무는 근로자가 근로관계가 존속 또는 종료 후에 사용자와의 경쟁관계에 있는 동종업체에 전직하지 않아야 할 부작위 의무이다. 특히 연구·개발부서의 연구원이 경쟁기업으로 옮겨 영업비밀을 유출·사용하는 것을 예방하기 위한 방안으로서 전직금지계약이 활용된다. 한편 전직금지약정과 유사한 개념으로서 '경업금지'약정이 있는데, "경업금지약정은 근로자가 사용자와 경쟁관계에 있는 업체에 취업하거나 스스로 경쟁 업체를 설립, 운영하는 등의 경쟁행위를 하지 아니할 것을 내용"으로 하는 약정이다.[48]

일반적으로 판례는 영업비밀보호를 위한 전직금지 또는 경업금지 약정이 합리적인 경우에 유효한 것으로 인정하고 있다.[49] 따라서 퇴직사원이 회사와 사원의 합의를 통하여 체결한 전직금지약정을 어기고 동종업체(동종업무)에 취직하거나 동종사업을 할 경우 그 자체만으로도 계약위반이 되므로 계약의 실효성 및 입증의 용이성을 확보할 수 있다.

그러나 전직금지약정을 체결할 때에는 매우 주의를 요구한다. 우선 전직금지 기간은 비밀정보의 기간, 시장성 등을 고려해 볼 때 과도하게 장기간일 경우에 「헌법」상 근로자의 직업선택의 자유(헌법 제15조)와 생존권을 지나치게 제한하게 되어 약정자체가 무효가 될 수 있다. 헌법재판소는 전직금지에 대해 무효를 판시한 바 있다. 이 때문에 대기업은 통상 1년 정도의 전직금지를 약정하고 있다. 그러나 그 구체적인 기간은 영업비밀의 가치나 상황에 따라 달라질 수 있다. 한편 근로계약서에 단순히 "재직 시 습득한 제반지식 및 기술을 이용해 경업행위를 하지 않는다."라고 규정한 경우 그 효력에 대해 판례는 경업금지기간과 지역, 대상 직종 등이 명시되지 않는다면 이것은 별다른 생계수단이 없는 퇴직자에게 지나친 부담이 될 수 있다고 판시한 바 있다. 이러한 약정은 과도하게 자유로운 경쟁을 저해하고, 직업선택의 자유를 제한하여 선량한 풍속 기타 사회질서에 반하는 약정으로서 무효가 된다(민법 제103조). 따라서 전직금지의 제한은 그 제한 기간, 지역, 직종의 범위 등을 합리적이고 구체적으로 정하여 퇴직자의 생계에 지나친 부담을 주지 않도록 하여야 할 것이다.

나아가 전직금지 시에는 계약상 금지기간 동안에 상당하는 적절한 보상을 지급하는 것이 바람직하다. 실제 기업의 임원이 퇴사하는 경우 전직기간 동안 월급에 해당하는 금액을 보상해 주는 사례가 많다(금지기간 동안 명예수당, 기밀수당의 지급 등).[50]

---

(48) 대법원 2003. 7. 16.자 2002마4380 결정.
(49) 신권철, "근로자의 경업금지의무", 「노동법연구」 제18호, 2005, p.240.
(50) 손승우, 「지식재산권법의 이해」, p.343-344.

5) 영업비밀 침해와 구제방안

가. 영업비밀 침해

부정한 방법에 의한 취득·공개·사용 등 「영업비밀보호법」은 절취, 기망, 협박, 산업스파이, 부정한 인력스카웃[51] 등으로 영업비밀을 취득(부정취득행위) 또는 그 취득한 영업비밀을 사용하거나 공개(비밀을 유지하면서 특정인에게 알리는 것 포함)하는 행위를 금지하고 있다. 따라서 영업비밀을 사용하지 않더라도 기업으로부터 빼내는 행위 자체에 대해 손해배상 책임을 인정할 수 있다. 서울고법은 "영업비밀은 그 속성상 알려지지 않아야 가치를 가지는 것이므로 실제로 사용되든 사용되지 않든 상관없이 영업비밀 보유자 이외의 타인에게 공개되는 것만으로 재산적 가치가 감소되는 것으로써 부정하게 영업비밀을 취득하고 공개했다면 … 손해배상을 청구할 수 있다."고 판시하였다.[52]

비밀유지의무 위반 계약관계 등에 의하여 영업비밀을 유지해야 할 의무가 있는 자가 부정한 이익을 얻거나 그 영업비밀의 보유자에게 손해를 가할 목적으로 그 영업비밀을 사용하거나 공개하는 행위를 금지하고 있다(법 제2조 제3호 라목). 여기서 비밀의무자는 회사의 임원, 연구원, 종업원과 같이 근로계약관계에 있는 자뿐만 아니라 실시권자 등과 같이 라이선스계약에 의하여 영업비밀을 유지해야 할 의무가 있는 자를 포함한다. 또한 그 의무는 재직 중뿐만 아니라 퇴직 후, 그리고 계약 중 또는 계약 종료 후에도 적용된다. 다만, 이들의 행위가 침해를 구성하기 위해서는 '부정한 이익을 얻거나' 또는 '그 영업비밀의 보유자에게 손해를 가할 목적으로'그 영업비밀을 사용 또는 공개해야 한다.

미수, 예비·음모 행위 영업비밀 침해에 대한 미수, 예비·음모 행위에 대해서도 예방적 조치로서 처벌하고 있다. 즉 불법적인 기술유출을 모의하는 준비단계와 기술유출이 좌절되거나 중도에서 포기한 경우까지도 미수와 예비·음모죄로 처벌하고 있다(법 제18조의3).

선의 취득한 제3자 영업비밀을 부정한 방법으로 취득한 자로부터 당해 기술정보를 정당한 거래의 방법으로 취득한 선의의 제3자에 대해서는 영업비밀 침해를 주장

---

[51] 2004년 5월에 대만의 한 통신회사가 국내 휴대전화 제조사 A사 연구원 등 8명을 한꺼번에 스카웃하여 관련 기술(R&D 200억 원 투자, A4용지 100만 장분량)을 반출하려다 검찰에 적발되었다.

[52] 2005나90379, 법률신문 2006.12.4.

할 수 없다. 그러나 영업비밀에 대하여 부정취득행위가 개입된 사실을 알거나 중대한 과실로 알지 못하고 그 영업비밀을 취득하는 행위 또는 그 취득한 영업비밀을 사용하거나 공개하는 행위는 처벌받게 된다(법 제2조 제3호 나목).

나. 영업비밀 침해에 대한 구제

민사적 구제 「영업비밀보호법」은 영업비밀침해 행위에 대하여 민사상 침해행위 금지 또는 예방청구권을 인정하고 있으며, 또한 침해행위를 조성한 물건 등의 폐기·제거청구권과 손해배상청구권 및 신용회복청구권 등을 인정하고 있다. 그리고 영업비밀 침해에 대해 강력한 형사적 제재를 부과하고 있다. 한편 2019년 개정 영업비밀보호법에서 악의적인 영업비밀 침해행위에 대하여 손해액의 3배 이내에서 손해배상액을 인정할 수 있는 규정을 신설하였다.[53] 구체적으로 손해배상액을 산정함에 있어서 법원은 침해자의 우월적 지위 여부, 고의의 정도, 피해규모, 침해가 얻은 경제적 이익, 침해행위의 기간 및 횟수, 침해자의 피해구제 노력의 정도 등 제반 사정을 고려해야 한다.[54]

형사적 구제 동법 제18조 제1항에서 "부정한 이익을 얻거나 영업비밀 보유자에게 손해를 입힐 목적으로 그 영업비밀을 외국에서 사용하거나 외국에서 사용될 것임을 알면서 취득·사용 또는 제3자에게 누설한 자는 15년 이하의 징역 또는 15억 원 이하의 벌금에 처한다."고 규정하고, 동조 단서에서 "벌금형에 처하는 경우 위반행위로 인한 재산상 이득액의 10배에 해당하는 금액이 15억 원을 초과하면 그 재산상 이득액의 2배 이상 10배 이하의 벌금에 처한다."고 규정하고 있다.

---

[53] 「부정경쟁방지 및 영업비밀보호에 관한 법률」 제14조의2 제6항 "법원은 영업비밀 침해행위가 고의적인 것으로 인정되는 경우에는 제11조에도 불구하고 제1항부터 제5항까지의 규정에 따라 손해로 인정된 금액의 3배를 넘지 아니하는 범위에서 배상액을 정할 수 있다."

[54] 「부정경쟁방지 및 영업비밀보호에 관한 법률」 제14조의2 제7항 제6항에 따른 배상액을 판단할 때에는 다음 각 호의 사항을 고려하여야 한다.
1. 침해행위를 한 자의 우월적 지위 여부
2. 고의 또는 손해 발생의 우려를 인식한 정도
3. 침해행위로 인하여 영업비밀 보유자가 입은 피해규모
4. 침해행위로 인하여 침해한 자가 얻은 경제적 이익
5. 침해행위의 기간·횟수 등
6. 침해행위에 따른 벌금
7. 침해행위를 한 자의 재산상태
8. 침해행위를 한 자의 피해구제 노력의 정도

2019년 개정 「영업비밀보호법」은 침해행위의 유형을 구체적으로 규정하였다. 기존에는 "영업비밀을 취득, 사용하거나 제3자에게 누설한 자"를 징역 또는 벌금에 처하였는데, 개정 법률은 이를 구체화하여 유사사례까지 포섭할 수 있도록 하였다. 동법 제18조 제1항에서 "부정한 이익을 얻거나 영업비밀 보유자에 손해를 입힐 목적으로 ① 영업비밀을 취득 또는 사용하거나 제3자에게 누설하는 행위, ② 영업비밀을 지정된 장소 밖으로 무단으로 유출하는 행위, ③ 영업비밀 보유자로부터 영업비밀을 삭제하거나 반환할 것을 요구받고도 이를 계속 보유하는 행위"를 포함하도록 하였다.[55]

동조 제2항에서 "부정한 이익을 얻거나 영업비밀 보유자에게 손해를 입힐 목적으로 그 영업비밀을 취득·사용하거나 제3자에게 누설한 자는 10년 이하의 징역 또는 5억 원 이하의 벌금에 처한다."고 규정하고, 단서에서 "벌금형에 처하는 경우 위반행위로 인한 재산상 이득액의 10배에 해당하는 금액이 5억 원을 초과하면 그 재산상 이득액의 2배 이상 10배 이하의 벌금에 처한다."고 규정하고 있다.

과거 이 법상의 처벌은 친고죄로 정하여 피해자의 고소·고발이 있어야 처벌이 가능했지만, 영업비밀이 사업자의 중요한 자산일 뿐만 아니라 국가의 경쟁력에도 큰 영향을 미치게 되면서 국가가 당사자의 고소·고발이 없이도 침해행위에 대해 처벌할 수 있도록 친고죄 조항을 폐지하였다.

---

(55) 「부정경쟁방지 및 영업비밀보호에 관한 법률」 제18조 제1항 영업비밀을 외국에서 사용하거나 외국에서 사용될 것임을 알면서도 다음 각 호의 어느 하나에 해당하는 행위를 한 자는 15년 이하의 징역 또는 15억 원 이하의 벌금에 처한다. 다만, 벌금형에 처하는 경우 위반행위로 인한 재산상 이득액의 10배에 해당하는 금액이 15억 원을 초과하면 그 재산상 이득액의 2배 이상 10배 이하의 벌금에 처한다.
  1. 부정한 이익을 얻거나 영업비밀 보유자에 손해를 입힐 목적으로 한 다음 각 목의 어느 하나에 해당하는 행위
    가. 영업비밀을 취득·사용하거나 제3자에게 누설하는 행위
    나. 영업비밀을 지정된 장소 밖으로 무단으로 유출하는 행위
    다. 영업비밀 보유자로부터 영업비밀을 삭제하거나 반환할 것을 요구받고도 이를 계속 보유하는 행위
  2. 절취·기망·협박, 그 밖의 부정한 수단으로 영업비밀을 취득하는 행위
  3. 제1호 또는 제2호에 해당하는 행위가 개입된 사실을 알면서도 그 영업비밀을 취득하거나 사용(제13조 제1항에 따라 허용된 범위에서의 사용은 제외한다)하는 행위 – 이하 생략 –

3. 중소기업기술보호법

1) 입법 배경

중소기업의 기술유출로 인한 피해가 증가하고 건당 피해규모는 연평균 15억 원 (2014년 기준)에 이르고 있으나 중소기업은 대기업에 비해 기술보호 대응역량이 취약하여 개선되지 못하고 있었다. 또한 산업기술의 부정한 유출을 방지하고 산업기술을 보호하기 위한「산업기술의 유출방지 및 보호에 관한 법률」이 제정되어 있으나, 중소기업의 특수성을 고려하고 중소기업의 기술보호 역량을 강화하기 위한 기반 조성과 종합적인 지원을 위한 법적 근거는 미흡한 실정이었다. 이에 중소기업기술보호를 지원하기 위한 기반을 확충하고 관련 시책을 수립·추진하기 위하여, 2014년 5월 28일에「중소기업기술보호지원법」을 제정하였다. 따라서 이 법은 중소기업기술 보호를 지원하기 위한 기반 마련하여 중소기업의 기술보호 역량과 기술경쟁력을 강화하는 것을 목적으로 하고 있으며, 규제적 성격이 아닌 지원을 위한 법률이라고 할 수 있다.

2) 중소기업기술 보호 종합계획 수립 및 기술보호 기반조성

가. 종합계획의 수립·시행

이 법은 중소벤처기업부장관이 중소기업기술보호에 관한 지원계획을 3년마다 수립·시행하도록 하고, 관련 행정기관의 장·전문가 등과 협의하거나 자문을 받도록 함으로써 체계적이고 범정부 차원의 중소기업 기술보호 정책 추진이 가능하게 되었다(법 제5조 및 제6조).

나. 실태조사와 보호지침의 제정

중소벤처기업부장관은 중소기업기술에 대한 보안역량 강화를 위하여 매년 실태조사를 실시하며(법 제7조), 또한 중소기업들이 기술유출 방지와 보호를 위하여 필요한 방법·절차 등에 관한 지침을 마련하여 활용할 수 있도록 한다(법 제8조).

다. 기술보호 지원

이 법은 기술자료 임치제도[56] 활용(온라인 임치, 기술담보), 중소기업기술 보호 진단 및 자문, 해외진출 중소기업의 기술보호, 국가연구개발사업 성과물의 보호 등을 위한 다양한 지원을 하도록 규정하고 있다. 나아가 중소기업기술 보호의 기반 조성을 위하여 중소기업기술 보호 지원 전담기관을 설치하고, 보안 기술 개발 지원, 기술보호 전문인력 양성, 기술보호관제서비스의 제공, 보안시스템의 구축 등 지원을 하도록 한다.

3) 기술침해에 대한 행정조사 및 시정권고

중소기업은 기술유출 사실에 대한 입증의 어려움으로 인하여 기술유출을 당하고도 약 43%의 기업은 아무런 대응 조치를 못 하는 실정이다. 또한 중소기업기술 분쟁해결을 위해 당사자 간 합의를 유도하는 조정제도를 2015년부터 운영해 오고 있으나 제도 특성상 피해구제에 한계[57]를 지니고 있다. 이러한 문제를 해결하기 위해 기술침해 발생 시 피해기업의 신고에 따른 조사와 시정권고 및 권고 사실의 공표 등의 행정조치 방안을 담은 「중소기업기술보호법 개정안」(법률 제15692호, 2018.6.12. 일부개정, 시행 2018.12.13.)을 제정하게 되었다.

우선 개정 법률 제2조 제3호에서 중소기업기술 침해행위를 정의하고 있는데, 첫째, 공공연히 알려져 있지 아니하고 합리적인 노력에 의하여 비밀로 관리되는 중소기업기술(이하 "침해대상 중소기업기술"이라 한다.)을 부정한 방법으로 취득 · 사용 또는 공개(비밀을 유지하면서 특정인에게 알리는 것을 포함한다. 이하 같다.)하는 행위, 둘째, 위 행위가 개입된 사실을 알고 침해대상 중소기업기술을 취득 · 사용 또는 공개하는 행위, 셋째, 위 행위가 개입된 사실을 중대한 과실로 알지 못하고 침해대상 중소기업기술을 취득 · 사용 또는 공개하는 행위 등이다.

이와 같은 침해행위를 당한 중소기업 및 중소기업자(이하 "중소기업자 등"이라 한다)

---

[56] 「대 · 중소기업 상생협력 촉진에 관한 법률」 제24조의2에서 대기업의 기술탈취 행위를 예방하기 위한 도구로서 '기술자료 임치제도'를 규정하고 있다. 이 제도는 기술자료 거래 시, 개발기업의 기술력을 보호하고 사용기업의 안정적 사업수행을 보장하기 위하여 개발기업의 기술자료를 신뢰성 있는 제3의 기관에 임치하고 교부조건이 발생하는 경우에만 사용기업에게 기술자료를 교부하는 제도이다.

[57] 분쟁조정제도는 여러 가지 장점에도 불구하고 강제력이 없는 관계로 대-중소기업 간 조정절차에 있어서는 31건 중 2건 만(6.5%)이 조정이 성립되었다(2017년 말 기준).

는 그 사실을 중소벤처기업부장관에게 신고하고 필요한 조치를 요청할 수 있다(법 제3조의2 제1항). 신고를 받은 중소벤처기업부장관은 중소기업기술 침해행위 사실을 조사하기 위하여 관련 기관 또는 사업자 등에 자료제출을 요구하거나 소속 공무원으로 하여금 그 사무소·사업장 등 필요한 장소에 출입하여 장부·서류, 시설 및 그 밖의 물건을 조사하게 할 수 있다(법 제8조의2 제4항). 또한 중소벤처기업부장관은 분쟁해결을 위하여 필요하다고 판단되는 경우 중소기업기술분쟁조정·중재위원회의 조정·중재를 권고할 수도 있다(법 제8조의2 제3항).

중소벤처기업부장관은 행정조사 결과 피신청인의 중소기업기술 침해행위가 있다고 판단할 상당한 근거가 있고 이미 피해가 발생하였거나 이를 방치할 경우 회복하기 어려운 피해가 발생할 우려가 있다고 인정될 때에는 30일 이내의 기간을 정하여 그 행위의 중지, 향후 재발 방지, 그 밖에 필요한 사항을 시정하도록 권고할 수 있다(법 제8조의3 제1항). 만일 피신청인이 권고를 따르지 아니한 때에는 그 권고대상이나 내용 등을 공표할 수 있다(법 제8조의3 제3항).

4) 중소기업기술분쟁 조정·중재 제도

이 법은 중소기업기술의 유출, 탈취, 도용 등으로 인한 중소기업의 피해와 관련한 분쟁을 간편한 절차와 적은 비용으로 해결해 주는 중소기업기술분쟁 조정·중재 제도를 규정하고 있다(법 제23조). 동 위원회는 중소기업기술의 분쟁 해결을 위해 직능·기술 분야별 전문가 37명으로 구성되어 있다.

조정은 ADR^{Alternative Dispute Resolution} 중에서 가장 많이 활용되고 있는 분쟁해결 방식이며, 제3자에 의해 구속력 있는 결정을 내리는 소송에 비하여 융통성과 전문성이 있는 문제해결을 기대할 수 있다. 그러나 조정안의 수락 여부는 당사자의 자유의지에 달려 있으므로 당사자 일방이 조정에 불응하면 분쟁해결은 불가능하게 되는 단점이 있다. 한편 중재^{arbitration}는 분쟁당사자간의 합의에 따라 사법상의 권리 또는 법률관계에 관한 분쟁의 전부 또는 일부를 법원의 판결에 의하지 아니하고 제3자를 중재인으로 선정하여 그 분쟁의 해결을 중재인에게 맡기는 동시에 최종적으로 그 판정에 복종함으로써 분쟁을 해결하는 것을 말한다. 이와 같이 중재는 단심제이므로 조정과 같이 비용이 적게 들고 신속하게 분쟁을 해결할 수 있는 장점을 가지면서도 조정과 달리 중재판정에 구속력이 부여되어 분쟁을 최종적으로 해결할 수 있다.[58] 이러한 장점에도 불구하고 중재에 대한 인식이 부족하여 기술분쟁을 해결하기 위한 수단으로 잘 활용되지 않고 있다.

4. 방위산업기술보호법

1) 입법 배경

우리나라의 방위산업 수출 대상국이 2006년 47개국에서 2013년 87개국으로 증가했으며, 기술 수준은 미국 대비 80%로 스웨덴과 공동 10위의 수준을 보이고 있다. 방위산업기술은 국가안보는 물론 국가발전의 원동력이자 전략적 경제자원으로 인식되고 있다. 이러한 가운데 무기체계와 핵심기술의 수출과 국제공동연구 개발이 확대되는 추세이고, 세계는 방위산업기술의 경쟁 우위를 확보하기 위하여 핵심기술을 획득하기 위한 다양한 시도가 이루어지고 있다.[59]

그러나 방위산업기술이 「방위사업법」·「대외무역법」 및 「산업기술의 유출 방지 및 보호에 관한 법률」 등 다양한 법률에 의해 관리되고 있기에, 오히려 부실 관리의 우려가 있었다. 이에 2015년 12월 29일에 「방위산업기술 보호법」을 제정하여 국방 분야의 방위산업기술을 지정하고 보호체계를 지원하며, 불법적인 기술유출을 처벌함으로써 방산기술 보호에 기여하고자 하였다.

2) 방위산업기술 및 대상기관

가. 방위산업기술의 정의와 지정

동법의 적용 대상이 되는 "방위산업기술"은 방위산업과 관련한 국방과학기술 중 국가안보 등을 위하여 보호되어야 하는 기술로서 방위사업청장이 제7조에 따라 지정하고 고시한 것을 말한다(법 제2조 제1호). 방위사업청장은 방위산업기술보호위원

---

(58) 손승우, 저작권 중재제도에 관한 연구, 문화체육관광부 (2012) p.19 이하.

(59) 2016년 12월에는 북 해커의 소행으로 추정되는 국방부 사이버사령부 군사자료 유출 사건이 최초로 발생하였으며, 같은 해 5월에는 북한 정찰총국으로 추정되는 세력에 의해서 독도함을 건조한 국내 방위산업체 한진중공업 해킹 공격하여 군사기밀 100여 건이 유출된 사건이 있었다.

회의 심의를 거쳐 방위산업기술을 지정하며, 방위산업기술을 선정함에 있어서 해당 기술이 국가안보에 미치는 효과 및 해당 분야의 연구동향 등을 종합적으로 고려하여 필요한 최소한의 범위에서 선정한다(법 제9조 제1항, 제2항) 현재 8대 분야 141개 기술이 방위산업기술로 지정되어 있다.[60]

만일 대상기관이 자신이 보유하고 있는 기술이 방위산업기술에 해당하는지를 확인하고자 하면 방위사업청장에게 판정을 신청할 수 있다(법 제9조 제6항).[61]

나. 대상기관

이러한 방위산업기술을 보유하거나 방위산업기술과 관련된 연구개발사업을 수행하고 있는 기관 중 국방과학연구소, 방위사업청 · 각군 · 국방기술품질원 · 방위산업체 및 전문연구기관, 그 밖에 기업 · 연구기관 · 전문기관 및 대학 등을 "대상기관"이라고 한다(법 제2조 제2호). 대상기관은 이 법에 따라 기술보호 의무를 지며, 또한 다양한 지원을 받을 수 있다. 전자에는 방위산업기술 보호 교육의무, 방위산업기술 보호 체계 구축, 연구개발 사업 수행 시 기술보호, 기술 수출 및 국내 이전 시 보호, 기술 유출 및 침해 신고 등이 있다.

3) 종합계획과 방위산업기술보호위원회

가. 종합계획의 수립 · 시행

방위사업청장은 방위산업기술의 보호에 관한 종합계획을 방위산업기술보호위원회의 심의를 거쳐 5년마다 수립하여 시행하여야 한다(법 제4조). 이로써 정부는 방위산업기술을 체계적으로 보호하고 지원할 수 있게 되었다. 종합계획에는 방위산업기술의 보호에 관한 기본목표와 단계별 추진방안, 기반구축, 기술보호를 위한 연구개발 및 지원, 정보의 수집 · 분석 · 가공 및 보급, 국제협력, 기술 보호체계 구축 · 운영에 대한 지원 등 사항이 포함된다.

---

(60) 2016.12.14. 방사청 고시로 방위산업기술이 지정되어 있으며, 8대 분야(센서, 정보통신, 제어전자, 탄약/에너지, 추진, 화생방, 소재, 플랫폼 및 구조) 141개 기술군으로 구분된다.

(61) 방위산업기술의 판정은 온라인(http://www.d4b.go.kr)을 통해 판정을 신청할 수 있다.

나. 방위산업기술보호위원회의 구성과 기능

종합계획을 포함한 방위산업기술 보호에 관한 주요 사항을 심의하기 위하여 국방부장관 소속으로 방위산업기술보호위원회를 설치하였다(법 제6조). 위원회의 위원장은 국방부장관이 되고, 부위원장은 방위사업청장이 된다. 그리고 국방부 · 방위사업청 · 합동참모본부 및 각군의 실 · 국장 또는 장성급 장교, 법무부 · 과학기술정보통신부 · 외교부 및 산업통상자원부의 실 · 국장, 국방과학연구소장, 국방기술품질원장, 정보수사기관의 실 · 국장, 민간 전문가 등을 위원으로 구성한다.

4) 방위산업기술 보호체계 구축과 기술보호 지원

가. 방위산업기술 보호체계 구축

방위산업기술 보호체계는 대상기관이 방위산업기술을 보호하기 위하여 요구되는 체계로서, 크게 보호대상 기술의 식별 및 관리체계, 인원통제 및 시설보호체계, 정보보호체계로 구분된다. 먼저 보호대상 기술의 식별 및 관리 체계는 대상기관이 체계적으로 보호대상 기술을 식별하고 관리하는 체계를 말하며, 인원통제 및 시설보호 체계는 허가받지 않은 사람의 출입 · 접근 · 열람 등을 통제하고, 방위산업기술과 관련된 시설을 탐지 및 침해 등으로부터 보호하기 위한 체계를 의미한다. 끝으로 정보보호체계는 방위산업기술과 관련된 정보를 안전하게 보호하고, 이에 대한 불법적인 접근을 탐지 및 차단하기 위한 체계이다(법 제2조 제3호).

대상기관은 이러한 방위산업기술 보호체계를 구축 · 운영하여야 하며(법 제13조), 방위사업청장은 방위산업기술 보호를 위하여 필요한 경우 대상기관의 방위산업기술 보호체계의 구축 · 운영에 대한 실태조사를 실시할 수 있다(법 제12조). 실태조사 결과 방위산업기술 보호체계의 구축 · 운영이 부실하다고 판단되는 경우에는 대상기관에게 개선을 권고할 수 있다. 만일 개선권고를 이행하지 않을 경우에는 대상기관의 장에게 시정을 명할 수 있으며, 시정명령을 이행하지 아니한 사람에게는 3천만 원 이하의 과태료를 부과한다(법 제24조).

5) 수출통제

대상기관의 장은 방위산업기술의 수출(제3국 간의 중개 포함) 및 국내 이전 시에 기술 유출 및 침해가 발생하지 않도록 방위산업기술의 보호에 필요한 대책을 수립하여야 하며, 수출 시에 방위사업청장에게 신고하여야 한다(법 제9조). 「방위사업법」 제57조 제3항에서는 주요방산물자 및 국방과학기술의 수출허가를 받기 전에 수출 상담을 하고자 하는 자는 국방부령이 정하는 바에 따라 방위사업청장의 수출예비승인을 얻어야 하며, 국제입찰에 참가하고자 하는 자는 국방부령이 정하는 바에 따라 방위사업청장의 국제입찰참가승인을 얻도록 규정하고 있다. 한편 수출 전략물자 중 방위산업기술이 포함된 경우에는 「대외무역법」 제19조에 따라 산업통상자원부장관의 허가를 받아야 한다.

6) 침해와 구제

이 법 제10조에서는 방위산업기술의 유출 및 침해 금지행위를 규정하고 있다. 여기에는 첫째, 부정한 방법으로 대상기관의 방위산업기술을 취득, 사용 또는 공개(비밀을 유지하면서 특정인에게 알리는 것을 포함한다. 이하 같다.)하는 행위, 둘째, 위 행위가 개입된 사실을 알고 방위산업기술을 취득 · 사용 또는 공개하는 행위, 셋째, 위 해당하는 행위가 개입된 사실을 중대한 과실로 알지 못하고 방위산업기술을 취득 · 사용 또는 공개하는 행위를 포함한다.

또한 방위산업기술을 해외로 불법 유출하는 경우에는 20년 이하의 징역 또는 20억 원 이하의 벌금에 처하며, 국내로 유출하는 경우에는 10년 이하의 징역 또는 10억 원 이하의 벌금에 처하도록 규정하고 있어 기술보호법 중에는 가장 중한 처벌규정을 두고 있다(법 제21조).

제3절
지식재산 관련 법

1. 산업보안과 지식재산

기업 등이 창출한 기술 등은 영업비밀로만 보호하는 것이 아니라 특허, 실용신안, 디자인 제도 등을 활용하여 그 내용을 사회에 공개하고 그 대가로 특허권, 실용신안권, 디자인권 등 독점권을 얻기도 하며,[62] 그들이 만든 상품명과 구축된 브랜드는 상표법을 통하여 보호받는다. 또한 기업이나 연구소에서 작성한 연구보고서, 기업 등에서 개발한 컴퓨터프로그램 등의 경우는 저작권법으로도 보호받을 수 있다.

인간의 지적 활동의 성과로 얻어진 정신적 산물로서 재산적 가치를 창출하는 '지적 재산' 또는 '지식재산'Intellectual Property[63]은 영업비밀과 더불어 산업보안에서 주요한 위치를 차지한다.

지식재산권과 관련된 주요 법률로는 「특허법」, 「실용신안법」, 「디자인보호법」, 「상표법」, 「저작권법」 등이 있다.[64] 한편 권리를 부여하는 법률은 아니지만 「발명진흥법」 또한 직무발명과 관련하여 산업보안에서 중요하다. 이하에서는 각 지식재산 관련법의 주요 내용에 대해서 살펴본다.

---

(62) 주로 역분석이 어려운 기술정보 또는 경영정보의 경우에는 영업비밀로 두는 것이 유리하고, 역분석에 의한 기술 파악 등이 용이한 경우에는 오히려 특허 등의 제도 활용이 유리할 것이다.

(63) 「지식재산기본법」에서 "지식재산"이란 "인간의 창조적 활동 또는 경험 등에 의하여 창출되거나 발견된 지식ㆍ정보ㆍ기술, 사상이나 감정의 표현, 영업이나 물건의 표시, 생물의 품종이나 유전자원(遺傳資源), 그 밖에 무형적인 것으로서 재산적 가치가 실현될 수 있는 것"이라고 규정하고 있다(지식재산기본법 제3조 제1호).

(64) 이 외에 「반도체집적회로의 배치설계에 관한 법률」, 「종자산업법」, 「콘텐츠산업진흥법」 등도 지식재산 관련 법의 영역에 있다.

2. 지식재산 관련 법 주요 내용

1) 특허법

「특허법」의 보호대상은 발명이며, 발명이란 "자연법칙을 이용한 기술적 사상의 창작으로서 고도한 것"을 말한다(법 제2조 제1호). 먼저, 발명이 성립되기 위해서는 "자연법칙을 이용"한 것이어야 하므로 자연법칙 그 자체나 영구운동기관 등 자연법칙에 반하는 것, 자연법칙이 아닌 인간의 정신적 활동으로 안출된 법칙이나 경제학상의 법칙, 심리법칙 등을 이용하는 것은 발명이라 할 수 없다. 또한 "기술적 사상의 창작"이어야 하기 때문에 실현가능성 내지 반복가능성을 가지고 있어야 한다.

이러한 발명이 특허를 받기 위해서는 ① 산업상 이용가능성, ② 신규성, ③ 진보성을 충족하여야 한다. 「특허법」의 궁극적 목적이 '산업발전에 이바지'하는데 있음에 비추어 "산업상 이용가능성"은 당연한 요건이라 할 수 있다. 다만, 산업상의 이용은 당장의 산업적 실시를 의미하는 것이 아니라 장래 실시할 가능성이 있으면 족하다(법 제29조 제1항).

"신규성"은 지금까지 없는 새로운 것에 대하여만 특허를 부여하기 위한 요건이다. 특허제도가 새로운 기술을 발명한 자에게 그 공개에 대한 대가로서 일정기간 동안 독점권을 부여하는 제도이기 때문이다. 신규성 판단은 특허출원시점을 기준으로 판단하며, 「특허법」은 특허출원 전에 i) 국내에서 공지되었거나 공연히 실시된 경우, ii) 국내외에서 배포된 간행물에 게재되거나 일정한 전기통신회선을 통하여 공중이 이용가능하게 된 경우를 신규성 상실사유로 규정하고 있다(법 제29조 제1항 각 호).

"진보성"이란 공지의 기술로부터 용이하게 생각해낼 수 있는 발명에 대해 독점권을 부여할 경우 오히려 기술발전에 저해될 수 있기 때문에 일정 수준 이상으로 진보된 발명에 한하여 특허권을 부여하기 위한 요건이다(법 제29조 제2항).

한편 이러한 요건을 모두 갖춘 경우라 하여도 공공의 질서 또는 선량한 풍속을 문란하게 하거나 공중의 위생을 해할 염려가 있는 발명은 특허를 받을 수 없으며(법 제32조), 국방상 필요한 발명은 경우에 따라 특허를 하지 아니하거나 당해 권리를 국가가 수용할 수 있다. 이 경우 국가는 정당한 보상금을 지급하여야 한다(법 제41조).

특허를 받기 위해서는 일정한 절차에 따라 특허를 요구하는 의사표시인 특허출원을 하여야 한다(법 제42조). 특허는 실질적으로 동일한 발명에 대하여는 가장 먼저 출원한 자만이 특허를 받을 수 있다. 이를 '선출원주의'라 하는데, 동일한 발명이 같은 날에 2개 이상 출원된 경우에는 협의에 의하여 정하여진 하나의 특허출원인만이 특허를 받을 수 있다. 이후 방식심사 및 실체심사를 통하여 특허요건을 모두 갖추었는지 여부를 판단한 후 특허권 설정등록을 의하여 특허권을 부여한다. 그리고 출원 및 심사와 관련하여 '보정제도', '출원분할제도', '변경출원제도', '우선권제도, '출원공개제도', '심사청구제도' 등을 두고 있다.

특허청의 심사를 거쳐 특허청에 설정등록 되면 특허권이 발생한다. 특허권의 존속기간은 "특허권 설정등록일부터 특허출원일 후 20년이 되는 날"까지이며, 그 효력은 국내에 한정되기 때문에 외국에서 특허권을 행사하기 위해서는 외국에 별도로 출원하거나 특허협력조약PCT에 의한 국제특허출원PCT 출원을 통하여 해당 국가에서 별도로 특허권을 취득하여야 한다.

한편 특허권자 이외의 자가 일정 범위 내에서 특허발명을 업으로서 실시할 수 있는 권리인 실시권 제도를 두고 있다. 실시권은 그 효력범위에 따라 '전용실시권'과 '통상실시권'으로 분류된다. 전용실시권자는 설정범위 내에서 독점적으로 특허발명을 실시할 수 있기 때문에 중복적으로 설정될 수 없으며, 설정등록에 의하지 아니하면 전용실시권은 발생하지 아니한다(법 제101조).

통상실시권은 실시권자와 특허권자 또는 전용실시권자와의 계약에 의하여 발생하며, 계약내용에 따라 독점적일 수도 비독점적일 수도 있다. 통상실시권의 등록은 전용실시권과는 달리 제3자 대항요건이다.[65]

한편 특허권자 또는 전용실시권자는 특허권을 침해한 자 또는 침해할 우려가 있는 자에 대하여 그 침해의 금지 또는 예방을 청구할 수 있다. 이 경우 침해자의 고의·과실은 불문하며, 침해금지청구와 함께 침해조성물품의 폐기, 침해행위에 제공된 설비 제거 등 침해의 예방에 필요한 행위를 청구할 수 있다(법 제126조).

또한 특허권자 또는 전용실시권자는 고의·과실로 특허권을 침해한 자에 대하여 손해의 배상을 청구할 수 있다. 이러한 손해배상청구의 소멸시효는 3년이다. 생산방법이 특허인 경우 당해 물건은 동일방법에 의해 생산된 것으로 추정되며, 특허권 침해자는 그 침해행위에 대하여 과실이 있는 것으로 추정된다. 또한 「특허법」은 특

---

(65) 한편 특허권자의 의사와 무관하게 발생하는 법정실시권과 강제실시권이 있는데 이는 그 효력면에서 모두 통상실시권이다. 특히 법정실시권으로 대표적인 것이 「발명진흥법」상 직무발명에 의한 법정실시권이 있다.

허권 침해에 의한 손해액 산정의 어려움을 감안하여 손해액 산정에 관한 특칙 규정을 마련하고 있다. 한편 2019년 법 개정을 통하여 특허권 또는 전용실시권 침해행위가 고의적인 것으로[66] 인정되는 경우에는 손해로 인정된 금액의 3배를 넘지 아니하는 범위에서 배상액을 인정할 수 있도록 하는 "징벌적 손해배상제도"를 도입하였다(법 제128조).

형사적 구제방법으로, 특허권자 또는 전용실시권자는 특허권을 고의로 침해한 자에 대하여 침해죄로 고소할 수 있으며, 특허권 침해자는 7년 이하의 징역 또는 1억 원 이하의 벌금에 처해진다. 한편 특허권 침해죄는 과거 친고죄였으나, 2020년 개정으로 피해자의 명시적인 의사에 반하여 공소公訴를 제기할 수 없는 "반의사불벌죄"로 바뀌었다. 양벌규정에 의하여 특허권 침해행위자 외에 법인이나 사용자도 함께 처벌될 수 있다(법 제230조).

2) 실용신안법

우리나라는 「특허법」에의 보호대상인 발명보다는 수준이 낮은 소위 '소小발명'도 보호하기 위하여 「실용신안법」을 두고 있다. 「실용신안법」의 보호대상은 '고안'으로 고안의 정의는 '자연법칙을 이용한 기술적 사상의 창작'이다(법 제2조 제1호). 「특허법」상 발명과 「실용신안법」상의 고안의 차이점은 '고도성'의 여부이다. 즉, 발명보다 고도성이 낮은 것은 실용신안으로 볼 수 있다. 다만, 실용신안의 대상은 "물품"의 형상·구조 또는 조합에 한정하고 있어 「특허법」의 보호대상인 물질발명과 방법발명은 제외된다(법 제4조 제1항).

실용신안도 산업상 이용가능성, 신규성, 진보성을 갖추어야 한다. 다만, 진보성의 경우 그 고안이 속하는 기술 분야에서 통상의 지식을 가진 사람이 공지 기술로부터 '극히' 용이하게 창작할 수 있는 경우를 제외하고는 진보성을 인정받을 수 있다. 실용신안의 심사 및 출원 후 설정등록되면 실용신안권이 발생하며, 권리의 효력면에서 기본적으로 특허권과 동일하다. 다만, 실용신안권의 존속기간은 설정등록일부터 출원일 후 10년으로 특허권에 비하여 그 기간이 짧다(법 제22조 제1항).

---

(66) 침해행위가 고의적인지 여부를 판단할 때에는 ① 침해행위를 한 자의 우월적 지위 여부, ② 고의 또는 손해 발생의 우려를 인식한 정도, ③ 침해행위로 인하여 특허권자 및 전용실시권자가 입은 피해규모, ④ 침해행위로 인하여 침해한 자가 얻은 경제적 이익, ⑤ 침해행위의 기간·횟수 등, ⑥ 침해행위에 따른 벌금, ⑦ 침해행위를 한 자의 재산상태, ⑧ 침해행위를 한 자의 피해구제 노력의 정도 등을 고려해야 한다(법 제128조 제9항).

3) 디자인보호법

새로운 문제해결을 위한 기술적 사상을 보호하는 것이 「특허법」과 「실용신안법」이었다면, 물품의 외관을 보호하는 것은 「디자인보호법」의 영역이다.

「디자인보호법」에서는 디자인을 "물품의 형상, 모양, 색채 또는 이들의 조합으로서 시각을 통하여 미감을 일으키게 하는 것"이라고 정의하고 있다. 한편 물품에는 물품의 부분과 글자체Typeface, 화상[67]이 포함되며, 이들도 「디자인보호법」의 보호대상이다(법 제2조 제1호).

「디자인보호법」의 정의규정으로부터 ① 물품성, ② 형태성, ③ 시각성, ④ 심미성이라는 디자인의 성립요건이 도출된다. 먼저 디자인은 물품(원칙으로 독립 거래의 대상이 되는 유체동산)을 떠나서는 존재할 수 없으며, 이러한 물품과의 불가분적 관계를 디자인의 "물품성"이라 한다. 또한 디자인은 형상, 모양, 색채 또는 이들의 결합에 의해 이루어져야 하는데 이를 "형태성"이라 하며, "시각성"이란 디자인이 사람의 육안으로 식별이 가능한 것이어야 한다는 의미이다. 그리고 디자인은 미감을 일으킬 수 있는 것이어야 하며, 이를 "심미성"이라 한다.

한편 '부분디자인'[68] 및 '한 벌 물품디자인'[69]도 「디자인보호법」의 보호대상이 되며, 특허청 실무에 의하면 '동적디자인'(예 움직이는 장난감)도 포함된다. 또한 특허청은 스마트폰 등에 구현할 수 있는 아이콘 등 소위 '화상디자인'에 대하여는 부분디자인으로서의 물품성을 인정하고 있으며, 이는 부분디자인으로 보호한다.

디자인을 등록받기 위해서는 「특허법」과 유사한 요건인 ① 공업상 이용가능성, ② 신규성, ③ 창작비용이성을 충족하여야 한다(법 제33조).

디자인등록을 받고자 하는 자는 법령에서 정한 출원서, 도면 및 위임장 등 기타 첨부서류를 특허청에 제출해야 한다. 특히 「디자인보호법」에서의 출원과 심사단계에서는 "도면"이 중요하므로 도면이 미비한 경우에는 공업상 이용가능성 요건을 갖추지 못한 것으로 보아 거절당할 수 있다.

---

(67) 2021년 디자인보호법 개정으로 화상을 물품의 한 유형으로 구분하고 기능성이 있는 화상디자인을 보호대상에 포함시키는 한편, 화상에 대한 실시행위를 새롭게 규정하여 신기술 디자인에 대한 보호를 강화하였다. 개정 디자인보호법상 "화상"이란 디지털 기술 또는 전자적 방식으로 표현되는 도형·기호 등[기기의 조작에 이용되거나 기능이 발휘되는 것에 한정하고, 화상의 부분을 포함한다]을 말한다(법 제2조 2의2).

(68) 그 자체 독립해서 거래될 수 없는 물품 일부분의 형태인 경우라도 물품명을 독립 거래대상이 되는 전체 물품명으로 기재하고, 해당 부분 이외를 점선으로 기재한 도면을 제출하여 부분디자인을 등록받을 수 있다.

(69) 산업통상자원부령이 정한 것으로서 2 이상의 물품이 한 벌의 물품으로 동시에 사용되는 경우 당해 한 벌의 물품의 디자인이 한 벌 전체로서 통일성이 있는 때에는 1디자인으로 디자인등록을 받을 수 있다.

한편 「디자인보호법」은 심사등록출원제도와 일부심사등록출원제도를 병행하고 있다. 그 중에서 '일부심사등록출원'의 경우에는 신규성이나 창작비용이성 등 그 충족 여부를 판단하는데 비교적 많은 시간이 소요되는 일정 요건을 제외한 일부 요건만을 심사한 후 등록이 이루어진다. 이는 물품의 특성상 유행을 많이 타고 라이프 사이클이 짧은 의복류나 포장지, 포장용 용기 등이 그 대상이다. 따라서 일부심사의 대상이 아닌 물품은 심사등록출원을 하여야 한다.

출원 시에는 디자인의 대상이 되는 물품을 기재하여야 하며, 심사 후 디자인권이 등록되면 디자인권도 특허와 마찬가지로 "설정등록한 날부터 발생하여 디자인등록출원일 후 20년"이 되는 날까지 존속한다(법 제91조 제1항). 디자인권자는 업으로서 등록디자인 또는 이와 유사한 디자인을 실시할 권리를 독점한다(법 제92조). 즉, 디자인권의 효력은 원칙적으로 용도와 기능을 기준으로 판단한 동일물품 뿐만 아니라 유사물품까지 미친다.

「디자인보호법」상 특유제도로는 현실적으로 한 벌로 판매·사용되고 전체로서 통일성이 있는 경우 한 벌로서 출원하고 등록받을 수 있는 "한 벌 물품 디자인제도"(법 제42조), 그리고 유행성이 강하고 모방이 용하다는 점에서 디자인권의 설정등록일부터 3년 이내의 기간 동안 비밀로 할 것을 청구할 수 "비밀디자인제도"가 있다(법 제43조). 또한 자신의 등록디자인 또는 출원디자인과 유사한 디자인에 대하여는 기본디자인의 디자인등록출원일부터 1년 이내에 관련디자인으로 별도로 출원하여 권리범위를 명확히 하거나 또는 확장시킬 수 있는 "관련디자인제도"가 있다(법 제35조). 다만, 관련디자인의 디자인권은 기본디자인의 디자인권 존속기간 만료와 동시에 소멸한다(법 제91조 제1항).

디자인권자는 그 디자인권에 대하여 타인에게 전용실시권을 설정할 수 있으며, 디자인권자는 그 디자인권에 대하여 타인에게 통상실시권을 허락할 수 있다. 이 경우 전용실시권은 특허권과 마찬가지로 특허청에 설정등록을 해야 전용실시권의 효력이 발생한다(법 제98조).

4) 상표법

「상표법」은 상표를 보호함으로써 상표 사용자의 업무상의 신용유지를 도모하여 산업 발전에 이바지함과 아울러 수요자의 이익을 보호함을 목적으로 한다(법

제1조).

「상표법」상 "상표"란 "자기의 상품과 타인의 상품을 식별"하기 위하여 사용하는 "표장標章"을 말한다.[70] 여기에서 "표장"이란 "기호, 문자, 도형, 소리, 냄새, 입체적 형상, 홀로그램 · 동작 또는 색채 등으로서 그 구성이나 표현방식에 상관없이 상품의 출처出處를 나타내기 위하여 사용하는 모든 표시"를 말한다(법 제2조 제1호 및 제2호).

따라서 상표는 반드시 타인의 상품과 식별되도록 하기 위하여 사용하는 것이어야 한다. 그리고 표장은 과거에 시각적인 부분에만 한정했으나, 한 · 미FTA에 따른 영향으로 상표법이 개정되어 소리와 냄새까지 표장의 개념에 포함함에 따라 '소리상표', '냄새상표'도 상표등록이 가능하다.

상표를 출원 · 등록하기 위해서는 상표법에서 규정하는 일정한 형식적 요건을 갖추어야 하고, 실질적 요건으로서의 등록요건도 갖추어야 한다. 우리나라는 선출원주의와 등록주의를 채택하고 있어 사용 여부를 불문하고 먼저 출원한 자에게 등록을 인정하고 독점배타권을 부여한다. 다만, 식별력이 없거나 특정인에게 독점을 주는 것이 공익에 반할 경우 등록을 인정하지 않고 있다.

상표의 가장 중요한 기능은 자타상품식별기능이기 때문에 상표로 등록되기 위해서는 우선 식별력을 가져야 한다. 「상표법」상 식별력이라 함은 거래자나 일반 수요자로 하여금 상표를 표시한 상품이 누구의 상품인가를 알 수 있도록 인식시켜 주는 것을 말한다. 「상표법」 제33조 제1항 각 호에서는 자타상품의 식별력이 없는 상표들로서 상표등록이 불허되는 사유를 ① 상품의 보통명칭[71], ② 관용상표[72],

---

(70) 「상표법」상 상표는 다음과 같이 구분할 수 있다.

구분	내용	예시
상표	자기의 상품과 타인의 상품을 식별하기 위하여 사용하는 표장	갤럭시S, 모나미
서비스표	자기의 서비스와 타인의 서비스를 식별하기 위하여 사용하는 표장	기업은행, 제일기획, 에스원
업무표장	영리를 목적으로 하지 아니하는 업무를 하는 자가 그 업무를 나타내기 위하여 사용하는 표장	YMCA, IOC, 한국산업기술보호협회
단체표장	상품을 생산 · 제조 · 가공 · 판매하거나 서비스를 제공하는 자가 공동으로 설립한 법인이 직접 사용하거나 그 소속 단체원에게 사용하게 하기 위한 표장	가보로(GABORO)
지리적 표시 단체표장	지리적 표시를 사용할 수 있는 상품을 생산 · 제조 또는 가공하는 자가 공동으로 설립한 법인이 직접 사용하거나 그 소속 단체원에게 사용하게 하기 위한 표장	영광굴비, 보성녹차
증명표장	품질, 원산지, 생산방법 또는 그 밖의 특성을 증명하고 관리하는 것을 업(業)으로 하는 자가 타인의 상품에 대하여 그 상품이 품질, 원산지, 생산방법 또는 그 밖의 특성을 충족한다는 것을 증명하는 데 사용하는 표장	WOOL마크, Cotton 마크

(71) 특정상품과 관련하여 그 상품의 명칭을 나타내는 상표(예) 스낵제품−Corn Chip, 과자−호도과자, 자동차−Car)

(72) 동종업자들 사이에 특정 종류의 상품에 관용적으로 쓰이는 표장(예) 과자류−깡, 청주−정종, 직물−Tex)

③ 성질표시적 상표[73], ④ 현저한 지리적 명칭, 그 약어 또는 지도, ⑤ 흔한 성 또는 명칭, ⑥ 간단하고 흔히 있는 표장, ⑦ 기타 식별력이 없는 표장의 7가지 사유로 제한적으로 열거하고 있다.

한편 상표가 식별력을 가지고 있다 하더라도 그 상표를 등록하여 독점배타적 성질의 상표권을 부여하는 경우 타인의 선등록상표와 동일·유사한 상표 등의 경우와 같이 공익상 또는 타인의 이익을 침해할 우려가 있는 경우에는 상표의 등록을 배제하는 규정을 두고 있다(법 제34조).

등록된 상표권의 존속기간은 상표등록 설정일로부터 10년이며, 상표권의 존속기간은 존속기간갱신등록신청에 의하여 10년씩 갱신할 수 있어 사실상 영구적으로 사용할 수 있다(제83조).

상표도 전용사용권 통상사용권을 설정할 수 있으며, 이들 사용권은 다른 산업재산권과는 달리 특허청의 등록요건은 제3자 대항요건이다.

상표권 침해는 다른 산업재산권법과는 달리 비친고죄이다(제230조). 따라서 상표권자의 고소와 관계없이 처벌될 수 있다.

5) 저작권법

「저작권법」은 저작자의 권리와 이에 인접하는 권리를 보호하고 저작물의 공정한 이용을 도모함으로써 문화 및 관련 산업의 향상발전에 이바지함을 목적으로 한다(저작권법 제1조).

「저작권법」의 보호를 받기 위해서는 먼저 저작물성을 충족해야 한다. 「저작권법」 제2조 제1호는 "저작물"을 "인간의 사상 또는 감정을 표현한 창작물"로 규정하고 있다. 따라서 저작물로서 보호를 받기 위해서는 창작성이 필요하다. 여기에서 '창작성'이란 완전한 의미의 독창성을 말하는 것은 아니며 단지 어떠한 작품이 남의 것을 단순히 모방한 것이 아니고 작자 자신의 독자적인 사상 또는 감정의 표현을 담고 있음을 의미한다.[74] 그 다음으로, 저작물은 사상이나 감정의 표현이어야 한다. 저작권의 보호대상은 저작자의 사상과 감정 그 자체가 아니라 그 '표현'이다. 결국, 인간

---

(73) 산지표시(예 사과―대구), 품질표시(특선, Super), 원재료표시(예 넥타이―Silk), 효능표시(예 복사기―Quick Copy), 용도표시(예 가방―학생), 수량표시(예 100개), 형상표시(예 소형), 시기(타이어―전천후)

(74) 대법원 2011.2.10. 선고 2009도291 판결 등 참조.

의 사상 또는 감정을 창작적으로 표현한 모든 것이 저작물의 대상이 된다. 「저작권법」의 보호 대상이 되는 저작물은 다음과 같다(법 제4조부터 제6조까지 참조).

「저작권법」상 보호되는 저작물

① 어문저작물 : 소설, 시, 논문, 강연, 연술, 각본 등

② 음악저작물: 악곡 등

③ 연극저작물: 연극 및 무용, 무언극 등

④ 미술저작물: 회화, 서예, 도안, 조각, 공예, 응용미술저작물 등

⑤ 건축저작물: 건축물, 건축 위한 모형 및 설계도서 등

⑥ 사진저작물: 사진 등

⑦ 영상저작물: 영화, 비디오 게임, 애니메이션 등

⑧ 도형저작물: 지도, 도표, 약도, 모형, 설계도(건축설계도, 모형은 ⑤에 해당) 등

⑨ 컴퓨터프로그램저작물: 특정한 결과를 얻기 위하여 컴퓨터 등 정보처리능력을 가진 장치 내에서 직접 또는 간접으로 사용되는 일련의 지시ㆍ명령으로 표현된 창작물

⑩ 편집저작물: 소재의 선택 또는 배열이 창작성이 있는 편집물(창작성 있는 데이터베이스 포함.)

⑪ 2차적 저작물: 원저작물을 번역, 편곡, 변형, 각색, 영상 제작 그 밖의 방법으로 작성한 창작물(2차적 저작물은 위의 ①-⑩의 하나에 해당할 수 있음.)

저작권은 저작물을 창작한 때부터 발생하며 어떠한 절차나 형식의 이행을 필요로 하지 아니한다(법 제10조 제2항). 이는 '출원 → 심사 → 등록'이라는 별도의 절차가 요구되는 특허 등의 산업재산권과는 구별된다.[75]

또한 저작권은 남의 것을 베끼지 않고, 자기가 독창적으로 창작하면 자동적으로 발생하는 권리로서 동일한 저작물이 존재하더라도 관계가 없다. 따라서 이론적으로 동일한 권리가 2개 이상 존재할 수 있다. 그러나 이러한 점에서 동일한 발명에 대해 오직 한 개의 권리만이 존재하는 특허권 등의 산업재산권과는 다르다.[76]

---

(75) 한편 저작권 침해사건 발생시 저작자의 입증용이, 제3자 대항 등을 위하여 '한국저작권위원회'에 저작권 등을 등록할 수 있다(법 제53조부터 제55조까지).

(76) 조용순, 문화콘텐츠와 저작권, 전략과문화, 2008, p.16.

광의의 저작권은 저작권과 저작인접권을 포함하는 개념이며, 저작권은 저작인격권과 저작재산권으로, 저작인접권은 실연자 · 음반제작자 · 방송사업자의 권리로 나뉜다.

"저작자"는 저작물을 창작한 자로 원칙적으로 저작자가 저작권을 가진다. 물론 양도와 상속의 경우는 예외적으로 저작자와 저작권자가 분리될 수 있다. 저작권은 크게 저작인격권과 저작재산권으로 나눌 수 있다. 저작인격권으로는 그의 저작물을 공표하거나 공표하지 아니할 것을 결정할 권리인 '공표권', 저작물의 원본이나 그 복제물에 또는 저작물의 공표 매체에 그의 실명 또는 이명을 표시할 권리인 '성명표시권', 그의 저작물의 내용 · 형식 및 제호의 동일성을 유지할 권리인 '동일성유지권'이 있다.

저작재산권으로는 복제권, 공연권, 공중송신권(방송, 전송, 디지털음성송신), 전시권, 배포권, 2차적 저작물작성권이 있다. 저작재산권의 주요 내용은 다음과 같다.

표 2-3 _ 저작재산권의 종류 및 내용[77]

복제권	• 저작물을 복제할 수 있는 권리 – 복제(§2, 제14호): 인쇄 · 사진 · 복사 · 녹음 · 녹화 그 밖의 방법에 의하여 유형물에 고정하거나 유형물로 다시 제작하는 것을 말하며, 건축물의 경우에는 그 건축을 위한 모형 또는 설계도서에 따라 이를 시공하는 것을, 각본 · 악보 그 밖의 이와 유사한 저작물의 경우에는 그 저작물의 공연 · 실연 또는 방송을 녹음하거나 녹화하는 것을 포함
공연권	• 저작물을 공연할 수 있는 권리 – 공연(§2, 제3호): 저작물을 상연 · 연주 · 가창 · 연술 · 상영 그 밖의 방법으로 일반공중에게 공개하는 것과 이의 복제물을 재생하여 일반공중에게 공개하는 것을 말하며, 동일인의 점유에 속하는 연결된 장소 안에서 이루어지는 송신을 포함
공중송신권	• 저작물을 공중송신할 수 있는 권리 – 방송(§2, 제8호): 일반공중으로 하여금 동시에 수신하게 할 목적으로 무선 또는 유선통신의 방법에 의하여 음성 · 음향 또는 영상 등을 송신하는 것 – 전송(§2, 제10호): 일반공중이 개별적으로 선택한 시간과 장소에서 수신하거나 이용할 수 있도록 저작물을 무선 또는 유선통신의 방법에 의하여 송신하거나 이용에 제공하는 것 – 디지털음성송신(§2, 제11호): 공중송신 중 공중으로 하여금 동시에 수신하게 할 목적으로 공중의 구성원의 요청에 의하여 개시되는 디지털 방식의 음의 송신을 말하며, 전송을 제외
전시권	• 미술저작물 등의 원작품이나 그 복제물을 전시할 권리
배포권	• 저작물의 원작품 또는 그 복제물을 일반공중에게 대가를 받거나 받지 아니하고 양도 또는 대여할 수 있는 권리
2차적 저작물 작성권	• 저작물을 원저작물로 하는 2차적 저작물 또는 그 저작물을 구성 부분으로 하는 편집저작물을 작성하여 이용할 권리

---

(77) 조용순, 앞의 책, 21면.

저작권의 보호기간과 관련하여 저작인격권은 원칙적으로 저작자 사망과 동시에 소멸하고, 저작재산권은 저작자가 생존하는 동안과 사망한 후 70년간 존속하는 것이 원칙이다.[78]

「저작권법」에서는 저작물의 전달에 기여하는 자인 실연자, 음반제작자, 방송사업자를 저작인접권자로 보호하고 있다. 저작인접권도 실연을 한 때, 음반을 발행한 때, 방송을 한 때를 기준으로 다음 해부터 기산하여 70년(방송의 경우에는 50년)간 존속한다(법 제86조).

「저작권법」에서는 "컴퓨터프로그램"[79] 저작물과 관련한 특례를 두고 있다. 먼저 컴퓨터 프로그램을 작성하기 위한 프로그램언어, 규약, 해법은 「저작권법」의 보호대상에서 제외된다(법 제101조의2).[80]

한편 정당한 권한에 의하여 프로그램을 이용하는 자 또는 그의 허락을 받은 자는 호환에 필요한 정보를 쉽게 얻을 수 없고 그 획득이 불가피한 경우에는 해당 프로그램의 호환에 필요한 부분에 한하여 프로그램의 저작재산권자의 허락을 받지 아니하고 프로그램코드역분석을 할 수 있다(법 제101조의4 제1항).

그리고 프로그램의 복제물을 정당한 권한에 의하여 소지·이용하는 자는 그 복제물의 멸실·훼손 또는 변질 등에 대비하기 위하여 필요한 범위에서 해당 복제물을 복제할 수 있도록 하고 있다. 단, 해당 프로그램의 복제물을 소지·이용할 권리를 상실한 때에는 그 프로그램의 저작재산권자의 특별한 의사표시가 없는 한 복제된 프로그램을 폐기하여야 한다(법 제101조의5).

한편 프로그램의 저작재산권자와 프로그램의 이용허락을 받은 자는 한국저작권위원회와 서로 합의하여 프로그램의 원시코드 및 기술정보 등을 한국저작권위원회에게 임치할 수 있다(법 제101조의7). 이외에 업무상 저작물의 경우 통상적으로 법인 등의 명의로 공표되는 업무상 저작물의 저작자는 계약 또는 근무규칙 등에 다른 정

---

(78) 단, 공동저작물의 저작재산권은 맨 마지막으로 사망한 저작자가 사망한 후 70년간 존속한다(저작권법 제39조). 한편 무명저작물, 널리 알려지지 아니한 이명(異名)이 표시된 저작물, 업무상저작물, 영상저작물은 그 저작물 공표 후 70년간 보호한다(저작권법 제40조부터 제42조까지).

(79) "컴퓨터프로그램"은 특정한 결과를 얻기 위하여 컴퓨터 등 정보처리능력을 가진 장치(이하 "컴퓨터"라 한다) 내에서 직접 또는 간접으로 사용되는 일련의 지시·명령으로 표현된 창작물을 말한다(저작권법 제2조 제16호).

(80) 제101조의2(보호의 대상) 프로그램을 작성하기 위하여 사용하는 다음 각 호의 사항에는 이 법을 적용하지 아니한다.
　1. 프로그램 언어: 프로그램을 표현하는 수단으로서 문자·기호 및 그 체계
　2. 규약: 특정한 프로그램에서 프로그램 언어의 용법에 관한 특별한 약속
　3. 해법: 프로그램에서 지시·명령의 조합방법

함이 없는 때에는 그 법인등이 된다(법 제9조 본문). 다만, 컴퓨터프로그램저작물의 경우 공표될 것을 요하지 아니한다(법 제9조 단서).

또한 「저작권법」에서는 데이터베이스제작자[81]도 보호하고 있으며, 데이터베이스 제작자는 그의 데이터베이스의 전부 또는 상당한 부분을 복제·배포·방송 또는 전송할 권리를 가진다(법 제93조). 데이터베이스제작자의 권리는 데이터베이스의 제작을 완료한 때부터 발생하며, 그 다음 해부터 기산하여 5년간 존속한다(법 제95조).

저작재산권을 침해한 자는 5년 이하의 징역 또는 5천만 원 이하의 벌금에 처하거나 이를 병과할 수 있으며, 저작인격권 또는 실연자의 인격권을 침해하여 저작자 또는 실연자의 명예를 훼손한 자는 3년 이하의 징역 또는 3천만 원 이하의 벌금에 처하거나 이를 병과할 수 있다(법 제136조). 저작권 침해죄는 주로 친고죄이나, 영리를 목적으로 상습적으로 저작권재산권 침해하는 등의 경우는 비친고죄로 규정하고 있다(법 제140조).

6) 발명진흥법

산업현장에서의 기술유출은 전현직 직원에 의하여 많이 발생한다. 즉, 연구개발에 기여한 직원의 충분한 보상이 되지 않는 경우에 그 직원은 불만이 생기고 이것이 기술유출의 동기가 될 수 있다. 따라서 직무발명 보상제도는 직무발명에 대한 정당한 보상으로 종업원의 연구 의욕을 더욱 고취시켜 우수한 많은 성과물의 창출을 촉진시킬 수 있다. 또한 이를 통해 사용자의 이익을 증대시켜 이를 재원으로 연구개발 투자 및 종업원에 대한 보상을 확대해 나가는 선순환시스템을 구축하여 기술유출 예방에 노력하는 것이 효과적인 대안이 될 수 있다.[82]

「발명진흥법」은 직무발명과 관련하여 사용자의 이용에 따른 종업원에 대한 보상 등과 관련하여 규정하고 있다.

"직무발명"이란 "종업원, 법인의 임원 또는 공무원(이하 "종업원 등"이라 한다)이 그 직무에 관하여 발명한 것이 성질상 사용자·법인 또는 국가나 지방자치단체(이하

---

(81) "데이터베이스"는 소재를 체계적으로 배열 또는 구성한 편집물로서 개별적으로 그 소재에 접근하거나 그 소재를 검색할 수 있도록 한 것을 말하며(저작권법 제2조 제19호), "데이터베이스제작자"는 데이터베이스의 제작 또는 그 소재의 갱신·검증 또는 보충(이하 "갱신 등"이라 한다)에 인적 또는 물적으로 상당한 투자를 한 자를 말한다(저작권법 제2조 제20호).

(82) 안성진·배상태·조용순·송봉규·김주호, 연구보안론, 박영사, 2016, p.44.

"사용자 등"이라 한다)의 업무 범위에 속하고 그 발명을 하게 된 행위가 종업원등의 현재 또는 과거의 직무에 속하는 발명"을 말한다(법 제2조 제2호). [83]

종업원 등이 직무발명을 완성한 경우에는 지체 없이 그 사실을 사용자 등에게 문서로 알려야 한다. 2명 이상의 종업원 등이 공동으로 직무발명을 완성한 경우에는 공동으로 알려야 한다(법 제12조).

이러한 통지를 받은 사용자 등은 통지 받은 날로부터 4개월 이내에 그 발명에 대한 권리의 승계 여부를 종업원 등에게 문서로 알려야 한다. 이와 같은 방법으로 그 발명에 대한 권리의 승계 의사를 알린 때에는 그때부터 그 발명에 대한 권리는 사용자 등에게 승계된 것으로 본다(법 제13조 제1항). 이와 같이 종업원 등이 직무발명에 대하여 특허 등을 받을 수 있는 권리나 특허권 등을 계약이나 근무규정에 따라 사용자 등에게 승계하게 하거나 전용실시권을 설정한 경우에는 정당한 보상을 받을 권리를 가지며(법 제15조 제1항), 사용자 등은 보상에 대하여 보상형태와 보상액을 결정하기 위한 기준, 지급방법 등이 명시된 보상규정을 작성하고 종업원 등에게 문서로 알려야 한다(법 제15조 제2항). [84] 만일 사용자가 직무발명에 대한 권리를 승계 후 영업비밀로 두는 등 출원하지 않거나, 유보하는 경우에도 정당한 보상을 하여야 하며, 이 경우에는 그 발명이 산업재산권으로 보호되었더라면 종업원 등이 받을 수 있었던 경제적 이익을 고려하여 액수를 정해야 한다(법 제16조).

그리고 종업원의 발명을 승계하지 않는다는 통지를 한 경우라도 차후에 직무발명에 대하여 종업원 등이 특허 등을 받았거나 그 종업원으로부터 특허 등을 받을 수 있는 권리를 승계한 자가 특허 등을 받으면 사용자 등은 특허권 등에 대하여 통상실시권을 가진다(법 제10조 제1항).

한편 사용자 등이 통지 받은 날로부터 4개월 이내에 승계 여부조차 알리지 아니한 경우에는 사용자 등은 그 발명에 대한 권리의 승계를 포기한 것으로 간주된다. 이 경우 사용자 등은 제10조 제1항에도 불구하고 그 발명을 한 종업원 등의 동의를 받지 아니하고는 통상실시권을 가질 수 없다(법 제13조 제3항). 즉, 사용자가 승계하지 않는다는 통지라도 종업원에게 했다면 무상無償의 통상실시권을 가질 수 있을 것

---

(83) 직무발명과 구별되는 개념으로 업무발명과 자유발명이 있다. 업무발명은 종업원의 직무와는 무관하나 사용자의 업무에 속하는 발명이며, 자유발명은 사용자의 업무에도 속하지 않는 발명이다. 직무발명은 사전승계가 가능하지만, 업무발명과 자유발명은 사전승계가 불가능하다.

(84) 보상과 관련하여서는 발명보상, 출원보상, 등록보상, 실시 또는 실적 보상이 있다. 보상과 관련하여서는 발명보상, 출원보상, 등록보상, 실시 또는 실적 보상이 있다(윤선희, 지적 재산권법(17정판), 세창출판사, 2018, p.65).

인데, 이러한 통지행위조차 하지 않는 경우에는 이제 종업원의 허락을 받아 사용해야 한다.

종업원 등은 사용자 등이 직무발명을 출원할 때까지 그 발명의 내용에 관한 비밀을 유지하여야 한다(법 제19조). 이를 위반하여 부정한 이익을 얻거나 사용자등에 손해를 가할 목적으로 직무발명의 내용을 공개한 자에 대하여는 3년 이하의 징역 또는 3천만 원 이하의 벌금에 처한다(법 제58조제1항).

제4절
보안·안보 관련 법

1. 대외무역법

「대외무역법」은 대외 무역을 진흥하고 공정한 거래 질서를 확립하여 국제 수지의 균형과 통상의 확대를 도모함으로써 국민 경제를 발전시키기 위하여 1987년 제정되었다. 무역은 본래 자유롭고 공정한 무역을 조장함을 원칙으로 하나(법 제3조), 이중용도 물품, 군용물자 등 전략물자의 수출에 있어서는 산업통상자원부장관 등의 수출허가가 필요하다.

"전략물자"란 산업통상자원부장관이 관계 행정기관의 장과 협의하여 대통령령으로 정하는 다자간 국제수출통제체제[85]의 원칙에 따라 국제평화 및 안전유지와 국가안보를 위하여 수출[86]허가 등 제한이 필요하여 지정·고시된 물품을 말한다. 이와 같이 전략물자를 수출하려는 자는 산업통상자원부장관이나 관계 행정기관의 장의 허가를 받아야 한다(법 제19조 제2항).

---

[85] 「대외무역법 시행령」 제32조(국제수출통제체제) 법 제19조 제1항에서 "대통령령으로 정하는 국제수출통제체제"란 다음 각 호를 말한다.
1. 바세나르체제(WA)
2. 핵공급국그룹(NSG)
3. 미사일기술통제체제(MTCR)
4. 오스트레일리아그룹(AG)
5. 화학무기의 개발·생산·비축·사용 금지 및 폐기에 관한 협약(CWC)
6. 세균무기(생물무기) 및 독소무기의 개발·생산·비축 금지 및 폐기에 관한 협약(BWC)
7. 무기거래조약(ATT)

[86] 「대외무역법」에서의 수출은 ① 국내에서 국외로의 이전, ② 국내 또는 국외에서 대한민국 국민(국내법에 따라 설립된 법인을 포함)으로부터 외국인(외국의 법률에 따라 설립된 법인을 포함)에게로의 이전을 의미한다(법 제19조 제2항).

그리고 전략물자에는 해당되지 아니하나 대량파괴무기와 그 운반수단인 미사일 및 재래식무기(이하 "대량파괴무기 등")의 제조 · 개발 · 사용 또는 보관 등의 용도로 전용될 가능성이 높은 물품 등을 수출하려는 자는 그 물품 등의 수입자나 최종 사용자가 그 물품등을 대량파괴무기 등의 제조 · 개발 · 사용 또는 보관 등의 용도로 전용할 의도가 있음을 알았거나 그 수출이 그러한 의도[87]가 있다고 의심되면 대통령령으로 정하는 바에 따라 산업통상자원부장관이나 관계 행정기관의 장의 허가인 "상황허가"를 받아야 한다.

한편 물품 등의 무역거래자는 산업통상자원부장관이나 관계 행정기관의 장에게 수출하려는 물품등이 전략물자 또는 상황허가 대상인 물품 등에 해당하는지에 대한 판정을 신청할 수 있다. 이 경우 산업통상자원부장관이나 관계 행정기관의 장은 제29조에 따른 전략물자관리원장 또는 대통령령으로 정하는 관련 전문기관에 판정을 위임하거나 위탁할 수 있다(법 제20조 제2항)

만일 수출허가를 받지 아니하고 전략물자를 수출한 자 등은 5년 이하의 징역 또는 수출 · 수입 · 경유 · 환적 · 중개하는 물품 등의 가격의 3배에 해당하는 금액 이하의 벌금에 처한다(법 제53조 제2항). 한편 "전략물자 등의 국제적 확산을 꾀할 목적"으로 전략물자를 수출한 자 등은 7년 이하의 징역 또는 수출 · 경유 · 환적 · 중개하는 물품 등의 가격의 5배에 해당하는 금액 이하의 벌금으로 가중 처벌된다(법 제53조 제1항).

그리고 산업통상자원부장관 또는 관계 행정기관의 장은 수출허가 또는 상황허가를 받지 않고 전략물자를 수출 또는 상황허가 대상인 물품 등을 수출한 자에게 3년

---

(87) 법 제19조 제3항 각 호에 규정된 예는 다음과 같다.
　　1. 수입자가 해당 물품 등의 최종 용도에 관하여 필요한 정보 제공을 기피하는 경우
　　2. 수출하려는 물품 등이 최종 사용자의 사업 분야에 해당되지 아니하는 경우
　　3. 수출하려는 물품 등이 수입국가의 기술수준과 현저한 격차가 있는 경우
　　4. 최종 사용자가 해당 물품 등이 활용될 분야의 사업경력이 없는 경우
　　5. 최종 사용자가 해당 물품 등에 대한 전문적 지식이 없으면서도 그 물품 등의 수출을 요구하는 경우
　　6. 최종 사용자가 해당 물품 등에 대한 설치 · 보수 또는 교육훈련 서비스를 거부하는 경우
　　7. 해당 물품 등의 최종 수하인(受荷人)이 운송업자인 경우
　　8. 해당 물품 등에 대한 가격 조건이나 지불 조건이 통상적인 범위를 벗어나는 경우
　　9. 특별한 이유 없이 해당 물품 등의 납기일이 통상적인 기간을 벗어난 경우
　　10. 해당 물품 등의 수송경로가 통상적인 경로를 벗어난 경우
　　11. 해당 물품 등의 수입국 내 사용 또는 재수출 여부가 명백하지 아니한 경우
　　12. 해당 물품 등에 대한 정보나 목적지 등에 대하여 통상적인 범위를 벗어나는 보안을 요구하는 경우
　　13. 그 밖에 국제정세의 변화 또는 국가안전보장을 해치는 사유의 발생 등으로 산업통상자원부장관이나 관계 행정기관의 장이 상황허가를 받도록 정하여 고시하는 경우

이내의 범위에서 일정 기간 동안 전략물자 등의 전부 또는 일부의 수출이나 수입을 제한할 수 있다(법 제31조).

2. 외국인투자촉진법

「외국인투자촉진법」은 외국인투자를 지원하고 외국인투자에 편의를 제공하여 외국인투자 유치를 촉진하여 국민경제 발전에 이바지하기 위하여 1988년에 제정되었다. 따라서 원칙적으로 외국인은 법률에 특별한 규정이 있는 경우 외에는 제한을 받지 아니하고 국내에서 외국인투자업무를 수행할 수 있다(법 제4조제1항).

그러나 국가의 안전과 공공질서의 유지에 지장을 주는 분야의 외국인투자는 예외로, 외국인투자가 제한되는 업종과 제한 내용은 동법 시행령 제5조에 위임하여 정하고 있다(법 제4조 제2항). 국가의 안전유지에 지장을 초래하는 경우(국가안보위해)의 외국인투자에 대하여 시행령 제5조에는 ① 방위산업물자의 생산에 지장을 초래할 우려가 있는 경우, ② 대외무역법에 따른 수출 허가 또는 승인 대상 물품 등이나 기술로서 군사목적으로 전용轉用될 가능성이 높은 경우, ③ 국가기밀로 취급되는 계약 등의 내용이 공개될 우려가 있는 경우, ④ 국제평화 및 안전유지를 위한 국제연합 등의 국제적 노력에 심각하고 중대한 지장을 초래할 우려가 있는 경우가 열거되어 있다.

국가안보위해에 해당하는지 여부에 대하여는 주무부장관의 검토 요청으로 산업통상자원부장관이 외국인투자위원회의 심의에 따라 국가안보위해에 해당하는 것으로 결정할 수 있다. 즉, 산업통상자원부장관은 주무부장관의 검토 요청이 있은 날부터 90일 이내에 해당 외국인투자가 국가안보위해에 해당하는지 여부를 외국인투자위원회의 심의에 따라 결정하여야 한다. 이 경우 산업통상자원부장관은 국가안보위해에 해당하는 외국인투자에 대하여 필요하다고 인정하면 외국인투자위원회의 심의에 따라 '특정사업 부분의 분리매각'이나 '보안유지 준수' 등의 조건을 붙여 외국인투자를 허용하는 결정을 할 수 있다(시행령 제5조 제7항). 그리고 국가안보위해에 해당한다는 결정을 한 경우에 해당 외국인투자로 이미 기업의 주식 등을 취득한 외국인은 그 결정이 있은 날부터 6개월 이내에 해당 주식등을 대한민국국민에

게 양도하여야 하여야 한다(시행령 제5조 제9항)

3. 대 · 중소기업 상생협력 촉진에 관한 법률

「대 · 중소기업 상생협력 촉진에 관한 법률」(이하 "상생협력법")은 수탁기업, 위탁기업이 전문인력과 설비 등을 갖춘 기관인 수치인과 서로 합의하여 기술자료를 임치하고자 하는 기업의 기술자료를 임치할 수 있도록 하는 "기술자료 임치제도"에 대해서 규정하고 있다(법 제24조의2).

기술자료 임치제도는 거래관계에 있는 대기업과 중소기업이 일정한 조건하에 서로 합의하여 핵심 기술자료를 신뢰성 있고 임치설비를 갖춘 임치기관에 안전하게 보관해 둠으로써 중소기업은 기술유출 위험을 줄일 수 있고 대기업은 해당 중소기업의 파산 · 폐업 시 해당 임치물을 이용하여 관련 기술을 안전하게 활용할 수 있도록 하는 제도이다.[88]

현재 기술자료 임치기관으로 대표적인 기관으로는 "대 · 중소기업 · 농어업협력재단"을 들 수 있다.

임치의 대상이 되는 "기술자료"란 물품 등의 제조 방법, 생산 방법, 그 밖에 영업활동에 유용하고 독립된 경제적 가치가 있는 것으로서 ① 특허권, 실용신안권, 디자인권, 저작권 등의 지식재산권과 관련된 정보, ② 영업비밀과 같이 제조, 생산방법과 판매방법 등 그 밖의 영업활동에 유용한 기술상 또는 경영상의 정보이다(법 제2조 제9호 및 동법 시행령 제1조의2 참조).

기술자료 임치제도는 개발기업의 기술자료가 유출되었을 경우, 기술자료 임치물을 통해 개발기업의 기술 개발사실 입증할 수 있으며, 내부직원 및 산업스파이 등에 의해 기술자료가 유출되더라도 임치물을 통해 개발기업은 해당 기술의 개발사실 입증이 용이하다. 이 외에도 사용기업도 개발기업의 파산 · 폐업, 유지보수 불가 시 임치물을 이용하여 안전한 유지보수가 가능하고, 기술자료의 백업기능도 수행함으로써 해당기술의 멸실 · 훼손 등을 방지할 수 있다.[89]

---

(88) 대 · 중소기업 · 농어업협력재단 기술임치 서비스 참조(https://www.kescrow.or.kr).
(89) 대 · 중소기업 · 농어업협력재단 기술임치 서비스 참조(https://www.kescrow.or.kr).

4. 국가연구개발혁신법

1) 과학기술기본법

그간 「과학기술기본법」에 근거한 「국가연구개발사업의 관리 등에 관한 규정」이 있었음에도 불구하고 중앙행정기관별로 국가연구개발사업과 관련된 규정이 다르게 운영되고 있어 이를 통합적·체계적으로 운영될 수 있게 할 필요가 있었다. 이에 「과학기술기본법」 및 「국가연구개발사업의 관리 등에 관한 규정」의 국가연구개발사업의 운영·추진 등에 관한 사항을 범부처 공통규범으로 통합·체계화하는 등의 내용으로 「국가연구개발혁신법」이 2020년 제정되었다. 이에 따라 연구보안과 관련한 내용도 변화가 있었다.

국가연구개발사업 등의 보안과 관련하여서는 이 법 제21조에 정하고 있다. 관계 중앙행정기관의 장 및 연구개발기관의 장은 소관 국가연구개발사업 및 연구개발과제와 관련하여 연구개발성과 등 대통령령으로 정하는 중요 정보가 유출되지 아니하도록 보안대책을 수립·시행하여야 한다(법 제21조 제1항). 이와 관련하여 시행령에서는 관계 중앙행정기관의 장 및 연구개발기관의 장은 ① 「산업기술의 유출방지 및 보호에 관한 법률」 제2조 제1호에 따른 산업기술과 관련된 비공개 연구개발성과, ②법 제21조 제2항에 따라 보안과제로 분류된 연구개발과제의 연구개발성과에 대한 보안대책을 수립·시행해야 한다고 규정하고 있다(시행령 제44조 제1항).

중앙행정기관의 장 및 연구개발기관의 장이 수립하는 보안대책에는 다음의 사항이 포함되어야 한다(시행령 제44조 제2항 및 제3항).

표 2-4 _ 중앙행정기관의 장 및 연구개발기관의 장이 수립하는 보안대책

구 분	수립하는 보안대책
중앙행정기관의 장	1. 연구개발성과의 수집·분석·가공·배포 방안 2. 보안관리 실태 점검의 구체적 방안 3. 보안사고의 예방·대응·조사·재발방지 방안 4. 연구개발과제협약으로 정하는 바에 따라 외국에 소재한 기관·단체 또는 외국인과 공동으로 연구를 수행하는 경우의 보안관리 방안
연구개발기관의 장	1. 소속 연구자가 준수해야 하는 보안 관련 의무사항 2. 연구시설 및 연구관리시스템에 대한 보안조치 사항 3. 보안관리 실태 점검의 구체적 방안 4. 보안사고의 예방·대응·조사·재발방지 방안 5. 위 1~4에서 규정한 사항이 포함된 보안관리규정 제정·운영 방안

중앙행정기관의 장은 외부로 유출될 경우 기술적·재산적 가치에 상당한 손실이 예상되거나 국가안보를 위하여 보안이 필요한 연구개발과제를 보안과제로 분류할 수 있다(법 제21조 제2항). 중앙행정기관의 장이 보안과제로 분류해야 할 연구과제는 다음과 같다(시행령 제45조 제1항)

표 2-5 _ 연구개발과제에 대한 보안과제의 분류

1. 「방위사업법」 제3조 제1호에 따른 방위력개선사업과 관련된 연구개발과제
2. 다음 각 목의 어느 하나에 해당하는 기술과 관련된 연구개발과제
   가. 외국에서 기술이전을 거부하여 국산화를 추진 중인 기술
   나. 보호의 필요성이 인정되는 미래핵심기술
   다. 「산업기술의 유출방지 및 보호에 관한 법률」 제2조 제2호에 따른 국가핵심기술
   라. 「대외무역법」 제19조 제1항에 따른 수출허가 등 제한이 필요한 기술

중앙행정기관의 장은 상기의 보안과제의 경우 연구개발기관을 공모하기 전까지 보안과제로 분류해야 한다. 다만, ① 법 제9조 제4항 단서[90]에 따라 지정 등 공모 외의 방법으로 연구개발기관을 선정한 경우, ② 보안과제로 분류되었는지를 제9조 제1항에 따른 공고에 포함시키는 것이 곤란한 경우에는 해당 연구개발기관이 선정된 이후에 지체 없이 보안과제로 분류해야 한다(시행령 제45조 제2항). 또한 중앙행정기관의 장은 제10조에 따라 선정된 연구개발기관이 외국에 소재한 기관·단체 또는 외국인과 공동으로 연구를 수행하는 경우에는 해당 연구개발과제가 「대외무역법」 제20조 제2항에 따라 전략물자에 해당하는지에 관한 판정을 신청하여 그 결과에 따라 그 연구개발과제를 보안과제로 분류할 수 있다(시행령 제45조 제3항).

보안과제는 「국가연구개발혁신법」에서 다음과 같은 예외를 적용받는다. 먼저 보안과제로 구성된 국방 분야의 사업의 경우 국가연구개발사업과 관련한 공모·평가 등 일반적인 규정이 적용되지 않는다(법 제3조). 따라서 보안과제로 분류된 연구개발과제는 단계평가 또는 최종평가를 실시하지 아니할 수 있다(법 제12조 제2항).

보안과제는 평가단을 구성하지 아니하거나 평가단 구성 시 "해당 연구개발과제와 직접적인 이해관계가 있어 평가의 공정성을 중대하게 저해할 우려가 있는 사람은 평가단에 포함되어서는 아니 된다"는 법 제14조 제2항 단서를 적용하지 아니할 수 있다(법 제14조 제3항). 또한 연구개발기관과 연구자는 연구개발과제의 최종보고

---

(90) 제9조(예고 및 공모 등) ④ 중앙행정기관의 장은 공모를 통하여 연구개발과제와 이를 수행하는 연구개발기관을 선정하여야 한다. 다만, 다음 각 호의 어느 하나에 해당하는 경우에는 지정 등 공모 외의 방법으로 연구개발과제와 이를 수행하는 연구개발기관을 선정할 수 있다.
   1. 국가안보 또는 사회·경제에 중대한 영향을 미치는 연구개발과제인 경우

서 및 연구개발성과에 관한 정보를 공개하여야 하지만 보안과제로 분류된 경우에는 공개하지 아니할 수 있다(법 제17조 제2항).

보안과제로 분류된 연구개발과제를 수행하는 연구개발기관은 대통령령으로 정하는 보안관리 조치를 하여야 한다(법 제21조 제3항). 이에 대해서는 시행령 제46조에 아래와 같이 열거하고 있다.

표 2-6 _ 보안과제에 대한 보안관리조치

1. 보안과제를 수행하는 연구실에 대한 보호구역 설정
2. 보안과제를 수행하는 연구자의 연구실 출입권한 차등 부여 및 출입 현황 관리
3. 보안과제를 수행하는 연구자에 대한 보안교육 실시 및 보안서약서 제출 요청
4. 보안과제를 수행하는 외국인 연구자의 연구 수행에 대한 연구개발기관의 장의 승인 및 중앙행정기관의 장에 대한 보고
5. 연구개발기관이 운영하는 연구관리시스템에 대한 보안관리 조치
6. 연구개발정보 처리 과정 및 그 결과에 대한 보안관리 조치

중앙행정기관의 장은 법 제21조 제1항에 따른 보안대책의 수립·시행 실태 및 제3항에 따른 보안관리 실태를 점검하고, 그 결과에 따라 관련 기관에 필요한 조치를 하도록 명할 수 있다(법 제21조 제4항). 이와 관련하여서는 시행령에서 자세히 규정하고 있다. 중앙행정기관의 장은 보안관리 실태를 점검하려면 그 시기·내용 및 방법 등이 포함된 점검계획을 실태 점검을 하려는 날부터 10일 전까지 점검 대상 연구개발기관의 장에게 통보해야 한다(시행령 제47조 제1항). 법 제21조 제4항에 따라 조치를 하도록 명령을 받은 연구개발기관의 장은 해당 조치에 따른 결과를 조치명령을 받은 날부터 6개월 이내에 중앙행정기관의 장에게 제출해야 한다(시행령 제47조 제2항).

만일 ① 연구개발성과의 침해·유출·누설·분실·훼손·도난, ② 연구개발성과를 유통·관리·보존하는 시스템의 유출·파손·파괴와 같은 보안사고가 발생한 경우에는 그 사고를 알게 된 즉시 필요한 조치를 하고, 중앙행정기관의 장에게 보고해야 한다(시행령 제48조 제1항). 또한 연구개발기관의 장은 위의 보고를 한 후 ① 보안사고의 일시·장소, ② 보안사고를 낸 사람의 인적사항, ③ 보안사고의 세부 내용의 사항을 파악하여 지체 없이 중앙행정기관의 장에게 보고해야 한다(시행령 제48조 제2항). 중앙행정기관의 장은 보안사고를 알게 되거나 보안사고 관련 보고를 받은 경우에는 그 경위를 조사할 수 있으며, 해당 연구개발기관과 연구책임자는 조사에 성실히 협조해야 한다(시행령 제48조 제3항).

그리고 중앙행정기관의 장은 보안대책의 수립·시행, 보안과제의 분류, 보안관리조치, 실태점검 등의 업무를 '국가정보원장'에게 위탁할 수 있다(법 제21조 제5항).

이 법에서는 연구자 및 연구개발기관은 국가연구개발활동을 수행하는 경우 부정행위를 금지하고 있는데, 특히 "보안대책을 위반하거나 보안과제로 분류된 연구개발과제의 보안사항을 누설하거나 유출하는 행위"를 하여서는 아니 된다(법 제31조 제1항 제4호).

연구자 또는 연구개발기관이 보안대책위반이나 보안사항 유출 등의 부정행위를 한 경우 중앙행정기관의 장은 부정행위 등에 대한 제재처분으로 연구개발기관, 연구책임자, 연구자, 연구지원인력 또는 연구개발기관 소속 임직원에 대하여 10년 이내의 범위에서 국가연구개발활동(연구지원은 제외)에 대한 참여를 제한하거나 이미 지급한 정부 연구개발비의 5배의 범위에서 제재부가금을 부과할 수 있다(법 제32조 제1항).

5. 개인정보 보호법

개인정보의 유출·오용·남용 등 개인정보 침해 사례가 지속적으로 발생함에 따라 국민의 프라이버시 침해는 물론 명의도용, 전화사기 등 정신적·금전적 피해를 초래하고 있다. 「개인정보 보호법」은 공공부문과 민간 부문을 망라하여 국제 수준에 부합하는 개인정보 처리원칙 등을 규정하고, 개인정보 침해로 인한 국민의 피해구제를 강화하여 국민의 사생활의 비밀을 보호하며, 개인정보에 대한 권리와 이익을 보장하기 위하여 2011년 제정되었다.

4차산업시대 데이터의 이용 활성화를 통한 신산업을 육성하기 위하여 2020년 개정으로 정보주체의 동의 없이 과학적 연구, 통계작성, 공익적 기록보존 등의 목적으로 '가명정보'를 이용할 수 있는 근거를 마련하고 개인정보의 오용·남용 및 유출 등을 감독할 감독기구는 "개인정보 보호위원회"로 일원화 하였으며, 「정보통신망법」 등 관련 법률의 유사·중복 규정은 「개인정보 보호법」으로 일원화하였다.

이 법에서 "개인정보"란 살아 있는 개인에 관한 정보로서 ① 성명, 주민등록번호 및 영상 등을 통하여 개인을 알아볼 수 있는 정보, ② 해당 정보만으로는 특정 개인

을 알아볼 수 없더라도 다른 정보와 쉽게 결합하여 알아볼 수 있는 정보[91], ③ ①
또는 ②를 가명처리함으로써 원래의 상태로 복원하기 위한 추가 정보의 사용·결합
없이는 특정 개인을 알아볼 수 없는 정보 중 어느 하나에 해당하는 정보를 말한다
(법 제2조 제1호).

그리고 이 법에서 "가명처리"란 개인정보의 일부를 삭제하거나 일부 또는 전부를
대체하는 등의 방법으로 추가 정보가 없이는 특정 개인을 알아볼 수 없도록 처리하
는 것을 말한다(법 제2조 제1의2호).

개인정보를 예시하자면 다음과 같다.

표 2-7 _ 개인정보의 예시[92]

구분		내용
인적사항	일반정보	성명, 주민등록번호, 주소, 연락처, 생년월일, 출생지, 성별 등
	가족정보	가족관계 및 가족구성원 정보 등
신체적 정보	신체정보	얼굴, 홍채, 음성, 유전자 정보, 지문, 키, 몸무게 등
	의료·건강 정보	건강상태, 진료기록, 신체장애, 장애등급, 병력, 혈액형, IQ, 약물테스트 등의 신체검사 정보 등
정신적 정보	기호·성향 정보	도서·비디오 등 대여기록, 잡지구독정보, 물품구매내역, 웹사이트 검색내역 등
	내면의 비밀 정보	사상, 신조, 종교, 가치관, 정당·노조 가입여부 및 활동내역 등
사회적 정보	교육정보	학력, 성적, 출석상황, 기술 자격증 및 전문 면허증 보유내역, 상벌기록, 생활기록부, 건강기록부 등
	병역정보	병역여부, 군번 및 계급, 제대유형, 근무부대, 주특기 등
	근로정보	직장, 고용주, 근무처, 근로경력, 상벌기록, 직무평가기록 등
	법적 정보	전과·범죄 기록, 재판 기록, 과태료 납부내역 등
재산적 정보	소득정보	봉급액, 보너스 및 수수료, 이자소득, 사업소득 등
	신용정보	대출 및 담보설정 내역, 신용카드번호, 통장계좌번호, 신용평가 정보 등
	부동산 정보	소유주택, 토지, 자동차, 기타소유차량, 상점 및 건물 등
	기타 수익 정보	보험(건강, 생명 등) 가입현황, 휴가, 병가 등
기타 정보	통신정보	E-Mail 주소, 전화통화내역, 로그파일, 쿠키 등
	위치정보	GPS 및 휴대폰에 의한 개인의 위치정보
	습관 및 취미정보	흡연여부, 음주량, 선호하는 스포츠 및 오락, 여가활동, 도박성향 등

출처: 교육과학기술부·한국정보화진흥원, 「개인정보 보호법 업무사례집」, 2012, pp.8-9.

---

(91) 이 경우 쉽게 결합할 수 있는지 여부는 다른 정보의 입수 가능성 등 개인을 알아보는 데 소요되는 시간, 비용, 기술 등을 합리적으로 고려하여야 한다(법 제2조 제1호 나목 단서)

(92) 개인정보보호 포털 (https://www.privacy.go.kr/nns/ntc/inf/personalInfo.do)

그리고 개정법에서는 개인정보보호위원회의 소속을 대통령 소속에서 국무총리 소속으로 변경하고, 「정부조직법」에 따른 중앙행정기관으로 보도록 하며, 기존의 행정안전부와 방송통신위원회의 개인정보 관련 사무를 개인정보보호위원회로 이관하여 개인정보 보호 컨트롤타워로서의 기능을 강화하였다(법 제7조, 제7조의8).

회사 등 민간사업자나 공공기관 등은 개인정보를 수집, 저장, 제3자제공 등의 행위를 하는 경우 이 법상 "개인정보처리자"[93]의 지위에 있게 되며, 개인정보를 수집, 이용하거나 제3자에게 제공할 경우에는 정보주체[94]의 동의 등을 얻도록 하고, 개인정보의 수집 · 이용 목적의 달성 등으로 불필요하게 된 때에는 지체 없이 개인정보를 파기하여야 한다(법 제15조 내지 제22조).

개인정보처리자는 당초 수집 목적과 합리적으로 관련된 범위 내에서 정보주체에게 불이익이 발생하는지 여부, 안전성 확보에 필요한 조치를 하였는지 여부 등을 고려하여 정보주체의 동의 없이 개인정보를 이용하거나 제공할 수 있다(제15조 제3항 및 제17조 제4항).

그리고 민감정보[95], 고유식별정보[96]의 경우는 정보주체에게 개인정보의 수집 이용목적 등, 개인정보를 제공받는 자 및 그 개인정보 이용 목적 등의 사항을 정보주체에게 알리고 다른 개인정보의 처리에 대한 동의와 함께 각각 "별도의 동의"를 받아야 한다(법 제23조 및 제24조). 특히 '주민등록번호'는 법률 등에서 구체적으로 주민등록번호의 처리를 요구하거나 허용한 경우, 정보주체 또는 제3자의 급박한 생명, 신체, 재산의 이익을 위하여 명백히 필요하다고 인정되는 경우 등을 제외하고는 원칙적으로 주민등록번호를 수집, 보관 등의 '처리'를 할 수 없다(제24조의2). 개인정보처리자가 민감정보나 고유식별정보를 처리하는 경우에는 그 정보가 분실 · 도난 · 유출 · 위조 · 변조 또는 훼손되지 아니하도록 안전성 확보에 필요한 조치를 하여야 하며, 특히 주민등록번호를 포함한 고유식별정보의 경우에는 "암호화"조치

---

(93) "개인정보처리자"란 업무를 목적으로 개인정보파일을 운용하기 위하여 스스로 또는 다른 사람을 통하여 개인정보를 처리하는 공공기관, 법인, 단체 및 개인 등을 말한다(제2조 제5호).
　　"처리"란 개인정보의 수집, 생성, 연계, 연동, 기록, 저장, 보유, 가공, 편집, 검색, 출력, 정정(訂正), 복구, 이용, 제공, 공개, 파기(破棄), 그 밖에 이와 유사한 행위를 말한다(제2조 제2호).
(94) "정보주체"란 처리되는 정보에 의하여 알아볼 수 있는 사람으로서 그 정보의 주체가 되는 사람을 말한다(제2조 제3호).
(95) 민감정보는 정보주체의 사생활을 현저히 침해할 우려가 있는 개인정보로서 그 예로는 사상 · 신념, 노동조합 · 정당의 가입 · 탈퇴, 정치적 견해, 건강, 성생활 등에 관한 정보, 유전정보, 범죄경력정보 등을 들 수 있다(제23조 제1항).
(96) 주민번호, 여권번호, 운전면허의 면허번호, 외국인 번호

도 병행하여야 한다(법 제23조 내지 제23조의2).

 CCTV 등 영상정보처리기기 운영자는 일반적으로 공개된 장소에 범죄예방 등 특정 목적으로만 영상정보처리기기를 설치할 수 있다(법 제25조).

 개인정보처리자는 통계작성, 과학적 연구, 공익적 기록보존 등을 위하여 정보주체의 동의 없이 가명정보를 처리할 수 있으며, 서로 다른 개인정보처리자 간의 '가명정보'의 결합은 개인정보보호위원회 또는 관계 중앙행정기관의 장이 지정하는 전문기관이 수행하도록 하고 있다(제28조의2 및 제28조의3). 그리고 개인정보처리자는 가명정보를 처리하는 경우 해당 정보가 분실·도난·유출·위조·변조 또는 훼손되지 않도록 안전성 확보에 필요한 기술적·관리적 및 물리적 조치를 하도록 하고 있다(제28조의4). 누구든지 특정개인을 알아보기 위한 목적으로 가명정보를 처리해서는 안 되고, 이를 위반한 개인정보처리자에 대해서는 전체 매출액의 100분의 3 이하에 해당하는 금액이 과징금으로 부과된다(제28조의5 및 제28조의6).

 한편 개인정보처리자는 개인정보 처리업무를 총괄해서 책임질 개인정보 보호책임자를 의무적으로 지정해야 하며, 개인정보 보호 계획의 수립 및 시행, 개인정보 처리 실태 및 관행의 정기적인 조사 및 개선, 개인정보 처리와 관련한 불만의 처리 및 피해 구제, 개인정보 유출 및 오용·남용 방지를 위한 내부통제시스템의 구축 등 개인정보 보호를 위한 의무를 가진다. 특히 개인정보처리자는 개인정보 유출 사실을 인지하였을 경우 지체 없이 해당 정보주체에게 관련 사실을 통지하고, 일정 규모 이상의 개인정보가 유출된 때에는 전문기관에 신고하도록 하는 한편, 피해의 최소화를 위해 필요한 조치를 하여아 한다(법 제34조).

 한편 이 법은 정보주체에게 개인정보의 열람청구권, 정정·삭제 청구권, 처리정지 요구권 등을 부여하고, 그 권리행사 방법 등을 규정하는 등 정보주체의 권리를 보장하고 있다(법 제35조부터 제39조까지).

 한편, 「정보통신망법」상의 개인정보 보호 관련 규정을 「개인정보 보호법」으로 일원화함에 따라, 정보통신서비스 제공자 등의 개인정보의 수집·이용 동의, 개인정보 유출등의 통지·신고, 개인정보의 보호조치, 개인정보의 파기, 노출된 개인정보의 삭제·차단, 방송사업자등에 대한 특례 등에 대하여 규정하고 있다(제39조의3부터 제39조의15까지).

 또한 개인정보에 관한 분쟁조정 업무를 신속하고 공정하게 처리하기 위하여 개인정보 분쟁조정위원회를 두고, 개인정보 분쟁조정위원회의 조정결정에 대해 수락한 경우 재판상 화해의 효력을 부여하며, 개인정보 피해가 대부분 대량·소액 사건인 점을 고려하여 집단분쟁조정제도를 도입하고 있다(법 제40조부터 제50조까지). 개인정보처리자로 하여금 개인정보의 수집·이용·제공 등에 대한 준법정신과 경각심을 높이고, 동일·유사 개인정보 소송에 따른 사회적 비용을 절감하기 위해 개인정보단체소송제도를 도입하고 있다. 다만, 단체소송이 남발되는 것을 막기 위해 단체소송 전에 반드시 집단분쟁조정제도를 거치도록 하고 단체소송의 대상을 권리침해행위의 중단·정지 청구소송으로 제한하고 있다(법 제51조부터 제57조까지).

민사적 구제와 관련하여 개인정보보호법은 손해배상에 대하여 규정하고 있는데(제39조), 징벌적손해배상제도 및 법정손해배상제도를 도입하여 개인정보 유출 등에 따른 피해구제를 강화하고 있다(법 제39조제3항·제4항 및 제39조의2).

형사적 구제와 관련하여서는 정보주체의 동의를 받지 아니하고 개인정보를 제3자에게 제공한 자 및 그 사정을 알고 개인정보를 제공받은 자를 5년 이하의 징역 또는 5천만 원 이하의 벌금에 처하는 등 개인정보보호법 위반과 관련된 벌칙을 규정하고 있으며, 양벌규정, 몰수추징, 과태료에 대해서도 규정하고 있다(법 제70조 내지 제73조).

6. 정보통신망 이용촉진 및 정보보호에 관한 법률

「정보통신망 이용촉진 및 정보보호에 관한 법률(이하 '정보통신망법'이라고 한다)」은 정보통신망의 이용을 촉진하고 정보통신서비스를 이용하는 자를 보호함과 아울러 정보통신망을 건전하고 안전하게 이용할 수 있는 환경을 조성하여 국민생활의 향상과 공공복리의 증진에 이바지함을 목적으로 한다(제1조). 2020년 2월 개정을 통하여 개인정보와 관련된 규정은 개인정보보호법으로 이관되었다.

2020년 개정법에서는 정보통신망의 정상적인 보호·인증 절차를 우회하여 정보통신망에 접근할 수 있도록 하는 프로그램이나 기술적 장치 등을 정보통신망 또는 이와 관련된 정보시스템에 설치하는 방법으로 정보통신망 또는 이와 관련된 정보시스템을 공격하는 행위로 인하여 발생한 사태를 침해사고의 유형으로 규정하였다(제2조 제1항 제7호). 이는 백도어를 정보통신망 또는 정보시스템에 설치하는 행위를 침해사고의 유형으로 규정하기 위함이다. 그리고 A.I. 기술을 이용하여 만든 거짓의 음향·화상 또는 영상 등의 딥페이크$^{Deep\ Fake}$ 정보가 인터넷에 유통되는 사례가 늘어나고 있는바 과학기술정보통신부장관 또는 방송통신위원회가 마련하는 시책에 정보통신망을 통하여 유통되는 정보 중 인공지능 기술을 이용하여 만든 거짓의 음향·화상 또는 영상 등의 정보를 식별하는 기술의 개발·보급을 포함하도록 하였다(법 제4조 제2항 제7호의2). 그리고 불법촬영물의 유통으로 인한 피해자의 2차 피해를 방지 등을 위하여 정보통신서비스 제공자 중 일일 평균 이용자의 수, 매출액, 사업의 종류 등이 대통령령으로 정하는 기준에 해당하는 자는 자신이 운영·관리하는 정보통신망을 통하여 일반에게 공개되어 유통되는 정보 중 아동·청소년성착취물 등의 유통을 방지하기 위한 책임자를 지정하도록 하였다(제44조의9 및 제76조 제2항 제4호의4).

해킹 등을 통한 비밀침해의 경우에는 정보통신망법이 적용될 수 있다. 즉, ① ⅰ) 정보통신망에 침입하거나, ⅱ) 정보통신망에 악성프로그램을 전달 또는 유포하거나, ⅲ) 정보통신망의 안정적 운영을 방해할 목적으로 대량의 신호 또는 데이터를 보내거나 부정한 명령을 처리하도록 하는 등의 방법으로 장애를 발생시킨 자, ② 정보통신망의 안정적 운영을 방해할 목적으로 대량의 신호 또는 데이터를 보내거나 부정한 명령을 처리하도록 하는 등의 방법으로 정보통신망에 장애가 발생하게 한 자, ③ 정보통신망에 의하여 처리·보관 또는 전송되는 타인의 정보를 훼손하거나 타인의 비밀을 침해·도용 또는 누설한 자는 5년 이하 징역 또는 5천만 원 이하의 벌금에 처한다(법 제48조, 제49조, 제72조 제9호 내지 제11호).

그리고 정당한 사유 없이 정보통신시스템, 데이터 또는 프로그램 등을 훼손·멸실·변경·위조하거나 악성프로그램을 전달 또는 유포하는 자는 7년 이하의 징역 또는 7천만 원 이하의 벌금에 처한다(법 제70조의2).

그리고 정보통신망법에서는 음란물, 타인의 명예훼손, 공포나 불안감 조성, 정보통신시스템 등의 훼손 또는 운용 방해, 청소년유해매체물, 사행행위, 불법 개인정보 거래, 총포·화약류를 제조할 수 있는 방법이나 설계도 등, 국가기밀, 범죄의 교사방조 등 소위 "불법정보"의 유통도 금지하고 있다(법 제44조의7).

7. 형법 및 특정경제범죄가중처벌법

1) 형법

가. 배임죄, 업무상배임죄, 횡령죄

영업비밀 침해 또는 산업기밀 유출과 관련하여 실무상 가장 많이 적용되는 업무상배임죄일 것이다. 통상적으로 영업비밀침해 사건이 발생하는 경우 영업비밀보호침해죄와 더불어 「형법」상 업무상배임죄가 같이 적용되는 경우가 많다.

배임죄는 타인의 사무를 처리하는 자가 그 임무에 위배하는 행위로써 재산상의 이익을 취득하거나 제3자로 하여금 이를 취득하게 하여 본인에게 손해를 가한 때 성립하며, 5년 이하의 징역 또는 1,500만 원 이하의 벌금에 처한다(법 제355조 제2항). 업무상배임죄는 업무상의 임무에 위배하여 배임죄를 범한 자는 10년 이하의 징역 또는 3천만 원 이하의 벌금에 처하는데, 이는 일반 배임죄보다 가중 처벌한다(법 제356조).

배임죄는 특히 비밀관리성 등 영업비밀 요건을 미충족한 경우에도 배임죄가 성립할 수 있어, 영업비밀보호법으로 처벌할 수 없는 경우에도 배임죄로 처벌할 수 있어 매우 유용한 수단이다.[97] 배임죄에서 '그 임무에 위배하는 행위'란 사무의 내용, 성질 등 구체적 상황에 비추어 법률의 규정, 계약의 내용 혹은 신의칙상 당연히 할 것으로 기대되는 행위를 하지 않거나 당연히 하지 않아야 할 것으로 기대되는 행위를 함으로써 본인과 사이의 신임관계를 저버리는 일체의 행위를 말하고,[98] '재산상 손해를 가한 때'란 현실적인 손해를 가한 경우뿐만 아니라 재산상 실해 발생의 위험을 초래한 경우도 포함한다.[99] 업무상배임죄가 성립하려면 주관적 요건으로서 임무위배의 인식과 그로 인하여 자기 또는 제3자가 이익을 취득하고 본인에게 손해를 가한다는 인식, 즉 배임의 고의가 있어야 하는데, 이러한 인식은 미필적 인식으로도 족하다.[100]

횡령죄는 타인의 재물을 보관하는 자가 그 재물을 횡령하거나 그 반환을 거부한

---

[97] 영업비밀이 아니더라도 그 자료가 불특정 다수의 사람에게 공개되지 않았고 사용자가 상당한 시간, 노력 및 비용을 들여 제작한 영업상 주요한 자산인 경우에도 그 자료의 반출행위는 업무상배임죄를 구성한다(대법원 2009. 10. 15. 선고 2008도9433 판결).

[98] 대법원 1999. 3. 12. 선고 98도4704 판결 등 참조.

[99] 대법원 2003. 10. 30. 선고 2003도4382 판결 참조.

[100] 대법원 2004. 3. 26. 선고 2003도7878 판결 참조.

때에는 성립된다. 횡령죄는 5년 이하의 징역 또는 1천500만 원 이하의 벌금에 처한다(법 제355조 제1항). 업무상의 임무에 위배하여 횡령죄를 범한 자는 10년 이하의 징역 또는 3천만 원 이하의 벌금에 처한다(법 제356조).

한편 기업의 임직원이 영업비밀을 누설하여 재산상 이득을 취하는 경우「상법」상 특별배임죄에도 해당할 수 있다.[101]

나. 절도죄

영업비밀이 화체된 문서, 디스켓 등 타인의 재물을 절취하는 방법으로 영업비밀을 침해한 자는 "절도죄"가 적용될 수 있다. 절도죄는 6년 이하의 징역 또는 1천만 원 이하의 벌금에 처해진다(법 제329조). 야간에 회사, 연구소, 사무실, 공장 등에 침입하여 타인의 영업비밀이 담긴 재물을 절취한 자는 "야간주거침입죄"에 해당하여 1년 이상 10년 이하의 징역에 처해진다(법 제330조). 그리고 야간에 문호 또는 장벽 기타 건조물의 일부를 손괴하고 회사 또는 공장에 침입하거나 흉기를 휴대하거나 2인 이상이 합동하여 타인의 영업비밀이 담긴 재물을 절취한 자는 "특수절도"에 해당되어 1년 이상 10년 이하의 징역에 처해질 수 있다(제331조).

사원이 회사를 퇴사하면서 부품과 원료의 배합비율과 제조공정을 기술한 자료와 회사가 시제품의 품질을 확인하거나 제조기술 향상을 위한 각종 실험을 통하여 나타난 결과를 기재한 자료를 가져간 경우 이는 절도에 해당된다.[102]

다. 주거침입죄

즉, 사람의 주거, 관리하는 건조물, 선박이나 항공기 또는 점유하는 방실에 침입한 자는 3년 이하의 징역 또는 500만 원 이하의 벌금에 처한다(법 제319조 제1항). 따라서 영업비밀을 절취하기 위하여 회사, 연구소, 사무실에 침입한 자는 주거침입죄에 해당될 수 있다. 한편 단체 또는 다중의 위력을 보이거나 위험한 물건을 휴대하

---

(101) 「상법」 제622조(발기인, 이사 기타의 임원등의 특별배임죄) ① 회사의 발기인, 업무집행사원, 이사, 집행임원, 감사위원회 위원, 감사 또는 제386조 제2항, 제407조 제1항, 제415조 또는 제567조의 직무대행자, 지배인 기타 회사영업에 관한 어느 종류 또는 특정한 사항의 위임을 받은 사용인이 그 임무에 위배한 행위로써 재산상의 이익을 취하거나 제삼자로 하여금 이를 취득하게 하여 회사에 손해를 가한 때에는 10년 이하의 징역 또는 3천만 원 이하의 벌금에 처한다.

② 회사의 청산인 또는 제542조 제2항의 직무대행자, 제175조의 설립위원이 제1항의 행위를 한 때에도 제1항과 같다.

(102) 대법원 2008.02.15. 선고 2005도6223 판결

여 주거침입죄를 범한 때에는 특수주거침입죄에 해당되어 5년 이하의 징역에 처해질 수 있다(법 제320조).

라. 비밀침해죄

봉함 기타 비밀장치한 사람의 편지, 문서 또는 도화를 개봉한 자와 봉함 기타 비밀장치한 사람의 편지, 문서, 도화 또는 전자기록등 특수매체기록을 기술적 수단을 이용하여 그 내용을 알아낸 자는 3년 이하의 징역이나 금고 또는 500만 원 이하의 벌금에 처한다(법 제316조).

한편 공무원이 그 직무에 관하여 봉함 기타 비밀장치한 문서 또는 도화를 개봉한 자는 5년 이하의 징역 또는 700만 원 이하의 벌금에 처하며(법 제140조 제2항), 공무원이 직무에 관하여 봉함 기타 비밀장치한 문서, 도화 또는 전자기록등 특수매체기록을 기술적 수단을 이용하여 그 내용을 알아낸 자도 같은 형에 처한다(법 제140조 제3항).

마. 비밀누설죄

변호사, 변리사, 공인회계사, 공증인 등의 직에 있던 자가 그 직무처리 중 지득한 타인의 비밀을 누설한 때에는 3년 이하의 징역이나 금고, 10년 이하의 자격정지 또는 700만 원 이하의 벌금에 처한다(법 제317조). 공무원 또는 공무원이었던 자가 법령에 의한 직무상 비밀을 누설한 때에는 2년 이하의 징역이나 금고 또는 5년 이하의 자격정지에 처한다(법 제127조).

2) 특정경제범죄 가중처벌등에 관한 법률

「특정경제범죄 가중처벌등에 관한 법률」(이하 "특가법"이라고 한다.)에서는 배임죄 등을 통하여 재산상이득액이 5억 원이 넘는 경우 가중처벌을 할 수 있도록 규정하고 있다(법 제3조). 즉, 「형법」상 횡령·배임, 또는 업무상 횡령·배임죄를 범한 사람이 그 범죄행위로 인하여 취득하거나 제3자로 하여금 취득하게 한 재물 또는 재산상 이익의 가액이 5억 원 이상일 때에는 다음과 같이 가중처벌 한다. ① 그 이득액이 50억 원 이상인 경우는 무기 또는 5년 이상의 징역, ② 이득액이 5억 원 이상 50억 원 미만인 경우는 3년 이상의 유기징역에 처하도록 하고 있다. 또한 이 경우 이득액 이하에 상당하는 벌금을 병과할 수 있다. 따라서 산업기술이나 영업비밀을 유출 대가로 취득한 금액이 5억 원 이상인 경우 특가법이 적용될 수 있음에 유의해야 할 것이다.

제 3 장

산업보안
자산관리

제1절
자산관리와 보안

1. 자산개념과 범위

기업이 보유하고 있는 정보자산은 그 유형이나 종류에 따라 매우 다양하고, 조직이 보호해야 할 대상이며, 현대 정보화 시대에서의 정보자산은 기업의 존립을 좌우한다고 해도 과언이 아니다.

정보자산이란 조직이 보유한 가치 있는 모든 유·무형의 자산을 의미한다. 정보자산은 협의의 의미로는 정보 그 자체만을 지칭하지만 광의의 의미로는 이러한 정보를 포함해 정보 및 데이터, 하드웨어, 소프트웨어, 물리적 환경, 인적 자산, 서비스, 브랜드 가치 등 모든 것이라고 할 수 있다.

정보자산은 크게 유형 자산과 무형 자산으로 나누어 볼 수 있는데 유형자산 Tangible assets이란 기업이 보유하고 있는 물리적 형체가 있는 자산이라 할 수 있으며, 유형의 자산으로는 크게 정보, 인력, 하드웨어, 부대설비 등이 있다.

무형 자산 Intangible assets은 물리적 형체는 없으나 법적인 절차를 통해 독점적 이용이 가능할 시 경제적 이익이 발생하는 자산이라고 할 수 있으며, 무형의 자산으로는 크게 데이터와 소프트웨어 등이 있다. 유·무형 자산의 종류는 〈표 3-1〉과 같다.

표 3-1 _ 유·무형 자산의 종류

자산			
유 형		무 형	
사업전략	고객정보	산업재산권	개발비
서버	네트워크 장비	영업권	업무시스템
임직원	CCTV	홈페이지	
출입통제 장치			

2. 자산관리활동

많은 기업들이 보안에 대해 관심을 갖고, 보안활동을 하는 가장 큰 목적은 자사가 보유한 중요자산을 보호하기 위함이다. 자산관리란 자산의 조사 및 식별, 분류 및 등록, 자산의 가치 평가 및 등급화, 자산의 운용 과정이며, 자산의 최신화 및 유지를 통하여 손실방지loss prevention를 막기 위한 활동이다.

조직에서 보유하고 있는 자산을 체계적이고 효율적으로 관리하기 위해서는 보호해야 할 대상을 선별하는 것이 중요하다. 자산을 어떠한 유형으로 어떻게 분류해야 하는 지를 우선적으로 정의하고, 각 자산에 대한 취급 및 관리기준을 수립해야 한다. 지침에 의거하여 자산관리 계획을 수립 및 시행하여야 한다.

자산의 조사 및 식별 단계에서는 조직에서 보유하고 있는 자산 중 보호해야 할 대상을 정의하고 위험의 가능성을 낮추는 것이다. 조직의 자산은 기존의 자산뿐만 아니라, 새로 도입되는 자산 혹은 사용중지 및 폐기되는 자산에 대해서도 식별하여 관리가 이루어져야 한다.

자산의 분류 및 등록 단계에서는 식별된 자산을 사전 정의된 지침의 의거하여 자산 분류기준에 따라 유형별로 분류 하고, 자산을 등록하여 관리하여야 한다. 조직에서는 자산의 등록, 변경, 폐기와 같은 자산관리를 위하여 '자산목록 관리대장'을 작성하여 관리한다.

자산의 가치 평가 및 등급화 단계에서는 자산이 지닌 가치를 판단하고 자산등급을 부여해야 한다. 가치 평가는 각 자산이 조직에 영향을 미치는 잠재적 손실 규모와 자산의 기여도를 반영하여 측정해야 한다. 기밀성Confidentiality, 무결성Integrity, 가용성Availability 등을 고려하여 식별된 자산의 중요도를 평가할 수 있도록 기준을 수립하여야 한다. 자산의 중요도 평가 후 평가결과에 따라 개별 자산등급 부여하고 그 결과를 '자산목록 관리대장'에 반영·관리 되어야 하여야 하며, 직원들이 자산등급을 쉽게 식별할 수 있도록 하여야 한다.

자산의 운용 단계에서는 조직에서 수립된 자산의 관리 절차에 따라 자산의 상태를 주기적으로 모니터링하고 항상 최신화하여 유지해야 한다. 자산의 변경사항이 있을 경우, 해당 자산에 대해 재평가를 실시하고 데이터의 생성 등 신규 자산의 경우에는 지침에 의거한 평가 과정을 적용하여 '자산관리 목록대장'을 항상 최신화시켜야 한다.

그림 3-1 _ 자산관리 진행과정

| 조사 및 식별 | 분류 및 등록 | 가치평가 및 등급화 | 운용 |

3. 자산관리와 보안활동

현대 지식정보화 사회는 특성상 다양하고도 급속도로 변화하고 국가 간 경쟁은 날로 심화되며, 오늘날 세계는 인터넷과 지식정보화로 대표되는 경제전쟁의 국면으로 접어들었다. 이처럼 정보전으로 대표되는 경제전쟁이 날로 치열해지면서 산업기술·기밀의 유출 사고도 급증하고 있는바, 이제는 기업의 범주를 넘어 국가적 차원에서 국가경쟁력 확보를 위해 핵심기술 및 중요 정보와 같은 국가적 자산에 대한 보안의 중요성이 국내와 해외를 불문하고 나날이 커지고 있다. 최근 국내에서도 반도체·디스플레이·전자·통신 등 IT 분야에서 주로 발생했던 산업스파이 사건이 자동차·조선·철강 등 한국이 세계적인 경쟁력을 갖고 있는 제조업 부문으로까지 빠르게 확산되고 있는 것으로 분석되었다.

이러한 자산들을 지키기 위한 자산관리는 항상 최신화하여 유지하고, 손실방지loss prevention를 위한 활동이며, 보안Security은 외부로부터의 침해에 대응하는 활동이다. 산업보안의 대상은 기업의 유·무형 자산 중 중요한 것은 무엇이든 될 수 있으며, 모든 사람, 내부자, 외부자 중 누구든지 경우에 따라 유출자가 될 수 있다. 최근 들어 보안산업이 날로 성장하고 그 분야와 시장의 규모도 확대되고 있지만 무엇보다 선행되어야 할 중요한 것은 바로 산업기술과 기밀의 유출로 인한 막대한 경제적 손실과 국가경쟁력 약화 및 국제 자본 유치 등에 미칠 악영향을 미연에 방지하는 것이다. 이러한 점에서 국가경쟁력의 원천이자 국가의 주요 자산인 첨단 산업기술·기밀을 급증하는 보안상의 위협으로부터 효과적으로 보호하고 불법유출을 방지함으로써 국내 산업의 경쟁력을 강화하며 국가경제 발전에 이바지하기 위한 산업보안의 중요성은 날로 증대하고 있다. 이처럼 다양화되는 보안의 위협으로부터 효율적으로 기업의 자산을 보호하기 위해서는 위에서 언급한 일련의 자산관리 활동을 행해야 한다.

제2절
인적자산관리

1. 인적자산관리 개념과 범위

인적자산관리란 기업에 필요한 인력이 조직에 입사부터 퇴직할 때까지의 전 과정을 관리하는 것으로 인력모집과 선발, 개발과 훈련, 성과평가 및 보상, 인력유지와 방출 등을 계획하고 실행하며 통제하는 활동이다. 이러한 과정을 통해 인적자산의 능률을 향상 시키고 나아가 기업 성과 및 운영효율성을 제고시키는 것이 기존 인적자산관리의 궁극적인 목표라고 할 수 있다.

그러나 현대의 인적자산관리는 기존의 개인의 능률과 기업 성과 및 운영효율성의 제고에서 보안관리의 측면까지 범위를 확장시켜야 한다.

최근 빈번히 일어나고 있는 기밀유출 사건의 대부분 사람에 의해서 일어나며, 인적 자산관리는 모든 조직의 가장 중요한 요소 중 하나인 사람과 관계되는 문제를 다루고 있으므로 보안과 인적자산관리의 관계는 더욱 밀접하다고 할 수 있다. 인적자산관리는 자산관리 활동 중 가장 중요한 활동이라 해도 과언이 아니며, 보안 측면까지 범위를 확장시켜 기밀 유출 방지를 효과적으로 막기 위한 자산 관리 활동에 대해 고민해 볼 필요가 있다.

2. 인적자산관리 활동

1) 채용 관리

신입 직원 채용 시 우수한 인재를 채용하는 것도 중요하지만, 도덕성과 애사심의 요소를 고려하는 것도 기업비밀을 보호하는 측면에서 중요하다. 비록 짧은 채용 단계에서 모든 것을 파악하기란 불가능하지만 처음부터 채용단계에서 보안을 고려하느냐 하지 않느냐는 중요하다.

신입 직원의 채용 후 입사와 동시에 고용계약서 및 보안서약서를 징구하여 재직 중 보안의무를 지키도록 해야 하며, 고용계약서상 비밀유지 의무를 꼭 명시해야 한다. 또한 신입직원을 대상으로 하는 교육프로그램에 보안 분야를 반드시 포함해야 하며, 보안 교육 프로그램의 운영은 정기적인 집체교육 또는 온라인 교육 프로그램을 1년에 2회 이상 활용해야 한다. 1년에 2시간 이상의 교육이수 의무화를 하고 전 직원의 80% 이상이 참여할 수 있도록 하여야 하며, 교육실시 후에는 직원들의 의견 수렴을 통해 교육 프로그램을 개선하고 관리해야 한다.

그림 3-2 _ 안전한 직원 채용과정

신입직원 채용 외에도 우수한 인재 확보를 위해 불가피하게 경력사원을 채용하는 경우가 많지만 보안 측면에서 보면 신규인원 채용보다 훨씬 더 고려해야 할 조건이 많다. 경쟁사에서 의도적으로 위장취업을 시켜 기술자를 유출하는 등의 피해를 입는 사례가 빈번히 발생하는 등의 예가 있기 때문이다. 경력직 채용 시에는 전 직장에서 영업 비밀 관리에 관한 계약 등을 주의 깊게 검토하고, 이 과정을 통해 타 회사의 직원을 채용함으로써 부당한 스카웃 또는 영업비밀 침해로 인한 제소를 당하는 일이 없도록 대비하여야 한다.

2) 재직관리

재직자는 기업 비밀보호의 책임과 의무가 있는 주체이며 또한 대부분의 기술유출 보호관리의 대상이기도 하다. 산업기술유출의 대부분이 전현직 직원에 의해 침해를 보고 있는 실정을 감안할 때 비밀보호의 핵심이기도 하다. 채용 시에 보안서약서를 징구하였더라도 당사자들이 해당 규정을 지킬 수 있도록 주기적인 보안교육 및 프로그램 개발을 해야 하며, 보안교육 수료 여부 등의 현황을 주기적으로 파악해야 한다. 또한 물리적 보안을 기초로 운영체제 및 응용SW(한글, 오피스 등)를 대상으로 최신 업데이트 수행, 공유폴더 사용금지(업무상 필요시 비밀번호 설정 후 사용) 비인가 웹사이트Website 접속 차단 등의 IT 보안을 갖추며 관리적 보안 영역으로 확대해 나가야 한다. 재직자 보안 관리를 체계적으로 하기 위해선 가장 먼저 보안 전담조직을 구성하여 보안담당자가 책임을 지고 그 기업의 실정에 맞는 보안시스템을 구축해야 한다.

직장 생활은 회의로 시작하고 회의로 끝난다고 해도 과언이 아니다. 많은 사람들이 모이면 각자 본인이 갖고 있던 지식이 공유되기 때문에 효과적인 결과를 가져올 수 있는 장점이 있는 반면, 보안에는 취약하기 때문에 회의 시에 각별한 주의가 필요하다. 회의 시에 지켜야 할 보안수칙은 아래의 표와 같다.

표 3-2 _ 회의 시에 지켜야 할 보안수칙

회의 전	• 회의 참석자 문서 열람권한 적정 여부 검토 • 중요한 회의자료는 보안등급 적용
회의 중	• 중요한 핵심 내용은 최소한의 정보만 공유 • 부서 자체의 핵심 기술 관련 사항을 무의식 중에 누설하지 않도록 유의
회의 후	• 중요한 배포 자료는 회의 후 즉시 회수 • 회의 종료 후 공용PC 중요내용 삭제

직원들의 해외 출장 시에는 사전에 직원에게 보안유의 사항을 교육해야 하며 지참자료 · 지참방법 등에 대한 보안성을 검토해야 한다. 출국 전에는 불필요한 전산장비나 정보는 가져가지 않는다. 또한 가져가는 모든 정보는 백업해 두고 전산장비에는 강력한 패스워드(영문, 숫자를 조합하여 8자리 이상)를 설정하고, 전산장비에 들어 있는 모든 중요한 정보는 암호화하고 전산장비에는 최신 업데이트 바이러스, 백신, 스파이웨어 방지 프로그램 및 컴퓨터(OS)보안패치, 개인 방화벽 프로그램을 설치한다.

출장 중에는 업무와 관계없는 사람에게 기업의 현안 사항, 회사 내 직책, 경력, 담당업무 등 관련정보를 언급하지 않아야 하며 대중교통, 공공장소에서는 업무상 비밀 또는 민감한 정보에 대해 이야기하지 않아야 한다. 비밀 또는 민감한 정보를 전송할 때는 타국의 컴퓨터, 팩스 또는 전화를 사용하지 않는다. 의심이 드는 특이한 상황이 발생한 때는 현지 주재 한국공관 또는 기업의 지사 등에 문의한다.

귀국 후에는 출장 중에 소지한 전산장비는 소속기관이나 회사를 통해 악성프로그램이 설치되어 있는지 여부를 반드시 검사받고, 출장 후 출장 보고서에 접촉 외국인 현황, 출장 중 특이사항 등을 기재해야 한다.

그림 3-3 _ 출장 보고서

[접촉 외국인 현황]				
참여연구원	외국인 (접촉대상/국적)	접촉일시	접촉사유	연구책임자 (서명)
홍길동	○○○○○○/일본	2018.11.28. 14:00~15:00	회의	

3) 퇴사 관리

퇴직자는 회사의 중요 기밀을 많이 알고 있으며, 회사와 갈등으로 퇴직할 경우 회사에 대한 나쁜 감정으로 인한 기밀 누설과 회사의 이미지 관리에 중대한 영향을 미친다. 실제로 중소기업, 연구기관 등 재직 시 불만을 가졌거나 갈등을 빚고 퇴직한 경우에 경쟁 업체 또는 연구기관에 기밀 유출하는 경우가 빈번히 발생하였다.

먼저 퇴직자에게는 재직 중 취득한 회사기밀과 관련한 보안 유의사항에 대해 안내해야 하며, 기밀을 누설하거나 오용하지 않을 의무와 위반 시 그에 대한 처벌이 따른다는 사항이 명시된 보안서약서(퇴직자용)을 징구해야 한다.

퇴직처리 후에는 문서, 휴대용 전산장비(노트북·보조기억매체 등)의 반납과 반납확인서를 징구해야 하며, 퇴직 즉시 내부망 접속계정 및 기관 이메일 계정을 삭제해야 한다.

퇴직 시에 보안서약서(퇴직자용)를 작성하지만 퇴직자가 이를 위반하고 경쟁 업체에 기밀을 누설한다면 법적인 제도를 통하여 조치를 취하더라도 회사는 피해가 생기게 된다. 그러므로 퇴직자와는 어떠한 경우에도 회사와의 유대관계를 놓치지 않도록 조치를 취해야 하며, 경쟁 업체로의 전직제한이나 전직금지의 부담을 주는 대신 계속해서 회사와 또는 동료 사원들과 인적 유대를 갖도록 관리를 할 필요가 있다. 예로 회사의 공식, 비공식 행사 등에 초청을 하거나 사보 등을 우송하고 사보의 소식란을 현직 사원들과 함께 공유하는 등의 유대감을 유지하기 위한 노력이 필요하다.

4) 외국인 직원 관리

고도 경제성장을 이룬 우리나라의 경우 근로자들의 3D업종 근무 기피 현상이 지난 수년간 지속되어 왔고, 평균 수명의 지속적인 증가와 저출산, 고령화의 영향 등이 함께 맞물려 그 결과 외국인 노동력을 수입하고 있는 실정이다. 외국인 근로자의 국내 노동시장에서 차지하는 비중이 클 뿐만 아니라 추후 지속적으로 증가할 것으로 예상된다. 이에 우리는 외국인 직원에 대한 기밀보호 대책을 제도화하고, 외국인 직원 고용 기준 및 업무권한 제한 방안을 정립하는 등 외국인 직원으로 인한 기술 유출을 효율적으로 관리하는 방안을 모색해야 한다.

외국인 직원 채용의 경우 가능한 비밀 정보에의 접근을 제한해야 하고, 채용 시에 당사자의 도덕성과 신뢰성을 우선적으로 고려해야 한다. 외국인 직원 계약 시 사전에 자국 공안기관의 범죄기록증명원 요청 및 보안서약서(영문)를 징구해야 하고, 계약서 작성 시에 보안준수 의무 및 위반 시 처벌조항을 명기함은 물론 성과물의 소유권이 회사에 있음을 명확히 규정한다.

외국인 직원 계약기간에는 관리 책임자를 임명하여 모든 활동 과정에서의 특이 언동, 동향 등을 상세하게 파악해야 할 필요가 있다. 외국인 직원의 현황(국적, 신상정보 등)을 항상 최신화해야 하며, 업무목적과 무관한 타 분야의 연구실, 실험실, 자료보관실 등 중요 시설에 대한 무단출입 및 사진촬영 등을 제한해야 한다. 또한 외국인 직원의 소속부서 연구책임자 결재(확인)가 있는 경우에만 업무에 참여 가능하도록 제한한다. 계약 만료 시에는 연구자료를 회수하고 개인 PC의 ID 및 패스워드는 즉시 삭제하며, 연구자가 반출을 희망하는 자료에 대해서는 보안성 검토 후 제공하거나 추후에 별도 우송해 준다. 외국인 직원 관리 방법은 〈표 3-3〉과 같다.

표 3-3 _ 외국인 직원 관리 방법

유형	관리 방법
채용	• 자국 공안기관 범죄기록증명원 요청 • 보안서약서(영문) 징구 ※ 보안준수 의무 및 위반 시 처벌조항 명기
재직	• 외국인 직원 현황 최신화(국적, 신상정보 등) • 외국인 직원 관리(출입지역 제한, 보안교육, 물품 반출ㆍ반입 제한) • 특이사항(해외출장 등) ※ 외국인 직원 소속부서 책임자 결재가 있는 경우에만 과제 등 참여 가능
퇴직	• 자료 회수(연구 자료, 기밀 자료 등) • 개인 PC의 ID 및 패스워드 삭제 ※ 반출을 희망하는 자료에 대해서는 보안성 검토 후 제공

외국인 직원의 현지 고용계약 체결 시에는 주재국의 지적 재산권 보호제도를 면밀히 파악한 후 실정에 맞도록 비밀준수의무 및 손해배상책임 등을 명확히 규정해야 한다. 또한 보안담당자를 임명하는데 이 경우 지역에 따라 현지인이 보안업무를 총괄하는 해외사업장이 있으나, 가급적이면 본사직원이 분임보안 책임자가 되고, 현지인을 보안 담당자로 임명해야 한다. 사정이 여의치 않아 현지인을 분임보안 책임자로 임명한 경우에는 보안담당자는 본사직원으로 임명한다. 후견인 제도를 적극 활용하여 후견인을 통해 정기적으로 면담을 실시하고 보안취약요인을 사전에 발굴 제거하도록 하는 것이 좋다.

무엇보다 외국인 직원이 애사심과 긍지를 갖고 비밀 정보 및 기술 등을 지키게 하려면, 외국인 직원의 보호를 관리 책임자의 주요 성과지표로 삼아 핵심 인력이 이직하지 않도록 관리하는 방안이 필요하다. 외국인 직원에게도 성과에 대해 공정하고 객관적인 보상을 실시하여 같은 회사의 직원 및 전문가로써 자부심과 명예를 느낄 수 있도록 해야 하며, 인재개발 교육 및 인센티브 지급 제도 도입 등을 통하여 외국인 직원이 이직하는 것을 방지할 수 있도록 해야 한다.

5) 임시방문자 및 인가된 제3자 관리

임시방문자는 업무적으로 방문하거나 임ㆍ직원의 사적인 일로 방문하는 등 회사에 일시적으로 방문하는 자를 말한다. 임시방문자 관리를 위해서는 회사 자체 보안규정 등에 임시방문자(업무 또는 견학목적의 방문객 등) 출입보안에 관련한 내용을 명시해야 한다. 임시방문자 방문 시 보안준수사항에 관한 안내 자료를 제공하고 반입물품에 대하여 확인해야 한다. 임시방문자는 출입대장에 인적사항, 방문목적, 방문대상 직원 등을 기재해야 한다. 면회실에서 업무를 수행하는 것을 원칙으로 하되, 부득이하게 회사 내부에 출입이 필요한 경우에는 임시출입증을 패용하게 한 후 담당직원의 인솔 하에 출입토록 조치한다. 부득이하게 회사 내부에 출입이 필요한 예로 제품소개, 구매상담, 공장견학 등을 위해 회사를 방문하는 경우가 있는데 임시방문자에 대해서는 견학코스를 지정하고, 기술자료 및 홍보 팜플렛 등은 사전 보안성검토 등 기업비밀 누설 방지대책을 마련한다.

그림 3-4 _ 출장 보고서

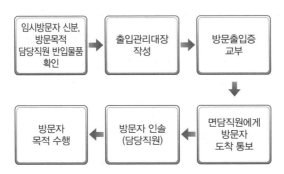

외부 용역업체의 임직원 등 인가된 제 3자는 기밀과 접촉할 기회가 많은 반면 회사의 소속이 아니므로 소속감이나 기밀에 대한 책임의식을 기대하기 어렵다. 따라서 임시방문자와는 구분하여 관리할 필요가 있다.

외부 용역업체의 경우 입찰 계약 시 기밀사항을 누출하지 않겠다는 보안서약서를 징구해야 하며 누출금지 대상정보 및 제재조치를 명확히 하고, 하도급 계약 체결시 비밀유지조항을 포함해야 한다.

참여 외부 용역업체 직원에게는 기밀유출 금지조항 및 친필서명이 명시된 보안서약서를 징구해야 한다. 외부 용역업체 직원의 별도 통제구역을 설정하여 CCTV 감시, 출입대장 관리를 해야 하며, 용역업체의 관리자 권한 및 불필요한 계정권한을 방지해야 한다. 또한 중요파일 및 개발 중인 파일은 암호화하며, 원격접속을 통한 작업을 차단하고, 개발과정에서 생산된 성과물은 지정된 PC에 저장하여 관리한다.

기타 인가된 제3자(청소원, 컨설턴트, 고문변호사 등)의 경우 고용된 업체의 직원과 달리 계약을 체결하기 어려우므로 계약서 대신 개별적으로 보안 서약서를 징구해야 한다. 보안 서약서의 내용에는 출입시간, 목적, 기밀대상, 위반 시 법적 책임을 명시해야 한다.

그림 3-5 _ 인적자산관리

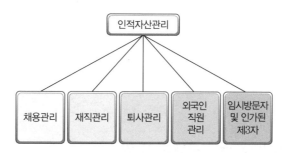

제3절
위험관리

1. 위험관리Risk Management 개념과 범위

위험관리란 기업이 처한 위험 속에서 조직을 관리·통제하기 위한 활동의 집합으로 정의된다. 위험관리의 '위험'은 원하지 않는 사건의 발생으로 인해 기업에게 손실 또는 부정적인 영향을 미칠 가능성을 의미한다. 위험관리는 위험평가Risk Assessment와 위험처리Risk Treatment로 구분되어 평가된 위험의 결과를 기반으로 조직에 처한 위험에 대한 처리를 수행하는 일련의 과정이다.

위험에 대한 처리를 수행하기 위해서는 해당 위험의 유형과 규모를 확인해야 하며 이를 위해서는 관련된 모든 요소들과 함께 그것들이 위험규모에 어떠한 영향을 미치는지 분석해야 한다. 위험의 발생가능성과 그 손실 정도에 따라 위험의 크기가 다르게 발생하는 것을 위험 공식이라고 하며 이는 위험을 수치화시킨 일반적인 위험 공식이다.

공식 _ **위험 공식**

위험 = 발생 가능성 × 손실의 정도 = f(자산, 위협, 취약점)

위험관리는 자산, 위협, 취약점, 정보보호대책의 구성요소로 이루어진다.

- 자산Asset: 조직이 보호해야 할 대상으로서 정보, 하드웨어, 소프트웨어, 시설 등을 말하며 관련 인력, 기업 이미지 등의 무형자산을 포함
- 위협Threats: 기업의 자산에 손실을 가져올 수 있는, 원치 않는 사건의 잠재적인

원인source이나 행위자agent로 정의

- 취약점Vulnerability: 자산의 잠재적 속성으로서 위협의 이용 대상으로 정의
- 정보보호대책Safeguard, Countermeasure: 위험을 최소화하기 위한 대책, 위협에 대응해 자산을 보호하기 위한 관리적 · 물리적 · 기술적 대책으로 정의

자산은 가치를 가지며 위협, 취약점, 자산, 가치는 모두 위험을 증가시킨다. 위협은 기업의 취약점들을 공격하고 취약점은 자산을 노출시키게 한다. 이에 따라 기업은 위험에 대한 파악을 통해 보안 요구사항을 파악할 수 있고 보안 요구사항을 만족시킬 수 있는 정보보호대책을 선정하고 이를 구현함으로써 위협에 대한 방어를 진행할 수 있다. 위협에 대한 방어는 자연스레 위험을 감소시킨다.

2. 위험관리 활동

기업들의 경영활동이 전세계로 확장되면서 경영환경에 가해지는 위험도 증가하며 그 유형 또한 다양해지고 있다. 기업은 이러한 위험이 실제로 발생할 가능성을 검토하고 보호대상인 정보 또는 자산을 침해할 수 있는 요소들을 찾아내고 방안을 검토해야 한다.

기업의 자산과 정보에 대한 위험에 대응하는 방법으로는 위험수용, 위험감소, 위험회피, 위험전가의 네 가지 방법이 있다. 위험수용 단계에서는 기업 내 발생한 위험의 수준이 높지 않을 경우 별다른 조치를 취하지 않는다. 위험감소는 위험의 수준을 합리적 비용으로 수용 가능 수준 아래로 내리기 위해 적극적 조치를 취하는 단계이다. 위험회피 단계에서는 기업에서 별다른 조치를 취하지 못할 정도로 위험의 크기가 거대하거나 적절한 대응 방안이 없을 경우 사업을 포기하는 경우를 말하며 위험전가는 위험 발생 시 예상되는 피해가 크기 때문에 위험을 제3자에게 돌리는 경우를 말한다.

다양한 위험 속에서 대응하는 또 다른 방안으로는 정보에 대해 등급을 매긴 후 차등적으로 보호하는 CIA 관점에서의 정보 등급 분류 방법이 있다. CIA는 기밀성Confidentiality, 무결성Integrity, 가용성Availability이며, CIA 관점의 정보 등급 분류는 이 세

가지 관점에서 해당 정보의 보호 필요성이 어느 정도인지를 판정하는 것이다. 그러나 CIA 관점의 정보 등급 분류는 기밀성 문제와 평가모형의 획일화 등의 한계점이 존재한다. 이에 따라 정보 등급 분류 과정에서는 분류를 영향 관점에서만 실시하고 자산별 정보보인 위험을 평가할 때의 발생 가능성을 예측하여 평가하는 것을 일반적으로 하고 있다. CIA 관점에서의 정보 등급 분류 과정이 가지는 첫 번째 한계점은 모든 것이 정량적으로 평가되며 이는 평가 과정에서 어긋날 가능성을 보유하고 있다는 것이다. 두 번째는 기밀성 활용의 문제로 CIA 요소를 사용하는 등급화 평가는 보안 설정에 대한 보안 대책이 모호하다는 한계가 존재한다.

제4절
업무지속성 계획

1. 업무지속성 관리 개념과 범위

업무지속성 관리의 패러다임은 적절한 보호 대응방안이 있음에도 불구하고 예측하지 못하거나 발생 가능성이 있는 각종 재해나 비상사태에 대비하기 위해 변화되어 왔다. 조직 편성, 정책 및 절차의 수립을 통해 조직의 업무가 원활하게 유지될 수 있도록 지원하는 업무 지속성 관리의 필요성은 계속해서 명시되고 있으며 해당 과정에 대한 정책, 내용과 범위의 구체화가 확인되어야 한다.

기업의 업무지속성 관리는 비단 일회성의 성격을 가지는 것이 아니라 지속적으로 조직의 경영 및 기업/기술 환경의 변화를 지속적이고 즉각적으로 반영할 수 있도록 해야 하는 일련의 관리 프로세스이다. 이러한 정교한 작업을 위해 기업 내 팀을 구성하고 조직의 주요 업무 프로세스를 파악하고 각종 재해에 대한 위협이 업무에 미치는 영향도 평가 등의 각종 태스크Task를 필요로 하므로 업무지속성 관리에 대한 개념에 대한 인식 제고가 요구된다.

2. 업무지속성 관리 활동

업무지속성을 위한 계획 및 관리는 지속적으로 조직의 경영 및 기술환경의 즉각적인 변화를 반영할 수 있어야 하는 프로세스이다. 이러한 프로세스를 이루기 위해서는 팀 구성, 조직의 중요 업무 프로세스 파악, 재해 위협에 대한 업무영향 평가,

위험 분석 등의 복잡한 과정 및 행위가 필요 된다. 업무지속성 관리Business Continuity Management는 업무중단으로 인해 조직에 발생할 수 있는 중대한 위험을 최소화하도록 하는 것을 목적으로 하는 총체적 접근법으로 업무중단 발생을 사전에 예방하고 부득이하게 업무중단이 발생할 시에는 핵심영업 및 업무 부문을 유지하거나 복구하도록 하는 활동이다. 업무중단Business Disruption이란 각종 재난, 재해, 기술적 장애, 기반시설 재해 등과 같은 재해 또는 재난의 발생으로 인해 업무장소의 접근이 불가하거나 현 업무장소에서 업무수행이 불가능한 경우를 일컫는다. 업무영향분석Business Impact Analysis은 업무중단이 발생할 시 기업이 받게 될 정량적 또는 정성적 손실과 영향을 측정하여 재해와 재난이 발생했을 시에도 수행되어할 할 최소한의 업무를 정의하는 절차로 영업영향분석, 복구전략, 목표복구시간, 목표복구시점을 영업 및 업무의 우선순위에 따라 분류하여야 한다. 업무복구Business Recovery는 기업이 현재 부담하고 있는 업무상의 책임 및 의무를 이행할 수 있도록 업무기능 복구를 위한 절차이며 위험평가Risk Assessment는 위험에 노출된 다양한 위험요인을 평가하여 위험의 우선순위를 파악하고 특정 위험이 발현될 시 노출된 핵심 업무에 대한 파악과 위험에 대한 통제방법을 통해 위험으로 인한 업무중단을 방지하기 위해 기존의 통제방법을 평가하는 등의 절차로 위험요인을 파악하고 영향력에 따라 위험의 우선순위를 파악하여야 한다. 업무재개Business Resumption란 업무의 복구 후 새로운 업무에 대한 책무를 시행할 수 있도록 업무의 기능이 회복된 상태를 말한다.

효율적인 업무지속성 관리를 위해서 일반적으로 시행되고 있는 방법은 업무지속성관리 수립방안이며 이는 총 4단계로 이루어진다.

1) 1단계: 개시 단계

업무지속성 관리 단계의 첫 번째 단계는 관련 정책을 수립하는 단계로 조직이 맡은 업무와 기술 관련 정책 간의 통합을 확신하며 업무지속성 관리에 대한 기반을 준비하는 단계이다.

2) 2단계: 전략수립 단계

재해로 인해 업무와 관련된 사항에 있어 받을 잠재적 영향 및 위험을 평가하고 업무

프로세스의 복구 및 위험 최소화를 위해 수행 가능한 다양한 사항을 파악한 후 평가하여 업무지속성 관리를 위한 효과적인 전략을 수립하는 프로세스로 이루어져 있다.

3) 3단계: 구현 단계

업무지속성이 효과적으로 운영될 수 있도록 프로그램을 수립하게 되며 이전 단계에서 수립한 전략의 위험감소 조치와 복구를 위한 설비를 실현하며 요구되는 계획 및 절차를 수립하고 초기 시험을 진행하는 단계이다.

4) 4단계: 운영관리 단계

운영관리 단계에서는 업무지속성 전략, 계획 및 절차를 지속적으로 시험하고 유지보수를 진행하고 조직원을 대상으로 교육과 훈련 프로그램을 진행하도록 하는 단계이다.

3. 보안 사고 및 재해 · 재난 관리체계 및 대응과 복구

현재 국내 및 기업 내에서 기술을 포함한 자산 유출 등의 보안 사고와 예측 불가능한 재해 · 재난에 따른 사고 현황은 매우 심각하다. 이와 같은 사고에 있어서 대응 방안 및 복구와 관련한 대책이 제대로 마련되어 있지 않고 해당 범죄들에 대한 처벌 수준이 현저히 낮음에 따라 유출 사건은 계속해서 증가하게 될 것이다. 이에 따라 보안 사고와 재해 · 재난에 따른 사고에 대한 체계적인 관리와 대응 방안 및 사고 후 복구 활동 수립이 요구된다. 보안 사고는 보안정책이나 지침을 위반하거나 위반할 가능성이 보이는 위협을 의미하며 기밀성, 무결성, 가용성의 측면에서 등급을 나눌 수 있으며 조직별로 상이할 수 있다. 보안 측면에서의 재해 · 재난은 국가 공공시설물이나 기업의 시설물 자산 보호 및 국민들의 생명, 신체 보호를 위해 재해의 예방, 대비, 대응, 복구 등에 대한 체계적인 관리시스템의 구축을 필요로 한다.

선행되어온 효과적 위험 관리 체계는 4단계로 구분된다. 이는 발생 가능한 위험 및 취약성에 대한 분석을 진행하는 위험 전 단계, 관리 전략을 개발하고 대응 계획을 수립하는 계획 및 준비 단계, 실제 기업 내 위험 상황이 발생하는 위험 단계, 위험 발생 후 절차 및 내용에 대한 평가를 실시하고 점검하는 위험 후 단계로 나뉘게 된다.

보안 사고에 체계적으로 대처하기 위해서는 사건에 대한 보고와 보고사항에 대한 우선순위를 지정하여 시기적절하게 대응할 수 있어야 한다. 재해 · 재난에 따른 사고는 항시 예측가능하지는 않으나 가상 시나리오를 제작하여 실제 위기 발생 시 신속하게 대처할 수 있도록 해야 한다. 보안 사고 및 재해 · 재난에 효율적으로 예방 및 대처하기 위해서는 체계적인 대응 절차 마련이 요구되며 보안 사고 대응 절차 단계는 4단계를 가지며 〈그림 **3-6**〉과 같이 볼 수 있다.

그림 3-6 _ 보안 사고 및 재해 · 재난 대응 절차 단계

1) 보안 사고 및 재해 · 재난 탐지

가. 보안관제

'Security Monitoring' 또는 'Security Monitoring & Control'이라고도 불리는 보안관제는 주로 해킹 사실을 기관에 통보하고 보안 사고 분석 단계에서 파악된 공격자의 정보와 취약점에 대한 정보를 활용해 피해 시스템이 정상 운영될 수 있도록 전문 기술을 제공하는 과정이다. 최근에는 국가 · 공공기관 및 사이버 보안관제 관련 서비스 업체 등에서 많이 수행되고 있으며 보안관제를 수행하기 위한 기본 원칙은 아래와 같다.

표 3-4 _ 보안관제 수행 기본 원칙

기본 원칙	내용
무중단	수시로 발생하는 보안 사고 및 사이버 공격과 예측 불가능한 재해 · 재난에 항시 대비할 수 있도록 소관 정보 등에 대한 보안 관제업무는 24시간 중단 없이 수행되어야 한다.

기본 원칙	내 용
전문성	보안 사고 및 재해 · 재난 관련 업무를 수행하기 위해 전문기술력을 갖춘 전문 인력과 최첨단 시설을 갖추어야 한다.
정보공유	보안 사고, 사이버 공격, 재해 · 재난에 의한 피해가 확산되는 것을 막기 위해 관계법령에 위배되지 않는 범위에서 보안관제 정보를 공유할 수 있도록 해야 한다.

나. 보안 사고 및 재해 · 재난 대응조직 Incident Response Team

위기대응팀이라고도 불리며 홍수, 태풍과 같은 자연 재해나 업무 중단과 같은 사고에 대비하고 사고가 발생할 때 이에 대응하는 인력의 그룹을 의미한다. 컴퓨터 보안 사고에 대한 구성원에는 사고 조사자, 사고 처리자, IT 보안 전문가가 포함될 수 있으며 암사 구성원에는 업무 대표 및 중간 관리자, 법률 자문가, 홍보 담당자, 인사 담당자 등이 포함될 수 있다. 재해 · 재난에 대비할 시에는 위험요인을 분석하고 각종 시나리오를 제작하여 대비하는 방법이 최선책이다. 재해 · 재난과 관련한 대책 전략은 실현가능성 및 비용 등을 고려해야 하며 위험도 및 피해규모와 관련한 평가가 주관적으로 이루어질 때 실제 재해 · 재난이 발생한다면 예방 차원에서의 전략들이 효과적이지 못한 경우가 될 수 있으므로 평가는 객관적으로 이루어져야 한다.

2) 상황보고

보안 사고는 정보를 이용하는 사용자의 신고에 주로 의존하므로 보안 교육이 잘 시행된 그룹을 보유한 조직은 관련한 사고에 대해 신속하고 정확하게 대처할 수 있다. 신고에 따른 보안 사고의 공지 절차는 사고 이전에 수립되어야 한다. 또한 보안 사고 및 재해 · 재난에 대한 공지는 외부의 불필요한 간섭이 없도록 해야 하며 공지가 사고처리 프로세스를 방해해서는 안 된다. 보안 사고 및 재해 · 재난의 발생 시 조직의 내부 의사소통이 중요한데 사고대응팀이 초동 조치를 취하지 못하면 효과적인 대응을 할 수 없으므로 상호 연락의 중요성을 인식해야 하며 상시 연락이 가능한 최우선 담당자와 예비 담당자가 사전에 지정되어 있어야 한다.

재해 · 재난에 대한 상황보고 또한 신속하게 이루어져야 하며 재해 · 재난 발생 시 대응할 수 있는 조직이 구성되어야 한다. 재해 · 재난의 종유 및 위험요인은 지진, 태풍, 홍수 등으로 구분하며 각각의 재해에 대해 등급을 분류하고 이에 따른 대비책을 강구하도록 한다.

3) 복구대책

보안 사고의 충격을 최소화하기 위해서는 사고의 확산방지가 필수이며 이를 위해 사고의 범위와 내용이 신속하게 식별되어야 한다. 보안 사고의 피해 범위를 평가하기 위해서는 사고로 인해 무엇이 손상되고 유출되었는지에 대한 정확한 판단과 결정이 필요하다. 시스템의 취약성에 대한 문제가 해결되지 않는다면 추후 보안 사고의 발생이 반복될 수 있다. 사고 복구는 손상된 시스템을 원상태로 복구하고 손상을 제거하여 가용성을 회복시키고 정확한 정보로 되돌려놓는 과정이다.

재해·재난에 대한 복구는 정보의 비밀성, 무결성, 가용성, 인증성 등을 확보하고 조직의 핵심 업무에 대한 연속성을 유지하고 시스템의 운영 중단 요인을 식별할 수 있어야 된다. 이때 재난복구를 위한 점검으로는 재난복구 계획의 계획서 및 절차서를 각 사업단위의 담당자에게 배포한 후 절차 및 오류를 점검하도록 한다. 또한 각 조직의 복구 능력을 성공적으로 반영시켰는지 확인하기 위해 구조적 점검을 진행하는데 실질적인 논의는 각 사업 단위별로 검토되어야 한다.

복구대책의 존재와 실행에도 불구하고 사고가 일어났다면 이를 개선할 필요가 있다. 복구대책의 개선은 기존 대책의 변경과 새로운 대책안의 추가를 포함하며 이는 기술적이거나 절차적인 것이 될 수 있다.

4) 재발방지

보안 사고로 인한 시스템을 정상적인 운영 상태로 복구시킨 뒤 사고에 대한 후속 분석을 진행해야 한다. 이를 위해서는 사고를 문서화하고 상황처리를 평가하며 추가로 필요한 행위를 판단하는 과정이 필요하다. 사고 처리에 대한 과정을 기록하는 사고의 문서화 과정은 조직에서 수립된 보안 수준을 조정하는 데에 사용하며 향후 발생 가능한 보안 사고에 대해 취해질 조치의 근거가 될 수 있다.

재해·재난사고로 발생한 사고에 대해 시스템과 업무를 복구시킨 뒤 사전에 작성한 시나리오에 대한 객관적인 평가를 진행하고 업무지속성 관리 전담부서는 지속적인 유지와 관리를 위해 업무환경 변화를 체계적으로 모니터링하는 절차를 갖추어야 한다.

5) 위기관리 매뉴얼

재해 · 재난으로 인한 매뉴얼은 4단계로 분류된다. 먼저, 재해 · 재난의 유형에 따라 분류하여 재난 시 각 부문의 임무와 역할, 필요시 되는 조치사항 및 절차와 현장에서의 조치 및 행동 절차를 작성하여야 한다. 두 번째 단계로는 위기 매뉴얼 관련 부문에 통보하고 전 조직 구성원에게 공지할 수 있어야 한다. 이때 매뉴얼에 대한 공지와 교육을 실행하고 긴급 상황 시 대응 매뉴얼과 상세 매뉴얼을 분리하여 운영하도록 하며 재해 · 재난 발생 시 신속하게 대응하도록 하는 방법과 관련한 포스터를 부착하고 공지해야 한다. 위기 매뉴얼을 정기적으로 점검하고 보완할 필요가 있는데 이때 이를 책임질 책임자와 감수 책임자를 선정해야 한다. 또한 보완된 내용에 대한 점검과 훈련을 병행하여야 한다. 마지막으로는 위험성이 높은 설비나 시설물에 재해 · 재난 발생 시 취해야 할 행동요령 및 조치방법을 게시하거나 비치해 놓아야 한다.

6) 업무지속성 관리(Business Continuity Plan)

업무지속성 관리BCP란 영업연속성계획을 의미하기도 하며 조직이 재해 · 재난으로 인해 중단된 업무에 대응하여 핵심영업/업무부문critical business functions을 복구, 재개할 수 있도록 하는 문서화된 정책 및 절차를 이른다. 업무지속성 관리는 중요 복구 대상이 하드웨어에서 실제 업무에 사용되는 중요 응용시스템으로 전이됨에 따라 응용시스템을 사용하는 최종 사용자 관점에서의 복구라는 변화가 요구되었다. 이러한 사항은 적절한 보호대책이 수립되어 있음에도 불구하고 발생할 가능성이 있는 각종 재해 · 재난 및 비상사태에 대비하기 위한 조직 편성, 정책 및 절차의 수립과 대체처리 시설의 확보를 통해 조직 업무의 지속적인 유지를 지원하도록 하는 업무지속성 관리의 필요성을 확립시켰다.

업무지속성 관리는 재해 · 재난으로 인한 업무중단 발생에 따른 위기관리방안, 영업재개 절차, 기술자원의 복구 등의 내용을 포함하도록 한다. 위기관리방안을 마련하기 위해서는 위기관리 조직을 구성하여 업무중단이 발생할 시 이에 대해 단계적으로 대응하고 지휘 및 총괄하는 위기관리 조직을 준비해야 하며 위기관리 절차를 마련하여 업무중단의 영향을 평가하고 위기관리절차의 수행이 신속히 이루어질 수 있도록 문서화된 절차를 마련해야 한다. 또한 영업재개 시 단계별로 이루어져야 하는 활동에 대해 정의하고 각 활동에 대한 주요 활동을 마련해야 하며 어플리케이션, 하드웨어 장비 및 네트워크 시설과 같은 기술 자원의 복구를 진행해야 한다. 마지막으로는 업무복구 시 요구되는 중요 정보에 즉각적으로 접근하여 내용을 확인할 수 있도록 중요한 정보 및 기록에 대한 관리를 수행하여야 한다.

제5절
보안컨설팅과 정보보호인증

1. 보안컨설팅과 보안컨설턴트

1) 보안컨설팅과 보안컨설턴트의 의의

사람이 건강검진을 받아 몸의 이상유무를 확인하고 자기 몸을 관리하듯이 기업도 기업보안 차원에서의 검진이 꼭 필요하고 이것이 바로 보안 취약점 진단이고 나아가 처방전을 통하여 보안체계를 갖추도록 가이드를 해주는 활동이 보안컨설팅이다.기업은 보안전문가의 조언이나 지도가 필요한 시기를 직면하게 된다. 동시에 공식적인 보안기능을 가지고 있지 않은 회사도 종종 특정한 보안관련 업무를 위해 외부의 도움을 필요로 할 때가 있다. 즉, 시간이나 전문지식의 부족, 독립적이고 객관적인 시각, 새로운 아이디어와 고용의 유연성 확보라는 장점 등을 이유로 외부의 전문가를 찾게 된다. 즉, 보안컨설팅이란 기업의 비밀정보와 안전 등을 온전하게 유지하기 위하여 전문적인 보안지식을 가진 사람의 도움을 받는 행위라고 정의할 수 있다.

보안컨설턴트는 보안에 대한 전문지식이 필요할 때 활용할 수 있는 중요한 자원으로 해당 기업과는 독립적인 보안컨설턴트는 매우 중요한 회사의 자산으로 간주되는데 이는 회사의 실제적 위협사항을 평가하고 그런 위협상황에 대처 할 보안체계 구축과 솔루션 등을 제공하기 때문이다. 종종 법적 책임 소송이나 주의의무 불이행 등의 보안 관련 문제에 직면한 회사들은 회사 자체의 분석보다는 객관적인 제3자의 보고서를 더 선호하게 된다. 통상 보안컨설턴트는 객관성을 제공할 수 있다는 것이 보안컨설턴트가 가진 가장 두드러진 장점이라고 할 수 있다. 어떤 기업들은 아이디어의 부족 때문에 보안컨설턴트를 활용하기도 하는데 보안컨설턴트들은 참신한 아이디어들을 제공할 수 있고 또 다른 회사들은 회사 내 정치적 상황이나 관료적 형식주의를 극복하기 위해 보안컨설턴트를 활용하기도 한다. 그리고 외부로부터 보안컨설턴트를 고용하는 것이 직원을 새로 고용하는 것보다 비용이 적게 드는 경우가 대부분이다. 그러므로 컨설턴트의 기본 요소는 전문성과 신뢰성이 반드시 수반되어야 한다.

2) 보안컨설턴트의 역량과 자질

보안컨설턴트들은 보안관리와 관련된 전문지식을 가지고 있는데 일반적으로 인력보안, 물리적 보안, 법률적 이슈, 기술적 보안 등 다양한 보안 분야에서의 전문가라고 할 수 있다.

보안컨설턴트들은 기업 보안관리 전반을 이해하여 활용 가능한 세부적인 청사진으로 전환하는 작업을 하는 사람들이다. 이러한 일을 하기 위하여 보안컨설턴트들은 오랜 경험과 기술적인 노하우와 훈련을 쌓아야 한다. 보안컨설턴트 중 일부는 보안정책 및 절차의 수립 등과 관련된 관리 서비스를 제공하기도 한다. 일반적으로 경영진은 컨설턴트의 아이디어를 호의적으로 받아들이는 경향이 있다. 이는 컨설턴트들이 다른 회사 보안문제를 해결한 경험이 있고, 업계의 보안 기준에 대하여 보다 잘 알고 있을 것이라는 경영진의 믿음 때문이다.

그러므로 보안컨설턴트가 지녀야 할 기본 역량은 다음과 같다. [103]

첫째, 보안에 대한 전문적인 지식과 축적된 경험을 필요로 한다.

전문적인 지식이라함은 법률적, 관리적, 물리적, 기술적 모든 지식을 충족하는 지식이라면 더 할 나위 없으나 실제 모든 부문의 지식을 섭렵하기는 쉽지 않으므로 분야별 전문 분야를 따로 두어 컨설팅 시 각 분야별 전문영역을 복수의 컨설턴트가 진행할 수 있다. 특히 경험에 대한 부분은 지식과 상관없이 보안컨설팅은 지식의 전달에만 그치지 아니하고 업무 추진방향과 여러 가지의 관리전략, 협상전략 등 다양한 경험의 축적에서 오는 노하우만이 해결할 수 있는 부분들이 많기 때문이다.

둘째, 문제해결 역량이 있어야 한다.

컨설팅의 주된 목적은 문제점을 발굴하고 발굴한 문제점을 개선하기 위한 방안

---

(103) SK 인포섹 블로그 참조 http://blog.skinfosec.com/221367091097

을 제시하는 것이다. 현재 내재되어 있는 고객의 문제점과 문제점과의 GAP을 파악(갭분석) 하여, 이를 메우기 위한 문제해결 과정이라고 할 수 있다. 컨설팅은 컨설턴트마다 제시하는 방안이 다를 수 있고, 주어진 기업마다 다를 수 있는 부분이 많으므로 모두가 정답이 있는 것은 아니다. 그러므로 전문지식을 근거로 창의적이이고 논리적인 추론을 통하여 고객의 입장에서 납득할 만한 방안을 만들어 제시해야 한다.

셋째, 커뮤니케이션 역량이 있어야 한다.

컨설팅 수행인력은 크게 컨설팅 PM, 컨설팅 PL, 컨설팅 수행원으로 나눌 수 있는데, 컨설팅 업무를 시작하면 컨설팅 수행원은 컨설팅 PL과 수시로 1:1 커뮤니케이션을 하게 된다. 즉, 프로젝트는 주어진 기간내에 시행착오를 최소화하고, 진행경과를 적절한 시점에 피드백이 이루어지도록 보고를 하여야 하며, 수많은 의견을 교환하며 스킬을 쌓아야 한다. 또한 각종 발표 및 보고(수주을 위한 제안발표, 컨설팅 결과 보고-착수보고, 중간보고, 완료보고 등, 고객대상으로 하는 교육발표는 물론이고, 고객의 현황 등을 파악하기 위하여 특정파트 고객과 컨설턴트들 간에 인터뷰 자리 등 수많은 커뮤니케이션 역량이 필수적이다.

넷째, 보고서 작성 역량이다.

컨설팅의 계획부터 완료시점까지 모든 결과물은 대부분 보고서로 이루어진다. 컨설팅 결과 보고서, 문제해결을 위한 기획서, 컨설팅사업 수주를 위한 제안서, 업무를 위한 각종 보고서 등이 그것이다. 고객의 의중을 명확히 파악하여 이를 문서(도해)화 하고 보안의 다른 영역 컨선턴트들과 협업하여 문제를 해결하기 위한 능력도 보고서 작성 역량에 달려있다.

다섯째, 개인의 자기관리 역량이 필요하다.

모든 일이 대부분 그렇지만 특히 보안컨설팅은 자체가 주어진 기간 내에, 수많은 다양한 역량들을 집약적으로 발휘해내야 하기 때문에 열정과 배우는 자세, 겸손한 자세, 유연한 사고, 조직 구성원 간의 융화, 강인한 정신력 등 개인 역량 관리에 만전을 기하여여 한다.

3) 보안컨설팅의 종류

보안컨설팅 종류는 고객의 요구사항에 따라 다양하지만 대체적으로 다음과 같이 대별할 수 있다.

첫째, 법적 의무 요건을 갖추기 위하여 요구하는 보안컨설팅이다.

- 주요정보통신기반시설 취약점 분석·평가 컨설팅(정보통신기반보호법 제9조 및 과기부고시 제2021-28호)을 매년 1회 소관 주요 정보통신 기반시설의 취약점을 분석, 평가하여야 하며, 취약점 분석, 평가 전담반을 구성하도록 하였다. 컨설팅을 할 수 있는 보안전문서비스 기업은 특정 기준을 충족하여 한국인터넷진흥원(KISA)의 심사를 거쳐 지정된다.

- 금융부문 정기 취약점 분석 평가 컨설팅(전자금융감독 규정 제37조의2)은 총자산 2조 원 이상이고 상시 종업원 300명 이상인 금융회사나 전자금융업자 등은 연 1회 이상(홈페이지는 6개월 1회) 정기취약점 평가를 실시하여야 하며, 5명 이상으로 자체 전담반을 구성하여야 한다.

- 정정보보호관리체계ISMS 인증컨설팅은 「정보통신망법」 제47조 의거하여 인증을 취득해야 하는 기관이나 기업이 받는 컨설팅이다.
  참고로 의무적으로 정보보호관리체계(ISMS) 인증을 받아야 하는 자는 다음과 같다. ① 전기통신사업법 제6조제1항에 다른 허가를 받은자로서 서울특별시 및 모든 광역시에서 정보통신망서비스를 제공하는자 ② 「정보통신망법」 제46조에 따른 집적정보통신시설 사업자 ③ 연간매출액 또는 세입이 1,500억 원 이상인 자중에서 「의료법」 제3조의4에 따른 상급종합병원, 직전연도 12월31일 기준 재학생 수가 1만명 이상인 고등교육법 제2조에 다른 학교, 정보통신서비스 부문 전년도 매출액이 100억 원 이상인 자, 전년도 직전 3개월간 정보통신서비스 일일 평균 이용자 수가 100만 명 이상인자

- ISO/IEC 27001(정보보호관리체계 국제표준 인증) 컨설팅은 정보보호 활동을 체계적으로 수행하기 위해 필요한 보호조치 체계를 구축하는 목적으로 한 글로벌 인증 컨설팅을 말한다. 의무적으로 인증을 받아야 하는 규정은 없으나 글로벌 비즈니스를 하는 많은 기업의 경우 인증받는 기업이 급증하고 있다.

- 개인정보 영향평가 컨설팅은 「개인정보 보호법」 제33조의 근거하여 개인정보 침해사고가 발생하면 법정에서 법인, 개인의 관리적 책임을 다했다고 입증하기

위한 수단이 될 수 있고, 영향평가를 통해 고유식별정보의 내부망 암호화 예외 처리 등 각 법인, 개인이 처한 상황에 따른 적용이 가능한데 이를 위한 컨설팅을 말한다. 「개인정보 보호법」에 의해 공공기관의 장은 대통령령으로 정하는 개인정보 보유 기준에 따라 개인정보 파일의 운용으로 인하여 정보주체의 개인정보 침해가 우려되는 경우, 그 위험요인의 분석과 개선 사항 도출을 위한 평가를 하고 그 결과를 행정안전부장관에게 제출하여야 한다.

• 개인정보 관리체계 인증을 위한 컨설팅으로서 「정보통신망법」 제47조의3에 의거하여 공공기관, 대기업, 중소기업, 소상공인으로 대상을 분류하여 개인정보보호활동을 체계적으로 수행하기 위해 필요한 보호조치 체계를 구축하는 것을 말하는데 의무인증은 아니나 인증취득 기업은 과태료 감면 혜택 등이 있다.

자체적으로 전담반을 구성하는 것도 방법이지만 주로 정보보호 전문 컨설팅을 의뢰하는 것은 특정 시점에 수행, 평가의 객관성 확보, 동종 업계 타사 수준에 대한 파악 등 다양한 이유가 있을 수 있다.

둘째, 고객사가 인증을 획득 유지하기 위한 목적의 인증 컨설팅이다.

표 3-5 _ 회의 시에 지켜야 할 보안수칙

구 분	국 내	해 외	비 고
정보보호관리체계	ISMS,F–ISMS(금융)	ISO27001	2019 ISMS, PIMS 인증통합예정(ISMS–P)
개인정보관리체계	PIMS	BS10012	
클라우드 인증	클라우드 보안인증(IaaS, SaaS)	–	

정보보호 관리체계 인증인 ISMS 인증은 필수 인증대상 기관이라면 법적으로 받아야 하지만 필수 대상이 아닌 기업도 정보보호 수준강화를 위하여 컨설팅을 받고 있다. 한 기업의 정보보호 수준을 기업 전체를 대상으로 평가하면 이후 정보보호 계획을 수립하기가 유용하므로 보안의 중요성을 인식하고 컨설팅을 받는 기업이 증가하고 있는 추세이다.

셋째, 기업 자체 또는 자회사, 협력사 등 중요정보 보호를 위해 수행하는 관리진단 컨설팅이 있다. 대부분 국가 법령에 의한 가이드라인이 있거나 필요에 의해 점검, 진단 항목을 새롭게 만들어, 점검, 진단하여 보안수준을 평가하고 대책을 수립하는 것이다.

넷째, 해커는 보안 취약점을 통해 잠재적인 경로를 이용하여 조직에 피해를 입히는데 이에 기술적, 사업적 보안사고를 예방하기 위해 해커 공격 방법과 보안 취약점의 가능성을 사전에 진단 및 평가하는 방안으로 보안취약점진단 및 모의해킹진단(서버, 네트워크, WEB/WAS, DBMS, 보안장비 등)이 필요한데 이때 실시하는 컨설팅이 모의해킹컨설팅이라 할 수 있다.

다섯째, 고객이 원하는 영역을 종합하여 발주하는 종합컨설팅이 있다.

이는 현실적으로 볼 때 기업이 많은 예산을 소모하면서 자발적으로 종합컨설팅을 받기에 어려움이 있으나, 실제 보안 사고로 인한 피해가 발생하거나, 혹은 경쟁사의 유출사고 발생, 사회적 보안 이슈의 발생으로 기업이 자체 보안시스템 구축 필요성이 있을 때 받는 컨설팅이라 할 수 있다. 이 컨설팅을 통하여 확인된 현황 및 발견된 개선점을 해결하기 위한 계획서로 정보보안 수립은 반드시 결과물로 도출되어야 한다.

여섯째, 소프트웨어 개발단계에서부터 보안결함을 제거하고, 개발단계별 보안기능을 구현하여 사이버 위협에 대항하기 위한 컨설팅으로 「전자정부법」 제43조 제3항에 의거하여 실시한다.

4) 보안컨설팅 비용과 보안컨설팅 회사의 선택 문제

통상적으로 기업의 보안관련 분야 책임자들은 한두 명의 보안컨설턴트나 컨설팅 회사를 알고 있고, 이 인맥이 컨설팅 회사를 결정하는 데 결정적이라고 해도 과언이 아니다. 그러나 보안컨설턴트나 보안컨설팅 회사가 더 전문적일수록 그들이 할 수 있는 업무 범위가 좁아진다는 사실을 알아야 한다. 대부분의 컨설턴트들은 전문화되어 있으므로 모든 보안업무를 다 수임할 수는 없다. 따라서 기업의 입장에서는 컨설팅을 결정하기까지의 과정과 컨설팅 목적에 적합한 컨설팅 회사나 컨설턴트를 선택해야 한다.

좋은 컨설턴트를 찾는 최선의 방법 중 하나는 보안책임자가 비슷한 업계에 근무하는 동료로부터 추천을 받는 방법과 보안 관련 인맥이 없는 회사들은 보안 관련 비영리 정부산하기관에 문의하는 것도 좋은 방법이다.

더불어 보안컨설팅이라고 하면 보안컨설팅 전문업체가 다수 있고 그중에서도

「정보보호산업의 진흥에 관한 법률」에 의거하여 일정한 기준을 충족하여 한국인터넷진흥원에서 지정하는 컨설팅 전문업체(2021년 7월현재 28개 업체)가 지정되어 있어 취약점의 분석, 평가 및 보호대책 수립업무 등 보안컨설팅 전반에 대하여 자격요건(임원 및 기술인력 확보, 인력 설비 자본 요건의 충족, 업무수행능력심사 계량평가 능력, 지식정보보안관리규정의 적정성 등)을 갖추었다고 할 수 있다. 그러나 컨설팅을 받는 기업 입장에서는 일부 대기업을 제외하고는 막대한 컨설팅 예산을 쉽게 투입하며 보안컨설팅을 받기는 쉽지 않은 것이 현실이다. 이에 중소기업 또는 대상업체를 지정하여 간단한 진단서비스 또는 컨설팅을 지원하고 있는데 과기정통부, 중소벤처기업부, 특허청, 산업통상자원부 등에 문의하면 많은 예산 낭비 없이 기초적인 취약점 진단은 받을 수 있으며, 24시간 사이버 보안 관제 서비스도 무료로 받을 수 있고 각종의 전문가 교육과 양성도 지원받을 수 있다. 이뿐만이 아니고 국가정보원 산업기밀보호센터, 경찰청, 중소벤처기업부 등에서도 기업의 기술보호를 위한 상담 등 각종의 서비스를 무료로 제공하고 있다.

컨설팅이 활성화되어 있는 선진국에 비하여 우리나라 보안컨설팅에 대한 경비는 많은 차이가 있다. 미국의 컨설팅 경비는 마치 의사나 변호사처럼 흥정이 없이 최고의 의사나 실력, 평이 좋은 변호사가 환자나 고객으로부터 가장 높은 서비스료를 받고 있는데 반하여 우리나라의 보안컨설팅 예산은 아쉽지만 그러하지 못한 환경이다. 시간과 질을 따져서 수임료가 결정되는 미국 등 선진국과 달리 우리나라는 국내에 들어온 몇몇 글로벌 컨설팅사를 제외하고는 시간과 질이 기준이 아닌 수주를 위한 가격 후려치기에 맞추다 보니 보안컨설팅 시장과 비용이 상당히 왜곡되어 있는게 사실이다. 대기업 컨설팅 회사에서 어느 정도 경력을 쌓아 만든 군소 컨설팅 회사가 난립하여 품질과 능력을 가늠할 수 없는 컨설턴트들이 수주를 위한 출혈경쟁이 그 좋은 예라고 할 수 있다. 컨설팅 회사가 너무 낮은 수임료를 제시하면 그에 비례하여 품질도 낮아지고 목표한 바를 이룰 수 없을 뿐더러 다른 의도가 있는지도 의문을 가져야 한다. 컨설팅 회사가 제시하는 청구서는 시간당 인건비(혹은 소프트웨어 기술자 노임단가[104])와 출장비 같은 직접비용외에 사무실 임대비, 직원 고용비, 보고서 인쇄비, 세금 등 간접비용이 포함된다.

"보안컨설팅 전문업체가 확대되고 재지정되는 상황임에도 불구하고 사용자 입

---

[104] 2018.9.1.~2019.8.31. 기준, 한국소프트웨어산업협회 발표

장에서는 보안컨설팅의 품질문제를 제기하고 컨설팅 업체 입장에서는 낮은 가격단가로 인해 어려움을 호소하고 있다. 보안컨설팅 분야의 질적 및 양적 성장을 위한 법제도 차원에서의 지원대책이 있을까"에 대한 질문에 국내 보안컨설턴트 박태완 교수는 다음과 같이 대안을 제시하기도 했다.

첫째는 컨설팅 프로젝트 계약상의 문제이다. 예를 들면 실제 고객인 A사와 실제로 컨설팅을 제공하는 B사와 직접 계약이 성사되는 경우보다는 중간에 최소 1개사, 때에 따라서는 2개사가 개입되기 때문에 최종 컨설팅 회사에서 받는 금액이 낮아서 이로 인해 투입되는 컨설턴트도 단가가 낮은(경험이 적은) 컨설턴트가 투입되기 때문이다.

두 번째 이유는 컨설팅 회사의 선정 시 단가가 가장 중요한 요소(때로로 유일한 요소)이기 때문이다. 만약 최종 고객이 컨설팅사의 선정 시 비용보다는 실제로 투입되는 컨설턴트의 경험(품질)을 가장 중요한 요소로 평가하게 된다면 위의 문제를 해결하는데 도움이 될 것 같다. 이러한 상황이 발생하는 이유에 대해 다음 2가지를 들수 있다. 하나는 컨설팅사들의 과열 경쟁으로 인한 낮은 단가 제시를 들 수 있다. 모든 기업들이 가능하면 적은 비용을 들여서 최대의 효과를 얻고자 하는 것은 당연한 입장이다. 국내 기업들의 담당자들이 컨설팅 사업 내부품의 시 주변에 유사한 컨설팅을 받아본 기업, 혹은 컨설팅사의 영업사원들에게 어느 정도의 비용이면 가능한지를 확인하는 과정 등을 통해 내부 예산을 편성한다. 즉, 턱없이 낮은 금액으로 예산을 편성하지는 않는다는 것이다. 따라서 컨설팅업체는 자신들이 정한 기준으로 참여함으로써 국내 기업들은 컨설팅 회사들이 기대하는 최소한의 수준으로 비용은 지불할 가능성이 높아질 것이다.

현재 컨설팅 단가의 기준은 투입공수에 의한 방법으로 통상 M/M^{Man-Month}으로 엔지니어링 사업대가의 기준을 준용하여 정보보안 컨설팅 예산을 산정하고 있다. 단, 투입컨설턴트의 직접인건비는 컨설턴트의 유형과 수준이 다양하여 거래실례가격을 적용하여 산정할 수 있고, 「통계법」 제18조에 따라 조사 및 산출 공표하는 소프트웨어 기술자 평균임금(기존 '기술자 노임단가')을 참고할 수도 있다.

컨설턴트의 등급은 해당 컨설팅 사업의 특성에 따라 결정되므로 일률적으로 등급을 정할 수는 없고, 발주자와 수주자 사이에 일치된 정도 존재하지 않는다. 현재 일반적으로 사용되는 컨설턴트의 등급은 5개로 나누어, 보조컨설턴트, 컨설턴트, 전임컨설턴트, 책임컨설턴트, 수석컨설턴트로 통용되고 있으나 역할과 자격요건 등은 기관별, 사업별 특성에 따라 다를 수 있다.

컨설턴트 직접인건비는 컨설팅을 위해 실제로 투입되는 인원에 대한 인건비로서 이들에 대한 컨설턴트 평균임금은 컨설턴트의 유형과 수준이 다양하고, 현재 컨설턴트 직무별 원가계산이 이루어지고 있지 않으므로 컨설턴트 평균 임금을 산정할 수 있는 객관적인 방법이 존재하지 않는다. 따라서 컨설턴트 평균 임금은 「국가를 당사자로 하는 계약에 관한 법률 시행령」 제9조제 1항에 따라 발주기관의 기술 또는 설계 담당자(원가계산 용역기관 포함) 등이 거래실례가격, 원가계산에 의한 가격, 업체의 견적가격 등을 가격 기준으로 적용할 수 있다. 컨설턴트의 등급별 평균 임금이 정해지면, 각 업무활동별로 투입기간을 고려한 등급별 투입공수에 컨설턴트 평균 임금을 곱하여 직접인건비를 계산한다.

직접인건비는 아래와 같이 계산된다.

직접 인건비 = Σ (컨설턴트 등급별 투입공수 × 등급별 컨설턴트 평균 임금)

제경비와 기술료의 적용은 엔지니어링사업 대가의 기준을 준용하며, 아래와 같이 산정한다.

제경비 = 직접인건비의 110 ~ 120%
기술료 = (직접인건비 + 제경비)의 20 ~ 40%

제경비란 직접비(직접인건비와 직접경비)에 포함되지 아니하고 컨설팅사업자의 행정운영을 위한 기획, 경영, 총무 분야 등에서 발생하는 간접 경비로서 임원·서무·경리직원 등의 급여, 사무실비, 사무용 소모품비, 비품비, 기계기구의 수선 및 상각비, 통신운반비, 회의비, 공과금, 운영활동 비용 등을 포함하며 직접인건비의 110~120%로 계산한다. 다만, 관련법령에 따라 계약 상대자의 과실로 인하여 발생한 손해에 대한 손해배상보험료 또는 손해배상공제료는 별도로 계산한다. 단, 제경비 중에서도 해당 사업의 수행을 위하여 직접적인 필요에 따라 발생한 비목에 관하여는 직접경비로 계산한다.

기술료란 컨설팅사업자가 개발·보유한 기술의 사용 및 기술축적을 위한 대가로서 조사연구비, 기술개발비, 기술훈련비 및 이윤 등을 포함하며 직접인건비에

제경비(단, 손해배상보험료 또는 손해배상공제료는 제외함)를 합한 금액의 20~40%로 계산한다.

직접경비는 해당 정보보안 컨설팅 사업에 소요되는 직접적인 경비를 의미한다.

따라서 정보보안 컨설팅 대가는 아래의 산식에 따라 산정한다. 단, 투입공수 방식에 의한 대가 산정 시, 기술료에 이윤이 포함되어 있으므로 최종 대가에는 이윤을 추가로 계상하지 않는다.

> 정보보안 컨설팅 대가 = 직접인건비 + 제경비 + 기술료 + 직접경비[105]

5) 보안컨설팅의 지원

일단 계약이 성사되면 실제 컨설팅 업무를 시작하기 전에, 회사의 경영진과 관리자 그리고 컨설팅 업무에 의해 영향을 받을 직원들에게 회사가 보안컨설팅을 받는다는 사실을 알려주어야 한다. 그러한 고지는 직원들의 협조와 지원을 가능하게 하여 컨설팅 프로젝트의 성공에 도움을 주며, 임직원에 대한 고지는 회사의 최고경영자가 하는 것이 가장 바람직하다.

회사는 컨설턴트를 도와주고 프로젝트의 진행사항을 살펴볼 수 있도록 컨설팅 프로젝트 파트너를 두어야 한다. 보통 프로젝트 파트너는 회사 보안책임자나 담당자 1~2명이 임명된다. 프로젝트 파트너는 회사에 관련된 적절한 정보를 제공해 주고 컨설턴트의 업무수행에 필요한 사항을 지원해준다. 컨설턴트는 업무범위, 업무계획, 진행사항 보고, 최종보고서 제출 등에 관해 명확히 하여야 한다.

6) 컨설팅 최종 보고

보안관리 컨설팅 프로젝트의 최종 목표는 미래에 실행된 조언과 대응방안 제시이므로 반드시 서명으로 최종보고서를 작성해야 한다. 최종보고서는 보고서 요약으로부터 시작되어야 하고, 중간에 프로젝트 결과가 나오고 대응방안과 제안이 결론으로 와야 한다. 프로젝트 결과 부분에서는 최초에 수립한 목표들이 모두 달성되었는지,

---

(105) SW사업 대가산정가이드(2020개정판) 한국소프트웨어산업협회

또 만약 달성되지 않았다면 그 원인은 무엇인지를 설명해야 한다. 대응방안 제안은 문제점을 개선하기 위해 필요한 사항이 무엇인지를 명확히 해야 한다.

때때로 최고 경영진 앞에서의 브리핑이 프로젝트 마무리 시 요구되기도 한다. 컨설턴트는 이때 최종보고서의 가장 중요한 내용을 요약하여 설명한다. 프로젝트 파트너와 프로젝트에 참가한 회사의 다른 구성원들이 회사의 최고 경영진이 요구하는 사항이 무엇인지 더 잘 알기 때문에 그들이 브리핑 시 컨설턴트를 지원해야 한다. 만약 컨설턴트의 결과로 인해 회사가 새로운 업무를 하게 된다면, 회사의 직원들이 최종보고서를 지침으로 따라 하기만 해도 그 업무를 완성시킬 수 있을 정도로 최종보고서는 자세히 작성되어야 한다.

7) 컨설팅 수행 시 착안사항

훌륭한 컨설턴트는 보안컨설팅 수행시 다음과 같은 착안 사항을 유념하여 수행하여야 한다.

컨설턴트는 보안컨설팅 수행에 있어서 우선적으로 보안정책과 절차를 명확히 하고 기업 내 보안부서와 나머지 부서 간의 연결고리를 이어주어야 하며, 조직의 목표와 임무를 정의하여야 한다. 훌륭한 컨설팅은 보안프로젝트를 신속히 처리함을 원칙으로 하여야 하고, 실력있는 사내 보안전문가를 프로젝트 파트너로 선발하도록 도와야 한다. 또한 성공적인 컨설팅을 위하여 임직원의 관심과 지원을 이끌어내고, CEO를 비롯한 임원진의 솔선수범을 유도하여야 하며, 자격 있는 보안 총괄 책임자가 경영진이 될 수 있도록 지원하고 보안업무 담당자들을 교육하고 훈련시켜야 하며, 보안예산을 수립하게 하고, 새로운 아이디어와 보안전략을 반드시 제시하여야 한다.

또한 비생산적인 보안정책이나 프로그램, 관행을 발굴하고 불필요한 노출에 따른 위험에 대하여 경영진에게 경고하며, 공평하고 정직한 의견을 제시하고 전문가적인 지원과 지도를 아끼지 말아야 한다. 더불어 미래에 필요한 보안 수요에 대하여 예측하고 경영진이 보안인력, 장비, 서비스를 잘 선택할 수 있도록 정보를 제공하는 것도 잊지말아야 한다.

2. 정보보호관리체계ISMS의 구축과 인증

1) 정보보호관리체계ISMS 구축 배경

급증하는 보안 위협에 대처하기 위해서는 정보보호 관리체계를 국제수준 (ISO27001)에 맞게 확립할 필요가 있으며, 이를 통하여 보안통제를 강화하고 기업내 정보보호 인식을 확산하여 지속적인 경영이 가능하도록 하여야 한다.

특히 급증하는 내외부 보안 사고 위협과 종합적인 보안관리체계 미흡, 강화된 법 적 규제에 대한 대응 필요성 및 IT 환경변화 및 해킹기술의 보편화 등이 주요 위협 요인으로 대두되므로 인하여 내부임직원에 의한 보안 사고가 급증하고 있고, 기업 내 보안 관리체계가 미흡하고 규제법규에 대한 대응이 필요하게 되어, 통제강화를 위한 기술적 대응책이 절실하게 되었다.

2) 정보보호관리체계의 개요

정보보호관리체계ISMS, Information Security Management System란 조직의 주요 정보자산을 보호하기 위하여 정보보호관리 과정과 절차를 체계적으로 수립하여 지속적으로 관리, 운영하기 위한 종합적인 체계를 말한다.

기업의 정보보호관리체계를 수립하기 위해서는 정보보호관리 과정과 세부 통제 사항에 맞추어 정보보호에 대해 문서화를 하는 것이 반드시 필요하다.

가. 정보보호 관리과정

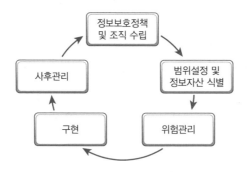

나. 정보보호 대책

주요 정보보호 대책으로는 정책, 조직, 자산관리, 인적보안, 외부자 보안, 물리보안, 인증 및 권한관리, 접근통제, 암호화 적용, 정보시스템도입 및 개발보안, 시스템 및 서비스 운영관리, 시스템 및 서비스 보안관리, 사고예방 및 대응, 재해복구 등의 세부통제사항이 있다.

다. 문서화된 정보보호 관리

문서화된 정보보호 관리 시스템의 외적 이로운 점을 살펴보면 고객신뢰 및 만족 향상, 보안방침 및 요구사항에 대한 부합성 향상, 경쟁력 강화를 들 수 있고, 문서화된 정보보호 관리 시스템의 내적 이로운 점을 살펴보면 전반적인 보안 개선, 보안사고의 영향 관리 및 감소, 지속적 개선에 기여, 임직원에 대한 동기부여 및 참여도 향상, 수익성 증대 등을 들 수 있다.

3) 정보보호관리체계(ISMS) 인증

정보보호 관리체계 인증이란 공인된 기관이 정보자산의 비밀성, 무결성, 가용성을 실현하기 위한 절차와 과정을 체계적으로 수립·문서화하고 지속적으로 관리·운영하기 위한 표준을 제시하고 표준의 준수 여부를 심사하여 인증을 부여하는 제도로써 국내인증제도K-ISMS와 국제인증제도ISO27001가 있다. 본 절에서는 국제인증제도를 중심으로 기술하고자 한다.

가. ISO/IEC 27001 인증이란?

ISO/IEC 27001은 조직의 상황에 적합하게 정보보안 경영시스템ISMS을 수립, 이행, 유지 및 지속적으로 개선하기 위한 요구사항을 규정한 국제표준이다. 이 표준은 정보보안 리스크를 식별, 분석하여 리스크를 관리하기 위한 통제수단을 적용하고, 핵심 비즈니스 정보의 무결성을 보호하는 우수한 프레임워크를 제공하며, 국제공인 정보보안 구축 및 운영방법론이며, 정보보안의 Best Practice라고 할 수 있다.

그림 3-7 _ ISO/IEC 27001 Approach Roadmap

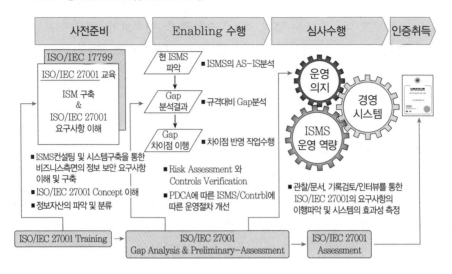

그림 3-8 _ ISO/IEC 27001 심사절차

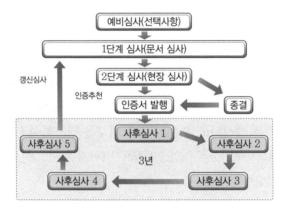

나. ISO/IEC 27001 시스템의 구성

ISMS의 기본요구사항과 통제목적과 통제수단으로 구성되어 있다. ISO27001 인증은 조직의 ISMS가 이 규격이 요구하는 기본 요구사항을 충족하고 있으며, 통제수단을 적용하여 실행하고 있는지를 심사하여 인증서를 발행한다.

기본 요구사항Requirements은 다음과 같다.

Introduction, Scope, Normative reference, Terms and definitions, Context of the organization, Leadership, Planning, Support, Operation, Performance evaluation, Improvement

평가항목은 다음과 같다. (14개 영역 Domain, 114개 통제항목 Controls)

    A.5 Information security policies,

    A.6 Organization of information security,

    A.7 Human resource security,

    A.8 Asset management,

    A.9 Access control,

    A.10 Cryptography,

    A.11 Physical and environmental security,

    A.12 Operations security,

    A.13 Communications security,

    A.14 System acquisition, development and maintenance,

    A.15 Supplier relationships,

    A.16 Information security incident management,

    A.17 Information security aspects of business continuity management,

    A.18 Compliance

다. ISO27001 인증의 중요성

정보는 모든 조직에게 가장 중요하고 핵심적인 비즈니스 자산 중 하나이다. 현대와 같은 고도화된 네트워크 사회에서 조직은 규모, 업종 또는 지리적인 위치와 무관하게 대규모의 정보보안 위협 및 파괴적인 사이버 공격에 노출되고 있다. 정보보안 시스템이 적절하지 않게 관리 및 유지될 경우 조직은 심각한 재무적 손실 및 평판 훼손의 손실을 감당해야만 하는 위험에 직면하게 된다. 조직에 있어 올바른 통제수단을 확실히 준비하여 심각한 데이터 보안 위협의 위험을 감소시키고 시스템 취약성이 악용되지 않도록 방지하는 것은 당연하다 할 수 있다. 본 인증은 조직의 데이터 유출에 대해 보다 엄격한 요구사항을 적용하도록 한다.

라. ISO27001 인증 혜택과 기대효과

통제수단을 올바르게 적용하여 보안 위협의 리스크를 감소시키고, 시스템 취약성이 악용되는 것을 방지한다. ISMS는 최악의 사태 발생 시 신속하게 비즈니스를 복구할 수 있는 사업 연속성 계획의 일부가 되는 것이다. 또한 정보보안 경영 분야의 모범 규범을 제공하는 지침으로 인식하게 된다. 그리고 관련법규의 준수를 요구하며, 궁극적으로 리스크관리 및 기업운영에 긍정적인 효과를 가져온다.

또한 고객, 거래처 및 기타 중요 이해관계자들에게 IT, 인적자산, 물리적 및 업무 연속성 등에 발생 가능한 모든 보안리스크에 대비하고 있다는 신뢰감을 심어주어 입찰상황에서 역량에 대한 공식적이며 독립적인 선언으로 활용할 수 있어 경쟁력 확보에 도움을 준다. 이 표준도 다른 경영시스템 표준과 같이 계획, 실행, 검토, 개선의 사이클을 기반으로 제정되므로, 다른 표준의 요구사항을 충족하는 단일 경영시스템 개발에 용이하고, 체계적인 리스크 평가 접근법을 채택하므로 다른 분야는 간과하고 한 가지 측면에만 집중하는 것보다, 전체적인 리스크를 감소시킬 수 있도록 자원을 적용할 수 있어 중복투자 비용이 감소되어 비용을 절감할 수 있게 된다.

그리고 조직 구성원의 보안인식이 고취되고 기업 전반에 걸쳐 정보보호 수준을 향상시키며, 신용평가기관 한국신용평가정보 등의 경우 기업 신용평가 시 가점을 부여받을 수 있고, 기술보증기금에서도 중소기업 기술평가 보증시 가점이 부여되며, 국가 공공기관 용역사업 선정 시 평가항목인 문서, 시설보안 관리계획 평가 시에 우대를 받을 수 있다.

4) 국내외 ISMS 인증제도 비교

국내 인증제도의 도입은 2001년 1월 지식경제부舊산업자원부의 전문경영시스템 인증제도 도입사업의 일환으로 KAB한국인정지원센터 주도로 정보보호관리시스템 제3자 인증제도를 국내에 도입키로 결정한 후 기술위원회를 통하여 정보보호관리체계 시범인증제도 운영절차를 마련하고 시범인증사업을 추진하였다. 2002년에는 ISMS의 관련 규격인 ISO/IEC 17799:2000을 KS X 17799:2002으로 KS화하였고, BS 7799-2:2002는 한글본으로 발간하였다. 또한 조직이 자체 ISMS에 대한 self-assessment 목적으로 위험평가 데이터베이스RA_DB를 개발하여 배포하면서 여러 차례 개정을 거쳐 현재의 인증제도로 정착하기에 이르렀다.

이후 「정보보호 및 개인정보보호 관리체계 인증 등에 관한 고시」(2018년 11월) 시행으로 정보보호 관리체계ISMS와 개인정보 보호 관리체계PIMS 인증제도가 통합되었다. 정보보호 및 개인정보 보호 관리체계(이하 'ISMS-P'라 함) 인증제도는 융합화,

고도화되고 있는 침해 위협을 효과적으로 대응할 수 있도록 기업의 정보보호 및 개인정보보호 수준 제고를 위해 운영해왔다.

정보보호 및 개인정보보호 관리체계 인증제도는 「정보통신망 이용촉진 및 정보보호 등에 관한 법률」(이하 '정보통신망법'이라 함) 제47조와 제47조의2, 같은 법 시행령 제47조부터 제54조까지의 규정 및 같은 법 시행규칙 제3조에 따른 정보보호 관리체계 인증과 「개인정보 보호법」 제32조의2, 같은 법 시행령 제34조의2부터 제34조의8까지의 규정에 따른 개인정보보호 관리체계 인증을 법적근거로 하고 있다. 법령에서 정한 인증의 통합을 위해 과학기술정보통신부와 개인정보보호위원회는 「정보보호 및 개인정보보호 관리체계 인증 등에 관한 고시」를 공동으로 개정하여 시행하고 있다.[106]

정보보호관리체계ISMS를 구축한 이후 받을 수 있는 국내외 인증제도에 대하여 〈표 3-6〉과 같이 비교할 수 있다.

표 3-6 _ 국내외 인증제도

구 분	ISMS(Information Security Management System)	
	국제 인증	국내 인증
	ISO 27001	K-ISMS[107]
준거기준	ISO/IEC 27001:2013	• 「정보통신망법」 제47조 • 정보보호관리체계인증에 관한 고시
통제항목	114개	104개
특징	• ISO 국제표준 • 강제 인증제도 없음 • 대외인지도 높음	• 정부 주도 국내인증제도 • 강제인증 제도 있음 • 암호화, 전자거래 부문 강화
인증기관	• Lloyd 인증원(영) • BSI 그룹(영) • DNV(네) • BV(프) • SGS(스) • 한국능률협회인증원(한) • 한국품질보증원(한) • 한국생산성본부인증원	• 인터넷진흥원(KISA) • 금융보안원(FSI) • 한국정보통신진흥원(KAIT) • 한국정보통신기술협회(TTA)

---

(106) 인터넷진흥원 홈페이지 참조

구 분	ISMS(Information Security Management System)	
	국제 인증	국내 인증
	ISO 27001	K-ISMS
인증대상	자율	〈의무대상〉 정보통신망서비스를 제공하는 자, 집적정보통신시설 사업자, 연간매출액 또는 세입 등이 1,500억 원 이상이거나 정보통신서비스부문 전년도 매출이 100억 원 이상 또는 3개월 일일평균 이용자 수 100만 명 이상으로 대통령령으로 정하는 기준에 해당하는 자
공통점	• 상세 위험분석 기반 • 정보보호체계 구조 • 문서화 체계	

---

(107) 2017년 ISMS인증과 PIMS인증 통합을 위한 관계부처 협의를 통하여 최종 2018년 11월 7일 '정보보호 및 개인정보보호관리체계인증고시'를 공고, 2019년 5월 7일까지만 기존 인증기준으로 인증심사가능하고 이후는 신규 심사대상자나 갱신심사대상자는 변경된 인증 심사기준에 따라 ISMS 및 ISMS-P 인증만 가능

제4장

물리적 보안

제1절
물리적 보안의 개념

'물리적 보안physical security'에 대한 가장 넓은 범위의 개념 정의는 논리적logical 세계를 제외한 물리적 세계 전체의 보안을 말한다고 할 수 있다. 논리적인 세계의 경우, 과거에는 인간이 구현할 수 있는 논리가 인간의 두뇌와 제한적인 기록매체에 머물러 왔으나 현재는 논리의 대부분이 IT 세계에서 구현되고 있으며, 논리적 보안logical security은 IT 보안의 의미로 사용되고 있다.

물리적 보안의 본질적 의미를 보다 명확히 하기 위해 논리적 보안과 물리적 보안에 대해 위험평가(ASIS, 2015)의 세 가지 요소인 자산asset, 위협threat, 취약성vulnerability을 적용해 보면, 자산과 위협의 범위에는 논리적 보안과 물리적 보안의 통제범위가 동일하다는 것을 알 수 있다. 이는 물리적인 공격을 통해 논리적인 IT세계의 보호자산에 직접적인 손실이나 피해를 줄 수 있고, 해킹이나 사이버 테러 등 논리적인 IT경로의 공격을 통해서도 물리적인 공간에 손실이나 피해를 줄 수 있기 때문이다.

결국 물리적 보안과 논리적 보안을 구분하는 기준은 취약성에 있다고 할 수 있다. 예를 들어, 물리적으로 열린 출입문을 통해서 침입하는 것을 통제하는 것은 물리적 보안이지만, 외부에 연결된 네트워크를 통한 해킹을 통제하는 것은 논리적 보안에 해당한다. 따라서 '물리적 취약성'을 통제하는 활동은 '물리적 보안'이며, '논리적 취약성'을 통제하는 활동은 '논리적 보안'인 것이다.

그러나 이러한 광의적 개념으로 물리적 보안을 정의하는 것은 충분하지 않을 수 있다. 왜냐하면 앞서 기술한 내용이 타당한 것이라 할지라도, 현실적으로 보안의 영역에서 물리적 보안을 광의적 개념으로 사용하고 있지 않기 때문이다. 따라서 물리적 보안에 대해 보다 구체적인 개념 정의가 필요하다. 이를 위해 이 책에서는 위험평가의 3요소인 자산, 위협, 취약성으로 분리하여 설명하는 방법을 적용하였다.

우선, 자산 측면에서 미국 산업보안협회의 한 물리적 보안 관련 지침(ASIS, 2009)

에서는 "이 지침은 조직의 자산인 인명, 정보, 시설을 보호하기 위한 물리적 보안 통제수단을 식별하는데 도움을 준다."라고 기술하고 있어, 물리적 보안의 주요 보호대상 범위를 나타내고 있다. 그러나 물리적 보안에서 보호하는 자산의 범위가 인명, 정보, 시설이 전부라고 할 수는 없다. 예를 들어, 물리적 보안의 통제수단 중 하나인 영상감시장치를 설치하여 특정 시설의 범죄를 예방하는 행위는 고객으로부터 그 시설에 대한 평판을 보호하는 역할도 할 수 있기 때문이다. 따라서 물리적 보안을 통해 보호하는 자산의 범위는 인명, 정보, 시설을 중심으로 하되, 해당 조직이나 장소의 특성에 맞게 위험분석을 통해 추가로 도출하는 것이 적절하다.

다음으로 위협 측면에서는 그 범위를 '고의적인 위협'에 두는 것이 적절한데, '비고의적인 위협'이나 '자연재해'에 대한 통제는 안전과 방재 영역에서 다루어지기 때문이다. 그러나 물리적 보안의 통제기능을 실제로 수행하는 측면에서는 방재나 안전에 대한 지원적 역할을 고려하여야 한다. 이는 '범죄방지용 CCTV로 실화를 탐지한 후 방호요원이 초기진화를 하는 경우'와 같이 물리적 보안 통제는 안전이나 방재 활동에 밀접하게 연관되어 있기 때문이다.

마지막으로 취약성 및 통제수단에 있어서는 앞에서 기술한 바와 같이 '구조적 요소, 전자적 요소, 인적 요소'로 구성되어야 한다. 그러나 펜스, 볼라드, CCTV, 잠금장치, 방호요원 등 기존의 통제수단들로 한정하기 보다는, 위협으로부터 자산을 보호한다는 근본적인 목적에 맞게 방재, 안전 영역의 통제수단들과 연동 및 통합을 하는 것이 효과적일 것이다. 또한 최근 국내에는 주로 핵심정보 유출시도에 대한 효과적인 차단을 위해 물리적 보안과 논리적 보안의 데이터들을 종합 분석하는 기법들이 적용되고 있는데, 이러한 융합보안 측면에서의 유연성 있는 접근도 필요하다.

이상의 내용들을 종합하면 물리적 보안의 보호자산 범위는 인명, 시설, 정보를 포함한 자산들로 구성되며, 위협의 범위는 스파이 행위, 절도, 손괴 등의 범죄행위들이다. 또한, 물리적인 취약성을 통제하기 위한 수단은 방호벽, 영상감시, 출입통제, 보안요원 등 물리적 보안의 구조적, 전자적, 인적 요소 모두를 포함하고 있다는 것을 알 수 있다.

결론적으로 이 책에서 물리적 보안을 정의함에 있어서 위협은 '고의성'으로 한정하였으며, 자산은 '인명, 정보, 시설'을 기본으로 하였고, 취약성은 '물리적 취약성'으로 한정하였다. 이러한 물리적 취약성을 통제하는 통제수단에 있어서는 건축물의 구조나 설비, 전자적인 물리적 보안 시스템, 보안요원 운영 등의 인적 요소들을 모두 포함하였다. 따라서 이 책에서의 물리적 보안의 정의는 다음과 같다.

"물리적 보안은 범죄 등 고의적 위협으로부터 인명, 정보, 시설 등 자산을 보호하기 위해 물리적 취약성을 통제하는 활동이다. 그 통제수단은 건축물이나 보안관련 설비 등의 구조적 요소, 보안시스템 등의 전자적 요소와 방호요원 등의 인적 요소로 구성된다(이상희 · 이주락, 2017)."

제2절
위험평가이론

1. '위험Risk'이란?

　미국 산업보안협회의 '물리적 보안시스템 지침Patterson, 2013b'에서는 "위험risk은 자산에 대한 잠재적 손실과 피해로 정의될 수 있다. 그것은 자산의 가치와 자산에 잠재적 영향을 미칠 수 있는 위협, 그리고 위협에 대한 자산의 취약성을 고려하여야 한다."라고 기술하고 있다. 이러한 위험에 대한 평가에 대한 공식은 미국 산업보안협회에서 발간한 '물리적 보안 원리ASIS, 2015'에 명시된 바와 같이 위험은 자산, 위협취약성의 함수관계로 표현되며, 이를 도식화하면 〈그림 4-1〉과 같다.

그림 4-1 _ 리스크 스케일

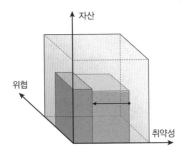

　이는 자산, 위협, 취약성이 위험을 구성하는 세 개의 요소로써 각각의 크기에 의해 위험의 전체 크기를 결정하게 되며, 보안통제를 통해 취약성이 감소된다는 개념이다. 취약성의 감소는 결국 전체 위험의 크기를 축소시켜 좀 더 안전한 상태를 만들게 되는 것이다.

　그러나 자산, 위협, 취약성은 그 자체를 측정하기 어렵기 때문에 정량적으로 척도화scaling를 하게 되는데, ISO 31000(2009)에서 기술된 바와 같이 〈그림 4-1〉의 형태로 '자산의 가치'에 대해서는 '피해나 손실을 입었을 때의 영향도impact'로 측정하며, '위협'과 '취약성'에 대해서는 '피해나 손실의 발생가능성probability'으로 측정한다. 이것을 산업안전의 영역에서는 '강도'와 '빈도'로 표현하기도 한다.

Doss(2015)는 "위험을 측정할 때는 2가지 요소를 반드시 포함해야 한다. 발생 빈도 혹은 가능성 그리고 잠재적 비용이다."라고 하여, 결국 위험의 크기는 위험의 발생가능성과 발생 시 미치게 되는 영향도에 의해 결정되는 것이라는 점을 알 수 있다. 결국 '자산 가치의 증가'는 '피해나 손실을 입었을 경우 영향도를 증가'시키게 되고, '보안 위협이나 취약성의 증가'는 '위험의 발생가능성을 증가'시키게 되어 전체적인 위험의 크기가 증가되는 것이다.

그림 4-2 _ 리스크 매트릭스

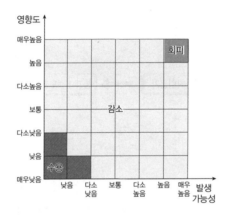

보안통제는 취약성을 감소시키기 위한 것으로, 취약성의 감소는 위험의 발생가능성을 감소시키고, 전체 위험의 감소risk mitigation를 가져 온다. 이러한 보안통제는 일반적으로 비용을 수반하게 되는데, 이것은 보안통제를 하지 않았을 때 예상되는 손실과 피해로 인한 비용보다 낮아야 한다. 따라서 〈그림 4-2〉의 왼쪽 맨 아래 칸과 같이 위험이 사업에 미치는 영향이나 발생가능성이 매우 낮은 경우에는 취약성을 통제하지 않게 되는데 이것을 위험의 수용risk acceptance이라 한다.

추가적으로 취약성을 통제하는 방법 외에도 자산이나 위협을 조정하는 방법이 있는데, 예를 들어 〈그림 4-2〉의 오른쪽 맨 위의 칸과 같이 지나치게 위험이 높은 경우, 현재 상태에서의 취약성을 제거하기 보다는 자산의 일부를 위협의 발생가능성이 낮은 곳으로 이동시킴으로써 위험으로부터 회피risk avoidance한다.

2. 위험평가 절차

물리적 보안의 전체적인 설계이든 또는 단순한 일부 구성요소를 업그레이드하는 경우이든 보안 위험평가가 필요하다. 모든 신뢰할 수 있는 보안 위험평가 모형은 자산, 위협, 취약성의 식별을 통해 위험을 분석하고 이를 경감하기 위한 접근법을 기반으로 한다. 즉, 포괄적인 관점에서 위험평가는 우선 조직의 자산에 대한 가치를 식별하면서 시작된다. 그 후 해당 자산과 관련된 위협을 평가 한 다음 취약성 평가를 수행한다. 이후 이러한 도출된 위험에 대해 요약하고 우선순위를 정하게 된다(ASIS, 2012). 마지막으로, 위험 완화 조치에 소요되는 비용과 이를 통해 얻을 수 있는 이익을 따져 적용된다. 이러한 과정을 도식화하면 아래 〈그림 4-3〉과 같다.

그림 4-3 _ 위험평가 모형

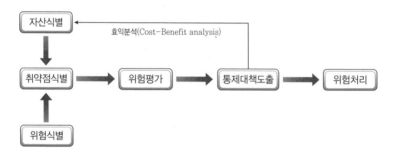

이러한 위험평가는 위험발생 시 사업에 미치는 영향도와 발생가능성에 의해 평가되는데, 발생가능성은 현장에서의 과거 사건사고 발생 현황, 유사 업종에서의 사건사고 이력, 주변의 환경 및 지리적인 위치 등에 근거한 미래의 위협발생 가능성을 종합하여 평가한다. 그런데 이러한 발생가능성은 사회적 조건, 경제의 변화 및 기타 요인 등에 따라 지속적으로 변화된다.

위험평가 프로세스의 각 구성요소는 정성적 또는 정량적으로 평가되어야 한다. 정성적 분석에는 위험요소를 설명하기 위해 숫자를 사용하지 않지만 '임계값, 높음, 보통, 낮음 및 무시 수준'과 같은 비교 용어를 사용하여 위험평가 요소 및 위험 수준을 계측할 수 있다. 정성적 방법을 사용하면 차트와 그래프로 요약하여 많은 양의 데이터를 간결하게 표시할 수 있고, 또 컴퓨터 프로그램 및 알고리즘을 사용하여 데이터를 자동으로 변경할 수 있다.

정량적 분석에는 자산의 가치 또는 위협, 취약성, 업무영향도 또는 발생가능성의 수준을 설명하기 위해 숫자나 척도를 사용하는 모든 방법이 포함된다. 단순한 등급 구분에서부터 정교한 통계 방법이나 수학공식에 이르기까지 분석방법이 다양하다. 이러한 정성적 방법은 일반적으로 사용하기가 쉽고 빠르며 종종 수치 계산만큼의 의미 있는 결과를 제공한다. 또한 정성 및 정량 분석 요소를 결합하여 혼합 접근법을 사용하는 경우도 있다. 혼합 접근법은 다소 복잡하지만 정성적 분석과 정량적 분석 각각의 장점을 모두 가질 수 있다. 이렇듯 정성적인 방식과 정량적인 방식, 그리고 혼합 접근법에는 각각의 장단점이 있는데, 일반적으로 평가 방식은 의사결정 권자의 요구와 평가하는 보안전문가의 선호 스타일에 의해 결정된다(ASIS, 2015).

1) 위험의 식별

위험 평가의 첫 번째 단계는 자산을 식별하고 평가하는 것으로, 효과적인 평가를 위해서는 유형자산, 무형자산, 그리고 유무형자산의 특징이 섞여 있는 혼합 자산 모두를 식별하여 위험평가 절차를 진행해야 한다. 다음 단계인 위협의 식별에 있어서는 세 가지 유형(의도적, 비의도적, 자연적)의 위협 중 예상되는 모든 위협을 고려해야 한다. 마지막 단계로 취약성은 위협이 자산에 도달하게 되는 경로상의 문제로서 조직이나 시설이 가지고 있는 결함이나 문제점이라고 할 수 있다. 위협과 취약성의 차이점과 관련하여, 취약성을 조직이 적어도 어느 정도는 통제할 수 있는 내부적인 결함이라고 한다면, 위협은 일반적으로 조직이 통제할 수 없는 외부에서 발생하는 것이라고 할 수 있다. 이러한 이유로 보안 통제는 위협의 감소보다는 취약성의 감소를 목표로 하게 된다.

가. 자산의 식별

자산 식별은 현장에서의 위험평가를 위해 중요한 요소이다. 그러나 조직 자산의 가치를 결정하는 데 어려운 점은 자산의 범위를 정확히 지정하기가 어렵다는 것이다. 위험을 평가하는 보안전문가와 자산소유자는 위험평가를 위한 자산의 범위에 대해 상호 동의가 있어야 한다.

일반적으로 자산은 사업, 조직 또는 개인에게 가치가 있는 것을 말하는 것으로, 회사에 귀중하고 조직이 업무의 연속성을 유지하기 위해 보호하고자 하는 모든 것이라고 할 수 있다(ASIS, 2015). 이러한 자산은 유형tangible, 무형intangible, 혼합mixed의 세 가지 형태로 분류할 수 있는데, 유형자산은 시설, 장비, 원료, 제품 등과 같이 만지거나 볼 수 있거나 측정할 수 있는 것들이다. 그리고 무형자산은 평판, 신뢰, 이미지와 같이 물리적으로 존재하지 않는 것들이며, 혼합 자산은 산업기술이나 지식재산권과 같이 무형의 지식이 유형의 매체에 보관되는 등 유형과 무형의 두 가지 특징을 모두 가지고 있는 경우를 말한다(이상희 · 이주락, 2017).

일반적으로 자산 소유자는 대차대조표에 나타나는 유형자산만을 자산으로 생각하는 경우가 많다. 그러나 무형자산과 혼합자산도 분명히 위협의 대상이 되며 조직의 활력과 임무수행에 중대한 영향을 미칠 수 있다. 그러므로 비록 평가하기가 쉽지는 않지만 무형 자산과 혼합 자산도 위험평가 시 반드시 고려되어야 한다.

자산 가치는 다양한 방식으로 계량화될 수 있는데, 이 중 간단한 방법은 우선순위에 따라 상대 값을 할당하는 것이다(예 1 낮음~7 높음). 또 아래와 같이 좀 더 복잡한 방법으로 비용 손실 공식을 적용하여 보다 정밀하게 추정할 수도 있다(ASIS, 2012).

$$K = C_p + C_t + C_r + C_i - (I-a)$$

K = 손실 총비용

C_p = 영구적 교체비용

C_t = 임시 대체비용

C_r = 총 관련 비용

C_i = 손실된 소득 비용

I = 유효한 보험 또는 보상

a = 배당보험료액

나. 위협의 식별

위협은 의도적intentional 위협과 비의도적inadvertent 위협, 그리고 자연적natural 위협의 세 가지 범주로 나눌 수 있다(ASIS, 2015). 먼저, 의도적 위협은 외부의 범죄자뿐만 아니라 내부직원, 경쟁 업체, 테러리스트 등에 의해서 야기될 수 있다. 의도적 위협과 관련하여 대부분의 경우 위협을 발생키는 범죄자의 능력과 의도에 대한 정보 출처는 과거의 범죄통계, 사건사고 현황, 무단침투 경로, 국가기관에 의해 공개된 각종 위협정보 등이라 할 수 있다.

비의도적 위협은 사고, 오류 및 누락과 같은 부주의에 의해 발생하는 위협이다. 부주의한 위협은 간과되기 쉬우며, 또 예측하고 대비하기가 가장 어렵다. 부주의에 대한 최선의 대비는 준비, 교육 및 인식, 그리고 위협이 존재한다는 사실을 알고 있는 것이다.

자연적 위협은 태풍, 지진, 해일과 같은 자연재해로서 일반적으로 과거 경향 및 통계를 사용하여 평가한다. 과거 경향 및 통계는 자연적 위협의 판단에 있어 매우 유용한 정보를 제공하지만, 보안전문가는 과거 발생하지 않았던 예기치 못한 상황이 발생할 수 있다는 사실도 고려하여 위협을 식별해야 한다.

이러한 세 가지 위협의 종류 중 물리적 보안 요소는 주로 의도적인 위협과 관련되어 있으나, 보안 통제 조치를 통해 자연적 위협과 비의도적인 위협을 완화할 수도 있다.

다. 취약성의 식별

취약성은 여러 가지 방법으로 평가할 수 있지만, 가장 일반적인 접근법은 관찰 가능성과 악용 가능성을 측정하여 평가하는 것이다. 관찰 가능성observability은 공격자가 취약성을 보고 얼마나 잘 식별할 수 있는가의 정도이다. 예를 들어, 외곽 울타리의 구멍은 공격자의 관찰 가능성이 높지만 고장난 적외선 센서는 그 외양 만을 보고 판단하기가 어렵다. 그리고 악용 가능성exploitability은 공격자가 취약성을 알게 되면 이를 악용할 수 있는 능력의 정도이다(IFPO, 2010).

2) 위험 평가

보안전문가는 위험 식별을 통해 자산, 위협, 취약성에 대한 모든 정보를 취합한 후 업무영향도 및 발생가능성을 평가하여 위험의 우선순위를 지정한다. 확인된 모든 위험을 다루는 것은 실용적이지 못하므로 중요한 임무에 영향을 미치거나 해를 끼칠 수 있는 잠재력을 가진 위험에 우선순위를 부여해야 한다. 우선순위의 지정을 통해 의사결정자는 가장 먼저 통제해야 할 위험을 결정하고, 필요한 자원을 할당할 수 있게 된다. 실제 많은 조직의 의사결정자들은 직관적으로 위험의 발생가능성이 높은 경우에만 통제가 필요하다고 생각하고, 업무영향도에 대해서는 간과하는 경우가 많다. 하지만 위험평가의 측면에서는 발생빈도가 비교적 낮다고 해도, 업무영향도가 높은 위험에 대해서는 적절한 통제를 통해 균형을 찾아야 한다.

자산, 위협, 취약성에 대한 각각의 수치가 확인되면 위험 결과를 계산하는 방법은 일반적으로 다음 공식을 사용한다(ASIS, 2015). 이 수식은 위험 요인을 곱한 값으로, 하나의 요소가 0이면 전체 위험이 0이 된다. 위험평가 결과는 고객 또는 의사 결정자가 데이터를 이해하고 의사결정을 하는데 도움이 되기 위해 보통 차트나 그래프 등의 형식으로 제시된다.

$$\text{위험} = (\text{위협} \times \text{취약성} \times \text{영향})^{1/3}$$

3) 보안통제 조치

위험분석 후에는 위험과 관련된 보안취약성을 효과적으로 해결할 수 있는 보안 통제 조치를 해야 하는데, 보안전문가는 특정 위험을 통제하기 위한 여러 가지 대책을 검토해야 한다. 가장 효과적이라고 생각되는 하나의 대응책을 고집할 것이 아니라, 조직의 목표와 임무를 중심으로 시급성, 편의성, 비용, 미학적인 측면 등에 따라 대안적인 선택을 할 수도 있다. 따라서 보안전문가는 이해관계자의 요구사항, 전문적인 지식과 경험 등을 바탕으로 여러 가지 방안을 제공하여야 한다.

특히 일부 방안은 실현이 불가능하거나 비용이 너무 많이 소요되기 때문에 활용할 수 없는 경우가 있다. 따라서 비용 편익 분석이 필요한데, 보안전문가는 보안 통제 실행의 실제 비용과 이로 인해 얻을 수 있는 손실 감소의 이익을 추정해야 한다. 예를 들어, 1,000만 원에 상당하는 품목의 도난을 방지하기 위해 보안장비에 1억 원을 지출하는 것은 합리적인 결정이라고 볼 수 없다.

물리적 보안의 구성 요소는 구조적 요소, 전자적 요소, 인적 요소로 구분된다. 보안전문가는 물리적 보안을 기획할 때 이러한 세 요소를 모두 고려하여 상호 조화된 방식으로 원활하게 작동되도록 해야 한다. 효율적인 보안 프로그램은 물리적 보안의 여러 요소가 통합되어 포괄적인 물리적 보안 전략의 일부로 작동해야 가능하다. 아래는 구조적, 전자적, 인적 보안 통제 조치 중 가장 대표적인 조치들에 대한 설명이다.

가. 구조적 요소

구조적 요소는 건물과 시설의 전반적인 구조, 물리적 장벽, 잠금장치, 조명 및 유리처리와 같은 여러 요소를 포함한다. 구조적 요소와 관련하여 최근 범죄예방 환경설계Crime Prevention Through Environmental Design: CPTED가 물리적 보안의 주요 관심사가 되었다. 최근까지 CPTED는 무시되거나 사후에 적용되는 경우가 많았다. 그러나 CPTED를 물리적 보안 프로젝트의 처음 단계에서부터 적절히 적용하면 다른 물리적 보안 통제조치의 효과성을 증대시키거나 그 필요성을 감소시킬 수 있다.

지형/자연적 장벽 기존의 지형지물이나 자연적으로 만들어진 지형을 활용하거나, 약간의 인공적 조정을 통해서 자연적 장벽을 조성할 수 있다. 이러한 자연적 장벽은 일부 상황에서 일반적인 보안 장비에 대한 효과적인 대안 또는 보완책이 될 수 있다.

울타리 여러 종류의 울타리 중 체인링크 울타리chain link fence는 가장 보편적이고 내구성이 뛰어난 경제적인 대안으로 입증되었다. 이러한 체인링크 울타리는 보안 목적에 따라 세부사항이 선택되어야 한다. 울타리를 선택할 때 고려해야 할 많은 요소 중 하나는 외관으로, 이를 위한 미관형 울타리는 낮은 위험 상황에서 사용가능하다. 이외 고강도 케이블로 구성되어 차량 출입통제에 사용되는 케이블 시스템 울타리cable system fence, 펄스 형태의 전기 에너지를 방출하는 전기 보안 울타리electric security fence 등이 있다.

차단장벽 차단장벽은 주로 차량이 접근하는 것을 통제하거나 방지하기 위해 사용하는 것으로서 고정형passive과 능동형operable이 있다. 고정형 차단장벽에는 고정형 볼라드, 화분, 저지장벽jersey barrier, 나무, 펜스 등이 포함되고, 능동형 차단장벽은 개폐식 볼라드, 상승 웻지rising wedge, 크래시빔crash beam 등이 포함된다. 능동형 차단장벽은 차량 통과를 허용하기 위해 보안담당자 또는 카드판독기 등의 전자 접근통제 시스템으로 조작한다.

잠금장치 잠금장치는 물리적 접근을 제어하기 위해 가장 널리 사용되는 것으로, 순수한 기계적 원리로 작동하는 기계식 잠금장치와 전기에너지를 기계 조작과 결합하는 전기식 잠금장치로 구분된다. 일반적으로 전기적 잠금장치가 자동화된 접근 통제 시스템에 사용된다.

전기 잠금 메커니즘과 관련된 두 가지 중요한 용어는 '페일세이프fail safe'와 '페일시큐어fail secure'이다. 페일세이프 잠금 메커니즘은 모든 장애 조건하에서 잠금을 해제하는 것으로, 가장 일반적인 장애 종류는 전력 손실이며 화재 등 긴급 상황과 동시에 정전이 발생할 경우 자유 대피를 보장하기 위해 주로 사용한다. 페일시큐어 잠금 메커니즘은 전원이 손실되거나 다른 오류가 발생하면 잠긴 상태를 유지하는 것으로 주로 보안목적을 위해 사용된다(Craighead, 2009).

조명　조명은 침입 및 범죄행위의 억제와 탐지 및 지연에 대한 효과뿐만 아니라 대응에 대한 지원 측면에서도 고려되어야 한다. 즉, 조명은 잠재적 범죄자의 범죄 의도를 억제하고, 전자 감시시스템을 지원하며, 사람들이 현장을 관찰할 수 있는 능력을 강화하고, 보안 대응활동을 지원할 수 있다. 보안 조명 설치 시에는 설치 및 유지 관리 비용의 유발, 빛 공해의 가능성, 미학적 문제 등과 같은 문제를 고려해야 한다. 또한 사람의 육안에서부터 적외선 또는 디지털 시스템과 같은 전문화된 카메라에 이르기까지 각 유형별로 최소 조명 요구사항이 있으므로 그에 적절한 조명을 선택하여야 한다.

유리처리　유리처리glazing는 시설의 설계에서 큰 위험 요소가 될 수 있다. 외부의 압력이 내부의 압력보다 큰 경우 창문이 파손되어 유리 파편이 점유된 공간으로 들어갈 수 있으므로, 유리 설치는 파편 가능성을 고려해서 설계되어야 한다. 특히 폭발물 피해 완화 등을 위해 유리 자체에 적절한 처리 방법을 적용할 수 있고, 또한 블라스트 커튼blast curtain, 메시mesh와 같이 유리창에 대한 보완적 조치를 할 수도 있다.

범죄예방 환경설계CPTED　CPTED는 "적절한 설계와 건축 환경의 효과적인 활용을 통해 범죄와 범죄두려움을 감소시켜 삶의 질을 향상시키는 것"이라 할 수 있다(Crowe, 2000). 이러한 CPTED는 가시권을 최대화시킬 수 있도록 건물이나 시설물을 배치하는 '자연적 감시', 허가 받지 않은 사람들의 범죄목표물에 대한 접근을 어렵게 만드는 '접근 통제', 울타리와 같은 소유권의 표시를 통해 공적 · 사적 영역을 구분하여 사적 영역 침범에 대한 부담감을 가중하는 '영역성 강화', 공공장소에 대한 사람들의 활발한 사용을 유도하여 자연스러운 감시를 강화하는 '활동의 활성화', 시설물/공공장소 등을 청결히 유지 관리하여 일탈행동 심리를 경감시키는 '유지관리'의 다섯 가지 기본 원리를 바탕으로 한다(박현호, 2017).

나. 전자적 요소

물리적 보안 시스템은 1960년 말 미국에서 전자공학 분야가 발달되면서 그 응용기술이 많은 분야에 적용되었는데, 보안 분야에 있어서는 전자보안 시스템electronic security system, 물리방호 시스템physical protection system 등으로 불리며 진보되어 왔다(ASIS, 2012). 물리적 보안 시스템은 주로 출입통제 시스템access control system, 영상감시 시스템video surveillance system, 침입경보 시스템intrusion alarm system 세 가지가 상호 연동 및 통합되는 형태로 구성된다.

영상감시 시스템 '영상감시'란 비디오카메라를 사용하여 특정한 장소를 촬영하여 원격에서 모니터링하는 것을 말하며, 아직까지 CCTVclose circuit television로 부르는 경우가 많다. 그러나 CCTV는 폐쇄회로라는 의미를 내포하고 있어, 현재 영상감시 시스템 구성에 클라우드까지 적용하는 시대에 적합하지 않은 용어라 할 수 있다.

열화상카메라 등의 유형으로 구분되는데, 적절한 카메라를 선택하려면 각 유형의 특성에 대해 이해해야 한다. 물리적 보안 통제체계에서 벌어지는 여러 가지 상황들을 모니터링하기 위해서 영상감시는 필수적인 기능이며, 이를 효과적으로 운영하기 위해 적절한 시스템을 구성해야 한다. 영상감시시스템은 다음과 같은 구성요소를 포함한다.

- 카메라 등의 영상 촬영장치
- 통신 네트워크 등의 전송매체
- 영상 저장장치
- 영상 제어장치
- 영상 표출장치
- 영상감시 소프트웨어

출입통제 시스템 '출입'이란 어떤 곳에 들어오고 나가는 것을 말하는 것이며, '통제'란 일정한 방침이나 목적에 따라 행위를 제한하거나 제약하는 것을 말한다 (Homeland Security, 2015). 이러한 출입통제의 대상은 인원, 차량, 물건 등으로 출입통제 시스템은 특정시설이나 지역에 출입하는 인원, 차량, 물건을 출입통제 정책에 따라 통제하는 시스템이라 할 수 있다. 출입통제를 위한 인증방법에는 기억에 의한 방법, 소유에 의한 방법, 신체적 특징에 의한 방법의 세 가지가 있는데, 최근 지문, 얼굴, 홍채, 망막, 정맥과 같은 개인의 고유한 신체적 특성을 기반으로 하는 생체인식biometric 기술이 각광받고 있다(Homeland Security, 2015). 출입통제 시스템은 다음과 같은 구성요소를 포함한다.

> - 출입카드 등의 인증수단
> - 리더기 등의 인식장치
> - 전기정 등의 잠금장치
> - 컨트롤러 등의 처리장치
> - 출입통제 소프트웨어
> - 도어 하드웨어(출구버튼, 도어 상태스위치, 경보장치, 도어클로저)
> - 통신네트워크
> - 스피드게이트 등의 차단장치

침입경보 시스템 '침입경보'란 권한이 없는 인원이나 차량이 무단으로 침입하려는 시도에 대해 경보를 제공하는 것을 말한다. 침입경보 시스템은 특정 시설이나 공간에 대한 침입시도를 탐지시 식별, 전송, 처리, 표시 및 기록 활동을 수행하고, 대응수준에 대해 판단할 수 있도록 각종 정보를 제공한다.

침입경보 시스템은 발생 가능한 위협 및 운영되는 장소의 주변 환경에 알맞게 적용하여야 하므로 적합한 침입감지기의 선정과 감도의 설정이 중요하다. 잘못된 침입경보 시스템의 설치는 오경보률만 높이고 실제 위험탐지 확률을 낮추게 된다. 침입감지기는 자기장이나 자력, 빛의 성질, 열에 의한 물질의 상태변화, 물체에 작용하는 힘과 운동, 주파수 변화, 물질의 화학적 변화 등을 전기신호로 변환하는 장치이다(신상엽, 2011). 침입경보시스템은 아래와 같은 구성요소를 포함한다.

> - 침입탐지용 감지기
> - 컨트롤패널 등의 처리장치
> - 로컬 조작장치
> - 로컬 경보장치
> - 원격 관제센터에 설치되는 침입경보 모니터링 콘솔
> - 통신네트워크

다. 인적 요소

최첨단의 보안 기술이 계속해서 발전하고 있지만 보안관리자, 보안요원, 보안관제센터, 보안 관련 부서와 같은 인적 요소는 보안통제 수단으로서 자산 보호를 위해 여전히 중요하다. 더욱 정교해지는 위협에 맞춰 보안통제를 위한 솔루션이 고도화되어도 그러한 솔루션들이 인간의 정교함과 창의성을 뛰어넘기는 어렵다.

보안관리자 보안관리자란 조직의 경영과 위험에 대한 통찰을 기반으로 보안정책을 수립하고 그것이 효과적으로 이행될 수 있도록 관리하는 사람을 말한다. 보안관리자의 역할은 조직과 사업의 특성이나 규모에 따라 차이를 보이게 되는데, 국내 기업의 경우, 보안관리자의 역할은 주로 정보보안관리 영역에 치중되어 있는 반면, 글로벌 기업의 보안관리자는 상대적으로 폭넓은 보안관리 역할을 수행하고 있다(이상희 · 이주락, 2017).

물리적 보안관리자의 주요 역할에는 물리적 보안 정책 및 절차 관리, 보안요원 운영관리 및 교육훈련, 물리적 보안 관련 설비 및 시스템 운영관리, 사업장 내 각종 범죄발생 예방 및 대응, 물리적 경로의 정보유출 예방 및 차단활동, 물리적 보안 관련 법규 및 요구사항 이행, 보안 사고 조사 및 후속조치, 재해재난/안전사고 예방활동 지원, 유관부서 및 기관과의 협력체계 유지 등이 포함된다(Halibozek & Kovacich, 2017).

보안요원 보안요원은 전자적 보안시스템의 발전에도 불구하고 여전히 필수적이고 중요한 보안통제 요소이다. 보안요원의 배치는 기타의 보안통제 장치들의 활용에 비해 상대적으로 높은 비용의 발생을 의미한다. 그러나 복잡하고 다양한 기준에 의해 통제대상이나 상황을 처리해야 하는 경우, 위협에 대응하기 위해 신체적 · 정신적 활동이 필요한 경우, 사람들과 합리적인 의사소통이 필요한 경우 등의 발생 시 그 배치가 필수적이라고 할 수 있다.

보안요원의 주요 역할에는 도보 및 차량의 출입통제, 보안순찰, 현장 감시활동, 주요자산 보호를 위한 보안검색, 비상대응, 의전경호, 출입권한 발급 및 회수, 영상정보 보호 및 관리, 업무일지 등 관련 기록의 작성 및 보관 등이 포함된다(ASIS, 2012).

보안관제센터 구조적 · 전자적 · 인적 요소와 관련된 모든 보안 관련 정보가 통합되는 보안관제센터는 물리적 보안에 있어 중요한 위치를 차지하며, 따라서 그 위치 및 구조뿐만 아니라 직원 배치와 운용에 대해서도 신중을 기해야 한다. 보안관제센터는 감시카메라를 통해 모니터링하고, 출입통제시스템을 제어하고, 침입경보를 탐지하고, 각종 관련 로그를 기록/저장/검색/대응할 수 있는 장소로서, 물리적 보안에 대한 통합관제 기능만을 수행할 수도 있고 방재나 안전, 시설 관제센터 등과 통합될 수도 있다. 서로 다른 보안장치 및 정보시스템의 정보를 한 곳에서 수집하고 관리하는 소프트웨어 플랫폼인 물리적 보안 통합정보 관리시스템Physical Security Information Management System: PSIM이 이미 많은 글로벌 기업 및 중요 시설에서 사용되고 있다(Norman, 2014).

관련 부서　많은 기업에서 물리적 보안의 수행은 보안부서에 한정되지 않는다. 시설, 안전, IT, 안내와 같은 관련 부서도 자산보호를 위해 다양한 역할을 수행하고 있다. 또한 보안부서도 일반적인 보안 영역을 벗어나는 평판 관리, 건물의 구조적 결함, 전염병 예방, 형사 또는 민사 사건 조사, 의료 응급상황 등 조직의 다양한 위험을 처리하는데 관여한다. 그러므로 물리적 보안프로그램은 다른 보안프로그램들과 통합되어 전체 기업 위험관리의 일부가 되어야 한다. 또한 물리적 보안계획에는 기업의 자산을 보호하는 기능을 지원하는 비보안부서 직원에 대한 고려가 포함되어야 한다.

제3절
물리적 보안 원칙

보안취약성을 효과적으로 해결할 수 있는 보안통제 조치는 다음과 같은 기본 원칙에 기반을 두어야 한다.

1. 4Ds

4Ds는 억제deter, 탐지detect, 지연delay, 거부deny로서 범죄 예방의 고전적 원칙이며 보안의 근본 목적인 자산 보호의 거의 모든 측면에도 동일하게 적용된다(ASIS, 2015). 자산을 보호하는 첫 번째 목표는 발생 가능한 여러 가지 유형의 위협을 차단하거나 예방하는 것이다. 두 번째 목표는 예방을 위한 노력이 실패하면 위협 상황을 조기에 탐지하는 것이다. 이는 영상감시 시스템이나 침입탐지 시스템, 인간의 육안 감시 등을 통해 침입이나 결함 등을 파악함으로써 가능하다. 위협 상황이 탐지된 뒤에 보안담당자는 위협 상황을 지연시킬 수 있도록 적절한 조치를 취하고, 현장에 대한 비상 대응 조치를 할 수 있다. 마지막으로 자산 보호의 궁극적인 목표는 보호대상에 대한 접근하지 못하도록 거부하는 것으로써, 이러한 거부는 일반적으로 출입통제시스템이나 방호요원의 통제에 의해 이루어진다.

그림 4-4 _ 4Ds

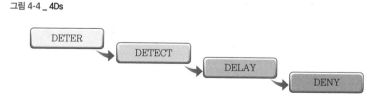

2. 심층보안

계층화된 보안layered security이라고도 하는 심층보안security-in-depth은 물리적 보안과 논리적 보안 모두에 적용된다. 심층보안은 단일한 보안 통제조치만으로는 부족하며, 잘 계획되고 상호 통합된 보안 통제조치에 의해서만 자산이 효과적으로 보호될 수 있다는 원리에 근거한 원칙이다.(Coole, Corkill & Woodward.2012)

심층보안을 보다 구체적으로 설명하면, 위협이 되는 범죄자가 보호대상에 도달하기 위해서는 외곽으로부터 내부에 도달하기까지 여러 단계의 보안통제를 극복하게 만드는 통제방식을 말한다. 예를 들어, 회사의 귀중품을 보호할 때 외곽의 울타리나 침입경보센서, 건물의 출입통제장치가 설치된 출입문, 감시용 CCTV, 귀중품을 보관하고 있는 금고 등의 여러 단계의 보안 통제조치를 활용하는 것이 이에 해당한다.

그림 4-5 _ 심층보안

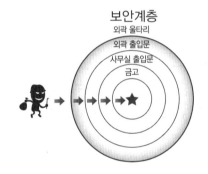

제4절
물리적 보안 프로젝트 관리

1. 프로젝트의 이해

프로젝트와 관련된 대표적인 문서로 프로젝트 작업의 표준이 되고 있는 프로젝트관리지식체계Project Management Body of Knowledge: PMBOK는 프로젝트를 "유일한 제품, 용역, 또는 결과를 창출하기 위해 투입되는 일시적인 노력", 그리고 프로젝트 관리를 "프로젝트의 요구사항을 만족시키기 위한 활동들에 지식, 기술, 도구, 기법을 사용하는 것"이라 정의하고 있다(Project Management Institute, 2017). 그러므로 물리적 보안 프로젝트관리는 주어진 시간과 예산의 제약 내에서 효과적인 물리적 보안 통제체계를 조직 내에 구성하는 것이라 할 수 있다.

2. 물리적 보안 통제체계 구성

물리적 보안 프로젝트는 구조적 · 전자적 · 인적 요소를 통합하여 보안 사고를 억제, 탐지, 지연 및 거부할 수 있도록 가용 자원을 활용해야 한다. 이러한 요소에는 진입을 억제하기 위한 울타리, 비인가자의 진입을 탐지하고 평가하기 위한 침입 경보 및 영상감시 시스템, 침입을 지연시키기 위한 장벽 및 출입문, 관제요원, 통신장비, 순찰차량, 그리고 사고에 대응하는 보안요원 등이 포함된다. 일반적으로 물리적 보안 프로젝트에서 도입된 물리적 보안수단은 전체 자산보호 프로그램에 통합되어야 한다. 통합 보안체계는 수많은 하위 시스템 또는 요소를 통합하여 완전한 시스템을 구성할 수 있다.

3. 물리적 보안 프로젝트 진행 순서

물리적 보안 프로젝트는 기획, 설계, 견적, 조달, 구축, 운영이라는 일련의 단계에 따라 진행된다(ASIS, 2012). 이를 구체적으로 살펴보면, 위험분석을 통해 물리적 보안 통제체계에 대한 밑그림과 기준을 수립하는 기획단계를 지나, 물리적 보안에 대한 상세한 설계를 통해 견적을 산출한 후 설계를 통해 제시된 적절한 제품을 조달하여 실제로 구축을 진행하고, 구축 마지막 단계에서 시험과 보증, 운영인력에 대한 훈련을 수행한다. 이어서 물리적 보안 통제장치에 대한 유지보수가 진행되고, 보안운영절차에 의해 보안관리자 및 보안요원이 물리적 보안통제체계를 유지하고 운영한다.

1) 기획

기획 단계의 첫 번째 작업은 중요 자산 및 예상 위협 식별, 취약성 및 위험 분석 및 기능 요구사항을 식별하는 것이다. 두 번째 작업은 보안 요구사항을 분석하고 취약성을 줄이거나 제거하고 위험을 완화하기 위한 대응방안을 도출하는 것이다. 이러한 방안은 설계기준으로 정리되어야 하며, 운영 측면 및 예산 측면에서 적절하다는 것이 검증되어야 한다.

설계 기준의 수립은 설계의 기본 규칙과 지침으로 구성한다. 이러한 설계기준은 물리적 보안의 제반 통제수단에 대한 배치, 기능, 용량에 관련된 구체적인 기준으로, 물리적 보안과 관련된 법규나 표준이 반영되어야 한다. 다만, 이러한 기준들이 상호 모순되는 경우에는 적용 우선순위를 정하되 법규를 우선으로 적절한 방안을 적용해야 한다.

2) 설계

요구사항이 정의되어 설계기준이 수립되면 구체적인 물리적 보안 설계를 진행하게 되는데, 물리적 보안 설계를 이해하기 위하여 신축되는 건축물을 가정하여 전체적인 건축물의 설계관점에서 바라볼 필요가 있다. 건축설계는 계획설계Schematic Design → 기본설계Design Development → 실시설계Construction Document의 단계로 진행된다

(ASIS, 2015). 먼저, 계획설계에서는 건축물의 목적과 사용방안을 정립, 건축주 및 사용자의 요구사항을 정리, 부지 전체에 대한 사용계획을 계산, 주요 자재를 계획하고 대략적인 공사비를 책정하게 된다. 이어서 기본설계 단계에서는 건축물에 대한 기초적인 설계 도면이 나오게 되고, 건축주가 세부적으로 검토하고 수정하는 절차가 반복된다. 이러한 기본설계가 확정되면 실시설계가 진행되는데 실시설계 단계에서는 건축 상세설계와 동시에 토목 및 구조 외에 전기/기계/통신/소방에 대한 설계가 진행되며 수차례의 관련 전문가들의 검토를 통해 도면이 확정되게 된다.

건축물의 전체적인 설계관점에서 보면, 물리적 보안 통제수단 중 전자적 요소인 물리적 보안 시스템은 정보통신 설계의 한 부분인 동시에 기계 및 전기설계와 일부 연관성을 가지고 있으며, 물리적 보안의 구조적 요소는 건축 설계에 대한 요구사항들이며, 범죄예방환경설계와 같은 요소들은 조명 및 조경설계와 연관되어 있다. 그러므로 물리적 보안 설계는 건축물의 전체적인 설계진행 단계와 연동되어 함께 진행되어야 한다.

3) 견적

정확한 최종 견적의 산출은 설계가 완료된 상태에서만 가능하다. 그러나 물리적 보안 프로젝트의 설계 진행 초기단계뿐만 아니라 기획단계에서 추정된 견적을 요청하는 일이 빈번하다. 기획이나 설계 초기 단계에서는 세부적인 설계 작업이 수행되지 않았고 시스템을 구성하는 요소들의 수량이 확정되지 않았기 때문에 추정된 예산견적budgetary estimates은 매우 부정확하고, 따라서 추가적인 예비비를 포함해야 한다. 이후 설계가 50% 정도 진행된 상태에서 예비견적preliminary design estimates을 산출할 수 있으며, 설계도서가 100% 완성되면 최종견적final design estimates을 산출할 수 있는데, 이때에도 일정 수준의 예비비가 포함되어야 한다(Patterson, 2013a).

4) 조달

조달 단계는 실제 시스템을 공급하고 설치하는 업체를 선정하기 위해서 진행된다. 발주처는 업체를 선정하기 위해 일반적으로 한 개 회사와 단독협상을 하는 방식인 단독 입찰 방식sole source, 경쟁 입찰 방식으로 사업 목적 및 요구사항을 제시하고 입찰자가 사업목적 및 필요사항을 달성할 수 있는 방안을 자유롭게 검토하고 제안하는 제안요청서 방식request for proposal, 그리고 경쟁 입찰 방식이나 발주처가 세부적인 요구사항을 명시할 수 있는 경우에 적용하는 입찰초청 방식invitation for bids 중 하나를 사용한다(Patterson, 2013a).

5) 구축

입찰을 통해 시공업체가 선정되면 구축이 시작되는데, 이행 순서는 준비, 계획, 설치, 시험 및 보증 순으로 진행된다(ASIS, 2012). 먼저, 준비 단계에서는 공사현장의 현장관리를 위한 사무실을 설치하고 공사에 투입되는 인력, 자재, 자금 등의 관리를 위한 기본적 조직체계를 구성한다. 다음으로 계획 단계에서는 공사 전체에 관한 시공계획을 갖추고 지속적으로 보완, 수정하는 활동을 수행한다. 그리고 설치 단계에서는 프로젝트 관리자가 설치 업체에게 모든 시스템 구성 요소를 설치하도록 한다. 시험은 시공업체에 의해 수행되며, 실제 상황과 같은 조건하에서 진행되어 물리적 보안 시스템의 효과성을 확인한다. 물리적 보안 시스템의 경우에는 모의침투 훈련들을 통해 테스트하는 것이 적절하다. 마지막으로 보증 기간은 일반적으로 1년이며 보증 기간 내 시공업체는 시스템의 유지보수를 무상으로 제공한다.

6) 운영

교육훈련은 물리적 보안 시스템의 유지보수나 업데이트를 포함하여 보안운영과 관련된 모든 사람을 대상으로 실시되어야 하며, 특히 물리적 보안 시스템의 기능에 대한 구체적인 교육훈련은 해당업체 또는 구축업체로부터 제공되어야 한다.

예방적 유지보수preventive maintenance를 진행하고, 평가를 통해 교체가 필요한 부품이나 장치는 교체가 진행되도록 해야 한다. 고장이 발생한 후 대응하는 교정적 유지보수remedial maintenance는 위험도가 낮은 경우에만 제한적으로 적용해야 한다(ASIS, 2015).

또한 물리적 보안 시스템 역시 일정시기가 되면 교체를 진행해야 한다. 이러한 교체 비용을 정당화하기 위해서는 유지관리 비용, 예비부품 부족, 하드웨어 및 소프트웨어의 불완전성, 운영비용 과다, 신뢰성 부족과 같은 요소들을 종합적으로 고려해야 하며, 동시에 보안강화, 인력감축 등의 이점을 통해 교체를 정당화해야 한다.

국가기반시설 보안

1. 재난 및 안전관리 기본법에 의한 국가기반시설 보안

우리나라는 「재난 및 안전관리 기본법」(이하 "법"이라 한다)과 동법 시행령(이하 "시행령"이라 한다.)에 따라 국가기반시설의 지정 및 관리에 관한 사항을 규정하고 있다. 이 규정에 의거하여 "관계 중앙행정기관의 장은 동법 제26조 제1항에 따라 국가핵심기반을 지정한 경우에는 대통령령 제30조의2에서 정하는 바에 따라 소관 분야 국가기반체계 국가핵심기반 보호계획을 수립하여 해당 국가핵심기반을 관리하는 기관·단체 등의 장(이하 이 조에서 "관리기관의 장"이라 한다.)에게 통보하여야 한다. 동법 26조 2의 국개핵심기반 관리 등에 의하여 관리기관의 장은 제1항에 따라 통보받은 국가핵심기반 보호계획에 따라 소관 국가핵심기반에 대한 보호계획을 수립·시행하여야 한다. 동법 제3항에서는 "행정안전부장관 또는 관계 중앙행정기관의 장은 대통령령으로 정하는 바에 따라 국가핵심기반의 보호 및 관리 실태를 확인·점검할 수 있다."라고 국가핵심기반에 대한 관리를 명시하고 있다. 국가핵심기반은 '에너지, 정보통신, 보건의료 등 국가경제, 국민의 안전·건강 및 정부의 핵심기능에 중대한 영향을 미칠 수 있는 시설, 정보기술시스템 및 자산 등'을 말하는 것으로 「재난안전법」에서 정의하고 있다. 2020년 6월 4일 해당법 개정에 따라 기존 '국가기반시설'이 '국가핵심기반'으로 용어가 변경되었다. 국가핵심기반에 해당하는 시설은 2019년 8월 관련법 개정으로 당초 9개 분야에서 문화재 분야와 공동구 분야가 추가 지정되어 총 11개 분야로 편성되었으며, 119개(산업통상자원부, 과학기술정보통신부) 기관, 273곳(고리원자력발전소, 한국전력거래소 등)이 해당한다.

다음은 분야별 국가핵심기반의 지정 기준이다.

표 4-1 _ 분야별 국가핵심기반의 지정기준(시행령 제30조 제1항 관련)

구 분	내 용
에너지	전력 · 석유 · 가스 공급에 필요한 생산 · 공급시설과 비축시설
정보통신	• 교환기 등 주요 통신장비가 집중된 시설 및 정보통신 서비스의 전국상황 감시시설 • 국가행정을 운영 · 관리하는 데에 필요한 기간망과 주요 전산시스템
교통수송	인력 수송과 물류 기능을 담당하는 체계와 실제 운용하는 데에 필요한 교통 · 운송시설 및 이를 통제하는 시설
금융	은행 및 투자매매업 · 투자중개업을 운영하는 데에 필요한 시설이나 체계
보건의료	응급의료서비스를 제공하는 시설과 이를 지원하는 혈액관리 업무를 담당하는 시설
원자력	원자력시설의 안정적 운영에 필요한 주제어장치(主制御裝置)가 집중된 시설과 방사성폐기물을 영구 처분하기 위한 시설
환경	「폐기물관리법」에 따른 생활폐기물 처리를 위한 수집부터 소각 · 매립까지의 계통상의 시설
정부 중요시설	중앙행정기관이 입주하고 있는 주요 시설
식용수	식용수 공급을 위한 담수(湛水)부터 정수(淨水)까지 계통상의 시설
문화재	「문화재보호법」 제2조 제3항 제1호에 따른 국가지정문화재로서 문화재청장이 특별히 관리할 필요가 있다고 인정하는 문화재
공동구	「국토의 계획 및 이용에 관한 법률」 제2조 제9호에 따른 공동구로서 행정안전부장관 또는 국토교통부장관이 특별히 관리할 필요가 있다고 인정하는 공동구

국가핵심기반에 대한 수립 지침의 내용은 다음과 같다.

'국가핵심기반 보호계획수립지침'은 최소한도의 국가기능 유지를 위한 세부사항을 목적으로 하고 있다. 여기서 국가핵심기반 보호계획이란 ① 보호목표 및 대상 범위 설정, ② 위험평가, ③ 위험관리전략수립 등을 포괄하는 개념으로, 국가기반시설의 기능연속성 확보를 위해 행하는 일체의 계획을 포함한다.

이 계획의 수립 절차는 다음과 같다.

그림 4-6 _ 국가핵심기반 보호계획 수립절차

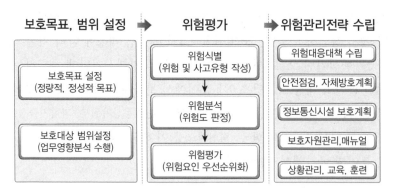

- 보호목표 및 보호대상 범위 설정: 국가핵심기반의 기능연속성 확보를 위하여 반드시 유지해야 할 보호목표 및 보호대상 범위를 설정하는 절차
- 위험평가: 보호대상의 핵심기능을 중단시킬 수 있는 위험요인을 재난유형별, 시설별로 분류하고 위험분석 실시 및 중점관리 위험을 우선순위화 하는 절차
- 위험관리전략 수립: 위험평가 결과에서 도출된 중점관리 위험의 예방·대비·대응 등을 위한 대책을 수립하는 절차
※ 위험대응대책 수립, 안전점검, 자체방호계획, 정보통신시설 보호계획, 보호자원관리, 위기관리 매뉴얼, 상황관리, 교육, 훈련

이 장에서는 물리적 보안과 연관된 자체방호계획을 세부적으로 알아보도록 한다.

가) 방호계획 수립은 테러, 무단침입 등에 대비하여 각 관리기관의 특성에 맞게 출입통제·경비·보안·당직 등의 자체방호계획을 수립하도록 한다.

나) 계획의 주요 내용
- 지휘·감독체계를 포함하는 방호조직
- 정문출입구, 경비실 등 근무지별 방호인력 배치, 교대 등 인력운용
- CCTV, 침입탐지장비, 출입통제장치 등 과학화보안장비 설치 및 운용
- 울타리, 초소, 장애물(바리케이드, 철침판 등) 등 설치 및 운용
- 외부출입자 등 출입통제 기준 및 절차, 순찰경로 및 순찰주기 등
- 사고유형별 비상대응 시나리오, 보고체계, 유관기관 비상연락망
- 방호시설 및 방호업무 점검, 교육·훈련. 기타 보안검색장비 설치 및 운용 등

다) 계획 수립 시 유의사항
- 내실 있는 방호업무 추진을 위하여 방호시설 및 인력을 충분히 확충
- 소관 분야 현장조치 행동매뉴얼 및 방호 관련 규정 등을 함께 검토하여 통일성있고 유기적으로 연계되도록 자체방호계획 수립
- 상황 및 당직근무, 경비, 보안검색 등의 각 기능간 업무범위 상호지원 및 총괄 지휘책임자 등을 명확히 규정하여 혼선방지

표 4-2 _ 국가핵심기반의 방호능력 확보기준

구 분	기 준
경비인력 /초소운영	• 정문 출입구는 인원 · 차량 통행량 고려, 전담 경비인력을 최소 1명 이상 배치 • 경비상황실 · 경비실 · 외곽초소 등에 경비인력 배치 • 중앙통제실, 전산실 등 시설 전체 기능유지를 위해 중요하다고 판단하는 핵심시설에 경비인력을 추가로 배치 가능 • 시설규모, 핵심시설 개수 및 지리적 취약요소 등을 고려 경비인력을 탄력적으로 운영 • 경비인력을 보강하기 위하여 CCTV, 침입탐지장비, 출입통제장치 등 과학화보안장비를 운용하고 상황발생 시 지원(경찰 · 소방 등)체계 유지 • CCTV · 침입탐지장비 등 과학화보안장비로 경비인력을 대체하는 경우에도, CCTV 모니터 감시요원 및 순찰 · 초동조치인원은 반드시 확보 • 외곽초소는 방호능력을 고려 필요시 설치하되, 육안식별거리를 감안하여 설치
울타리 설치운용	• 월담침투가 제한되는 높이로 울타리(블럭담, 철조망 등)를 설치 　• 울타리 설치기준 적용이 곤란한 도심지 등은 미관형 울타리 설치도 가능하나 방호인력과 과학화보안장비로 보강 • 핵심구역 주변에 별도의 울타리 설치 가능 • 차량돌진이 우려되는 주요구간(주출입구, 핵심시설 등)은 바리케이드, 철침판 등 장애물 및 접근금지 안내표지판 설치 • 외곽울타리가 없는 단독건물의 경우, 경비인력 · 과학화보안장비 및 방호문 · 잠금장치 등을 보강하여 울타리 효과 대체 • 대형 병원시설, 쓰레기 매립장 등 시설 출입통제 자체가 불가능하거나 불필요한 시설의 경우는 외곽울타리 설치 제외 가능 • 순찰로는 순찰에 지장이 없을 정도의 폭을 확보하여야 하고, 잡풀 등을 수시로 제거하여 정비
출입통제	• 직원 외 임시출입자 · 방문자 등은 신분확인, 보안준수사항 교육, 방문증교부 등 출입절차 준수 • 핵심시설은 인가자 외 출입을 제한하고 출입기록 유지 · 관리 • 출입증은 위 · 변조가 불가하도록 제작, 업무에 따라 출입권한 부여 • 핵심시설 출입구는 최소한으로 설치하고 출입문은 초동대응인력의 출동시간까지 충분히 진입지연 가능토록 견고하게 설치
과학화 보안장비 설치운영	• 과학화 보안장비는 경비인력, 경비초소, 울타리 등 경비요소 및 순찰 등을 고려하여 설치 　• 침입탐지장비에 사용되는 감지기는 강우 · 습도 등 기상상황 및 해안, 산악, 도심지 등 주변환경을 고려하여 선정 • 핵심시설에는 출입통제장치를 별도로 설치하고, CCTV를 이용하여 출입자 감시 • 주요 출입구 및 외곽 울타리 지역에 침입탐지장비 설치 가능 • 침입탐지장비는 침입 감지 시 즉시 작동하고 경보 발생시 경비인력에 의해 즉각적인 조치가 가능하도록 대응체계 구축 • 침입탐지장비는 항상 가동상태 유지
보안검색	• 반입 · 반출되는 물품 및 휴대품을 검색하기 위하여 X-ray검색기, 문형금속탐지기, 휴대용금속탐지기 등의 검색장비를 사용할 수 있음 • 보안검색요원은 검색장비 운용절차 및 사용요령과 X-ray검색기 안전교육을 받아야 함 • 외부출입자 휴대품 확인 및 통제(예:sub, 녹음 또는 촬영기구 등)
기타	• 시설의 특성 및 규모, 경비인력의 규모 등에 맞게 방호업무를 관리 · 감독할 수 있는 담당자 지정(방호담당자가 다른 업무 겸직 가능) • 출입통제, 비상대응절차 및 방법, 방호매뉴얼 활용 등 방호지식향상에 도움이 되는 과목을 교육 · 훈련하고 그 결과를 기록 관리 • 과학화보안장비, 울타리, 초소, 방호장애물 등 관리 · 보수 · 개선을 위한 예산확보

※ 상기 기준을 참고하되 소관 시설의 주요 기능, 업무 특성, 위치, 형태, 규모, 주변 환경 등을 고려하여 자체 실정에 맞게 적용

2. 주요 국가핵심기반의 보안

1) 항공보안[108]

민간항공은 한 번의 테러행위로 인명·재산에 막대한 피해를 유발하고, 다국적 피해자를 발생시켜 세계적 관심을 집중시킬 수 있음에 따라 테러의 주요대상이 되고 있다. 2001년 미국의 9·11 테러가 그 대표적인 사례로, 9·11 테러 이후 항공 교통 수단을 이용한 테러위협이 지속적으로 증가하고, 위협요인이 다양해져 항공 보안의 중요성은 점차 증가하고 있다. 9·11 테러참사는 항공기 자체를 폭발물로 사용하는 항공테러 형태로, 이후에 미국 NWA 폭탄테러 기도사건 및 예멘 발 항공 기 폭탄소포 사건 등 테러 위협이 지속적으로 증가하였으며, 위협요인 또한 다양하 게 진행되었다. 이에 항공교통에 대한 테러위협 등에 체계적으로 대비하여 불법방 해행위 및 항공보안 사고를 방지할 필요성이 증가하고 있다.

항공보안이란 항공기 납치, 폭파 등 불법방해행위로부터 공항시설 및 항공기 등 민간항공을 보호하기 위한 모든 제반활동을 의미하며, ICAO[109] 부속서 17은 항공 보안을 "민간항공을 불법적인 방해 행위로부터 보호하기 위해 인적·물적 자원을 동원하여 수행하는 모든 대책"[110]으로 규정하고 있다.

이와 구별할 필요가 있는 것이 항공안전이다. 항공안전이란 항공기 운항과 관련하 여 운항활동에 장애를 유발하는 각종 사고로부터 인적·물적 자산의 피해를 보호하 기 위한 목적으로 수행되는 제반 조치로 항공보안과 유사한 개념이라 하겠다. 하지만 항공안전의 문제는 의도적인intentional 범죄행위에 의한 사고뿐 아니라 단순한 실수error 나 의도하지 않은unintentional 오류나 착오 등에 의한 항공사고를 모두 대상으로 하는 개 념이며, 항공보안은 항공과 관련하여 발생하는 의도적인intentional 범죄행위를 대상으 로 하는 제반 활동을 의미함으로서 구분하여 사용할 필요가 있다.

항공보안의 목표는 ICAO 부속서 17에서 "각 체약국은 불법방해 행위로부터 민 간항공의 보호와 관련된 모든 문제에 있어서 승객, 승무원, 지상운영요원 및 일반 대중의 안전을 주요목표로 두어야 한다."고 항공보안에서 보호하려는 대상을 규 정하고 있으며, 'ICAO에서는 민간항공과 관련된 불법 행위를 '불법방해행위Act of

---

(108) 한국교통연구원, 「항공보안 기본계획수립방안 연구」, 국토해양부 보고서, 2011.6.

(109) ICAO : 국제민간항공기구(國際民間航空機構, International Civil Aviation Organization).

(110) A Combination of measures and human and material resources intended to safeguard international civil aviation against acts of unlawful interference, ICAO Annex 17, Chapter1, Definition.

Unlawful Interference'로 규정하고 있고, 여기서 정의한 불법방해행위란 민간항공 및 항공운송의 안전을 위협할 수 있는 아래의 행위 또는 이러한 행위를 시도하는 것을 말한다.

---

(1) 운항중인 항공기 불법점유

(2) 지상주기 항공기 불법점유

(3) 기내 또는 비행장에서 인질극

(4) 항공기, 공항 또는 항행안전시설에 대한 무력 불법 침입

(5) 범죄를 저지를 목적으로 기내 또는 공항으로 무기, 위험장치 또는 물품을 반입하는 행위

(6) 공항 또는 민간항공 시설 내에 있는 운항 또는 주기중인 항공기, 승객, 승무원, 지상조업요원, 일반인의 안전을 위협하는 거짓정보를 제공하는 행위

「항공안전 및 보안에 관한 법률」에서는 '불법방해행위'를 항공기의 안전운항을 저해할 우려가 있거나 운항을 불가능하게 하는 행위로서 다음과 같이 정의하고 있으며, 이에 항공보안의 궁극적인 목적은 항공기 납치, 인질극, 허위위협 등의 불법방해행위로부터 민간항공을 보호하여 민간항공의 정시성, 안전성, 효율성을 확보하는 것으로 요약할 수 있다. 이를 위해 중대한 불법방해행위를 완전하게 차단하고, 위해물품의 반입·위협정보제공 등 경미한 행위는 발생을 최소화하는 것을 목표로 한다. 이와 같이 실제로 항공안전에 장애를 일으킨 행위를 하지 않았더라도 불법적으로 폭발물이나 무기 등을 항공기에 탑재시키거나 범죄를 위해 이를 위장, 분해 등의 방법으로 기내에 반입 또는 협박 등에 의해 안전을 저해할 가능성이 있는 모든 행위를 항공범죄로 취급하고 있다.

제2조(정의) 1~7 생략.

8. "불법방행해위"란 항공기의 안전운항을 저해할 우려가 있거나 운항을 불가능하게 하는 행위로서 다음 각 목의 행위를 말한다.

　가. 지상에 있거나 운항중인 항공기를 납치하거나 납치를 시도하는 행위

　나. 항공기 또는 공항에서 사람을 인질로 삼는 행위

　다. 항공기, 공항 및 항행안전시설을 파괴하거나 손상시키는 행위

　라. 항공기, 항행안전시설 및 제12조에 따른 보호구역(이하 "보호구역"이라 한다.)

에 무단 침입하거나 운영을 방해하는 행위

마. 범죄의 목적으로 항공기 또는 보호구역 내로 제21조에 따른 무기 등 위해물품_{危害物品}을 반입하는 행위

바. 지상에 있거나 운항중인 항공기의 안전을 위협하는 거짓 정보를 제공하는 행위 또는 공항 및 공항시설 내에 있는 승객, 승무원, 지상근무자의 안전을 위협하는 거짓 정보를 제공하는 행위

사. 그 밖에 이 법에 따라 처벌받는 행위

가. 국제 항공보안 제도

ICAO 부속서17 항공보안 관련 국제기구의 ICAO 부속서17은 테러 및 폭력범죄 등이 지속적으로 증가하자 항공기납치 등 불법행위로부터 국제민간항공을 보호하기 위한 기술적인 대책 문제를 규정하기 위한 것으로, 1975년부터 적용하고 있으며, 항공보안에 있어서 국제 표준 및 권고 사항에 대한 준수방법을 기술하여 국가의 특성에 맞게 국제공항 보안프로그램, 항공사 보안프로그램 및 교육훈련프로그램을 작성·운영하도록 하고 있다.

Doc 8973(항공보안지침서) ICAO 체결국들에 대하여 ICAO 부속서 17의 표준 및 권고에 대한 시행을 위해 항공보안업무를 세부적으로 정한 별도의 지침서인 Doc 8973_{항공보안지침서}를 적용하고 있다.

이 지침서의 내용은 다음과 같다.

- 정보의 공유
  - 개정판의 "제1장 국가조직 및 정부"에서 '정보기관과 테러 대응' 및 '보안평가 정보공유'에 대하여 제시함
  - 테러는 국가를 초월한 문제이므로 각 체약국은 우발사건에 대비해야 하며, 다른 체약국들과 위협정보를 공유할 절차를 준비해야 함
  - ICAO는 항공보안평가_{USAP, Universal Security Audit Programme}를 통한 구체적인 정보의 기밀성 유지를 원칙으로 하나, 타국의 요청 시 평가결과 개선대책을 공유하도록 함

- 기내보안관(IFSOs, In-Flight Security Officers)
  - 제1장에서 기내 불법행위로부터 항공기와 승객들을 보호하고자 운영국 및 등록국 정부가 기내에 배치하는 기내보안관(IFSOs)을 규정함
    ▷ 기내보안관의 임무가 경찰업무와 관련되므로 반드시 정부소속이어야 하며, 정부는 고용필요조건(기내보안관들은 정부소속임), 훈련기준, 기내보안관의 근무규칙, 총기소지가 가능한 상황 등을 결정해야 함
    ▷ 무기 소지 기내보안관의 국제선 배치는 운영국 · 등록국 정부의 동의 및 중간 경유국과 긴급상황 시 대체 도착지 국가와의 협상이 필요함

- 보안직원의 인증(Certification)
  - "제2장 채용 · 선발 및 교육훈련"에서 당국의 정식 확인으로서 역할 수행에 필요한 능력을 증명하는 '인증(Certification)' 제도를 규정함
    ▷ 인증이 필요한 보안직원에는 '보안검색요원', '항공보안교관', '국가 점검관
    ▷ '평가관', '보안관리자(항공기나 공항운영 관련된 보안조치를 실행하는 데 책임이 있는 보안관리자)'가 있음
    ▷ 보안검색요원은 기본교육훈련(초기인증) 후 시험을 보아야 하며, 1년에 한 번은 시험(이론 · 실기시험, 엑스레이 판독 등)을 보아야 함(정기인증)

- 항공보안관리체계(SeMS, Security Management System)
  - 개정판의 "제4장 예방 보안조치"에서 위험에 기반한 사전예방적인 항공보안관리를 위한 항공보안관리체계(SeMS)에 대하여 규정함
  - 다음 같은 단계를 통해 보안위험을 규명 · 평가하며, 그에 따라 적정한 위험통제 운영전략을 수행하고 지속적으로 추적 감시함

그림 4-7 _ ICAO의 보안위험관리 절차

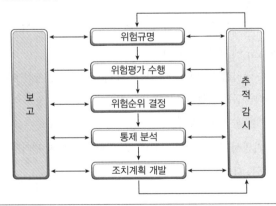

<u>IATA[111] **항공보안지침서**Security Manual</u>   IATA Security Manual은 항공보안 관련 ICAO의 국제 표준의 수립을 지원하고, 국제 표준 준수를 위하여 각국의 협력을 지원하며 불법행위 대응을 위해 작성하였다. IATA Security Manual은 항공사 직원에게 보안 관련 자료, 지침, 정보 등을 제공하여 항공사 직원이 맡은 바 임무를 적절히 수행하도록 지원하는 것을 주 목적으로 한다.

<u>ACI[112]의 **항공보안 관련 규정**</u>   ACI는 「Recommended Practices and Policy Handbook」에서는 공항 보안에 대한 지침을 제공 · 주요 내용으로 항공보안에 관한 체약국의 책임, 공항보안프로그램, 공항보안프로그램의 수준관리, 예방적 보안 조치, 항공기 관련 조치, 여객 및 여객의 기내수하물 관련 조치, 특별 등급 여객에 관한 조치, One-stop 보안, 신기술, 만일의 사태에 대비한 조치 등이 규정하고 있다.

나. 국내 항공보안 제도

항공안전 및 보안에 관한 법률   9 · 11 항공기 테러 이후 국제기준에 적합한 항공보안 체계 구축, 민간항공 보안 법령 및 제도 재정비, 민간항공 보안업무의 체계화, 비준된 국제협약의 이행을 위해 「항공기운항안전법」을 전면 개정하여 2002년 「항공안전 및 보안에 관한 법률」을 공포하였다.

이 법에서는 항공보안 전반에 대하여 규율하며, 국제협약에 따라 공항시설, 항행안전시설 및 항공기 내에서의 불법행위를 방지하고 민간항공의 안전 및 보안을 확보하기 위한 기준 · 절차 및 의무사항 등을 규정함을 목적으로 하고 있다. 또한 동법은 항공안전협의회, 공항 · 항공기 등의 보안, 항공기 내 안전 및 보안, 항공안전 보안장비, 항공안전 위협 대응 등 총 8장으로 구성되어 있다.

---

(111) IATA: 국제 항공 운송 협회(國際航空運送協會, International Air Transport Association).
(112) ACI : 국제공항협의회(Airports Council international).

표 4-3 _ 「항공안전 및 보안에 관한 법률」의 체계

구 성	주요 내용
제1장 총칙 (제1조~제6조)	• 국제협약의 준수: 5개 협약(108) 항공기 내에서 범한 범죄 및 기타 행위에 관한 협약, 항공기의 불법납치 억제를 위한 협약, 민간항공의 안전에 대한 불법적 행위의 억제를 위한 협약, 민간항공의 안전에 대한 불법적 행위의 억제를 위한 협약을 보충하는 국제민간항공에 사용되는 공항에서의 불법적 폭력행위의 억제를 위한 의정서, 가소성 폭약의 탐지를 위한 식별조치에 관한 협약 및 기타 국제협약의 이행 • 국가의 책무: 보안계획 수립, 공항운영자 등의 자체 보안계획의 승인 및 실행점검, 교육훈련의개발 등 • 공항운영자 등의 국가 시책에 대한 협조의무 • 항공안전조직의 설치 · 운영 등
제2장 항공안전협의회 등 (제7조~제10조)	• 협의회의 구성 및 운영 　– 항공안전협의회: 보안계획 협의 　– 공항안전운영협의회: 공항별 보안사항 협의 • 기본계획의 수립: 국가가 수립하는 종합적 · 장기적 추진계획 • 국가항공보안계획: 국가가 수립하는 항공안전 및 보안업무의 수행계획 · 공항운영자 등은 국토해양부장관의 승인을 얻어 자체 보안계획 수립
제3장 공항 · 항공기 등의 보안 (제11조~제20조)	• 공항운영자 : 공항시설 · 항행안전시설 보안 조치, 보호구역 지정, 보호구역 출입허가, 승객 · 휴대물품 · 위탁수하물 · 승객 아닌 자 · 환승객 보안검색 • 항공운송사업자 : 승객 안전 및 항공기 보안 조치, 화물 보안검색 및 기내식 통제 • 상용화주 및 상용화주의 지정 취소 • 보안검색 실패 등에 대한 대책, 비행서류의 안전 및 보안관리절차 등
제4장 항공기 내 안전 및 보안 (제21조~제26조)	• 무기 등 위해물품 기내반입 제한 및 탑재 절차 • 기장 등의 권한 : 항공기 안전을 해치는 행위자 등에 대한 저지 조치가능 • 승객의 안전유지협조의무(폭언, 흡연, 성희롱 등) • 수감 중인 자 등의 호송, 범인의 인도 · 인수 및 예비조사
제5장 항공안전 보안장비 등 (제27조~제29조)	• 보안장비의 종류, 성능 및 운영방법 등의 기준 • 교육훈련 및 검색 기록의 유지 　– 교육대상: 검색업무 감독자 및 수행자 　– 교육기관 지정기준 및 취소사유
제6장 항공안전 위협에 대한 대응 (제30조~제33조)	• 국토해양부장관: 항공안전을 위협하는 정보의 제공 • 공항운영자 등: 우발계획의 수립 · 시행 • 국토해양부장관: 안전조치 및 항공보안 감독
제7장 보칙 (제34조~제38조)	• 항공기이용 피해구제
제8장 벌칙 (제39조~제51조)	• 항공기손괴죄, 항공기납치죄 등, 항공시설손괴죄, 항공기항로변경죄, 직무집행방해죄, 항공기위험물건탑재죄, 공항운영방해죄, 항공기안전운항저해폭행죄 등, 항공기 점거 · 농성죄, 운항방해정보제공죄, 벌칙 및 과태료

---

(113) 항공기 내에서 범한 범죄 및 기타 행위에 관한 협약, 항공기의 불법납치 억제를 위한 협약, 민간항공의 안전에 대한 불법적 행위의 억제를 위한 협약, 민간항공의 안전에 대한 불법적 행위의 억제를 위한 협약을 보충하는 국제민간항공에 사용되는 공항에서의 불법적 폭력행위의 억제를 위한 의정서, 가소성 폭약의 탐지를 위한 식별조치에 관한 협약

국가 항공보안 우발계획 "국가 항공보안 우발계획"은 「항공안전 및 보안에 관한 법률」 제31조에 근거하여 불법방해행위로부터 인명과 재산을 보호하고, 민간항공 운영의 신속한 정상화를 위해 위협상태 유형별 대응체계와 관련기관 임무 등 불법행위 대응에 필요한 사항을 규정함을 목적으로 한다.

또한 항공보안등급, 불법행위 대응, 불법행위 유형별 대책 등에 대한 상세한 지침을 포함하고 있다.

「국가 항공보안 우발계획」은 위협등급을 5단계로 구분하여 유형별 대응 체제와 관련기관 임무, 불법행위 등 테러 대응에 필요한 사항을 정하고 있다.

표 4-4 _ 「국가 항공보안 우발계획」의 등급별 조치

등급		정 의	
녹색 (Green)	평시	불법행위 위협이 낮은 단계로 일상적인 기본 보안예방 조치만으로 충분한 상황	테러위협이 낮은 단계에서 발령(평시단계)
청색 (Blue)	관심 경보	불법행위 징후가 있으나, 그 활동 수준이 낮으며 가까운 기간 내에 불법행위로 발전할 가능성도 비교적 낮은 상태	테러리스트 공격에 대한 포괄적인 위협단계에서 발령
황색 (Yellow)	주의경보	불법행위 징후가 비교적 활발하고 불법행위로 발전할 수 있는 일정 수준의 경향성이 나타나는 상태	공항, 항공기 등에 대한 중요 위협정보를 접수한 단계에서 발령
주홍색 (Orange)	경계경보	불법행위 활동이 매우 활발하고 전개속도, 경향성 등이 현저한 수준으로서 불법행위로 발전 가능성이 농후한 상태	특정 공항, 항공기 등을 지정하는 등 테러공격에 대한 신빙성이 높은 경우 발령
적색 (Red)	심각경보	불법행위 활동이 매우 활발하고 전개속도, 경향성 등이 심각한 수준으로서 불법행위 발생이 확실시되는 상태	• 항공기, 공항시설에 대한 위협이 확실한 경우 • 국빈이나 VIP 등 방문객이 한국 방문시 그들에 대한 테러위협이 높은 경우

국가항공보안 수준관리지침 "국가항공보안 수준관리지침"은 「항공안전 및 보안에 관한 법률」 제33조에 근거하여 항공보안의 지속적인 개선 및 향상을 위해 필요한 사항을 규정함을 목적으로 한다. 지침 제4조에 따라 항공보안감독관 등이 보안업무의 효율성 증대를 위하여 공항운영자 및 항공운송사업자 등에 대하여 실시하는 점검활동은 〈표 4-5〉와 같다.

표 4-5 _ 회의 시에 지켜야 할 보안수칙

구분	정의
현장조사 (Survey)	민간항공에 대한 항공기납치(Hijacking), 파괴행위(Sabotage) 및 테러공격(Terrorist attack) 등의 불법방해 행위(Acts of unlawful interference)를 방지하기 위하여 그 취약성을 분석하고, 보호대책을 수립하기 위하 여 공항별로 공항운영자, 항공사 등에 대한 항공보안 업무 운영실태 등을 조사하는 것
보안평가 (Audit)	공항운영자 및 항공운송사업자 등이 수립한 자체 보안계획의 이행 여부와 실제 이행능력 등을 확인하기 위하여 점검하는 것
보안점검 (Inspection)	민간항공보안에 대한 보안대책 및 통제절차 등이 적절히 수행되고 있는 지를 확인하기 위하여 공항, 항 공기 및 공항운영자 등에 대하여 점검하는 것
불시평가 (Test)	보안업무 수준이 적절하게 유지되고 있는 지를 확인하기 위하여 공항, 항공기 및 공항운영자 등에 대한 보안대책 및 통제절차 수행 능력 등을 불시에 확인하는 것

지침 제55조에 따라 항공보안감독관은 점검활동 분석 결과 미비점에 대해 시정조치서를 발부하며, 조치사항이 완료될 때까지 보안점검 또는 불시평가 등을 통하여 그 이행여부를 재확인 하도록 하고, 지침 제56조에 의거 국토교통부장관은 점검활동 분석결과 나타난 문제점의 분포도에 따라 다음 연도 계획에 개선 대책을 수립하며, 문제점 증·감소율에 따라 개선 대책을 재수립하거나 강화하도록 하고 있다.

국가민간항공보안 교육훈련지침 "국가민간항공보안 교육훈련지침"은 국제민간항공협약 부속서 17 3.1.7항에 따라 공항공사 및 항공사 등의 보안업무 수행자의 체계적인 교육훈련에 필요한 사항을 정함을 목적으로 하고 있다.

표 4-6 _ 회의 시에 지켜야 할 보안수칙

구분	정의
초기교육 (Initial Training)	항공보안 관련 신규 채용자 또는 최초 임명자 등에게 직무를 부여하기 이전에 직무와 관 련한 기본적인 지식과 기량을 전수하기 위한 교육
직무교육 (OJT, On-the-Job Training)	초기교육을 이수한 자를 대상으로 업무 시범, 관찰과 실제업무 수행을 통하여 받는 교육
정기교육 (Recurrent Training)	소관 업무 내용의 변경 또는 추가와 신기술의 도입 등에 따라 필요한 지식과 기량을 전수 하기 위하여 정기적으로 실시하는 교육

최근 국내외 항공보안 정책 동향[114] ICAO는 위험기반 접근법Risk-based approach에 따른 보안대책 차별화, 위험인물 식별을 위한 사전 승객정보시스템 도입 및 공항일반구역의 보안강화를 위한 부속서 17을 개정(제15차) 추진 중이다. 유엔UN에서는 UN

---

(114) 국토교통부, 「2017년 항공보안 시행계획」, 2017.2.

안전보장이사회에서 민간항공 테러위험에 대한 대응강화를 위해서 "항공보안 강화 촉구 결의안"을 채택하였다(2016.9.). IATA에서는 보안 검색의 효율성을 강화하기 위하여 스마트 보안체계[115]를 개발하고 있으며, 미국은 항공보안 정책 개발 및 개선권고를 위한 자문위원회 운영, 항공화물 사전 검색 시범운영, 사전 위험인물 관리 체계 구축 및 행동탐지요원을 도입운영하고 있다. EU는 인증된 공항 외에서 출발하여 역내로 들어오는 제3국 출발 항공화물·우편물의 역내반입을 금지하는 새로운 항공화물 보안 규칙ACC[116]을 시행한다. 일본은 2020년 도쿄 올림픽을 대비하여 안면인식기술 및 원형 검색기를 도입하는 등 보안장비 첨단화, 나리타공항에 스마트 보안체계 도입 및 국제선 출국승객정보수집 등을 진행 하고 있다. 중국 역시 자국 보안장비 개발로 신흥 보안장비 제작국으로 성장하고 있으며, 항공경찰대를 창설하여 기내보안업무수행 및 여성전용보안검색 도입을 추진하고 있다.

이에 우리나라 역시 제도 정비를 통한 항공보안 역량강화, 인적 인프라의 질적 고도화 및 항공보안 매트릭스 구축, 공항 셀프 수하물 처리Self-tagging도입, 항공보안 장비 인증제도 구축 및 항공보안 장비 첨단화 등의 스마트보안 체계 구축 및 보안산업 활성화를 추진하고 있다.

2) 선박 및 항만 등 해상운송보안

항만은 국가 수출입물류체계의 기반이자, 잠재적 테러 위협으로부터 국가와 국민을 보호하는 안보 차원의 국경이기도 하다. 이런 관점에서 항만보안은 항만에 대한 효과적이고 효율적인 접근제어를 통해 국민의 경제적 활동과 생명을 보호하는 사회적 안전망이라 할 수 있다. 특히 화물중심의 항만에서 화물과 사람 중심의 항만으로 전환되는 지금은 사회적 안전망이라는 항만보안이 더욱 강화되어야 할 때이다.

항만을 위협하는 요인은 태풍, 지진, 쓰나미 등의 자연재해, 항만 내 위험물 등에 의한 폭발사고, 항만파괴 및 기능마비를 목적으로 하는 사이버테러, 북한의 도발 및 북한의 공격, 이슬람국가IS의 테러, 항만인력의 단체행동, 밀입국 사고 등 다양하게 존재한다.[117]

---

(115) 스마트 보안(Smart Security) 프로그램 : 승객의 위험수준에 따른 보안검색 방법 차별화, 최신기술과 결합한 공항보안검색 시설 운영 및 최적화 등 검색효율 강화를 위한 기반 조성 프로그램
(116) ACC : Air cargo/Mail carrier from 3rd Country Security.
(117) 김찬호, 최건우, 박상원, 「항만보안 관리체계 효율화 방안연구」, 한국해수산개발원, 2017.9.

가. 해상운송보안 개념

국제물류에서 해상운송Maritime shipping/Marine transport은 해상에서 선박을 이용하여 재화의 장소적·공간적 이전을 목적으로 하는 해상서비스를 통칭한다. 이처럼 해상운송이 선박과 항만을 경유해서 공급자에서 수요자까지 전달될 때까지 이루어지는 일련의 과정이라고 가정이라고 한다면, 해상운송의 안전 및 보안은 우선 선박 및 항만에서의 운송물의 멸실·훼손, 인도·수령지연이 발생하지 않는 상태를 말한다고 할 수 있다. 즉 해상운송 서비스상의 화물 및 물류의 안전을 위한 선박·항만의 관리를 의미한다. 또한 해상운송을 위한 화물이 안전하게 전달되기 위해서는 해사안전관리, 즉 항만안전, 해상·해양안전, 해상교통안전, 해양환경안전, 산업안전 등이 원활하게 제 기능을 할 때 해상운송을 위한 운송물의 안전을 담보할 수 있다.

그림 4-8 _ 해상물류업무 물류흐름 및 업무영역 개략도

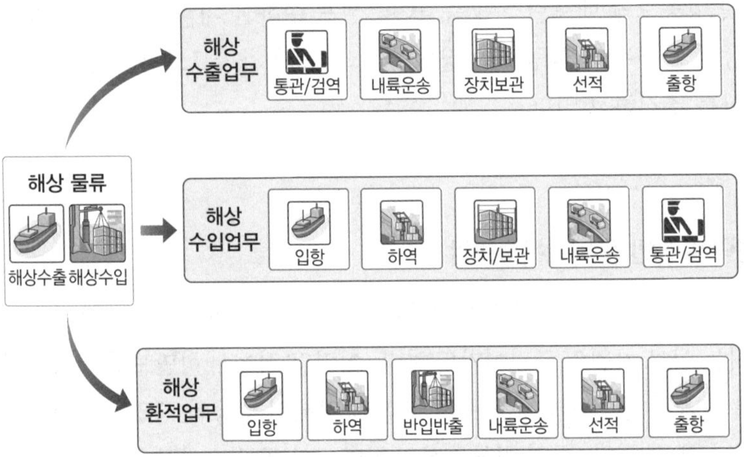

자료: 한국해양수산기술진흥원, 국토해양기술연구개발사업 연차(단계) 실적계획서, 2009. 8. p.108.

「해사안전법」상 선원·선박소유자 등 인적 요인, 선박·화물 등 물적 요인, 항행보조·항만 시설 등 환경적 요인들을 종합적으로 관리함으로써 선박의 운용과 항만내 물류활동과 관련된 모든 일에서 사고가 발생할 위험을 줄이는 '해사안전관리'와 해양안전사고 및 해양재난으로 인한 피해를 극소화하기 위한 해양안전관리의 예방, 대비, 복구와 관련하는 모든 활동을 의미하는 '해양안전관리'를 위한 제도들 역시 해상운송에서의 안전관리를 위한 제도들로 포함된다. 따라서 해상운송에서의 보안의 개념은 화물 및 물류과정의 안전 관리를 위한 선박·항만 관리와 서비스 활

동에 요구되는 인적, 물적, 환경적 요인들의 관리를 위한 해사·해양 관리를 포함하는 광의적인 개념으로 해석하기도 한다.

나. 해외 선박 및 항만 등 해상운송보안 관련 제도[118]

항만은 국가 수출입화물의 99.7%를 담당하고, 항만배후단지 등이 위치하는 등 경제적으로 국가의 중요시설이다. 즉, 국가 경제의 중요시설인 항만시설에 대한 보안은 항만시설에 대한 발생 가능한 직간접 위협을 방지함으로써 지속적이고 안정적인 국가 수출입 물류체계를 확보하는데 있어 필요한 필수요소이다.

2001년 9월 11일 미국에서 벌어진 항공기 납치 동시다발 테러 이후 국제해사기구IMO는 국제인명안전협약SOLAS협약을 개정하여, 선박 보안, 회사의 의무, 당사국 정부의 책임, 항만 시설 보안 대한 내용 등을 담은 「선박 및 항만시설 보안규칙ISPS CODE」을 2004년 7월 1일 발효하였다. 국제해사기구International Maritime Organization, IMO, 국제표준화기구International Organization for Standardization, ISO, 미국, EU 등을 중심으로 선박과 항만 등 국제공급망international supply chain상의 해상운송 안전 및 보안 확보를 위한 국제적인 보안체계를 구축하고 있으며, 해양환경관리의 중요성의 증가와 함께 해양오염방지, 친환경 물류활동 등의 새로운 국제물류환경 변화에 대응하기 위한 안전 및 보안 제도들을 구축/시행하고 있다.

현재 해상운송 관련 안전 및 보안제도는 미국에 의해 선도되어지고 있다. 미국의 경우 선박과 항만보안제도(MSA 2002), 컨테이너화물 검색제도SAFE Port ACT, 반테러 민간협력제도Customs-Trade Partnership Against Terrorism, C-TPAT, 입항하는 기준미달선의 통제를 위한 Qualship 21Quality shipping for the 21st century[119] 등의 제도를 마련하고 시행하였다. 또한 2006년 10월 「항만보안법SAFE Port ACT」을 제정하여 자국뿐만 아니라 글로벌 보안제도 강화에 앞장서고 있다. 그 예로 선박 및 항만시설 보안에 관한 국제규칙ISPS Code는 미국의 선박과 항만 보안제도를 다루는 항만보안제도 MSA 2002를 모태로 활용한 바, ISPS Code는 미국의 자체 법률인 MSA 2002의 일부조항을 제외하고 거의 유사하게 제정되었다. EU의 경우 국제해사기구의 국제 선박 및 항만시설 보안에 관한 규칙 ISPS CodeInternational Ship and Port Facility Security Code, AEOAuthorized Economic

---

(118) 김시현, 신건훈, 「한-EU 해상운송보안 제도 대응전략 비교연구」, 무역상무연구 제 68권, 2015.12, pp.23-42.

(119) 미국에 입항하는 기준미달선을 통제하기 위한 미국 국내법 및 국제협약을 준수하는 선박에 항만국통제(해양사고 예방과 해양환경 보호를 위해 선박의 구조·설비·승무원의 자격 등이 국제안전기준에 적합하지 여부를 점검) 면제 등의 인센티브를 부여하는 제도

Operator[120] 등 적극적인 대응과 도입/구축을 통하여 해상운송 관련 안전 및 보안 체제를 강화하고 있다.

다. 국내 선박 및 항만 등 해상운송보안 제도

우리나라도 2003년 "국제선박 및 항만시설보안에 관한 규정"을 도입하여 시행하기 시작하였으며, 2007년에는 「국제 항해선박 및 항만시설의 보안에 관한 법률(이하 "항만보안법"이라 한다.)」을 제정하여 항만보안을 강화해 나가고 있는 중이다.

동법에 따라 정부는 2008년에 10년 단위의 "제1차 국가항만보안 계획"을 수립하여 '안전하고 효율적인 항만 구축'을 목적으로 5개의 중장기 정책방향을 설정하였으며, 이의 실현을 위해 3개 분야 12개의 이행과제에 26개의 세부 실행과제를 선정하여 지금까지 추진하고 있는 중이다. 그 결과 항만출입관리시스템, 항만종합감시시스템 등의 도입이 차질 없이 진행되어 왔다. 그러나 아직까지도 '항만보안 인력의 확충 및 전문성 제고' 분야에서 설정하고 있는 '항만경비보안인력 운용체계의 효율화' 관련 세부 실행과제인 특수경비원의 근무여건 개선 및 통합경비체제 도입과 '항만보안인력 교육프로그램 개발·운영' 관련 세부과제인 교육·훈련제도의 표준화, '항만보안정책 인프라 및 국제협력 강화' 분야의 세부과제인 항만보안 업무수행역량 강화와 항만보안 관련 전문가 그룹 육성 등에 대해 항만보안 강화를 위해 추진해야 할 과제들이 산적한 상황이다.

우리나라의 항만에 대한 보안관리 감독체계는 다음과 같다.

「국제항해선박 및 항만시설의 보안에 관한 법률」에 따른 항만시설에 대한 보안관련 관리·감독은 제19조의 항만국통제와 제41조 출입·점검 등의 조항에서 찾아볼 수 있다. 「국제항해선박 및 항만시설의 보안에 관한 법률」은 크게 선박에 대한 보안과 항만에 대한 보안으로 구분될 수 있는데, '항만국통제'는 우리나라의 "항만에 입항하려는 외국 국적의 국제항해선박의 보안관리체제가 협약 등에서 정하는 기준에 적합한지 여부를 확인·점검하고 그에 필요한 조치(제19조 제1항)"라 할 수 있다. 여기서 필요한 조치라 함은 출항정치, 입항거부, 이동제한, 선박점검, 시정요구, 추방 또는 이에 준하는 조치라 할 수 있다. 즉, 항만국통제는 국제항해선박의 보안관리체제가 협약 등에서 정하는 기준에 적합한지 여부를 확인하고 이에 대해 해양수산부장관이 필요한 조치를 취하는 것이기 때문에 항만의 보안을 확보하기 위한 사전

---

(120) EU에서 구축·시행하는 물류보안 인증제도(2008.1. 시행).

적 관리방안이라 할 수 있다.

아울러 선박 및 항만시설에 대한 보안 사항에 대한 점검 등 관리는 법률 제41조에 의한 출입·점검이 있다. 출입·점검의 목적은 보안사건의 발생을 예방하고 국제항해선박 및 항만시설의 보안에 관한 업무를 효율적으로 수행하기 위하여 필요하다고 인정되는 경우에는 국제항해선박소유자, 항만시설소유자, 대행기관 및 보안교육기관 등 관계인에 대하여 필요한 보고를 명하거나 자료를 제출하게 할 수 있도록 하고, 만일 보고 내용 및 제출된 자료의 내용을 검토한 결과 보안에 관한 업무를 효율적으로 수행하기 어렵다고 판단될 때에는 해양수산부의 소속 공무원으로 하여금 직접 해당 선박, 항만시설 또는 사업장에 출입하여 선박과 항만시설의 보안에 관한 사항 등을 점검할 수 있도록 하고 있다. 아울러 동법 제41조 제6항에 따라서 해양수산부장관이 필요하다고 인정되거나 관계 국가보안기관의 장의 요청이 있을 때에는 국가보안기관과 합동으로 점검을 할 수 있다. 특히 합동 점검은 매년 연간 계획을 수립하여 국가중요시설은 시설별로 반기 1회, 연간 1회 시행하고 있으며, 다중이용시설인 국제여객터미널 등은 연간 1회 실시하고 있다.

그림 4-9 _ 항만물류보안 개념도(121)

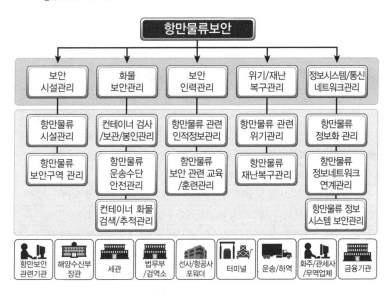

(121) 김수엽, 최종희, 김찬호, 「항만물류보안산업의 발전방안 연구」, 해양수산개발원 연구보고서, 2009, pp.1-153.

라. 항만 보안의 위협

보안 위협security threat이란 보호 상태를 해제시키고 불쾌한 일이 일어날 것 같은 위험이라 정의되며, 항만시설에 대한 보안 위협을 구체적으로 살펴보면 〈표 4-8〉과 같다.

표 4-7 _ 항만시설의 물리적 보안시스템 구성요소(122)

분류		구성요소
기계보안	CTV설비	보안 위협요소의 탐지, 검색 및 보안 사고 사전예방
	동작감지기	항만구역 내 비인가자 출입 탐지
	무선통신설비	항만 내 보안인력 및 시설 제어 및 일원화된 통제
	RFID구축	보안요원, 방문자, 화물차량, 기타 출입차량 등의 이동경로 및 위치 검색
	보안조명	항만 내 주요 시설 가시적 관찰
인력보안	보안검색	국제여객터미널의 출입국자 검색, 항만 방문자에 대한 검색 및 밀수 방지를 위한 기타 검색 담당
	일반보안	항만 출입 화물차량 검색, 하역선적 시 보안 감독 및 교통정리 및 기타 일반 보안업무 담당
	순찰	항만 내외, 선박 주변에 대한 정기, 부정기적 순찰 및 위해요소 제거, 위기상황 예방, 비상상황 발생 시 즉각 출동 및 상황진압
	종합지휘통제	종합상황실의 지휘, 통제 하 체계적, 신속한 보안업무 수행

출처: 방호삼 · 주종광, 해사법연구, 2013, 153~159면.

표 4-8 _ 항만시설의 보안 위협(123)

보안 위협	내용
테러	정치적 또는 사회적 목적을 달성하는 것과 관련하여, 정부와 민간인 단체를 협박하거나 위협하기 위해 항만시설을 대상으로 인명과 재산에 대해 무력이나 폭력을 비합법적으로 사용
불법무기류 유통	대량살상무기, 불법총기류, 폭발물 등의 운반 및 유통행위로 갱단, 테러집단 등에 의한 해상유통
마약유통	항만시설을 마약 유통경로로 활용하여 마약의 생산지로부터 마약 운반 및 판매
밀항	적법한 출입국 절차 없이 선박을 통하여 해외로 이동하는 행위
납치	승무원 및 항만시설 관계자의 안전 위협대가로 정치적, 금전적 대가를 요구하는 행위
파괴행위	특정 목적 또는 욕구불만 등의 정신불안으로 주변 시설을 파괴하는 행위
소요사태	항만 관련 근로자들의 집단 권리 주장 행위 등으로 인한 선박 및 항만 운영 지장을 초래하는 행위
비인가자 침입	통행이 허가되지 않은 비인가자의 침입으로 고가의 화물이 임의유출 되거나 조작

이상의 보안 위협에 따른 위험성을 사전에 고려하여 취약성을 감소시키기 위한

---

(122) 방호삼 · 주종광, 「우리나라 항만보안법제 개선에 관한 연구」, 해사법연구, 25(1), 2013, pp.153-159.
(123) 변용남, 「항만보안 위협의 효율적 대응을 위한 보안관리시스템 개선에 관한 연구」, 박사학위논문, 한국해양대학교 대학원, 2009, pp.7-9.

대응방안과 절차 및 우선순위가 결정되어야 하며, 이를 위한 보안평가가 이루어져야 한다. ISPS Code에 따르면 항만시설 보안평가는 공격의 대상이 될 수 있거나 이러한 가능성이 더 높은 부분을 결정하기 위한 항만시설 운영의 모든 측면에서의 근본적인 위험성 분석이라 정의 되며, 항만신설 운영의 전반적인 부분에 대하여 보안상태를 확보할 수 있도록 보안 위험성의 상태를 체계적으로 확인하기 위한 근본적인 보안위험성 분석이 항만시설 운영의 모든 측면에서 이루어져야 한다.[124] 이를 위해서는 사전에 보호해야 할 주요 자산 및 기반시설 식별 및 우선순위 선정, 발생가능한 보안 위협 및 발생가능성, 사고결과 추산, 대응조치 및 우선순위, 보안 취약성 분석 등이 평가되어야 한다.

---

(124) 김영균, 「ISPS Code에 규정된 항만시설 보안평가를 시행하기 위한 방법론에 관한 연구」, 석사학위논문. 한국해양대학교 대학원, 2004, p.72.

제 5 장

IT 보안

제1절
산업보안을 위한 IT 보안체계

1. 산업자산 식별

산업기술 유출에 사용되는 매체는 크게 온라인 과 오프라인으로 나누어지며, 온라인 매체의 경우 IT기술이 급속도로 발전함에 따라 이를 이용한 다양한 방법의 산업기술 유출이 발생하고 있다. 이메일을 이용한 중요정보나 산업기술에 대한 전자문서의 전송, 웹하드 등 P2P 사이트를 이용한 불법 공유, 메신저를 이용한 산업기술 유출이 주요 이슈로 대두되고 있다. 오프라인의 경우, 기업의 감시망이 허술한 틈을 이용해 노트북이나 휴대용 저장매체를 불법 반출하거나, 최근에는 오프라인 문서에 대한 관리나 접근권한이 미흡한 것을 이용해 프린트나 복사물의 형태로 유출하는 경우가 많아지고 있으며, MP3나 PDA 등 지능형 미디어를 이용한 산업기술 유출이 증가하고 있지만 현재 이에 대처할 만한 기술이 미흡한 실정이다.

그림 5-1 _ 산업기술 유출에 사용된 매체 분석

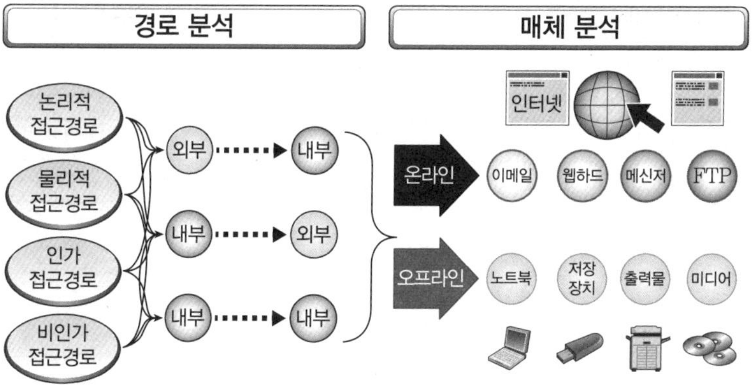

산업자산의 표현방식에 따라 〈표 5-1〉과 같이 크게 하드웨어/일반문서와 전자문서로 분류할 수 있다.

표 5-1 _ 산업자산의 식별

구 분	저장매체	저장형태	정보의 유형	보안영역
하드웨어/ 일반문서	공장 또는 사무실	출력품 또는 부품	주요 문서, 보고서 및 제안서 등과 같은 단위정보가 가공된 물리적 정보	물리적 보안
	서버	문서 및 데이터베이스	보고서 및 제안서 등과 같이 단위정보가 가공된 전자적 정보 및 트랜잭션 및 파일 형태의 정보	
전자문서	개인용 컴퓨터	문서파일	보고서 및 제안서 등과 같이 단위정보가 가공된 전자적 정보	기술적 보안
	네트워크	전송 패킷	표준화된 형태의 전송단위 정보	

하드웨어/일반문서는 공장 또는 사무실에 존재하는 출력물 형태의 문서와 생산된 부품을 의미하며 물리적 보안영역에서 보호되어진다. 전자문서는 개인용 컴퓨터나 데이터베이스에 저장된 전자적인 정보 및 트랜잭션/파일 형태의 정보와 네트워크상에 존재하는 표준화된 형태의 전송단위 정보를 의미하며 기술적 보안영역에서 보호되어진다.

일반적으로 조직이 보유하고 정보로서 조직관련 정보, 고객관련 정보, 지적 자산 정보 등이 있으며, 산업보안 대상은 지적 자산 정보로서 기술적 문서, 프로그램 소스파일, 공학도면, 전략 계획서 등이 있다. 조직이 보유하고 있는 지적 자산 정보는 웹문서, 데이터베이스, 파일문서 등의 형태로 다양한 정보시스템에 산재되어 있으며, 이를 보호할 수 있는 IT 보안체계를 설립하여야 한다.

표 5-2 _ 산업자산의 종류에 따른 보안방법

지적 자산 정보저장 형태	비 율	IT 보안방법 예시
기업 이메일, 메시지	21%	이메일 및 메신저 보안
파일 시스템	28%	문서 보안
데이터베이스	34%	데이터베이스 보안
포털, 인트라넷	17%	네트워크 접근제어(Network Access Control)

출처: Enterprise Strategy Group, "Intellectual Property Rules", 2007

2. 정보자산 IT Asset 취약점 분석

정보자산에 대한 보안취약점을 정보흐름 관점에서 분석하면 개인용 컴퓨터, 전자문서, 데이터베이스, 네트워크로 구분할 수 있다.

그림 5-2 _ **정보흐름 관점에서의 취약점 분석**

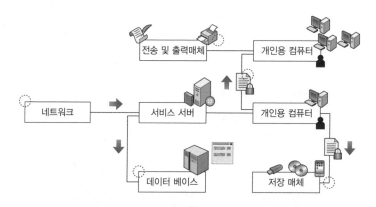

1) 개인용 컴퓨터 취약점

개인용 컴퓨터의 취약점을 살펴보면 먼저, 외부에서 악의적으로 개인용 컴퓨터 내부에 침투하여 운영체제 취약점을 고려한 해킹 툴, 바이러스 등을 통하여 개인용 컴퓨터에 저장된 문서파일을 유출하는 등 정보를 훼손할 수 있는 취약점이 있다. 그리고, 개인용 컴퓨터 관리(접근통제) 부실로 인하여 부팅 시 윈도우 패스워드 부실에 따른 외부침투, 화면 보호기 미설정 등으로 인하여 문서파일이 유출될 수 있는 취약점이 있다. 마지막으로, 이메일, 이동성 저장매체 등을 사용하여 개인용 컴퓨터 사용자가 임의로 내부문서를 유출할 수 있는 취약점이 있다.

그림 5-3 _ **정보흐름 관점에서의 개인용 컴퓨터 취약점 분석**

2) 전자문서 취약점

전자문서의 취약점을 살펴보면 우선, 생성된 문서에 대한 비 등급화 및 비 암호화로 인하여 생성된 비밀문서를 적절히 분류하지 않고, 일반 문서와 같이 관리되어 유통될 수 있는 취약점이 있다. 다음으로, 문서에 대한 열람, 편집, 전달, 출력 과정에서의 접근통제가 미흡하게 됨으로써 문서에 대한 사용자 별 권한 남용, 전자메일 및 이동매체를 통한 불법유출/도난/분실 등을 통하여 문서가 유출될 수 있는 취약점이 있다. 마지막으로, 문서 사용 후 미 파기, 삭제된 문서복구 등을 통하여 파기된 문서를 불법사용 및 유출할 수 있는 취약점이 있다.

그림 5-4 _ 정보흐름 관점에서의 전자문서 활용 취약점 분석

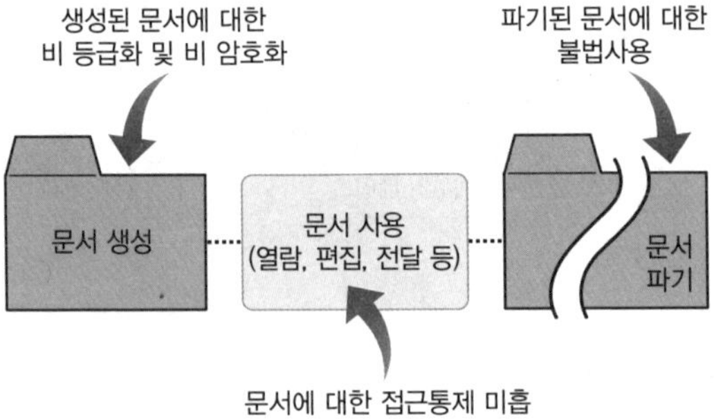

3) 데이터베이스 취약점

데이터베이스의 취약점을 살펴보면, 먼저 서버 관리자(또는 일반 사용자)의 무분별한 데이터베이스 접근으로 인하여 데이터베이스 접근권한을 오 남용하여 실제 업무와 연관되지 않은 데이터파일을 열람하거나 유출할 수 있는 취약점이 있다. 다음으로, 데이터베이스를 관리하는 관리자(또는 데이터베이스에 접속할 수 있는 사용자)의 아이디와 패스워드를 도용하여 데이터 파일을 유출할 수 있는 취약점이 있다. 마지막으로, 운영체계 및 데이터베이스 관리시스템의 취약점을 고려하여 해킹 툴, 바이러스 등을 통하여 외부에서 악의적으로 서버 및 데이터베이스 내부에 침투하여 정보를 훼손하거나 데이터베이스에 저장된 파일을 유출할 수 있는 취약점이 있다.

그림 5-5 _ 정보흐름 관점에서의 데이터베이스 취약점 분석

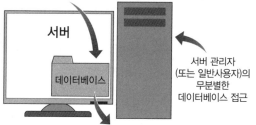

외부에서 악의적으로 서버 및 데이터베이스 내부에 침투

서버

데이터베이스

서버 관리자
(또는 일반사용자)의
무분별한
데이터베이스 접근

데이터베이스 접근권한을 도용하여 데이터파일 유출

4) 네트워크 취약점

네트워크의 취약점을 살펴보면, 우선 네트워크 장비가 전송 패킷을 보내기 전에 패킷 헤더 및 데이터를 분석 하여 유출할 수 있는 전송 패킷 감청 취약점이 있다. 그리고 네트워크 장비의 운영체제 취약점을 이용하여 전송되는 데이터를 훼손하거나 유출하는 네트워크 장비의 취약점을 통한 침투의 취약점이 있다. 마지막으로, 네트워크 신호의 불연속점을 찾아 데이터를 유출하는 네트워크 신호 도청의 취약점이 있다.

그림 5-6 _ 정보흐름 관점에서의 네트워크 취약점 분석

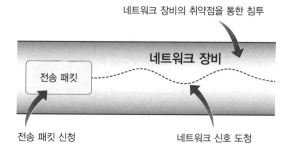

네트워크 장비의 취약점을 통한 침투

네트워크 장비

전송 패킷

전송 패킷 신청

네트워크 신호 도청

제2절
IT 보안 기술

1. 이메일 및 메신저 보안

1) 정의

이메일 및 메신저 보안이란 인터넷을 통한 전자메일 및 메신저의 내용을 암호화하고, 규칙에 의한 사전 필터링을 해 주는 유출통제 기술을 말한다.

그림 5-7 _ 이메일 보안 동작원리

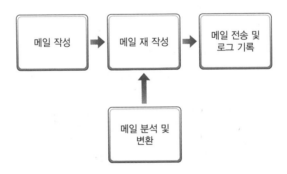

2) 주요 기능

주요 핵심 기능으로 사용자가 외부와의 전송경로를 사용하여 비형태의 정보를 악의적으로 유출하는 취약점을 대응하기 위하여 전송 ID, 메시지 크기, 키워드(제목, 본문, 첨부파일), 첨부파일 이름, 첨부파일 개수, 수신지 주소 등의 규칙에 따라 필터링을 진행하고, 규칙에 걸리는 내용을 탐지하는 기능(사건 및 사고 징후를 포착하는 profiler 및 pattern 처리 엔진)이 있다. 다음으로는 메일 및 메신저와 같은 인터넷 도구를 통하여 다양한 형식(약 300여 종 이상)의 문서가 첨부되어 유출되는 취약점에 대응하여 첨부된 문서를 동일한 형식으로 변환 후 저장하고 유출 시점의 화면을 동영상으로 녹화하여, 사후 유통 경로를 추적할 수 있는 기능이 있다.

2. 이동 저장장치 보안

1) 정의

이동 저장장치 보안이란 개인용 컴퓨터에 연결될 수 있는 이동 저장장치(이동 저장장치, Mobile Phone, Memory Card 등)에 대한 권한 통제를 수행하는 IT 보안 기술을 말한다.

그림 5-8 _ 이동저장장치 보안 동작원리

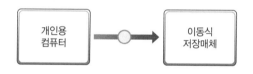

2) 주요 기능

다양한 이동 저장장치 및 통신채널을 통하여 파일이 유출되는 취약점에 대응하여 복합적 기능이 사용되고 있다. 주요 핵심기능으로는 사용자 식별 및 인증 기능이 있다. 사용자 식별 및 인증 기능은 사용할 수 있는 이동 저장장치를 보안 관리자에 등록한 후 사용하는 기능이다. 다음으로는 지정 데이터 암·복호화 기능이 있다. 지정 데이터 암·복호화 기능은 파일을 암호화하고 저장하고 보안 에이전트가 설치되지 않은 곳에서는 복호화를 불가능하게 하는 기능이다. 다음 기능으로는 저장된 정보의 임의복제 방지기능이 있다. 저장된 정보의 임의복제 방지기능은 인증된 사용자만 등록된 이동 저장장치 사용이 가능하며, 실시간 로그 전송을 통한 사용자 상태가 관리되며 무단 반출 시에는 이동 저장장치의 사용이 원천적으로 금지하는 기능이다. 다음 핵심 기능은 유출시 저장 데이터의 보호를 위한 삭제기능이 있다. 유출 시 저장 데이터의 보호를 위한 삭제기능은 서버에 등록된 이동 저장장치가 도난 또는 분실된 경우에는 불법 이동 저장장치로 등록되어 보안 에이전트가 작동됨에 따라 이동 저장장치에 대한 접근통제 및 파일의 삭제가 이루어지게 하는 기능이다. 다음으로는 이동 저장장치 통제 기능이 있다. 이동 저장장치 통제 기능은 사용자, 그룹, 개인용 컴퓨터 별로 이동저장장치 자체에 대한 사용 권한을 통제하는 기능이다. 마지막으로 외부로 전달하는 파일에 대한 보안파일 생성 기능이 있다. 보안파일 생성 기능은 '사용자 인증 정보 + 권한 제어 정보 + 암호화된 데이터 내용'을 하나의 실행 파일 형태로 생성하여 보안파일 생성하는 기능이다.

다양한 IT 보안 기능 개발에도 불구하고, 근래에 들어 다양한 이동식 저장장치(Secure Digital Card, Compact Flash Card, Memory Stick 등) 및 통신방법(Infra-red Data Communications, Wireless Internet, Blue Tooth 등)이 출현할 때마다 이를 통제할 수 있는 Device Security 기능이 개발되고 있으나, 기존의 다른 장치들에 대한 통제 방법과 충돌문제가 발생하고 있다.

3. 문서보안

1) 정의

문서보안DRM, Digital Rights Management은 기존의 파일 암호화를 기반으로 각종 권한관리 및 인증관리가 첨부되어 인증되지 않은 사람이나 권한이 없는 사람은 전자문서에 대한 접근을 불가능하게 하며, 문서의 생성에서부터 저장장치 사이의 유통 및 폐기에 이르기까지의 전 과정에 보안 규칙을 적용하고 중요 문서의 유출경로까지 파악이 가능하게 함으로써 기밀문서 및 제품도면 등의 무단 유출을 방지하는 IT 보안 기술을 말한다.

개인용 컴퓨터에서 만들어지는 문서가 생성되는 순간부터 암호화하여 유출을 원천적으로 방지할 수 있는 개인용 컴퓨터 문서보안 방식과 개인들이 만든 문서가 조직의 문서관리시스템으로 올라가고 공유 시 암호화함으로써 특정 인증된 사용자만이 문서를 사용하게 하는 서버 문서보안 방식이 있다.

그림 5-9 _ 문서보안 동작원리

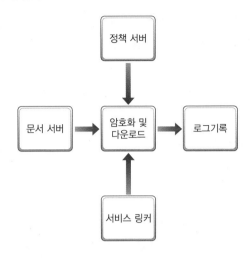

2) 주요 기능

전자문서의 다양한 취약점에 대응하여 복합적 기능이 사용되고 있다. 주요 핵심 기능으로는 생성된 비밀문서를 적절히 분류하지 않고, 일반문서와 같이 관리되어 유통하는 생성된 문서에 대한 비 등급화 및 비 암호화에 관한 취약점에 대응하여 개인용 컴퓨터에 저장된 사용자 파일 및 폴더에 대하여 선택적 파일 암호화, 강제적 파일 암호화, 폴더 암호화를 수행하는 실시간 암호화 기능이 있다. 다음으로는 문서에 대한 사용자 별 접근권한의 오남용하여 문서가 유출되는 문서에 대한 열람, 편집, 전달, 출력 과정에서의 접근통제가 미흡한 취약점에 대응하여 문서별 권한 통제 부여를 통하여 문서 열람, 문서 편집, 문서 출력 등을 수행하는 문서사용 통제 기능이 있다. 다음으로는 문서 사용 후 미파기, 삭제된 문서복구 등을 통하여 불법적으로 문서를 유출하는 파기된 문서에 대한 불법사용 취약점에 대응하여 문서에 대한 접근권한 설정정보를 기반으로 하여 읽기 횟수, 출력 횟수, 유효기간 등이 초과되었을 경우에는 자동으로 보안문서를 완전 파기할 수 있는 보안문서 자동 및 완전파기 기능이 있다. 다음으로는 문서가 한 부 필요해도 여러 부를 출력하는 등 프린터에 출력된 문서가 누군가에 의해 열람되거나 사라질 수 있으며, 복사기를 통하여 악의적으로 문서가 복사될 수 있는 취약점에 대응하여 프린터 및 복사기 사용에 대한 접근통제 및 복사내용 저장을 통한 감시 단어를 추출하는 기능이 있다. 다음으로는 파일크기가 매우 크며, 다양한 파일형식과 응용 프로그램 사이의 유기적인 상호연동, 프로세스를 구성하는 다단계 협업 그리고 다양한 사내 및 사외 조직이 참여하는 특징을 가지고 있는 도면 및 프로그램 소스 파일 자체에 대한 취약점에 대응하여 도면 및 프로그램 소스 파일 자체를 접근통제 하는 기능이 있다.

4. 데이터베이스 활동 모니터링

1) 정의

기업의 데이터베이스는 조직 내에서 필요로 하는 정보를 체계적으로 축적하여 그 조직 내의 사용자에게 필요한 정보를 제공하는 정보서비스 기관의 심장부에 해당되며, 데이터베이스에 의한 해킹이나 내부 사용자에 의한 유출은 조직의 신뢰성에 심각한 손상을 입혀 신뢰성에 심각한 손상은 물론 금전적인 피해까지도 이어질 수 있다. 데이터베이스 활동 모니터링이란 이를 방지하기 위하여 데이터베이스에 저장되어 있는 데이터 및 정보에 대해 인가되지 않은 접근, 의도적인 정보의 변경이나 파괴 및 데이터의 일관성을 저해하는 우발적인 사고 등으로부터 데이터베이스를 감시하고 외부의 접근을 탐지 및 통제하는 IT 보안 기술을 말한다.

그림 5-10 _ 데이터베이스 활동 모니터링 동작원리

2) 주요 기능

데이터베이스의 다양한 취약점에 대응하여 데이터베이스 활동 모니터링을 위한 접근 통제 기능이 복합적 방법으로 사용되고 있다. 주요 핵심 기능으로 데이터베이스 접근통제 방법으로서 패킷 스니핑^Passive 방법은 네트워크 구조 및 데이터베이스 환경 변경 없이 즉시 적용가능하고 관리가 용이하고, 대용량 트랜잭션 처리 시에도 성능에 별다른 영향을 주지 않으나, 네트워크 패킷정보만을 사용하므로 신뢰성이 부족하다(패킷 Loss). 또한 로컬 접근 방식으로 수행되는 작업내용을 추적하고 차단하지 못하는 문제점이 있다.

그림 5-11 _ 패킷 스니핑 방법

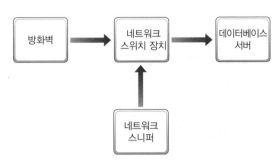

다음 데이터베이스 접근통제 방법으로서 게이트웨이IP Forward, In Line 방법은 모든 세션 접속이 게이트웨이를 통해서 이루어지므로 접근통제를 쉽게 수행할 수 있으며, 접근방식에 상관없이 대부분의 세션들을 추적하고 통제할 수 있으나, 사용자의 모든 세션을 게이트웨이 장비를 거치도록 네트워크 환경을 변경하여야 하며, 대용량 트랜잭션 처리 시 성능에 영향을 주고 우회적 접근에 취약하다.

그림 5-12 _ 게이트웨이(IP Forward, In Line) 방법

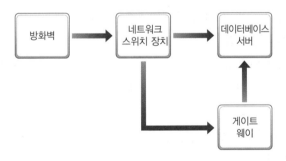

마지막 데이터베이스 접근통제 방법으로 에이전트 방법은 에이전트만 설치되므로 구축이 용이하고, 서버 내부에서 작동하므로 신뢰성 및 접근통제 기능이 가장 우수하나, 시스템 자원을 사용하기 때문에 대용량 트랜잭션 처리 시 성능이 저하되고, 에이전트의 이중화 구현이 불가능하다.

그림 5-13 _ 에이전트 방법

데이터베이스 운영상의 편의성을 위하여 웹 어플리케이션 서버를 통하여 데이터베이스 서버에서 접속하는 모든 사용자들이 업무 별 공용의 ID를 사용하고, 데이터베이스에 대한 접근권한을 가지고 있는 관리자 및 사용자가 어플리케이션 서버를 통한 접근방법으로 네트워크를 통하여 실수 또는 악의적으로 중요 정보를 유출할 수 있는 취약점에 대응하여 데이터베이스 접속 통제기술과 데이터베이스 권한 통제기술, 그리고 표준화된 중요 SQL 결재 관리 기능이 있다. 먼저 데이터베이스 접속 통제기능은 사용자 IP 주소, 사용자 ID, 사용자 응용 프로그램, 컴퓨터 이름, 접속 시간대 별로 세분화하여 데이터베이스로의 접근을 통제하는 기능이다. 다음으로 데이터베이스 권한 통제기능은 사용자 IP 주소, 사용자 ID, 사용자 응용 프로그램, 컴퓨터 이름, 접속 시간대 별로 세분화하고, 추가적으로 SQL 질의문, 테이블 및 필드에 대한 권한을 통제하는 기능이다. 마지막으로 표준화된 중요 SQL 결재 관리 기능은 관리자가 실행해야하는 중요하고 위험한 SQL 질의 문에 대하여 상급자의 결제에 의해서만 통제하는 기능이다.

그 외에 데이터베이스에 대한 접근권한을 가지고 있는 관리자 및 사용자가 네트워크를 거치지 않고 서버 앞에서 콘솔을 통하여 키보드로 로그인하여 사용하여 데이터베이스 서버에 직접 접속함으로써 실수 또는 악의적으로 중요정보를 유출할 수 있는 취약점에 대응하여 모든 SQL 질의 문에 대하여 로그를 남기고 향후 감사를 위한 이력관리 기능이 있다. 그리고 웹 어플리케이션 서버를 통하여 데이터베이스에 접근하는 경우, 데이터베이스 보안 기술은 어느 클라이언트가 접속하였는지 알 수가 없기 때문에, 사용자 단위에 접근통제가 아닌 웹 어플리케이션 단위의 접근통제를 수행하는 기능이 있다.

5. 데이터베이스 암호화

1) 정의

데이터베이스 암호화는 데이터를 암호화하여 저장하고 필요시 암호화된 데이터를 복구하여 조회 변경하고, 다시 암호화하여 저장하는 IT 보안 기술을 말한다. 데이터베이스에 저장되어 있는 데이터 및 정보에 대해 인가되지 않은 접근, 의도적인 정보의 변경이나 파괴 및 데이터의 일관성을 저해하는 우발적인 사고 등으로부터 데이터를 보호하며, 만일의 데이터 유출에도 중요 정보의 악용을 막기 위해서는 데이터를 암호화하는 것이 가장 안전하고 확실한 방법이다. 서버에 에이전트를 설치하거나 데이터베이스 내부에 API Application Program Interface를 설치하는 소프트웨어방식과 서버 외부에 별도의 암호화 장비를 설치하여 시스템의 과부하를 감소시키는 하드웨어방식이 있다.

그림 5-14 _ Database Encryption 동작원리

이름	이름 (주 키)	주소
김보안	******	서울

2) 주요 기능

데이터베이스 암호화의 취약점에 대응하여 데이터베이스에 대한 접근권한을 가지고 있는 관리자 및 사용자가 실수 또는 악의적으로 중요 정보를 유출할 수 있는 취약점에 대응하여 암호화 칼럼에 비정상적이고 지속적인 데이터 유출시도가 발생하면, 로그 기록으로 이를 확인하여 해당 세션을 차단하여 불법적인 접근시도를 차단할 수 있는 기능이 있다. 하지만 데이터베이스를 암호화하는 경우, 인덱스 자체도 암호화되어 데이터 검색속도가 저하되며, 대용량 테이블을 암(복)호화할 경우 장시간이 소요되어 서비스 중단이 발생될 수 있다.

6. 네트워크 접근제어

1) 정의

　사용자 단말이 네트워크에 접속하는 단계에서부터 단말의 보안 상태를 점검하여 보안정책에 부합하지 않는 단말에 대해 격리/치료/접속 허용 등 일련의 과정을 통해 가입자 단말과 내부 네트워크를 보호하는 IT 보안 기술을 말한다. 즉, 검역기반의 네트워크 접근통제로 기업 내부보안을 최상의 상태로 유지하는 보안 기술이다.

그림 5-15 _ 네트워크 접근제어 동작원리

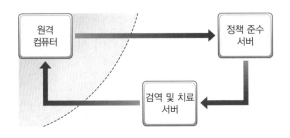

2) 주요 기능

　네트워크 접근제어 기술은 통제 방법에 따라 세 가지 기능으로 구분할 수 있다. 우선, Switch(802.1x) 기반의 네트워크 접근통제 기능은 단말기에 에이전트를 설치하여 인증을 수행하고 접속권한을 정의하는 서버와 통신하여 이를 스위치 포트에 접속을 허용하는 기능이다. 다음으로, Appliance 기반의 네트워크 접근통제 기능은 네트워크에 위치하는 장치들을 통해 내부 네트워크의 자산정보를 정보를 수집하고 네트워크 접근제어 기능을 수행한다. 마지막으로, Host 기반의 네트워크 접근통제 기능은 에이전트와 서버와의 통신으로만 접속권한을 부여하고, 이를 바탕으로 모든 접근통제를 에이전트에서 수행하는 기능이다.

　그 외에 업무 특성상 다양한 형태의 정보처리 장치(device, access point, agent, application)가 원격으로 접속을 요구하여 이에 대한 통제가 어렵기 때문에 정책 유효성 확인기능(원격의 컴퓨터가 적절한 보안수준rule을 만족healthy하는지 검사Integrity, 원격 컴퓨터가 건강한 정도에 따라 컴퓨터의 네트워크 접속을 제한하고, 컴퓨터가 건강해지도록 필요한 업데이트를 제공Enforcement)이 있다. 그리고 조직의 규정에 따라 적정한 보안수준을 만족한 컴퓨터에서 사용자가 실행하는 악의적인 프로그램의 동작 및 악의적인 행동을 차단하고, 조직의 보안정책 변경이나 컴퓨터의 건강 정도 변경에 따라 실시간으로 네트워크 접속을 통제할 수 있도록 다른 보안시스템과의 연계한 통합적인 보안기능이 있다.

7. 콘텐츠 모니터링/필터링

1) 정의

콘텐츠 모니터링과 필터링은 데이터와 콘텐츠의 부적절한 사용을 발견하는 기능을 제공하는 IT 보안 기술을 말한다. 특정 응용 프로그램과 관련 비즈니스 규칙에 근거하여 모니터링하며, 네트워크상에서 민감한 정보의 부적절한 이동을 탐지할 수 있다. 특권 사용자의 활동을 모니터링하기 위해서는 많은 양의 감사로그가 필요하지 않으나, 응용 프로그램 사용자가 수행하는 트랜잭션 수준의 활동을 모니터링하기 위해서는 많은 양의 감사로그가 생성되어야 하고, 모니터링의 결과를 분석하고 보고하는 데에 많은 추가적 노력이 소요된다.

그림 5-16 _ **콘텐츠 모니터링/필터링 동작원리**

2) 주요 기능

다양한 경로를 통하여 내/외부 조직으로 정보가 유출되는 취약점에 대응하여 전체 세션의 관점에서 외부로 향하는 네트워크 트래픽에 대한 패킷 추출 기술, 보안정책 또는 규칙에 의해 특정 콘텐츠 사용을 탐지, 차단, 통제하기 위해 구문 분석 Linguistic Analysis 수행하는 기능이 있다. 구분 분석이란 단순 키워드 매칭 기술을 넘어, 문서 전체 매칭 및 기계 학습을 통한 패턴분석 기술을 말한다.

8. IT 보안관제

1) 정의

IT 보안관제란 전 정책위반 또는 침입으로부터 시스템과 네트워크 자원의 손상을 막기 위해 관제가 필요한 모든 시스템을 실시간으로 모니터링하여 즉각 대응, 관리할 수 있도록 전문 보안업체가 해당인력, 프로세스, 기술 및 전문지식을 제공하고 고객은 자신의 핵심 역량에 집중할 수 있도록 하는 행위를 말한다.

그림 5-17 _ 보안관제의 개념

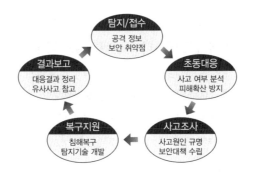

2) 주요 기능

IT 보안관제의 주요 기능은 크게 사이버 공격정보 수집 기능과 보안관제 지원 기능으로 나뉜다. 세부적으로 사이버 공격정보 수집 기능에는 침입차단, 침입탐지, 침입방지, 웹 방화벽, 분산서비스 방해공격DDoS: Distributed Denial of Service 방지, 바이러스 월, Secure OS, 통합보안관리 에이전트, 홈페이지 모니터링, 악성도메인 모니터링, 공격이벤트 분석, 비정상 트래픽 분석, 추이 분석, 취약점 분석 지원, 위협관리, 통합 데이터베이스 관리, 종합분석 기능이 있으며, 보안관제 지원 기능에는 침해사고 관리, 공격정보 분석, 원격지원, 예·경보발령, 통합백업, 성능관리, 유해 IP관리, 공개 사이버 보안정보 수집, 정보공유 기능이 있다. 사이버 공격정보 수집기능 중 세부 핵심기능인 침입차단 기능은 IP와 포트 정보를 기준으로 네트워크의 접근을 허용·차단 등 제어기능을 제공하며, 보안정책에 위배된 차단로그 및 허용로그를 생성한다. 다음 사이버 공격정보 수집 기능의 세부 주요 기능으로는 침입탐지 기능이 있으며, 이 기능은 네트워크상의 모든 트래픽 패킷을 수집하여 공격 징후를 실시간 탐지 및 대응하는 기능이다. 보안관제 지원 기능 중 세부 핵심기능은 침해사고 관리 기능이며, 이 기능은 공격시간, 공격자, 공격대상, 피해현황, 대응결과 등 일련의 사고 처리과정을 데이터베이스화하여 기록하는 기능이다. 다음으로 보안관제 지원 기능의 세부 주요 기능으로는 예 · 경보발령 기능이 있으며, 이 기능은 긴급 상황 · 보안조치 내용 등을 산하 · 유관 기관에 전파하는 기능이다. SMS · 이메일 · 팩스 등 가용한 유 · 무선 통신수단을 이용하여 예 · 경보를 통보하고 이력을 관리한다.

그림 5-18 _ 보안관제센터

출처: 셔터스톡

제3절
IT 보안 기술 현황 및 문제점

1. 개인용 컴퓨터 보안 기술

1) 개인용 컴퓨터 방화벽

백신만으로는 높아지는 사이버 위협에 대응, 개인용 컴퓨터의 안전성을 담보할 수 없다는 인식에서 탄생한 보안 기제로, 네트워크 방화벽과 마찬가지로 공격에 사용되는 포트를 차단하고, 허용되지 않은 프로그램의 외부 통신을 차단하는 등 개인 보안 정책을 설정할 수 있다. 개인용 컴퓨터 방화벽은 별도의 시장을 형성하기보다는 백신 시장에 점차 포함되고 있다. 바이러스 백신에 더해 개인용 컴퓨터 방화벽, 호스트 침입방지시스템, 안티스파이웨어 등 다양한 보안 기능을 포괄하고 있는 통합형 기술이 등장했으며, 듀얼코어 프로세서의 등장 등 비약적으로 발전하고 있는 하드웨어의 진화에 힘입어 통합형 솔루션이 시장의 주류로 자리매김하고 있기 때문이다.

그림 5-19 _ 개인용 컴퓨터 방화벽

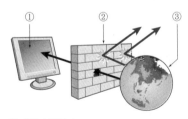

① 사용자 컴퓨터
② 방화벽
③ 인터넷

2) 이동 저장장치 보안

보안 이동 저장장치는 공공기관의 요구에 의해 발생한 특수한 시장이다. 보안 이동 저장장치는 국가정보원이 보안 기능이 더해진 보안 이동 저장장치메모리 드라이브 도입을 권고하는 "이동 저장장치메모리 등 보조기억매체 보안관리지침"을 2007년 초 발표하면서 등장한 시장이다. 초기 보안 이동 저장장치 시장이 큰 기대를 받았지만, 시장 성장세는 업계의 기대에 미치지 못하고 있다. 과열 경쟁으로 가격이 크게 하락한 데 더해 공공기관의 수요 또한 업계의 기대치에는 미치지 못하는 수준에 그치고 있기 때문이다. 또 보안 이동 저장장치에 대한 일반 기업의 수요도 일부 존재하지만, 말 그대로 '일부'에 그치고 있어 시장 확산이 더디게 나타나는 것이다. 그렇지만 각급 기관에서 활용되는 이동 저장장치메모리의 양을 고려하면 시장 전망은 어둡지는 않다. 즉, 추후에는 본격적으로 윈백 시장이 도래할 것으로 보이며, 공공기관과 달리 금융 및 일반 대기업에서도 올해까지 상당수가 검토를 많이 했기에 향후 금융 및 일반 대기업의 보안 이동 저장장치 구매가 확대될 것으로 보인다. 이러한 이유로 과열경쟁이 정리되고, 가격이 정상화될 경우 수요처가 제한적이라는 단점에도 불구하고 시장은 지속적으로 증대될 것으로 예상된다.

그림 5-20 _ 이동 저장장치 보안

3) 문서보안

기업에서의 정보유출 방지와 내부통제, 그리고 효율적인 데이터 관리와 보안이 절실하다. 최근 기업의 데이터 자체에 대한 보안이 부상하고 있으며 과거에는 건설업, 물류업, 석유화학업체 등에서 보안 투자 우선순위로 데이터 보호를 위해 '문서보안' 솔루션을 선택했고 은행권과 유통·서비스업에서도 문서보안 도입이 급증했다. 이와 같이 문서보안 시장은 정보 유출을 방지하기 위한 데이터 암호화 시장으로 하나의 솔루션으로 커버하는 시장은 아니지만 문서보안의 활용범위는 많아지는 추세다. 최근에는 산업기밀 유출방지법 시행 및 「개인정보 보호법」 제정과 같은 정보보호관련 법제의 강화와 내부자에 의한 정보유출 사고가 빈번해짐에 따라 E-문서보안 수요가 급증하고 있으며 이러한 성장세는 앞으로도 지속적으로 유지될 것으로 보인다. 또한 전문업체들은 그간 대기업과 금융권에서 운영을 유지하는 추세여서 투자의 개념으로 전환함에 따라 올해에는 신규 투자 수요가 증가하는 추세였다. 특히 웹을 통해 유통되는 각종 디지털 콘텐츠의 안전한 분배와 불법 복제를 방지하기 위한 것으로 매년 지속적인 성장세를 이어갈 것으로 전망된다. 한편 E-문서보안 시장에서도 스마트폰 지원 문제가 뜨거운 감자로 떠올랐다. 스마트워크 지원을 위해 스마트폰에서도 문서보안이 적용된 문서를 볼 수 있도록 해야 한다는 요구가 대두된 것이다. 이에 E-문서보안 기업이 스마트폰 지원에 나선 가운데, 스마트폰 이슈가 E-문서보안 시장에 성장 동력이 될 지 주목된다.

그림 5-21 _ **문서보안**

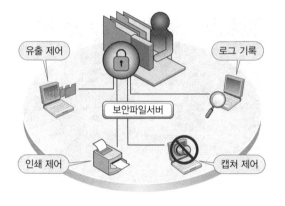

2. 데이터베이스 보안 기술

1) 데이터베이스 활동 모니터링

데이터베이스 보안 시장은 2009년 「정보통신망법」의 데이터베이스 관리 시스템에 대한 접속기록보관 및 위·변조방지 규정으로 인해 시장이 확대되기 시작해 최근 급속히 증가했다. 정부의 「정보 통신망 이용촉진 및 정보보호 등에 관한 법률」에 따라 전기통신 사업자 및 인터넷 사업자 등을 중심으로 적용되던 개인정보의 관리적, 기술적 조치의 기준이 준용 사업자들로 확대되면서 대형 할인점, 병원, 여행사 등의 다양한 업종의 소규모 사업자 법 적용기준이 확대된 것이다. 이에 준용사업자들은 개인정보 수집 시 본인의 동의를 얻어야 하고 중요한 개인정보는 암호화하고 개인정보관리책임자를 지정하는 등 기술적, 관리적 보호조치를 취해야 한다. 데이터베이스 보안 시장은 이러한 컴플라이언스 이슈로 인해 올해 큰 폭으로 성장했다. 특히 공공기관과 금융기관, 쇼핑몰, 인터넷서비스 기업 시장에서 두드러진 성장세를 이어갔다. 그리고 향후에는 데이터베이스 보안의 도입율이 낮은 의료, 유통, 교육시장 등에서 신규 시장이 열릴 것으로 전망되고 있다. 향후 데이터베이스 보안 시장의 타깃은 기존 고객 사이트에 대한 증설 사업과 신규 고객 사업이 있다. 특히 신규 타깃 고객은 「정보통신망법」의 대상 기업 및 상대적으로 다른 업종에 비해 데이터베이스 접근제어 도입율이 낮았던 의료, 유통, 교육 시장 등에 집중될 것으로 전망된다.

그림 5-22 _ 데이터베이스 활동 모니터링

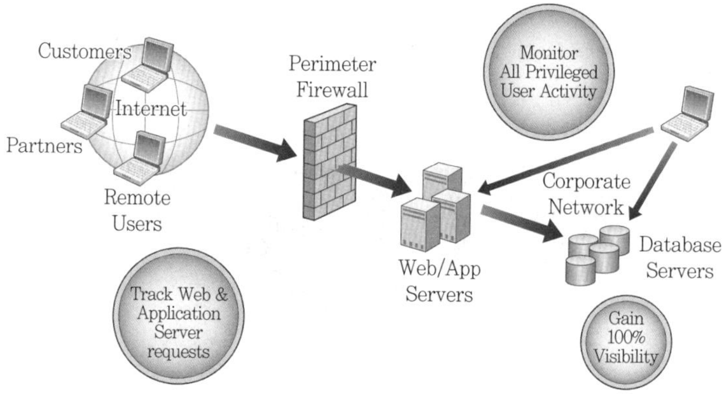

2) 데이터베이스 암호화

데이터베이스암호 시장도 데이터베이스 보안 시장과 마찬가지로 올해에는 「정보 통신망 이용촉진 및 정보 보호 등에 관한 법률」로 인해 기업들이 미뤄왔던 데이터베이스 암호화 프로젝트를 본격적으로 도입해 운영하고 있어 시장의 성장세가 두드러졌다. 특히 최근 「정보통신망법」 준수 여부를 감독하는 방송통신위원회와 행정안전부의 현장감사가 꾸준히 진행되면서 업종 별로 데이터베이스 암호화 수요가 증가하고 있으며, 리조트 사업부문을 가지고 있는 건설사들과 유통업에서 데이터베이스 암호화를 시급히 추진하고 있는 상황이다. 향후에는 데이터베이스 암호화 제품은 성능, 운영성, 보안성 등의 세 가지 측면에서 검토 기준을 충족하는 제품이 시장에서 두드러질 것으로 보인다. 특히 데이터베이스 보안 시장을 전체적으로 보면 과거 데이터베이스 접근제어 위주였던 시장이, 법규 근거가 데이터베이스 암호화를 필수적인 기술적 보안조치로 요구한 이후, 급격히 데이터베이스 암호화 위주로 재편되고 있는 상황으로 전개되고 있어, 이러한 시장이 확대될 것으로 예상된다.

최근에 데이터베이스 암호화를 진행하고자 하는 고객은 기존의 단순 접근제어와 암호화뿐인 패키지 형태의 데이터베이스 암호화 제품 만을 공급하는 데 그치는 것이 아니라, 좀 더 심층적이며 정밀하고 다루기 쉬운 솔루션을 원하고 있다. 예를 들면 쿼리 분석, 튜닝, 최적화, 세밀한 접속제어, 암호화가 필요한 전/후의 데이터 분석 등으로 볼 수 있는데 이러한 고객들의 세부적인 요구 내용들로 볼 때 데이터베이스 암호화에 대한 요구는 고도화에 접어들 것으로 평가 된다. 또한 데이터 처리의 성능이슈에 따른 불안감으로 인해 프로그램 타입이 데이터베이스 암호화 시장의 새로운 트렌드로 부상할 가능성도 엿보여 향후 성장 가망성은 높을 것으로 예상된다.

그림 5-23 _ 데이터베이스 암호화

3. 네트워크 보안 기술

새로운 보안 위협이 점차 사용자 개인용 컴퓨터 환경으로 전이되면서 네트워크 접근제어를 활용한 보안 정책이 더욱 중요해지고 있다. 2009년 이후 사용자 개인용 컴퓨터 보안 환경의 중요성이 부각되면서 네트워크접근제어가 단순히 개인용 컴퓨터의 네트워크 접근성에 대한 관리뿐만 아니라 개인용 컴퓨터의 보안 위협을 점검하고 대비하는 기술로 발전하면서 관심이 높아졌다. 특히 네트워크접근제어는 내부 보안 정책의 수립을 통해 체계적인 개인용 컴퓨터 보안 관리도 가능하게 하기 때문에 쓰임새가 점차 늘어나고 있는 상황이다. 네트워크접근제어는 네트워크에 접속하는 접속단말의 보안성을 강제화 할 수 있는 보안 인프라로 허가되지 않거나 웜·바이러스 등 악성코드에 감염된 개인용 컴퓨터 또는 노트북, 모바일 단말기 등이 회사 네트워크에 접속되는 것을 원천적으로 차단해 시스템 전체를 보호하며 적용된 보안 수준에 대한 컴플라이언스Compliance를 제공하는 내부망 보안 제품이다. 2009년 본격적인 궤도에 오르기 시작한 네트워크 접근제어는 2010년 이후부터 본격적인 확산에 들어간 것으로 보여진다. 공공기관이 도입을 이끌던 것에서 일반 기업의 수요가 가파르게 증가하고 있기 때문이다. 현대·기아차 그룹을 비롯해 이랜드 그룹, 아시아나 그룹, 웅진그룹 등에서 네트워크접근제어를 구축하는 등 대형 그룹사의 네트워크접근제어 구축이 이어지면서 기업시장으로의 확산을 보여줬다. 더불어 네트워크접근제어 프로젝트의 규모 또한 확대되고 있다는 점도 네트워크접근제어 시장의 본격 성장세를 증명한다.

최근에는 네트워크접근제어 자체가 트래픽 분석을 통해 분산 서비스 방해 공격을 유발하는 악성코드에 감염된 개인용 컴퓨터 등 단말기를 찾아 차단하거나 치료를 받게 하는 기능까지 포함되어 분산서비스 방해 공격을 방지하는 역할로도 이용되고 있다. 특히 네트워크 기반 네트워크접근제어는 신속한 인프라 구축을 강점으로 내세우고 있고 에이전트 기반 네트워크접근제어는 스마트폰의 활성화에 따라 유무선을 아우르는 관리의 유연성을 강점으로 내세워 시장에서 많은 관심을 받을 것으로 기대된다. 향후 다른 네트워크접근제어 전문 기업들이 서로 상대방의 강점을 타깃으로 삼고 본격적인 경쟁에 돌입했으며 분산서비스 방해 공격 차단 시장을 공동의 목표로 하고 관련 제품군을 출시해 경쟁하고 있는 추세다. 또한 모바일이나 스마트폰 관련 시장도 많은 주목을 받고 있다. 스마트폰에 기반한 스마트워크가 구현

될 경우, 스마트폰 역시 보안성을 점검받고 네트워크에 접속 여부를 허용해야 하기 때문이다. 주요 네트워크접근제어 기업이 다양한 스마트폰에서 개인용 컴퓨터와 같은 강력한 접근제어를 구현할 수 있도록 하기 위해 적극적인 노력에 나서고 있는 가운데 IPv6 지원 여부도 향후 시장 성패를 가늠할 수 있는 핵심키가 될 것으로 전망된다.

그림 5-24 _ 네트워크 보안

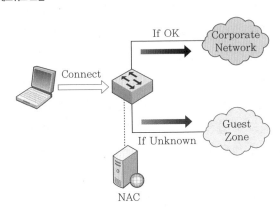

4. 보안 관련 장비

1) 웹 방화벽

최근 웹을 통해 개인정보가 유출되는 보안 이슈로 인하여 웹 방화벽은 많은 관심을 받고 있다. 최종 고객뿐 아니라 SI업체들도 고객들에게 웹 방화벽은 꼭 필요한 보안 솔루션으로 소개하고 있기 때문이다. 이에 웹을 통한 보안 사고를 쉽게 접해본 고객들도 이제는 웹 방화벽을 주요 보안 솔루션으로 인식하고 있다. 2010년 초 발생한 개인정보 수천만 건이 유출된 사건도 몇몇 해당 피해 업체는 웹 방화벽과 데이터베이스 보안 솔루션 등이 없었기 때문인 것으로 알려지면서 웹 방화벽의 중요성은 더욱 커졌다. 현재 웹 방화벽 시장은 성숙기에 접어들고 있다고 평가된다. 주요 공공기관을 비롯해 국내 통신사 3사가 모두 웹 방화벽을 이미 구축하고 있는 등 2007년 이후 꾸준히 공급이 확산되었기 때문이다. 초기 10여 개 이상의 벤더가 참여, 과열 양상을 보였던 시장 경쟁도 현재는 4개 정도의 국산 웹 방화벽 벤더가 시장을 선도하는 모습을 보이는 등 안정화 추세를 보이고 있다. 하지만 향후 웹 방화벽은 공공시장에서 민수시장으로 확대될 것으로 전망된다. 왜냐하면 그동안 도입하기를 꺼려했던 고객들의 도입이 시작되고 있고 대기업 계열사부터 언론사, 제조업 분야 등 전 산업 분야로 확대되고 있는 추세이기 때문이다. 특히 올해 소규모 웹 서비스를 제공하는 회사에서부터 종교, 요식업, 금융, 골프장, 병원, 학교, 제조업, 쇼핑몰 등의 일반 고객들도 꾸준히 늘어나며 대중화가 되어가고 있다. 기술적인 부분에서는 하이엔드급 장비들이 등장했는데 이는 다중네트워크 지원을 요구하는 대학이나 대기업들을 대상으로 웹서버 바로 앞에만 구축하던 웹 방화벽을 백본단위에 구축하는 경향이 점차 확산되고 있어 고성능 장비가 등장했다. 웹 보안을 위한 필수 장비로 인식되면서 꾸준히 수요가 증가하리라 평가된다.

그림 5-25 _ 웹 방화벽

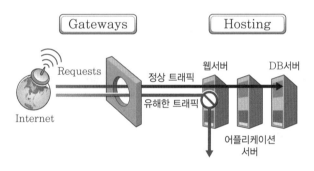

2) 침입방지시스템 IPS, Intrusion Prevention System

방화벽과 더불어 네트워크 보안을 위한 필수 솔루션으로 손꼽히는 것은 바로 침입방지시스템이다. 침입방지시스템은 기업과 기관들이 날로 증가하는 유해트래픽과 악성 침해, 각종 애플리케이션의 취약점 공격으로부터 자사의 정보자원을 보호하기 위해 도입해 운영하고 있다. 하지만 시장 포화와 더불어 보다 전문적 지식을 요구하는 까다로움과 통합위협관리의 열풍이 성장의 발목을 잡으면서 침입방지시스템 시장의 기대처럼 고속 성장을 이뤄내지는 못했다. 하지만 2010년 이후부터 침입방지시스템에 대한 관심이 다시금 주목을 끌고 있다. 이는 분산서비스방해 공격 이슈, 그리고 데이터센터 집중 등에 요인에 따른 것으로 분석된다. 즉, 분산서비스 방해 공격 이슈와 더불어 10Gbps의 성능 이슈와 분산서비스 방해 공격 방어 기능을 포함한 솔루션 등 다양한 제품들이 개발되어 시장에 나왔고 초창기 도입 후 5~6년의 만기를 거친 현재 침입방지시스템의 교체주기로 인해 다시 기업과 공공시장에서 주목을 받고 있는 상황이기 때문이다. 또한 클라우드 컴퓨팅의 대두, 보안 강화에 대한 요구를 수용하기 위해 분산 컴퓨팅 환경에서 다시 관리와 통제가 용이한 중앙집중형 데이터센터 통합이 이어지고 있는 것도 침입방지시스템에게는 호재다.

분산컴퓨팅에서 다시 중앙집중형 데이터센터 통합이 각광받는 이유는 관리편의성 향상, 보안 강화 등의 이슈 때문이다. 분산된 IT 환경은 관리자의 어려움을 가중시키고 있으며, 이러한 환경은 운영비용의 상승 뿐 아니라 관리를 위한 과도한 시간 투자로 비효율을 가져오며, 생산성을 저하시킨다. 또한 보안적인 측면에서도 중앙집중적으로 데이터와 트래픽을 관리할 수 있는 환경이 더욱 유리하다. 이에 침입방지시스템에 대한 관심이 다시금 증가하면서 침입방지시스템은 성장세를 보일 것으로 평가된다.

그림 5-26 _ **침입방지시스템**

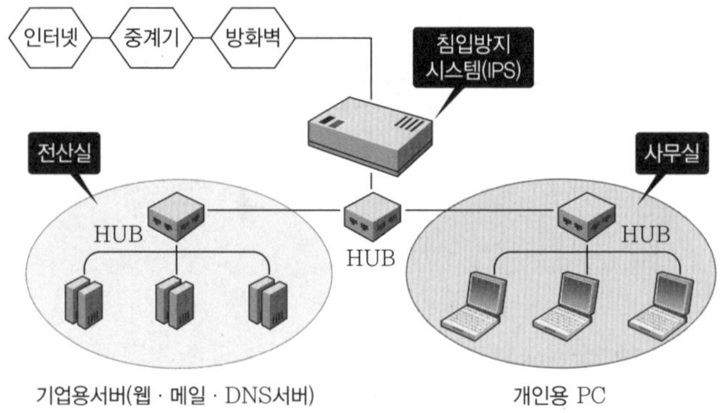

기업용서버(웹 · 메일 · DNS서버)   개인용 PC

3) 분산서비스 방해공격 차단시스템

2009년 7월 7일부터 10일까지 4일간 우리나라의 대표적인 웹 사이트에 분산서비스 방해 공격이 진행되어 서비스 장애를 불러일으키면서 위험성을 과시, 분산서비스 방해 공격에 대응하기 위한 전용 분산서비스 방해 공격 차단 시스템 시장을 폭발적으로 성장시켰다. 분산서비스 방해 공격 장비 전문 업체는 분산서비스 방해 공격 방어를 위한 다양한 신제품과 신기술, 그리고 임대서비스 등을 개발하고 있다. 국내 기업들은 분산서비스 방해 공격 전용 방어장비를 잇따라 개발하는 등, 내수 시장에 본격적으로 참여하면서 상대적으로 가격 경쟁에서 밀리는 외산업체의 영향력이 점차 줄어드는 경향도 있었다. 특히 국내기업이 분산서비스 방해 공격 대응장비 시장에서 성장세를 보였다. 이에 분산서비스 방해 공격 대응 솔루션 시장은 올해를 기점으로 국산 제품들이 주도권을 잡아가는 해였고, 이를 바탕으로 점차적으로 높은 성장이 예상되는 분야이다. 분산서비스 방해 공격 차단 시스템 시장은 크게 증가했지만, 도전 과제도 남아 있다. 바로 일반기업 시장이다. 공공기관의 경우 범정부 분산서비스 방해 공격 대응 시스템 구축 사업으로 호황을 이뤘지만, 아직 분산서비스 방해 공격에 무관심한 업체도 많은 편이다. 분산서비스 방해 공격 발생 시에만 도입효과를 볼 수 있는 보험적 성격의 솔루션으로 활용도가 떨어진다는 점도 기업의 분산서비스 방해 공격 방지 솔루션 도입을 꺼리게 하는 요인이 되고 있다. 물론 회선 용량을 넘어서는 초대형 분산서비스 방해 공격은 차단 시스템만으로는 완벽히 차단할 수 없다는 한계도 언급되지만 지속되고 있는 공격에 효과적인 대응을 위해서는 분산서비스 방해 공격 차단 시스템이 반드시 필요하다. 서비스 중단으로 인한 매출 손실, 기업 이미지 하락 등에 대한 기업의 인식 전환이 절실히 요청되기도 한다.

그림 5-27 _ **분산서비스 방해공격 차단 시스템**

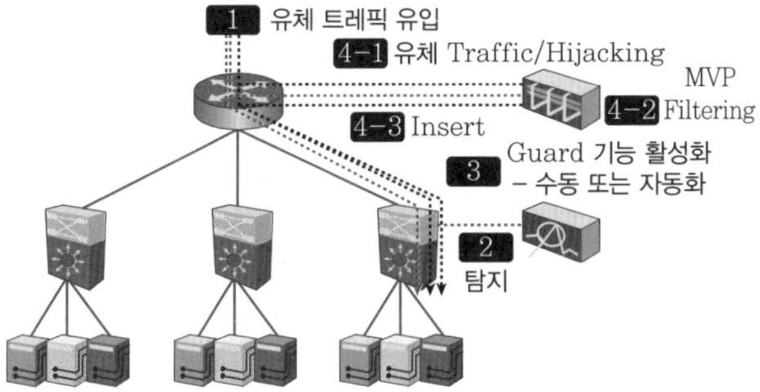

4) 통합보안시스템 United Threat Management, UTM

통합보안시스템에 대하여 국내기업들은 방화벽, 침입탐지시스템, 가상사설망, 바이러스 백신 소프트웨어와 같은 보안솔루션을 각각 독립적으로 운영해왔지만 최근 복합기능의 보안솔루션을 선택하는 추세로 발전 하고 있다. 통합보안시스템은 이러한 다기능, 고성능의 보안 기능을 단일 프로그램 형태로 구성과 관리의 복잡성을 최소화 하는 통합보안 기능으로 고객의 요구를 충족시켜주고 있어 미래의 차세대 통합보안 장비로 꼽히고 있다. 최근에는 기술적 진화를 거친 고성능 통합보안시스템에 대한 관심이 증가하여 공공기관과 금융기관, 언론사 등에서 도입이 활발해졌다. 특히 대형 사이트에서 복잡해지는 보안기기에 대한 관리의 어려움과 성능적인 이슈를 복합적으로 처리하여 주력 보안 제품으로 자리매김할 것으로 전망되면서 비용대비 효율성을 중요시하고 보안인력이 부족한 중소기업에서도 비용절감과 관리의 편리성 등의 이점 때문에 인기를 끌 것으로 전망된다.

제4절
산업기밀유출방지 및 징후 분석을 위한 보안 데이터 분석

보안 데이터 분석이란 데이터의 인사이트를 도출하기 위해 알고리즘과 같은 수학적 처리과정을 적용하여 데이터 정보에 대한 결론과 패턴을 도출하기 위한 목적을 가지고 보안 로우데이터Low Data를 다루는 과정이다. 데이터 중 형식이 정해져 있지 않은 비정형 데이터는 다양한 분야에서 데이터의 분석과 활용의 중요성이 점점 증가하고 있다.

데이터의 활용이 광범위한 외국과 비교하였을 때, 국내에서의 데이터 활용도는 상대적으로 제한되게 활용되고 있는 실정이다. 특히 비정형 데이터의 경우, 기업에서의 제품 마케팅용도 이외에는 활용성이 거의 없어 실제 사용 빈도는 매우 낮은 편에 속하고 있다.

그러나 국내 산업기밀 및 기업의 정보 유출의 원인으로 거론되고 있는 항목 중하나인 비정형 데이터를 실제 보안 위협으로써 인식하고 있는 비율은 높지 않다. 이에 따라 데이터 분석을 활용하여 국가 산업기밀 및 국내 기업의 내부 기술 유출과 관련한 징후를 사전에 발견할 수 있도록 하는 기술의 필요성에 대한 인식이 제고되어야 한다. 이렇듯 데이터 분석의 활용을 통해 국가 및 기업 내 발생하는 기술 유출 부정행위 징후를 파악하여 포착한 부정행위에 따른 조사 및 처벌이 가능하게 된다. 이러한 데이터 분석 기술의 활용과 정보보안 솔루션과의 적용을 통하여 해외로의 국가 산업 기밀 유출 및 기업 내 부정행위가 목격되는 산업군별 기업에 적용시킬 수 있다. 나아가 사전 파악한 부정행위 징후를 통해 전문적인 조사 프로세스로 나아갈 수 있는 발판을 마련해 줄 수 있다.

1. 보안 데이터 분석 및 유형

1) 기술적 분석 Descriptive analysis

기술적 분석은 데이터 분석의 가장 기본이 되는 분석으로, 주어진 데이터를 요약/집계하여 결과를 도출하는 것을 목표로 한다.

2) 탐구적 분석 Exploratory analysis

EDA Exploratory Data Analysis라고도 불리는 탐구적 분석은 최근 시각화 Visualization이 데이터 분석의 화두로 떠오르면서 주목을 받게 된 분석 유형이다. 탐구적 분석의 주요 목표는 여러 변수 간의 트렌드나 패턴, 관계를 찾는 것으로 통계적 기법을 사용한 모델링이기보다는 그래프를 통한 사실 확인이다.

3) 추론 분석 Inferential analysis

추론 분석이란 적은 샘플로 전체를 추론해 내는 분석이다. 이때 샘플이란 모집단 간의 관계를 탐구하는 것이다. 샘플에서 얻어낸 정보가 모집단에도 적용될 수 있는지를 검토하는 것이다. 그러나 이에 대한 자원이 한정되어 있어 샘플 크기를 무한정 늘릴 수 없기 때문에 발생하는 일반적인 문제를 해결하기 위한 분석 유형이다.

4) 예측 분석 Predictive analysis

예측 분석이란 미래에 나타날 일을 미리 짐작하여 분석하는 기법으로 머신 러닝 Machine learning, 의사결정 나무 Decision Tree 등 다양한 통계적 기법을 사용하여 미래 혹은 발생하지 않은 어떤 사건에 대한 예측을 하는 것이 예측 분석의 주요 목표이다. 예측 분석은 원인을 찾기보다는 상황에 대한 정확한 예측을 하는 것을 주요 관심사로 두기 때문에 특정 설명 변수가 어떠한 매커니즘을 통해 데이터 목표 변수에 영향을 미치는 가에 대해 강력한 설득력을 제시하지 못한다.

5) 인과 분석 Causal analysis

인과 분석이란 독립 변수와 종속 변수 간의 인과 관계가 있는지 여부를 확인하기 위한 분석이다. 인과분석은 실험을 통해 수집된 데이터를 대상으로 이루어지는데, 독립 변수를 실험대상에 불균일하게 할당한 후, 그룹 간의 실험 전후의 종속 변수 변화를 관찰을 통해 실험 데이터 수집을 수행한다. 과거 수행되던 단순 관찰 데이터 Observational data로는 혼재 변수의 존재 가능성을 배제할 수 없으므로, 인과 관계 여부를 명확하게 밝혀 낼 수가 없다.

6) 매케니스틱 분석 Mechanistic analysis

독립 변수가 어떠한 매커니즘을 통해 종속 변수에 영향을 미치는 지를 분석하는 것으로, 많은 시간과 노력을 필요로 하는 분석 유형이다. 인과 분석의 목적이 독립 – 종속 변수 간의 인과 관계 여부를 밝혀내는 것이었다면, 매케니스틱 분석의 목적은 더 나아가 어떠한 독립 변수가 어떠한 작용을 통해 독립 변수에 영향을 미치는 지를 이해하는 것이며 이는 인과분석과 동일하게 실험 데이터를 분석 대상으로 선정한다.

2. 데이터 분석 기술

1) 텍스트 마이닝 Text Mining

텍스트 마이닝은 자연어 처리 기술을 기반으로 하여 비정형·반정형 텍스트 데이터를 정형화한 후 유용한 정보를 추출하거나 가공하는 기술이다. 텍스트 마이닝 기술을 통해 방대한 텍스트에서 의미 있는 정보를 추출해 내고, 다른 정보와의 연계성을 파악하며, 텍스트가 보유한 카테고리를 찾아내거나 단순한 정보 검색 그 이상의 결과를 얻어낼 수 있다. 컴퓨터가 인간이 사용하는 언어인 자연어를 분석하고 그 안에 숨겨진 의미를 발굴해 내기 위해 대용량 언어모델링(언어 감지, 규칙기반 개체명·상용어 인식)과 통계적, 규칙적인 기계 학습 알고리즘(반복훈련은 통해 습득한 정보 사용능력), 자연어 처리(파싱, 형태소 분석, 관계 추출, 의미 추출)

이 사용되고 있다. 텍스트 마이닝의 주요 응용분야로는 문서 분류, 문서 군집, 정보 추출, 문서요약 등이 있다.

2) 평판 분석 Opinion Mining

평판 분석은 웹사이트와 소셜 미디어에 나타난 여론과 의견을 분석하여 유용한 정보로 재가공하는 기술이다. 해당 기술을 통해 인터넷의 포스팅, 댓글 등을 긍정 혹은 부정으로 분류하여 더욱더 객관적이고 정확한 평판을 파악할 수 있도록 한다. 나아가 특정 서비스 및 상품에 대한 시장규모 예측, 소비자의 반응, 입소문 분석 등에도 널리 활용될 수 있다. 정확한 평판분석을 위해서는 전문가의 도움을 받아 선호도를 나타내는 표현 및 단어 자원의 축적이 요구된다.

3) 소셜 네트워크 분석 Social Network Analytics

소셜 네트워크 분석이란 수학의 그래프 이론을 활용하여 사람, 그룹, 데이터 등과 같은 객체 간 관계 및 특성을 분석화하고 시각화하는 분석 기법이다. 소셜 네트워크 분석은 소셜 네트워크 연결구조 및 연결강도 등을 사용하여 사용자의 명성 및 영향력을 측정하고, 소셜 네트워크상에서 입소문의 중심이나 허브 역할을 하는 사용자를 찾는 데 주로 활용된다. 이렇게 소셜 네트워크 상에서 영향력이 있는 사용자를 인플루언서 Influencer 라고 부르는데, 인플루언서 모니터링 및 관리는 기업의 마케팅 관점에서 중요한 부분을 차지한다.

4) 군집분석 Cluster Analysis

군집 분석은 다수의 대상들의 유사성을 측정하여 높은 대상 집단을 분류하고, 군집에 속한 개체들의 유사성과 서로 다른 군집에 속한 개체간의 상이성을 규명하는 다변량 통계 분석 방법이다. 비슷한 특성을 가진 개체를 합쳐가면서 최종적으로 유사 특성의 그룹을 발굴하는 데 사용된다. 군집 분석은 서로 유사한 대상들의 그룹화를 통해 집단 특성을 파악하여 전체적인 모습을 통해 계획을 수립할 때 사용하는 방식이다.

5) 복합 이벤트 처리 CEP: Complex Event Processing

복합 이벤트 처리는 이벤트 스트림이나 이벤트 클라우드 내에서 유의미한 이벤트를 식별하는 이벤트 처리 엔진이며, 분산된 다중의 이벤트를 처리하는 작업을 수행한다. 복합 이벤트 처리는 공급망 관리, RFID, 금융시장 분석 그리고 비즈니스 활동 모니터링에서 중요한 기술이다. 복합 이벤트 처리는 산업에서의 필요성은 증가하고 있지만 연구는 아직 초기 단계이다.

많은 양의 이벤트를 처리하는 방법에는 이벤트 스트림 처리와 복합 이벤트 처리가 있다. 이 두 기술은 상호 보완적인 관계에 있으며, 이벤트 스트림 처리 기술을 복합 이벤트 처리 기술의 일부 요소로 보기도 한다. 이벤트 처리의 핵심은 단순히 많은 이벤트 사례를 확보하는 것이 아니라 서로 다른 다양한 이벤트의 상관관계를 분석하여 조치 가능한 패턴을 검출하는 것이다. 복합 이벤트 처리에는 타임스탬프와 같은 시제적인 제약조건을 사용할 수 있다.

3. 보안 데이터 분석 프로세스

1) 문제 정의

데이터 분석을 시작하기 전 단계에서 분석을 통해 알고 싶은 것에 대해 구체적으로 정의하지 않으면 분석을 어떻게 진행해야 할지도 예상하기 어렵다. 다수의 데이터 분석가들은 데이터 분석의 첫 단계인 문제 정의에서의 목표를 구체적으로 설정하는 것의 중요성으로 주장하고 있으나 추가적인 단계가 필수적으로 수행되어야 한다. 데이터 분석 시의 문제 유형에 대해 인지해야 한다. 데이터 분석 과정에서 해결하고자 하는 문제가 어떤 유형의 문제인지를 알고 있어야 어떠한 분석 방법을 사용하고 적당하지 않은 방법을 구분할 수 있게 된다.

2) 보안 데이터 수집

보안 데이터 수집 절차는 설계 후 충분한 테스트를 통해 진행되어야 한다. 데이터의 수집 단계는 수집되는 데이터에 대한 동의를 시작으로 이루어지며 수집 절차를 설계한 후 수집될 데이터가 정해지면 수집방법 결정 및 이에 대한 수집 기술들을 선정해야 한다. 수집 계획 수립 전 데이터 수집이 활용되는 특성을 살펴볼 필요가 있다.

데이터 수집절차 설계를 위한 프로세스로는 데이터의 선정, 수집 세부계획 수립, 테스트 수집 실행으로 진행될 수 있다. 가장 먼저 데이터 선정 절차는 품질, 성공 여부, 진행 여부 등에 영향을 미치게 된다. 데이터 수집 대상은 수집 가능성, 활용 데이터의 보안 문제와 데이터 정확성에 대한 분석을 통해 선정할 수 있다. 데이터의 수집 가능성은 데이터의 선정에서 가장 먼저 고려되어야 한다. 데이터 서비스가 활용될 시 원천 데이터의 정책에 의존하게 되는 것은 바람직하지 못하며 수집이 불가능하거나 불규칙적인 주기를 보유하게 된다면 좋은 데이터를 효율적으로 활용할 수 없다.

수집한 데이터의 정확성을 검토하기 위해서는 서비스 활용목적에 세부항목이 정확하게 존재하는가를 확인해야 한다. 수집목적에 부합하는 데이터를 수집하기 위해서는 사전처리 과정과 데이터의 사후처리 방안이 갖춰져야 한다. 데이터 수집 및 처리 시 소요되는 구축비용Ongoing Cost이 많이 소요되는 경우와 데이터 확보 시 수행되는 정제과정이 필요한 상황으로 구분하여 수집 난이도에 대한 대안을 고려해야 한다. 정성적 기준으로 하는 비용 위주의 직접 산출이 어려운 경우, 수집 난이도 측면에서 트래픽량과 저장처리 장치의 용량에 대한 고려가 필요하며 수집 대상의 대안을 마련해야 한다. 수집 비용은 데이터 획득을 위해 직접적으로 소요되는 획득비용을 의미하며 정략적 기준으로 사용된 수집기술에 들어가는 비용이 소비될 경우에는 수집기술에 대한 검토가 필요하다.

데이터 수집방법의 구성요소는 적용기술, 데이터 사전처리, 데이터 사후처리, 대안기술의 네 가지로 구성된다. 적용기술은 수집에 요구되는 적용기술을 기술하며 일반적으로 하나의 기술만 적용되는 것이 아니며 수집 프로세스 별로 구분하여 사용되는 기술의 이름, 버전을 기술하도록 한다. 데이터의 사전처리 해당 요소가 필요할 경우 사전 처리 작업이 기술되어야 한다. 데이터 사후처리는 데이터가 수집된 후 사후처리가 필요한 경우 사후처리 방법에 대해 명시하여 기술될 수 있도록 해야 한다. 마지막으로 대안기술이 필요할 경우 해당되는 대안 기술을 명시하여 작성하도록 한다.

데이터 선정 이후에는 선정된 데이터의 위치 및 유형을 파악하고 데이터 수집 시 이용할 기술 및 보안사항 등을 점검하여 수집 계획서를 작성해야 한다. 수집에 필요한 데이터는 내부 혹은 외부에 있느냐에 따라 해당 데이터를 소유한 기관과 협의를 진행하도록 해야 한다. 데이터 유형 파악은 데이터 수집기술을 결정하는 요인으로 수집된 데이터의 형태에 따라 분류될 수 있다. 앞서 언급되었듯이, 데이터 수집을 위해서는 수집 계획서가 작성되어야 한다. 수집 계획서에는 데이터소스, 수집주기, 수집방법 등이 구체적으로 명시되어야 한다.

수집 계획서의 작성이 완료된 경우 수집에 대한 테스트를 진행하도록 한다. 테스트 수집이란 수집과 관련한 단순 수집 기능을 테스트하는 것이 아니라 해당 데이터의 선정 시 고려한 수집 가능성, 보안문제, 데이터의 정확성 등을 만족시키는지 에 대한 검증을 수행하고 수집된 데이터의 서비스 활용 측면까지 확인하는 프로세스이다. 수집된 데이터에 대한 테스트에 대한 기술적 검토는 데이터세트 누락, 소스 데이터와의 비교, 데이터의 정확성을 확인하여 진행될 수 있다. 또한 수집된 데이터에 대한 개인정보 보안, 수집 데이터의 소유권 등과 관련한 사항 등의 업무적인 검토가 수행되어야 하며 문제점이 발생할 경우 제약 사항들에 대한 재검토가 이루어져야 한다.

3) 보안 데이터 분석

데이터 분석 단계를 데이터 전 처리 과정, 기초통계 분석 과정, 모델 구축 및 평과 과정을 나눌 수 있다.

가. 데이터 전처리 과정

데이터 분석의 단계 중 가장 많은 시간이 소요되는 단계가 바로 Exploratory Data Analysis, 첫 번째 데이터 전처리 과정은 데이터의 결측값$^{missing\ value}$, 이상치$^{outlier\ value}$, 중복값$^{redundancy\ value}$ 등을 처리해 품질이 좋은 데이터로 통합하는 과정이다.

결측값 처리는 결측값이 있는 데이터를 삭제하거나 결측값을 채우는 것이다. 결측값을 채우는 방법은 해당 변수의 일정 기간 동안의 평균, 중앙값, 최빈값 등 대푯값을 채우는 방법 등이 있다.

이상치는 비정상적인 이상한 값을 의미한다. 데이터 분포나 통계분석을 통해 이상치라고 판단이 되면 제거를 하거나 평활화^{smoothing}를 해 중간값으로 대체하는 방법 등이 있다.

중복값은 여러 개의 데이터 중에서 하나만 남기고 삭제한다.

데이터 전처리 과정은 데이터 분석 과정에서 대단히 중요하므로 시간을 들여서 신중하게 진행해야 한다. 그렇지 않으면 품질이 좋지 않은 데이터로 분석을 하게 되므로 만족할 만한 분석 결과를 얻기 힘들 뿐만 아니라, 최악의 경우에는 데이터 분석을 진행하다가 오류가 발견되어 다시 전처리 과정으로 돌아오는 경우도 있다.

나. 기초 통계 분석 과정

두 번째 단계인 기초 통계 분석 과정은 데이터의 평균, 표준편차와 같은 대푯값과 데이터 간의 상관계수 등을 계산해 각 데이터의 특성을 파악을 하는 과정이다. 이 과정에서 의미가 없는 데이터는 제거한 후 데이터 분석에 필요한 변수들을 일차적으로 선택한다.

전체적인 데이터 분석 과정에서 데이터의 전처리 과정과 기초 통계 분석 과정은 중요한 부분을 차지한다. 이 과정에서 데이터의 특성을 파악하고, 이에 부합하는 기초 통계값을 추출하여 적합한 결과를 얻도록 한다.

다. 모델 구축 및 평가 과정

마지막 과정은 모델 구축 및 평과 과정으로, 본격적인 데이터 분석이 이루어지는 과정이다. 이 과정에서 다양한 데이터 분석 알고리즘을 활용한다. 통계적 알고리즘으로는 분산분석, 회귀분석, 주성분분석, 요인분석, 판별분석 등이 있으며, 인공지능으로 대표되는 기계학습^{machine learning, 머신러닝}이나 데이터 마이닝^{data mining} 분야의 알고리즘을 사용하며, 이런 알고리즘을 사용해 모델이 만들어진다. 모델이란 각 알고리즘이 데이터 분석을 진행하면서 생성하는 로직이나 수식을 말한다.

이를 그림으로 그린 것이 〈그림 5-28〉이다. 수집한 전체 데이터를 그림 〈그림 5-28〉과 같이 훈련 데이터^{training data}와 테스트 데이터^{test data}로 나누게 되며 일반적으로 7:3의 비율을 사용한다. 먼저, 훈련 데이터를 이용해 여러 가지 알고리즘을 사용해 모델을 만든다. 이후 테스트 데이터를 이용해 모델의 성능을 평가하게 되며 해당 평가 결과를 바탕으로 데이터 분석을 재시행하여 최적의 알고리즘과 모델을 선택하게 된다.

그림 5-28 _ 데이터 모델 구축 및 평가 과정

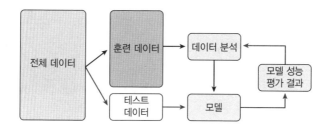

4) 검증 및 고찰

데이터 분석을 통한 결과는 크게 두 가지 형태로 형성된다.

첫 번째 유형으로는 분석 보고서analysis report의 형태로서 데이터를 분석해 얻은 새로운 정보와 향후 방향 등이 기재되어 있는 것이며 일반적으로 여론 조사, 시장 조사 등의 데이터를 분석한 경우 분석 보고서의 형태를 도출하게 된다. 이에 대한 결과는 주로 기업의 제품 마케팅에 활발하게 적용되는 경우가 다수이다.

두 번째 유형은 회귀식과 같은 모델이며, 주로 기업 등의 생산 데이터 · 품질 데이터를 분석했을 경우 도출될 수 있는 결과이다. 데이터 분석의 결과를 실무에 적용해 생산성이나 품질 향상을 기대할 수 있다. 데이터 분석의 한 사이클이 끝나게 되면, 검증 결과를 고찰할 필요가 있다. 이후 개선이 필요한 것으로 고려되면, 문제에 대한 재정의를 진행하게 되며 데이터 분석을 재시작하게 된다.

제6장

컴퓨터
탄생과
사이버
해킹의 문제

제1절
컴퓨터와 사이버 해킹

1. 사이버 해킹은 "인터넷의 사생아"

과학과 기술이 만든 컴퓨터 기술은 엄청난 발전을 이룩하였으나 그에 따른 해킹이란 암적 존재의 등장도 만만하지 않다.[125] 사이버 해킹으로 교통과 물류가 마비되고 금융시스템은 절름발이가 되며, 전력선이 차단되면 도시는 암흑천지가 된다. 때로는 냉장고나 텔레비전 등이 해킹으로 감시카메라는 무기로 변하는 정보사회의 비극도 생겨난다.[126] 본장에서는 마치 '후랑켄슈타인처럼' 전 세계의 골칫거리가 된 사이버 해킹에 따른 위험성과 이미 발생한 중요사례를 열거한다. 한편 최근에 있은 해킹과 관련한 랜섬웨어 등의 주요 사건도 다루어 본다.

2. 사이버 해킹의 증가와 대책

사이버 해킹의 대상은 국가기관이나 국제기구 등 공적 조직과 사기업은 물론 개인도 포함되며, 그 목적도 금전 요구나 지식 또는 비밀정보의 탈취 등으로 다양하다. 그러나, 드물게 사이버 해킹이 범죄방지에 사용된 사례도 있다. 2016년에 멕시코는 엘 카포^{El Chapo}란 별명을 가진 15조 재산의 세계적 마약범 호아킨 구

---

(125) Jens Stoltenberg, *Why cyber space matters as much to Nato as land, sea and air defence*, FT July 12, 2018.

(126) *Should the Government Require Companies to Meet Cybersecurity Standards for Critical Infrastructure?* WSJ Nov. 12, 2018.

스만을 이스라엘 NSO 그룹이 개발한 페가수스^{Pegasus}란 해킹도구를 사용하여 체포할 수 있었다.[127]

미국에서는 해킹에 따른 정전사태 등을 참고하여 중요한 사회시설을 안전하게 관리히는 방안을 연구하고 있다. 또한 국가의 중요한 기반시설을 해커의 공격에서 안전하게 방어하기 위해선 정부가 규제할 필요가 있느냐를 두고 논쟁도 생겼다. 일부에서는 해킹 방지를 위하여 정부가 규제할 필요가 있다고 주장하지만, 산업계가 스스로 더 나은 일을 할 수 있다고 반박하는 견해도 있다. 산업계는 특히 정부의 간섭이 없이 비용을 줄이며 공공의 시각에서 멀어져 "기업 내부"에서 문제를 일으키지 않고 자율규제를 하는 것을 선호하는 경향이 있다. 그러나 이는 일반 대중보다 주주에 대한 책임을 우선하는 상장기업의 경우 간혹 문제가 될 수 있다. 2008년 세계금융위기는 산업 자체의 정책이 실패하여 사회에 치명적 결과를 초래한 사례로 꼽히는 점에서 더욱 관심을 가지게 한다.[128]

여기서는 알려진 피해 사실 한둘만 적는다.

미국 연방수사국^{FBI}에 따르면, "사기성 전자메일 범죄"가 급격히 증가하는데, 대기업 최고경영진의 전자메일 계정을 사칭한 사기로 인해 2년 동안 전 세계 기업들이 20억 달러 이상의 피해를 보았다고 한다. "CEO 사기"로 알려진 사건으로 피해자는 전 세계에 12,000명이 넘었으며, 일부 기업들의 경우 평균 피해액은 12만 달러였다고 한다.[129]

한 사례로 나이지리아에 본거지를 두고 유럽과 미국에 동조자가 있는 런던 블루$^{London Blue}$란 해커조직은 세계 최대의 은행을 포함한 35,000명의 은행과 모기지 회사들의 최고재무책임자^{CFO} 명단을 입수하여 이들에게 허위로 돈을 송금하겠다고 속인 e메일을 보낸 후에 해킹을 하였다. 그로 인하여 2013년 이래 78,617개 기업이 120억 달러 이상의 피해를 입었다. 미국 기업의 피해가 절반이었으며, 그 외에 영국, 스페인, 핀란드, 네덜란드와 멕시코 등이 피해국이었다. 사이버 공격을 탐지하는 기업인 아가리^{Agari} 사가 해커조직이 런던 블루란 사실을 적발해서 미국과 영국의

---

(127) Nick Hopkins and Stephanie Kirchgaessner, *WhatsApp sues Israeli firm, accusing it of hacking activists' phones*, The Guardian 29 Oct 2019.

(128) *Should the Government Require Companies to Meet Cybersecurity Standards for Critical Infrastructure?* WSJ Nov. 12, 2018.

(129) Kara Scannell in New York, *CEO email scam costs companies $2bn*, FT February 25, 2016.

법집행기관에 증거를 전달하면서 알려졌다.(130)

3. 해킹범의 처벌

미국美國은 1990년에 전국적으로 컴퓨터 해커를 소탕하여 구속하고 동시에 자료와 설비들을 몰수한 사례가 있었다.(131) 그러나 인터넷이 등장하면서 해킹 범죄가 발생해도 사실 자체를 알기 어려운 경우가 많고, 범인의 추적도 쉽지 않다. 해킹 자체가 은밀히 이루어지기 때문이며, 해킹범은 알고도 잡기가 어려운 경우도 많다.

4. 사이버 해킹과 각국 정부

오늘날 대부분 국가들은 해킹의 방지에 진력하면서 동시에 국가 안보 등의 이름으로 해킹을 주도하는 이중적 태도를 보인다. 각국 정부는 테러리스트나 조직범죄의 자금세탁 및 아동 포르노로부터 사회를 보호한다는 취지아래 감시 도구인 스파이웨어를 사용하는 경우도 있는바, 이는 합법성 여부의 논쟁대상이다.(132) 그래서 유엔안전보장이사회UN Security Council와 같은 기관이 설립되어 대책을 세워야 할 상황이라는 주장도 있다.(133) 그렇지만 국제적으로 협력할 가능성은 낮아 보인다.

오늘날 사이버 해킹의 기술은 미국이 대체로 가장 앞서고, 중국, 러시아, 이스라엘 등이 그 뒤를 따르며, 한 수 아래인 북한과 이란은 막상막하의 차원으로 본다.(134) 미국은 2014년에 중국군 관계자 5명이 미국 기업을 해킹했다고 기소한 일이 있다. 그리고 2015년 9월에는 오바마 대통령이 중국의 경제스파이 행위를 줄

---

(130) Hannah Kuchler in San Francisco, *'London Blue' hacker group targets chief financial officers*, FT December 4, 2018.

(131) B. Sterling, *The Hacker Crackdown*, 1992, p. viii.

(132) John Thornhill, *Governments are the frenemies of society on hacking*, FT May 18, 2019.

(133) Anjana Ahuja, *Lay down rules of engagement for cyber war before it is too late*, FT October 22, 2018.

(134) 참조 : David Bond, *Hostile state hackers blamed for most cyber attacks on UK*, FT October 16, 2018.

이기 위해 시진핑 주석과 지적재산권이나 자료 등에 대한 해킹 활동을 자제하는 [2015년 미 – 중 사이버 안보협정]을 체결하였다.[135]

그러나 트럼프 정권은 이란과의 핵 합의에서 탈퇴하고 미·중 경제 전쟁을 벌이면서 중국과 이란은 미국 정부 기관과 기업에 대한 해킹을 강화하였다고 뉴욕타임스[NYT]가 2019년 2월 18일 기사에서 주장했다. 이란은 최근 이전보다 훨씬 광범위하게 미국의 은행, 기업과 정부 기관에 대한 해킹 공격을 하여 수십 개 기업과 미국기관들이 타격을 입었다. 미국의 국가안보국[National Security Agency, NSA]과 민간보안회사인 파이어아이[FireEye]에 의하면, 2019년 2월 연방정부가 의회와의 갈등으로 업무 활동을 중지[government shutdown]한 동안에 국토안보부는 이란의 해킹 공격에 대해 긴급명령을 내렸다. 이란의 공격은 중국이 미국 기업 Boeing, General Electric Aviation 및 T–Mobile 등의 영업비밀과 정부의 군사비밀을 훔치려는 새로운 공세와 일치했다고 한다.[136]

그런데 중국의 해커들은 최근에도 미국의 의료기관, 바이오기업 등을 대상으로 데이터를 집중적으로 빼내고 있다는 분석이 나왔다. 미국 보안기업 파이어아이는 2019년 8월에 발간한 '사이버 위협과 의료'란 보고서에서 "2019년 4월 중국의 사이버 스파이들은 암의 연구에 집중하는 미국 의료센터에 악성코드를 침투시켰다"고 했다. 구체적으로 "중국계로 추정되는 지능적 지속위협[APT] 해커 그룹인 'APT41' 'APT22'가 의료연구기관과 의료기기 제조사, 제약사 등을 표적으로 공격하고 있다"고 했다. APT41, APT22는 APT 해커 그룹에 파이어아이[FireEye]가 붙인 코드명이다.[137]

---

(135) Kim Zetter, *US and China Reach Historic Agreement on Economic Espionage*, Weird.com September 25, 2015. : Kadhim Shubber in Washington, *US indicts Chinese intelligence officers for alleged hacking*, FT October 31, 2018.

(136) Nicole Perlroth, *Chinese and Iranian Hackers Renew Their Attacks on U.S. Companies*, NYT Feb. 18, 2019.

(137) 황태호 기자, "中 해커그룹, 美 의료데이터 집중 공격", 동아일보 2019년 8월 28일 B 4면.

제2절
사이버 해킹과 관련한 주요 사건

1. 미국의 '프리즘PRISM' 사건

에드워드 스노든Edward J. Snowden(29세)이란 전직 미 중앙정보국CIA 직원이 2013년에 미국 정부가 프리즘PRISM이란 시설로 국민들의 개인정보를 수집한다는 사실을 폭로한 적이 있다. 그는 미국 국가안보국NSA이 안보의 이름으로 개인정보를 무차별적으로 수집하는 프리즘의 존재를 최초로 폭로하였다.[138] 영국의 가디언과 미국 워싱턴포스트WP에 따르면, 프리즘은 2001년 9 · 11 사건 이후에 미국의 조지 W. 부시 전 대통령이 2007년에 서명한 연방 보안법에 따라 국가안보국National Security Agency, NSA이 수행하는 국가 보안을 위한 전자 감시체계이다.[139]

가디언은 스노든의 고발성 폭로를 미국의 베트남전쟁 개입 사실을 밝혀낸 다니엘 엘스버그, 미국 이라크 전쟁범죄 기록을 폭로한 브래들리 매닝과 함께 역사적으로 가장 중요한 내부고발자라고 평가하였다.[140]

세계 통신의 많은 부분이 미국을 경유해서 이루어지는 점에서 프리즘PRISM은 구글 · MS · 야후 · 페이스북 · 팔토크 · 유튜브 · 스카이프 · AOL · 애플 등 9개 정보제공자Providers를 통해 수십억에 이르는 가입자들의 ① 이메일, ② 음성과 영상을 포함한 채팅, ③ 동영상, ④ 저장된 데이터, ⑤ 인터넷전화, ⑥ 화상회의 등과 '특별 요

---

(138) Glenn Greenwald and Ewen MacAskill, *NSA Prism program taps in to user data of Apple, Google and others*, Guardian 7 Jun 2013.

(139) ZDNet Community and Zack Whittaker for Between the Lines, *PRISM: Here's How the NSA Wiretapped the Internet*. ZDNet. June 8, 2013.

(140) Owen Bowcott, *Mass surveillance exposed by Snowden 'not justified by fight against terrorism'*, Guardian 8 Dec 2014.

청 정보'를 수집하는 체계이다. 그런데 미국 해외정보감시법원의 비밀문건에 따르면, 미국 법원은 통신회사 버라이즌에 고객의 통화 정보 제공을 명령하면서, 동시에 해당 명령 자체도 대중에게 공개하지 못하도록 명령했다.

한편, 미국의 국가안보국NSA은 통신 감청이나 인공위성 등의 정보망을 활용해 테러 동향을 감시하는 미국 최대의 안보 내지 정보기관으로 테러 용의자의 통신 기록, 이메일을 도청 또는 감청할 수 있도록 하는 '해외정보감시법FISA'의 지원을 받고 있다. 이와 관련하여, 제임스 클래퍼James Clapper 미 국가정보국DNI 국장은 성명을 내고 "1급 기밀문서를 무단 공개하는 행위는 미국에 대한 여러 위협을 파악해 대응하는 우리의 능력에 장기적이고 돌이킬 수 없는 해를 끼친다"고 주장했다.[141]

그런데 영국 가디언지가 미국 대통령의 일급 기밀 지시를 입수한 것이라며 2013년 6월 공개한 '대통령 훈령 20호'에 따르면, 버락 오바마 대통령은 2021년 10월 18페이지 분량의 공격형 사이버 효과 작전Offensive Cyber Effects Operations, OCEO이라는 이름 아래 국방부, 국가정보국DNI 등 고위 안보 및 정보 관리들에게 스노든이 주장한 잠재적인 해외 사이버 공격 대상을 선정하라고 적극적으로 지시했다. 이 특급 비밀훈령은 '전 세계적으로 미국의 목표를 앞당기기 위해' 공격적인 사이버 능력을 강화하는 데 있다. 이 훈령은 미국 내 사이버 활동의 가능성도 고려하고 있지만, 긴급 상황을 제외하고 대통령의 사전 명령 없이는 그러한 국내 작전을 수행할 수 없다고 명시하고 있다. 이 문서의 목적은 사이버 행동에 대해 "정부가 결정을 내릴 수 있도록 도구와 프레임워크를 마련하는 것"이라고 행정부 고위 관리가 가디언에 언급했다.[142]

이 훈령이 공개됨에 따라 그동안 '중국의 해커들이 미국 정부와 기업의 전산망을 해킹하고 있다'고 비난해온 미국 정부의 입장이 난처해졌다. 미국도 사이버 공격을 해왔다는 점에서 중국에 대한 미국의 비판은 위선적 측면이 있는 것이다. 한편 2008년 미국 대통령선거 당시 중국의 지원을 받는 해킹집단이 당시 민주당 후보였던 오바마 대통령과 공화당 후보인 존 매케인 상원의원 선거캠프의 전산망을 해킹했다고 미 NBC 방송이 보도한 일이 있다.[143] 그리고 1년 후인 2013년에 독일을 방문한 버락 오바마 대통령은 NSA의 정보수집은 "우리가 사람들을 보호할 수 있는

(141) 뉴욕= 장상진 특파원, 美안보국(NSA), 10억 네티즌 이메일 · 채팅 들여다봤다, 중앙일보 2013년 6월 8일 A14면.
(142) Glenn Greenwald and Ewen MacAskill, *Obama orders US to draw up overseas target list for cyber-attacks*, Guardian 7 Jun 2013.
(143) 장택동 기자, "오바마, 사이버 공격 대상 선정 지시", 동아일보 2013년 6월 10일 A 15면.

국한되고 협소한 지시 체계"라고 피력했다.[144]

2. 미국 NSA 해킹 툴 Eternal Blue의 세계적 확산

1) 중국 해커의 Eternal Blue 탈취

미국 국가안보국NSA은 2007년부터 이스라엘과 함께 이란의 나탄즈 핵시설을 공격하여 원심분리기의 약 5분의 1을 파괴했다. 산업시설을 감시하고 파괴하는 최초의 악성 소프트웨어(멀웨어)인 스턱스넷Stuxnet은 Microsoft 및 Siemens의 산업용 소프트웨어를 사용하여[145] 2012년에 이란의 핵 원심분리기를 파괴하여 이란의 원전을 마비시킨 것이다.[146] 스턱스넷은 최초의 사이버 무기로 널리 알려졌다.[147]

그런데, 미국 국가안보국(NSA)이 개발한 이 해킹도구를 중국이 2016년에 절취하여 유럽과 아시아의 미국 동맹국과 민간 기업들의 공격에 사용하였다.[148] 이 사실은 2016년 3월 초 미국의 보안기업 시만텍 사가 중국 해커들이 NSA의 해킹 툴 2개를 개량한 버전인 Eternal Synergy 및 Double Pulsar라는 해킹도구를 사용하여 공격하고 있음을 발견하면서 알려졌다. 수개월 후인 2016년 8월에는 러시아 스파이조직인 Shadow Brokers라는 해커집단이 NSA가 도난당한 첫 샘플을 공개하고, 이어서 2017년 4월에는 NSA가 개발한 여러 해킹 도구들을 인터넷에서 널리 공개했다.[149]

---

(144) Madison, Lucy. *Obama Defends 'Narrow' Surveillance Programs*. CBS News June 19, 2013.

(145) Nicole Perlroth, *America's biggest vulnerability in cyberwarfare is hubris.*, NYT Feb. 6, 2021, Updated Feb. 11, 2021.

(146) David E. Sanger, *Confront and Conceal: Obama's Secret Wars and Surprising Use of American Power*, Random House 2012.
       https://www.amazon.com/-/ko/Confront-Conceal-Obamas-Surprising-American/dp/B0088VP5EE/ref=tmm_aud_title_0?_encoding=UTF8&qid=&sr=

(147) David E. Sanger, *Obama Order Sped Up Wave of Cyberattacks Against Iran*, NYT June 1, 2012.

(148) John Leyden, *US officials confirm Stuxnet was a joint US-Israeli op*, The A Register 1 Jun 2012.

(149) Chris Bing, *Brokers leaks show U.S. spies successfully hacked Russian, Iranian targets*, SNG/CYBERSCOOP Apr 18, 2017.
       https://www.cyberscoop.com/nsa-shadow-brokers-leaks-iran-russia-optimusprime-stoicsurgeon/

그 후 시만텍은 중국이 이 해킹도구(멀웨어)로 최소한 5개 국가(벨기에, 룩셈부르크, 베트남, 필리핀, 홍콩)의 과학연구소, 교육기관 등을 해킹했다고 주장했다. 시만텍은 또한 중국 정보담당관이 주요 통신 네트워크에 대한 한 번의 공격으로 수십만 또는 수백만의 개인 통신에 액세스할 수 있다고 주장했다.

그러나 미국이 개발한 이들 스파이웨어를 중국이 어떻게 구했는지는 시만텍 연구원들의 조사에서도 정확히 밝혀지지 않았다. 시만텍은 중국 해커조직이 광저우에서 운영되는 중국 국방부 보안계약자인 Buckeye라고 했으며, 이 조직은 Advanced Persistent Threat 또는 APT 3란 이름을 사용한다. 그래서 미국 법무부가 시만텍이 Buckeye라고 지칭한 중국 해커 3명을 2017년 11월 기소했다. 검찰은 이들 3인이 중국 정부를 위해 일하고 있다고 주장하지 않았지만, 이들은 중국 국무부와 계약을 맺고 미국을 공격한 것은 분명하다.

▌ Eternal Blue의 유출

미국 국가안보국^{National Security Agency, NSA}에서 개발한 해킹 Tool로서 NSA는 이란 핵시설 파괴에 사용했으며, Snowden이 이 사실을 공개함.

→ 2016년에 중국中國이 훔쳐간 사실을 Symantec이 알림

 中國 : 베트남 등 5개국 공격에 사용

→ 2017년 4월 해커집단 Shadow Brokers가 유출하여 인터넷에 처음 공개

→ ① 러시아 : 우크라이나 공항과 발전소 등 공격에 사용

＼② 北韓 : 2017년에 영국 의료시스템, Maersk 및 Merck 공격

중국의 해킹조직은 우주, 위성 및 핵 추진기술 제조업체를 포함한 미국의 민감한 국방목표에 대해 많은 공격을 가하고 있다. 한편 중국 정보기관이 미국 국가안보국^{NSA}이 개발한 해킹도구를 입수했다는 사실은 미국이 사이버 보안 병기고에 대한 통제력을 상실했다는 증거가 된다. 이는 미국이 세계 최첨단 사이버 무기를 계속 개발해야 하는지에 대한 논쟁을 동시에 야기했다.

그 후 섀도우 브로커^{Shadow Brokers}란 그룹이 중국과는 무관하게 NSA 해킹 툴을 입수해서 인터넷에 공개하면서 NSA의 해킹 툴은 다른 국가와 범죄 그룹의 손에 들어 갔다. 러시아와 북한이 이를 전 세계적 공격에 사용한 것이 바로 그러한 실례이다. 러시아는 NSA 해킹 툴을 사용하여 우크라이나의 공항과 우편서비스, 주유소 및

ATM 등의 중요한 서비스 시설 등을 공격하였다.[150]

2) 세계를 상대로 한 북한의 WannaCry 랜섬웨어 공격

북한은 중국이 훔쳐낸 미국 NSA의 해킹도구 Eternal Blue를[151] 랜섬웨어로 변형한 WannaCry(ransomware)를 가지고 해킹공격을 시도한 최초의 국가이다.[152] 북한은 2017년 5월 12일에 마이크로소프트MS의 운영 체제 Windows의 파일 공유 시스템의 취약점을 파고들어 전 세계에 많은 나라의 컴퓨터망에 침투하였다.[153] 북한은 영국, 러시아, 중국 등 전 세계 150여 개국의 정부 기관 등을 비롯한 23만 대가 넘는 컴퓨터를 마비시키면서 각국 정부의 주요자료들이 유실되는 도미노 현상이 벌어졌다.[154] Symantec 사의 Eric Chien 씨는 기술적 증거로 보아 북한의 Lazarus Group이란 전문가 조직이 WannaCry 공격의 배후에 있다고 했다.[155]

북한 해커들은 간단한 피싱 이메일로 공격을 시작한 다음에 미국 NSA의 Eternal Blue를 사용하여 피해자의 시스템을 통해 신속하게 침투하였다. 그리고선 피해자의 컴퓨터시스템을 암호화하여 중요한 데이터를 사용하지 못하도록 폐쇄하였다.

러시아의 사이버 보안회사인 카스퍼스키 랩Kaspersky Lab에 따르면 당시 러시아가 최악의 피해를 보았는바, 러시아 최대통신기업인 메가폰MegaFon도 해킹을 당했다. 그리고 포르투갈, 우크라이나, 인도, 대만, 베트남 등지에서도 해킹 공격 사실이 보고되었으며, 심지어 라틴아메리카와 아프리카까지 해킹 공격을 당하였다. 피해 범위의 측정이 어려울 정도로 디지털시대에 발생한 가장 큰 글로벌 랜

---

(150) Nicole Perlroth, David E. Sanger and Scott Shane, *How Chinese Spies Got the N.S.A.'s Hacking Tools, and Used Them for Attacks*, The New York Times May 6, 2019.

(151) https://www.nytimes.com/2017/05/12/world/europe/uk-national-health-service-cyberattack.html

(152) Nicole Perlroth and Scott Shane, *In Baltimore and Beyond, a Stolen N.S.A. Tool Wreaks Havoc*, NYT May 26, 2019, p. A1.

(153) Sam Jones, *What is WannaCry and how can it be stopped?* FT May 13 2017.

(154) Nicole Perlroth and David E. Sanger, *In Computer Attacks, Clues Point to Frequent Culprit: North Korea*, NYT May 15, 2017. ; Brad Smith, Government and business must fight the cyber threat, FT November 12, 2018.

(155) By Nicole Perlroth, *More Evidence Points to North Korea in Ransomware Attack*, The New York Times May 22, 2017.

섬웨어 해킹이었다.[156]

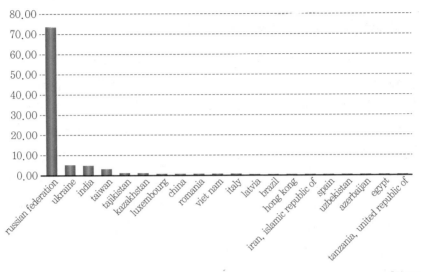

그림 6-1 _ 북한의 랜섬웨어 공격 현황[157]

출처: Barracuda

북한의 해킹으로 영국과 인도네시아 및 미국 펜실베이니아에서는 병원 컴퓨터가 마비되면서 위급한 환자들은 수술하는데 장애를 입었는바, 영국에서는 국가의료 서비스National Health Service, NHS의 260개 병원 중 3분의 1에서 환자들이 고통을 겪었으며, 유럽통신기업인 스페인의 Telefónica와 미국의 FedEx 등은 활동이 마비되었다.[158] 중국의 인민일보People's Daily에 의하면, 비슷한 공격이 중국 전역을 강타했으며, 독일은 철도와 전화회사가 어려움을 겪었다.[159]

영원한 블루Eternal Blue는 원래 미국이 개발하였지만[160] 북한이 자체적으로 개량한 워너크라이 랜섬웨어WannaCry ransomware는 지금까지 알려진 것 중에 가장 빠른 전

(156) Nicole Perlroth and David E. Sanger, *Hackers Hit Dozens of Countries Exploiting Stolen N.S.A. Tool*, NYT May 12, 2017.

(157) Nicole Perlroth and David E. Sanger, *Hackers Hit Dozens of Countries Exploiting Stolen N.S.A. Tool*, NYT May 12, 2017.

(158) Sarah Neville, Global Pharmaceuticals Editor, *NHS fights to restore services after global hack*, FT May 14, 2017.

(159) Russell Goldman, *What We Know and Don't Know About the International Cyberattack*, NYT May 12, 2017.

(160) John Thornhill, *We are entering the twilight zone of cyber warfare*, FT 25 June 2018.

파력으로 150개국에서 20만 대 이상의 컴퓨터를 감염시킨 것이다.[(161)] 그래서 북한은 WannaCry 랜섬웨어의 암호화한 자료를 풀어주는 대가로 상당한 돈을 챙긴 것이다.[(162)]

3. 랜섬웨어의 확산

몸값[Ransom]과 소프트웨어[Software]의 합성어인 랜섬웨어[ransomware]는 사용자 컴퓨터의 데이터를 암호화한 뒤 이를 풀어주는 대가로 돈을 요구하는 악성코드이다. 오늘날에는 주로 비트코인으로 대가를 제공할 것을 요구한다.[(163)] 보안업체 엠시 소프트에 따르면 2020년 미국에서 발생한 랜섬웨어 해킹은 확인된 것만 15,000건에 달한다. 보안업체 스핀백업에 의하면 2015년 3억 2500만 달러였던 전 세계 랜섬웨어 피해 규모가 2021년에 200억 달러로 60배 이상 증가할 것으로 예측했다.[(164)]

그림 6-2 _ 전 세계 랜섬웨어 피해 규모(2017~2018)

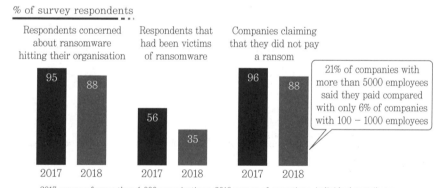

출처: Barracuda

(161) Sam Jones, Sarah Neville and Joshua Chaffin, *Hackers use tools stolen from NSA in worldwide cyber attack*, FT May 13, 2017.

(162) Timothy W. Martin, *North Korea Repositions Hacking Unit for Global Cyberattacks*, WSJ Feb. 20, 2018.

(163) 전경하 논설위원, [씨줄날줄] 랜섬웨어 2.0, 서울신문 2021년 6월 3일 31면.

(164) 워싱턴=이민석 특파원, 해커가 美 전력망 차단 가능 … 9 · 11 테러만큼 위협적, 조선일보 2021년 6월 8일 A 16면.

그런데 미국에서 랜섬웨어 공격은 전 세계적인 코로나19 사태가 시작된 2020년에 62% 증가하여 2억 건이 넘었으며, 특히 2021년은 랜섬웨어가 크게 떠들썩한 한 해가 되고 있다.[165][166] 한편, 가상 사설망 서비스인 Atlas VPN의 분석에 따르면 랜섬웨어 공격에 대한 평균 지급액은 2019년 마지막 분기에 84,000달러에서 2020년 3분기에는 234,000달러로 두 배 이상 증가했다.[167]

1) Colonial pipeline 공격

러시아의 해커 그룹 DarkSide가 2021년 5월 7일에 텍사스주에서 뉴저지주까지 미국 남동부를 잇는 8850㎞의 미국 최대의 송유관 Colonial pipeline을 공격하였다. 하루 250만 배럴을 운송하는 송유관 가동이 그에 따라 엿새간 중단되면서 세계 경제가 잠시 출렁거릴 정도였다.[168]

이 송유관의 해킹은 컴퓨터와 각종 통신망으로 얼기설기 연결된 현대 사회의 치명적인 급소가 적나라하게 드러난 사건이었다. Colonial pipeline 측은 러시아로 추정되는 DarkSide 해커 측에 500만 달러에 상응하는 비트코인 75개를 보내 문제를 해결하였다.[169] 그러나 다행스럽게도 사건 이후 한 달이 지난 6월 7일에 FBI의 주도로 다크사이드에 지급한 비트코인 75개 중 63.7개를 회수했다. 몸값을 처음으로 회수한 법무부 관계자는 DarkSide가 사용하는 암호화폐의 가상 지갑virtual wallet을 식별하여 자금을 압수했다고 밝혔다.[170] 회수 금액은 약 230만 달러 수준이다.[171]

---

(165) Tim Bradshaw in London and Hannah Murphy in San Francisco, *We regret 'creating problems', say Colonial petroleum pipeline hackers*, FT May 10, 2021.

(166) Amber Wolff, *Q3 Cyber Threat Intelligence Details a September to Remember*, Sonic Wall October 28, 2020.
https://blog.sonicwall.com/en-us/2020/10/q3-cyber-threat-intelligence-details-a-september-to-remember/

(167) Edward G., *Average ransom payout jumped 178% in a year*, Atlas VPN December 2, 2020.
https://atlasvpn.com/blog/average-ransom-payout-jumped-178-in-a-year

(168) James Politi and Katrina Manson, Derek Brower and Myles McCormick and Hannah Murphy, *US opens debate over cyber ransom payments after pipeline hack*, FT May 10, 2021.

(169) Chris Nuttall in London, *Ransomware hackers pay the price*, FT May 14, 2021.

(170) Lauren Fedor in Washington, Myles McCormick in New York and Hannah Murphy in San Francisco, *Biden says 'strong reason' to believe pipeline hackers are in Russia*, FT May 13, 2021.

(171) 워싱턴=이민석 특파원, 美 FBI, 해커에 뺏긴 돈 처음으로 되찾았다, 조선일보 2021. 06. 09 A 14면.

이 사건 이후에 해커에게 몸값 지급을 전면적으로 금지해야 하는가를 두고 백악관의 주도로 논쟁이 벌어졌다. FBI는 랜섬웨어를 조장한다고 강력히 반대하는 가운데서도 이번같이 급박한 상황에서는 "국가 경제를 위해 옳은 일"이었다고 했다.[172]

2) 아일랜드 전국 병원의 해킹 사건

아일랜드에서는 2021년 5월 중순에 전국 대부분의 의료 IT 시스템이 해킹공격으로 강제종료되었다. 해킹을 했다고 주장한 그룹은 없었고, Arete Advisors의 연구에 따르면 러시아 또는 동유럽에 기반을 둔 해커가 비트코인으로 2,000만 달러의 몸값을 요구했으나, 아일랜드 정부는 이를 거부하면서 병원들은 한동안 혼란이 생겼다.[173] 한편 해킹그룹은 의료 및 개인정보들을 온라인에 유포하는 일이 벌어졌다.[174]

3) 북미와 호주의 육류가공공장의 랜섬웨어 공격

브라질에서 1953년에 설립된 세계 최대 육류가공업체 JBS SA는 전 세계 15개국에 산재한 150개 공장에서 15만 명이 일하고 있다. 이 회사의 미국 공장이 하루 멈추면 미국 쇠고기 생산량의 23%에 해당하는 2만 마리분의 공급에 차질이 생긴다.[175] 그런데 JBS가 소유한 북미와 호주의 가공시설에 대한 조직적인 랜섬웨어 공격이 2021년 5월 30일에 발생하여 미국 자회사는 3일간 공장 가동이 중단되었는바, 정보 당국은 두 사건 모두 러시아 해킹조직의 소행으로 추정하였다.[176]

4) 한국의 랜섬웨어ransomware 공격

한국도 랜섬웨어 공격에 따른 피해가 적지 않다. 2020년 11월 22일에 이랜드 그룹을 공격한 해커 측은 회사에 "4,000만 달러 상당의 비트코인을 지급하지 않으면

---

(172) James Politi and Katrina Manson in Washington, Derek Brower and Myles McCormick in New York and Hannah Murphy in San Francisco, *US opens debate over cyber ransom payments after pipeline hack*, FT May 10, 2021.

(173) Laura Noonan in Dublin, *Ireland defies hackers' bitcoin demand over health system*, FT May 14, 2021.

(174) Laura Noonan in Dublin and James Shotter in Warsaw, *Irish patients' data stolen by hackers appears online*, FT May 19, 2021.

(175) 워싱턴 이경주 특파원, 고깃값 7개월째 올랐는데… 세계 최대 육류 공급망까지 뚫렸다, 서울신문 2021년 6월 2일 17면.

(176) *Cyberattack hits world's largest meat processor's Australia and North America units*, CNBC May 31 2021, Updated Jun 1 2021.

해킹으로 확보한 고객 카드 200만 건을 인터넷에 유포하겠다"고 협박하였다. 이랜드 그룹은 엔씨^{NC}백화점과 뉴코아아울렛 일부 점포가 휴점하거나 부분 영업을 하는 등 피해를 입었으나, 그룹 측은 "막대한 금전을 요구하는 해커의 협박에 굴복하지 않겠다"면서, "고객 정보는 그들의 공격과는 완전히 차단된 다른 시스템에 보관되어 있어서 해커의 주장은 위협에 불과하다"고 강조했다. [177]

2020년 한국인터넷진흥원^{KISA}에 신고된 국내 랜섬웨어 피해 사고는 전년도 같은 기간에 비해 325% 증가한 127건이었다. 한편, 2021년에 와서는 4월에 CJ셀렉타(브라질 법인), LG생활건강(베트남 법인), 5월에 LG전자(미국 앨라배마 법인) 등 대기업들이 랜섬웨어 공격을 받았다. [178]

5) 대책 : 국제적 공조와 대응 방안

그동안 주로 개인을 표적으로 삼던 랜섬웨어 해킹이 최근 기업체를 공격해 공장을 마비시키거나 정부 기관과 전력망 · 지하철 등 국가 인프라까지 공격하면서 테러 수준의 위협으로 커졌다. 전술한 '콜로니얼 파이프라인' 랜섬웨어 공격으로 엿새간 운영이 중단되면서 미국에서는 휘발유의 사재기가 벌어졌다. 또한 정육업체 JBS SA의 자회사가 공격을 받아 사흘 동안 공장이 멈추면서 육류 가격이 폭등하기도 했다. [179]

조 바이든 미국 대통령은 Colonial Pipeline 사태 이후에 비상사태를 선포하면서 "사이버 해킹에 대해 군사 대응과 같은 보복 등도 고려한다"면서 러시아 정부에 책임을 묻겠다고 했다. 크리스토퍼 레이 연방수사국^{FBI} 국장은 이번 해킹을 러시아에 기반을 둔 것으로 의심되는 DarkSide라는 러시아 범죄조직의 소행이라고 지목하면서, "사이버 공격은 2001년 9 · 11 테러만큼 위협적"이라고 했다. [180]

한편, 미국의 강경한 태도에 따른 반응으로 보이는 행동을 DarkSide로 알려진 해커 그룹이 하였다. 콜로니얼 석유 파이프라인에 대한 랜섬웨어 공격에 대한 책임이 있는 해커 그룹 DarkSide는 "사회에 문제를 만든 것"을 후회한다면서, 해킹은

---

(177) 박수지 기자, 이랜드 부회장 "랜섬웨어 해커 계속 협박 … 굴복 않겠다", 한겨레신문 2020년 11월 27일.
(178) 워싱턴=이민석 특파원, 해커가 美 전력망 차단 가능 … 9 · 11 테러만큼 위협적, 조선일보 2021년 6월 8일 A 16면.
(179) 최인준 기자, 진화하는 랜섬웨어 … 국가 · 기업 · 개인 가리지 않는다, 입력 조선일보 2021년 7월 15일 B 6면.
(180) 워싱턴=이민석 특파원, 해커가 美 전력망 차단 가능 … 9 · 11 테러만큼 위협적, 조선일보 2021년 6월 8일 A 16면.

"비정치적"이며 돈을 벌기 위한 것이라고 주장했다.[181]

또한, 조 바이든 미국 대통령은 가상화폐를 이용한 몸값 지급을 요구하는 해킹 공격에 대한 국제공조를 모색하였다. 바이든 대통령은 러시아의 해커들이 이들 사건을 일으켰다면서 6월 16일에 제네바에서 있은 러시아의 블라디미르 푸틴 대통령과의 정상회담에서 랜섬웨어의 이슈를 논의한 끝에,[182] 양국은 사이버 보안에 대하여 앞으로 협의하기로 약속하였다. 그러나 푸틴이 러시아도 랜섬웨어로 고통을 받는다고 주장한 점에서 성과는 의문이다.[183]

콜로니얼 파이프라인에 대한 랜섬웨어 공격은 하나의 경종을 울린 사건이지만, 그러한 공격을 가할 인센티브가 강력하며, 계속 증가하고 있는 점에서 앞으로 상황은 훨씬 더 악화될 것으로 보이지만, 문제를 해결할 마땅한 방안도 없는 현실이다. 그럼에도 정부나 사회조직 및 개인은 합심하여 랜섬웨어 공격자들이 그들의 확실한 기술을 선한 곳에서 사용하도록 설득할 필요가 있다.[184]

4. 이스라엘 NSO 사의 페가수스Pegasus

오늘날 각국 정부는 사이버 해킹의 영역에서 시민 사회의 적敵인 동시에 친구frenemies인 상황이다. 특히 이스라엘의 NSO 그룹이 발명한 해킹도구인 Pegasus는 반정부인사나 사회운동가는 물론 상대방 국가의 대통령까지 감시하는 (위법한) 수단으로 사용된다는 사실이 2021년 여름에 알려지면서 전 세계가 시끄러웠다.[185] 그러함에도 NSO 사는 틈새시장에서 세계 선두를 달리면서, 미국의 정보 기관인 국가안보국NSA이나 영국의 GCHQ와 경쟁할 수 있는 사이버 능력을 각국에 제공하고

---

(181) Tim Bradshaw in London and Hannah Murphy in San Francisco, *We regret 'creating problems', say Colonial petroleum pipeline hackers*, FT May 10, 2021.

(182) Bryan Harris in São Paulo and Kiran Stacey in Washington, *Biden to rebuke Putin over hack of meat processor JBS*, FT June 2, 2021.

(183) Joe Tidy, *Why cyber gangs won't worry about US–Russia talks*, BBC 16 June, 2021.

(184) Katrina Manson in Washington, Henry Foy in Moscow and Hannah Murphy in San Francisco, *Biden, Putin and the new era of information warfare*, FT June 15, 2021.
https://www.ft.com/content/51fc3b07–78a5–4461–823c–c9d22baeb063

(185) Stephanie Kirchgaessner, Paul Lewis, David Pegg, Sam Cutler, Nina Lakhani and Michael Safi, *Revealed: leak uncovers global abuse of cyber–surveillance weapon*, The Guardian 18 July 2021.

있다.[186]

1) NSO가 개발한 페가수스Pegasus의 활약?

Pegasus란 해킹도구는 이스라엘 민간기업 NSO 그룹이 2010년에 개발한 아주 강력한 스파이웨어spyware로 오늘날 EU 21개국을 비롯한 전 세계 45개 정부가 사용 중이다. 그중 모로코 당국은 이 기기를 사용하여 프랑스의 Emmanuel Macron 대통령의 핸드폰을 감청하였다고 한다.[187]

그림 6-3 _ Pegasus Spyware Proceed

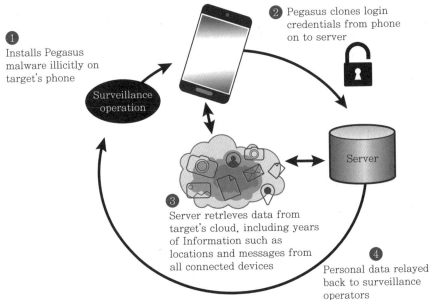

① Installs Pegasus malware illicitly on target's phone

Surveillance operation

② Pegasus clones login credentials from phone on to server

③ Server retrleves data from target's cloud, including years of Information such as locations and messages from all connected devices

Server

④ Personal data relayed back to surveillance operators

Pegasus 스파이웨어는 목표가 된 핸드폰 사용자에게 전화를 걸고 나면 마이크와 카메라를 켤 수 있게 작동하여 WhatsApp의 취약점을 통하여 해킹을 한다. 또는 대상이 악성 링크를 클릭하도록 속이는 문자 메시지 또는 이메일인 스피어피싱을 통해 휴대폰을 감염시킨다. 아무도 모르는 사이에 iOS 또는 Android 핸드폰 운영체

(186) Stephanie Kirchgaessner, *How NSO became the company whose software can spy on the world*, Guardian 23 Jul 2021.
(187) Bethan McKernan, *Emmanuel Macron 'pushes for Israeli inquiry' into NSO spyware concerns*, Guardian 25 Jul 2021.

제를 사용하는 수십억대의 핸드폰에 Pegasus가 침투하고 나면 24시간 메시지를 보내거나 받고 복사하며, 사진을 수집하고, 휴대전화의 카메라를 통해 몰래 촬영하거나 통화 내용을 녹음하는 감시 장치로 변한다. 나아가 우리가 현재 어디에 있고, 어디에 있었으며, 누구를 만났는지 등을 정확히 찾아낼 수 있다. 심지어 카메라와 마이크를 원격으로 조종하는 것도 가능하다고 한다.[188]

다시 말해, 페가수스는 휴대폰에서 와츠앱WhatsApp을 통해 악성코드를 심어서 Google 드라이브, Facebook Messenger, Apple, Amazon 및 Microsoft 등의 서버에서 휴대폰 소유자의 활동을 감시할 수 있다. 그 방법은 iCloud 등과 같은 서비스의 인증키authentication keys를 복제한 후에 별도의 서버가 위치를 파악하여 전화를 가장할 수 있게 한다.[189]

2) 국가의 안녕질서를 위한 대안의 해킹 툴인가?

페가수스는 테러리스트나 범죄자를 추적하기 위한 목적으로 개발되었기 때문에 NSO 고객이 처음에는 영국의 GCHQ와 미국의 국가안보국(NSA) 등 소수의 정부기관이었다. 그 후, WhatsApp이 NSO 그룹을 대상으로 2019년 미국에서 소송을 제기한[190] WhatsApp 해킹 사건으로 페가수스Pegasus가 훌륭한 "해킹공격 무기"라는 명성을 얻으면서 각국 정부와 사법기관이 주로 구매에 열중하면서 사고 싶은 국가와 조직이 많아져 NSO 그룹의 시장가치는 10억 달러로 치솟았다. 그러나 이를 구입하려면 이스라엘 국방부의 허가를 받아야 하는 점에서 민간에게는 팔지 않으며, 이스라엘 국방부는 페가수스Pegasus의 판매를 규제하고 있다.[191]

NSO Group도 페가수스는 수십 개 국가에서 세계평화를 추구하기 위하여 테러나 마약 거래 방지 및 납치된 어린이들을 구출하는 경우와 같은 예외적 목적에만 사용된다고 주장했다. 그러나 투자자들에 대한 NSO Group의 4월 발표에서 그

(188) David Pegg and Sam Cutler, *NSO Group software can record your calls, copy your messages and secretly film you*, The Guardian 18 July 2021.

(189) Mehul Srivastava in Tel Aviv and Tim Bradshaw in London, *Israeli group's spyware 'offers keys to Big Tech's cloud'*, FT July 19 2019.

(190) Stephanie Kirchgaessner in Washington, *US judge: WhatsApp lawsuit against Israeli spyware firm NSO can proceed*, The Guardian 17 Jul 2020.

(191) Mehul Srivastava in Tel Aviv, *WhatsApp voice calls used to inject Israeli spyware on phones*, FT May 14, 2019.

룹 매출의 절반이 중동지역에서 나왔으며, 토론토 대학의 Munk School of Global Affairs의 연구에서도 페가수스는 바레인, 모로코, 사우디아라비아 및 UAE를 포함한 중동국가 및 21개의 EU 국가 등 45개국에서 사용되었다고 주장했다. 특히 이스라엘 정부는 페가수스를 통해 사우디아라비아와 UAE와 같은 걸프 국가와 좋은 외교관계를 맺었다. 이들 두 국가 모두 공식적으로 유대인 국가의 존재를 거부하면서도 벤자민 네타냐후 (전) 총리와 정보 노하우를 공유하면서 이란에 대한 공통의 적대감을 갖게 되었다.

그런데 국제인권단체는 이스라엘과 키프로스에서 제기한 두 건 소송의 수사와 관련하여 멕시코와 사우디아라비아 정부가 페가수스 스파이웨어를 사용하여 살해된 멕시코 언론인, 반부패 운동가의 부인 및 국제 앰네스티의 직원을 포함한 언론인, 반체제 인사 및 비평가들의 휴대전화를 추적했다고 주장했다.[192] 또한 페이스북이 2019년에 NSO 그룹에 소송을 제기하면서 페가수스가 민간인 감시에 사용되었다는 사실이 알려졌다. 페이스북은 자회사인 왓츠업의 메신저 서비스의 결함을 이용해 페가수스로 해킹을 시도했다고 주장했다. 그러나 NSO는 "고객에게 제공한 스파이웨어 운영에 관여하지 않는다"고 혐의를 부인하면서 조사에서 잘못된 추정과 사실적 오류가 포함됐다고 반박했다.[193]

3) 세계 주요 언론의 고발성 기사

세계의 유수한 언론사들이 나서 이스라엘 NSO 그룹이 개발한 Pegasus 스파이웨어에 의한 글로벌 규모의 해킹행위를 2021년 7월에 고발하였다.[194] 미국의 WP, NYT, WSJ, CNN, AP통신, 블룸버그, 미국의 소리VOA, 영국 FT, 가디언, 이코노미스트, 로이터, 프랑스 르몽드, 프랑스24, AFP통신, 알자지라, 라디오 프리 유럽, 엘파이스 등 전 세계의 주요한 16개 언론사의 기자들이 공동취재팀을 꾸려 수개월 동안 탐사 취재한 끝에 페가수스가 전 세계 약 50개국의 정치인, 언론인, 기업인 등 1000여 명 유력 인사들의 스마트폰 해킹 감시활동에 쓰였다고 2021년 7월에 보도

---

(192) Mehul Srivastava in Tel Aviv, *WhatsApp voice calls used to inject Israeli spyware on phones*, FT May 14, 2019.

(193) 정영교 기자, "유명인사 5만명 스마트폰 털렸다" 이스라엘 첩보SW의 배신, 중앙일보 2021년 7월 19일.

(194) *Shaun Walker, Stephanie Kirchgaessner, Nina Lakhani and Michael Safi*, Pegasus project: spyware leak suggests lawyers and activists at risk across globe, Guardian 19 Jul 2021.

했다. 관련 자료를 공유한 국제사면위원회Amnesty International와 프랑스 언론단체 포비든 스토리스Forbidden Stories는 Pegasus의 감시 · 도청대상으로 추정되는 5만 개 이상의 전화번호 목록을 입수했다. 여기에는 일부 국가의 수뇌와 총리, 아랍 국가 왕족을 포함한 정치인 및 공직자 600여 명, 언론인 189명, 인권운동가 85명, 기업인이 65명이 포함되어 있었다.[195]

페가수스로 피해를 입은 것으로 의심되는 명단에는 (전술한) 프랑스 에마뉘엘 마크롱 프랑스 대통령을 비롯한 대통령 3명, 총리 10명, 국왕 1명도 포함되어 있다. WP는 7월 20일 마크롱을 포함해 시릴 라마포사 남아공 대통령, 임란 칸 파키스탄 총리, 바르함 살리흐 이라크 대통령 등 전 · 현직 국가 정상 13명이 감시 명단에 들어 있다고 했다. 칸 파키스탄 총리는 인도에서, 살리흐 이라크 대통령은 사우디아라비아에서, 라마포사 남아공 대통령은 르완다에서 각각 해킹한 것으로 추정된다고 보도했다. 이들을 포함해 휴대전화가 털린 것으로 보이는 정치인이나 정부 관계자가 34개국 600여 명에 이른다고 WP는 전했다. 각국 지도자들이 호주머니 속에 스파이 도구를 휴대한 셈이다. 엘리제궁은 "(마크롱에 대통령에 대한 해킹 의혹이) 사실이라면 명백히 매우 심각한 문제"라며 "수사를 통해 밝혀질 것"이라고 했다. 프랑스 검찰은 20일 모로코 정보 당국을 겨냥한 수사에 착수했다.[196] 또한, 2018년 10월 터키 이스탄불의 사우디 총영사관에 살해된 사우디 반체제 언론인 자말 카슈끄지 관련 정보와 그의 약혼녀인 하티제 젠기스의 휴대전화도 감염되었다는 사실이 밝혀졌다.[197]

이처럼 180여 명의 언론인이 감청 대상에 포함된 정황이 드러나며 '범죄, 테러 행위에 한정 해서 페가수스를 이용할 수 있다'는 NSO의 해명은 설득력을 잃었다. 영국 가디언은 2018년에 영국 FT의 첫 여성 편집장인 룰라 칼라프, 인도에서 나렌드라 모디 총리를 비판하는 온라인 매체 와이어의 창립자 등의 스마트폰이 도 · 감청 대상이 되었다며 "정부가 비평가, 경쟁자, 반대자를 무차별 감시할 수 있었다"고 했다. FT 이외에도 WSJ, CNN, NYT, 알자지라, 프랑스24, AP통신, 르몽드, 블룸

---

(195) Presented by Michael Safi with Stephanie Kirchgaessner and Paul Lewis ; produced by Joshua Kelly and Axel Kacoutié; executive producers Phil Maynard and Nicole Jackson, *The Pegasus project part 1: an invitation to Paris*, Guardian 19 Jul 2021.

(196) 파리=손진석 특파원, 마크롱 휴대폰도 뚫렸나 … 페가수스 해킹문건에 정상급 14명 폰번호, 조선일보 2021년. 7월 21일.

(197) 정영교 기자, "유명인사 5만명 스마트폰 털렸다" 이스라엘 첩보SW의 배신, 중앙일보 2021년 7월 19일.

버그, 이코노미스트, 로이터 등 유력매체도 감시대상이었다.[(198)]

가. 각국 정부의 반정부인사들에 대한 해킹행위

인도에서는 라훌 간디 전 총리를 비롯하여 모디 정부와 충돌해온 인권활동가, 학자, 언론인과 변호사 등 적어도 17명을 표적으로 한 마녀사냥을 해왔다고 한다.[(199)] 인도는 WhatsApp 사용자가 4억인데, WhatsApp의 칼 우그[Carl Woog] 대변인은 "그 숫자가 중요하지 않다"고 했다.[(200)]

멕시코 정부는 반정부인사들에 대한 해킹을 FBI 등 미국 정보 당국에 부탁하였으나 거절당했다. 그런 후에 멕시코의 전임 대통령인 Enrique Peña Nieto 정부가 당시 학자와 판검사, 의사 및 언론인 등 총 1500명에 이르는 반정부인사들을 해킹한 사실을 NYT가 폭로하였다. 특히 현 Andrés Manuel López Obrador 대통령 부부를 포함한 50명의 측근들도 해킹 피해를 입었다.[(201)] 그 당시 멕시코 정보기관들은 범죄를 방지한다는 명분으로 2011년부터 NSO의 페가수스[Pegasus] 스파이웨어를 약 8,000만 달러어치나 구입하여 주로 핸드폰 도청에 사용했다.[(202)]

스페인에서는 카탈로니아 지방정부의 로저 토렌트[Roger Torrent] 국회의장과 카타로니아의 독립을 지지하는 두 사람이 2019년에 Pegasus 스파이웨어를 사용한 해킹대상이 되었다고 한다.[(203)] 이에 스페인 정부의 Pablo Iglesias 부총리는 정치적 신념에 따라 이루어지는 이러한 짓거리는 있을 수 없는 일이라면서 의회가 조사를 해야 한다고 주장하였다.[(204)] 한편 NSO 그룹은 테러리스트 및 기타 범죄자를 추적하기

---

(198) 김정화 기자, 홍희경 기자, 카슈끄지 약혼녀도, 멕시코 유명 앵커도 ⋯ '페가수스'가 엿봤다, 서울신문 2021년 7월 20일 18면.

(199) Hannah Ellis-Petersen in Delhi and Michael Safi, *Modi accused of treason by opposition over India spyware disclosures*, Guardian 19 Jul 2021.

(200) *Pegasus breach: India denies WhatsApp hack amid outrage*, BBC Nov 1, 2019.

(201) Nina Lakhani in Mexico City, *Fifty people linked to Mexico's president among potential targets of NSO clients*, Guardian 19 Jul 2021.

(202) Azam Ahmed and Nicole Perlroth, *Using Texts as Lures, Government Spyware Targets Mexican Journalists and Their Families*, NYT June 19, 2017.

(203) Stephanie Kirchgaessner and Sam Jones, *Phone of top Catalan politician targeted by government-grade spyware'*, The Guardian 13 Jul 2020 23.15 BST Last modified on Tue 14 Jul 2020.

(204) Sam Jones in Madrid, *Spanish deputy PM urges investigation into Catalan spyware claims*, The Guardian 16 Jul 2020.

위해 정부 고객에게만 스파이웨어를 판매한다고 주장하고 있다.[(205)]

한편, 이스라엘에서 진행되는 재판 자료에서는 NSO 고객인 UAE의 통치자가 NSO 회사 대표에게 사우디 왕자와 카타르의 족장emir 및 런던의 반체제 신문의 Abdulaziz Alkhamis 편집장에 대한 해킹을 부탁했다.[(206)]

또한 2003년부터 런던에 거주하며 사우디 왕실의 인권침해를 비판해온 풍자작가인 가넴 알마사리르Ghanem Almasarir 씨를 런던 경찰은 사우디 정부가 페가수스로 그를 해킹한다고 보아 2018년 10월부터 보호하였다. 그는 2018년 10월 터키의 사우디 대사관에서 자행된 Jamal Khashoggi 살해사건에 대하여 해명을 요구하면서 런던의 사우디 대사관 밖에서 시위를 벌이기도 했다. 그의 유튜브 채널인 가넴 쇼Ghanem Show는 지금껏 2억 3천만 뷰를 기록했다.[(207)]

5. 이스라엘 정부의 곤욕

한편, 이스라엘은 Pegasus를 사우디아라비아와 아랍에미리트 등의 국가에 판매하면서 이들 국가에 대한 비밀외교활동에서 중요한 자산이 되어 왔는데, 최근 인도와 멕시코, 사우디아라비아 등과 같은 세계 45개국 정부가 페가수스Pegasus를 구입하여 정치적 반대자의 감시에 사용한다는 (전술한) 2021년7월의 세계적 뉴스로 곤욕을 치렀다. 피해자들은 이에 항의하여 이스라엘의 NSO를 상대로 소송을 제기한 상태이다.

하여튼 디지털기기의 취약성을 악용하는 기이한 시장은 세계적으로 빠르게 성장하고 있다. 캐나다 토론토대학고 뭉크 스쿨Munk School에 소재한 Citizen Lab의 John Scott-Railton 선임연구원은 미국 NSA 전 직원인 Edward Snowden이 2013년에 미국의 사이버 스파이 활동을 세상에 폭로하면서 "작은 시장이 세계적으로 매우 큰

---

(205) Stephanie Kirchgaessner in Washington, *WhatsApp: Israeli firm 'deeply involved' in hacking our users*, The Guardian 29 Apr 2020.

(206) David D. Kirkpatrick and Azam Ahmed, *Hacking a Prince, an Emir and a Journalist to Impress a Client*, NYT Aug. 31, 2018.

(207) Julia Carrie Wong, *WhatsApp urges users to update app after discovering spyware vulnerability*, The Guardian 14 May 2019.

시장으로 성장했다"고 주장했다.(208)

---

(208) John Thornhill, *Governments are the frenemies of society on hacking*, FT May 18, 2019.

제3절
사이버 해킹의 주요 사례

1. 외국의 주요 사례

해킹사례는 너무나 많으므로 최근에 발생한 주요 사례만 열거하기로 하며, 국내 사건도 일부 다룬다.

1) 독일 정치인에 대한 해킹

2018년 말에 독일에서 수백 명의 정치인과 언론인 및 유명인사의 휴대전화번호와 주소, 이메일, 인터넷 채팅 및 신용카드 정보 등과 같은 개인정보가 해킹을 당하여 트위터로 무단 공개되었다. 여기엔 앙겔라 메르켈 총리의 신상정보도 포함되었다. 자료유출은 러시아 해커들에 의해 수행된 것이라고 추론했다.[209] 그러나 독일 연방정보국Federal Office of Information Security이 최악의 해킹범을 잡고 보니 체계적 컴퓨터 교육도 받지 않은 20세 소년이 자행한 단독 범행이었다.[210]

2) 기업에 대한 해킹

2010년 이후로 사이버 공격이 잦으며 그 규모도 증가하면서 각국은 사이버 해킹

---

(209) Guy Chazan in Berlin, *German politicians targeted in cyber attack*, Guy Chazan in Berlin, FT January 5, 2019.

(210) Guy Chazan in Berlin, *German data hack suspect was 'annoyed' by politicians, say police*, FT January 9, 2019, p.3.

으로 고통을 받는다. 현대의 디지털 시대에 우리가 만든 데이터는 중요한 가치가 있다. 데이터는 온라인 예약을 돕고 무슨 TV 쇼를 볼 것인가에 대한 정보를 제공한다. 그러나 한편 모든 곳에서 이들 데이터에 포위당하고 있기도 하다. 이들 데이터가 나쁘거나 잘못된 손에 들어가면 심각한 결과를 가져오기 때문이다. 그런 점에서 각국 정부는 개인정보의 보호를 중시하는 대책으로 데이터 위반을 강력하게 처벌하는 추세이다. 규제당국의 권한이 확장됨에 따라 기업의 보안의식도 강화되고 있다.

그림 6-4 _ 2010년 이후 기업에 대한 해킹공격 사례

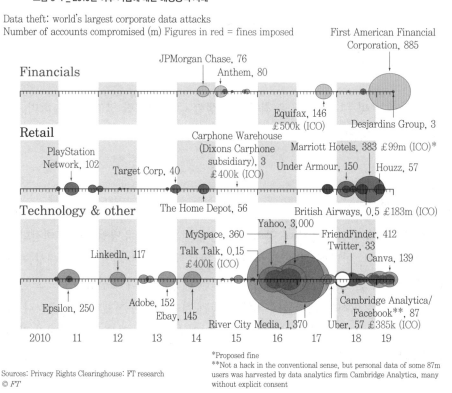

Data theft: world's largest corporate data attacks
Number of accounts compromised (m) Figures in red = fines imposed

Sources: Privacy Rights Clearinghouse; FT research
© FT

*Proposed fine
**Not a hack in the conventional sense, but personal data of some 87m users was harvested by data analytics firm Cambridge Analytica, many without explicit consent

특히 유럽은 2018년에 개인정보보호와 관련하여 인권을 강화하는 GDPR을 제정(211)하였다. 새로운 법률은 엄청난 벌금 등으로 회사의 재정적 손실에 위협을 할 뿐만 아니라, 인터넷 관련회사들을 파산시킬 수도 있는 실질적 위험이 되었다.(212) 한편, 이에 반하여 13억 인구의 중국과 일부국가들은 사회 안정을 중시하여 다른

---

(211) 한국인터넷진흥원은 EU의 일반 개인정보 보호법(GDPR) 가이드북을 공개했다.

(212) Patrick Mathurin, *Regulators show their teeth in fight against data theft*, FT July 27, 2019, p. 9.

나라들이 금지하는 얼굴인식프로그램까지 활용하고 있다.

기업에 대한 해킹으로는 Yahoo 사건이 현재까지 알려진 가장 큰 규모였다. 그리고 British Airways가 해킹으로 50만명 가량의 고객정보가 유출된 사건에 대해 영국의 정보위원회는 1억 8,700만 파운드의 벌금을 부과했으며, 미국 메리어트 호텔 그룹이 역시 해킹으로 3억 8,300만 고객의 정보가 유출된 사건에 대해 9,900만 파운드의 벌금을 부과했다.

이러한 기록적 벌금은 전 세계의 감독기관들이 개인정보보호 위반에 대해 강력하게 처벌하고 있음을 보여준다. 특히 미국 연방거래위원회Federal Trade Commission는 2019년 Equifax에 8억 달러의 벌금을 부과했다. 그 직후인 7월 페이스 북은 해킹이 아닌 영국의 케임브리지 애널리티카Cambridge Analytica와 정보 장사를 한 스캔들에 대해 역사상 가장 많은 50억 달러(6조 원)의 민사벌금과 함께 개인정보보호에 대한 획기적 조처를 하기로 FTC와 합의한 사건도 있었다. [213]

가. 야후Yahoo 등에 대한 해킹

인터넷 서버 야후에서 전술과 같이 역사상 최대의 데이터 해킹범죄가 발생하였다. 야후는 2013년에 10억 명, 2014년에 20억 명 등 세계 인구의 절반에 육박하는 30억 명의 계정에 대한 보안 위반이 있었다고 2016년과 2017년에서야 보고하였다. 2013년의 경우 해커는 야후의 네트워크에 침투하여 사용자 이름, 비밀번호 및 경우에 따라 전화번호와 생년월일 등의 데이터를 훔쳐갔다. [214]

야후는 해킹이 발생하고 한참 지나서야 러시아 해커가 암호화한 비밀번호 등을 해킹한 것을 알게 되었다. [215] 그에 따라 미국 법무부는 두 명의 러시아 해커가 2014년에 러시아 당국의 자금을 제공받아 외교관, 언론인 및 회사 관계자들의 개인정보를 절취하고, 동시에 Yahoo에 대한 스파이 행위를 했다면서, 러시아 스파이 조직의 관리 2명을 포함한 4명의 러시아인을 해킹 혐의로 2017년 3월 기소했다. [216]

---

(213) Mike Isaac and Natasha Singer, *Facebook Agrees to Extensive New Oversight as Part of $5 Billion Settlement*, NYT July 24, 2019. ; Kiran Stacey in Washington and Hannah Murphy in San Francisco, Facebook to pay $5bn to resolve FTC probe into privacy violations, FT July 25, 2019.

(214) Robert McMillan and Ryan Knutson, *Yahoo Triples Estimate of Breached Accounts to 3 Billion*, WSJ Oct. 3, 2017.

(215) Hannah Kuchler, *Yahoo to pay $50m, provide credit monitoring for cyber attack*, FT October 24, 2018.

(216) Aruna Viswanatha and Robert McMillan, *Two Russian Spies Charged in Massive Yahoo Hack*,, WSJ March 15, 2017.

야후는 이 해킹 사건으로 미국 증권거래위원회^{SEC}에 3,500만 달러의 벌금을 납부하는 최초의 회사가 되었으며, 고객들에게는 5천만 달러의 손해를 배상했다. 이는 기업이 해킹을 당한 후에 어떻게 처신해야 하는가에 대한 좋은 사례이다.⁽²¹⁷⁾

한편 페이스북도 전술한 Cambridge Analytica 데이터 스캔들로 곤욕을 치르면서 보안에 신경을 곤두세우고 있던 와중인 2018년 10월에 해커가 1,400만 고객의 전화번호, e메일 주소, 생년월일 등에 대한 민감한 정보를 훔쳐갔다고 발표했다. 그러나 신용카드번호와 같은 금융정보는 다행하게도 도난을 면하였다.⁽²¹⁸⁾

나. 신용정보사 Equifax 해킹

미국의 3대 소비자 신용정보회사인 Equifax는 2017년에 발생한 해킹으로 1억 4,300만 명의 소비자 이름과 운전면허 정보가 도난당했다고 발표했다. 그 후 사이버 조사기업 FireEye Inc.의 도움으로 2차에 걸친 수정 끝에 피해자는 1억 4,790만 명이라고 수정하였다.⁽²¹⁹⁾

다. 항공사 해킹

영국항공사^{British Airways}는 2018년 8월에 38만 고객의 직불카드 번호 등 데이터가 사이버 해킹의 공격을 받았다면서, 그에 따른 고객의 손해는 모두 배상하겠다고 약속했다.⁽²²⁰⁾ 영국 항공은 처음엔 38만 고객의 카드가 위험에 처했다고 했다가 그 추정치를 24만 4,000명으로 낮추었으며, 추가로 다른 18만 5,000명의 고객 정보가 도난당했다고 밝히면서, 2018년 4월 21일부터 7월 28일까지 직불카드를 사용하여 보상을 예약한 고객은 위험할 수 있다고 알렸다. 게다가 7만 7,000명의 이름, 주소, 전자메일 주소, 카드번호, 만료일 및 카드확인번호^{card verification value, CVV}가 해킹당했을 수 있다고 밝혔다.⁽²²¹⁾

---

(217) Kadhim Shubber, *Yahoo's $35m fine sends a message*, FT July 12, 2018.

(218) Shannon Bond in San Francisco, *Facebook says cyber attack exposed sensitive information*, FT October 13, 2018.

(219) AnnaMaria Andriotis, *Equifax Identifies Additional 2.4 Million Affected by 2017 Breach*, WSJ March 1, 2018.

(220) Telegraph Reporters, British Airways hacking: *Customers cancel credit cards as airline defends handling of 'sophisticated' cyber attack*, Telegraph 7 September 2018.

(221) Jasper Jolly, British Airways: *185,000 more passengers may have had details stolen*, The Guardian 25 Oct 2018.

그 두 달 후인 2018년 10월에는 캐세이패시픽 항공Cathay Pacific의 고객 940만 명의 데이터가 해킹으로 유출된 사고가 생겼다.[222]

라. 메리엇 호텔그룹 해킹

2018년 11월에는 전 세계 130개 국가에서 30개 브랜드로 6,700개가 넘는 호텔을 운영하는 호텔그룹 메리엇에서 5억 명의 개인정보가 해킹으로 유출된 사고가 생겼다.[223] 메리엇 그룹이 2016년에 136억 달러(약 15조 원)에 인수한 호텔체인 그룹인 스타우드호텔&리조트는 쉐라톤, W호텔, 세인트 레지스, 르메르디앙, 포포인츠, 웨스틴 등의 여러 호텔브랜드를 보유하고 있다.[224]

메리엇 호텔의 해킹사고에서는 고객의 이름, 주소, 전화번호, 여권번호 및 신용카드번호뿐만 아니라 고객들이 누구와 함께 어디로 여행했는지에 대한 정보를 비롯한 광범위한 데이터가 비정상적으로 노출되었다.[225] 이러한 정보는 신분을 알려는 범인뿐만 아니라 외교관, 스파이, 군인, 회사경영 간부 및 언론인의 움직임을 추적하려는 정보기관들에게도 유용할 것이라고 사이버 보안 전문가들은 지적했다. 이 사건은 중국의 해커들이 경제적 이득보다 자국 정부의 스파이 활동을 위한 작전으로 추정되고 있다.[226]

3) 발전소 해킹과 정전

2015년에 우크라이나에서 발전소가 해킹당하면서 23만 명의 주민들은 전력공급을 받지 못하고 도시기능이 마비된 사건이 발생하였다. 2015년 크리스마스 직전 밤중에 수도 키에프에서 갑자기 정전(블랙아웃)사고가 나면서 수도관이 얼어붙고 아파

---

(222) Jethro Mullen, *Cathay Pacific got hacked, compromising the data of millions of passengers*, CNN Business October 25, 2018.

(223) Aisha Al-Muslim, Dustin Volz and Kimberly Chin, *Marriott Says Starwood Data Breach Affects Up to 500 Million People*, WSJ Nov. 30, 2018.

(224) Hannah Kuchler in San Francisco, and Naomi Rovnick and Camilla Hodgson in London, *Marriott breach potentially exposed data of 500m guests*, FT December 1, 2018.

(225) Aisha Al-Muslim, Dustin Volz and Kimberly Chin, *Marriott Says Starwood Data Breach Affects Up to 500 Million People*, WSJ Nov. 30, 2018.

(226) Ellen Nakashima and Craig Timberg, *U.S. investigators point to China in Marriott hack affecting 500 million guests*, Washington Post December 11.

트는 추위로 냉방이 되었다. 1년 후에 정확히 똑같은 사태가 벌어졌다.[227]

2014년 이래 러시아는 미국의 중요한 기반시설에 대한 위협이 되어왔다. 그래서 2016년 말 러시아가 미시간주의 발전소를 해킹한 사례는 희생자를 속여 웹사이트에 암호를 입력하도록 유도하는 일반적 도구인 스피어 피싱spear-phishing 전자메일과 급수구멍 공격watering-hole attacks을 감행하였다.[228] 2017년 9월에도 미국의 전기회사에 피싱 공격이 있었는데 이는 북한의 소행으로 추정된다.[229]

또한 2018년 7월에는 러시아 요원이 전력회사의 통제실을 해킹으로 침투해서 정전을 야기하였다.[230] 미국 국토안보부는 Dragonfly 또는 Energetic Bear란 암호를 가진 러시아 요원이 미국 전력회사의 통제실을 해킹하여 정전이 발생했었다고 밝혔다. 사이버 공격으로 정전을 야기하는 수법은 국가핵심시설을 파괴함으로서 국가의 안보, 경제의 안정 및 공중보건과 안전에 큰 타격을 줄 수 있음을 보여준 사례였다. 물론 러시아는 이 사실을 부정하였다.[231]

인도에는 Nuclear Power Corporation of India LimitedNPCIL 회사가 6,780MW 용량의 22개 상용원자력 발전소를 운영하고 있다. 그런데 인도의 타밀나두의 쿠단쿨람Kudankulam 신규원자력발전소KKNPP가 2019년 9월 이후 해킹 공격으로 가동이 중단되었다. 처음 해킹 공격을 주장한 트위터의 익명의 사용자는 이번 공격에 사용된 악성코드로 'DTrack'을 언급했는데, DTrack은 북한의 라자루스 그룹Lazarus Group이 사용하는 악성코드로 추정하고 있다. 러시아의 사이버 보안회사 카스퍼스키는 DTrack과 2013년 라자루스 그룹이 한국의 은행과 방송사에 대한 사이버 해킹행위를 자행한 "다크 서울 캠페인DarkSeoul campaign과 유사점"이 있다고 밝혔다.[232] 이번 공격이 라자루스의 공격으로 판명될 경우, 북한의 핵발전소 관련 수집이 입증되는

(227) Jens Stoltenberg, *Why cyber space matters as much to Nato as land, sea and air defence*, FT July 12, 2018.

(228) Rebecca Smith, *Russian Hackers Reach U.S. Utility Control Rooms, Homeland Security Officials Say*, WSJ July 23, 2018.

(229) Michael Imeson, *Electricity industry on alert for 'cyber sabotage'*, FT November 8, 2017.

(230) *Should the Government Require Companies to Meet Cybersecurity Standards for Critical Infrastructure?* WSJ Nov. 12, 2018.

(231) Rebecca Smith, *Russian Hackers Reach U.S. Utility Control Rooms, Homeland Security Officials Say*, WSJ July 23, 2018. ; *Should the Government Require Companies to Meet Cybersecurity Standards for Critical Infrastructure?* WSJ Nov. 12, 2018.

(232) Stephanie Findlay in New Delhi and Edward White in Seoul, *India confirms cyber attack on nuclear power plant*, FT October 31, 2019.

상황이다.[(233)]

2. 우리나라의 사례

1) 방송사와 은행 등에 대한 해킹

우리나라에서도 해킹의 피해는 잦으나 일부만 언급한다. 2009년에는 북한의 라자루스 그룹Lazarus Group이 정부 기관과 금융회사를 겨냥한 7·7 디도스 공격이 있었다.[(234)] 그리고 2011년 해킹 사건에서는 정부 관련 컴퓨터 네트워크는 영향을 받지 않았으나, KBS, MBC, YTN 등의 방송사와 신한은행과 농협은행 등의 컴퓨터망이 "악성" 바이러스로 모두 폐쇄되었다. 당시 방송국들의 해킹대비가 부족하였으나, 다행히 TV 방송은 할 수 있었다. 인터넷진흥원Korean Internet Security Agency, KISA은 해커들이 컴퓨터 네트워크 화면에 '해골'을 노출시켜 악성코드를 설치한 사실을 보여주었다. 당시 신한은행은 TM의 일부 서비스가 지장을 받았으나, 농협은행은 고객들이 3일간 현금을 인출할 수 없었다.[(235)]

한편 2013년 3월에도 KBS·MBC 등 방송사와 신한은행·농협 등 금융기관의 전산망을 마비시킨 해킹사고가 있었는데, 이는 라자루스 그룹이 수행한 "다크 서울 캠페인DarkSeoul campaign이라고 한다. 당시 세만텍 사는 Trojan Horse/Trojan.Jokra와 WS.Reputation란 악성코드를 의심하였다.[(236)] 그리고 2013년 6월 25일에는 DarkSeoul 갱과 Trojan.Castov.가 공동으로 자행한 6·25 63주년을 회상하는 DarkSeoul 해킹이 있었다.[(237)]

---

(233) 원병철 기자, 인도 핵발전소 공격 악성코드, 라자루스 공격코드와 유사점 발견, 보안뉴스 2019-10-31 10:44

(234) Stephanie Findlay in New Delhi and Edward White in Seoul, *India confirms cyber attack on nuclear power plant*, FT October 31, 2019.

(235) Mark Gregory, *South Korea network attack 'a computer virus'*, BBC 20 March 2013.

(236) Symantec Security Response, *South Korean Banks and Broadcasting Organizations Suffer Major Damage from Cyberattack*, Symantec Security 23 March 2013.

(237) Symantec Security Response, *Four Years of DarkSeoul Cyberattacks Against South Korea Continue on Anniversary of Korean War*, Symantec Security 26 Jun 2013.
https://www.symantec.com/connect/blogs/four-years-darkseoul-cyberattacks-against-south-korea-continue-anniversary-korean-war

2019년 8월의 UN 보고서에 의하면, 북한 해커들은 정부의 직접 통제하에 광범위하게 조직적으로 활동하여 20억 달러를 벌었으며, 2014년 소니 픽처스 해킹과 2017년의 전술한 세계적인 WannaCry 공격도 북한 소행이라고 비난했다.[238]

2) 서울 지하철에 대한 해킹

2015년에는 서울시민 420만 명이 매일 이용하는 서울 지하철 1－4호선 운영사인 서울 메트로의 지하철 2000량의 핵심 컴퓨터 서버server가 최소 5개월 이상 장기간 해킹을 당한 사례가 있었다. 국가정보원 국가사이버안전센터의 조사 결과, 당시 해킹에는 2013년 3월 KBS · MBC 등 방송사와 신한은행 · 농협 등 금융기관의 전산망을 마비시킨 것과 동일한 수법인 이른바 'APTAdvanced Persistent Threat 방식'이 사용됐다. 그래서 서울메트로 측은 "2013년 3월과 동일한 사이버테러 조직(북한 정찰총국)의 소행으로 추정된다"고 밝혔다.

그러자 북한의 우리민족끼리는 "남조선 당국은 우리에 대해 '사이버 테러'니 뭐니 하고 걸고 들었다가 남조선 내부 소행이거나 3국의 행위라는 게 드러나 망신당한 적이 한두 번이 아니다"라며 "그럼에도 남조선 정보원은 해킹 사건만 터지면 과학적 수사도 없이 덮어놓고 동족을 걸고 드는 유치한 모략극'"이라고 주장했다.[239]

3) 가상화폐거래소의 해킹[240]

가상화폐거래소 유빗과 빗썸이 2017년에 두 차례나 해킹을 당하여 수백억 원의 재산 피해를 입었다. 또한 코인레일은 2018년 6월 10일 해킹을 당해 보유한 코인의 30%에 해당하는 400억 원 상당의 가상화폐 9종, 36억 개를 도난당하였다.[241]

가상화폐거래소가 해킹으로 수백억 원의 손실을 보는 것도 적은 금액이 아니지

---

(238) Stephanie Findlay in New Delhi and Edward White in Seoul, *India confirms cyber attack on nuclear power plant*, FT October 31, 2019.

(239) 주형식 기자, 北 "유치한 모략극" ⋯ '서울메트로 해킹' 부인, 조선일보 2015년 10월 8일.

(240) 졸고, 가상화폐 해킹에 대한 사례 연구, 산업보안연구 제9호 제2호, p.23－54(디지털 판) 산업보안연구학회 2019년.

(241) 임경업 기자 장형태 기자, 가상화폐 거래소 또 무방비 해킹 ⋯ 비트코인 12% 폭락, 조선일보 2018년 6월 12일 B 2면.

250 제6장 컴퓨터 탄생과 사이버 해킹의 문제

만, 일본에서는 5억 달러 상당의 해킹사고가 두 차례나 있었다. 2018년 1월에 일본의 코인체크Coincheck 사는 해킹으로 5억 달러 상당의 5억 2,300만 가상화폐가 사라졌다. 이는 2014년 마운트 곡스Mt. Gox 거래소의 비트코인 해킹과 손실금액이나 유형이 유사한 사례이다.[242] 범인은 북한의 해커들로 추정되는데 북한은 가상화폐 해킹으로 지금까지 10조 원 이상을 벌었다고 한다.[243]

4) 방사청 PC 해킹

2018년 말에 차세대 전투기 등 군의 무기조달을 총괄하는 방위사업청 내 인터넷 PC 30대가 동시다발적 해킹 시도에 노출됐으며, 이 중 10대에서 내부 자료가 유출되었다. 청와대, 국회에 이어 방사청까지 한국 외교 핵심시설에 대한 사이버 공격이 계속되는 것이어서 정부의 사이버 안보 역량에 대한 우려가 커지고 있다.[244]

---

(242) 고란 기자, 전 세계 상장된 '잡코인' 1500개 … 하룻밤 새 100% 널뛰기도, 중앙일보, 2018년 2월 3일 15면.
(243) 김민석 기자, 핵 · 미사일 자금 고갈 … 北, 암호화폐 탈취에 눈 돌리나, 중앙일보 2018년 2월 2일 종합 26면.
(244) 장관석 기자, 軍 무기조달 총괄 방사청 PC도 해킹 … 내부자료 털렸다, 동아일보 2019년 1월 15일 A1 및 8면.

제4절
해킹의 위험성과 대책

1. 온라인 플랫폼인 전자상거래 회사

미국의 아마존, eBay, Uber 및 Airbnb와 중국의 알리바바와 텐센트 같은 회사들은 인터넷을 통해서 세계를 무대로 구매자와 판매자를 연결하는 소위 "플랫폼" 경제의 총아인 전자상거래를 한다. 그런데 이러한 온라인 플랫폼이 악성코드, 피싱, 전자메일 및 기타 사이버 범죄의 도구들을 사고파는 데 악용되고 있다. 현재 사이버 범죄자들은 동일한 기술을 사용하고 있으며, 심지어는 같은 플랫폼을 사용하여 도구를 사고팔기도 한다.[245]

영국의 서리 대학Surrey University에서 범죄학을 연구하는 마이클 맥과이어Michael McGuire는 온라인 플랫폼이 사이버 범죄 경제를 지원하는데 우리의 상상을 초월하는 큰 역할을 한다고 주장했다.[246]

실제로 사이버 범죄자들은 온라인 플랫폼 범죄를 통하여 엄청난 수익을 얻으며, 자금세탁을 거쳐 소비와 재투자를 하는 것으로 짐작된다. "범죄자들은 필요한 다양한 구성요소를 온라인쇼핑처럼 쉽게 구입할 수 있으므로 더 이상 사이버 범죄를 수행하는 컴퓨터 전문가가 될 필요도 없다."고 했다. 앞으로는 해킹이 온라인 거래처럼 쉬워질 수 있다는 것이다. 실제로 해커들은 고급기술이 없이도 인터넷에서 다운로드를 하여 사용할 수 있는 무료 소프트웨어도 쉽게 구할 수 있다. 다만, 그러한 종류의 소프트웨어는 고도로 안전한 시스템에는 침투하지 못한다.[247]

인터넷 생태계에는 사이버 범죄 도구를 판매하고 배포하기 위해 특별히 제작된

---

(245) Jane Bird, *Cyber attacks bought 'as easily as online shopping'*, FT July 12, 2018.

(246) Mark Gregory, *South Korea network attack 'a computer virus'*, BBC 20 March 2013.

(247) Mark Gregory, *South Korea network attack 'a computer virus'*, BBC 20 March 2013.

온라인 플랫폼도 존재한다. 2018년 4월에 영국과 네덜란드 경찰이 미국 FBI와 유로폴Europol 등과 국제공조로 관리자들을 체포하고 웹 사이트를 폐쇄한 사이버범죄 시장인 웹스트레서Webstresser가 그런 사례이다. 등록된 사용자가 13만 6천 명인 Webstresser는 사이버 공격 도구를 15달러에도 판매해서 해킹에 대한 전문지식이 없는 사람들도 추적될 가능성이 거의 없이 네트워크를 공격할 수 있었다.[248]

2. 해킹의 피해와 대책

연간 1조 5천억 달러의 피해.

전 세계에서 일어나는 해킹의 피해는 물질적인 금액도 천문학적으로 많다. 실제로 사이버 범죄자들은 온라인 플랫폼 범죄를 통하여 매년 우리나라의 국민소득에 버금가는 1조 5천억 달러가 넘는 수익을 얻으며, 자금세탁을 거쳐 소비와 재투자를 하는 것으로 추산된다.[249] 나아가, 해킹으로 산업의 동맥인 발전소가 정전되고 지하철이 마비되는 등으로 사회생활이 곤란해지고 수술을 하던 환자가 생명을 잃는 경우도 생겨난다.[250]

3. 해킹 피해와 보험

런던의 보험회사 Hiscox와 Lloyd는 최근 수년간 사이버 공격에 대처하는 사이버 보험을 판매하였다.[251] 그런데 2017년 여름 전술한 러시아가 자행한 전 세계적인 NotPetya 해킹 공격으로 제약회사인 Merck와 소비자그룹인 Reckitt

---

(248) Jane Bird, *Cyber attacks bought 'as easily as online shopping'*, FT July 12, 2018.

(249) Mark Gregory, *South Korea network attack 'a computer virus'*, BBC 20 March 2013.

(250) *Should the Government Require Companies to Meet Cybersecurity Standards for Critical Infrastructure?* WSJ Nov. 12, 2018.

(251) Aliya Ram, Oliver Ralph and David Bond, *9/11 documents hacked from insurers and lawyers*, FT January 3, 2019, p. 13.

Benckiser, 세계 최대의 해운회사 Maersk을 비롯한 기업들이 수십억 달러의 손해를 보았다. 이를 두고 미국과 영국은 러시아 해커들이 우크라이나를 공격하면서 일어난 사건이라고 비난했으나, 러시아는 어떠한 개입도 하지 않았다고 부인했다.

그런데 Oreo 과자와 Cadbury 초코렛 브랜드를 소유한 미국의 세계적 식품회사 Mondelez는 NotPetya의 두 차례 사이버 공격으로 1,700대의 서버와 24,000대의 랩톱이 '영구적 기능장애'를 일으켜 1억 달러의 손해를 입었다. 그러나 다행히 취리히Zurich보험회사에 해킹보험을 가입한 연고로 해킹 피해에 따른 보험금을 청구했다. 취리히보험회사는 처음에는 청구액을 조정하여 1,000만 달러의 중도금을 지불하겠다고 약속했다.

그러나 나중에 정부나 주권국가 또는 그들을 위해 행동하는 사람들에 의한 "적대적이거나 호전적 행동"에 대한 전쟁예외규정에 따라 면책사유라면서 보험금 지불을 거부했다. 사이버보험시장이 급성장하는 현실에서 이 주장은 사이버 해킹에 대한 보험업계의 걱정거리이다. 이에 Mondelez는 일리노이주 법원에 소송을 제기하였다. 이는 보험회사들이 사이버 공격에 대한 보험금 지급문제를 정의하는 최초의 법적 분쟁 사례이다. (252)

---

(252) Oliver Ralph in London and Robert Armstrong in New York, *Mondelez sues Zurich in test for cyber hack insurance*, FT January 10, 2019.

제5절
해킹 방지를 위한 대책

1. 보안 대책의 강화 필요성

도적을 막으려면 중국의 만리장성처럼 담을 튼튼히 하여야 한다. 이 장벽은 물리적이지만, 사이버 세계에서는 보안 대책의 성격이 달라진다. 해킹이란 창이 날아올 것을 사전에 예상하고 그에 맞는 방패를 만드는 대책이 필요한 것이다. 그 방안은 기업이나 정부가 사이버 공격에 대비한 연구개발R&D을 열심히 하고 보안의 취약점을 찾아내어 그에 대한 방어책을 세우는 길이다.

그래서 영란은행Bank of England은 주요한 사이버 공격이 발생했을 때 금융시스템의 건강성을 테스트하기 위해 격년으로 하루 동안 전쟁게임 훈련을 한다. 은행과 금융기관에 대한 사이버 공격에 대한 대응책을 파악하기 위해 BoE가 2년마다 주최하는 시뮬레이션 공격 훈련에 영국 금융감독청 등 40개 기업이 참여했다. 이러한 공격 중에 기업과 조직 상호 간 통신을 하는 능력도 테스트한다.[253]

특히 SW 기업들은 시시각각 SW를 업데이트하고 다양한 서비스를 내놓기 때문에 해커 공격으로부터 취약한 점이 많다. 그래서 해킹에 대한 대비를 위해 뛰어난 실력을 갖춘 '화이트해커'를 고용하여 항상 사전점검을 하는 경우가 많다. 개인정보를 탈취하는 블랙해커와는 달리 화이트해커는 소프트웨어 취약점을 찾아내어 블랙해커의 공격을 사전에 차단하는 역할을 한다. 구글이나 애플, 제너럴 모터스GM 같은 글로벌 대기업들은 5G의 '디지털 변혁'시대가 되면서 해커의 천국이 전개될 것이므로 자율주행차 등 신사업 보안을 위해 실력을 갖춘 화이트해

---

(253) Angela Monaghan, *Bank of England stages day of war games to combat cyber-attacks Angela Monaghan*, The Guardian 9 Nov 2018.

커를 활용한다.(254)

오늘날 기술이 빠르게 진보하고 아이디어를 쉽게 전파할 수 있게 되면서 심지어 대기업들도 자신을 보존할 기술이 거의 없어지고 있다. 일반 소비자들이 편리하게 이용하는 기술들이 곧 범죄자에게 제공되고 있기 때문이다. 범죄의 세계에서 미약, 위조문서, 도난당한 신용카드나 이 메일 등을 불법으로 거래하는 일이 쉽게 이루어지고, 누군가를 고용하여 웹사이트를 해킹하거나 트위터 계정의 가짜 추종자를 늘리는 노동 교류도 마찬가지로 쉬워지고 있다.

따라서 인터넷에서 적의 웹사이트를 공격하기 위하여 사이버 범인은 트로이 목마나 다른 악성 소프트웨어malware를 이용하여 컴퓨터들의 집합인 봇넷botnet을 공격하기도 한다.(255) 실제로 미국에서 여러 가정의 보안카메라를 공격하여 인터넷의 작동을 수 시간 동안 무력화시킨 사건이 2016년 10월 16일에 있었다.(256)

이는 CCTV 비디오카메라, 디지털 비디오 레코더와 같은 "사물인터넷Internet of Things, IoT"장치를 해킹하여 얻은 새로운 자료의 도움으로 수많은 웹 사이트가 혼란과 함께 네트워크 정체를 야기한 대규모의 지속적 인터넷 공격사건이었다. 2016년에 발생한 이 사건은 구체적으로 사이버 범죄자들이 인터넷의 주요목표에 중요한 기술서비스를 제공하는 인터넷 인프라 회사인 Dyn에 대한 공격훈련을 감행한 것이었다. 그런데 이 공격으로 인하여 인터넷 사용자들이 Twitter, Amazon, Tumblr, Reddit, Spotify 및 Netflix 등의 여러 사이트에 도달하는 데 문제가 야기되었다. 이 경우 무엇보다 누가 어떤 목적으로 공격을 감행했는가를 알 수 없게 한다.(본 건에서는 Mirai가 배후였다.)(257)

일본 가상화폐거래소 Coincheck는 2018년 2월 5억 달러가치의 가상화폐 XEM을 오프라인에 저장된 콜드지갑에 두지 않고 인터넷에 연결되어 해커가 액세스할 수 있는 소위 핫 지갑에 두었다가 해킹을 당했다.(258) 이 사건은 가상화폐 자체의

---

(254) 신무경 기자, "5G 신사업 보안취약점 찾아라"… 글로벌기업, 해커 모시기 붐, 동아일보 2018년 12월 24일 B 3 면 ; Nick Huber. A hacker's paradise? 5G and online security, FT October 14, 2018.

(255) Botnet이란 Robot과 Network을 합성한 신조어이다.

(256) Editorial, *The Guardian view on the future of crime: it will be online*, The Guardian 19 Jul 2017, Last modified on 27 Nov 2017.

(257) *21 Hacked Cameras, DVRs Powered Today's Massive Internet Outage*, Oct 16, 2016. https://krebsonsecurity.com/2016/10/hacked-cameras-dvrs-powered-todays-massive-internet-outage/

(258) Robin Harding in Tokyo, *Coincheck promises refund after $500m cryptocurrency heist*, FT Jan. 29, 2018, p. 13.

문제가 아니라고 할 정도로 너무 허술한 관리사례이다.[(259)] 또한 영국에서는 국가 운명을 좌우하는 핵잠수함이 오래된 구닥다리의 윈도우 XP 운영체제를 사용하였다.[(260)] 이들은 사전예방을 위한 적절한 보안관리가 최우선 과제라는 진실을 무시한 사례이다.

영국의 국세청HM Revenue and Customs에 근무하는 젊은 직원이 2007년에 정부 혜택을 받는 2,500만 명의 청소년들의 개인기록이 수록된 디스크 2장을 우편으로 감사원National Audit Office에 보냈는데 중간에서 분실된 사건이 있었다. 그 사건으로 폴 그레이 국세청장은 사퇴했으며, 정부는 국민들의 신원을 알 수 있는 개인정보를 더 이상 보관하지 않도록 하는 새로운 국민신분증명서 대한 데이터베이스를 구축했다.[(261)] 만약 그 직원이 시스템을 물리적 데이터 테이프로 백업하고 데이터를 암호화하는 것이 중요하다는 전문가의 조언을 한번이라도 들었다면 그런 일은 생기지 않았다.[(262)]

지금까지의 해킹은 개인정보의 탈취나 이를 악용해 기업을 위협하는 수준에 그쳤다면 모든 사물이 연계되는 4차 산업혁명시대로 한 걸음 더 나아간 5G 시대에는 해킹이 개인의 생명까지 위협할 수 있다. 그 점에서 보안자료가 많은 조직들은 해킹 방지를 위한 더 많은 노력이 요망된다. 더욱이나 우리는 해킹실력이 뛰어난 중국과 북한의 상황도 유의해야 한다.

미국 법무부는 2016년 연말에 방글라데시 중앙은행이 뉴욕의 FRB에 맡겨 둔 10억 달러를 해킹수법으로 탈취당한 사건을 2017년 WannaCry 사건과 함께 북한의 소행으로 보고 있다.[(263)] 어쨌든 그중 8,100만 달러에 대한 해킹은 성공하여 사라졌다.[(264)] 미국 정보당국은 북한에는 7,000명의 해킹전문 요원과 지원부대가 있다고

(259) 고란 기자, 사상 최대 거래소 해킹 … 암호화폐 시장 냉각될까, 중앙일보 2018년 1월 29일.

(260) By Kyle Mizokami, *Britain's Doomsday Nuke Subs Still Run Windows XP*, popularmechanics.com Jan 21, 2016
https://www.popularmechanics.com/military/weapons/a19061/britains-doomsday-subs-run-windows-xp/

(261) George Parker, Jimmy Burns and Alex Barker, *Millions on fraud alert after benefit breach*, FT November 21, 2007.

(262) Rob Minto, *Encryption is key to security*, FT January 12, 2009.

(263) Syed Zain Al-Mahmood, *Bangladesh Central Bank Found $100 Million Missing After a Weekend Break*, WSJ March 10, 2016.

(264) Timothy W. Martin, Eun-Young Jeong and Steven Russolillo, *North Korea Is Suspected in Bitcoin Heist*, WSJ December 20, 2017.

주장한 점에서 우리는 해킹실력이 뛰어난 북한의 해킹에 대비하는 데 더 많은 대책과 노력이 필요하다.[265]

미국 FBI는 또한 전 세계의 경찰과 협력을 강화하고 있다. FBI는 약 20곳의 미국 대사관에 사이버전문가를 두고 있으며, 해킹을 당한 기업을 돕기 위해 해외여행의 준비가 된 사이버 대응 팀을 보유하고 있다고 한다.[266] 우리나라도 인터폴이나 미국 FBI와 같은 기구와의 국제협력은 물론 정부 내에 해킹방어조직을 더 강화해야 할 것이다.

2. AI와 해킹 – "양날의 칼"

인공지능AI 기술은 앞으로 사이버 보안 기술의 발전에 따라 중요한 부분이 된다.[267] 인공지능AI 기술은 버그를 쉽게 찾아내면서 해킹 방지에 도움이 되겠지만, 동시에 인공지능AI 기술이 해킹에 많은 도움을 주는 도구로 사용될 수도 있는 "양날의 칼"이 될 것으로 보인다. 그러한 점에서 우리도 다른 나라에 뒤지지 않는 AI 기술 개발과 함께, 관련된 제도와 법적 연구를 게을리하지 않기를 바란다. 앞으로 정부와 업계 및 전문가 사이에 많은 정보교환이 이루어지기를 기대한다.

1) 소프트웨어 코드의 오류와 AI

오늘날 발생하는 10건의 사이버 보안사고 중 9건은 소프트웨어 코드 오류라는 취약점 탓이다. 해커들은 특히 이전에 알려지지 않은 결함이나 오류를 이용하여 컴퓨터 시스템에 침투할 수 있는 제로 데이zero-day 공격을 한다. 이란의 우라늄 농축프로그램에서 컴퓨터를 겨냥한 컴퓨터 바이러스인 스턱스넷Stuxnet의 제로 데이 공격은 유명한 사례이다.

---

(265) Aruna Viswanatha and Dustin Volz, *Justice Department Announces Charges Against North Korean Operative in Sony Hack*, WSJ Sept. 6, 2018.

(266) Michael Imeson, *Cross−border investigations help take down hackers*, FT July 12, 2018.

(267) Siddharth Venkataramakrishnan, *Cyber security 2050: hackers to tap smart cities and deep fakes*, FT January 21 2020.

오늘날에는 매년 수십억 줄의 코드가 작성되므로 지금까지의 인간 노력으로는 이들에 대한 모든 오류를 계속 포착하고 수정한다는 것은 어렵다. 하여튼 결함의 수가 증가하고 있기 때문이다. 예를 들어 오픈소스 소프트웨어를 분석하는 2017년 Coverity Scan보고서에서 수집된 데이터는 결함 수가 증가하고 있다고 하였다. 그래서 "소프트웨어의 버그가 줄어들지 않는다는 문제는 도전과제이다."고 미국국방부의 선진국방연구단Defense Advanced Research Projects Agency, DARPA에서 프로그램 관리자로 일하는 전문가인 Sandeep Neema 씨가 말했다. 이 기관은 소프트웨어의 결함을 탐지하는 인공지능 시스템 개발에 수백만 달러를 사용하고 있다.[268]

그런데 미국과 중국의 연구원들은 인공지능(AI)이 해결책을 제시할 수 있다고 믿고 있다. 인공지능(AI) 기술의 발전으로 소프트웨어의 결함을 탐지하여 버그를 줄임으로서 해킹방지에 한 걸음 다가갈 수 있는 대책을 세울 수 있다고 한다.

2) AI와 해킹의 확산

다른 한편으로는 인공지능AI 기술이 앞으로 널리 보급됨에 국가의 사이버 방어의 유일한 중추가 되는 나쁜 상황으로 전개될 수 있다. 의사결정과정에서 인간이 사라지고 군비경쟁의 본질에 따라 사이버 공격과 사이버 방어만 존재하는 공격적 상황이 더 빠르게 전개될 수 있다. 전쟁무기들은 언젠가 그들을 생산한 호스트 국가들에 사이버 갈등을 초래하여 군사 대결로 확대될 수도 있다고 전망한다. 이는 마치 자식이 부모를 살해하는데 비유될 수 있다.

문제는 적을 당황하게 하는 사이버 공격은 전차를 들여보내는 것보다 훨씬 간단하고 쉽게 이루어지면서도 공격자를 알기도 어려워 추적도 쉽지 않다는 점이다. 나아가 알더라도 합의된 규칙이 없으므로 희생자는 그에 비례한 대응책을 세우기가 어렵다. 그래서 분별력이 있는 불량국가들은 전통적 전쟁보다 사이버 침략을 선호할 수가 있고, 그에 따라 위험한 보복을 초래할 수 있다. 인공지능AI 전문가들은 이런 상황을 타개하기 위하여 사이버 공간에서 국가들의 행동을 통제하는 국제적 원칙을 요구하고 하고 있다.[269]

---

(268) Joshua Oliver, *US and China back AI bug-detecting projects*, FT September 26, 2018.

(269) Anjana Ahuja, *Lay down rules of engagement for cyber war before it is too late*, FT October 22, 2018.

제6절
컴퓨터를 통한 사이버 전쟁

세계 지도자들은 제1차 세계 대전이 끝난 지 100주년을 기념하는 모임을 2018년 11월에 프랑스 파리에서 가졌다. 이는 과거를 뒤돌아보면서 배운 교훈을 회고할 기회였을 뿐만 아니라 미래에 대비할 기회였다. 그런데 1세기 전의 세계대전에서는 대포, 유독가스, 탱크 및 비행기 등에 초점을 두고 기술과 보조를 맞추어야 하였다. 오늘날에는 전쟁의 본질이 바뀌면서 새로운 기술을 사용하는 국가가 많아졌으며, 특히 일상생활에 기반한 사이버 공격이 점점 더 잦아지고 있다.[270]

동시에 종래의 전쟁에서는 문화재를 폭격하지 못하고 독가스 사용을 거부하는 등의 국제협약들이 있지만, 사이버 전쟁에 대비한 규칙은 아직 없다. 사이버 공격은 이론적으로는 모든 나토NATO조약 제5조에 따라 동맹국에 대한 공격에 해당할 수 있지만, 이 기준의 충족에 필요한 디지털 침략의 규모는 불확실하다. 육상, 해상, 공중 및 우주전과 달리 제5의 전장戰場은 사실상 자유로운 가상의 사이버 공간이 될 것이다. 사이버 공격의 위협은 전술과 같이 가전제품에서 항공기에 이르기까지 모든 것이 인터넷에 연결되므로 새로운 차원으로 높아진다. 여기에 앞으로 로봇이 더욱 강력해짐에 따라 취약한 보안표준으로 인해 무기화가 가능해질 수 있다는 우려가 있다. 나아가 AI를 사용하여 건강기록을 자동화하면 새로운 논쟁거리가 된다.

탈린편람Tallinn Manual 2.0은 기존 국제법이 어떻게 사이버 공간에 적용되는지에 대한 지침이 될 수 있는 가장 포괄적인 분석 자료로서 NATO의 사이버 방어센터Cyber Defense Center of Excellence가 주도하여 마련하였다. 19명의 국제법 전문가가 저술한 "사이버 작전에 적용되는 국제법에 관한 탈린 매뉴얼 2.0"은 2013년 "사이버 전쟁에 적용되는 국제법에 관한 탈린 매뉴얼"을 업데이트하여 확장한 제2판이다, 그런데, 탈린 편람Tallinn Manual은 법적 구속력이 없다. 사실, 국가차원에서 책임성을 확

---

(270) Brad Smith, *Government and business must fight the cyber threat*, FT November 12, 2018.

고히 하는 유엔의 논의도 지연되었다.[(271)]

사이버 공간에서 이루어지는 해킹행위는 잘 드러나지 않으며, 해커가 이를 인정하는 경우도 거의 없다. 행위가 드러나야 그에 대한 규정이 생기는데, 아무도 내비치거나 인정하지도 않으니 규정이 생길 수 없다. 국제적으로 영향력이 강한 미국, 중국, 러시아 모두 사이버 공간에서 뛰어난 기술을 발휘하지만 국제법으로 제어하려고 하지 않는다. 그래서 사이버 보안에 대한 국제규정이 생기려면 아직 많은 시간이 필요하다. 그러나 국가기관들이 중요한 정보를 가지고 꼭꼭 감추는 것은 부작용이 많다.[(272)]

다시 말해 사이버 해킹 등이 범죄를 넘어 전쟁수단으로 이미 사용되고 있는데도 이에 대한 아무런 국제적 대비책도 아직 없다는 점이다. 예를 들어, 유명한 정치인이 수술실에서 로봇의 보조를 받아 수술을 받을 경우에 외국서버에서 원격으로 작동되는 컴퓨터로 해킹을 하여 부상을 입힐 수 있다. 현실적으로 가능한 이 상황의 경우에 전쟁행위로 간주할 수 있는가? 하는 문제가 생긴다.

이 끔직한 가상사례를 볼 때, 앞으로 있을법한 사이버 전쟁에서 제네바협약Geneva Convention과 같은 형태의 국제규칙이 필요하다고 미국의 외교정책Foreign Policy이란 전문지가 2018년 9월호 논문에서 역설하였다.[(273)] 그런데 우연하게도 수술 로봇이 2015년에 처음으로 해킹당한 사례가 실제로 있었다. 오늘날에는 사보타지 행위가 더 용이하며, 원격조작을 추적하기도 어려울 수 있다.[(274)]

---

(271) https://ccdcoe.org/tallinn-manual.html

(272) 문가용 기자, 사이버 보안 목적의 '보복 해킹' 괜찮을까 – 미국 국방대학 게리 브라운 교수와의 대담, 보안뉴스 2018년 10월 30일.

(273) Tarah Wheeler, *In Cyberwar, There are No Rules*,, Foreign Policy September 12, 2018.

(274) Anjana Ahuja, *Lay down rules of engagement for cyber war before it is too late*, FT October 22, 2018.

제7절
결어

우리는 앞에서 사이버 해킹에 대한 일반적 고찰을 하였다. 그런데 이번 개정판에서는 미국의 '프리즘PRISM'사건, 미국 NSA 해킹 툴 Eternal Blue가 세계적으로 확산되면서 북한이 이를 개량하여 WannaCry 랜섬웨어 공격을 감행한 사건과 함께 특히 2021년에 발생한 랜섬웨어의 확산을 다루었다. 또한 이스라엘 NSO 사의 페가수스Pegasus 스파이웨어 등 해킹과 관련한 최근 사건들을 새로 보태었다.

한편, 외국의 중요 사이버 해킹사례인 유럽연합EU과 유엔UN 등 국제조직 및 미국 대선에서의 해킹과 인터넷 서비스 기업, 신용정보사, 항공사, 호텔 및 심지어 발전소를 상대로 한 해킹 사건들을 검토하였다. 또한 영 · 미와 EU 등의 서방 제국과 국제 새로운 강자로 등장한 중국 간의 해킹 활동을 둘러싼 대결이 무역 전쟁을 넘어 기술 전쟁으로 치닫는 모습도 보았다.

새로운 범죄유형인 사이버 해킹을 방지하기 위해서는 정부와 사회 및 개인들이 해킹에 대하여 유비무환의 자세로 엄청난 노력을 기울여야 할 것이다. 특히 교통망, 발전소, 병원과 같은 사회의 기반시설들에 대한 사이버 공격을 막기 위해서는 정치적 리더십은 물론 국가적인 안보 전략이 필요하다. 그 일환으로 사이버 공격에 대비하는 국가조직의 육성도 필요하다.

한편 기술발전으로 사이버 전쟁의 위험성까지 제기되는 현실에서 기업들이 나서 해킹도구를 싼값에 판매하면서 점점 쉬워지는 해킹 활동은 많은 문제를 제기하게 된다. 그리고 제4차 산업혁명의 총아인 인공지능AI이 해킹을 조장하기도 하지만, 해킹을 방지할 훌륭한 수단이 될 수 있다는 희망을 제시하였다.

사이버 공간은 육지나 바다와 달리 기술회사가 소유한 사유지이며, 좋든 싫든 간에 기술 자체가 새로운 전장이 되었다. 그 점에서 우리가 전쟁의 공포에서 얻는 근본적 교훈은 인간의 제도가 기술에 보조를 맞추어야 한다는 사실이 필요하다는 점이다. 우리는 사이버 전쟁이 초래할 새로운 위협을 관리하여 문명사회의 토대와 민주적 절차 모두를 활성화시켜야 할 것이다.

제7장

산업보안과
범죄

산업보안 관련 범죄 특성과 이론적 배경

1. 산업보안 관련 범죄

1) 개념

산업보안과 관련된 범죄의 개념을 알아보기 위해서는 우선 관계법령의 규정을 살펴볼 필요가 있다. 「산업기술의 유출방지 및 보호에 관한 법률(약칭: 산업기술보호법)」 제1조에 의하면 "이 법은 산업기술의 부정한 유출을 방지하고 산업기술을 보호함으로써 국내산업의 경쟁력을 강화하고 국가의 안전보장과 국민경제의 발전에 이바지함을 목적으로 한다."고 규정하고 있다. 즉, 산업기술의 부정한 유출과 산업기술 보호행위를 저해하는 행위라고 할 수 있다. 여기에서 중요한 사항은 산업기술이 무엇인지, 어디까지가 산업기술에 속하는 것인가에 관한 것이다. 「산업기술보호법」 제2조에서 이에 대한 정의를 상세하게 기술하고 있다.

> 제2조(정의) 이 법에서 사용하는 용어의 정의는 다음과 같다. 〈개정 2011.7.25., 2015.1.28.〉
>
> 1. "산업기술"이라 함은 제품 또는 용역의 개발 · 생산 · 보급 및 사용에 필요한 제반 방법 내지 기술상의 정보 중에서 행정기관의 장(해당 업무가 위임 또는 위탁된 경우에는 그 위임 또는 위탁받은 기관이나 법인 · 단체의 장을 말한다)이 산업경쟁력 제고나 유출방지 등을 위하여 이 법 또는 다른 법률이나 이 법 또는 다른 법률에서 위임한 명령(대통령령 · 총리령 · 부령에 한정한다. 이하 이 조에서 같다.)에 따라 지정 · 고시 · 공고 · 인증하는 다음 각 목의 어느 하나에 해당하는 기술을 말한다.
>
>   가. 제9조에 따라 고시된 국가핵심기술

나. 「산업발전법」 제5조에 따라 고시된 첨단기술의 범위에 속하는 기술

　　다. 「산업기술혁신 촉진법」 제15조의2에 따라 인증된 신기술

　　라. 「전력기술관리법」 제6조의2에 따라 지정·고시된 새로운 전력기술

　　마. 「환경기술 및 환경산업 지원법」 제7조에 따라 인증된 신기술

　　바. 「건설기술 진흥법」 제14조에 따라 지정·고시된 새로운 건설기술

　　사. 「보건의료기술 진흥법」 제8조에 따라 인증된 보건신기술

　　아. 「뿌리산업 진흥과 첨단화에 관한 법률」 제14조에 따라 지정된 핵심 뿌리기술

　　자. 그 밖의 법률 또는 해당 법률에서 위임한 명령에 따라 지정·고시·공고·인증하는 기술 중 산업통상자원부장관이 관보에 고시하는 기술

2. "국가핵심기술"이라 함은 국내외 시장에서 차지하는 기술적·경제적 가치가 높거나 관련 산업의 성장잠재력이 높아 해외로 유출될 경우에 국가의 안전보장 및 국민경제의 발전에 중대한 악영향을 줄 우려가 있는 기술로서 제9조의 규정에 따라 지정된 것을 말한다.

3. "국가연구개발사업"이라 함은 「과학기술기본법」 제11조의 규정에 따라 관계중앙행정기관의 장이 추진하는 연구개발사업을 말한다.

4. "대상기관"이란 산업기술을 보유한 기업·연구기관·전문기관·대학 등을 말한다.

　「산업기술보호법」과 유사한 법률로 「방위산업기술 보호법(약칭: 방산기술보호법)」이 있다. 법 제1조는 "이 법은 방위산업기술을 체계적으로 보호하고 관련 기관을 지원함으로써 국가의 안전을 보장하고 방위산업기술의 보호와 관련된 국제조약 등의 의무를 이행하여 국가신뢰도를 제고하는 것을 목적으로 한다."고 명시하고 있으며, 「방산기술 보호법」 제2조에서는 방위산업 기술과 대상기관에 대해 규정하고 있다.

제2조(정의) 이 법에서 사용하는 용어의 정의는 다음과 같다.

1. "방위산업기술"이란 방위산업과 관련한 국방과학기술 중 국가안보 등을 위하여 보호되어야 하는 기술로서 방위사업청장이 제7조에 따라 지정하고 고시한 것을 말한다.

2. "대상기관"이란 방위산업기술을 보유하거나 방위산업기술과 관련된 연구개발 사업을 수행하고 있는 기관으로서 다음 각 호의 어느 하나에 해당하는 기관을

말한다.

가. 「국방과학연구소법」에 따른 국방과학연구소

나. 「방위사업법」에 따른 방위사업청 · 각군 · 국방기술품질원 · 방위산업체 및 전문연구기관

다. 그 밖에 기업 · 연구기관 · 전문기관 및 대학 등

3. "방위산업기술 보호체계"란 대상기관이 방위산업기술을 보호하기 위하여 대통령령으로 정하는 다음 각 목의 체계를 말한다.

가. 보호대상 기술의 식별 및 관리 체계: 대상기관이 체계적으로 보호대상 기술을 식별하고 관리하는 체계

나. 인원통제 및 시설보호 체계: 허가받지 않은 사람의 출입 · 접근 · 열람 등을 통제하고, 방위산업기술과 관련된 시설을 탐지 및 침해 등으로부터 보호하기 위한 체계

다. 정보보호체계: 방위산업기술과 관련된 정보를 안전하게 보호하고, 이에 대한 불법적인 접근을 탐지 및 차단하기 위한 체계

특히 법 제10조에서는 구체적인 위반행위를 규정하고 있는데, "부정한 방법으로 대상기관의 방위산업기술을 취득, 사용 또는 공개(비밀을 유지하면서 특정인에게 알리는 것을 포함)하는 행위", "위 행위가 개입된 사실을 알고 방위산업기술을 취득 · 사용 또는 공개하는 행위 및 개입된 사실을 중대한 과실로 알지 못하고 방위산업기술을 취득 · 사용 또는 공개하는 행위" 등이다.

중소기업의 기술보호 역량과 기술경쟁력을 강화를 목적으로 하는 「중소기업기술보호 지원에 관한 법률(약칭: 중소기업기술보호법)」이 있다. 제2조에서는 중소기업, 중소기업기술, 중소기업 기술침해행위에 대해 규정을 하고 있다. 중소기업의 기술침해행위는 「방산기술보호법」의 침해행위와 유사하다.

제2조(정의) 이 법에서 사용하는 용어의 뜻은 다음과 같다. 〈개정 2018.6.12., 2020.10.20.〉

1. "중소기업"이란 「중소기업기본법」 제2조에 따른 중소기업을 말한다.

2. "중소기업기술"이란 중소기업 및 「중소기업 기술혁신 촉진법」 제2조 제2호에 따른 중소기업자(이하 "중소기업자"라 한다.)가 직접 생산하거나 생산할 예정인 제품 또는 용역의 개발 · 생산 · 보급 및 사용에 필요한 독립된 경제적 가치를 가지는

기술 또는 경영상의 정보를 말한다.

3. "중소기업기술 침해행위"란 다음 각 목의 어느 하나에 해당하는 행위를 말한다.

　가. 공공연히 알려져 있지 아니하고 비밀로 관리되는 중소기업기술(이하 "침해대상 중소기업기술"이라 한다)을 부정한 방법으로 취득·사용 또는 공개(비밀을 유지하면서 특정인에게 알리는 것을 포함한다. 이하 같다)하는 행위

　나. 가목에 해당하는 행위가 개입된 사실을 알고 침해대상 중소기업기술을 취득·사용 또는 공개하는 행위

　다. 가목에 해당하는 행위가 개입된 사실을 중대한 과실로 알지 못하고 침해대상 중소기업기술을 취득·사용 또는 공개하는 행위

다음으로 「부정경쟁방지 및 영업비밀보호에 관한 법률(약칭: 부정경쟁방지법)」을 살펴볼 필요가 있다. 제1조는 "이 법은 국내에 널리 알려진 타인의 상표·상호商號 등을 부정하게 사용하는 등의 부정경쟁행위와 타인의 영업비밀을 침해하는 행위를 방지하여 건전한 거래질서를 유지함을 목적으로 한다."고 규정하고 있다. 따라서 타인의 상표나 상호 등을 부정하게 사용하거나 타인의 영업비밀을 침해하는 행위가 산업보안과 관련된 범죄라고 할 수 있을 것이다.

「산업기술보호법」과 마찬가지로 부정경쟁행위와 영업비밀의 침해행위가 무엇인지에 따라서 범죄의 개념은 달라질 것이다. 「부정경쟁방지법」 제2조에서 이를 자세하게 규정하고 있다.

제2조(정의) 이 법에서 사용하는 용어의 뜻은 다음과 같다. 〈개정 2011.12.2., 2013.7.30., 2015.1.28., 2018.4.17., 2019.1.8.〉

1. "부정경쟁행위"란 다음 각 목의 어느 하나에 해당하는 행위를 말한다.

　가. 국내에 널리 인식된 타인의 성명, 상호, 상표, 상품의 용기·포장, 그 밖에 타인의 상품임을 표시한 표지標識와 동일하거나 유사한 것을 사용하거나 이러한 것을 사용한 상품을 판매·반포頒布 또는 수입·수출하여 타인의 상품과 혼동하게 하는 행위

　나. 국내에 널리 인식된 타인의 성명, 상호, 표장(標章), 그 밖에 타인의 영업임을 표시하는 표지(상품 판매·서비스 제공방법 또는 간판·외관·실내장식 등 영업제공장소의 전체적인 외관을 포함한다)와 동일하거나 유사한 것을 사용하여 타인의 영업상의 시설 또는 활동과 혼동하게 하는 행위

다. 가목 또는 나목의 혼동하게 하는 행위 외에 비상업적 사용 등 대통령령으로
정하는 정당한 사유 없이 국내에 널리 인식된 타인의 성명, 상호, 상표, 상품
의 용기 · 포장, 그 밖에 타인의 상품 또는 영업임을 표시한 표지(타인의 영업
임을 표시하는 표지에 관하여는 상품 판매 · 서비스 제공방법 또는 간판 · 외관 · 실내장
식 등 영업제공 장소의 전체적인 외관을 포함한다)와 동일하거나 유사한 것을 사용
하거나 이러한 것을 사용한 상품을 판매 · 반포 또는 수입 · 수출하여 타인
의 표지의 식별력이나 명성을 손상하는 행위

라. 상품이나 그 광고에 의하여 또는 공중이 알 수 있는 방법으로 거래상의 서
류 또는 통신에 거짓의 원산지의 표지를 하거나 이러한 표지를 한 상품을 판
매 · 반포 또는 수입 · 수출하여 원산지를 오인誤認하게 하는 행위

마. 상품이나 그 광고에 의하여 또는 공중이 알 수 있는 방법으로 거래상의 서류
또는 통신에 그 상품이 생산 · 제조 또는 가공된 지역 외의 곳에서 생산 또는
가공된 듯이 오인하게 하는 표지를 하거나 이러한 표지를 한 상품을 판매 ·
반포 또는 수입 · 수출하는 행위

바. 타인의 상품을 사칭詐稱하거나 상품 또는 그 광고에 상품의 품질, 내용, 제조
방법, 용도 또는 수량을 오인하게 하는 선전 또는 표지를 하거나 이러한 방
법이나 표지로써 상품을 판매 · 반포 또는 수입 · 수출하는 행위

사. 다음의 어느 하나의 나라에 등록된 상표 또는 이와 유사한 상표에 관한 권리
를 가진 자의 대리인이나 대표자 또는 그 행위일 전 1년 이내에 대리인이나
대표자이었던 자가 정당한 사유 없이 해당 상표를 그 상표의 지정상품과 동
일하거나 유사한 상품에 사용하거나 그 상표를 사용한 상품을 판매 · 반포
또는 수입 · 수출하는 행위

(1) 「공업소유권의 보호를 위한 파리협약」(이하 "파리협약"이라 한다.) 당사국

(2) 세계무역기구 회원국

(3) 「상표법 조약」의 체약국締約國

아. 정당한 권원이 없는 자가 다음의 어느 하나의 목적으로 국내에 널리 인식된
타인의 성명, 상호, 상표, 그 밖의 표지와 동일하거나 유사한 도메인이름을
등록 · 보유 · 이전 또는 사용하는 행위

(1) 상표 등 표지에 대하여 정당한 권원이 있는 자 또는 제3자에게 판매하거
나 대여할 목적

(2) 정당한 권원이 있는 자의 도메인이름의 등록 및 사용을 방해할 목적

(3) 그 밖에 상업적 이익을 얻을 목적

자. 타인이 제작한 상품의 형태(형상·모양·색채·광택 또는 이들을 결합한 것을 말하며, 시제품 또는 상품소개서상의 형태를 포함한다. 이하 같다)를 모방한 상품을 양도·대여 또는 이를 위한 전시를 하거나 수입·수출하는 행위. 다만, 다음의 어느 하나에 해당하는 행위는 제외한다.

(1) 상품의 시제품 제작 등 상품의 형태가 갖추어진 날부터 3년이 지난 상품의 형태를 모방한 상품을 양도·대여 또는 이를 위한 전시를 하거나 수입·수출하는 행위

(2) 타인이 제작한 상품과 동종의 상품(동종의 상품이 없는 경우에는 그 상품과 기능 및 효용이 동일하거나 유사한 상품을 말한다)이 통상적으로 가지는 형태를 모방한 상품을 양도·대여 또는 이를 위한 전시를 하거나 수입·수출하는 행위

차. 사업제안, 입찰, 공모 등 거래교섭 또는 거래과정에서 경제적 가치를 가지는 타인의 기술적 또는 영업상의 아이디어가 포함된 정보를 그 제공목적에 위반하여 자신 또는 제3자의 영업상 이익을 위하여 부정하게 사용하거나 타인에게 제공하여 사용하게 하는 행위. 다만, 아이디어를 제공받은 자가 제공받을 당시 이미 그 아이디어를 알고 있었거나 그 아이디어가 동종 업계에서 널리 알려진 경우에는 그러하지 아니하다.

카. 그 밖에 타인의 상당한 투자나 노력으로 만들어진 성과 등을 공정한 상거래 관행이나 경쟁질서에 반하는 방법으로 자신의 영업을 위하여 무단으로 사용함으로써 타인의 경제적 이익을 침해하는 행위

2. "영업비밀"이란 공공연히 알려져 있지 아니하고 독립된 경제적 가치를 가지는 것으로서, 비밀로 관리된 생산방법, 판매방법, 그 밖에 영업활동에 유용한 기술상 또는 경영상의 정보를 말한다.

3. "영업비밀 침해행위"란 다음 각 목의 어느 하나에 해당하는 행위를 말한다.

가. 절취窃取, 기망欺罔, 협박, 그 밖의 부정한 수단으로 영업비밀을 취득하는 행위(이하 "부정취득행위"라 한다) 또는 그 취득한 영업비밀을 사용하거나 공개(비밀을 유지하면서 특정인에게 알리는 것을 포함한다. 이하 같다)하는 행위

나. 영업비밀에 대하여 부정취득행위가 개입된 사실을 알거나 중대한 과실로 알지 못하고 그 영업비밀을 취득하는 행위 또는 그 취득한 영업비밀을 사용하거나 공개하는 행위

다. 영업비밀을 취득한 후에 그 영업비밀에 대하여 부정취득행위가 개입된 사
   실을 알거나 중대한 과실로 알지 못하고 그 영업비밀을 사용하거나 공개하
   는 행위

라. 계약관계 등에 따라 영업비밀을 비밀로서 유지하여야 할 의무가 있는 자가
   부정한 이익을 얻거나 그 영업비밀의 보유자에게 손해를 입힐 목적으로 그
   영업비밀을 사용하거나 공개하는 행위

마. 영업비밀이 라목에 따라 공개된 사실 또는 그러한 공개행위가 개입된 사실
   을 알거나 중대한 과실로 알지 못하고 그 영업비밀을 취득하는 행위 또는 그
   취득한 영업비밀을 사용하거나 공개하는 행위

바. 영업비밀을 취득한 후에 그 영업비밀이 라목에 따라 공개된 사실 또는 그러
   한 공개행위가 개입된 사실을 알거나 중대한 과실로 알지 못하고 그 영업비
   밀을 사용하거나 공개하는 행위

4. "도메인이름"이란 인터넷상의 숫자로 된 주소에 해당하는 숫자·문자·기호 또
   는 이들의 결합을 말한다.

[전문개정 2007.12.21.]

산업보안과 관련된 주요 법령인 「산업기술보호법」, 「방산기술보호법」, 「중소기술
보호법」, 「부정경쟁방지법」에 의하면 산업보안과 관련된 범죄는 "산업기술, 방산기
술, 중소기업기술 등을 부정하게 유출하거나 부정한 방법으로 취득, 사용, 공개하
는 행위 및 부정경쟁행위와 타인의 영업비밀을 침해하는 행위"라고 정의될 수 있을
것이다. 결과적으로 정당한 방법이나 절차에 의하지 아니하고 주요 기술이나 영업
비밀 등을 유출, 취득, 사용, 공개하는 행위와 부정경쟁행위 등이 산업보안과 관련
된 주요 범죄행위라고 할 수 있을 것이다.

2) 특성

산업보안과 관련된 범죄는 거의 대부분 전직 또는 현직 직원에 의해 발생하는데,
이는 재직자들은 기업 등에 재직하면서 혹은 기업의 퇴직자로서 재직당시 경험을
통해 주요 정보들을 습득함은 물론이며, 보안장치에 대한 정보 등 내부 직원이 아니
면 파악하기 힘든 점이 많기 때문이다.(최관, 2015: 73) 산업기술의 유출 주체는 전직

직원 60%, 현직직원 17% 협력 직원 14% 순이며, 유출 유형은 무단보관 33%, 매수 33%, 내부 공모 20% 순이다.(정민경, 2018: 2)

그림 7-1 _ 기술유출 주체 및 기술유출 유형

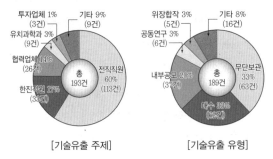

[기술유출 주제]   [기술유출 유형]

출처: 정민경. (2018). 국가핵심기술의 법적 보호와 주요 쟁점

산업보안 관련 범죄는 전형적인 화이트칼라 범죄의 특성을 지닌다. 화이트칼라 범죄는 "주로 일정한 수준 이상의 사회, 경제적 계층Socioeconomic Status: SES에 있는 사람이 그의 직업 활동의 과정에서 범하는 위반행위"라고 정의할 수 있다.(Sutherland, 1940: 2)

화이트칼라 범죄는 피해자측의 인식이 있거나 무의식적인 협조가 있는 경우가 많다. 기술 유출 등에 있어서 범죄자에게 주요 정보가 고의 또는 과실 등으로 건네지는 사례가 많이 있다. 예를 들면, 2014년에 발생한 신차 설계 도면 유출 사건의 경우에 있어서도 국내 굴지의 자동차 업체 ○○사 주요 협력업체 A사의 전직 직원 K 씨는 전 직장 동료 등으로부터 동사同社의 영업비밀 및 자동차의 신차 설계도면을 입수하여 중국에 유출하다가 적발되었다. 전직 또는 현직 직원의 경우 일종의 피해자인 동료들의 협조 등을 통하여 기밀을 취득하는 경우가 많다.

두 번째는 적법과 위법의 경계가 모호한 경우가 많다.「산업기술보호법」,「방산기술보호법」,「중소기술보호법」,「부정경쟁방지법」 등에서 기술 및 유출, 침해행위 등에 대하여 정의를 하고 있으나 이를 명확하게 구분하기는 쉽지가 않다. 산업보안 관련 범죄는 고의를 가진 목적범이기는 하나 본인의 행위가 형법이나 기타 관련 법령에 위배되지는지에 대해서는 정확하게 인식을 하지 못하는 경우가 많다. 다만 목적이라 함은 '객관적 행위상황을 인식하고 구성요건을 실현하려는 의사'라고 할 수 있다.(손지선, 2018; 111)

세 번째는 범죄에 대한 사회의 무관심이라고 할 수 있다.(차용석 외4, 2010: 4) 일반적으로 대중은 살인, 강간 등 폭력적 범죄에 대해서는 관심이 높으나 산업보안 관련 범죄에 대해서는 관심이 낮다. 기본적으로 산업보안 관련 범죄는 각종 전문적 용어가 등장하며, 전술한 바와 같이 적법과 위법을 다툴 여지가 많기 때문에 언론 보도도 강력범죄에 비해서는 낮고 대중의 관심도 상대적으로 적을 수밖에 없다.

네 번째는 범죄 피해액이 대단히 높다는 것이다.(차용석, 1997: 3) 2004년에는 26건의 기술유출 사건이 적발되었으며, 2005년 29건, 2008년 42건, 2013년 49건 등 지속적인 증가 추세에 있다. 특히 기술유출 예상 피해액은 연평균 50조 원에 이를 것으로 추산된다.(정민경, 2018: 2) 이는 다른 범죄들에 비하여 매우 높은 피해액인 것이다. 예를 들면, 최근 기승을 부리고 있는 보이스피싱 범죄는 2014년부터 2018년 상반기까지 9만 8,391건이 발생하였으며, 이로 인한 피해금액은 9,661억 원으로, 연평균 약 1,757억 원이다. 특히, 경찰청 범죄 통계에 따르면 피해 금액도 2018년 4,040억 원, 2019년 6,398억 원, 2020년 7,000억 원으로 급격하게 증가하고 있다. 이러한 증가세에도 불구하고 산업보안 관련 범죄의 피해금액이 매우 높은 수준인 것을 확인할 수 있다.

2. 산업보안 범죄이론

산업보안 관련 범죄와 관련하여 대표적인 이론으로는 억제이론과 합리적 선택이론이 있다. 전술한 바와 같이 산업보안 관련 범죄는 화이트칼라 범죄의 특성을 지니기 때문에 우발적으로 범행을 저지르는 것이 아니라, 치밀한 계획하에 범행을 실행하는 경우가 일반적이다.

범죄학 이론 중 범죄 억제이론과 합리적 선택이론은 범죄자의 범행동기를 효과적으로 설명하고 있으며, 어떠한 요인들이 범죄를 결심하는데 영향을 미치는지를 보여주고 있다.(강욱, 전용태, 2014: 275) 따라서 두 이론을 통하여 산업보안 관련 범죄를 설명하고자 한다.

1) 억제이론 Deterrence Theory

억제이론의 기본적인 전제는 사람들은 범죄를 저지르기 전에 자신이 받을 이익과 비용에 대해 계산을 한다는 것이다.(Taddeo, 2018: 340; Ward et al., 2006: 575) 과거의 형사처벌은 주로 범죄에 대한 응징과 보복에 중점을 두었기 때문에 범죄자의 동기보다는 행위에 초점을 맞추었다. 그러나 베카리아를 중심으로 하는 고전학파의 등장으로 기존의 결과에 대한 처벌뿐만 아니라 범죄예방의 수단으로 작용하여야 한다는 주장이 관심을 받기 시작하였다. 억제이론에서 주장하는 이익은 쾌락 또는 즐거움에 기반을 두기 때문에 이를 중요시 여기는 쾌락주의Hedonism에 근거를 두고 있다. 따라서 사람들이 범죄를 저지르게 그들이 받는 쾌락이나 즐거움보다 비용, 즉 고통이 더 크다면 범죄를 저지르지 않을 것이다. 이와 더불어 사람들은 이성적인 사고를 하기 때문에 가급적 고통이 없는 기쁨을 추구하려고 하며, 처벌은 기쁨을 추구하는데 부정적인 영향을 미치기 때문에, 처벌을 받지 않으려 하고, 이를 통하여 결과적으로 범죄를 예방한다는 것이다.(Bankston, & Cramer, 1974: 260) 그러나 이러한 이론은 사전에 계획하지 않고 저지르는 폭력 등 소위 충동적인 범죄는 제대로 설명하지 못하며, 처벌이 이를 제대로 억지하지 못하기 때문에, 처벌은 범죄의 억지 수단으로서의 역할을 하지 못한다는 비판이 있다.

산업보안 관련 범죄의 경우 폭력 등의 충동적인 범죄라기보다는 사전에 계획하고 이를 실행하는 범죄이다. 산업보안 관련 범죄를 저지르는 사람은 이성적인 판단 능력을 갖추고 있는 사람들로 볼 수 있기 때문에 억제이론이 효과적으로 적용될 가능성이 높다. 산업기술이나 비밀의 유출을 방지하기 위해서는 ① 억제Deterrence, ② 예방Prevention, ③ 탐지Detection, ④ 즉각적인 대응Remedies이 필요하다고 할 수 있다.(Forcht, 1994: 18; Parker, 1981: 27) 이 중에서도 억제가 가장 효과적인 것으로 나타났는데, 예를 들면 기업 관리자나 실무자들이 자신들의 행위가 처벌을 받는다는 것을 인식한다면 산업기술이나 기밀의 유출을 자제한다는 것이다.(김항곤, 이창무, 2018: 256; Straub & Nance 1990: 445)

그림 7-2 _ **보안활동 주기(Security Action Cycle)**

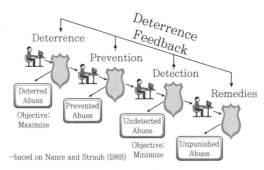

출처: Straub, D. W., & Welke, R. J. (1998). "Coping with systems risk: security planning models for management decision making". 「MIS Quarterl」 22(4): p.446.

〈그림 7-2〉에서 보여 주고 있는 '보안활동 주기Security Action Cycle'는 모든 조직은 억제에 가장 우선적이고 큰 노력을 하여야 하고, 탐색Detection과 해결Remedy에는 상대적으로 작은 노력을 기울여도 무방하다는 것을 의미한다. 보안활동 주기에 따르면 산업기술이나 기밀의 유출에 대한 위험을 감소시키는 한편, 내부직원들의 비위를 방지하는 것이 핵심이라고 할 수 있다.

기업이나 조직에서는 우선적으로 규정이나 교육 등을 통하여 내부직원 또는 전에 근무하였던 직원들이 산업기술이나 기밀을 유출하는 행위를 억제하는 것이 필요하다. 이와 같은 억제가 효과적이지 못하면 유출을 방지할 수 있는 시스템을 구축하는 것이 요구된다. 이러한 단계가 바로 탐색인데, 이는 유출 행위가 발생되었을 때 즉각적으로 이를 발견할 수 있는 시스템을 구축하는 것이다. 마지막 단계는 유출 행위가 이루어졌을 때 피해를 최소화하고 이를 회복할 수 있도록 하는 치유단계이다. 그러나 기업이나 조직의 입장에서는 내부직원 또는 전에 근무하였던 직원들의 산업기술이나 기밀의 유출을 억제하는 것이 가장 효과적인 것이다. 사전에 유출을 성공적으로 억제를 할 경우에는 기업의 피해 손실 예방뿐만 아니라 기밀 유출 행위로 인한 직원들의 형사처벌 등도 예방할 수 있는 것이다.

Willison과 Warkentin(2013: 3)은 억제이론의 효과성에 대해 보안활동 주기와는 다른 측면에서 설명을 한다. 〈그림 7-3〉과 같이, 기업이나 조직의 산업기술이나 기밀 유출에 대한 위협은 크게 외부적External 위협과 내부적Internal 위협으로 나눌 수 있다.

그림 7-3 _ 산업보안의 위협이 되는 요인들

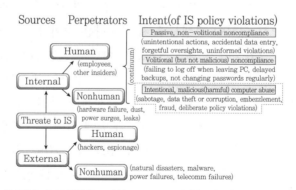

출처: Willison, R., & Warkentin, M. (2013). "Beyond deterrence: an expanded view of employee computer abuse". 「MIS Quarterly」 37(1): p.3.

우선 외부적 위협은 해커나 산업스파이 등 인간에 의해 산업기술이나 비밀이 유출될 수 있으며, 자연재해나 바이러스, 정전 등의 외부적 요인으로도 피해가 야기될 수 있다. 내부적인 위협도 외부적인 위협과 마찬가지로 인간적인Human 요인과 비인간적인Nonhuman 요인으로 구분될 수 있는데, 비인간적인 요인으로는 시스템 자체의 문제가 있거나 내부 전력 공급의 문제나 설비의 불안정성 등이 있을 수 있다. 인간적인 요인으로는 전, 현직 직원이나 협력업체 직원에 의한 위협이다.

내부자의 경우 크게 3가지 의도로 구분되어 질 수 있다. 첫 번째는 수동적이고 비의지적Passive & Non-volitional인 불복종이다. 의도하지 않은 실수로 인한 자료의 훼손, 규칙을 제대로 알지 못하여 위반한 경우, 해야 할 일을 잊어버리고 하지 않은 경우 등이 이에 해당된다고 할 수 있다. 두 번째는 의도적이기는 하나 악의가 없는Volitional 불복종이다. 즉, 퇴근하면서 시스템을 끄지 않거나 자료저장을 늦게 하거나 비밀번호를 주기적으로 바꾸지 않는 경우 등 보안규정을 준수하지 않는 경우가 이에 해당된다고 할 수 있다. 세 번째는 의도적이며 악의적인Intentional & Malicious 불복종이다. 이것이 바로 산업기술이나 비밀의 유출과 직접적인 관련이 있다고 볼 수 있다. 고의적으로 정책을 위반하고, 뇌물을 수수하고 비밀 등을 유출하는 것이 이에 해당한다. 따라서 억제이론은 주로 세 번째 유형에 효과적인 방법이 될 수 있다.

가. 일반 억제효과와 특별 억제효과

억제이론에 주중하는 억제효과는 크게 일반 억제효과General Deterrence와 특별 억제효과Special Deterrence로 구분된다. 일반 억제효과는 다른 사람들이 처벌을 받는 것을 보거나 인식함으로써 자신도 범죄를 저지르게 되면 처벌을 받게 될 것이기 때문에 이러한 위협으로 인하여 범행을 하지 않는다는 것이다. 즉, 자신들이 비록 범죄를 저지르지는 않았지만 범죄를 저지르게 되면 처벌을 받게 될 것을 다른 사람의 사례를 통해 인식함으로써 범죄를 저지르지 않는다는 것이다. 이를 통해 막연하게라도 범죄를 실행하려는 계획이 있는 잠재적인 범죄자의 범행이 제지될 수 있는 것이다. 이와 더불어 어떠한 행위들이 법에 위배되는 행위이며, 금지되는 사항인지도 알 수 있게 된다. 그러나 Stafford와 Warr(1993)는 일반 억제효과가 크게 효과가 없다는 주장을 하고 있다. 일반적으로 모든 범죄가 해결되는 것은 아니며, 많은 범죄자들이 검거가 되지 않는 상황에서 잠재적인 범죄자들은 자신의 동료나 친구가 범죄를 저지르고 처벌을 받지 않는 사례가 많은 것을 발견하기 때문에 비록 일부 처벌의 사례가 있지만 이러한 처벌의 사례가 잠재적 범죄자들의 범행을 막기 어렵다는 것이다.

특별 억제효과는 일단 자신이 범죄를 저지르고 이로 인하여 처벌이라는 고통을 받게 되고, 처벌이 자신이 범죄로 인하여 얻은 이익을 초과하기 때문에 처벌을 받은 범죄자들은 다시 범죄를 저지르지 않는다는 것이다. 처벌을 통하여 재범을 방지하는 것이다. 처벌이라는 고유의 경험을 통하여 장래에는 고통을 다시 경험하려 하지 않기 때문에 범죄를 저지르지 않는 것이다. Piquero와 Paternoster(1998)는 음주운전을 대상으로 일반 억제와 특별 억제에 대해 실험을 하였는데, 다른 사람이 음주운전으로 처벌받는 것을 알면서도 음주운전을 할 것인지와 함께 내가 처벌을 받게 될 것을 알면서도 음주운전을 할 것인지에 대해 알아보았다. 그 결과 음주운전에 대한 처벌은 일반 억제보다는 특별 억제효과가 있음이 밝혀졌다. 단순히 다른 사람이 음주운전으로 인하여 처벌을 받은 사실을 알더라도 이것이 직접적으로 음주운전을 하는 것을 억제하지는 못한다. 그러나 음주운전을 하여 처벌을 받은 경우에는 음주운전을 자제하는 경향을 보이는 것이다.

나. 처벌의 엄격성Severity, 확실성Certainty, 신속성Swiftness

억제이론은 처벌의 특성에 대해서도 주목하고 있는데, 처벌이 엄격하고, 확실하며, 신속하게 이루어질 경우 범죄가 억제된다고 주장하였다. 특정한 범죄에 대한 처벌이 엄격하며, 확실하게 이루어지고, 신속하게 집행이 된다는 것을 인식하는 사람들이 많을수록 그 범죄를 저지르는 사람들은 감소한다는 것이다.

엄격한 처벌의 대표적인 사례로는 사형제도Capital Punishment가 있다. 그러나 사형제도의 경우에는 가장 엄격한 처벌임에도 사형제도가 살인범죄를 억제시키는 효과가 있는 것으로 나타나지는 않았다.(Peterson, & Bailey, 1991: 388) 예를 들면, 미국의 오클라호마주는 사형제를 폐지하였다가 재도입하였는데, 사형제도 재도입이 특별히 살인범죄률에 영향을 미친 증거는 발견되지 않았다.(Cochran et al., 1994: 129)

확실한 처벌의 경우 엄격한 처벌과 달리 범죄 억제효과가 있는 것으로 나타나고 있다. 범죄자들이 특정 범죄에 대한 검거율을 알고 있으며, 그 검거율이 높을수록 범죄자들은 범죄를 저지르지 않으려고 한다는 것이다.(Williams, 2005) Gibbs(1968)는 살인범죄를 기준으로 처벌의 엄격성과 확실성을 비교하였는데, 두 요소 모두 살인범죄를 억제하는 효과가 있었으나 확실한 처벌이 엄격한 처벌보다 살인범죄의 억제에 있어서 보다 효과적임을 발견하였다.

마지막으로 신속한 처벌이 있는데 신속한 처벌이 범죄를 어떻게 억제하는 지를 실제적인 연구를 통해 확인하기는 매우 어려운 측면이 있어,(Nagin, & Pogarsky, 2001: 870) 이와 관련된 선행연구는 거의 수행되지 않았다. 신속한 처벌의 경우 판단의 오류 등의 문제가 있을 있기 때문에 무조건 바람직하다고 볼 수는 없다. 베일리 Bailey(1980)는 사형이 확정되고 집행되기까지의 시간을 계산하여 살인범죄의 억제에 영향을 미치는지를 확인하고, 사형이 신속히 집행되거나 지연되는지 여부는 살인범죄를 억제하지 못한다고 하였다.

2) 합리적 선택이론 Rational Choice Theory

합리적 선택이론은 억제이론과 더불어 고전주의 범죄학에 근거를 두고 있는 이론이다. 합리적 선택이론에 따르면 사람들은 범죄뿐만 아니라 모든 행동에 있어서 선택을 하여야 하고, 이와 같은 선택은 쾌락을 추구하며, 고통을 감소시키는 방향으로 진행이 된다고 한다. 쾌락과 고통은 합리적인 이성에 의해 계산 calculation 되어지며, 계산 결과를 바탕으로 하여 쾌락을 극대화하고 고통을 최소화하는 방향으로 행동을 선택하는 것이다.

범죄자들이 범죄라는 행동을 선택하기 전에 검거와 처벌이라는 위험성, 즉 고통을 고려하고, 범죄로 인하여 얻을 즐거움이나 이익, 즉 쾌락을 합리적인 이성에 의하여 계산한다. 이를 토대로 고통보다 이익이 큰 범죄의 대상을 결정하고 범행 방법을 선택하게 되는 것이다.

합리적 선택이론에서 중요한 개념은 바로 편익 Benefits 과 비용 Costs 이다. 일반적으로 범죄자들은 범죄로 인한 비용이 적은 반면 편익이 이를 넘어설 경우 범죄라는 행동을 선택할 것이다. 그러나 만일 합법적인 기회를 활용한 방법이 범죄를 통해 얻을 수 있는 편익보다 클 경우에는 범죄라는 행동보다는 합법적인 행동을 선택할 것이다.(Pezzin, 1995: 43) 기본적으로 범죄행동이 합법적인 행동보다는 비용이 크기 때문에 설사 두 행동의 편익이 같더라 하더라도 범죄라는 행동을 선택하지는 않을 것이다.

산업보안 관련 범죄자의 경우에는 다른 범죄자들에 비해 보다 이성적이며, 편익에 더욱 민감하기 때문에 합리적 선택이론이 적용될 여지가 많다.(Walt, 1999: 17) 예를 들면, Kilgour와 Zagare(1991)는 보안 분야에서 각 행위자들이 불확실한 상황하에서 범죄행위를 어떻게 결심하고 행하는지를 설명하기 위해 3단계 억제 모델을 제시하였는데, 억제 안정성Deterrence Stability은 처벌로 인한 비용을 증가하면 향상된다고 주장하였다. 이때 각 행위자들의 비용과 편익에 대한 분석은 합리적으로 이루어지며, 이러한 분석이 불확실한 상황을 어느 정도 제거하는 것이라고 하면서 합리적 선택이론을 원용하였다.

합리적 선택이론과 억제이론은 상호 보완적이며 유사하기 때문에 두 이론을 합하여 합리적 억제이론Rational Deterrence Theory이라고도 한다.(Lebow, & Stein, 1989: 214)

제2절
산업보안과 범죄 현황

1. 형사사법기관 공식통계

　산업기술유출과 영업비밀침해에 대한 공식통계는 경찰, 국가정보원, 검찰, 법원 등 형사사법기관에서 발표하고 있다. 형사사법절차 단계별 산업기술유출과 영업비밀침해에 대한 경찰 및 국가정보원, 검찰, 법원(1심, 항소심, 상고심) 등의 공식통계를 살펴보면 다음과 같다. 형사사법기관의 공식통계를 통해 영업비밀침해와 산업기술유출의 적발 및 검거, 기소, 구속 및 불구속 구공판, 무죄, 재판 결과 등을 파악할 수 있다.

1) 경찰 검거현황

　2008년부터 2019년까지 경찰이 검거한 산업기술유출 현황은 〈표 7-1〉과 같다. 경찰의 산업기술유출사범 검거현황에 의하면 2011년을 기준으로 산업기술유출사범 검거 건수 및 인원이 2011년 이전보다 증가하였다.

표 7-1 _ 연도별 경찰의 산업기술유출사범 검거현황

(단위: 건, 명)

구 분	검거건수			검거인원		
	국 외	국 내	합 계	국 외	국 내	합 계
2008	15	57	72	48	197	245
2009	16	30	46	60	104	164
2010	9	31	40	37	117	154
2011	24	60	84	104	207	311

구분	검거건수			검거인원		
	국 외	국 내	합 계	국 외	국 내	합 계
2012	27	113	140	102	296	398
2013	19	78	97	58	261	319
2014	13	98	111	68	256	324
2015	12	86	98	78	223	301
2016	13	101	114	59	267	326
2017	13	127	140	36	298	334
2018	20	97	117	69	283	352
2019	12	100	112	40	341	381

출처: 경찰청 홈페이지(www.police.go.kr) 「2016 통계연보」, 「2019 통계연보」, 2021.7.20, 검색결과 재구성

2) 국가정보원 적발 현황

국가정보원 산업기밀보호센터의 해외 산업스파이 적발현황은 〈표 7-2〉와 같다. 국가정보원 해외 산업스파이 적발현황도 경찰의 산업기술유출사범 검거현황과 유사하게 2011년부터 증가하였다.

표 7-2 _ 연도별 해외 산업스파이 적발 현황

(단위: 건, 명)

구 분	적발건수
2008	15
2009	16
2010	9
2011	24
2012	27
2013	19
2014	13
2015	12
2016	13

출처: 국가정보원 산업기밀보호센터; 용인대학교(2017: 10); 한국산업보안연구학회(2015: 150)

언론에서 발표한 국가정보원의 산업기술 해외유출 적발건수는 2015년부터 2020년까지 130건이다. 전체 130건 중에서 국가핵심기술 해외유출 적발건수는 33건(25%)이다.

표 7-3 _ 연도별 해외 산업스파이 적발 현황

(단위: 건, 명)

구 분	산업기술 해외유출 적발현황	국가핵심기술 해외유출 적발현황
2015	30	3
2016	25	8
2017	24	3
2018	20	5
2019	14	5
2020	17	9
합계	130	33

출처: 구자근(국민의힘, 경북구미시갑) 의원실 재구성. 국민일보(2021.6.1.) 재구성[275]

3) 검찰 처리현황

검찰의 처리현황은 대검찰청 홈페이지에서 검색한 2014년부터 2017년까지 「영업비밀보호법」과 「산업기술유출방지법」 위반에 대한 내용이다.

가. 「영업비밀보호법」 위반

2014년부터 2017년까지 검찰의 「영업비밀보호법」 위반 처리내역은 〈표 7-4〉와 같다. 검찰의 「영업비밀보호법」 위반 건수 및 인원은 다른 연도에 비해 2017년도가 감소하였다. 「영업비밀보호법」 위반에 대한 검찰의 처리내역에서 약 80% 이상이 공소권없음이나 혐의 없음으로 처리되고 구속 및 불구속 구공판, 구약식은 20% 미만을 차지하고 있다.

---

(275) http://news.kmib.co.kr/article/view.asp?arcid=0015901150&code=61111111&cp=nv

(단위: 명, %)

구 분	건 수	인 원	검찰처리내역					
			구속 구공판	불구속 구공판	구약식	기소 유예	공소권 없음	혐의 없음
2014	401	946 (100)	22 (2.3)	113 (11.9)	17 (1.8)	33 (3.5)	16 (2.1)	745 (78.8)
2015	460	1,110 (100)	22 (2.0)	158 (14.2)	39 (3.5)	22 (2.0)	22 (2.0)	847 (76.3)
2016	519	1,096 (100)	10 (0.9)	133 (12.1)	31 (2.8)	40 (3.6)	15 (1.3)	867 (79.1)
2017	387	757 (100)	7 (0.9)	72 (9.5)	21 (2.8)	28 (3.7)	6 (0.8)	620 (81.9)

출처: 대검찰청 홈페이지(www.spo.go.kr) 2018.10.20. 검색결과 재구성

나. 「산업기술유출방지법」 위반

2014년부터 2017년까지 검찰의 「산업기술유출방지법」 위반 처리내역은 〈표 7-5〉와 같다. 검찰의 「산업기술유출방지법」 위반 건수 및 인원은 「영업비밀보호법」 위반 건수 및 인원과 다르게 2017년도가 다른 연도에 비해 높게 나타났다. 「산업기술유출방지법」 위반에 대한 검찰의 처리내역에서 혐의 없음으로 처리되는 비중이 높은 것이 특징이다.

(단위: 명, %)

구 분	건 수	인 원	검찰처리내역					
			구속 구공판	불구속 구공판	구약식	기소 유예	공소권 없음	혐의 없음
2014	11	26 (100)	0 (0)	3 (11.5)	1 (7.7)	0 (0)	0 (0)	22 (84.6)
2015	7	19 (100)	1 (5.3)	3 (15.8)	4 (21.1)	1 (5.3)	0 (0)	10 (52.6)
2016	9	29 (100)	2 (6.9)	16 (55.2)	0 (0)	0 (0)	0 (0)	11 (37.9)
2017	16	37 (100)	3 (8.1)	10 (27.0)	1 (2.7)	3 (8.1)	0 (0)	20 (54.1)

출처: 대검찰청 홈페이지(www.spo.go.kr) 2018.10.20. 검색결과 재구성

4) 법원 재판 현황

법원 재판 현황은 법원행정처에서 매년 발간하는「사법연감」을 분석한 것이다. 법원 재판 현황은 2014년부터 2019년까지「영업비밀보호법」과「산업기술유출방지법」을 제1심, 항소심, 상고심으로 분류하였다.

가.「영업비밀보호법」재판 내역

<u>제1심</u> 2014년부터 2019년까지「영업비밀보호법」제1심 재판 처리내역은 〈표 7-6〉과 같다.

표 7-6 _ 연도별 법원의 「영업비밀보호법」 제1심 재판 처리내역

구분	접수	처리														
		판결													소년부송치	기타
		합계	생명형	자유형			자격형	재산형	선고유예	무죄	혐의면제	면소	관할위반	공소기각		
				무기	유기	집행유예										
2014	121	122	–	–	24	42	–	34	2	18	–	–	–	–	–	2
2015	183	124	–	–	10	45	–	20	1	44	–	–	–	1	–	3
2016	113	172	–	–	14	81	–	36	1	34	1	–	–	–	–	5
2017	126	167	–	–	10	57	–	44	3	45	–	–	–	–	–	8
2018	118	104	–	–	9	25	–	37	1	27	-	–	–	1	–	4
2019	108	98	–	–	12	34	–	36	-	13	–	–	–	–	–	3

출처: 대법원 홈페이지(www.scourt.go.kr)「사법연감」, 2021.7.20. 검색결과 재구성

<u>항소심</u> 2014년부터 2019년까지「영업비밀보호법」항소심 재판 처리내역은 〈표 7-7〉과 같다.

표 7-7 _ 연도별 법원의 「영업비밀보호법」 항소심 재판 처리내역

구분	접수	처리																		
		합계	파기													항소기각		소년부송치결정	항소취하	기타
			재판											환송	이송	변론경유	변론불경유			
			생명형	자유형			자격형	재산형	선고유예	무죄	혐의면제	면소	공소기각							
				무기	유기	집행유예														
2014	79	47	–	–	–	9	–	4	27	–	–	–	–	–	–	20	1	–	3	1

구분	접수	처리																		
		합계	파기												환송	이송	항소기각		소년부송치결정	항소취하	기타
			재판																		
			생명형	자유형			자격형	재산형	선고유예	무죄	혐의면제	면소	공소기각				변론경유	변론불경유			
				무기	유기	집행유예															
2015	94	89	–	–	6	18	–	10	1	–	–	–	–	–	–	52	–	–	–	2
2016	124	93	–	–	4	11	–	5	–	9	–	–	–	–	–	61	–	–	–	3
2017	104	120	–	–	5	16	–	7	1	13	–	–	–	–	–	75	–	–	2	1
2018	59	88	–	–	3	6	–	5	–	10	–	–	–	–	–	60	–	–	1	3
2019	65	67	–	–	2	9	–	2	-	9	–	–	–	–	–	39	–	–	5	1

출처: 대법원 홈페이지(www.scourt.go.kr) 「사법연감」, 2018.10.20. 검색결과 재구성

상고심　2014년부터 2019년까지 「영업비밀보호법」 상고심 재판 처리내역은 〈표 7-8〉과 같다.

표 7-8 _ 연도별 법원의 「영업비밀보호법」 항고심 재판 처리내역

구분	접수	처리																	
		합계	판결												환송	이송	상고기각	항소취하	기타
			파기																
			재판																
			생명형	자유형			자격형	재산형	선고유예	무죄	혐의면제	면소	공소기각					
				무기	유기	집행유예													
2014	35	14	–	–	–	–	–	–	–	–	–	–	–	1	–	12	–	1
2015	42	29	–	–	–	–	–	–	–	–	–	–	–	5	–	19	–	5
2016	35	44	–	–	–	–	–	–	–	–	–	–	–	1	–	42	–	1
2017	56	51	–	–	–	–	–	–	–	–	–	–	–	1	–	47	–	3
2018	47	39	–	–	–	–	–	–	–	–	–	–	–	-	–	34	3	2
2019	26	47	–	–	–	–	–	–	–	–	–	–	–	1	–	46	–	-

출처: 대법원 홈페이지(www.scourt.go.kr) 「사법연감」, 2021.7.20. 검색결과 재구성

나. 「산업기술유출방지법」 재판

제1심　2014년부터 2019년까지 「산업기술유출방지법」 제1심 재판 처리내역은

〈표 7-9〉와 같다.

표 7-9 _ 연도별 법원의 「산업기술유출방지법」 제1심 재판 처리내역

구분	접수	처리														
		판결													소년부 송치	기타
		합계	생명형	자유형			자격형	재산형	선고 유예	무죄	혐의 면제	면소	관할 위반	공소 기각		
				무기	유기	집행 유예										
2014	1	1	–	–	–	1	–	–	–	–	–	–	–	–	–	–
2015	2	12	–	–	1	2	–	4	–	5	–	–	–	–	–	8
2016	15	1	–	–	–	1	–	–	–	–	–	–	–	–	–	–
2017	13	4	–	–	2	1	–	–	–	–	–	–	–	–	–	1
2018	30	15	–	–	–	4	–	1	–	4	–	–	–	–	–	6
2019	29	15	–	–	1	8	–	3	–	–	1	–	–	–	–	2

출처: 대법원 홈페이지(www.scourt.go.kr) 「사법연감」 2021.7.20. 검색결과 재구성

항소심 2014년부터 2019년까지 「산업기술유출방지법」 항소심 재판 처리내역은 〈표 7-10〉과 같다.

표 7-10 _ 연도별 법원의 「산업기술유출방지법」 항소심 재판 처리내역

구분	접수	처리														항소기각		소년부 송치 결정	항소 취하	기타
		파기												환송	이송	변론 경유	변론 불 경유			
		합계	재판																	
			생명 형	자유형			자격 형	재산 형	선고 유예	무죄	혐의 면제	면소	공소 기각							
				무기	유기	집행 유예														
2014	–	–	–	–	–	–	–	–	–	–	–	–	–	–	–	–	–	–	–	–
2015	–	–	–	–	–	–	–	–	–	–	–	–	–	–	–	–	–	–	–	–
2016	–	–	–	–	–	–	–	–	–	–	–	–	–	–	–	–	–	–	–	–
2017	–	–	–	–	–	–	–	–	–	–	–	–	–	–	–	–	–	–	–	–
2018	10	4	–	–	1	2	–	–	–	1	–	–	–	–	–	–	–	–	–	–
2019	7	11	–	–	–	6	–	2	–	–	–	–	–	–	–	–	2	–	–	1	–

출처: 대법원 홈페이지(www.scourt.go.kr) 「사법연감」 2021.7.20. 검색결과 재구성

상고심 2014년부터 2019년까지 「산업기술유출방지법」 상고심 재판 처리내역은 〈표 7-11〉과 같다.

표 7-11 _ 연도별 법원의 「산업기술유출방지법」 상고심 재판 처리내역

구분	접수	처리																
		합계	판결														상고기각	항소취하	기타
			파기																
			재판												환송	이송			
			생명형	자유형			자격형	재산형	선고유예	무죄	혐의면제	면소	공소기각						
				무기	유기	집행유예													
2014	–	–	–	–	–	–	–	–	–	–	–	–	–	–	–	–	–	–
2015	7	–	–	–	–	–	–	–	–	–	–	–	–	–	–	–	–	–
2016	1	–	–	–	–	–	–	–	–	–	–	–	–	–	–	–	–	–
2017	6	1	–	–	–	–	–	–	–	–	–	–	–	–	–	–	–	1
2018	3	8	–	–	–	–	–	–	–	–	–	–	–	–	–	8	–	–
2019	8	8	–	–	–	–	–	–	–	–	–	–	–	–	–	8	–	-

출처: 대법원 홈페이지(www.scourt.go.kr) 「사법연감」 2021.7.20. 검색결과 재구성

2. 기술유출 피해조사 통계

형사사법기관에서 발표하고 있는 공식통계는 범죄에 대한 다양한 현상과 현황을 살펴볼 수 있지만, 경찰, 국가정보원, 검찰 등 수사기관에서 인지하거나 신고된 기술유출사건에 대해서만 작성되어 암수범죄를 반영하지 못하는 문제가 발생한다. 일반적으로 범죄 공식통계에서 발생하는 암수범죄에 대한 한계를 극복하기 위해서 피해자조사를 활용하고 있다. 산업보안에서는 매년 조사되고 있는 "중소기업 기술보호 수준 실태조사"가 피해자조사에 해당한다.

1) 조사개요

2017년 "중소기업 기술보호 수준 실태조사"의 개요는 〈표 7-12〉와 같다. 조사모집단은 2017년 조사시점의 부설연구소를 보유하고 있는 기업이며, 한국산업기술진흥협회KOITA의 연구소/전담부서 신고관리시스템의 기업연구소 통계현황(2017년 8

월 기준)을 활용하여 사용하였다(중소기업벤처부대 · 중소기업 · 농어업협력재단, 2018: 5).

표 7-12 _ 「2017 중소기업 기술보호 수준 실태조사」 조사 개요

구 분	중소기업 기술보호 수준 실태조사		
모집단	기업부설연구소를 보유한 국내 대기업, 중견기업, 중소기업 사업체 (한국산업기술진흥협회(KOITA) 홈페이지에 게재된 기업부설연구소 DB)		
조사대상	기업 내 보안 관련 총괄 책임자, 담당자 등 실무자(담당부서 및 담당자 부재 시) 기업대표, 임원급 이상, 책임연구원급		
조사지역	전국 17개 광역시도		
조사방법	Multi-Method(전화 사전 접촉 후 응답자 편의에 따라 방문, 우편, Fax, 온라인/이메일 조사 실시)		
표본추출	기업유형, 업종, 지역을 고려한 층화추출		
유효표본	조사대상		표본크기(개)
	기업규모	대기업	200
		중견기업	200
		중소기업	2,293
	중소기업	비수혜기업	1,337
		수혜기업	956
	합계		2,693
조사기간	2017년 10월~12월(약 7주)		

실태조사 모집단의 업종은 한국산업진흥협회의 업종 분류를 유지하였으며, 전기/전자, 화학/섬유, 기계/소재, 정보/통신, 바이오/의료, 에너지자원, 지식서비스, 기타로 분류하였다. 기업 규모는 한국산업진흥협회의 대기업/중견기업/중소기업의 기업 규모 분류를 준용하였다.

표 7-13 _ 업종별 기업 규모별 모집단

주력업종	기업규모			총 합
	중소기업	중견기업	대기업	
1. 전기전자	8,396	114	265	8,775
2. 화학/섬유	2,783	116	164	3,063
3. 기계/소재	8,666	166	301	9,133
4. 정보/통신	5,872	46	54	5,972
5. 바이오/의료	2,324	47	80	2,451
6. 에너지 자원	909	5	8	922

주력업종	기업규모			총 합
	중소기업	중견기업	대기업	
7. 지식서비스	595	3	2	600
8. 기타	7,672	56	166	7,894
전체	37,217	553	1,040	38,810

출처: 중소기업벤처부 · 대 · 중소기업 · 농어업협력재단, 2018: 8.

　　2017년 「중소기업 기술보호 수준 실태조사」 표본 선정은 기업 규모 및 업종을 층화변수로 우선 사용하고, 전체 표본을 기준으로 중소기업, 중견기업, 대기업으로 구분하여, 1차 층화를 실시하였다. 2차로 기업 규모별로 할당된 표본을 업종별로 재할당하였다. 층별 비례 할당은 층별 모집단의 편중이 심하기 때문에, 업종별 비교를 위해 제곱근 비례할당방식으로 배분하여, 최종적으로는 지역별 배분도 실시하였다(중소기업벤처부대 · 중소기업 · 농어업협력재단, 2018: 8-9).

표 7-14 _ 업종별 기업 규모별 표본

주력업종	기업규모			총 합
	중소기업	중견기업	대기업	
1. 전기전자	565	51	29	345
2. 화학/섬유	243	43	45	254
3. 기계/소재	544	53	51	369
4. 정보/통신	316	4	3	245
5. 바이오/의료	132	18	22	168
6. 에너지 자원	64	5	1	45
7. 지식서비스	124	0	0	87
8. 기타	300	26	49	287
전체	2,293	200	200	2,693

출처: 중소기업벤처부 · 대 · 중소기업 · 농어업협력재단, 2018: 10.

2) 중소기업 기술유출 경험

　　2014년부터 2016년까지 3년간 기술유출 피해경험이 있는 중소기업은 조사대상의 3.8%로 나타났다.

표 7-15 _ 중소기업 기술유출 경험

구 분		사례수 (개)	있음 (%)	없음 (%)
중소기업		2,293	3.8	96.2
지원사업 참여 여부	수혜기업	1,337	5.2	94.8
	비수혜기업	956	1.9	98.1

출처: 중소기업벤처부 · 대 · 중소기업 · 농어업협력재단, 2018: 111.

2012년부터 2017년까지 연도별 실태조사에서 나타난 중소기업 기술유출 경험 분포를 살펴보면 2012년과 2013년이 높게 나타났다.

표 7-16 _ 연도별 실태조사 결과 중소기업 기술유출 경험분포

구 분	2012년	2013년	2014년	2015년	2016년	2017년
분 포	12.1%	10.2%	3.3%	3.3%	3.5%	3.8%

출처: 중소기업벤처부 · 대 · 중소기업 · 농어업협력재단, 2018: 111, 재구성

기술유출 피해 경험이 있는 중소기업 중 실질적인 피해를 입은 기업의 총 피해금 액은 1,022억 원으로 건당 평균 13.1억 원의 기술유출 피해가 있는 것으로 조사되 었다.

표 7-17 _ 기술정보 유출 피해건수 및 피해금액

구 분		전체 (건수)	총 피해금액 (억 원)	평균 피해금액 (억 원)
중소기업		78	1,022	13.1
지원사업 참여 여부	수혜기업	56	924	16.5
	비수혜기업	22	98	4.5

출처: 중소기업벤처부 · 대 · 중소기업 · 농어업협력재단, 2018: 112.

기술정보를 외부로 유출시킨 관계자는 '전 직원(퇴사자)'이 69.3%로 가장 높았으며, '현 직원(인턴, 임시직 포함)' 14.8%, '협력업체(하도급)' 8.0%, '경쟁기업' 6.8% 등의 순으로 나타났다.

표 7-18 _ 기술정보 유출 관계자

구 분		사례수	현 직원	전 직원	협력 업체 (하도급)	경쟁기업	용역업체	고용 외국인	기타
중소기업		88건	14.8%	69.3%	8.0%	6.8%	2.3%	1.1%	4.5%
지원사업 참여 여부	수혜기업	70건	14.3%	67.1%	7.1%	7.1%	2.9%	0.0%	5.7%
	비수혜기업	18건	16.7%	77.8%	11.1%	5.6%	0.0%	5.6%	0.0%

출처: 중소기업벤처부 · 대 · 중소기업 · 농어업협력재단, 2018: 113.

기술유출 · 탈취 피해 유형은 '경쟁사로의 기술유출'이 42.0%로 가장 많았으며, 다음으로 '기술인력 빼가기' 27.3%, '내부직원의 기술유출' 25.0% 등의 순으로 나타 났다.

표 7-19 _ 기술유출 · 탈취 피해 유형

구 분		사례수	경쟁 사로	거래 관계 에서	거래 협상단계 에서	기술 인력 빼가기	내부 직원	해킹 등	기타
중소기업		88건	42.0%	23.9%	10.2%	27.3%	25.0%	3.4%	5.7%
지원사업 참여 여부	수혜기업	70건	41.4%	22.9%	10.0%	30.0%	25.7%	4.3%	5.7%
	비수혜기업	18건	44.4%	27.8%	11.1%	16.7%	22.2%	0.0%	5.6%

출처: 중소기업벤처부 · 대 · 중소기업 · 농어업협력재단, 2018: 115.

외부로 유출된 기술정보로는 '생산 중인 제품'이 36.4%로 가장 많고, 다음으로 '설계도면' 33.0%, '연구과제 결과데이터' 20.5% 등의 순으로 나타났다.

표 7-20 _ 외부 유출 기술정보 종류

구 분		사례수	연구과제 개발계획	최종 연구결과	연구과제 결과데이터	기술도입 및 이전계획
중소기업		88건	10.2%	19.3%	20.5%	5.7%
지원사업 참여 여부	수혜기업	70건	10.0%	20.0%	18.6%	4.3%
	비수혜기업	18건	11.1%	16.7%	27.8%	11.1%
구 분		사례수	시제품	설계도면	생산 중인 제품	기타
중소기업		88건	10.2%	33.0%	36.4%	12.5%
지원사업 참여 여부	수혜기업	70건	8.6%	34.3%	40.0%	10.0%
	비수혜기업	18건	16.7%	27.8%	22.2%	22.2%

출처: 중소기업벤처부 · 대 · 중소기업 · 농어업협력재단, 2018: 115.

기술정보 유출 수단으로는 '휴대용 저장장치(USB, 외장하드 등)'가 38.6%로 가장 높고, 다음으로'핵심인력 스카우트 또는 매수' 19.3%, '복사, 절취' 18.2%, 'E-Mail' 14.8% 등의 순으로 나타났다.

표 7-21 _ 기술정보 유출 수단

구 분		사례수	복사, 절취	이메일	컴퓨터해킹	휴대용 저장장치	스마트폰카메라 등 사진자료
중소기업		88건	18.2%	14.8%	4.5%	38.6%	11.4%
지원사업 참여 여부	수혜기업	70건	14.3%	17.1%	4.3%	44.3%	7.1%
	비수혜기업	18건	33.3%	5.6%	5.6%	16.7%	27.8%

구 분		사례수	시찰 및 견학	핵심인력 스카우트 또는 매수	관계자 매수	기술교류 중	기타
중소기업		88건	1.1%	19.3%	2.3%	3.4%	13.6%
지원사업 참여 여부	수혜기업	70건	1.4%	22.9%	2.9%	4.3%	14.3%
	비수혜기업	18건	0.0%	5.6%	0.0%	0.0%	11.1%

출처: 중소기업벤처부 · 대 · 중소기업 · 농어업협력재단, 2018: 118.

기술유출 발생 시 외부적으로 취한 조치로는 '보안 강화 관련 조치 시행'이 46.6%로 가장 높고, 다음으로 '관계자(사)를 고소, 고발' 9.1%, '수사기관에 수사 의뢰' 8.0% 등의 순으로 나타났다.

표 7-22 _ 기술유출 발생 시 외부적 조치

구 분		사례수	관계자(사)를 고소, 고발	관계자(사)에 손해배상 청구(소송)	수사기관에 수사 의뢰	보안 강화 관련 조치 시행	특별한 조치 미실시
중소기업		88건	9.1%	2.3%	8.0%	46.6%	34.1%
지원사업 참여 여부	수혜기업	70건	10.0%	1.4%	8.6%	52.9%	27.1%
	비수혜기업	18건	5.6%	5.6%	5.6%	22.2%	61.1%

출처: 중소기업벤처부 · 대 · 중소기업 · 농어업협력재단, 2018: 119.

기술유출 발생 시 내부적인 조치로는 '직원교육(보안의식) 강화'가 39.8%로 가장 많았으며, 다음으로 '보안관리(자료관리, 출입자 통제 등) 강화' 26.1%, '보안장비 설치 강화' 9.1% 등의 순으로 나타났다.

표 7-23 _ 기술유출 발생 시 내부적 조치

구 분		사례수	보안관리 (자료관리, 출입자 통제 등) 강화	보안장비 설치 강화	직원교육 (보안 의식) 강화	기 타	특별한 사후조치를 취하지 않음
중소기업		88건	26.1%	9.1%	39.6%	4.5%	45.5%
지원사업 참여 여부	수혜기업	70건	28.6%	10.0%	42.9%	4.3%	40.0%
	비수혜기업	18건	16.7%	5.6%	27.8%	5.6%	66.7%

출처: 중소기업벤처부 · 대 · 중소기업 · 농어업협력재단, 2018: 119.

제3절
국내외 주요 산업기술유출 사례

1. 해외 사례

1) 역사적인 사건

산업기밀 침해사건의 역사는 6세기쯤으로 거슬러 올라갈 수 있다고 하는 바, 비잔틴제국의 유스티니안 황제가 두 명의 신부神父를 고용하여, 중국을 방문하게 하였다. 황제는 당시 중국이 全세계적으로 비단을 독점 생산하는 상황을 타개하려고, 중국의 비단 생산법을 취득하려고 했다. 그래서 누에고치 알silkworm egg과 뽕나무 씨를 밀수하려 했다. 당시 신부들은 이러한 누에고치 알과 뽕나무 씨를 속이 비어 있는 대나무로 만든 지팡이 속에 넣어서 밀수했다고 한다. 이후 몇 년이 지나서, 비잔틴제국은 세계에서 가장 규모가 큰 비단 생산국인 중국을 대체하기에 이르렀다. 수 세기가 지나면서, 산업스파이 행위들은 많은 국가들의 발전과정에서 중요한 역할을 했다. 18세기경에는, 영국의 산업 및 군사적 우위에 긴장을 한 프랑스가 영국의 산업기밀을 훔치려고 그 스파이들을 침투시켰다고 한다.(276)

2) 미국 최초의 사건

미국에서 최초의 영업비밀 침해사건으로 알려진 케이스는 1848년 뉴욕지방법

---

(276) http://www.icmrindia.org/casestudies/catalogue/Business%20Ethics/Business%20Ethics%20-%20Procter%20&%20Gamble%20vs%20Unilever%20-%20Corporate%20Espionage.htm#Evolution of Corporate Espionage(2018년 5월 3일 검색).

원에 제소하여, 판결한 Bagley v. Peddie, 16 N.Y. 469(1857)라고 할 수 있다. (277)
1848년 뉴욕에 살고 있었던 Albert Bagley라는 사람이, 그의 전 직원 Charles
Peddi를 상대로 제소한 것이 아마도 현대적 의미로 볼 때, 첫 영업비밀 침해사건이
라고 할 수 있다. 동사건에서, 원고인 Bagley는 피고 Peddi가 금제金製 펜을 만드는
making gold pen Bagley의 비법을 공개하지 않겠다는 약속을 위반했다고 주장했다. 1심
법원은 Bagley가 자신의 구체적인 손해부분special damages을 적절하게 입증하지 못했
다고 하면서, 당해 사건을 기각했다. 그런데 뉴욕주 상급법원은 이를 파기하고, 원
고측의 주장을 받아들였다. 뉴욕주 상급법원은 Bagley가 손해부분을 입증하는 데
실패한 것이 사건내용의 종결이 아니다. 왜냐하면, Peddi가 만약 약속agreement을 위
반하면, 손해배상 예정액liquidated damages으로(278) 정한 3,000달러 지불하는 것으로
동의했기 때문이다. 당해 법원은 그 약속조항은 집행가능한 것이라고 해석했다, 왜
냐하면, 나중에 회사를 떠나서, 다른 사람들에게 그 영업비밀을 공개하거나 혹은
원고의 물건들을 횡령하는 직원(피고)에게 그 영업비밀을 위탁해 놓음으로써, 원고
인 Bagley가 어느 정도의 손해를 입을 지에 관하여 판단하는 것이 다른 방식으로는
거의 불가능하기 때문이었다. Bargley가 입은 손해를 판정하는 것이 너무 불확실했
기 때문에, 법원은 몰수규정forfeiture provision이 집행할 수 없는 벌금이라기보다는 적
절한 손해배상 예정액으로 규정되었다고 판결했으며, 1심 법원의 판결을 파기환송
하고, 다시 재판받을 수 있는 기회Judgment reversed and new trial ordered를 부여했다. (279)

---

(277) Lau, Byron/Ngoi, Kimpo, "This Day in Trade Secrets: In 1848, Albert Bagley Files One of the First Trade Secret Cases Ever," Posted on September 6, 2013, in: https://blogs.orrick.com/trade-secrets-watch/2013/09/06/this-day-in-trade-secrets-in-1848-albert-bagley-files-one-of-the-first-trade-secret-cases-ever/#more-393(2018년 5월 4일 검색).

(278) 계약 체결 시 피해를 입은 당사자에게 지불할 손해배상액을 미리 정해놓은 손해배상(....damages whose amount the parties designate during the formation of a contract for injured party to collect as compensation upon a specific breach, e.g., the late performance).

(279) Smith, E. Peshine, COURT OF APPEALS OF THE STATE OF NEW YORK, VOL. Ⅱ, (New York: Banks & Brothers, Law Publishers, 1864), pp.475-476. "...the bond declares that if the defendant, Charles B. Peddi, should violate any of the covenant in the agreement mentioned, the defendants should pay $3,000 liquidated damages...".

3) IBM v. Hitachi사 간의 소송[280]

20세기 초반 그리고 전 세계적 충돌이라는 현실에서, 경제적·군사적 정보들이 거의 비슷하게 중요하게 되었다는 점을 증명해 보이면서, 심각한 경제스파이 사건으로 이어지게 되었다. 아마도 IBM사International Business Machines만큼 자주 빈번하게, 외국 정보요원들의 표적이 되었던 다른 어떤 기업도 없었던 것 같다. 컴퓨터의 하드웨어와 스프트웨어 제품의 리더로서, IBM사는 다른 정부들의 전략적 이익이 될 만한 많은 제품들을 생산하고 있다. IBM사의 내부문건에 따르면, 외국 정보요원들이 10여 년 동안, 25회 정도 불법적으로 영업비밀을 취득하려고 시도했다고 한다. 퇴역한 전임 프랑스 스파이는 심지어 IBM사에 대한 스파이행위를 시인한 바 있었다.[281] IBM사로부터 영업비밀을 절취하기 위한 가장 유명한 시도는 구 소비에트의 첩보작전의 방식을 반영하였다.[282]

1980년, IBM사의 한 직원이 Adirondack Workbooks의 일부 내용을 절취하였다. 컴퓨터의 사양과 전략적 계획에 관한 내용을 담고 있는 중요한 일련의 책들이었다. 그리고 그것을 일본의 컴퓨터회사인 Hitachi사에 팔아넘겼다. workbooks의 부분적인 세트에 만족하지 않은, Hitschi사는 나머지 workbooks와 다른 출처로부터 다른 비밀스러운 자료들은 입수하고자 했다.[283]

이 사건은 컴퓨터 회사 간 기업스파이사건으로서, 아마도 TV방송용 영화로 혹은 컴퓨터게임용으로 만들어질 것이라는 희망 속에서, 언론에서는 "Japscam"이라는 단어로 합성되어 소개되고 있다. 1981년 Hitachi사는 이상스럽게도 IBM사의 제품인 Adirondack Workbooks의 모든 세트를 소유하게 되었다. 1981년 이상스럽게도 IBM사의 제품인 Adirondack Workbooks의 모든 세트들이 Hitachi 社의 손에 들어가게 되었다. 그 Workbook에는 IBM사의 디자인서류들과 "FOR INTERNAL IBM USE ONLY IBM 내부용으로 만"이라고 확실하게 눈에 띄도록 표시되어 있는 기술적인 비밀사항들이 담겨져 있었다. Hitachi사는 그 Workbooks들을

---

(280) http://www.businesspundit.com/10-most-notorious-acts-of-corporate-espionage/5/(2018년 5월 3일 검색).

(281) Nasheri, Hedieh, Economic Espionage and Industrial Spying(New York, NY: Cambridge University Press, 2005), p.18.

(282) Nasheri, 2005, p.18.

(283) Nasheri, 2005, p.19.

IBM사에게 돌려주지 않았다.(284)

IBM사의 내부 보안팀원들과 FBI 요원들은 그들의 노력의 결과가 입증될 때까지 함께 쉴 새 없이 조사하였다.(285) 거의 2년이 넘는 동안, FBI는 IBM사와 공동으로 정교한 함정수사식의 작전elaborate sting operation을 전개했다. 결국에 Hitsch사의 입수 노력은 좌절되었으며, 공모자들이 체포되었다. 일본 정부의 관련성이 드러났으며, Hitachi사는 법원에 합의settlement를 신청했으며, 3억 달러 정도로 알려진 금액을 IBM사에게 지불했다.(286) 아직까지 당시에 가담했던 공모자들은 어떤 구금형도 받지 않았으며, Hitachi사는 그 Workbooks를 통해 많은 이익을 봤다고 한다.(287)

4) Avery Dennison사와 대만의 접착제 회사Four Pillars 간 사건

1997년, 압력에 민감한 제품을 만들고 판매하는 Four Pillars사라고 알려진 대만회사의 Pin Yen Yang이라는 사장과 그의 딸, Hwei Chen Yang이 체포되었다. 그들은 미국의 대표적인 접착제 회사인 Avery Dennison사에 대한산업기밀과 관련된 스모가스보드smorgasbord 범죄 혐의를 받게 되었다. 1999년, 그들은 8년 이상에 걸쳐 독점적 소유의 정보를 제공받은 댓가로 Avery Dennison사 직원에게 $150,000로 알려진 돈을 제공한 것으로 유죄를 선고받았는바, 피해 회사에 대해서 수천 만 달러에 달하는 손실을 끼쳤다. 참으로 특이한 접착제 사업이다.(288)

이와 관련 2000년 2월경 Cleveland에 소재한 연방지방법원의 배심원단은, 1999년 4월, Four Pillars사(대만회사)의 경제스파이 행위에 대해 유죄를 선고한 형사재판의 결과를 통해서, 원고회사는 민사상 손해배상 청구a civil suit accusing a competitor of misappropriating trade secrets에서 $40,000,000의 배상(징벌적 손해배상 $30,000,000와 통상적 손해배상 $10,000,000)을 평결하였으며, 피고회사는 $5,000,000의 형사벌금을 물게

---

(284) Daniel J. Benny, Industrial Espionage: Developing a Counterespionage Program, Boca Raton, FL: CRC Press, 2014, p.3.

(285) http://www.businesspundit.com/10-most-notorious-acts-of-corporate-espionage/5/(2018년 5월 3일 검색).

(286) http://www.businesspundit.com/10-most-notorious-acts-of-corporate-espionage/5/(2018년 5월 3일 검색).

(287) Nasheri, 2005, p.19.

(288) http://www.businesspundit.com/10-most-notorious-acts-of-corporate-espionage/10/(2018년 5월 4일 검색).

되었다. 민사소송에서는 초기 심리에서 내려진 유죄 평결과 선고를 재확인하였다. 동사건은 의회가 외국기업이나 정부에 의한 영업비밀 절취로부터 미국기업을 보호하기 위하여 1996년 「경제스파이법」을 제정한 이래, 재판을 받은 첫 번째 케이스였다.[289]

형사소송에서, 법집행당국에 따르면, 오하이오Ohio주에 있는 Avery Dennison사 직원 이 풀없이 그대로 붙일 수 있는 우표나 배터리 라벨 같은 그런 제품에서 사용되는 접착제에 관련된 영업비밀을 Four Pillars사에 넘겼다고 주장했다. 민사소송에서, 피고였던 Pin Yen Yang은 Four Pillars사의 전 최고경영책임자였으며, Victor Lee라는 사람은 Avery Dennison사의 전 연구과학자였는바, Lee는 형사재판에서 1997년 체포될 때까지, Four Pillars사에 비밀정보를 제공했다고 증언했다. 피고인 Lee는 전화사기에 대한 혐의를 초반에 인정했고, FBI와 전 고용주와 형사사건을 진행해가는 과정에서 협력하기 시작했다. 그 형사사건은 결국, Yang이라는 피고인이 Avery Dennison사의 서류들을 갖고 미국에서 출국하려고 할 때, Cleveland 국제공항에서, 체포된 사건을 포함하고 있었다.[290]

5) 코카콜라 제조법을 절취하려던 사건

2006년 7월 5일, 연방 FBI요원들이 세 명의 범인을 체포하고, 영업비밀절취, 전화사기 혐의로 입건했다고 발표했다.[291] Coca-Cola Classic의 제조법은 아마도 회사에서 가장 꼼꼼하게 보호되는 비밀인 바, 그렇게 위험한 상황에 처해본 적이 없었다고 한다. 절취행위의 성질과 범위에 관해서 더 자세한 것을 밝히기를 꺼려했지만, 대신에 관련정보는 아직 시판되지 않은 개발단계에 있던 음료수와 관련된 것처럼 보였다고 한다.[292]

2007년 5월, 2명의 전직 Coca-Cola직원들이 라이벌 회사인 Pepsi사에게 영업비밀을 훔쳐서 판매하려는 음모conspiracy 혐의로 연방법원(the Northern District of Georgia)에서 1명(Joya Williams)은 8년 구금형, 다른 한 명(Ibrahim Dimson)은 5년 구

---

(289) https://www.wsj.com/articles/SB949882065209962172(2018년 5월 10일 검색)

(290) https://www.wsj.com/articles/SB949882065209962172(2018년 5월 10일 검색)

(291) Goodman, Brenda, "Agents Arrest 3 in Plot to Sell Coca-Cola Secrets to PepsiCo(JULY 6, 2006, in:https://www.nytimes.com/2006/07/06/business/06coke.html(2018년 5월 9일 검색).

(292) Goodman, 2006, in:https://www.nytimes.com/2006/07/06/business/06coke.html(2018년 5월 9일 검색).

금형을 선고받았다.[293] 두 명 모두에게 40,000달러 배상금 지불명령이 부과되었다. 그 외 다른 한 명(Edmund Duhaney)도 처벌되었다. 이들 세 명에게는 전화사기, 불법적으로 영업비밀을 절취하고, 판매하려는 혐의로 기소되었다. Willams는 새로운 Coca-Cola 제품의 샘플을 Pepsi사에 제공하고, 1,500,000달러를 챙기려고 했다는 혐의로 유죄를 선고받은 것이다. Williams는 Pepsi사에게 Coca-Cola 새 제품의 샘플을 넘겨 주고 1,500,000달러를 받으려고 했던 음모로부터 파생된 혐의로 유죄를 선고받았다. Dimson은 2006년 10월에 음모혐의에 대해서 유죄를 인정했다.[294] Pepsi사 관리자가 Coca-Cola사에게 내부정보가 제공될 것 같다고 비밀리에 알려줌으로써, 연방 FBI의 날카로운 수사가 시작되었다.

Dimson이라는 사람이 "Dirk"라는 가명을 써가면서, Pepsi사에 Coca-Cola사의 공식 편지봉투를 사용해서 편지를 보내면서, 사건이 전개된 것이다. 심지어 범인은 FBI 비밀 요원에게 14페이지짜리 Coca-Cola사의 3급, 1급 비밀로 분류된 것으로 직인이 찍힌 서류들을 넘겨줬다. 결국, Coca-Cola사는 그 서류가 영업비밀로 엄격하게 보관되고 있던 것이라고 확인해 주었다.

범인은 첫 번째 서류에 대해서 10,000달러를 요구했으며, 요청하면 추가적인 서류들을 제공할 것을 약속하기도 했다. "Dirk"라는 가명을 쓰는 범인은 FBI 비밀 요원에게 5,000달러를 요구하면서, 다른 서류를 제공했다. 그리고 새로운 Coca-Cola프로젝트로부터 나온 아주 믿을 만한 샘플제품을 제공하는 댓가로 75,000달러를 받기로 약속했다. 감시카메라가 William의 사무실에 설치되었으며, 그녀의 다양한 파일들을 찾고 있으며, 그것들을 가방에 넣고 빠져나가는 모습이 촬영되었고, 백색 라벨이 붙어있는 액체 용기를 들고 있는 모습이 관찰되었다. 그것을 자신의 가방에 넣기 전에, 소개된 새로운 Coca-Cola 제품 샘플과 비슷한 것이었다. Coca-Cola사는 그 샘플이 진품이라는 것을 나중에 확인해 주었으며, 그것은 실제로 회사에서 개발 중인 제품이었다.

6월 16일, FBI비밀요원은 아틀란타 Hartsfield-Jackson 국제공항에서 Dimson을 만났다. Dimson은 "비밀취급highly confidential" 표시가 되어 있는 서류가방과 액체 상태의 제품샘플이 들어 있는 라벨이 붙어있는 유리병을 넘겨주었다. 그 비밀요원

---

(293) 2 sentenced in Coke trade secret case: Ex-Coke workers sentenced to federal prison for plot to offer rival Pepsi sample of new product(May 23, 2007), in:http://money.cnn.com/2007/05/23/news/newsmakers/coke/index.htm(2018년 5월 9일 검색)

(294) http://money.cnn.com/2007/05/23/news/newsmakers/coke/index.htm(2018년 5월 9일 검색)

은 Dimson에게 100달러와 50달러 지폐로 모두 30,000달러를 걸 스카우트 쿠키 박스에 담아서 지불했다. 비밀요원은 또한 샘플의 성공적인 테스트가 끝난 후에, Dimson에게 45,000달러를 지불하는 데 동의하였다. 세 명의 용의자들은 7월 4일 체포되었으며, 그날은 범인들이 Coca-Cola사의 나머지 비밀서류들을 넘겨주는 대가로 1,500,000달러를 건네받기로 예정되어 있었던 날이다.[295]

"귀중한 영업비밀을 절취하는 것은 묵인될 수 없으며, 그것은 법무부에 의해서도 아니고, 심지어 경쟁자들에 의해서도 묵인되어서는 안 된다."라고 담당 검사(Nahmias)가 말했다. Coca-Cola 회장은 또한 PepsiCo관계자들에게 이러한 공격을 알려준 것에 대해서 감사를 표시했다. Pepsi사 대변인은 회사가 돕게 되어서 기쁘다고 말했다. "어떤 책임 있는 회사라면, 당연히 해야 할 일이라고 생각하고, 우리는 했다. 경쟁이 치열해질 수 있다. 그렇지만 그것은 또한 공정하고 적법해야 한다."고 대변인은 말했다.[296]

6) 에픽 시스템Epic Systems사와 인도계 Tata사 간 영업비밀 침해사건

2014년, 미국 Epic사는 인도회사가 비밀자료를 "뻔뻔스럽게 훔쳤다blazenly stealing."고 비난하면서, Kaiser Foundation Hospitals에 프로그램을 설치하는 것을 돕기 위하여 채용된 프로그램인 소프트웨어용 서류를 피고가 불법적으로 다운로드했다고 처음으로 Tata사를 제소했다.[297]

위스콘신Wisconsin주 소재한 연방지방법원 배심원단은 영업비밀 침해소송에서, 인도의 정보통신기기 공급회사인 Tata Consutancies(피고)로 하여금, 의료분야 소프트웨어 회사인 Epic Systems사(원고)에게, 9억 4천만 달러 손해배상금을 지불하라는 평결을 내렸다. 이 사건은 영업비밀 침해 소송 역사상 가장 큰 규모의 배상액 평결 중의 하나가 되었다. 배심원단은 계약위반, 영업비밀부당이용misappropriation of trade secrets, 불공정경쟁, 부당이득을 포함한 7개의 청구들에 대해서, 원고인 Epic사의 주장을 들어줬다. 그 배상금에는 통상적인 손해배상액compensatory damages 2억 4천만 달러 그리고 징벌적 손해배상으로서 7억 달러를 평결했다.[298]

---

(295) http://money.cnn.com/2007/05/23/news/newsmakers/coke/index.htm(2018년 5월 9일 검색)

(296) "Competition can be fierce, but it must also be fair and legal."

(297) https://www.reuters.com/article/us-tata-epic-verdict-idUSKCN0XD135(2018년 5월 4일 검색)

(298) https://www.reuters.com/article/us-tata-epic-verdict-idUSKCN0XD135(2018년 5월 4일 검색)

한편 2016년 10월, 미국 법원은 원고측 회사(Epic Systmes Corporation사)가 청구했던 통상 손해배상액과 징벌적 손해배상을 합쳐서, 배심원이 평결한 배상액의 절반 정도인 4억 2천만 달러를 배상금으로 지불하라고 판결했다.[299]

"부분적으로 피고의 신청을 허가하고, 법원은 2016년 4월 26일에 내려진 배심원단의 평결에 의해 결정된 9억 4천만 달러의 통상 손해배상액과 징벌적 손해배상액의 합한 금액의 절반 수준, 즉 주목할 정도로 삭감된 4억 2천만 달러를 배상하라."고 판결했다.[300] 이에 피고측 TCS사는 "우리 회사는 Epic사의 서류를 악용하지 않았으며, 그 서류로부터 어떤 이익도 취하지 않았다. 그리고 항소심 뿐만 아니라, 1심 재판 법관 앞에서도 우리의 입장을 강력하게 방어할 계획"이라고 소송서류에서 주장했다.[301]

Eric사는 위스콘신주 Veronia라는 도시에 기반을 둔, 개인적으로 소유된 회사이며, 병원에서 사용되는 의료기록 시스템과 미국 전역에 다른 헬스케어 시설들의 선도적 공급자이다. 여러 분야로 사업영역을 확대하고 있는 Tata 재벌 그룹의 한 부분으로서, Tata Consultancies사는 정보통신 스포트웨어와 서비스를 제공하는 규모가 매우 큰 글로벌 회사이다. 회사의 홈페이지에 따르면, 전 세계 324,000여 명의 직원들이 근무하고 있다고 한다.[302]

7) 중국 과학자의 벼종자rice seeds 밀반출 기도사건

2013년, 미국 관세 및 국경관리청 요원들이 $75,000,000짜리 산업기밀을 미국에서 중국으로 유출하려는 연구원들을 체포하였다.[303] 통상적으로 미국에서 논의되던 영업비밀과는 달리, 그 영업비밀은 벼종자rice seeds, 씨앗에 관한 것이었다. 그

(299) https://www.firstpost.com/business/epic-systems-case-us-court-more-than-halves-fine-on-tcs-to-420-million-in-trade-secret-lawsuit-4101211.html(2018년 5월 4일 검색)

(300) https://www.firstpost.com/business/epic-systems-case-us-court-more-than-halves-fine-on-tcs-to-420-million-in-trade-secret-lawsuit-4101211.html(2018년 5월 4일 검색)

(301) https://www.firstpost.com/business/epic-systems-case-us-court-more-than-halves-fine-on-tcs-to-420-million-in-trade-secret-lawsuit-4101211.html(2018년 5월 4일 검색)

(302) https://www.reuters.com/article/us-tata-epic-verdict-idUSKCN0XD135(2018년 5월 4일 검색)

(303) Ullman, Howard/Gorn, R. Rosie, "Seedy Business: Chinese Scientist Sentenced to Ten Years for Stealing Proprietary Rice Seeds," Posted on April 19, 2018, in: https://blogs.orrick.com/trade-secrets-watch/2018/04/19/seedy-business-chinese-scientist-sentenced-to-ten-years-for-stealing-proprietary-rice-seeds/#more-2474(2018년 5월 4일 검색).

런데 여느 벼종자가 아니었는바, 이러한 귀중한 벼종자는 위장병gastrointestinal, 항생제와 관련된 설사증상diarrhea, 간염hepatic disease, 골다공증osteoporosis 염증성 장질환inflammatory bowel disease를 치료하는 데 사용될 단백질을 만들어내도록 유전적 변형이 이루어진 것이었다.

Ventria Bioscience사의 6명의 직원들만 이러한 벼종자들에 접근권을 가졌는바, Kansas주 Junction시에 소재한 생약회사biopharmaceutical company 그리고 이러한 기술소유권을 갖고 있는 미국 내 회사 만이 접근할 수 있었다. 이러한 직원들 중, Weiquang Zhang이라는 중국계 과학자가 수백 개의 비밀로 분류된 씨앗(종자)을 절취하였으며, 그것들을 자신의 냉장고에 은닉해 놓았다. 그리고 그 종자들을 중국으로 몰래 빼돌리려고 음모를 꾸몄다. Zhang 또한 도움을 받았다.

아칸소Arkansas에 소재한 데일 범퍼스 국립 쌀 연구 센터Dale Bumpers National Rice Research Center에 고용된 Wengui Yang이라는 미국시민권자는 미국 농무부의 공식적인 서한official head-letter을 사용하여, 중국에서 자신이 근무했던 회사 소속의 연구진으로 하여금 Kansas를 방문하도록 초청하였다. 연구진의 방문기간 동안에, Zhang은 그들에게 그 벼종자를 슬며시 넘겼다. 그 연구진들이 미국을 출국할 때, 미국 관세청 요원들은 이 파견된 연구진들의 짐에서 79g 이상의 씨앗을 발견하였다.

Zhang은 2017년 영업비밀절도(18 U.S.C. §1832(a)(5))의 공모혐의, 주 간州間장물운반 공모혐의(18 U.S.C. §371), 그리고 주 간州間장물운반 혐의(18 U.S.C. §2314 and 2)로 유죄를 선고받았다. 2018년 4월 초, Zhang은 미국과 중국간의 무역분쟁상의 긴장이 고조되고 있는 가운데, 영업비밀절도 혐의로 연방교도소에서 121개월간의 자유형이 선고되었다. Yang이라는 자는 수사관들investigators에게 허위진술을 한 혐의로 유죄가 인정되었으며, 선고를 기다리고 있는 상황이다.[304]

8) Title Source사와 HouseCanary사 간의 영업비밀 침해사건

2018년 3월, 샌안토니오San Antonio시에 소재한 텍사스Texas주법원 배심원단은 6주간의 1심 재판과정이 지난 후, 만장일치로, 텍사스주 법원의 배심원단은, Title

---

(304) Ullman, 2018, in: https://blogs.orrick.com/trade-secrets-watch/2018/04/19/seedy-business-chinese-scientist-sentenced-to-ten-years-for-stealing-proprietary-rice-seeds/#more-247(2018년 5월 4일 검색).

Source라는 회사(피고)가 악의적으로 부동산자료 분석 회사(원고)의 영업비밀을 이용했다고 하면서, 실제 손해 및 징벌적 손해배상까지 포함해서 7억 620만 달러(실제 손해배상액 $33,800,000와 징벌적 손해배상액 $676,000,000)를 HouseCanary사에게 배상하라고 평결했다.[305] 즉, Amrock으로 잘 알려진 피고가, 기본이 되는 소프트웨어 라이센스를 승인받지 않았으며, 샌프란시스코San Francisco에 주소를 둔 기술회사에 의하여 개발된 소유권이 있는 부동산시장 분석도구와 관련된 비공개non-disclosure 약속을 위반했다고 평결했다. 법적 권리증서 확인 보험회사가 HouseCanary를 속였으며, 부동산 관련 자료의 영업비밀 가치는 2억 160만 달러 정도 된다고 언급했다.

원고회사인 HouseCanary사는 2014년에 설립되었으며, 부동산가치와 시장의 영향을 설명하고 예측하기 위하여, 40여 년 이상의 자료들을 분석도구에 투입하여 계산하는 부동산분석 소프트웨어를 판매하고 있다.[306]

9) DuPont(원고)사와 Kolon사 간의 영업비밀 침해사건

샌듀폰 대 코오롱 소송E.I. du Pont de Nemours and Co. v. Kolon Industries Inc. et al., case number 3:09-cv-00058, in the U.S. District Court for the Eastern District of Virginia으로 알려진 민사소송이다. 미국에 진출한 한국 기업이 제소당한 사건으로서, 1심(2011년 9월 4일)에서 배심평결에 따른 손해배상액 규모($919.9 million, 약 1조 원)가 역대 급으로 알려지면서 관련 문헌에서 빈번하게 인용, 소개되고 있다.

듀폰사(원고)는 자사의 미첼Michael Mitchell이라는 직원이 2006년 퇴사한 이후 코오롱사를 위해 일하기 시작했으며(컨설팅 등), 이 과정에서 영업비밀 침해행위가 이루어졌다고 주장하였다. 연방검찰과 FBI는 2007년 6월부터 사안에 대해 수사하고, 동인을 기소하였다.[307] 해당 직원은 결국 유죄를 인정하였으며, 2010년 3월 징역 18개월이 선고된 바 있다.

한편 관련 민사사건은 2009년 2월 제소되었으며, 이후 진행된 소송에서 법원은

---

(305) https://www.bloomberg.com/news/articles/2018-03-15/amrock-ordered-to-pay-706-million-in-trade-secrets-case(2018년 5월 4일 검색).

(306) https://www.bloomberg.com/news/articles/2018-03-15/amrock-ordered-to-pay-706-million-in-trade-secrets-case(2018년 5월 4일 검색).

(307) 미국 검찰과 FBI는 듀폰과 협력해 미첼을 정보원으로 회유했고 미첼은 비밀녹화장비를 설치한 버지니아주 호텔로 코오롱 직원을 유인, 듀폰의 현직 엔지니어에게 영업비밀 제공을 제의하는 등의 함정수사가 이루어졌다.

듀퐁사의 손을 들어주었다("Kolon willfully and maliciously misappropriated 149 DuPont trade secrets."). 뿐만 아니라, 미국 버지니아주 리치몬드 연방법원 대배심은 코오롱과 전·현직 임직원 5명에 대해 첨단 섬유제품과 관련한 영업비밀 침해 혐의를 적용한 검찰의 의견을 받아들여 정식 기소한 바 있다(2012년 8월).

그런데, 2014년 4월, 연방 제4항소법원(캘리포니아주 등 관할)에서는 1심 법원의 판결을 일부 파기 환송하였다.[308] 이후 2015년 4월 30일, 양사는 손해배상액($275 million)에 합의하였으며settled and agreed, 피고회사는 연방법 위반 책임을 인정하고 pleaded guilty to a federal charge of conspiracy to convert trade secrets 벌금($85 million in criminal fines)을 각각 납부하는 조건으로 모든 소송이 마무리되었다.

10) 전기자동차 배터리 제조사 LG Chemical과 SK Innovation사 간 영업비밀 침해 사건

한국 굴지의 전기자동차 배터리 제조사인 LG가 미국 ITC International Trade Commission, 국제무역위원회에 경쟁사인 SK사를 제소한 사건이다.

출처: 연합뉴스

LG사가 제기한 소송 내용에 따르면, SK사가 2차 전지기술 개발 및 생산 등에 관한 노하우를 얻기 위하여 LG Chemical사에 근무했던 전前 직원들을 고용하는

---

(308) https://www.ca4.uscourts.gov/Opinions/121260.U.pdf(2021년 7월 20일 검색): "...review a district court's evidentiary rulings for abuse of discretion and will only overturn an evidentiary ruling that is arbitrary and irrational."; vacate the judgment and remand with instructions).

등 poached employees from LG Chem 영업비밀 침해행위를 하였다고 주장하였다.

이에 근거하여 미국 국제무역위원회는 2019년 6월에 조사를 진행하였다. 2021년 2월, ITC는 최종 결정Final Determination에서 LG에너지솔루션이 제출한 2차 전지 관련 영업비밀 침해리스트를 확정하고, LG에너지솔루션의 영업비밀을 침해한 SK이노베이션의 배터리 셀, 모듈, 팩 및 관련 부품/소재가 미국 관세법 337조를 위반한 사실을 인정, '미국 내 수입 금지 10년'을 명령한 바 있다.

이러한 최종 결정에 따라 양사는 2021년 4월, 배터리 영업비밀 침해를 놓고 분쟁을 벌인지 713일 만에 최종 합의했다reached an out-of-court settlement. 즉, SK가 LG에너지솔루션에 2조원의 합의금을 지급하기로 하고, 영업비밀 침해 관련 배상금 소송과 특허분쟁 소송 등 국내외 관련 모든 분쟁을 서로 취하하고, 양사 특허에 대해 향후 10년간 추가 쟁송을 금지하기로 하였다. 한편, 동사건은 한국의 대기업들이 해외에서 대규모 소송전을 펼쳤다는 점에서 매우 주목을 받고 있다.

2. 국내 사례

국내에서 발생한 산업기술 유출 사례는 2016년 한국산업보안연구학회에서 발간한 "산업보안백서"의 주요 기술 유출사례 내용과 국가정보원 홈페이지에서 게시한 기술유출 현황자료(2018년 10월 20일 검색)를 인용하였다. 전기전자, 자동차, 조선, 생명공학, 방산기술, 중소기업 기술 등 분야별 주요 사건에 대한 개요는 다음과 같다.

1) 전기전자

가. 반도체

반도체 핵심기술 대만 유출기도 사건(1998년)　A 씨는 1997년 국내 B전자 반도체총괄팀을 퇴사한 뒤 B전자와 C반도체업체의 연구원들을 영입, 1997년 5월부터 1998년 1월까지 총 500여억 원의 개발비가 투입된 64메가DRAM 회로도 등 반도체 핵심기술을 빼내 이 중 일부를 대만 기업에 넘긴 혐의로 기소돼 징역 7년이 구형됐다.

그러나 A 씨는 범행 직후인 1998년 1월 미국으로 출국, 도피생활을 해오다 2004년 12월 한·미범죄인인도협정에 따라 국내로 신병이 인도됐다. 이 사건은 기술유출 사건의 홍수속에서 검찰의 끈질긴 추적 끝에 6년 만에 검거한 사건으로 검찰의 기술유출 사건의 수사의지를 확인할 수 있었다. 1999년 대법원 확정판결에서는 당시 범행에 가담한 공범 15명 중 A 씨와 함께 2명은 각각 징역 3년, 2년의 실형을, 다른 1명은 무죄, 나머지 12명은 집행유예형을 선고받았다.

하이디스 반도체 기술 중국유출 사건(2008년) 하이디스는 1989년 현대전자 LCD사업부로 시작해 2001년 현대전자로부터 분사되었다. 당시 하이디스는 광시야각기술 FFS을 보유한 촉망받는 LCD 제조업체로 손꼽히고 있었다. 하이디스는 2002년 부도난 현대전자(하이닉스)를 분리 매각하는 과정에서 중국 기업 BOE그룹에 매각됐다. BOE그룹은 기술을 공유한다는 명분으로 양사의 전산망을 통합해 기술을 유출했고, 인수 7개월 뒤인 2003년 6월 중국에서 하이디스 기술로 LCD를 생산하기 시작했다. 반면 하이디스는 2006년에만 1600억 원의 적자를 내고 부도 처리돼 법정관리에 들어갔다. 2008년 검찰 수사 결과 BOE그룹은 하이디스 기술 자료 4331건을 유출한 것으로 밝혀졌다. 특히 기술이전 계약 내용에 포함되지 않은 액정표시장치 LCD 패널 제조기술을 제공 등의 혐의로 BOE하이디스의 전 대표와 개발센터장이 업무상배임행위 혐의로 불구속 기소되었다.

중국, 대만 기업에 매각된 15년 사이 하이디스가 갖고 있던 원천기술과 특허기술, 나아가 엔지니어들까지 외국으로 빠져나갔고, 많은 노동자들이 해고되고, 하이디스는 수천억 원의 적자를 낸 부실기업으로 전락했다. 이 사건은 기술진을 중국으로 데려가 핵심기술을 이전하고 남아 있는 한국회사를 부도처리하는 방식을 사용하는 쌍용자동차 사례와 매우 유사하다. 한편 이 사건은 기술유출 목적의 기업 인수·합병 M&A에 대해 검찰이 개입했다는 점에서 의의가 있다. 외국기업에 넘어간 회사의 경영진에 대해 기술유출 혐의를 적용했다는 점이다. 그러나 사실상 유출을 주도한 중국기업측 인사에게는 국내법을 적용할 수 없다는 한계가 있다. M&A를 통한 기술유출의 경우 "국가로부터 연구개발비를 지원받아 개발한 국가핵심기술"을 보유한 기업에 한정하고 있어, 민간이 개발한 기술의 경우 「산업기술보호법」 등이 개입할 여지가 없어 이에 대한 대책이 필요하다고 하겠다.

이미지 센서 반도체 설계기술 싱가포르 유출기도 사건(2012년) K 씨는 이미지 센서 반도체 개발회사를 설립했지만 기술개발에 한계를 느끼자 이미지 센서 반도체 설계분야

책임연구원 Y 씨에게 접근해 싱가포르와 중국과 합자회사 설립 계획을 설명하고, 싱가포르에 근무하면 주택과 거액의 연봉을 주겠다며 회사 기술자료 유출을 요구하였다. 이에 Y 씨는 퇴사 8개월 전에 K 씨 회사에 합류하였고, 회사에 근무하면서 주말을 이용해 K 씨 회사에 출근하였으며, Y 씨는 퇴사를 앞두고 회사 서버에 접속해 이미지 센서 회로도 등 반도체 설계자료 1,000여 매를 출력해 유출을 기도하다 적발되었다. 고액의 연봉 등으로 기술유출을 교사하고, 이를 실행하는 공범 사례이다. 이 사안의 경우 회사보안프로그램이 있음에도 불구하고 이를 우회해 기술 자료를 유출하려 한 사실도 있다는 언론 보도도 전해진다. 아무리 보안을 철저히 한다고 해도 기술유출은 결국 사람이 저지르는 것이므로 이에 보안교육의 철저가 필요하며, 기술적보안 강화도 더욱 유의해야 할 대목이다.

나. 휴대폰

스마트폰 제조기술 중국유출 기도사건(2005년) 2005년 스마트폰의 회로도와 소스코드 등 휴대전화 핵심기술을 빼돌린 S전자 전현직 연구원들이 대거 적발되었다. 이들은 회사 기밀을 배돌려 중국에 직접 스마트폰 제조업체를 차린 뒤 현지 휴대전화기 생산 공장과 연계해 위탁 생산을 하려다 발각되었다. 우리나라의 주요 핵심 산업인 휴대폰 기술과 관련한 사안으로 지금도 지속적으로 외국의 표적이 되고 있는 기술 중 하나이다. 특히 이는 현직직원에 의한 기술유출의 전형적인 유형에 해당된다. 따라서 인적보안의 중요성이 강조되며, 또한 국내 핵심산업 분야로 유출이 되었으면 국내 경제에 많은 악영향을 주었을 것이다.

PCS폰 등 제조기술 카자흐스탄 유출기도사건(2006년) 2006년 휴대전화 회로도 등을 카자흐스탄의 유력 정보통신회사로 빼돌려 목돈을 챙기려 한 혐의로 S전자 선임연구원 등이 구속기소 되었다. 이들은 S전자의 무선사업부 개발팀 사무실에서 인테나 (내장형 안테나) 기술을 적용한 최신 PCS폰과 슬림형 셀룰러폰의 회로도 및 배치도를 A4종이 15장에 출력한 뒤 자신의 초등·중학교 동기인 J 씨에게 건네 카자흐스탄 이동통신업체 N사에 넘기려 한 혐의를 받고 있다.

S전자는 개발비용 26억 5,000만 원, 파생제품 개발비용 109억 2,000만 원, 향후 5년간 매출 차질 예상치 5,343억 원, 가격 하락에 따른 손실액 7,780억 원 등 총 1조 3,000억 원에 이르는 피해를 입을 뻔하였다. 검찰 조사 결과 J 씨 등은 카자흐스탄 업체와 시장 현황 분석, 장비 생산, 인력 스카우트 방안을 포함한 총체적인 휴대

폰 개발 컨설팅 계약을 맺기 위해 이같은 범행을 저지른 것으로 나타났다. 최근까지 첨단기술 유출 대상지는 중국이나 대만 등지에 한정됐으나 이번 사건으로 구소련 지역 외에도 브라질, 인도, 동구권 등으로의 기술 유출 가능성을 배제할 수 없게 돼 당국의 대책 마련이 요구된다.

휴대폰 터치스크린 패널 기술 중국 유출기도 사건(2009년)　2009년 S전자의 최신휴대폰에 들어가는 풀터치 스크린 기술을 중국으로 유출해 복제품을 생산하려던 모 중소기업의 전직 전문경영자CEO 등 임원 등이 출국준비 과정에서 경찰에 검거되었다. K 씨는 A사에 CEO로 근무하면서 휴대폰 터치스크린 패널TSP 설계도 등 공정기술을 빼낸 뒤 중국 광동성 혜주에 공정을 똑같이 갖춘 B전자를 차려 복제품을 제조하려한 혐의이다. K 씨는 지난해 5월부터 10월까지 이 회사에 전문경영인으로 근무하며 핵심기술유출을 금지하는 보안각서까지 작성했지만 C 씨 등 임원 6명과 조직적으로 기술유출을 시도하였다.

기술이 유출될 뻔 한 A사는 4년 동안 148억 원의 연구자금을 투입해 세계 최초로 플라스틱 윈도우 일체형 터치스크린 패널을 개발한 바 있다. A사의 터치스크린은 삼성전자에 납품돼 주력 휴대폰 모델인 '햅틱'과 '옴니아'에 사용되었다. 중국은 지속적으로 우리나라의 핵심기술을 노리고 있다. 특히 "보안각서"까지 작성한 "임원"이 기술유출을 하였다는 점에서 인적보안의 중요성을 상기시키는 사례이다.

다. 디스플레이

TFT-LCD 컬러필터 제조기술 대만 유출기도 사건(2004년)　2004년 6월 대만 남부 타이난시에 6세대 TFT-LCD제조공장을 건설하기로 확정한 B사가 관련 고도기술인력이 필요해지자 한국의 거래업체 대표인 C 씨로 하여금 고액의 연봉을 제시하면서 6세대 TFT-LCD기술을 숙지하고 있는 A사 근무 기술인력을 영입할 것을 교사하였다. 2004년 7월 초순경 C 씨 제안을 받은 A사 과장 R 씨 등은 전직하기로 공모한후, 6세대 TFT-LCD 제조기술 등을 개인 HDD에 담아 밀반출하였다. 반출한 A사의 6세대 TFT-LCD 컬러필터 연구개발비만 3,700억 원이 소요되었으며, 대만의 B사 등에서 생산되는 4세대와는 수년의 기술격차를 가지고 있었다. C 씨와 R 씨는 대만을 방문하여 B사의 임원들과 연봉 등 전직조건에 대해 상세히 협의하고, 2004년 10월 B사 총경리CFO가 국내에 입국, C 씨와 R 씨를 만나 전직조건에 대해 다시 협의하였다. 2004년 11월 출국준비 중인 피의자들을 전원 검거하고 외국으로 유출될뻔한 기술자료 전부 압수하였다.

이 사건은 우리나라와의 기술격차를 좁히기 위하여 국내 직원을 포섭하고, 이들을 교사하여 기술유출을 시도하는 전형적인 수법을 사용하고 있다. 최근 세계 LCD 시장의 고성장 전망으로 국내도 향후 수년간 100조 원 규모의 설비투자가 계획되는 등 국가 경제에 중요한 위치 점유하고 있다. 국가정보원과 검찰의 신속한 검거가 아니었다면 대만 회사 등에 A사의 첨단제조 기술이 유입되어 커다란 국가경제적 손실 발생이 발생 되었을 것이다. 최근 첨단기술 해외유출은 해외 경쟁기업에 상대적으로 높은 임금을 받고 전직하려는 국내 기술인력의 도덕적인 문제도 있지만, 외국 경쟁기업의 끈질긴 포섭시도도 중요한 원인으로 분석되어 철저한 대응이 요구된다.

아몰레드AMOLED **기술 이스라엘 유출 사건(2012년)** 국가핵심기술인 삼성과 LG의 차세대 디스플레이 패널 아몰레드AMOLED, 화이트올레드WHITE-OLED의 회로도 등이 이스라엘의 검사 장비 납품업체인 이스라엘 O사의 한국지사 과장 등을 통해 국외로 유출하였다. 아몰레드 패널 검사 장비를 납품하는 O사 직원들은 장비 점검차 수차례 충남 아산(삼성)과 경기 파주(LG)의 아몰레드 패널 생산현장으로 들어가 검사 장비 카메라의 줌zoom기능을 이용해 아몰레드 패널의 회로도를 정밀 촬영하고, 삼성·LG 직원의 감시가 소홀한 틈을 타 15장의 사진을 신용카드형 USB에 담은 뒤 신발, 벨트, 지갑 등에 숨겨 현장을 빠져나왔고, 이후 이를 국외로 유출하다가 적발되었다. 그러나 O사 직원 5명에게 무죄가 선고되었고, 직원 A 씨에게는 일부 혐의를 인정해 비교적 가벼운 벌금 1,000만 원을 선고되었다.

이들이 빼낸 삼성과 LG의 55인치 TV용 아몰레드 패널 실물 회로도 등 핵심 기술을 개발하는 데 삼성은 약 1조 3,800억 원, LG는 약 1조 270억 원을 투자하였다고 한다. 업계는 이번 사건으로 한국 업체들이 최대 30조 원 가까운 피해를 보았을 것으로 추정하고 있다. O사는 검사장비를 납품하고 운용 과정에 참여한다는 점을 이용, 아몰레드 패널 설계도 등을 촬영해 빼돌린 것으로 알려졌다. 오보텍은 이를 주요 고객사인 중국 BOE, CSOT와 대만 AUO, CMI 등을 관리하는 해당 담당 직원에게 전달된 것으로 밝혀져, 국내 업체와 해외 업체 간에 2~3년 이상의 기술력 차이가 있는 이 기간이 크게 단축될 우려가 있다. 기술유출수법은 신용카드형 USB를 활용하고 이를 신발, 벨트, 지갑 등에 숨겨 유출하는 고전적인 수업을 쓰고 있다. 보안검색의 강화 및 보안검색 기술의 고도화가 필요하다고 하겠다. 현재 대기업들은 이들까지 검색되는 장비를 속속 도입·운용하고 있다.

라. 가전제품

LG에어컨 기술 중국 유출기도 사건(2009년)   P사는 한국과학기술연구원^{KIST}의 특허 기술을 상용화하기 위해 설립한 벤처기업으로, 이 회사는 KIST와 함께 수년에 걸쳐 국가연구비 200억 원을 들여 이들 기술을 개발했고, P사의 전대표인 K 씨 등은 USB 메모리나 외장 HDD 등에 나노파우더^{NAP}와 박막증착^{ITO}, 금속표면처리^{OPZ} 기술 등에 관한 자료를 빼돌린 후, 이 기술을 중국 유력 우주항공업체 및 에어컨 제조업체 등에 80억 원 상당의 거액을 받고 넘기려고 협의 중 적발되었다. 그러나 에어컨 핵심기술을 중국에 유출하려한 혐의로 재판에 회부된 일당 전원에게 해당 기술이 영업상 비밀에 해당한다고 보기 어렵다는 이유로 무죄가 선고되었다.

유출될 뻔한 기술 중 플라스마를 이용한 금속표면처리는 에어컨 실내기 내부의 물방울을 제거하는 핵심기술로, 이 기술이 중국 업체에 넘어갔다면 LG에만 약 1,200억 원 상당의 피해를 유발했을 것으로 추산된다고 검찰은 설명한 바 있다. 그러나 법원에서는 이들에게 무죄를 선고하여 논란이 되고 있다. 특히 이 기술은 정부 자금이 투입되어 개발된 기술, 이 기술을 상용화하기 위하여 설립된 벤처기업의 전 CEO가 이를 중국으로 유출하려한 점에서, 충격을 준 사건이다. 연구보안의 중요성과 한 조직의 CEO 보안인식의 중요성을 상기시키는 사례라 할 것이다.

양문형 냉장고 기술 중국 유출기도 사건(2010년)   삼성전자의 전직 직원이었으며, 당시 삼성전자 협력업체 대표인 A 씨는 2008년부터 2009년까지, 삼성전자 현직 직원이면서 고등학교 후배인 B 씨에게 부탁하여 냉장고 개발 핵심기술 파일 2개(연구개발비 1,082억 원 투입)를 전달받았다. 또한 A 씨는 삼성전자 부장으로 있다가 퇴직 후 중국 가전업체 고문으로 있던 C 씨로부터 파일 118개(연구개발비 1,800억 원 투입)에 500만 원 주고, 중국 업체와 기술자문 계약금의 10%를 보장하기로 약속하고 관련 파일을 전달받았다. A 씨는 이 파일들을 이용해 중국 가전업체와 1년에 24억 원을 받기로 기술자문 계약을 체결하고 나서 2억 4,000만 원 수령. A 씨는 이 계약에 따라 홍콩에 현지법인을 설립하고 중국 가전회사에 기술지원을 하려다 검거되어 기소되었다. 기소된 삼성전자 협력업체 대표 A 씨에게 징역 1년 6개월의 실형을 선고하고 법정구속했다. 재판부는 A 씨에게 기술 파일을 전달한 혐의(업무상 배임)로 기소된 삼성전자 전 직원 B 씨(40)에게는 징역 10개월에 집행유예 2년을 선고했다.

재판부는 "자신이 몸담았던 기업과 국가경제가 타격을 입는데도 '한탕주의'의 유혹에 빠져 수천억 원을 들여 개발한 핵심 기술을 해외 경쟁사에 넘겨주려 한 것은 매국

행위"라며 "국익을 훼손하는 중대 범죄를 일벌백계할 필요가 있다."고 밝혔다.

이 사건은 전현직 직원이 가담한 조직적인 기술유출의 전형적인 사안이다. 제품개발을 위해서는 협력사와의 원활한 업무협조가 필수적인데 이 과정에서 회사의 주요 기술이 외부로 유출되었다. 아무리 보안강화를 강화해도 기술유출은 결국 사람이 저지르는 일이라 지속적인 보안강화와, 수사, 처벌이 공조되어야 하는 부분이다.

이 사건은 그동안 1회성 기술유출 사건과는 달리 삼성전자 전현직 직원이 주축이 돼 중국업체와 자문계약 형식을 빌어 지속적 기술유출과 장기적 이익취득을 노렸단 점에서 그간의 사건과 차별성이 있다고 하겠다.

가전부문 핵심기술 중국 유출기도 사건(2011년)　S전자 생활가전 부문 수석연구원 중국인 A 씨는 지난달 말부터 이달 초까지 가전제품의 핵심기술 및 영업기밀 자료를 빼돌려 중국의 유명 가전업체인 '하이얼'로 이직하려다 적발되었다. 영업비밀을 A 씨가 빼돌리려던 A4용지 300~400장 분량의 자료에는 가전제품의 핵심인 소음방지 기술과 향후 10년간 백색가전 제품의 추세 분석, 경영전략 등 기밀사항이 포함. 카메라로 촬영한 후 노트북에 파일로 보관해 중국으로 출국하기 직전에 적발된 것이다. 미국 유수 대학을 졸업한 뒤 2007년 미국 현지에서 경력직으로 채용된 A 씨는 올해 연구직 계약 연장이 어려워진 상황에서 하이얼 수석기술관으로 이직이 확정되자 범행을 계획한 것으로 알려졌다. 이는 외국인 연구원이 본국의 경쟁회사로 이직하면서 기술을 유출하는 사례로, 외국인연구원이 기술을 유출한 전형적인 사례이다. 국내 기업 연구소에는 외국인 연구원이 많이 있으며, 외국인 연구원에 의한 기술유출도 빈번하므로 이들에 대한 보안관리 철저가 필요하다고 하겠다.

로봇청소기 기술 중국 유출기도 사건(2015년)　1991년부터 2012년까지 청소기 연구원으로 근무했던 A 씨는 2013년 2월 중국 가전회사로 옮기는 과정에서 LG전자 창원 공장내 로봇청소기 개발팀 사무실에서 "청소로봇 제품규격 통칙" 전산자료를 자신의 휴대전화에 다운로드해 유출한 혐의로 불구속 기소하고, 로봇청소기의 핵심 기술을 중국 가전회사에 넘긴 K 씨, Y 씨 등 2명을 「부정경쟁방지 및 영업비밀보호에 관한 법률」 위반 혐의로 구속되었다. 이들은 LG 로봇청소기 개발연구원으로 2010년 중국 가전업체로부터 고액 연봉과 주택, 승용차 등을 받는 조건으로 기술 유출과 관련한 제안을 받고 회사가 12년간 걸쳐 개발한 로봇청소기 핵심 기술을 회사 컴퓨터에 든 핵심 기술 정보를 자신들의 노트북에 저장한 후 회사 보안 시설을 통과하는 방법으로 유출하고, 퇴사 후 중국 가전회사의 로봇 청소기 기술 연구원으로 취업하였다.

이는 전형적인 전현직 직원의 이직을 통한 기술유출 사건이다. 무려 12년이나 걸려 개발한 회사의 핵심기술을 빼 돌린 사건이라 비난 가능성이 높다고 하겠다. 한편, 이 기술이 활용되어 중국산 저가 제품이 국세 시상에 나올 경우 7,500억 원 상당의 피해가 발생할 것으로 우려된다는 보도도 있었다. 사건에 따른 피해는 심각한 것에 반하여 1심에서는 징역 8월에 집행유예 2년 선고에 그쳤다. 사실 대부분 기술유출범죄는 초범이 많고, 언론보도에서 추산하는 피해액과 달리 실질적인 피해액의 입증이 용이하지 않아 처벌이 용이하지 않다는 문제가 있다.

태양전지: 태양전지 생산장비 제조기술 중국 유출기도 사건(2012년)　J사는 정부출연금 813억 원 등 총 2,700억 원의 연구개발비가 투입된 국책기술인 태양전지 생산장비 제조기술 등을 보유하고 있었다. J사는 영업비밀과 관련된 모든 파일을 암호화하고 담당직원들을 상대로 보안각서를 받는 등 나름의 보안체계를 갖추고는 있으나, K 씨와 같은 임원의 경우 암호를 해제할 수 있는 권한을 부여하고, 일반직원들에 비하여 출퇴근 시 가방 및 소지품 검사 등을 철저히 하지 아니하였다. K 씨는 이와 같은 J사의 보안체계상 맹점을 이용하여 보안감시가 상대적으로 소홀한 심야시간이나 휴일에 집중적으로 영업비밀 관련 파일의 암호를 해제한 후 이를 외장하드에 복사하는 방법으로 J사가 보유한 영업비밀 대부분을 외부로 반출하였다. K 씨 그 후, J사 근무 당시 부하직원들을 핵심기술팀의 일원으로 끌어들이고, K 씨가 막강한 영향력을 행사하던 J사의 하청업체인 A사의 임원들을 태양전지 생산장비 등의 제조책으로 끌어들였다. 그리고 중국 H그룹을 포섭하여, 핵심기술팀에서는 태양전지 생산장비 제작 등에 대한 기술을 지원하고, H그룹은 A사와 함께 태양전지 생산장비 등을 제작한 후 중국에서 판매하기로 하였으며, 그 대가로 핵심기술팀에서 2016년까지 H그룹에 태양전지 생산장비 제조기술 등을 이전해 주기로 하고, 영업비밀을 유출하기 위해 중국으로 출국하기 직전 검거되어 관련자들이 구속되었다.

이 사건은 정부출연금을 포함 2,700억 원이 투입되어 개발된 중요 국책기술로 국외로 유출되었을 경우 약 6조 원의 손실을 입을 수 있을 것이라고 보도된 바 있다. 정부출연금을 지원받아 국책기술을 개발하는 기업들에 대한 인력관리 및 보안 강화 방안은 해당 기업의 자율로 맡기고 있는 실정이나, 임원의 암호 해제 권한 부여, 출퇴근 시 가방 및 소지품 검사 소홀, 심야시간과 휴일 활용 등 이 사건과 같이 해당 기업의 보안체계상 맹점을 이용하여 중요 국책기술이 유출되는 것을 차단하기 위해서는 정부의 행정지도 등을 통하여 보안체계를 더욱 강화할 필요성이 있다고 할 것이다. 따라서 R&D 예산도 중요하지만 이를 지키기 위한 산업보안 관련 예산 투입도 점진적으로 증대될 필요가 있다고 할 것이다.

2) 자동차

가. GM대우 자동차 설계도면 및 기술 러시아 유출 사건(2006)

GM대우 전 직원 H 씨 등 2명이 2006년 10월 러시아 자동차업체 타가즈Tagaz의 한국 법인인 타가즈코리아로 이직하면서 라세티 자동차의 설계도면 등을 빼돌린 혐의로 구속기소되었다. 타가즈코리아의 R&D연구개발센터장으로 부임한 H 씨는 자신이 빼돌린 라세티 설계도면 파일 2,103개와 기술표준 파일 1,534개 등을 활용해 신차 개발을 진두지휘한 것으로 조사되었다. 타가즈코리아는 국내 공장에서 부품을 생산해 러시아에 수출하고 현지에서 조립하는 방식으로 짝퉁 라세티를 만들다 검찰에 적발되었다.

GM대우가 개발한 승용차 '라세티'의 제조기술을 빼돌린 혐의를 받고 있는 타가즈코리아 측에 "유출된 기술로 제조한 엔진을 폐기하라."는 민사판결과 형사판결로는 벌금 1,000만 원을 선고받았다. 직원 H 씨는 1심에서 기술 유출 혐의가 인정돼 징역 2년 6개월을 선고받고 법정 구속됐으며 다른 직원 4명에게는 집행유예가 선고되었다.

이는 쌍용차 사건과 더불어 해외로 국내 자동차 업체의 핵심 기술이 해외로 넘어간 대표적인 사례이며, 전형적인 이직 및 인력 스카웃을 통한 기술유출 사례이다.

이와 같이 최근 산업스파이 사건은 조직화·대형화 추세를 보인다. 이 사건에서도 연구원이 대거 이직하여 짝퉁 자동차를 만들었다. 자동차 같은 대형 장치산업의 경우 단독으로 1~2개 기술을 빼내서는 쓸모가 없기 때문이다. 이에 대응하기 위해서 대기업들은 과거 단일 조직이던 연구소를 여러 개의 팀으로 나누어 운영하고 있다. 이에 대응하여 산업스파이들은 수개월에서 수년에 걸쳐 순차적으로 기술을 유출하는 방식을 취하고 있다.

나. 현대자동차 설계도 및 변속기 기술 중국 유출 사건(2007년)

현대차의 기술직 과장인 Y 씨는 2006년부터 2007년까지 자동변속기 설계도면

270여 장과 NF소나타 설계도면 3,000여 장을 CD에 담아 해외사업부의 중국 담당 직원인 K 씨를 통해 중국의 제휴업체인 '장화이기차공사'로 넘겼다. 유출된 자동변속기 기술은 3,000여억 원의 개발비를 투입해 2년간의 노력 끝에 현대자동차가 어렵게 국산화한 핵심기술로 이들은 이 기술을 10억여 원의 대가를 기술유출의 대가로 받았다.

이 사건은 자동차회사의 현직 직원이 해외지사 직원과 공모하여 회사의 핵심기술을 중국에 유출한 사건이다. 특히 3,000억 원 이상 들여 만든 기술을 단돈 10억 원에 넘긴 매우 파렴치한 범행으로, 당시 언론에서 대대적으로 다룬 사건이다. 이 사건을 계기로 현대기아차는 2008년부터 사내 정보의 외부유출을 감시하는 조기경보시스템을 구축해 가동하고 있다.

다. 쌍용자동차 HCU 기술 중국유출 사건(2009년)

쌍용차가 상하이차에 인수된 이후에 국내 언론과 쌍용차 일부직원(노조)들이 지속적으로 쌍용차에 의한 국가핵심 기술의 중국(상하이차)에로의 유출 문제를 제기하고, 그에 따라 검찰이 2008년 초부터 두 차례에 걸쳐 쌍용차에 대한 압수수색을 포함한 장기간의 수사를 거쳐, 상하이차의 중국 임원을 포함한 쌍용차 연구소 상무 등이 국가보조금을 받아 개발한 하이브리드 자동차 중앙통제장치HCU 기술을 조직적으로 중국(상하이차)에 유출하고 하이브리드 차량과 관련한 현대자동차 주요 기술도 부정하게 입수하였다는 것으로 기소하였다.

쌍용자동차를 인수한 중국 상하이자동차가 '최대 주주'라는 지위를 활용해 국내 기업의 첨단 기술을 해외로 유출한 것으로 드러나 큰 충격을 준 사건이다. HCU는 디젤 하이브리드차의 엔진과 변속 등 각 기능을 제어해 연비와 성능을 최적화하는 핵심기술로, 2007년 8월에는 산업기술보호위원회에서 국가핵심기술로 지정된 바 있다. 하이브리드 기술이 전 세계적으로 벤츠와 쌍용차만 지닌 중요 기술이며 국비가 투입된, 사실상의 국가 소유라는 점에서 이러한 핵심기술 유출은 매우 중대한 사안이라고 할 수 있다. 이는 전현직 직원이 기술을 유출하는 전형전인 예와 다른 "M&A를 통한 기술유출 사례"이다. 이와 관련하여 2011년 「산업기술보호법」 개정을 통하여 국가핵심기술의 국외 유출을 목적으로 한 외국인투자를 사전에 방지·차단할 수 있는 최소한의 법적 장치를 마련하기 위하여 국가로부터 연구개발비를 지원받아 개발한 국가핵심기술을 보유한 대상기관이 국외 인수·합병 등을 하려는 경우 산업통상자원부장관에게 사전 신고하도록 하였다.

라. 현대자동차 · 한국GM 자동차 엔진기술 중국 유출 사건(2014년)

B사 대표 K 씨 등은 현대차와 한국GM 등 국내 자동차 업체에서 근무한 경력을 바탕으로 2000년 엔진 설계기술 업체인 B사를 설립하였다. B사 연구원 S 씨 등 2명은 실린더 움직임을 동일하게 맞추어 엔진출력을 높이는 현대자동차의 핵심기술 자료인 실린더 밸런스 개선자료 등을 2014년 유출하였다. 또한 B사 대표 K 씨가 S 씨 등과 함께 한국GM의 엔진기술도 중국 자동차 업체에 유출하였으며, K 씨가 빼돌린 기술은 한국GM 엔진설계 기술표준자료 90여건에 달하였다. 이들은 한국GM에서 퇴사하면서 해당 기술을 유출해 몰래 보관해 오다가 2011년 중국 자동차 제조회사 3곳으로부터 엔진개발 사업을 의뢰받고 이를 무단 사용하였다.

이는 전직 직원이 경쟁 업체를 설립하고 퇴직시 유출한 기술을 이용하여 중국에 자동차 기술을 유출한 사건이다. 언론보도에 따르면 B사는 국내 대학 자동차 내연기관 연구소 동문들이 설립하였고, 해당 대학 교수와 중국인이 이사로 등재되어 있어 동문 출신의 현대차 연구소 소속 관계자도 기술유출에 가담한 것은 아닌지 의심하고 수사한 바 있다. 이는 전직자에 의한 기술유출 사건이나 대학교수들도 연루되어 충격을 준 사건이다. 쌍용자동차, 대우GM, 현대자동차 기술유출 등 국내 자동차 기술의 중국 유출로 중국의 자동차 기술을 알로 발전하고 있고, 우리를 위협하고 있다. 최근 우리 자동차의 고급화 전략에 따른 핵심 기술 개발 등에 따라 관련 기술 유출 방지에 더욱 총력을 기울여야 하겠다.

마. 현대 · 기아 자동차 신차 설계도면 중국 유출 사건(2015년)

신차 설계도면 등 영업비밀을 유출한 혐의로 현대 · 기아차 협력업체 전직 직원 K 씨와 자동차 설계용역업체 대표 G 씨가 구속되었다. 유출에 가담한 협력업체 직원 B 씨 등 20명은 불구속 입건되었다. 이들은 중국의 자동차 제조업체인 A사가 발주한 신차 개발 프로젝트를 진행하는 과정에서 현대 · 기아차가 보유한 기술과 영업비밀을 활용하였다.

K 씨는 현대 · 기아차 협력업체인 B사에서 일하다 퇴직한 뒤 중국 A사의 신차 개발 프로젝트를 진행하던 C사에 근무하면서 현대 · 기아차의 신차 설계도면을 불법으로 활용한 혐의이다. 과거에 근무했던 B사의 직장동료 9명에게서 이메일과 메신

저 등을 통해 현대·기아차가 개발 중이던 130여 건의 신차 범퍼와 지붕 부분 설계 도면 및 영업비밀을 전달받는 수법을 사용하였다.

C사의 설계용역업체인 D사의 대표이사 G 씨도 2014년 2~10월 현대·기아차의 설계도면과 영업비밀 등 70여 건을 빼돌린 것으로 조사되었다. D사가 현대·기아차와 일하면서 확보한 설계도면을 폐기하지 않고 C사 전산망에 올려 신차 개발 담당자들과 공유하는 방식을 취하였다. 이들이 빼돌려 활용한 자료는 당시 현대·기아차가 개발 중이던 신차 6종을 포함해 총 30종에 이르는 자동차의 외장·차체 관련 3D 설계도면이며, C사는 결과물을 중국 업체(A사)에 넘겼다

이 사건은 협력업체 직원과 용역회사 직원에 의한 기술유출 사건이다. 특히 협력업체 직원에 대한 보안의 중요성을 상기시키는 사건이라 할 것이다. 현대기아자동차는 2007년 자동차 기술 유출사건 이후 조기경보시스템 도입 등을 구축해 가동하였다. 이번 사건도 협력업체 보안감사 과정에서 영업비밀이 전달된 흔적을 확인해 경찰에 수사를 의뢰하면서 밝혀졌다고 한다. 이와 같이 회사의 보안에 대한 적극적인 의지와 발 빠른 수사로 기술유출은 막을 수 있었던 사례이지만, 기술유출은 끊임없이 지속되고 있어 기술유출 방지에 대한 적극적인 대응이 필요하다고 하겠다.

바. 자동차 첨단 제조기술 중국 유출 사건(2015년)

A자동차 회사 상무 출신 J 씨 등은 2011년 12월부터 2015년 1월까지 A사를 퇴사하면서 차량 쏠림 방지기술과 수동변속기 변속감 개선기술, 품질개선자료 등 관련 자료를 무단으로 유출하였다. 또한 중국 소재 자동차 회사 2곳으로 차례로 이직하면서 A사 현직 부장 O 씨 등으로부터 이메일을 이용해 관련 자료를 유출하여 업무상배임과 영업비밀누설 혐의로 기소되었다. 이들이 빼돌린 자료는 회사 내부적으로 2급 비밀로 지정된 변속기 관련 자료를 포함 200여 건에 달하는 것으로 조사되었다. J 씨 등 A사 전직 간부들은 퇴사 후 1~2년 만에 자료를 넘긴 중국 자동차 회사 부사장급 등 고위직으로 이직하였다. 이들이 유출한 차량 쏠림 방지기술과 수동변속기 변속감 개선기술은 A사가 각 50억 원, 31억 원 상당을 투입해 개발한 것으로 자동차회사 별 품질등급을 평가하는 북미시장 신차품질조사IQS 측정에 중요부분을 차지하는 것으로 알려지고 있다. 특히 이들은 A사 재직시 수차례 보안관련 교육을 받았음에도 범행한 것으로 조사되었다. 이는 2015년 10월에 언론에 보도된 사

건으로, 다행히 국가정보원과 검찰이 공조하여 J 씨 주거지 등에서 A사와 관련된 파일과 서류를 압수해 중요 기술정보가 추가로 유출되는 것을 막았다.

A회사 간부와 직원이 공모하여 기술을 유출하고 퇴직 후 기술을 유출한 기업의 고위직으로 재취업한 전형적인 기술유출 사건이다. 언론보도에 따르면 중국 회사 측에 A사와 유사하게 조직을 구성해 최대한 효과를 달성하기 위하여 다른 간부까지 포섭하겠다는 제안을 하여 실제, 이들의 범행계획이 현실로 이루어졌더라면 유출된 기술의 상용화가 되어 국내 자동차 기업에 막대한 손실을 끼쳤을 것이다. 특히 보안교육을 수차례 받았음에도 이러한 일들이 지속적으로 일어났다. 국내 자동차 회사의 고위간부가 해외 업체로 이직하는 경우 관련 기술 유출이 예상되는바, 자체적으로 보안을 더욱 강화할 필요가 있다.

그리고 기술유출을 방지하기 위해서는 기술유출 시에는 끝까지 추적당하며, 반드시 처벌받는다는 인식을 심어줄 수 있도록 적극적인 제보와 수사 그리고 합당한 처벌이 반드시 이루어져야 할 것이다.

3) 조선

가. LNG · LPG 운반선 설계기술 중국 유출기도 사건(2008년)

Y 씨는 국내 대형 조선업체인 D사의 기술자료를 관리하는 총책임자로서 지식관리시스템 서버에 접속할 수 있는 권한을 활용해 공정도 · 설계완료보고서 등 1,100여 개의 파일을 외장형 하드디스크에 저장해 빼돌린 뒤 사직서 제출하였다. 또 Y 씨는 D사의 원유운반선 · 천연액화가스선 · 액화석유가스선 · 석유정제운반선 · 자동차운반선 등 파일이 저장돼있는 서버에 접속해 69척의 실적선에 대한 완성도 등 10만 9,800여 개의 파일을 미리 준비한 3.5인치 외장형 하드 디스크에 다운로드 받은 후 이를 회사 밖으로 반출하였다. 퇴사 10개월 만에 경쟁 업체 부사장으로 취임한 Y 씨는 이전 회사에서 빼낸 선박 설계도면과 조선소 건설 도면 등의 자료를 갖고 중국으로 출국하려다가 검거되었다.

이들이 유출한 기밀 자료에는 국내 조선 분야 7대 국가핵심기술 중 하나인 LNG_{액화천연가스} · LPG_{액화석유가스} 운반선 설계 기술 관련 자료도 포함하고 있었다. 특히 이 자료가 중국으로 유출됐을 경우 피해액은 선박설계 비용 등 기술개발비로만 계산해도 약 5,175억 원에 이르며 중국 조선업체가 이 기술을 이용한다면 중국 조선업체는 향후 5년간 약 35조 원 상당의 가격경쟁력을 확보해 중국과의 기술격차 역시 2~3년 앞당겨졌을 것으로 추산되고 있어 국가핵심기술 유출의 심각성을 보여 주는 사례라 할 것이다.

나. 심해원유시추선^{드릴쉽} 기술 중국 유출기도 사건(2008년)

미국 선급회사 소속 중국인 선급검사관 J 씨는 국내 조선업체인 S사에 파견돼 근무하면서 S사 서버 등을 통해 드릴쉽 심해 설계도면 등 각종 첨단 기술자료 1,500여 개 파일을 자신의 노트북 컴퓨터에 내려받아 중국으로 유출하려다 검거되었다.

J 씨가 빼돌린 선 기술은 S사가 10여 년간 3,000여 명의 인력과 수 백억 원의 비용을 투입해 개발한 것으로, 검찰 조사결과 J 씨는 미국 선급협회 소속 선급검사관이지만 중국 국영 해운기업인 O사의 특별요청에 의해 국내 S사에 파견 근무하고 있었으며 S사 서버를 통해 설계도면 등 모든 자료를 인증없이 열람할 수 있었다.

드릴쉽 기술은 우리나라가 전 세계 발주량의 90% 이상을 수주할 정도로 고급 기술이다. 특히 정부가 선정한 조선 분야 7대 국가핵심기술 중 하나로, 만일 해외로 유출됐다면 그 피해액은 무려 32조 원에 달할 것으로 검찰은 추산한 바 있다. 중국의 기술력은 우리보다 앞선 기술도 있지만, 여전히 조선, 전기전자, 자동차, 스마트폰 분야는 우리나라보다 기술력이 떨어진다. 이 사건은 중국 해운회사가 S중공업에 선박을 발주하면서 선급검사관을 중국인으로 해 달라고 요청하였다는 점에서 갈수록 지능적인 수법으로 기술 유출을 시도하고 있다는 점에서 대비가 필요하다고 하겠다.

2012년 대법원은 중국인 J 씨에게 징역 1년 집행유예 2년을 선고한 원심을 확정했다. 원심 재판부는 J 씨가 이를 다른 기업.국가에 유출하지 않았다는 점 등을 고려해 집행유예 판결을 내렸다. 한편, 2013년 중국인 J 씨가 자신의 처벌 근거 법률인 산업기술보호법 중 해당조항이 죄형법정주의 위반이라며 낸 헌법소원심판 사건에서 구 「산업기술의 유출방지 및 보호에 관한 법률(산업기술유출방지법)」 중 "부정한 방법에 의한 산업기술 취득행위" 부분은 위헌이라는 헌법재판소 결정이 나기도 했다.

4) 정보통신: 와이브로 기술 미국 유출기도 사건(2007년)

2007년 IT업체인 포스데이타가 개발한 와이브로^{휴대인터넷} 관련 핵심기술을 유출한 뒤 미국에 팔아 넘기려 한 혐의로 이 회사 전직 연구원 J 씨 등 3명과 현직 연구원 H 씨가 구속기소되었다. 이들은 2006년 10월부터 2007년 3월까지 이 회사 사무실에서 와이브로 핵심 기술인 와이브로 개발과정의 기술분석 자료인 "테크니컬 메모"와 휴대인터넷 기지국 성능을 좌우하는 "기지국 채널카드", 와이브로 장비 기술을 세부적으로 디자인한 설계도, 장비 전반에 대한 테스트 결과 등의 기술을 컴퓨터 외장 하드디스크나 이메일 등을 이용해 유출하였다. 이 가운데 일부는 미국에 차려놓은 유사IT업체인 I사로 유출하였고. 핵심기술은 I사 한국연락사무소에서 미국으로 넘어가기 직전에 검거되었다. 이는 국고가 투입되어 개발된 기술을 관련 전현직 연구원이 미국으로 유출을 시도한 사건이었다. 특히 이들은 고액 연봉과 스톡옵션 등을 미끼로 포스데이타 핵심 연구인력 30여 명을 스카우트해 I사에 취직시켜 와이브로 기술을 완성하게 한 뒤 미국 통신업체에 1천 800억 원에 매각할 계획까지 세웠던 것으로 밝혀져 충격을 주었다.

와이브로Wibro는 언제 어디서나 이동하면서 초고속 인터넷을 이용할 수 있는 기술로 통신업체들이 당시 정보통신부 등과 함께 2004년부터 개발을 추진해 세계에서 최초로 개발한 차세대 인터넷 통신 기술이었다. 포스데이타는 연구개발비 900억 원과 170여 명의 연구인력을 투입해 이 기술을 완성하였다. 당시 이 기술이 상용화되면 6년간 24조 7천억 원의 생산유발 효과와 12조 원대의 부가가치 창출효과, 27만 명에 이르는 고용창출을 낼 것으로 추정한 바 있다.

국가정보원 산업기밀보호센터와 검찰이 긴밀한 공조수사를 통해 와이브로 기술이 미국 업체에 넘어가는 것을 막아냄에 따라 포스데이타뿐만 아니라 국내 동종기술 보유회사나 이동통신 회사 등에 미칠 심각한 손해 또한 미연에 막을 수 있었다. 국고가 투입된 연구개발에 대한 전현직 연구원의 기술유출에 대한 보안강화를 환기시키는 대표적인 사건이라 할 것이다.

5) 생명공학, 방위산업, 중소기업 신기술

가. 세파계 항생제 중간체 제조기술 중국유출 사건(2004년)

2003년 12월 K 씨, L 씨는 국내 C사에서 보유 중인 항생제 중간체 기술을 중국으로 유출하여 생산된 제품을 국내에 역수입, 판매하여 이득을 분배하기로 공모하였다. K 씨는 2004년 1월 L 씨의 알선으로 중국 D사 실무자를 만나 항생제 중간체 제조기술 유출에 관해 협의하고, C사에 재직 중이던 2004년 1월부터 7월까지 항생제 중간체인 DAMA, ATBMA, DAMIA, Cefixime-ME, Cefixime-tBu의 제조, 분석 기술을 중국 D사에 이메일을 이용하여 유출하고 그 대가로 4만 달러를 받았다.

의약기술 등은 기술개발이 어려워 그 경제성은 매우 커 잘 지켜지는 경우에는 국부창출에 기여함에 반하여, 유출되면 관련 회사뿐만 아니라 국가경제도 치명적이다. 이 사건의 경우 피해업체의 적극적인 신고 및 협조로 수사를 전개하여 범인을 전원 검거할 수 있었다. 그러나 세파계 항생제 제조과정에 사용되는 중간물질인 항생제 중간체의 제조 방법은 이미 유출되어, 수출 손실 250만 달러 및 중국으로부터 저가 제품 국내 역수입 등으로 국내판매손실 수십억 원 이상 손해가 발생한 안타까운 사건이었다.

나. 포탄기술 미얀마 유출 사건(2014년)

방산업체 K사의 대표 A 씨는 2010년 9월 정부의 허가 없이 미얀마 국방산업국 국장 T장군과 6종의 포탄 생산설비·기술을 약 760억 원에 수출하는 계약을 체결하였다. A 씨는 기술고문 B 씨와 현지공장 책임자 C 씨를 채용해 2013년 12월까지 미얀마에 포탄 시제품을 생산할 수 있는 기계·소재와 포탄도면·공정도를 수출·제공했다. 또 수출한 기계를 활용해 미얀마 현지에 포탄공장을 설립하고 시제품을 생산하다 적발되어 벌금 3,000만 원이 선고되었다.

이 사례는 정부의 통제나 허가없이 경제적 이득을 위해 대량살상무기 제조설비·기술을 국외로 불법유출한 사례이다. 특히 유출된 기술은 현재 국군이 사용 중인 포탄 기술과 밀접한 관련이 있는데, 특히 관련 기술이 유출된 미얀마는 북한과 무기거래를 한 적도 있어, 북한에 관련 기술이 넘어갔을 가능성도 배제할 수 없는 상황이어서 아주 심각한 기술유출 사례라고 할 것이다. 이제 첨단기술뿐만 아니라 군사안보 분야의 기술까지 산업스파이의 표적이 됐다는 점에서 다시 한번 경각심을 일깨워 주는 사건이다.

다. 중소기업 농기계 핵심기술 중국유출 사건 (2014년)

2013년 7월 H사의 전략영업팀장이있던 A 씨는 퇴사하면서, 이 회사 유압을 이용해 엔진 동력으로 농기계를 작동하게 하는 부품인 농기계 유압무단변속기HST 설계도면 1,551장을 유출하였다. 국내에서는 H사 만이 생산기술을 갖고 있고 전 세계에서도 3개 업체만 보유하고 있으며, 일부 HST 관련 기술은 국책과제로 선정돼 43억 원을 지원받아 개발된 것이다.

　기술 중개회사를 운영하는 B 씨와 C 씨는 A 씨가 빼돌린 HST 설계도면 중 44장을 건네받아 사용하고 이 가운데 13장을 중국 업체에 유출하였다. 이들로부터 설계도면을 받은 F사 D 씨와 연구소장 E 씨는 HST를 생산하기 위해 중국에서 160억 원 상당의 주문을 받았다는 허위 발주서류를 만들어 기술신용기금으로부터 10억 7,900만 원 상당의 보증을 받아 구속 기소되었다. 또한 A사 전 연구소장 N 씨는 2011년 9월 A사에서 퇴사하면서 초고속 자동 접착장치인 '패스트 폴드' 설계도면 6만 4,842장을 유출. 해당 기술은 종이상자를 자동으로 접는 것으로 산업기술혁신촉진법에 따라 "신기술"로 인증된 것이다. 검찰 조사 결과 N 씨는 감봉에 불만을 품고 경쟁사인 S사 대표인 K 씨를 찾아갔고, K 씨는 N 씨에게 "퇴사 시 영업비밀 준수 서약서를 작성하지 말 것"을 지시한 후 유출한 설계도면을 건네 받았다. 이들은 모두 기소되었다.

　많은 기술유출사건이 주로 대기업이나, 국책 연구소 관련 사건들이 주류를 이루고 있으나, 이들 사건은 중고시업의 유망기술 유출이라는 점에서 의미가 있는 사건이라고 하겠다. 현재, 중소기업들에 대한 인력관리 및 보안 강화 방안은 해당 기업의 자율로 맡기고 있는 실정이나, 대기업과 달리 자금 부족 등으로 인력관리 및 보안 시스템 구축 등이 미흡하고, 기술유출 시 회사가 도산할 정도로 피해정도가 중대하므로 정부 출연금을 지원받아 국책기술을 개발하거나 신기술로 인증받은 기술을 보유한 유망 중소기업에 대해서는 정부가 주도적으로 보안을 강화하고 관리할 수 있도록 하는 제도개선이 필요하다고 하겠다.

제8장

기술유출대응
및
산업보안조사

제1절
산업기술유출 대응활동

1. 산업보안의 수행 주체

산업기밀은 경제 · 산업과 관련된 것으로 외부에 드러내서는 안 될 국가기관이나 기타 조직체(기업체, 연구소, 단체 등)의 비밀을 의미한다. 이러한 산업기밀이 산업스파이[309]에 의해 경쟁국가로 유출되는 것을 차단하고 예방하는 제반 업무를 수행하는 활동을 "산업보안"이라고 한다. 산업기밀이 산업스파이에 의해 경쟁국으로 유출될 경우 국민경제와 국가경쟁력에 미치는 영향을 고려한다면 산업기밀의 유출을 방지하는 산업보안은 국가적으로 매우 중요한 활동이라고 할 수 있다.

산업보안의 개념에 대해 학문적인 정의를 내리기 위한 노력도 다양하게 이루어지고 있으나, 산업스파이 색출 및 예방활동 등 산업보안 업무를 전문적으로 수행하고 있는 국가정보원의 「산업보안업무편람」에는 산업보안을 "산업체 · 연구소에서 보유하고 있는 기술상 · 경영상 정보 및 이와 관련된 인원 · 문서 · 시설 · 통신 등을 경쟁국 또는 업체의 산업스파이나 전 · 현직 임직원, 외국인 유치과학자 등 각종 위해요소로부터 침해되지 않도록 보호하는 활동"으로 정의하고 있다. 즉, 산업보안 활동은 국내 산업체 · 연구소의 산업기술과 연구개발성과물에 관련된 정보가 경쟁국가 및 경쟁국 기업으로 유출되지 않도록 보호하기 위한 실무적 활동에 초점을 두고 있다.

---

(309) 산업스파이란 경쟁국이나 기업이 비밀로 관리하는 중요 경제 및 산업정보(첨단기술 · 경영정보 · 경제정책 등)를 부정한 목적과 수단으로 정탐하고 유출하는 일체의 행위를 하는 사람을 말합니다. 기업은 제품 및 시장정보 등을 수집하여 활용하고 있는데, 그 중에서도 가장 관심을 두는 것은 경쟁기업의 기술 정보입니다. 첨단기술 연구개발에는 많은 시간 · 자금 · 인력 등이 소요되므로 이러한 부분을 쉽게 절감하기 위하여 산업스파이를 동원합니다.(출처: 국가정보원 홈페이지)

산업보안의 근거 법률인「산업기술의 유출방지 및 보호에 관한 법률」에는 산업기술의 유출방지 및 보호에 관하여 국가·기업·국민의 책무를 규정하고 있다. 같은 법 제3조 제1항은 "국가는 산업기술의 유출방지와 보호에 필요한 종합적인 시책을 수립·시행하여야 한다"고 국가의 책무를 규정하고, 같은 법 제2항에는 국가·기업·연구기관 및 대학 등 산업기술의 개발·보급 및 활용에 관련된 모든 기관에 대해 동 법률 적용을 설명하면서, 적용에 있어 산업기술의 연구개발자 등 관련 종사자에 대한 부당한 처우와 선의의 피해 방지 그리고 산업기술 및 지식의 확산과 활용에 대한 제약이 되지 않도록 노력하라고 규정하여 기업·연구기관·대학 등 기관의 책무를 두고 있다. 같은 법 제3항은 "모든 국민은 산업기술의 유출방지에 대한 관심과 인식을 높이고, 각자의 직업윤리의식을 배양하기 위하여 노력하여야 한다."고 규정하여 국민 개개인의 책무를 설명하였다.

이상과 같은 관점에서 볼 때 산업보안 수행주체는 정부기관이 수행주체가 되어 국가의 경제·산업정보가 경쟁국가로 유출되지 않도록 대응하는 "국가 차원의 산업보안"과 기업·연구기관·대학이 주체가 되어 경쟁기업 등으로의 기술상·경영상 정보유출에 대응하는 "기업·연구기관·대학 차원의 산업보안", 그리고 "국민 차원의 산업보안"으로 구분할 수 있다.

1) 국가 차원의 산업보안

국가 차원의 산업보안은 정부기관이 수행주체가 되어 국가의 경제·산업 정보는 물론 산업체·연구소의 기술상·경영상 정보와 연구개발성과물이 경쟁국가로 유출되지 않도록 보호하는 제반 활동을 말한다. 국가 차원의 산업보안 활동은 국내 산업경쟁력 강화를 통한 국민경제 발전과 국가경쟁력 강화가 목적이라는 점에서 기업 등 차원의 산업보안과 차이가 있다. 따라서 국가 차원의 산업보안 범위는「산업기술의 유출방지 및 보호에 관한 법률」에 규정된 산업기술의 유출방지와 보호에 관한 종합계획 수립과 산업기술 유출 방지활동, 산업기술 침해사고 조사활동, 산업기술보호를 위한 실태조사 등이 있다.

산업기술보호를 위한 실태조사는 산업기술을 보유하고 있는 기업·연구기관·대학 등 대상기관에 대해 필요한 경우 실시하며, 산업기술·영업비밀 및 연구개발성과물 보호를 위한 보안대책 등에 대해 실태를 조사하여 보안정책 발굴 및 취약점

개선하기 위한 것이다.

국가 차원의 산업보안 활동은 산업기술 보호를 위한 중앙행정기관과 산업기술 유출방지를 위한 정보 및 수사기관으로 구분할 수 있다. 산업기술보호를 위한 정책을 수립·시행하는 중앙행정기관은 과학기술정보통신부, 산업통상자원부, 중소벤처기업부 등 중앙행정기관과 특허청, 방사청 등이 있다. 그리고 산업기술 유출방지를 위한 정보 및 수사기관은 국가정보원, 검찰청, 경찰청, 국방부(군사안보지원사령부) 등이 있는데, 이들 정보 및 수사기관은 부처 간 정보·수사를 공조하며 국내 산업기술의 해외유출 차단 및 기술유출 예방 활동을 수행하고 있다.

다만, 국가차원의 산업기술 유출방지를 위한 수사 활동은 기술유출 사건 및 사례에 따라 다양한 의견(정부기관의 인력 및 예산문제, 기업 간 문제에 대한 정부기관의 개입 등 형평성문제와 통상마찰 문제 등)이 제기될 수 있으며, 이로 인해 국가에서 직접적인 개입·대응이 어려운 경우가 발생할 수도 있다. 이러한 문제점을 보완하기 위하여 정부는 산업기술 유출 사건에 대해 정부기관을 대신하여 산업기술 및 영업비밀 등 유출사건에 대한 신고상담 지원과 원활한 산업보안 예방활동을 위하여 산업통상자원부 산하에 한국산업기술보호협회, 특허청 산하에 한국지식재산보호원(영업비밀보호센터)을 설치하여 운영하고 있다.

2) 기업 차원의 산업보안

「산업기술보호법」 제3조(국가 등의 책무)의 제2항은 "국가·기업·연구기관 및 대학 등 산업기술의 개발·보급 및 활용에 관련된 모든 기관은 이 법의 적용에 있어 산업기술의 연구개발자 등 관련 종사자들이 부당한 처우와 선의의 피해를 받지 아니하도록 하고, 산업기술 및 지식의 확산과 활용이 제약되지 아니하도록 노력하여야 한다."고 규정하여 국가와 함께 기업·연구기관·대학 등을 산업보안의 주체로 명시하고 있다. 다만, 동 조항은 산업기술보호법의 적용을 전제로 하면서, 「산업기술보호법」의 적용으로 인해 산업기술의 연구개발자 등 관련 종사자들이 부당한 처우와 선의의 피해를 받지 아니하도록 하고, 산업기술 및 지식의 확산과 활용을 제약하지 않도록 노력할 의무도 같이 부여하고 있다.

기업·기관 차원의 산업보안은 기업·연구기관·대학 등이 수행주체가 되어 자체적으로 보유하고 있는 산업기술이나 영업비밀(기술상·경영상 정보), 연구개발성과물 등이 무단 유출되지 않도록 보호하는 활동이다.[(310)] 기업 · 기관 차원의 산업보안은 기업 · 연구기관 · 대학 등의 성장 · 발전에 목적을 둔 대응활동이라고 할 수 있다.

기업 · 연구기관 · 대학 등은 설립목적 달성과 영속성을 유지하기 위해 산업기술 · 영업비밀 및 연구개발성과물이 외부로 유출되지 않도록 보안관리체계를 구축하고 인원 · 시설 · 문서보안 및 정보 · 통신보안 등 분야별 보안업무 추진계획을 수립 · 시행하는 것이다.

주요 보안업무 내용으로는 보안정책의 수립과 보안업무규정제정, 보안심사위원회 구성 및 운영, 보안업무추진계획 수립, 보안감사 및 보안점검, 보안사고 조사 및 대응, 보안커뮤니케이션(임직원 대상 보안교육 및 보안업무 홍보), 보안성 검토(시설 설치, 기술 · 장비 도입 등) 등이 있다.

3) 기업 차원의 산업보안

「산업기술보호법」 제3조(국가 등의 책무)의 제3항은 "모든 국민은 산업기술의 유출방지에 대한 관심과 인식을 높이고, 각자의 직업윤리의식을 배양하기 위하여 노력하여야 한다."고 규정하여 모든 국민이 산업보안의 주체임을 명시하고 있다. 즉, 모든 국민이 산업보안의 주체가 되어 산업기술 유출방지에 대한 관심과 인식을 가져야 하며, 국민 각자는 직업윤리 의식을 가지고 사적인 영리추구보다 국가 및 기업의 산업기술 유출방지에 노력해야 할 의무를 부과하고 있는 것으로 해석된다.

같은 법 제21조(산업기술보호 포상 및 보호 등)의 제1항은 "정부는 산업보안기술의 개발 등 산업기술의 유출방지 및 보호에 기여한 공이 큰 자 또는 이 법의 규정을 위반하여 산업기술을 해외로 유출한 사실을 신고한 자 등에 대하여 예산의 범위 내에서 포상 및 포상금을 지급할 수 있다." 제2항은 "정부는 이 법의 규정을 위반하여 산업기술을 해외로 유출한 사실을 신고한 자로부터 요청이 있는 경우 그에 대하여 신변보호 등 필요한 조치를 취하여야 한다." 제3항은 "정부는 산업보안기술의 개발 등 산업기술의 유출방지 및 보호에 기여한 공이 큰 외국인에 대하여 국내 정착 및 국적취득을 지원할 수 있다."고 규정하여 모든 국민 및 외국인에 대하여 산업기술의 해외유출에 대한 신고를 장려하면서 이에 대한 포상과 혜택을 규정하고 있다.

---

(310) 산업보안은 보호대상에 따라 기업의 영업비밀을 보호대상으로 하는 "기업보안"과 연구기관의 연구개발성과물을 보호대상으로 하는 "연구보안(R&D보안)"으로 구분하기도 한다.

이상과 같은 법률조항 및 내용을 분석해 볼 때 국민 차원의 대응활동은 기술유출에 대한 관심과 인식, 직업윤리 확립을 통한 산업스파이 행위의 자제, 산업스파이 발견 시 신고 등 노력을 규정한 것으로 추정된다.

2. 국가 차원의 기술유출 대응기관

우리나라 산업 · 기술 경쟁력이 높아지면서 해외 경쟁국 및 경쟁기업으로의 첨단 산업기술 유출 사건이 지속적으로 발생하고 있다. 해외로의 핵심 기술유출은 국가 산업경쟁력을 저하시켜 기업의 경영악화와 일자리 상실 등 국가 전반의 산업피해로 이어지고 있다. 이에 따라 정부기관에서는 산업기술 유출방지와 보호를 위한 정책을 수립과 기술유출 사건 대응을 위한 정보 · 수사 활동을 수행하고 있다.

산업기술 보호를 위한 정부기관은 정보 · 수사기관, 중앙행정기관, 전문기관 등으로 구분할 수 있다. 정보수사기관은 국가정보원, 검찰청, 경찰청, 군사안보지원사령부 등으로 산업스파이 색출 및 예방활동을 수행하고 있다. 중앙행정기관은 산업통상자원부, 과학기술정보통신부, 중소벤처기업부, 방위사업청, 특허청 등으로 국가핵심기술 등 산업기술과 연구개발성과물 보호를 위한 관련 법령 제정 등 정책을 수립 · 시행하고 있다. 전문기관은 중앙행정기관의 장이 소관 사업에 대한 업무를 위탁여 수행하기 위해 설립하거나 지정한 기관으로서 한국산업기술보호협회, 대중소기업 · 농어업협력재단, 한국지식재산보호원(영업비밀보호센터) 등이 있다.

1) 국가정보원[311]

국가정보원은 대통령 직속기관으로서 국가 안전보장에 관련되는 "국외 정보 및 국내 보안정보(대공對共, 대정부전복對政府顚覆, 방첩防諜, 대테러 및 국제범죄조직)의 수집 · 작성 및 배포"업무를 수행한다.[312] 이중 산업스파이 또는 경제스파이에 의한 산업기술 및 경제정보의 해외유출에 대응하는 산업보안 활동은 방첩업무에

---

(311) 국가정보원 홈페이지(http://www.nis.go.kr). 2019.1.

(312) 국가정보원법

근거하고 있다.

2020년 12월 「국정원법 전부개정 법률안」이 국회 본회의를 통과하면서 1961년 중앙정보부 창설 이후 처음으로 국정원은 '해야 할 일'과 '하지 말아야 할 일'을 명확히 하게 되었으며, 국정원은 개정된 법에 명시된 북한·해외 정보, 산업스파이, 테러, 사이버위협 대응과 같은 본연의 업무에 매진하면서 '경제방첩, 우주정보, 해외 국민의 안전보호'를 위한 대응 조치 등 신규 영역도 강화했다.

21세기 지식기반 경제사회가 본격화되면서 글로벌 경제전쟁 시대에 첨단 과학기술은 기업과 국가의 경쟁력을 좌우하고 있다. 이에 따라 세계 각국은 자국의 첨단기술을 보호하고 경쟁국의 산업기술 정보를 수집하는 데 총력을 기울이고 있으며, 세계시장 선점 등 경쟁우위 확보를 위해 산업스파이 활용, 자원의 무기화, 첨단기술의 수출입 규제 등 무역전쟁도 불사하고 있다. 국가정보원은 이런 움직임에 대응하여 우리의 첨단기술과 경제정보를 보호에 주력하고 있다.

국가정보원 산업기밀보호센터는 기업체·연구소 등을 대상으로 국내 첨단기술의 해외유출 차단활동 및 예방활동 등 기술유출 대응활동을 수행하고 있다. 세계적 경쟁력을 가진 우리의 첨단기술과 기업의 영업비밀 등을 해외로 불법 유출하려는 산업스파이를 적발, 관련 정보를 사안에 따라 해당 업체 또는 검찰·경찰 등 수사기관에 지원하는 등 가용한 모든 수단을 동원하여 최선의 보호조치를 취하고 있다.

또한 기업체·연구소 등을 대상으로 산업보안 교육 및 진단을 통한 보안의식 제고 등 예방활동을 지원한다. 특히 산업통상자원부·국방부(군사안보지원사령부, 방사청) 등 유관기관과 공조하여 전략물자의 불법 수출과 방산·군사기술의 해외 유출 차단활동도 수행하고 있으며, 외국과 연계된 투기자본 등에 의한 경제안보 침해행위 등 위법행위에 대한 정보활동에도 주력하고 있다.

국가정보원에서는 전화(국번없이 111번), 홈페이지(111 신고하기) 및 모바일홈페이지를 통해 24시간 신고·상담을 받고 있다.

2) 검찰청(313)

검찰은 사회의 법과 질서를 세우고 국민의 안녕과 인권을 지키는 국가 최고의 법집행기관으로서, 각종 범죄로부터 국민 개개인과 사회 및 국가를 보호하는 것을

---

(313) 대검찰청 홈페이지(http://www.spo.go.kr). 2019.1.

기본 임무로 하고 있다. 이를 위하여 검찰은 범죄를 수사하고, 사법경찰관리를 지휘ㆍ감독하며, 공소公訴를 제기ㆍ유지하고, 재판의 집행을 지휘하는 등 다양한 업무를 수행한다.

우리의 수출 주력 분야인 전기전자, 자동차, 철강, 조선, 원자력, 정보통신, 생명공학 등 세계 일류 기술력 확보 및 제품 생산을 위해 정부와 기업은 막대한 시간과 자본을 들여 관련 기술을 연구하고 제품을 생산하고 있지만 매년 국내외로 산업기술을 유출하는 행위는 줄어들지 않고 있다.

이처럼 기업의 산업기술을 유출하는 행위, 특히 해외로 기술을 유출하는 행위는 기업의 기술개발 의지와 국가 경쟁력을 약화시키는 결과를 초래하기 때문에 검찰에서도 그 중요성을 인식하여 집중 단속하고 있다.

검찰은 기술유출범죄를 집중적으로 단속하기 위하여 지난 2007년 대검찰청 중앙수사부에 「기술유출범죄수사지원센터」를 설치하였으며, 2013년 11월부터 반부패부 수사지원과에서 「기술유출범죄수사지원센터」의 기술유출범죄수사 지원업무를 전담하고 있고, 서울중앙지방검찰청 「기술유출범죄수사센터」, 울산지방검찰청 「기술유출범죄수사센터」및 전국청 기술유출범죄 수사부서에서 산업기술유출범죄 수사를 담당하고 있다.

기술유출범죄수사센터에서는 기술유출범죄 신고접수 및 전문수사관 양성, 전문가 네트워크 구축 등 기술유출범죄 수사역량을 강화하기 위한 여러 가지 방안을 시행하고 있으며, 기술의 발전과 함께 지능화되고 있는 범죄에 맞서 수사기법을 개발하고 있으며, 신종 기술유출 범죄에 대한 효율적인 제도개선을 모색하고자 관련 법령의 개정과 제도 발전방안에 대해서도 연구하고 있다.

3) 경찰청[314]

경찰청은 치안업무를 관장하는 중앙정부수사기관이다. 경찰청의 주요 업무는 국민의 생명ㆍ신체 및 재산의 보호, 범죄의 예방ㆍ진압 및 수사, 경비ㆍ요인경호 및 대간첩작전 수행, 치안정보의 수집ㆍ작성 및 배포, 교통의 단속과 위해 방지, 기타 공공의 안녕과 질서유지에 관한 사무 등이다.

경찰청은 산업기술유출범죄 관련 업무를 외사국에서 총괄하고 있으며, 18개

---

(314) 경찰청 홈페이지(http://www.police.go.kr), 2019.1.

시 · 도경찰청에 산업기술유출수사팀을 두고 있다. (2021년부터 경찰이 국가 · 자치 · 수사 경찰로 나뉘면서 전국 18개 지방경찰청 명칭에서 "지방"이 삭제 되었다.)

경찰청은 2010년 7월 29일 5개 전국 시도경찰청에 신입스파이 범죄관련 전담수사대를 설치한데 이어 현재, 전국 18개 시 · 도경찰청에 산업기술유출수사팀을 확대 설치하였다.

주요 업무는 국가핵심기술 및 중요 산업기술유출 행위, 기업 대상 영업비밀 침해 행위 등 제4차 산업혁명시대 국내 기업의 신新산업기술을 보호하고 국가경제 활성화에 기여하기 위해 산업기술유출범죄에 대한 수사에 중점을 두고 있다.

기술유출사건은 특성상 피해기업이 자발적으로 신고하기 힘들고, 피해를 당했다고 하더라도 피해사실을 인지하기 어렵다는 점을 감안하여 산업기술유출수사팀이 기업을 방문하여 기술보호 예방교육 및 보안점검 등 보호 지원활동을 하면서 신고망을 구축하는 한편 기업의 기술보호 인식 개선과 신속한 사건 대응을 위해 산업통상자원부 · 중소벤처기업부 · 특허청 등 기술보호 유관기관과 협조체제를 구축하고 있다. [315]

경찰청은 기술유출 수사 역량강화를 위해 산업기술유출수사팀 수사요원 인력 증원과 전문성을 강화하는 한편, 각 시 · 도경찰청에 '산업기술보호 수사지원센터' 설치하는 등 국가 경쟁력에 심각하게 피해를 주는 산업기술유출범죄에 대한 수사를 강화하고 있다.

4) 군사안보지원사령부[316]

군사안보지원사령부는 군 보안업무, 군 방첩업무, 군 관련 정보의 수집 · 작성 및 처리, 군 범죄 수사, 기타 군사안보 지원업무 등을 수행하고 있다.

방위산업보안은 군 보안업무 중 하나이며, 첨단 방위산업기술의 유출이 국가안보에 치명적인 악영향을 초래한다고 판단하고, 국가안보수호 차원에서 방산스파이들로부터 국내 방산기술을 보호하는 것을 목표로 하고 있다.

군사안보지원사령부는 방산업체 등을 대상으로 보안점검, 보안측정, 방산업체 보안담당자 보안교육 등의 방위산업보안업무와 보안조사 업무를 수행한다. 보안점

검은 방산업체의 무기체계 연구 · 개발 지원과 방산기밀/첨단 방산기술 보호 및 IT 발전 추세에 부합된 최상의 보안수준을 유지하도록 지원하는 등 방산보안 업무의 발전을 도모하고 있다. 보안측정은 방산업체의 보안취약점에 대한 보안대책을 강구하기 위해 실시하는 것으로 시설 · 문서 · 정보통신 등 보안업무 전반에 걸쳐 보안취약요인을 종합적으로 진단하여 지원하고 있다. 또한 방산(관련)업체 보안담당자를 대상으로 정보화시대에 부합한 직무 지식 및 보안실무 능력을 향상시키기 위한 보안교육을 지원하고 있다. 보안사고 조사는 군사기밀의 분실 · 유출 · 누설 및 해킹(침해)사고 발생 시 보안조사를 통해 원인을 규명하고 대책을 제시한다.

5) 산업통상자원부

산업통상자원부는 산업 · 통상 및 자원과 관련한 사무를 관장하고 있으며, 산업발전을 위한 산업기술 개발 정책과 산업기술 보호를 위한 정책을 담당하고 있다.

산업통상자원부는 산업기술 보호 및 유출방지 업무를 산업정책실 '산업기술시장과'에서 담당하다가 무역투자실 무역정책관 하부조직인 '무역안보과'로 소속을 변경하였다가, 무역안보 기능의 전문성 강화와 민감기술 중심의 환경변화에 선제적으로 대응하기 위하여 2020년 4월 '무역안보정책관'을 신설하여 기술유출 방지, 전략물자 수출허가 등 무연안보 업무를 일원화하였다. 무역안보정책관은 하부조직으로 무역안보 정책을 총괄 · 수립하는 '무역안보정책과', 전략물자 수출허가 등 수출통제 업무를 전담하는 '무역안보심사과', 국가핵심기술의 관리 및 수출승인 업무와 핵심기술 보유기업 M&A 및 안보 관련 기업에 대한 외국인 투자 심사 등 기술보호 업무를 전담하는 '기술안보과'를 두고 있다. [317]

산업통상자원부는 국가정보원과 공조, 산업기술 유출방지 및 보호를 통한 국익보호 차원에서 2006년 10월 27일 「산업기술의 유출방지 및 보호에 관한 법률」을 제정하여 산업기술의 유출방지 및 보호에 대한 종합계획을 수립 · 추진하고 있다. 종합계획은 산업통상자원부장관이 미리 관계 중앙행정기관과 협의한 후 산업기술보호위원회의 심의를 거쳐 수립한다. 종합계획에는 산업기술의 유출방지와 보호에 관한 기본목표와 추진절차, 단계별 목표와 추진방향, 홍보와 교육에 관한 사항, 기반구축에 관한 사항 및 기타 필요한 사항 등이 포함되어야 한다.

---

(317) 산업통상자원부 보도자료, 무역안보 기능 강화를 위해 '무역안보정책관' 신설, 2020.4.28.

6) 과학기술정보통신부

과학기술정보통신부는 과학기술정책과 정보통신기술에 관한 사무를 관장하는 기관으로서 다양한 과학기술 및 산업기술에 대한 국가연구개발사업을 추진하고 있다.

과학기술정보통신부는 국가연구개발사업을 추진하는 한편, 국가연구개발사업의 성과가 외부로 유출되는 것을 막기 위하여 국가연구개발사업에 대한 연구보안 업무도 관장하고 있다. 연구보안은 성과평가정책국 '연구제도혁신과'에서 담당하고 있다.

과학기술정보통신부는 각 중앙행정기관별로 다르게 운영되고 있는 국가연구개발사업에 관하여 공통의 규범을 마련함으로써 국가연구개발사업을 통합적 · 체계적으로 운영하기 위하여 2020년 6월 「국가연구개발혁신법」을 제정하여 시행하고 있다. 동 법률은 국가연구개발사업을 추진하는 과정 전반에서 발생하는 불필요한 행정 부담을 제거하도록 함과 동시에 관련 부정행위 및 제제조치 등을 규정하여, 연구자 중심의 자율적이고 책임 있는 연구 환경을 조성하도록 하였으며, 연구개발성과 등 중요정보에 대한 연구보안 사항을 규정한 것이 특징이다.

연구보안은 그동안 국가연구개발사업에 대한 전반적인 내용을 규정한 「국가연구개발사업의 관리 등에 과한 규정」(대통령령)에 근거를 두고 국가연구개발사업의 보안에 관한 대상 및 방법 등에 관하여 필요한 사항을 규정해 왔으나, 국가연구개발혁신법 제정을 계기로 동 법에 근거를 두고 있다.

7) 중소벤처기업부[318]

중소벤처기업부는 중소 · 벤처기업에 관한 사무를 관장하는 기관으로서 중소 · 벤처기업의 경쟁력을 높이기 위해 중소 · 벤처기업의 산업기술 개발지원과 중소기업 산업기술보호를 지원하는 업무를 관장하고 있다.

중소벤처기업부는 산업보안 업무를 기술인재정책관실 기술보호협력과에서 담당하고 있으며, 중소기업의 기술유출 및 기술탈취에 대한 보호 및 지원을 위한 정책을 수립 · 시행하고 있다.

---

(318) 중소벤처기업부 홈페이지(https://www.mss.go.kr). 2019.1.

중소벤처기업부는「중소기업기술 보호 지원에 관한 법률」(중소기업기술 보호법)을 제정하여 중소기업기술 보호를 지원하기 위한 기반 확충과 관련 정책을 수립·추진하는 등 중소기업의 기술보호 역량과 기술경쟁력 강화를 지원하고 있다. 동법에 따라 중소벤처기업부는 중소기업기술 보호계획의 수립, 중수기업기술 보호지침 제정, 기술자료 임치제도 활용, 중소기업기술 보호 진단, 해외진출 중소기업의 기술보호 등을 지원하고 있다.

「중소기업기술보호법」 제6조는 "중소벤처기업부장관은 중소기업기술 보호정책의 수립 및 추진을 위하여 필요한 경우에는 대통령령으로 정하는 바에 따라 관계 중앙행정기관의 장, 정보수사기관의 장, 관련 기관·단체 및 전문가에게 협의 또는 자문할 수 있다."고 규정하고 있으며, 제8조의2 제1항에 "중소기업기술 침해행위를 당한 중소기업 및 중소기업자는 그 사실을 중소벤처기업부장관에게 신고하고 필요한 조치를 요청할 수 있다."고 규정하여 정부의 중소기업기술 보호 자문 및 침해사고에 대한 조치 등을 명시하고 있다.

8) 특허청[319]

특허청은 산업통상자원부장관 소속 하에 특허·실용신안·디자인 및 상표에 관한 사무와 이에 대한 심사·심판 및 변리사에 관한 사무를 관장하는 업무를 담당하고 있다.

특허청은「부정경쟁방지 및 영업비밀보호에 관한 법률」의 제·개정을 통해 기업의 영업비밀 보호를 강화하고 있는데, 동 법은 영업비밀 침해 행위로 절취竊取, 기망欺罔, 협박, 그 밖의 부정한 수단으로 영업비밀을 취득하거나 그 취득한 영업비밀을 사용하거나 공개(비밀을 유지하면서 특정인에게 알리는 것 포함)하는 행위, 계약관계 등에 따라 영업비밀을 비밀로서 유지하여야 할 의무가 있는 자가 부정한 이익을 얻거나 그 영업비밀의 보유자에게 손해를 입힐 목적으로 그 영업비밀을 사용하거나 공개하는 행위 등 규정하고 있다. 영업비밀 침해행위에 대하여는 손해배상청구, 금지·예방청구 및 형사적 처벌 등을 규정하여 영업비밀보호를 강화하고 있다.

특히, 특허청은 영업비밀 침해 관련 소송 시 영업비밀 보유사실에 대한 입증부담을 완화하고, 영업비밀 보유자의 권익을 효과적으로 보호하기 위하여 "영업비밀 원

---

[319] 특허청 홈페이지(http://www.kipo.go.kr), 2019.1.

본 증명" 제도를 도입하여 운영하고 있다. 「부정경쟁방지 및 영업비밀보호에 관한 법률」 제9조의 2 제3항에는 "원본증명서를 발급받은 자는 전자지문의 등록 당시에 해당 전자문서의 기재 내용대로 정보를 보유한 것으로 추정한다."고 그 효과를 명시하고 있다.

9) 방위사업청[320]

방위사업청은 2006년 1월 국방부, 합참, 각 군, 조달본부 등 8개 기관에 분산 운영되던 국방획득관련 조직 및 기능을 모두 통폐합하여 설립된 국방부 산하 중앙행정기관으로 방위력개선 사업의 수행, 군수품 조달, 방위산업 육성과 관련된 업무를 관장하면서 방위사업과 관련된 방산기술보호와 불법유출 차단 및 예방활동을 수행하고 있다.

방위사업청은 방위산업기술이 「방위사업법」, 「대외무역법」, 「산업기술의 유출방지 및 보호에 관한 법률」 등 여러 법률에 의해 관리되면서 오히려 부실관리의 우려가 있다고 판단, 2015년 12월 29일에 「방위산업기술 보호법」을 제정하여 국방분야의 방위산업기술을 지정하고 보호체계를 지원하며, 불법적인 기술유출을 적발·처벌하는 등 방위산업기술 보호를 강화하고 있다.

방위산업기술보호 업무는 방위사업청 국방기술보호국에서 담당하고 있는데, 국방기술보호국은 국방기술 정책 및 제도를 수립하여 빠르게 변화하는 기술 환경에서 기술기획부터 보호·관리 업무를 수행하고 있으며, 선진국 수준의 국방기술 보호를 위해 제도적 기반과 보호대상 기술을 파악하고 관리하는 체계를 구축하고 있다.

방위사업청은 방위사업기술보호 종합계획에 따라 방위산업기술에 대한 통제목록 선정 및 분류 등 방위산업기술 관리를 하고 있다. 방위산업 기술보호 활동은 방산기술보호 기반을 구축하여 수출 상대국에 대한 최종 사용자 모니터링을 실시, 방산기술보호의 중요성에 대한 공감대 확산을 통해 방산기술보호 인식과 역량 제고, 방위산업기술 보호를 위한유관기관 공조체계 구축 등을 수행하고 있다. 또한, 다자간 국제수출통제체제의 원칙에 따라 국제평화 및 안전유지, 국가안보 및 기술보호 등을 위해 전략물자, 방산물자 및 국방과학기술을 수출·중개·경유·환적·수입 등의 행위 시 정부의 허가를 받도록 하는 수출입 통제 업무를 수행하고 있다.

---

(320) 방위사업청 홈페이지(http://www.dapa.go.kr). 2019.1.

10) 한국산업기술보호협회[321]

산업통상자원부는 「산업기술보호법」 제16조(산업기술보호협회의 설립 등)에 의거, 산업기술의 유출방지 및 보호에 관한 시책을 효율적으로 추진하기 위하여 산업통상자원부 산하에 한국산업기술보호협회를 설립(2006년)하여 민간 차원의 자율적인 산업기술보호활동을 수행하도록 하고 있다.

산업기술보호협회의 주요 활동내용은 ① 산업기술보호를 위한 정책의 개발 및 협력, ②산업기술의 해외유출 관련 정보 전파, ③ 산업기술의 유출방지를 위한 상담 · 홍보 · 교육 · 실태조사, ④ 국내외 산업기술보호 관련 자료 수집 · 분석 및 발간, ⑤국가핵심기술의 보호 · 관리 등에 관한 지원 업무, ⑥ 산업기술분쟁조정위원회의 업무지원, ⑦ 산업보안전문가 양성을 위한 '국가공인 산업보안관리사' 자격증 제도 운영, ⑧산업기술 보호지침 작성 · 배포 등이 있다.

산업기술보호 실태조사는 「산업기술보호법」 제17조(산업기술보호를 위한 실태조사) 제2항에 근거, 산업통상자원부의 위임을 받아 산업기술을 보유하고 있는 대상기관 및 관련 단체에 대하여 관련 자료의 제출이나 조사업무의 수행에 필요한 협조요청 등 실태조사를 실시하고 있다.

11) 대 · 중소기업 · 농어업협력재단

대 · 중소기업 · 농어업협력재단은 2007년 대 · 중소기업협력재단으로 출범하였으나 2017년 「대 · 중소기업 상생협력 촉진에 관한 법률」이 개정되면서 현재의 "대 · 중소기업 · 농어업협력재단"으로 명칭을 변경하였다.

대 · 중소기업 · 농어업협력재단은 대 · 중소기업 · 농어업 해외시장 동반진출, 공동 R&D, 상생청년창업 등 협력 사업을 지속적으로 추진하고, 성과공유 등 우수 협력모델 발굴과 함께 동반성장위원회의 민간 자율 상생문화 확산을 지원하여, 공정한 환경에서 함께 성장해 나가는 산업 생태계 조성 등을 목적으로 설립되었다.

특히 대 · 중소기업 · 농어업협력재단은 「대 · 중소기업 상생협력 촉진에 관한 법률」 제24조의2(기술자료 임치제도)에 따라 기술자료 임치제도를 운영하고 있다. 기술자료 임치제도는 기업의 핵심 기술자료 및 영업비밀을 기술자료 임치센터에 안전하

---

(321) 한국산업기술보호협회 홈페이지(http://www.kaits.or.kr). 2019.1.

게 보관하여 해당 기업의 기술개발 사실을 입증하는 제도로, 수 · 위탁기업 간 거래 관계에서 '기술자료 임치제도'를 활용하여 수탁기업(중소기업)은 핵심기술의 유출을 사전에 방지하고 위탁기업(대기업, 공공기관 등)은 기술의 안정적 유지와 지속적인 사용이 가능하여 기술자료 보호 및 멸실 방지 등의 효과를 가지게 된다.

12) 한국지식재산보호원

특허청 산하 한국지식재산권보호원은 국내외 지식재산권 보호기반 조성 및 유관기관 협력 네트워크를 유기적으로 구축함으로써 지식재산에 대한 보호를 체계적 · 효율적으로 추진하여 국내 산업발전, 과학기술 보호 및 지식재산분야의 국제경쟁력 강화에 기여함을 목적으로 설립되었다.

한국지식재산보호원 사업운영본부에 편재되어 운영되고 있는 '영업비밀보호센터'는 기업의 영업비밀 보호인식 제고 및 관리역량 강화 지원업무를 담당하고 있다. 주요 업무는 중소 · 중견기업의 영업비밀 보호를 위해 교육 및 컨설팅, 영업비밀 보호와 관련된 법제도와 관리방안 등 온 · 오프라인 상담, 영업비밀 유출피해와 관련한 법률자문, 영업비밀 비밀관리성 입증에 유용한 영업비밀 관리시스템 보급, 영업비밀 원본증명서비스 등이다.

특히 영업비밀 원본증명은 「부정경쟁방지 및 영업비밀보호에 관한 법률」 제9조의2에 따라 영업비밀 보유자는 영업비밀이 포함된 전자문서의 원본 여부를 증명받기 위하여 그 전자문서로부터 추출된 고유의 식별값(전자지문電子指紋)을 등록할 수 있도록 하고 있으며, 원본증명서를 발급받은 자는 전자지문의 등록 당시에 해당 전자문서의 기재 내용대로 정보를 보유한 것으로 추정한다.

3. 기업체 · 연구소 차원의 기술유출 대응

기업 · 연구기관 · 대학은 보유하고 있는 산업기술과 연구개발성과물, 영업비밀 등의 유출 및 침해 대응방안은 사전예방 대응과 사후조치 대응으로 나누어 볼 수 있다.

1) 사전예방 대응

기업·연구관·대학이 보유하고 있는 산업기술과 연구개발성과물의 유출 등 보안 사고에 대한 대응활동 중 가장 효과적인 대응방안은 자체 보안관리시스템을 구축하고 보안업무 추진계획을 수립·시행하는 사전 예방활동이다. 사전예방 대응활동이 중요한 이유는 첨단·신기술 연구개발에는 많은 시간과 비용이 투자되지만 그 성공에 대한 불확실성도 높은 만큼, 경쟁기업들은 단기간에 적은 비용으로 경쟁력을 갖추기 위해 합법과 불법, 수단과 방법을 가리지 않고 연구개발에 성공한 핵심기술 유출을 시도하고 있기 때문이다. 국가핵심기술 등 산업기술이나 국가연구개발사업의 연구개발성과물은 그 내용이 일단 경쟁국가나 경쟁업체 등 외부에 유출·공개되고 나면 반환이나 원상회복이 사실상 불가능하기 때문에 대상기관은 물론 국가와 국민이 고스란히 그 피해를 입게 된다. 설사 유출·공개자를 적발하더라도 민사적·형사적 책임을 묻는 정도에 불과할 뿐이다.

정부는 산업기술 중 국가핵심기술과 국가연구개발사업의 연구개발성과물에 대한 보호를 강화하기 위하여 주요 보안대책 내용은 「산업기술보호법」과 「국가연구개발혁신법」에 명시하여 강구하도록 하고 있다.

먼저, 국가핵심기술을 보유·관리하고 있는 대상기관(기업·연구기관·전문기관·대학 등)은 ① 보호구역의 설정·출입허가 또는 출입 시 휴대품 검사, ② 국가핵심기술을 취급하는 전문인력의 이직관리 및 비밀유지 등에 관한 계약체결, ③ 그 밖에 국가핵심기술 유출방지를 위하여 필요한 사항으로서 대통령령으로 정하는 사항 등에 대한 조치를 해야 한다. 이때, 대통령령으로 정하는 사항은 ① 국가핵심기술에 대한 보호 등급의 부여와 보안관리규정의 제정, ② 국가핵심기술 관리책임자 및 보안 전담인력의 지정, ③ 국가핵심기술 보호구역의 통신시설과 통신수단에 대한 보안, ④ 국가핵심기술 관련 정보의 처리 과정과 결과에 관한 자료의 보호, ⑤ 국가핵심기술을 취급하는 전문인력의 구분 및 관리, ⑥ 국가핵심기술을 취급하는 전문인력에 대한 보안교육 실시, ⑦ 국가핵심기술의 유출 사고에 대한 대응체제 구축 등이다. 이러한 대상기관의 보안조치에 대해 누구든지 정당한 사유 없이 상기 보호조치를 거부·방해 또는 기피하여서는 아니 된다.(산업기술보호법 제10조)

그리고 국가연구개발과제를 수행하는 연구개발기관(연구기관, 대학, 회사 등)은 소관 국가연구개발사업 및 연구개발과제와 관련하여, 「산업기술보호법」 제2조 제1호에 따른 산업기술과 관련된 비공개 연구개발성과와 「국가연구개발혁신법」 제21조

제2항에 따른 보안과제로 분류된 연구개발과제의 연구개발성과에 대하여는 ① 소속 연구자가 준수해야 하는 보안 관련 의무사항, ② 연구시설 및 연구관리시스템에 대한 보안조치 사항, ③ 보안사고의 예방·대응·조사·재발방지 방안, ④ 연구개발과제협약으로 정하는 바에 따라 외국에 소재한 기관·단체 또는 외국인과 공동으로 연구를 수행하는 경우의 보안관리 방안, ⑤상기 제1호부터 제4호까지에서 규정한 사항이 포함된 보안관리규정 제정·운영 방안 등 보안대책을 수립·시행하여야 한다.(국가연구개발혁신법 시행령 제44조)

또한,「국가연구개발혁신법」제21조 제2항에 따른 '보안과제'는 중앙행정기관이 외부로 유출될 경우 기술적·재산적 가치에 상당한 손실이 예상되거나 국가안보를 위하여 보안이 필요한 연구개발과제로 분류한 과제를 말하는데, 연구개발기관은 보안과제의 연구개발성과 보호를 위해 ① 보안과제를 수행하는 연구실에 대한 보호구역 설정, ② 보안과제를 수행하는 연구자의 연구실 출입권한 차등 부여 및 출입 현황 관리, ③ 보안과제를 수행하는 연구자에 대한 보안교육 실시 및 보안서약서 제출 요청, ④ 보안과제를 수행하는 외국인 연구자의 연구 수행에 대한 연구개발기관의 장의 승인 및 중앙행정기관의 장에 대한 보고, ⑤ 연구개발기관이 운영하는 연구관리시스템에 대한 보안관리 조치, ⑥ 연구개발정보 처리 과정 및 그 결과에 대한 보안관리 조치를 하여야 한다.(국가연구개발혁신법 제21조, 같은 법 시행령 제46조)

이상과 같이 관계법령에 규정된 보안대책 외에도 기업·연구기관·대학 등 대상기관은 기관의 보안환경과 국내·외 산업보안 트렌드 등을 반영하여 보유하고 있는 산업기술 및 연구개발성과물, 영업비밀 등 중요 정보가 유출되지 아니하도록 보안대책을 수립·시행하여야 한다. 보안대책 수립은 사전에 임직원에 대한 보안의식 조사, 보유자산에 대한 보호등급 분류, 보안취약점 진단 등을 실시한 후 그 결과를 바탕으로 인원·문서·시설·정보통신 등 분야별 보안수요가 적절히 반영될 수 있도록 수립해야 하며, 중·장기 보안업무추진계획과 연간 보안업무추진계획을 통해 체계적으로 시행한다.

2) 사후조치 대응

사후조치 대응은 산업기술 및 연구개발성과물 유출 등 보안사고 발생 징후를 포착하였거나 또는 보안사고가 발생했을 때 기업·연구기관·대학 등에서의 대응방안이다.

사후조치 대응절차는 내부적 상황조사 및 분석, 기술유출 사건 등의 내용에 따른 대응방안, 내부조치 또는 법적 조치 등과 같은 보안사고에 따른 기술유출 등 피해를 최소화 하고 재발 방지대책을 강구하는 절차를 말한다.

기술유출 등 보안사고는 절도나 절취와 같은 전통적인 수법은 물론, 데이터·설계도 등 기술자료 원본파일을 복제·복사한 후 이메일·메신저나 초소형·고용량 저장장치 등을 이용하는 등 유출 기법이 첨단화·고도화되고 신속하게 이루어지고 있어 기술유출에 대한 범죄사실 인지 및 범죄증거 확보가 쉽지 않다는 특징이 있다.

따라서 산업기술 및 연구개발성과물 유출 등 보안사고 발생을 인지하였거나 또는 보안사고가 발생하였을 경우에는 사전에 수립된 기술유출 등 보안사고 대응계획에 따라 신속하게 조치를 취해야 한다. 대상기관은 초동조치의 신속성과 적절성 여부에 따라 유출·공개행위를 차단할 수 있거나 2차적인 유출피해를 줄일 수 있으며, 재발방지 차원에서 실행하는 법적인 대응방안도 달라진다. 보안사고 발생 시 대응절차 및 내용은 다음과 같다.

가. 보안사고대응팀 구성 및 상황조사

산업기술 또는 연구개발성과물 유출사건이 발생하면 보안담당자와 경영진은 보안 사고에 대한 상황파악이 우선되어야 하므로, 보안사고 대응계획에 따라 경영진 및 보안총책임자, 분야별 보안담당자 등이 참여하는 '보안사고 대응 T/F팀'(이하 '보안사고대응팀'이라 한다)을 구성·운영한다. 보안사고대응팀은 보안유지를 위해 최소한의 인원으로 한정한다.

보안사고대응팀은 보안유지 하에 보안사고에 대한 상황조사를 실시하여 ① 유출된 기술의 종류와 내용, ② 유출목적 및 방법(절취·기망·협박 그 밖의 부정한 방법 여부) 등 기초적인 내용을 조사한다. 상황조사는 유출자와의 공범 또는 조력자의 존재 가능성 등을 염두에 두고 비공개로 진행하여야 한다.

나. 보안사고 조사결과 보고 및 조치

산업기술 및 연구개발성과물 유출사건에 대한 1차적인 상황조사가 완료되면 대상기관은 유출된 산업기술 및 연구개발성과물의 내용과 중요도의 경중에 따라 다음과 같은 적절한 대응조치를 취해야 한다.

첫째, 국가핵심기술 및 국가연구개발사업으로 개발된 산업기술의 유출 또는 침해 사고

대상기관은 국가핵심기술 및 국가연구개발사업으로 개발한 산업기술이 다음 각 호의 어느 하나에 해당하는 행위로 인해 유출 또는 침해되었을 경우에는 즉시 산업통상자원부 및 정보수사기관에 신고하고 필요한 조사 및 조치를 요청할 수 있다. 이때, 산업통상자원부 및 정보수사기관은 요청을 받은 경우 또는 다음 각 호의 금지행위를 인지한 경우에는 필요한 조사 및 조치를 하여야 한다.

① 절취·기망·협박 그 밖의 부정한 방법으로 대상기관의 산업기술을 취득하는 행위 또는 그 취득한 산업기술을 사용하거나 공개(비밀을 유지하면서 특정인에게 알리는 것을 포함한다. 이하 같다)하는 행위

② 직무상 또는 대상기관과의 계약 등에 따라 산업기술에 대한 비밀유지의무가 있는 자가 부정한 이익을 얻거나 그 대상기관에게 손해를 가할 목적으로 유출하거나 그 유출한 산업기술을 사용 또는 공개하거나 제3자가 사용하게 하는 행위

③ 상기 제1호 또는 제2호의 규정에 해당하는 행위가 개입된 사실을 알고 그 산업기술을 취득·사용 및 공개하거나 산업기술을 취득한 후에 그 산업기술에 대하여 제1호 또는 제2호의 규정에 해당하는 행위가 개입된 사실을 알고 그 산업기술을 사용하거나 공개하는 행위

④ 상기 제1호 또는 제2호의 규정에 해당하는 행위가 개입된 사실을 중대한 과실로 알지 못하고 그 산업기술을 취득·사용 및 공개하거나 산업기술을 취득한 후에 그 산업기술에 대하여 제1호 또는 제2호의 규정에 해당하는 행위가 개입된 사실을 중대한 과실로 알지 못하고 그 산업기술을 사용하거나 공개하는 행위

⑤ 직무상 또는 대상기관과의 계약 등에 따라 산업기술에 대한 비밀유지의무가 있는 자가 산업기술에 대한 보유 또는 사용 권한이 소멸됨에 따라 대상기관으로부터 산업기술에 관한 문서, 도화圖畵, 전자기록 등 특수매체기록의 반환이나 산업기술의 삭제를 요구받고도 부정한 이익을 얻거나 그 대상기관에 손해를 가할 목적으로 이를 거부 또는 기피하거나 그 사본을 보유하는 행위

⑥ 산업기술 관련 소송 등 대통령령으로 정하는 적법한 경로를 통하여 산업기술이 포함된 정보를 제공받은 자가 정보를 제공받은 목적 외의 다른 용도로 그 정보를 사용하거나 공개하는 행위

또한, 대상기관은 산업기술 침해행위를 하거나 하려는 자에 대하여 그 행위에 의하여 영업상의 이익이 침해되거나 침해될 우려가 있는 경우에는 법원에 그 행위의 금지 또는 예방을 청구할 수 있다. 이때 대상기관은 침해행위를 조성한 물건의 폐기, 침해행위에 제공된 설비의 제거, 그 밖에 침해행위의 금지 또는 예방을 위하여 필요한 조치를 함께 청구할 수 있다. 다만, 산업기술 침해행위의 금지 또는 예방을 청구할 수 있는 권리는 산업기술 침해행위가 계속되는 경우에 대상기관이 그 침해행위에 의하여 영업상의 이익이 침해되거나 침해될 우려가 있다는 사실 및 침해행위자를 안 날부터 3년간 행사하지 아니하면 시효의 완성으로 소멸한다. 그 침해행위가 시작된 날부터 10년이 지난 때에도 또한 같다.

둘째, 국가연구개발사업에 따른 연구개발성과 유출 보안사고

연구개발기관은 산업기술과 관련된 비공개 연구개발성과 및 보안과제로 분류된 연구개발과제의 연구개발성과에 대한 침해 · 유출 · 누설 · 분실 · 훼손 · 도난 등 보안사고, 산업기술과 관련된 비공개 연구개발성과 및 보안과제로 분류된 연구개발과제의 연구개발성과를 유통 · 관리 · 보존하는 시스템의 유출 · 파손 · 파괴 등 보안사고가 발생한 경우에는 그 사고를 알게 된 즉시 필요한 조치를 하고, 중앙행정기관에 보고해야 한다.

연구개발기관은 중앙행정기관에 보고를 한 후 ① 보안사고의 일시 · 장소, ② 보안사고를 낸 사람의 인적사항, ③ 보안사고의 세부 내용 등을 파악하여 지체 없이 중앙행정기관에 보고해야 한다.

중앙행정기관은 연구개발기관의 보안사고를 알게 되거나 연구개발기관으로부터 보고를 받은 경우에는 그 경위를 조사할 수 있다. 이 경우 해당 연구개발기관과 연구책임자는 조사에 성실히 협조해야 한다. 연구개발기관은 조사가 끝날 때까지 관련 내용을 공개하지 아니하여야 하고, 사고를 수습한 후 재발방지 대책을 마련하여야 한다.

셋째, 일반기술 등 영업비밀 유출 보안사고

상기 「산업기술보호법」 및 「국가연구개발혁신법」에 따른 보안사고 이외에 대상기관이 일반기술 또는 영업비밀로 관리하는 기술상 · 경영상의 정보에 대해 유출 · 침해 등 보안사고가 발생하였을 경우에는 자체조사에 의한 조치 또는 「부정경쟁방지법」에 따라 다음과 같이 대응할 수 있다.

(a) 영업비밀이 유출되었지만 아직 사용 · 공개 및 제3자 제공 등이 이루어지지

않은 상태인 경우, 유출자와 상호 협의를 통해 영업비밀을 회수하고, 보안유지 각서를 받는 등 자체조사에 의한 조치를 통해 해결방안을 모색할 수 있다.

(b) 영업비밀 유출행위가 「부정경쟁방지법」 제2조 제3호에 규정된 다음 각 호의 어느 하나에 해당하는 행위에 해당하는 경우, 사법기관에 고소하여 영업비밀 침해에 대한 민·형사적인 법적 조치를 할 수 있다.

① 절취竊取, 기망欺罔, 협박, 그 밖의 부정한 수단으로 영업비밀을 취득하는 행위 또는 그 취득한 영업비밀을 사용하거나 공개(비밀을 유지하면서 특정인에게 알리는 것을 포함한다. 이하 같다)하는 행위

② 영업비밀에 대하여 부정취득행위가 개입된 사실을 알거나 중대한 과실로 알지 못하고 그 영업비밀을 취득하는 행위 또는 그 취득한 영업비밀을 사용하거나 공개하는 행위

③ 영업비밀을 취득한 후에 그 영업비밀에 대하여 부정취득행위가 개입된 사실을 알거나 중대한 과실로 알지 못하고 그 영업비밀을 사용하거나 공개하는 행위

④ 계약관계 등에 따라 영업비밀을 비밀로서 유지하여야 할 의무가 있는 자가 부정한 이익을 얻거나 그 영업비밀의 보유자에게 손해를 입힐 목적으로 그 영업비밀을 사용하거나 공개하는 행위

⑤ 영업비밀이 ④호에 따라 공개된 사실 또는 그러한 공개행위가 개입된 사실을 알거나 중대한 과실로 알지 못하고 그 영업비밀을 취득하는 행위 또는 그 취득한 영업비밀을 사용하거나 공개하는 행위

⑥ 영업비밀을 취득한 후에 그 영업비밀이 라목에 따라 공개된 사실 또는 그러한 공개행위가 개입된 사실을 알거나 중대한 과실로 알지 못하고 그 영업비밀을 사용하거나 공개하는 행위

(c) 영업비밀 보유자가 영업비밀 침해행위를 하거나 하려는 자에 대하여 그 행위에 의하여 영업상의 이익이 침해되거나 침해될 우려가 있는 경우, 법원에 그 행위의 금지 또는 예방을 청구할 수 있다. 침해행위에 대한 금지를 청구할 때에는 침해행위를 조성한 물건의 폐기, 침해행위에 제공된 설비의 제거, 그 밖에 침해행위의 금지 또는 예방을 위하여 필요한 조치도 함께 청구가 가능하다.

다. 정보수사기관 신고 · 상담

기업 · 연구기관 · 대학 등 대상기관이 자체적으로 보안사고에 대한 초동 조사결과, 유출된 기술이 국가핵심기술 및 국가연구개발사업으로 개발된 기술이나 연구개발성과물 등에 해당될 경우 관계법령에 규정된 내용에 따라 처리할 수 있다. 또한 대상기관 내부에 산업보안 전문가 및 법률전담팀을 갖추고 있고, 유출된 기술이 영업비밀에 해당할 경우에는 자체 보안조사를 통해 범죄행위에 대한 입증이 가능하다면 그 내용을 근거로 자체적으로 처리하거나 사법기관에 고소하여 민 · 형사상의 조치를 취할 수 있다.

그러나 대상기관은 초동조사 과정에서 유출행위가 단순한 사적인 영리목적이 아니라 국내 또는 해외 경쟁기업과 연관되어 발생한 보안사고로 판단될 경우에는 보안사고대응팀을 통한 자체 조사를 중단하고 즉시 정보수사기관에 신고상담을 요청하는 것이 바람직하다. 기술유출 사건은 일반적인 범죄사건과 달리 기술유출 행위 등에 대한 범죄 동기(부정한 이익을 얻거나 영업비밀 보유자에게 손해를 입힐 목적 등) 및 증거확보(디지털포렌식 등)가 쉽지 않아 법률전담팀의 전문성이 미흡할 경우 사법처리 자체를 못할 수도 있다. 초동조사 과정에서 보안이 누설될 경우 증거가 인멸되거나, 범죄증거 확보과정에서 동일성과 무결성이 확보되지 않을 경우 증거자료로 활용할 수 없기 때문이다. 따라서 외국과 연계된 보안사고의 경우 가급적 산업기술 유출사건 전문기관인 정보수사기관에 신고 · 상담을 요청하여 처리하는 것이 유리하다. 기술유출 범죄에 대한 강력한 사법처리는 유사 사례 발생 등 보안사고 재발방지 차원에서도 매우 중요한 대응방안이다.

대상기관의 기술유출 등 보안사고와 관계된 법률은 「산업기술의 유출방지 및 보호에 관한 법률」, 「국가연구개발혁신법」, 「부정경쟁방지 및 보호에 관한 법률」, 「중소기업기술 보호지원에 관한 법률」, 「방위산업기술보호법」, 「대외무역법」, 「형법」 등이 있다.

제2절

산업보안조사

1. 산업보안조사 개념

산업보안조사는 일반적으로는 산업체, 정부출연기관, 대학교 소속연구소, 기업의 R&D센터 등에서 발생하는 여러 종류의 보안 사고에 대하여 조사하는 것을 의미한다. 이러한 보안 사고 조사에는 유형에 따라 접근법이 다르고 조사하는 방법 또한 다르다. 산업보안조사는 일반 국가사법기관에서의 범죄조사와는 달리 우선적으로 그 목적이 피해 입은 자산에 대한 신속한 회수에 있기 때문이다. 그리고 때에 따라서는 기업의 이미지와 무형의 자산을 보호하는 차원에서 그러한 피해 사실을 외부에 공개되는 것을 차단하여야 한다. 그렇기에 산업보안조사는 일반적인 수사기법보다도 더 높은 수준의 리스크 매니지먼트 차원에서의 수사기법이 필요하기 때문이다.

2. 최근 산업기술유출 현황

최근 2021년도 국내외 사이버보안 동향 보고서들에 따르면 코로나19로 인해 원격근무가 늘어나면서 가상사설망VPN이 주요 해킹대상으로 떠오르고 있으며 관련 공격이 전년보다 3배 이상 급증하고 있다고 한다. 국가·공공기관이나 국책연구소, 방위산업체 대상 해킹뿐만 아니라 국내 주요 대기업과 중소기업을 대상으로 하는 해킹을 통한 내부정보 및 기밀유출 사고 역시 지속적으로 발생하고 있다.

2018년에는 중국으로 추정되는 해커가 러시아 · 이탈리아 삼성전자 서비스센터에 스피어피싱(해킹 메일)을 통해 해킹 후 국내 삼성전자 본사에 접근을 시도한 것이 발견되었으며 2010년에는 LG전자 미국 앨라배마 지사, LG생활건강 베트남 지사, CJ Selecta 브라질 지사 등 국내 기업의 해외 지사를 대상으로 한 사이버 공격으로 내부 정보가 유출되는 사건이 지속해서 발생하고 있다. 이는 상대적으로 공격이 쉬운 해외 지사를 통해 국내 본사에 접근, 추가 내부 기술을 유출하려는 시도로 분석되고 있다.

　이러한 사이버 해킹으로 인한 기술유출사고는 산업보안 사고 전체를 놓고 본다면 10% 내외의 미미한 분야로 볼 수 있지만, 실제로 코로나19 이후 최근 기업을 대상으로 한 사이버 공격 사건 · 사고를 보면 해킹조직들이 국내 대기업 및 중소기업을 대상으로 내부 기밀자료를 노리고 공격하는 사례가 급증하고 있으며, 국내 주요 기업 피해 사례만 지난 1년 사이 20건이 넘어 대응이 시급하다고 볼 수 있다. 코로나19가 업무환경만 비대면으로 만든 것이 아니라 기술유출 수법도 비대면으로 바꾸어 버린 셈이다.

　내부자에 의한 기술유출 사례는 내부직원이 외부에서의 금전을 미끼로 한 자료유출의 유혹을 받거나 기업의 기술을 개인의 자산으로 여기는 경우, 의도적으로 기술을 유출시키거나, 퇴사자들이 평소 자신이 활용했던 기업의 자료를 활용하여 새로운 사업을 시작하거나 경쟁업체에 이직하는 경우 등이 있을 수 있다. 산업보안 사고 다수를 차지하는 것은 내부자에 의한 기밀유출이며, 사고의 80% 이상이 내부자인 사람에 의한 기밀유출 사고다. 즉, 산업보안은 내부 기밀유출사고에 대응하고 색출하는 것에 초점을 두고 업무를 한다고 볼 수 있다. 국정원에 따르면 최근 5년간 106건의 기술유출 사고가 있었으며, 그 피해액은 지속해서 늘고 있다.[322]

　또한, 국가경제에 막대한 영향을 주는 산업기술과 국가핵심기술이 해외로 유출되는 사고가 끊이지 않아 우려를 자아내고 있다. 실제로 2017년 10월 발표된 국정감사 보도자료에 따르면 2017년 8월까지 10년 동안 해외로 유출된 국가핵심기술은 총 37건에 달한다. 또 경찰청 통계를 보면 매년 200명 이상의 산업기술유출사범이 검거된 것으로 알려졌다.[323]

---

(322)　박원형 교수, "[기고]산업보안, 해킹을 통한 사이버기술유출 대응이 시급하다", 이투데이 오피니언, 2021.7.
(323)　강민수 기자, "국부손실을 막으려면 산업기술을 지켜라!", 주간 GOODNEWS, 2018.5.

그림 8-1 _ 산업기술 유출 현황

산업기술 유출 사범 검거 현황

단위(건)   출처:경찰청

연도	건수
2008	72
2009	46
2010	40
2011	84
2012	140
2013	97
2014	111
2015	98
2016	114

최근 5년간 해외로 유출된 국가핵심기술

※총 18건 중 일부만 소개

시기	기술명	유출국가
2013	디스플레이 패널 제조 기술	중국
2014	디스플레이 제조 기술	중국
2015	초저온 보냉제 기술	독일
2016	OLED 소재 기술	중국
2017	특수 선박 제작 기술	말레이시아

출처: 강민수 기자, "국부 손실을 막으려면 산업기술을 지켜라!", 주간 GOODNEWS, 2018.5.

3. 국내의 산업보안조사 현황

이제까지 국내에서의 산업보안조사는 아주 극히 일부 대기업에서만 "특별감사", "보안점검", "현장실사" 등의 용어로 행하여져 왔으며 이러한 일을 하는 부서도 "구조조정본부", "비서실", "부속실", "감사실" 등의 부서에서 기업의 오너나 최고 경영진의 명에 의해 조사를 착수하였다. 국내 일부 대형 로펌과 외국계 회계법인에서도 같은 차원의 포렌식조사 서비스를 고객들에게 제공하고 있지만 외부로는 그들의 활동이 많이 알려지지 않고 있으며 효과적인 조사활동을 하기에는 국내법에 저촉되는 사항이 많아서 제 역량을 다 보여 주지 못하고 있다.

국내 산업체들은 경비부서 정도의 수준으로 보안부서를 운영하고 있지만 외국계 기업들은 리스크 매니지먼트 차원에서 산업보안부서를 운영하고 있고 담당임원을 지정하여 산업보안조사 외에 비즈니스 지속계획Business Continuity Plan, BCP이나 재난대책 Crisis Management 등의 임무를 수행하고 있다.

이러한 취약한 국내 환경 속에 외국의 유명 산업보안조사(일반적으로 시큐리티, 리스크 컨설팅 회사 배너 사용)[324] 관련 회사들이 국내에 진출하였다가 단기간 안에 사무실을 철수 하게 되었고 현재는 필요한 경우에는 본사나 아시아/태평양 지역본부에

---

(324) Williams, J. (2007). Governability Matters: The private policing of economic crime and the challenge and the challenge of democratic governance. Policing and Society. 15(2), pp.187−211.

서 직접 한국을 방문하여 조사활동을 하고 있다. 국내에서의 국제적 수준의 업무지원이 가능한 산업보안조사 회사가 거의 없으므로 아직까지는 유명 로펌이나 외국계 회계법인의 포렌식팀과의 업무 제휴가 가장 많은 편이다. 그중에서도 기업 관련 조사는 대부분 그 증거들이 업무용 컴퓨터나 회사 서버에 보관되어 있으므로 로펌이나 회계법인의 디지털 포렌식팀의 지원업무가 대부분을 차지한다.

제3절
산업보안조사의 기본 특성

1. 산업보안조사의 목적

산업보안조사는 관계법령에 따른 조사주체에 따라 조사 목적과 성격이 다르다. 산업보안조사의 유형은 산업보안 실태조사와 산업기술 유출·침해 조사, 대상기관의 산업보안조사로 구분할 수 있는데, 그 내용을 살펴보면 다음과 같다.

1) 중앙행정기관의 산업보안 실태조사

산업통상자원부는 「산업기술보호법」 제17조에 의거, 필요한 경우 대상기관의 산업기술의 보호 및 관리 현황에 대한 실태조사를 실시할 수 있다. 방위사업청은 방위「산업기술보호법」 제12조에 의거, 방위산업기술 보호를 위하여 필요한 경우 대상기관의 방위산업기술 보호체계의 구축·운영에 대한 실태조사를 실시할 수 있도록 하고 있다.

또, 중앙행정기관은 「국가연구개발혁신법」 제21조에 의거, 국가연구개발사업 및 연구개발과제를 수행하는 연구개발기관에 대하여 연구개발성과 등 중요 정보보호를 위한 보안대책 수립·시행실태 및 보안과제에 대한 보안관리 실태를 점검하고, 그 결과에 따라 관련 기관에 필요한 조치를 명할 수 있다.

이상과 같이 행정기관이 수행하는 산업보안 실태조사는 산업보안 또는 연구보안 관련 정책을 결정하거나 직무를 수행하는데 필요한 정보나 자료수집, 현황조사 등을 위하여 실시하는 것 행정조사[325]로 볼 수 있다.

---

[325] 행정조사는 행정기관이 정책을 결정하거나 직무를 수행하는 데 필요한 정보나 자료를 수집하기 위하여 현장조사·문서열람·시료채취 등을 하거나 조사대상자에게 보고 요구·자료제출요구 및 출석·진술요구를 행하는 활동을 말한다.(행정조사기본법 제2조 제1호)

2) 산업통상자원부 및 국가정보원의 산업기술 유출 및 침해 조사

산업통상자원부 및 국가정보원은 「산업기술보호법」 제15조에 의거, 국가핵심기술 및 국가연구개발사업으로 개발한 산업기술을 보유한 대상기관으로 부터 산업기술보호법 제14조 각 호의 어느 하나에 해당하는 행위가 발생할 우려가 있거나 발생하여 ① 필요한 조사를 요청 받은 경우 또는 ② 제14조에 따른 금지행위를 인지한 경우에는 필요한 조사 및 조치를 하도록 규정하고 있다. 그리고 「산업기술보호법」 제36조는 제14조의 침해 금지행위자에 대해 유기징역 및 벌금을 처하도록 벌칙을 규정하고 있다.

또한, 방위사업청장 또는 정보수사기관은 「방위산업기술보호법」 제11조에 의거, 대상기관으로 부터 방위산업기술의 유출 및 침해를 방지하기 위하여 필요한 조사 및 조치를 요청받은 경우 또는 같은 법 제10조에 따라 방위산업기술의 유출 및 침해 금지행위를 인지한 경우에는 필요한 조사 및 조치를 하여야 한다. 다만, 「국군조직법」 제2조 제3항에 따라 설치된 정보수사기관은 유출 및 침해된 방위산업기술이 「군사기밀보호법」에 따른 군사기밀에 해당하는 경우에 한정하여 조사 및 조치를 할 수 있다.

이상의 규정으로 볼 때 산업통상자원부 및 국가정보원, 방위사업청 등에서 실시하는 산업기술·방위산업기술의 유출 및 침해사고에 대한 조사는 사고경위 및 내용에 대한 실체적 진실규명을 통해 사법처리로 이어질 수 있는 수사 직전의 단계에 해당한다고 할 수 있다. 따라서 「산업기술보호법」 제14조의 금지행위 조사와 제17조의 실태조사는 그 성격이 다르다.

3) 대상기관의 산업보안조사 목적

대상기관에서 실시하는 산업기술 유출 및 침해 금지행위에 대한 산업보안조사는 대상기관이 보안사고 경위에 대한 실체적 진실 규명과 함께 자산의 신속한 회수 그리고 재발방지에 있다. 이러한 조사활동을 통해 얻어진 결과를 토대로 대상기관은 조직의 체질을 개선하는데 기여할 수 있다. 그러므로 외국계 대기업들은 피해 입은 금액보다도 더 많은 조사경비를 사용하여 산업보안조사와 사후 대응책을 마련하는데 더 역점을 두고 있다.

2. 산업보안조사의 주체

1) 산업보안 실태조사의 주체

「산업기술보호법」 제17조에 따른 산업기술보호를 위한 실태조사의 주체는 산업통상자원부다. 산업통상자원부는 실태조사를 위하여 산업기술을 보유하고 있는 대상기관 및 관련 단체에 대하여 관련 자료의 제출이나 조사업무의 수행에 필요한 협조를 요청할 수 있다. 이 경우 그 요청을 받은 자는 특별한 사유가 없는 한 이에 응하여야 한다.

「방위산업기술보호법」 제12조에 따른 방위산업기술 보호를 위한 실태조사의 주체는 방위사업청이다. 방위사업청은 대상기관의 방위산업기술 보호체계의 구축·운영에 대한 실태조사를 실시할 수 있다.

「국가연구개발혁신법」에 제21조에 따른 연구개발기관에 대한 국가연구개발사업 및 연구개발과제와 관련한 보안대책 및 보안관리 실태점검의 주체는 중앙행정기관이다. 다만, 같은 법 제21조 제5항에 중앙행정기관은 실태점검 등에 대한 업무를 국가정보원에 위탁할 수 있도록 규정하고 있으므로, 업무위탁에 따른 실태점검의 주체는 국가정보원이 된다.

2) 산업기술 유출 및 침해 조사의 주체

「산업기술보호법」 제15조에 따른 국가핵심기술 및 국가연구개발사업으로 개발한 산업기술에 대한 유출 및 침해행위에 대한 조사 주체는 산업통상자원부 및 정보수사기관이며, 「방위산업기술보호법」 제11조에 따른 방위산업기술의 유출 및 침해행위에 대한 조사 주체는 방위사업청장 또는 정보수사기관이다.

3) 대상기관의 산업보안조사 주체

대상기관 산업보안조사의 주체는 기업·연구기관·대학 내에서 보안업무를 담당하는 부서의 최고보안책임자CSO 또는 경영진 주관하에 유관부서(감사, 인사, IT부서) 전문인력으로 구성된 보안사고조사 T/F팀을 구성한 경우에는 T/F팀장이 된다.

다만, 대상기관의 내부사정이나 객관성, 역량 등의 문제로 외부 전문업체에 의뢰하여 보안사고조사를 실시하는 경우도 있다.

3. 산업보안조사의 범위 및 절차

1) 산업보안 실태조사의 범위 및 절차

「산업기술보호법」 제17조 및 같은 법 시행령 제22조에 따라 실태조사를 실시할 경우, 산업통상자원부는 ① 대상기관이 보유하고 있는 산업기술의 보호와 관리 현황, ② 국가핵심기술의 보호조치 및 국가연구개발사업의 보호관리와 관련하여 필요하다고 인정되어 대상기관에 개선을 권고한 경우(산업기술보호법 제13조제1항)에 따른 대상기관의 개선권고의 이행 현황, ③ 대상기관의 보안취약점 점검 등을 실시할수 있다. 이러한 실태조사는 2년마다 실시할 수 있다. 다만, 국가핵심기술의 보호현황을 파악하거나 국가핵심기술을 지정 · 변경 또는 해제하기 위하여 필요하다고 인정하는 경우에는 따로 실태조사를 실시할 수 있다. 또한, 산업통상자원부는 실태조사를 위하여 서면 또는 정보통신망 등의 방법으로 설문조사를 실시하거나 소속 공무원으로 하여금 방문하여 조사하게 할 수 있다

「방위산업기술보호법」 제12조 및 같은 법 시행령 제17조에 따라 실태조사를 실시할 경우, 방위사업청은 ① 대상기관의 방위산업기술 보호체계 구축 · 운영 현황, ② 방위산업기술과 관련된 연구개발사업을 수행하는 과정에서 개발성과물이 외부로 유출되지 아니하도록 연구개발 단계별로 방위산업기술의 보호(법 제8조)에 필요한 대책의 수립 · 시행 현황, ③ 방위산업기술의 수출 및 국내 이전 시 보호(법 제9조)에 따른 수출 및 국내 이전 시 방위산업기술 보호에 필요한 대책 수립 현황, ④ 그 밖에 방위산업기술 보호체계의 구축 · 운영 현황을 파악하기 위하여 실태조사를 할 필요가 있는 사항 등을 조사할 수 있다. 또한, 방위사업청장은 실태조사의 실시와 관련하여 필요한 경우에는 정보수사기관을 포함한 관계 행정기관에게 협조를 요청할 수 있다.

「국가연구개발혁신법」 제21조 및 같은 법 시행령 제47조에 따라 실태점검을 실시할 경우, 중앙행정기관은 실태점검 시기 · 내용 및 방법 등이 포함된 점검계

획을 실태 점검을 하려는 날부터 10일 전까지 점검 대상 연구개발기관의 장에게 통보해야 한다. 실태점검 결과에 따라 개선 조치를 명령받은 연구개발기관은 해당 조치에 따른 결과를 조치명령을 받은 날부터 6개월 이내에 중앙행정기관에게 제출해야 한다.

2) 산업기술 유출 및 침해 조사의 범위 및 절차

대상기관은 일반기술(산업기술 및 국가연구개발사업으로 개발한 기술이 아닌 기술) 또는 부정경쟁방지법에 따른 영업비밀 유출 사건인 경우에는 대상기관이 자체적으로 기술유출 및 침해조사 활동을 수행할 수 있다. 이 경우 산업기술 유출 및 침해 조사에 따른 조사범위는 보안 사고의 유형별에 따라 다르지만 법적인 문제를 고려하여 일반적으로는 산업체 소속 임직원 또는 하청업체 같은 관련 종사자들로 제한한다. 조사장소 역시 사업장으로 제한하여 실시한다. 조사범위는 사건의 개연성과 실체적 진실을 최대한 입증하여 대상기관이 자체적인 징계 또는 법적 대응 단계에 필요한 증거를 수집 제공하는 수준으로 한다. 산업보안조사의 절차는 보안사고 사안에 따라 다르나 아주 긴급한 상황을 제외하고는 보안담당부서는 최고경영자^{CEO}나 최고보안책임자^{CSO}, 보안사고대응 TF팀을 구성한 경우 TF팀장 등의 지시나 결정에 따라 필요한 법률적인 서류(조사동의서) 등을 준비하여 적법한 절차에 따라 해당 부서나 피조사자들의 동의를 얻어서 실시한다.

수사기관의 산업기술 유출 및 침해조사와 관련하여, 산업기술보호법은 대상기관의 임직원에 대한 조사나 수사와 관련하여 대상기관에 그 사실을 통보하는 규정이 없으나, 「국가연구개발혁신법」 제37조에는 검찰, 경찰 등 수사기관이 연구개발기관의 임직원에 대하여 국가연구개발활동과 관련된 사건에 관한 조사나 수사를 시작한 때와 이를 마친 때에는 10일 이내에 해당 연구개발기관과 소관 중앙행정기관에 그 사실을 통보하도록 규정하고 있다. 국가연구개발사업의 연구개발성과의 유출 및 침해사고에 대한 산업보안조사는 수사기관의 수사를 전제로 하고 있음을 알 수 있다.

「방위산업기술보호법」은 방위사업청 또는 정보수사기관이 방위산업기술 유출 및 침해의 확인에 필요한 정보나 자료를 수립하기 위하여 조사대상자(조사의 대상이 되는 법인·단체 또는 그 기관이나 개인을 말한다)에게 출석요구, 진술요구, 보고요구 및 자료제출요구를 할 수 있고, 현장조사·문서열람을 할 수 있다.

표 8-1 _ 방위산업기술 유출 및 침해행위에 대한 출석·진술·보고요구 절차

구분	출석·진술요구서	조사보고요구서	자료제출요구서	현장조사서
기재 사항	1. 일시와 장소 2. 출석요구의 취지 3. 출석하여 진술해야 하는 내용 4. 제출자료 5. 출석거부에 대한 제재 (근거 법령 및 조항을 포함한다) 6.. 그 밖에 해당 조사와 관련하여 필요한 사항	1. 일시와 장소 2. 조사 목적과 범위 3. 보고 하여야 하는 내용 4. 보고거부에 대한 제재 (근거 법령 및 조항을 포함한다) 5. 그 밖에 해당 조사와 관련하여 필요한 사항	1. 제출기간 2. 제출요청사유 3. 제출서류 4. 제출서류의 반환 여부 5. 제출거부에 대한 제재 (근거 법령 및 조항을 포함한다) 6. 그 밖에 해당 조사와 관련하여 필요한 사항	1. 조사목적 2. 조사기간과 장소 3. 조사원의 성명과 직위 4. 조사범위와 내용 5. 제출자료 6. 조사거부에 대한 제재 (근거 법령 및 조항을 포함한다) 7. 그 밖에 해당 조사와 관련하여 필요한 사항

4. 산업보안조사의 한계

산업보안조사 중 산업기술 및 방위산업기술, 국가연구개발성과 등 보호를 위한 실태조사는 행정조사의 성격을 가지고 있으므로 「행정조사기본법」에 따른 행정조사의 절차 및 내용에 따라 실시할 수 있다. 그러나 기술유출 및 침해행위는 관계법령에 따라 범죄로 처벌될 수 있는 만큼, 기술유출 및 침해금지 행위에 대한 조사는 행정조사와는 달리 사법처리를 위한 수사의 직전 단계로 볼 수 있지만 수사기관의 수사와는 구분된다. 따라서 산업보안조사는 수사과정에서 활용할 수 있는 공공정보나 개인정보, 압수·수색 등 수사기법 적용이 어려워 보안사고 경위에 대한 실체적 진실 규명 및 범죄증거 확보에 한계가 있다.

특히, 대상기관의 산업보안조사는 국가사법기관이 행하는 수사와 달리 조사활동에 있어서 여러 가지 제약을 받는다. 첫째, 피조사자들의 공시정보에 대한 접근이 어렵다. 공시정보의 접근 없이는 피조사자에 대한 객관적인 상황을 파악 하는 데 어려움이 있다. 둘째, 피조사자에 대한 인터뷰 조사에 있어서 법적 강제성을 띠우지 않으므로 피조사자의 자발적인 동의 없이는 민감한 내용에 대한 답변을 들을 수 없다. 일반적으로 혐의 가능성이 있는 피조사자의 경우 더욱 더 비협조적이므로 그런 상대를 인터뷰 할 때는 여러 면에서 세심한 주의가 필요하다. 셋째, 개인정보보호법 등 피조사자의 소재파악이 법으로 금지되어 있어서 피조사자의 행방을 직접 찾

아서 조사할 수 있는 여건이 안 된다.

5. 산업보안조사의 특성

대상기관이 실시하는 산업보안조사의 특성은 국가사법기관의 수사업무와는 달리 기업의 이미지와 이익을 먼저 고려하여 행하여지는 데 있다. 특히 기업의 산업보안조사는 국가경쟁력 또는 국가 형사 정의 실현이라는 국익을 고려하지 않고 자체적으로 처리하는 경우가 발생하는데 이러한 경우에 민관의 이해관계에 있어 충돌이 일어나게 된다. 기업의 산업보안조사의 궁극적인 목적은 기업의 경영과 경제활동을 저해하는 요소를 찾아내어 보다 안전한 보안환경을 조성하는 데 있다. 그러므로 세계적인 기업들은 자신들의 브랜드 이미지를 보호하기 위하여 법으로 강제되어 있지 않는 한 국가사법기관의 개입을 먼저 요청하지 않으려는 경향이 있다. 그러한 기업들은 기업내부에 보안전담조직 및 법무조직을 갖추고 있으며, 전직 수사관이나 정보요원들을 대거 스카우트하여 자신들의 문제를 직접 해결하려고 한다. 그러나 기업의 산업보안조사는 정보수사기관이 수행하는 것과는 여러 가지 면에서 차이가 있다.

제4절
산업보안조사가 필요한 사건유형

1. 산업기밀유출

산업보안 분야에 있어서 기업에 가장 큰 피해를 입히는 경우가 산업기밀유출사고이다.[326] 신기술 개발에 주력한 회사가 오랜 시간 동안 연구비와 인력을 투입하여 개발한 제품에 대한 정보를 일순간에 경쟁사에 빼앗기는 일이 발생하는데 이로인한 산업체의 피해는 말할 수 없고 경쟁사가 외국회사인 경우에는 국가경제 전체에 미치는 피해는 이루 말할 수 없기 때문이다.

미국 **NACIC**US National Counter Intelligence Center, 1995가 규정한 산업스파이 행위 방법을보면 공개된 소스 정보활동Open Source Intelligence, OSINT 방법은 "공개 또는 비공개 공공데이터베이스" 이용, "정보원을 채용", "컨설턴트를 통한 민감한 연구 프로젝트 정보수집" 등이 있다. 그리고 때에 따라서는 로비스트를 통해 국회의원이나 정부고위층을 소개받아 중요한 정보에 접근하는 방법을 사용한다.[327]

1996년 리포트에 의하면, OSINT는 주로 입찰경쟁, 에너지 정책, 마케팅 기획, 가격 조정, 입법예고, 세금과 금융에 대한 정책, 기술 전수에 대한 규정 및 무기 판매 및 도입과 관련된 부분에서 많이 활용된다. 정보화 시대(NACIC, 2000)에 들어오면서 이러한 공개적인 정보수집행위OSINT는 광고나 전시일정에 대한 질문으로 위장하여 기업에 직접 이메일이나 공문을 발송하여 필요한 정보를 얻어내는 시도로 바뀌었고 온라인상에 연구 중심의 토론 그룹을 찾아다니면서 정보를 수집하는 행태로

---

(326) ONCIX (2001). CI Reader: An American Revolution into the New Millennium. Office of the National Counterintelligence Executive. [Author(s) unknown despite use of first person singular pronouns; date of publication unclear.] 〈http://www.ncix.gov/issues/CI_Reader/index.html〉

(327) NACIC Report (1995). 〈http://www.ncix.gov/publications/reports/fecie_all/FECIE_1995.pdf〉

바뀌었다.[328]

그 밖에 스파이 행위 활동형태를 보면 2007년 ASIS 특별 보고서 Trends in IntellectualPropertyLoss에 의하면 74퍼센트에 이르는 지적 재산권 침해사건이 "신뢰하는 관계"의 임직원, 퇴직한 직원, 계약업체, 납품업자들에 의해 저질러진다고 한다.[329]

2007년 의회에 보고된 "중국인민공화국의 군사력"이라는 정기 보고서 5장 "군사력 현대화 자원"에서 보면 중국방위사업체들이 어떻게 해외에서 산업정보를 수집해 가는 지 알 수 있다. 첫째 외국에 직접 투자와 조인트 벤처 설립으로 기술을 획득하는 방법, 둘째 학업을 마치고 귀국하는 해외 유학생들을 통해 획득하는 방법, 셋째 국가가 직접 산업스파이를 지원하는 방법들이 나와 있다. 미국 이민국 및 세관당국은 중국을 미국기술을 가장 포괄적으로 유출해 가는 국가로 지목하였으며 2000년 이후 조사에 착수한 불법무기수출 및 기술유출 사건이 400여 건이 넘는다고 했다.[330]

그 밖에 주요센서, 항공, 전자, 무기, 에너지 관련 물질들 역시 산업스파이들의 주요 대상이다. 최근 들어서는 바이오테크, 정보전 기술, 생산과정, 핵시설, 우주공학, 정보통신과 무기 그리고 위에 리스크에 속한 모든 것에 대한 방어기술에 주력하고 있는 추세이다.

2. 회계부정

산업보안조사 차원에서의 회계관련 부정행위는 불법적인 방법으로 돈을 획득하는 것을 말하며 대표적으로 임직원들의 부정행위(매출, 비용, 생산, 매입 관련 부정행위)나 횡령, 리베이트, 뇌물수수, 분식회계 등에 관여한 것을 말한다.[331] 일반적인 회

---

(328) NACIC Report (2000). 〈http://www.ncix.gov/publications/reports/fecie_all/fecie_2000.pdf〉

(329) ASIS (2007). "Trends in Proprietary Information Loss Survey Report." PDF available at 〈http://www.asisonline.org/newsroom/surveys/spi2.pdf〉

(330) CIA - U.S. Central Intelligence Agency (2007). The World Factbook. 〈https://www.cia.gov/library/publications/the-world-factbook/index.html〉 Downloads of current edition in various sizes of ZIP files available from 〈https://www.cia.gov/library/publications/download/

(331) 딜로이트 안진회계법인, "포렌식업무의 이해", 새빛 2008.

계부정사건(자금세탁, 세금포탈, 부정거래, 건강보험사기, 텔레마케팅사기, 테러리스트지원자금 등) 역시도 조사범위에 해당될 수 있다.

3. 지적 재산권 침해

지적 재산권 침해와 관련된 범죄 행위는 음반, 게임, 영화 및 컴퓨터 소프트웨어의 복제에서부터 최첨단 정보통신 기술 그리고 명품 브랜드 등을 복제하여 만든 이른 바 짝퉁 물품에 이르기 까지 다양하다. 지적 재산권 소유자에게는 사용, 배포, 출판 그리고 보호받는 콘셉트, 아이디어나 구성에 대한 제작 및 서비스에 대한 독점적인 권리가 있다. 이러한 권리가 침해받았을 경우에 지적 재산권을 소유하고 있는 사람은 어떻게, 누가, 무엇을 노리고 훔쳤는지에 대한 조사를 개시할 수 있다. 지적 재산권 문제는 전 세계 글로벌 기업들의 가장 초관심사라고 할 수 있고 이러한 문제에 대처하기 위해 많은 경비가 사용되고 있다.[332]

4. 자산손실

모든 산업체들은 내외적으로 절도, 사기, 조직적인 범죄 행위 등으로 기업이 소유하고 있는 여러 종류의 자산에 대한 손실이 오는데 이는 주로 내부인이 외부인과 결탁하여 범죄행위를 꾸미는 경우가 많고 이에 대한 보안문제는 언제나 기업의 중요한 문제로 여겨졌다. 일반적으로 자산손실이라 함은 주로 유형 · 무형의 물품 · 재화나 권리와 같은 가치의 구체적인 실체가 손실되는 것을 말한다. 최근 들어서는 기업이 보유하고 관리하는 네트워크까지도 자산으로 보고 있다. 전 세계 기업 77퍼센트가 데이터손실 경험이 있다고 알려졌다.[333]

---

(332) 지적 재산권보호센터 2011. http://www.kaia.or.kr/ippc/ppc_agency01.html

(333) 구윤희. (2011). "전세계 기업 77퍼센트가 데이터손실 경험있다", 아이뉴스24, 2011년 6월 10일. http://news.inews24.com/php/news_view.php?g_serial=580853&g_menu=020200

5. 컴퓨터 운영체계 및 시스템 침해

정보통신기술의 발달로 인해 모든 비즈니스 활동이 컴퓨터 시스템과 인터넷에 의존하여 이루어지고 있는 가운데 산업체의 가장 중요한 무형자산인 기업정보와 영업비밀을 저장하는 컴퓨터 운영체제 또는 네트워크 시스템에 대한 침해사고는 외부로 부터의 침입에 의해 발생할 수 있는 피해 중에 가장 치명적이다. 이러한 침해사건은 외부로부터 내부의 산업기밀을 훔쳐 내기 위한 방법으로 활용되고 있기에 모든 기업들이 이러한 침투에 대비하고자 정보통신시스템보호를 위해 많은 노력을 기울이고 있다.

제5절
산업보안조사 전략 응용

1. 산업보안조사 대상

산업보안조사 대상은 산업체 내의 모든 직원과 그 산업체와 관계를 맺고 있는 계약 업체 직원 중에서 산업보안 문제 발생과 관련하여 직접적인 관계가 있거나 참고인으로써 사건에 대한 조사에 필요한 정보를 제공할 사람으로 정한다.

2. 산업보안조사 장소

산업보안조사 장소는 피조사자가 불편을 느끼지 않도록 피조사자의 사무실이나 회의실에서 편안하게 진행되어야 피조사자로 하여금 더 많은 내용을 자연스럽게 들을 수 있다. 보안실 같은 곳에서의 조사는 피조사자로 하여금 마치 혐의를 받아 곧 어떤 법적 절차가 진행될 수 있다는 불안감을 줄 수 있기에 조사자가 원하는 질문에 대한 답변을 듣기가 어려울 수 있다.

3. 산업보안조사 시기

산업보안조사 시기는 크게 두 가지로 나누어질 수 있는데, 첫째 사고가 발생한 직후에 절차에 따라 사고에 대한 사후처리를 위해 행하는 것이 있고, 둘째 사고 여부의 인지와 관계없이 정기적 또는 부정기적으로 취약할 것이라고 생각되는 부서 또는 장소에 대해 실시할 수 있다.

4. 산업보안조사 방법

1) 인터뷰 조사

산업보안조사의 가장 기본적인 단계는 관련자에 대한 "인터뷰"이다. 영미권 사법기관에서는 인터뷰interview와 인터로게이션interrogation을 구분지어 인터뷰는 인터로게이션을 행하기 전에 좀 더 캐주얼하게 행하는 사전 심문의 개념으로 소개하고 있는데,(Inbau, Reid, Buckley & Jayne, 2004) 민간 분야에서는 법적 구속력을 가지고 행하는 것이 아니므로 "인터뷰" 그 자체가 포괄적인 심문이라고 해도 과언이 아니다. 하지만 법적인 구속력이나 강제성을 동반하지 않고 행하는 것이기 때문에 인터뷰 방식에 있어서 조사관의 역량과 경험이 아주 중요하다. 외국에서는 전직 정보요원이나 수사요원이 민간 분야의 조사관으로 활동을 많이 하고 있어 우리나라에서 염려하는 것과 같은 문제는 덜하다.

인터뷰의 가장 핵심은 중요한 정보의 수집에 있다. 인터뷰를 통해서 조사관은 조사하는 내용과 행위에 대한 정보를 도출해 내어야 한다. 예를 들어 조사내용을 통해 용의자와 피해자의 관계 그리고 용의자의 알리바이 또는 범죄현장 출입을 밝혀낼 수 있다. 그러므로 조사관은 인터뷰하는 동안 피조사자가 인터뷰 질문에 어떻게 반응하는지 자세히 관찰하여야 한다. 피조사자의 앉은 자세, 시선접촉, 얼굴표현 그리고 단어의 선택 등을 통해 피조사자가 진실을 말하는 지를 알 수 있다. 궁극적으로는 이러한 인터뷰 과정을 통해 조사관이 피조사자에 대한 신뢰도를 측정할 수 있다.

국가사법기관에서와는 달리 인터뷰 자체가 어느 정도 심문의 성격을 가지고 있기에 조사관은 피조사자에 대한 인터뷰를 준비함에 있어서 치밀한 준비가 필요하다. 다음은 조사관이 인터뷰를 행함에 알아 두어야 할 점들이다. [334]

---

(334) Inbau, F., Reid, J., Buckley, J & Jayne, B. (2004). Criminal Interrogation and Confessions. Sudbury: Jones and Bartlett Publishers.

(1) 조사관은 인터뷰 전에 모든 알려진 상황에 대한 이해가 필요하고 범행 환경에 대한 정보도 알고 있어야 한다.

(2) 조사관은 인터뷰를 행할 때 가장 범죄관련성이 없는 사람부터 시작하여 관련성이 많은 사람으로 진행되어야 한다.

(3) 피해자가 있는 범죄에 있어서는 피해자에 대한 인터뷰가 가장 먼저 실시되어야 한다. 특히 제3의 목격자나 증인이 없는 범죄에 대해서는 피해자의 증언이 범죄를 입증하는 가장 중요한 단서가 된다.

(4) 정황적 증거나 물증이 특정인을 지목한다면 대체로 그 특정인이 범행을 저지른 사람이라고 볼 수 있으므로 이를 염두에 두고 인터뷰를 행하여야 한다. 인터뷰 전에 피조사자의 어떠한 직장 내 또는 사회적 지위나 배경이 조사관에게 선입감을 주어서는 안 된다.

(5) 때에 따라서는 사건의 최초 신고인이나 최고경영진이 관련되어 있을 거라는 가능성 또한 염두에 두어야 한다.

2) 공공자료 조사

공공자료 조사는 피조사자의 대한 정보를 공공 정보망을 통해 알아보는 것으로 범죄사실 입증에 필요한 개연성을 밝혀낸다거나 범죄사실을 입증할 수 있는 증거를 찾아내는 데 필요한 조사이다. 일반적으로 공시정보라고 하면 아래와 같은 정보들을 말한다.[335]

(1) 범죄기록	(2) 법원기록
(3) 세무기록	(4) 법인설립기록
(5) 금융감독원 등록서류	(6) 차량등록정보
(7) 미디어정보	(8) 기업관련 재무, 경영, 주주관계 정보
(9) 보유자산정보	(10) 인맥정보
(11) 학력정보	(12) 경력정보
(13) 연금 및 건강보험정보	(14) 인터넷사이트 가입정보

---

(335) 딜로이트안진회계법인, 포렌직 업무의 이해, 새빛에듀넷, 2008, pp.133-134.

앞에 열거된 공시정보 중에 대부분은 「개인정보 보호법」에 의해 정보의 접근이나 획득이 민간 분야에서는 사실상 어려운 것이 현실이다. 산업보안조사가 활발하게 이루어지려면 정부 정보데이터에 대한 접근이 허용되어야 할 것이다. 우리나라보다 산업보안이 발달한 국가에서는 산업보안 관련회사들이 이러한 개인정보에 합법적으로 접근이 가능하기 때문에 어려움 없이 산업보안조사를 행할 수 있는 것이다.

3) 현장조사

산업보안조사에서 현장조사는 실질적으로 산업보안과 관련된 사건이 발생하였을 때 그 사건의 현장에 대한 조사행위를 말하는 것인데 앞에서 설명한 바와 같이 산업보안과 관련된 사건의 장소는 기업체의 사무실, 공장, 도·소매업장, IT 보안부서 등 다양하므로 어느 특정한 곳을 배경으로 한 현장조사 매뉴얼은 존재하지 않는다. 그러나 현장조사가 필요한 사건은 주로 기업의 유형적인 자산 손실이 발생한 사무실이나 공장 같은 곳이기에 범인이 현장을 침투 및 탈출한 상황을 파악하기 위해서 CCTV자료 판독, 출입기록조회, 통신자료 등을 조사하여 용의자를 가려내고 현장에서의 물리적인 증거에 대한 수집과 촬영 등을 통해 법률적인 조치를 취할 사전 준비를 한다. 컴퓨터 시스템이나 네트워크 침해 사고에 대해서는 디지털포렌식 기법을 이용한 현장조사를 해야 할 것이다. 일반적으로 현장조사를 하는 이유는 피조사자에 대한 인터뷰와 공시정보를 토대로 사실 관계를 확인하고 거기에서 얻어진 정보들 간의 관계를 알아보고 범죄사실을 확인하기 위해서 행하는 것이다. 현장조사에서 유의할 점은 영장 없이도 출입이 가능한 곳에서만 조사에 임해야 한다는 것이다.

4) 디지털 포렌식

정보통신기술의 발달로 인해 모든 비즈니스 활동이 컴퓨터 시스템과 인터넷에 의존하여 이루어지고 있는 가운데 산업체의 가장 중요한 무형자산인 컴퓨터 운영체제 또는 네트워크 시스템에 대한 침해사고에 대한 조사는 가장 중요한 보안 영역으로 받아들여지고 있다. 이러한 조사에 사용되는 기법을 디지털 포렌식이라고 한다. 디지털 포렌식이란 범죄에 사용된 개인 컴퓨터, 서버 등의 시스템이나 전자장비에서 수집할 수 있는 디지털 증거물에 대해 과학적으로 수집, 분석하고 발견된 범죄 관련 디지털 데이터를 복구, 조사하는 활동으로서 범죄사실을 입증하기 위해서 디지털 증거가 법적인 효력을 잃지 않도록 증명하는 것이다.[336] 디지털 증거는 일반 범죄를 입증하는 것뿐만 아니라 고도화되고 지능적으로 발전하는 해킹 범죄를 입증하는데 그 필요성이 커지고 있어, 디지털 포렌식 기술도 그에 따라 전문적으로 연구 발전하고 있다. 컴퓨터에 존재하는 숨겨져 있는 정보를 찾아내는 기술 또한 디지털 포렌식의 핵심이다. 특히 국가사법기관 수사의 큰 비중을 차지하는 기업 관련 범죄에서 "디지털정보증거"는 수사증거의 대부분을 차지하고 있다. 그러므로 재판부에서는 좀 더 객관적이고 신뢰할 수 있는 디지털 정보증거 확보에 대한 투명성과 적법한 절차에 대해 강조하고 있다. 이러한 요구는 산업보안조사에서도 마찬가지이다. 실제 산업보안조사 결과가 재판으로까지 갈지 안 갈지의 여부와 관계없이 신뢰할 만한 정보의 획득은 조사에 있어서 기본이다.

가. 디지털 포렌식 절차

디지털 증거에 대하여 적용되는 일반적인 디지털 포렌식 절차는 〈그림 8-2〉에서 보는 것과 같이 크게 "증거수집, 증거보존, 증거분석, 문서화, 법정제출" 다섯 단계로 구성된다.

그림 8-2 _ 디지털포렌식 절차

다섯 단계의 과정을 거쳐 증거로 제출된 디지털 자료는 법정에서 범죄의 사실을 증명하는 유용하게 사용된다. 다양한 정보가 저장되어 있는 디지털 매체의 데이터에서 범죄의 사실을 증명하는 증거를 찾기는 매우 어렵다. 특히 범죄자가 해당 디지털 매체에 대하여 전문가적 지식을 가지고 있는 경우 자신의 범죄행위를 은닉하기 위해서 수단과 방법을 가리지 않을 것이다.

디지털 포렌식 전문가, 연구자 또는 관련 교육을 받은 사람에게는 다양한 분야의 이해와 폭넓은 사고 등이 요구된다. 증거수집단계에서는 범죄에 사용된 대상 디지

---

(336) Sans (2001). "Interesting in learning more about security?". http://www.sans.org/reading_ room/whitepapers/incident/developing-computer-forensics-team_628

털 매체를 압수하여 원본 데이터에서 사본 데이터를 생성하거 휘발성 메모리의 내용을 저장, 백업 데이터 검색 등의 다양한 수집 방법을 포함하고 있다. 증거물을 획득하는 과정에서 실수로 증거물을 훼손하거나 변경해서는 아니 된다.

따라서 증거의 수집 과정에서는 원본 데이터의 무결성을 유지하기 위해서, 데이터 이미징 절차 또는 범죄에서 사용된 디지털 매체의 시간 확인, 실행 중인 프로세스 확인 등의 과정이 필요하다. 디지털 증거가 될 수 있는 대상은 하드디스크에서 삭제된 데이터 및 변경된 데이터, 암호 파일 및 숨겨 놓은 파일 등 매우 다양하다. 또한 휘발성 메모리에 존재하는 임시파일, 백업 데이터를 저장해 놓은 CD/DVD나 서버의 각종 로그 기록 및 IP 기록 등도 증거의 대상이 될 수 있다. 이러한 증거의 대상들에서 증거를 획득하기 위해서는 다양한 방법이 필요하다.

디지털 증거를 보호하기 위해서는 범죄자의 자료 삭제 · 파괴 행위 방지 및 범죄현장 범위의 구분과 경계선을 수립하는 과정 등이 현장에 도착하자마자 이루어져야 한다. 전문가는 현장 수색 및 시스템을 파악함으로써 관련 시스템과 증거를 수집할 수 있는 시스템 목록을 작성하게 되어 있다. 수사자가 도착하기 전 사라질 가능성이 있는 증거가 있다면, 카메라나 메모를 통해서 현장을 기록해야 한다. 수색영장이 허용하는 범위에서 모든 하드웨어, 소프트웨어, 메모, 로그, 주기억장치, 보조기억장치 등을 정밀 수색해야 한다.

법원에서 제출한 디지털 증거가 무결성을 가지며, 증거수집과정이 적법절차를 거쳐 이루어졌음을 입증할 수 있어야 한다. 각종 증거 수집 도구들은 법원에서 인정을 받았거나, 기능에 대한 명세가 명확한 도구여야 한다. 증거수집과정을 비디오로 녹화할 때 사용되는 카메라는 조작 의혹을 없애기 위해 아날로그 또는 전자서명 및 워터마킹이 가능한 디지털 카메라를 사용해야 한다. 증거보존단계는 수집한 증거를 안전하게 보존하는 단계이다. 보존 절차를 명백하게 하려면 증거물보관사항에 대해서는 모두 문서화하는 것이 필요하다. 현장에서 수집된 증거가 법정에 제출될 때의 시점까지 거친 경로, 담당자, 장소, 시간 등을 기록하여 연계 보관이 가능하도록 해야 한다. 증거의 무결성 증명을 위해서는 증거 담당자 목록을 통하여 최초 수집자로부터 법정 제출자까지 담당자를 명확하게 명시해야 한다. 하드 디스크 등의 기록매체는 물리적인 증거이지만 내부 정보는 외관 확인만으로는 증거물의 상태를 확인할 수가 없다. 특히 디지털 증거는 변형, 조작, 대체, 삭제가 쉽기 때문에 각 인수인계 단계마다 검증을 해야 한다. 만약 검증 과정에서 증거물의 변형을 확인되었다면, 그 원인을 파악하고 이를 연계 보관목록 Chain of Custody Record에 명시한 다음에 증거물 담당자가 해당 내용을 법정에서 증언을 해야 한다.

증거분석 단계는 수집한 증거를 분석하는 단계이며 다양한 기법이 활용된다. 증거를 분석하기 위해서 우선 수집 과정에서 복사한 사본들을 이용하여 파일을 확인한다. 확인 과정에서 범죄의 증거를 발견하게 된다면, 파일의 확인 과정이 어떻게 이루어졌는지에 대하여 문서화한다. 발견된 증거는 원본의 데이터에 직접 접근하지 않았기 때문에 무결성을 증명할 수 있다. 증거분석에는 디스크 브라우징, 데이터 뷰잉, 파일 복원, 교정, 검색, 발견, 복호화 등의 기술이 요구된다.

그림 8-3 _ **증거분석 기술**

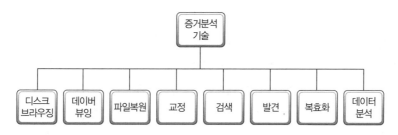

이렇게 수집된 증거를 보존하고 분석하는 과정을 거친 증거는 각각 어떠한 과정을 거쳤는지 문서화할 필요가 있다. 이러한 문서화 작업은 증거물의 획득과정을 알수 있도록 하여 증거로 채택되었을 때 증거물로써의 타당성을 제공해야 한다. 특히 증거의 수집, 분석과정을 전문가가 검증할 수 있는 방안으로 증거가 조작되지 않은 것을 증명할 수 있어야 한다. 디지털 증거물은 생성이 용이하기 때문에 실수가 있는 경우 정당한 증거물임에도 불구하고 의심받을 수 있는 여지가 매우 많다. 그러므로 일련의 과정이 명백할 수 있도록, 문제가 발생하지 않기 위해 문서화 작업이 필요하다. 보고서를 읽게 되는 법관, 배심원, 변호사 등은 디지털 매체에 대한 기본 지식이 부족한 경우가 대부분이기 때문에, 누구나 알기 쉬운 형태로 작성되어야 한다. 증거수집, 증거보존, 증거분석 등의 과정을 육하원칙에 따라 명백하고 객관성 있게 기제해야 한다. 예상하지 못한 사고로 데이터가 유실되어 변경이 생겼을 경우 증거 담당자 목록에 이를 명확히 기제하고, 범죄 혐의 입증에 무리가 있는지 없는지를 논리적으로 설득할 수 있어야 한다.

디지털 증거를 디지털 포렌식 서비스 업체 또는 전문가에게 상담을 의뢰하였다면, 그 결과를 전문가 소견서 형태로 제출하고, 전문가를 법정에 참고인으로 출석

할 수 있게 하여야 한다.[337]

나. 디지털 포렌식 유형

디지털 포렌식은 산업보안조사의 가장 기본적인 조사방법 중에 하나로 네트워크, 인터넷, 데이터베이스, 모바일 기기, 휘발성 메모리 등 다양한 곳에 존재하는 디지털 증거를 찾아내는 조사 기법 중에 하나이다. 다음은 디지털 포렌식의 세분화된 영역이다.

디스크 포렌식　디스크 포렌식이란 하드디스크, 플로피디스크, CD^{Compact Disk}, DVD^{Digital Versatile Disc}, USB^{Universal Serial Bus} 메모리 등 비휘발성 저장장치로부터 증거를 수집하고 분석하는 포렌식 분야이다. 이 기법은 범죄자에 의하여 파괴된 하드디스크 복구와 정상적으로 동작하는 하드디스크에서 삭제된 파일을 복구하거나 숨겨진 파일을 찾아내는 것이다. 산업기밀유출 사고의 대부분이 임직원이 이러한 비휘발성 저장장치를 이용하여 상대방에게 전달하는 것이므로 이 포렌식 기법은 아주 유용하게 쓰인다. 디지털 포렌식 영역 중에서 가장 널리 사용되는 기법이다.[338]

네트워크 포렌식　네크워크 포렌식은 네트워크를 통하여 전송되는 데이터나 암호 등을 특정도구를 이용하여 가로채거나, 서버에 로그 형태로 저장된 것을 접근하여 분석하거나, 에러로그, 네트워크 형태 등을 조사하여 단서를 찾아내는 포렌식 분야이다. IP^{Internet Protocol} 헤더는 발신지 IP, 목적지 IP 정보를 포함하고 있고, 데이터링크 헤더는 하드웨어 주소^{MAC address}를 포함하고 있다.

네트워크의 관문 역할을 하는 라우터에는 라우팅 테이블, ARP^{Address Resolution Protocol} 캐시 테이블, 로그인 사용자, TCP^{Transmission Control Protocol} 연결 관련 정보, NAT^{Network Address Translation} 관련정보 등이 존재하기 때문에 산업보안조사에 있어서 네트워크 침해사건이 발생할 때 사용하는 기법이다.[339]

이메일 포렌식　이메일 포렌식이란 이메일, 메신저 등에서 증거를 수집하여 분석

---

(337) 류보라, "산업보안 수사를 위한 디지털 포렌식 연구동향 메타분석", 중앙대학교 대학원 석사논문, 2017.2.

(338) 김계관, "하드 디스크 복원 프로그램 동작분석과 삭제된 인터넷 접속 기록의 복원", 디지털 포렌식 연구, 제1권 제1호, 2007.11, pp.105-121; 이채홍, 손상된 데이터를 갖는 손상된 디렉터리 정보로부터 데이터 복원 방법 및 이를 저장한 컴퓨터가 판독 가능한 기록 매체, 특허청, 특허번호 308873; Brian Carrier, File System Forensic Analysis, Addison Wesley Professional, 2005.

(339) 전상덕 홍동숙 한기준, "디지털 포렌식의 기술 동향과 전망", 정보화 정책 13권 4호, 2006. p.43.

하는 영역이다. 메일 발신자 추적, 메일 검색, 삭제된 메일 복구 등의 기술이 주로 활용된다. 압수수색 시에 수신자의 수신여부에 따라 법적 해석도 달라질 수 있다. 최근 들어 외국기업이나 대기업에서는 외부로 발송하는 이메일의 용량을 제한하여 정보유출을 막으려고 노력하고 있으나 그럼에도 불구하고 이메일이나 메신저를 통한 정보유출은 심각한 수준이므로 산업보안 조사에 있어서 이메일 포렌식 역시 직원들의 동향을 감시하는 중요한 도구가 된다.

웹 포렌식 웹포렌식은 인터넷을 제공하는 웹www, FTP File Transfer Protocol 등 인터넷 응용 프로토콜을 사용하는 분야에서 증거를 수집하는 것을 말한다. 불법행위를 한 용의자를 추적하기 위해 사용되는 웹 히스토리 분석, 전자우편 헤더분석, IP 추적 등의 기술을 이용하여 증거를 수집한다. 게시판에 불법 정보를 게시하거나, 명예훼손적인 내용의 글을 올린 범죄혐의자 추적, 전자메일 발신자 추적, 인터넷 서핑 내역 추적 등을 위하여 웹 서버나 메일 서버, WAS Web Application Server 등의 서버를 분석하는 작업이 필요하다.[340]

모바일 포렌식 모바일 포렌식은 스마트폰, PDA, 전자수첩, 디지털 카메라, MP3 플레이어, 캠코더 등 휴대용 기기에서 필요한 정보를 압수하여 분석하는 포렌식 분야이다. 산업보안조사 차원에서 보면 외부인들이 이러한 소형기기를 불법으로 반입하여 산업기밀사항을 촬영하거나 담아 나가는 사례가 빈번하게 일어나고 있다. 워낙 소형이다 보니 은닉이 간편하고 증거 은닉도 쉽다는 장점이 있다. 모바일기기는 일단 디지털 포렌식 기법과는 다른 기법으로 분석해야 하기에 이러한 모바일 포렌식 기법의 발달이 절실하다.[341]

---

(340) 이상복, "디지털 포렌식 업무의 법 제도적인 개선방향", 서강법학연구, 2008. p.149.

(341) 김근우, "휴대폰 플래쉬 메모리 데이터 수집", 제1회 안티 포렌식 워크샵, 2007; 백은주, 성진원, 이상진, "휴대폰 증거수집 방안," 제1회 안티 포렌식 대응기술워크샵, Vol. 1, pp.7-11, 2007; 성원진, 김권엽, 이상진, "국내 휴대폰 포렌식 기술 동향", 정보보호학회지, 제18권 제1호, 2008.2, pp.62-69; 성진원, 백은주, 박창욱, 김역, 이상진, "휴대폰 데이터 분석을 위한 도구 설계 및 구현 : Mobile Data Analyzer", 디지털 포렌식 연구, 제1권 제1호, 2007.11, pp.63-78; Ing. M.F. Breeuwsma, "Forensic imaging of embedded systems unsing JTAG(boundary-scan)", Digital Investigation (2006) 3, pp.32-42, 2006; Fabio Casadei, Antonio Savoldi, Paolo Gubian, "Forensics and SIM cards: an Overview", International Journal of Digital Evidence, Vol. 5, Fall 2006; Wayne Jansen, RickAyers, "Guidelines on PDA Forensics", Special Publication 800-72, NIST, Nov. 2004; Wayne Jansen, RickAyers, "Guidelines on Cell Phone Forensics", Special Publication 800-101, NIST, May 2007; Barrie Mellars, "Forensic examination of mobile phones", Digital Investigation(2004), Vol. 1, pp.266~272, Nov. 2004.

소스코드 포렌식 필적 감정과 유사하게 프로그램의 소스코드 유형을 보고 최초 작성자를 구분하는 영역이다. 만일 어떤 컴퓨터에서 프로그램을 개발했었다면 남겨진 흔적들을 조사하여 그 소스코드와 실행프로그램과의 상관관계를 분석할 수도 있게 된다. 산업보안조사에 있어서 정보의 생성 및 유출까지의 경로를 파악하기 위해서는 소스코드 포렌식 기법이 꼭 필요하다. 특히 지적 재산권과 관계된 소프트웨어 복제에 관한 것을 조사할 때 유용하게 사용된다.[342]

멀티미디어 포렌식 멀티미디어 파일을 이용한 정보은닉steganography 방법과 은닉된 정보를 추출하는 방법, 정보가 은닉된 파일을 찾아내는 방법을 말한다. 산업보안조사에 있어서 이러한 은닉한 정보를 찾아내는 것이 가장 큰 관건이다. 기업의 산업기밀 유출을 방지하기 위한 보안정책을 일부에서는 유출할 정보를 은닉하는 데 사용하기 때문이다.[343]

데이터베이스 포렌식 데이터베이스의 침해에 관한 탐지 및 증거수집, 증거로 수집된 데이터베이스로부터 변경 및 삭제된 정보, 사용정보 등을 복구하고 찾아내는 과정에 대한 포렌식 기법이다. 기업의 경우 모든 데이터는 개인용 컴퓨터와 정보 시스템 부서의 대형 시스템 내에 저장되어 있다. 산업보안조사에서 임직원 회계부정, 횡령 등을 조사할 때 필요한 기법이다.

5. 산업보안조사 실무

1) 산업기밀유출조사

산업기밀유출 조사는 산업보안조사에 있어서 가장 핵심적인 분야라고 할 수 있고 가장 어려운 기법들이 동원 되어야 하는 분야이기도 하다. 그러므로 이러한 사건

---

(342) 방효근, 신동명, 정근태, "소프트웨어 포렌식: 프로그램 소스코드 유사성 비교 및 분석을 중심으로," 디지털 포렌식 연구, 제1권 제1호, 2007. 11, pp.45−62.

(343) Niels Provos, Peter Honeyman, "Hide and Seek : An Introduction to Steganography," IEEE SECURITY & PROVACY, pp.32~44, May 2003; A. Sarkar, K. Sullivan and B. S. Manjunath, "Steganographic Capacity Estimation for the Statistical Restoration Framework" Proc. SPIE − Security, Steganography, and Watermarking of Multimedia Contents (X), San Jose, California, Jan. 2008.

에 대해서는 이제까지 국가정보기관이나 사법기관이 직접 나서서 활동해 왔다.

대부분의 산업기밀유출사고는 앞서 소개된 장에서도 설명하였듯이 내부인에 의한 사건이 가장 많고 그러한 이유에 있어서는 경쟁사의 뇌물이나 고액 연봉의 스카웃 제의 때문이 가장 많이 나타나고 간혹 기밀유출 담당자 자신이 직접 회사를 설립하기 위해서도 이러한 범행을 저지르기도 한다. 산업기밀유출사건은 용의자 범위를 아주 극소수로 줄일 수 있기에 대부분의 범행 관련자들은 국외 도피를 계획하고 있는 것이 전반적인 추세이다. 만약 산업기밀과 함께 범행 용의자가 국외 도피를 하게 된다면 이미 외국 정부나 기업에 기밀이 넘어간 후에 조사가 이루어지기 때문에 범인을 형사처벌하는 것 외에는 실익이 없다. 그러므로 예방적 차원의 산업보안조사가 상시 산업체의 보안 상태를 점검·유지하여야 한다.

2) 회계부정사건조사

국가사법기관이 행하여 온 범죄현장분석, 물리적 증거수집, 지문판독, 목격자진술 등의 전형적인 수사방법은 회계부정사건 조사에는 합당하지 않고 더 높은 수준의 전문적인 수사나 조사기법이 필요하다. 이러한 사건에 대해서는 회계법인의 포렌식 회계사들이 일반 수사관들보다는 더 적합하다고 할 수 있다. 포렌식 회계사들은 분쟁조정 및 법률소송지원, 재무재표분석, 부정조사, 기업가치평가 및 포렌식 가치평가에 대한 서비스를 제공한다. 그들은 고객이 요구하는 사실 발견 서비스 Valus Added Factual Finding Service를 제공하여 고객의 긍극적인 판단 및 결정을 지원한다.[344]

일반적으로 회계부정사건조사라 함은 크게 세 가지 범죄에 대한 것으로 첫째, 회사 직원, 회사 임직원 이외의 당사자에 의한 회사 자산의 유용, 횡령이다. 둘째, 내부직원 및 외부인에 의한 부정이다. 셋째, 경영자에 의한 분식회계, 자산횡령, 유용이다. 이러한 범죄에 대해서는 포렌식 회계사의 전문성 없이는 접근하기 어려운 분야이다. 그러므로 국가사법기관에서도 기업에 대한 수사를 할 때 회계사들의 지원을 받아 하고 있다. 산업보안조사 차원에서 이러한 조사를 하기 위해서는 사내 회계사들이나 외부포렌식 전문가의 도움을 받아 조사에 임하는 것이 필수적이다. 포렌식 어카운팅을 이해하기 위해서는 거기에 관련된 샤베인즈 옥슬리법, 미국해외부

---

(344) 딜로이트 안진회계법인, 포렌직 업무의 이해, 새빛에듀넷, 2008, p.26.

정방지법Foreign Corrupt Practices Act: FCPA, SEC Final Rule, 한국 「주식회사의 외부감사에 관한 법률(약칭: "외감법")」 등의 법률을 잘 이해하고 있어야 한다.[345]

회계부정사건에서 해외 은닉 자금의 추적 및 회수와 관련된 조사업무의 절차는 아래와 같다.[346]

1단계: 대상에 대한 전반적 정보 전달 및 위치 추적

2단계: 대상에 공시정보 조사

3단계: 자산회수 지원에 대한 구체적인 계획수립

4단계: 대상 자산 및 자금 흐름에 대한 분석을 통한 구체적인 증거수집

   1. 회계재무기록검토

   2. 자금흐름분석을 통한 원본자산의 확인

   3. 확인된 자산의 동결

5단계: 확인된 자산의 회수지원

   1. 몰수

   2. 자산의 본국 송금

---

3) 지적 재산권 침해조사

미국 IPR 센터에 의하면 이러한 지적 재산권 침해사건 조사에는 입체적인 접근이 필요한데 첫째, "조사"의 목적은 위조품을 생산하고 유통하는 범죄조직에 대한 확인, 방해, 기소, 해체에 있다. 둘째, "통상금지"의 목적은 위조품이나 해적물들에 대한 집중 단속을 통해 공급망과 시장, 거리에서 자취를 감추게 하는데 있다. 셋째, "직무교육과 교류"—국내외 법집행 기관들의 긴밀한 네트워크가 중요하다.[347] 산업보안조사 측면에서도 위의 세 가지 접근법을 응용하여 지적 재산권 침해 문제에 대응 할 수 있다.

지적 재산권에 대한 콘셉트가 너무 복잡하여 소송을 하는 검사나 변호사들 역시 특허 분야 전문변호사가 아닌 한 변리사의 도움을 받아 진행한다. 지적 재산권 문제

---

(345) 딜로이트 안진회계법인, 포렌직 업무의 이해, 새빛에듀넷, 2008, p.118.

(346) 딜로이트 안진회계법인, 포렌직 업무의 이해, 새빛에듀넷, 2008, pp.133-137.

(347) 미국지적재산권센터. (http://www.ice.gov/iprcenter/, 2011).

는 산업기밀유출과 밀접한 관계를 갖고 있는 경우가 많고 이러한 사실을 증명하기 위해 산업보안조사 부서의 증거 확보가 손해배상청구 소송에 있어서 가장 중요한 역할을 한다.

4) 자산손실피해조사

모든 산업체들은 내외적으로 절도, 사기, 조직범죄 등으로 부터의 자산손실 피해를 입는다. 그리고 이러한 범죄가 증가 할 때 자산보호 위주로 하는 경영방침은 아주 중요한 역할을 한다. 자산손실 피해조사에 있어서는 회사의 보안과 운송에 관련된 취약점을 회사 소유의 창고에서부터 영업장까지 파악해야 한다. 왜냐하면 자산의 손실이 주로 야간이나 운송 중에 발생하는 경우가 많기 때문이다. 이러한 조사에 있어서는 평가와 조사, 감시, 위장요원 침투 등의 방법이 동원되며 여기에서 얻은 결과를 토대로 내 외적으로 취약한 문제를 경영진에 보고하여 시정 조치를 취하게 하고 또 형사처벌을 위한 증거로도 사용하게 한다.

자산손실 피해조사에서 가장 어려운 부분은 회사 외부에 대한 조사이다. 일반적으로는 외부고객에 대한 조사로 제한된다. 임직원들은 회사의 구성원으로서 조사에 협조하여야 한다. 그러나 고객은 입장이 다르다. 그러므로 도소매점에서 체포된 현행범이 아니면 직접적인 조사가 어렵다. 그밖에 주요 조사영역으로는 프렌차이즈 업체에서의 피해조사, 사기로 인한 피해조사, 규정과 운영감사절차에 대한 평가에 있다.

5) 컴퓨터 시스템 및 네트워크 침입조사

산업보안조사에 있어서 컴퓨터 시스템 및 네크워크 침입에 대한 조사는 다른 사건의 조사와는 달리 앞에서 언급한 바와 같이 디지털 포렌식 기법을 통해서 조사한다. 컴퓨터 시스템이나 네트워크에 대한 외부 침입이 발생한 경우, 다음과 같은 주요 사항에 대한 점검을 통해 시스템 침입을 조사할 수 있다.[348]

---

(348) 사이버포렌식 전문가 협회, 2010.

① log에 의해 생성된 파일 조사

② last 및 프로세스 로그, 시스템 보안 로그 파일을 조사

③ 검색명령어를 통해 주요 파일의 권한이 변경되었는지를 확인(setuid, setgid)

④ 시스템 명령어 파일이 변경되었는지 확인(ls, dir, passwd 등)

⑤ 네트워크 모니터링 도구가 불법적으로 이용된 시스템이 있는지 확인(snoop, tcpdump 등)

⑥ 작업스케줄 프로그램에 의해 불법적으로 실행되는 파일이 있는지 확인(cron, at)

⑦ 불법적인 서비스가 없는지 확인(services.msc, /etc/ inetd.conf)

⑧ 주요 패스워드 파일이 변경 되었는지 확인(sam 파일, /etc/ passwd,/etc/shadow)

⑨ 네트워크 configuration 파일에 불법적인 내용이 없는 지 확인(rhosts, /etc/ hosts. Equiv)

⑩ 시스템에 침입자가 사용할 만한 프로그램이 hidden 파일로 존재하는지 확인

⑪ 동일한 네트워크상에 연결되어 있는 시스템도 같이 확인(network 동유 폴더, 동일 Domain controller 내 시스템)

제6절
산업보안조사 전문인력관리

1. 산업보안 조사관 선발

1) 신입 조사관

신입조사관은 기업의 산업보안을 담당하는 부서에서 공개채용을 통해 채용 한 후에 필요한 교육을 통해 산업보안조사 인력으로 양성할 수 있다. 이때에 신입조사관 후보에 대한 자질 등에 대한 사전 스크리닝이 필요하다. 산업보안조사관이 되려면 기본적으로 아래와 같은 조건을 갖추어야 한다.

• 인내력	• 독립적인 결정력
• 체세술	• 합리적인 의심
• 행동분석력	• 직감
• 법률적 지식	• 에너지
• 커뮤니케이션 능력	• 연기력
• 오픈 마인드	• 정보분석력
• 긍정적 사고방식	• 창의성
• 성실성	

아무리 후천적인 교육과 훈련이 중요하다 하더라도 타고난 감각 또한 무시 할 수 없기 때문이다. 학업성적이 단순히 우수한 사람보다는 현장 적응력이나 감각이 뛰어난 사람이 조사관의 업무를 잘해 낼 수 있다. 그러므로 신입조사관의 자질 등을 평가할 수 있는 적성검사 시스템이 필수적이다.

2) 경력 조사관

경력 조사관은 주로 입사 전에 국가 정보, 수사기관에 근무했던 사람들로 주로 경제나 산업정보 관련 사건을 많이 다루어 본 베테랑 기관요원을 중심으로 그 밖에 필요에 따라 변호사, 변리사, 회계사, 기자 등의 경력을 가진 사람들로 기업의 인재상에 맞게 경력직 공개채용 또는 스카우트하게 된다. 외국의 보안관련 회사나 부서에는 이러한 경력의 소유자들이 근무하는 것이 일반적이다. 국내 일부 대기업에서도 이러한 차원에서 경력직 전직 기관요원들을 채용하지만 그 숫자에 있어서 아주 극소수이며 주로 고위직 출신들을 로비용으로 기용하는 사례가 많다.

2. 산업보안 조사관 교육

산업보안조사관에 대한 교육에 있어서 가장 중요한 것은 산업보안에 대한 전반적인 이해가 필요하고 산업보안이 추구하는 목적이 국가형사사법기관이 추구하는 목적과 어떻게 다른 지를 정확히 알아야 한다. 그리고 이제까지 다루어 왔던 협의적 의미의 산업보안에 개념과 이 책에서 다루는 광의적 의미의 산업보안에 대한 개념의 이해가 없으면 산업보안조사에 있어서 혼란을 초래할 것이다.

산업보안조사는 앞에서 말한 것과 같이 국가사법기관이 행하는 범죄수사와는 달리 산업체의 자산보호와 손실방지 그리고 범죄로부터 산업을 보호하는 일체의 활동으로 초점을 맞추어야 할 것이다. 그러므로 산업보안 조사관의 교육 프로그램 역시 이 책에서 제시하는 전 분야에 걸쳐 이루어져야 하고 앞으로 각 분야에 따라 더 세심하게 다룬 내용의 교재가 필요할 것으로 보인다. 그리고 이제까지 해외에서 시작한 유사한 프로그램에 대한 이해도 필요할 것으로 보인다.

다음은 미국 ASIS의 산업보안과 관련된 기업조사 교육 프로그램 구성이다.[349]

---

(349) ASIS. (https://www.asisonline.org/store/program_detail.xml?id=109314763)

- 조사절차: 산업현장의 범죄 경향 및 조사 그리고 성공적인 조사에 대한 관찰한다. 또한 여섯 가지 방법과 일곱 가지 조사단계에 대해 알아본다.
- 진실규명: 성공적인 진실규명에 대한 특성을 알아보고 어떻게 서류작업을 하고 결과에 대한 보고를 하는지를 알아본다. 증거관리와 운영에 대한 여러 가지 방법에 대해서 알아본다.
- 조사방법: 여섯 가지 다른 조사방법을 자세히 알아보고 어떻게 사용되는지 본다. 그리고 인터뷰에 있어서 네 가지 요소에 대해 알아본다. 그리고 어떻게 상대가 부인하지 못하게 하고 진술서를 받아내는 지 알아본다.
- 프로젝트 운영 및 케이스: 스터디프로젝트 팀의 역할과 멤버들의 책임에 대해 알아본다. 조사윤리에 대해 알아보고 어떻게 절차에 영향을 끼치는지 알아본다. 정확한 기록과 전문적인 보고서 작성법에 대해 배운다.
- 소송을 피하는 조사방식: 현대적인 조사방식과 관련된 법적인 문제를 알아본다. 직장 내 조사와 진실규명을 하는 과정에서 일어날 수 있는 잠재적인 법적 책임 문제에 대해 알아본다. 그리고 어떤 절차와 계획으로 그러한 법적 책임 문제를 회피할 수 있는지 알아본다.
- 응용전략: 여러 가지 다른 형태의 직장 내 위법행위에 대해 알아본다. 직장 내 폭력과 약물중독 문제에 대한 예방과 통제 전략에 대해 알아본다. 케이스 스터디를 통해 가장 효과적인 조사방법과 어떻게 사용되는지 알아본다.
- 향상된 결과: 모든 세션을 한꺼번에 연결한다. 그리고 최상의 방법과 벤치마킹을 통해 조사능력을 향상시킨다.

3. 산업보안 조사관 관리

산업보안 조사관에 대한 관리는 독립적인 산업보안 담당부서에서 해야 한다. 대부분의 기업들에서는 보안부서를 법무, 총무, 인사, 관리팀 같은 부서의 하위 부서로 편재하여 지휘·감독하고 있는 이는 전문성을 배제한 잘못된 지휘체계이며 산업보안을 책임지는 부서는 전문성을 가진 최고보안책임자[CSO]나 최고경영자[CEO] 직속으로 하여 운영·관리하는 것이 올바르다. 이렇게 해야 하는 가장 큰 이유는 산업보안 관련 문제는 신속한 의사결정과 판단이 중요한데, 보안부서가 힘이 없는 위치에 있다면 여러 가지 사고에 즉각적으로 대처할 수 없기 때문이다.

산업보안조사를 담당하는 조사관들은 일반직 직원들보다 더 높은 직업 윤리 기준을 필요로 하고 그러한 수준을 유지하기 위해서는 명확하게 확립된 규정 및 절차 그리고 정기적인 교육훈련이 필요하다. 이러한 세 가지 측면이 준비되어 있지 않은 상태에서 산업보안조사관으로 인해 문제가 발생하면 거기에 대한 책임은 해당 부서에게 전적으로 지게 된다. 외부의 산업보안조사 활동을 하는 전문업체의 경우에는 그로 인한 법적 책임은 무한하다. 산업보안조사관은 특히나 조사활동함에 있어서 피조사자와의 관계에 있어서 이익충돌conflict of interest를 피하여야 한다. 이런 문제를 피하기 위해서는 관련 법률에 대한 업데이트와 정기적인 직무 교육이 이루어져야 한다.

4. 산업보안 조사관 평가

산업보안조사관에 대한 평가는 조사결과로 토대로 얼마나 기업의 이익을 고려하여 잘 처리하였는지를 평가기준으로 하는 것이 바람직하다. 즉, 조사를 통해 회사가 입을 수 있는 피해를 얼마나 방지하였는지 또는 피해 규모를 얼마나 줄였는지에 대한 평가가 있어야 할 것이다. 그리고 피해를 복구할 수 있는 범죄에 대해서는 잃어버린 유형자산에 대한 얼마만큼의 회수가 있었는지에 대해 평가할 수 있다.

제7절
교육지도 점검 및 감사활동

1. 보안교육

1) 보안교육의 중요성

보안의 주체는 사람이다. 아무리 보안체계 및 시스템이 잘 갖추어져 있다고 해도 내부직원들이 의도적으로 산업기밀을 유출하려고 들면 막을 방도가 없을 것이다. 이를 방지하기 위해 내부직원 보안교육은 매우 중요하며 주기적으로 실시해야 한다. 그 이유는 기술정보의 유출 기법은 나날이 발전하고 있으며 이와 더불어 핵심기술이 외부에 유출되는 기술보호 사고도 매년 증가하고 있는 추세이다. 이처럼 기술유출사고가 줄어들지 않는 가장 주된 이유는 임직원들이 기술보호에 대한 인식이 부족하여 보안업무규정을 제대로 숙지하지 않기 때문이다.

따라서 기술유출사고를 미연에 방지하거나 기술유출사고가 발생한 경우 경제적 피해를 최소화하기 위해서는 임직원 대상으로 보안교육을 실시하여 보안업무규정을 제대로 숙지하고 실천하기 위한 여건이 마련되어야 한다. 관계 법률에서도 대상기관의 장은 주요 산업기술, 시설의 관리·운용에 관하여 취득한 비밀의 중요성 및 유출에 따른 법적 제재(민사상 손해배상 또는 형사상 산업기술의 유출방지 및 보호에 관한 법률 제36조에 따른 15년 이하의 징역 등)를 인식시키기 위하여 산업기술 유출방지 및 보호를 위하여 보안교육의 중요성을 강조하고 있다.

2) 보안교육 구분 및 시행 방법

보안교육은 시기, 대상, 내용에 따라 자체교육과 외부교육을 구분하여 실시한다.

가. 자체 보안교육 시행방법

임직원에 대한 자체보안교육은 입사 시부터 퇴사 시까지 지속적으로 이루어져야 하는 매우 중요한 기술유출 방지수단이다. 이러한 보안교육의 시행으로 인해 산업기술 유출 및 침해의 빈도와 강도를 현저히 낮출 수 있고, 법적 증거로도 활용할 수 있다. 자체 보안교육은 교육목적과 대상에 따라 정기 보안교육과 수시 보안교육으로 구분하여 실시한다. 보안담당자는 매년 초에 교육시기와 실시횟수ㆍ교육내용 및 교육방법 등에 관한 사항을 고려하여 매년 반기별 또는 분기별로 실시하는 정기 보안교육 계획을 수립 및 시행한다. 또한 신입 및 경력직원 입사 시, 보안업무규정 개정으로 교육이 필요할 때, 기술유출사고가 발생될 경우에 해당자를 대상으로 수시 보안교육 계획을 수립하여 시행한다. 보안교육 시행방법은 집합교육, 온라인 교육, 유인물 배포 등을 교육 여건에 따라 선택할 수 있으며 강사는 외부 전문가를 초빙하거나 자체에서 할 수 있다. 보안 교육은 모든 임직원이 참석하는 것을 원칙으로 하지만 부득이한 사유로 교육에 참석하지 못한 임직원은 차후에 별도 교육을 실시하거나 유인물 배포 및 전자메일로 교육 내용을 보내 숙지할 수 있도록 조치한다. 보안교육 결과 서류는 교육장면 사진과 참석자 본인 서명을 받은 명단을 첨부한다. 보안담당자는 교육대상자들로부터 설문조사를 실시한 후 검토하여 미비한 사항에 대해서는 개선책을 마련하고 차후 교육계획에 반영할 수 있는 사후준비를 하여야 한다.

나. 외부 보안교육 시행방법

외부 보안교육은 자체 교육 여건이 보장되지 않거나 자체교육 만으로 교육목적의 달성이 어렵다고 판단될 경우에는 외부기관을 이용하여 위탁 보안교육을 받을 수 있다. 따라서 보안담당자는 교육대상자 소요를 파악하고 사전에 교육기관과 협조하여 일정 및 예산 등을 세부적으로 검토하여 연중 보안교육계획을 수립 및 시행하여야 한다.

2. 보안지도 점검 및 감사활동

1) 보안지도 점검 이란

기술유출 사고를 예방하기 위해서는 보안 교육도 필요하지만 임직원들이 이러한 교육 내용을 몸소 실천하는 것이 더 중요하다. 따라서 최고경영층은 보안지도 점검을 실시하여 조직의 보안 경영 목표를 달성하기 위해 보안교육 후 임직원들의 실천 상태와 현재 수준을 확인하기 위한 수단으로 정기 또는 불시 보안 점검을 실시하여 도출된 취약점을 지속적으로 개선시키는 제도이다.

가. 보안지도 점검 중점

임직원들에게 실시한 보안교육 내용이 실무 적용 과정에서 문제점은 없는지, 보안업무규정의 위반사항은 없는지, 기술유출 예방을 위한 합리적인 노력은 잘 관리하고 있는지, 보안시스템 운용 시 취약점은 없는지 등을 점검 중점으로 검토할 수 있다.

나. 보안지도 점검 승인 및 준비

보안지도 점검관은 사전에 보안 점검계획을 만들어 최고경영층의 승인을 받아 시행하여야 한다. 부서(팀) 단위 이상으로 점검 대상을 정하고 점검내용과 방법을 구체적으로 명시하여 수검 부서(팀)에서 충분히 이해하고 대응할 수 있는 준비시간을 주어야 한다.

다. 보안지도 점검 구분 및 방법

정기지도 점검은 사전 예고하여 분기 1회마다 실시한다. 불시지도 점검은 예고 없이 보안 사고 징후가 예상될 경우 수시로 실시한다. 정기지도 점검 방법은 보안담당자에 의해 사전 준비된 점검항목에 의해 실시하고 불시지도 점검은 최고경영층 지침에 의거 점검 목적을 별도로 부여받고 실시한다.

라. 보안지도 점검결과 사후 관리

보안담당자는 보안지도점검실시 결과를 최고경영층에 보고 후 사후관리를 실시한다. 임직원들의 사기진작 및 공로를 치하하기 위하여 유공자는 포상 조치하고 위반자는 보안업무규정에 의거 징계 조치하여 보안의 중요성을 인식시킨다.

마. 보안위반자에 대한 징계 조치 (예문)

"지난번 1차 보안지도점검 결과(○년 ○월 ○일)에서 유사 사례 발생 시 가중 처벌함을 공지하였음에도 불구하고 아직까지 생활보안의 중요성과 보안 위반에 대한 경각심이 부족한 임직원들이 상당수 적발되었다. 따라서 비인가 저장매체에 미승인 자료를 저장한 임직원에 대해서는 인사위원회 의결을 통해 징계 처분하고 퇴근 시 책상 위에 중요자료 방치 및 책상서랍 미 잠금장치한 임직원에 대해서는 경중을 판단하여 경고 또는 주의 조치한다."

2) 일반적인 보안감사 활동

가. 보안감사의 목적

보안감사는 현행 보안업무규정의 이행 상태와 실천사항을 조사하고 보안 위반 유무를 확인하기 위하여 실시하는 것이다. 보안감사의 수행 목적은 첫째, 보안업무규정 개정 및 보안시스템 관리를 강화하기 위해 실시한다. 둘째, 기업의 내외부에 존재하는 보안 취약점을 발견하여 조치하는 과정이다. 셋째, 지정된 항목의 신속한 해결 및 보안책임 의식을 고취하기 위해 실시한다.

나. 보안감사의 구분

보안감사는 연 1회 실시하는 정기보안감사와 기술유출 사고 징후 포착 또는 최고경영층 지시에 의거 실시하는 수시보안감사로 구분한다.

다. 보안감사관 임명 및 절차

정기보안 감사관은 감사대상 전체의 보안 상태를 다양하게 점검할 수 있는 경력이 풍부한 보안담당자 중에서 선발하여 임명한다. 수시보안 감사관은 감사목적을 수행할 수 있는 보안전문가를 외부에서 섭외하여 임명한다. 보안감사 절차는 다음과 같이 진행한다.

그림 8-4 _ 보안감사절차

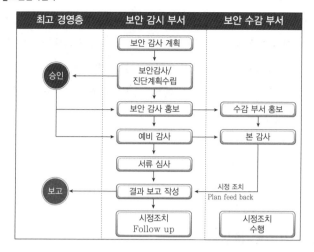

라. 보안감사 범위 선정

보안감사 범위는 ① 파일 및 문서감사, ② 이메일감사, ③ 정보관리감사, ④ 사용자행위감사, ⑤ 외부저장감사, ⑥ 시스템정보감사, ⑦ 사용자계정감사, ⑧ 정보정밀감사, ⑨ 유출사건대응감사 등으로 선정할 수 있다

마. 정기보안감사 실시

감사관은 사전에 준비한 감사 점검표를 적용하여 점검 항목별로 결과를 적합 및 부적합으로 평가한다. 일반적인 보안감사 지적사항은 보안업무규정에 명시된 근거 또는 정확한 사유를 명확히 기술한다. 부적합사항에 대해서는 가능한 모든 객관적인 증거(사진, 문서)를 구체적으로 확보하고 수검자의 확인서명을 받는다. 감사 결과는 최고경영층에게 보고 후 지적사항은 시정조치하고 유공자는 포상하여 임직원들의 적극적인 참여를 유도하고 위반자는 처벌하여 보안의 중요성에 대한 경각심을 고취시킨다.

바. 수시보안감사 실시

기술유출사고 징후가 포착되거나 우려될 경우 최고경영층은 수시보안감사를 실시한다. 감사관은 외부에서 섭외한 보안전문가로 임명하며 점검내용은 다음과 같이 검토한다.

> ① 사규 · 취업규칙 · 보안업무규정에 명시된 비밀 준수 의무 이행 상태, ② 임직원 및 프로젝트 참가자를 대상으로 비밀유지서약서 징구 여부, ③ 퇴직자 자료반납 확인서 징구 및 관리상태, ④ 비밀유지 의무교육 및 자체점검 결과 확인, ⑤ 영업비밀문서에 보안등급 설정 및 표시 여부, ⑥ 접근권한 차등 지정 및 물리적 접근 제한장치 운영상태 등이다.

수시보안감사관은 결과를 최고경영층에 보고 후 유공자 포상 및 위반자에 대한 처벌 여부를 건의하고 조치한다.

사. 보안규정위반자 처벌 기준(예시)

정기 및 수시 보안감사 결과 임직원들의 보안 위반사항에 대한 처벌은 보안업무규정에 명시된 내용을 근거로 하여 적용한다.

> ① 기술정보 누설 위반사항은 개인의 목적(영리, 비영리)을 위하여 고의로 핵심연구 산출물과 성과물을 외부로 유출 시키거나 가담한 경우에 해당된다.
> ② 기술정보 분실 시 위반사항은 보안과제 또는 대외비에 해당하는 연구 산출물 및 성과물을 분실하거나 신고를 하지 않거나 적절한 조치를 취하지 않은 경우이다.
> ③ 연구보안 사고 발생 사실 노출의 위반사항은 연구보안 사고에 대한 조사가 완료되기 전에 관련 정보를 외부로 유출한 경우이다.
> ④ 연구개발 기술보호 등급관리 위반사항은 연구 산출물 및 성과물에 대해 과소 및 과대 분류하거나 보안등급을 부여하지 않는 경우이다.
> ⑤ 연구 산출물 관리 위반 사항은 보안문서함에 보관하지 않는 경우와 문서나 저장매체를 복구할 수 없도록 완전히 폐기하지 않은 경우이다.
> ⑥ 보안과제 및 보고서 등을 사전승인 없이 외부로 배포 · 열람 · 복사하는 경우이다.
> ⑦ 출입 통제 위반사항은 인가되지 않는 제한구역 또는 통제구역을 출입한 경우이다.
> ⑧ 노트북, 외장 형 디스크 . USB 등 저장매체를 사전 허가 없이 반 · 출입한 경우이다.

⑨ 촬영 제한구역에서 사전 허가 없이 사진을 찍거나 동영상을 반출한 경우이다.

⑩ 정기적인 출입자로부터 보안서약서를 받지 않는 경우이다.

⑪ 보안과제와 관련하여 외부 방문자 출입 시 직원이 방문자와 함께 동행하지 않는 경우이다.

3) 스마트공장 보안감사 활동

가. 보시스템에 대한 정기적인 보안감사 수행

스마트공장 내 정보시스템 및 네트워크 등에 대한 보안감사를 정기적으로 수행하여 보안 정책 및 지침에 맞게 자산이 관리(활용, 보관, 파기 등)·감독·보호되는지 확인해야 한다. 이를 준수하지 않거나 관리가 미흡한부분이 발견되었을 경우, 즉시 개선하여 보안 사고를 사전에 차단해야 한다. 보안감사는 감사인의 능력에 따라 감사 수준이 달라지지 않아야 하므로 체크리스트 등을 활용할 수 있으며, 아래 그림과 같이 "감사준비 → 감사착수 → 감사수행 → 결과보고→ 후속조치" 절차에 따라 수행된다.

그림 8-5 _ **보안감사절차**

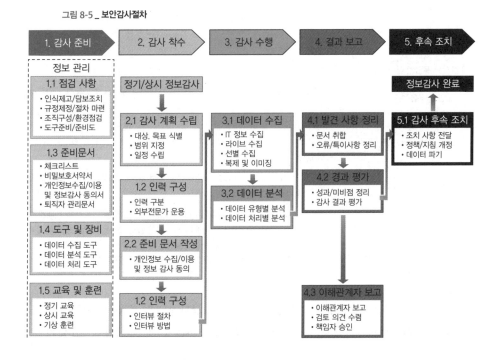

보안감사 준비　보안감사 준비 단계는 조직에서 보안감사를 위한 환경을 마련하고 있는지 확인하는 단계로, 보안감사 및 점검활동에 대한규정·지침의 적합성을 검토하고, 보안감사를 위한 사전준비 사항이 마련될 수 있도록 하는 단계이다. 이는 조직을 대상으로 한 보안감사 수행이 가능한지, 즉 조직의 제반 환경이 보안감사 수행을 불가능하도록 한 요소가 없는지를 확인하는 과정이라고 할 수 있다.

• 보안감사 사전 준비사항

성공적인 보안감사가 이루어질 수 있게 조직에서는 사전에 보안감사를 위한 환경을 마련하여야 한다. 보안감사의 정당성을 확보하기 위한 규정을 제정하고. 조직의 구성원이 보안감사가 필요하다고 인식할 수 있는 환경을 만들어야 한다. 보안감사가 적절히 진행될 수 있도록 아래 〈보안감사 사전 준비사항〉같은 항목을 사전에 준비해야 한다.

표 8-2 _ 보안감사 사전 준비사항

구분	내용
보안감사 필요성 인식제고	보안감사를 통하여 준수해야 할 법이나 규정의 위반에 대비하고, 법 위반에 따른 불이익으로부터 개인과 조직을 보호하기 위하여 보안감사가 필요함을 임직원에게 인식
보안감사 정당성 확보 조치	보안감사의 대상이 되는 자산이나 구성원과의 사이에서 법적 분쟁이 발생하지 않도록 보안감사의 절차적 정당성을 확보
보안감사 신뢰성 담보 조치	보안감사의 신뢰성·실효성 확보를 위해서는 무엇보다 보안감사를 정상적으로 수행할 수 있는 '진실한 정보' 혹은 '진정한 정보'가 지속적으로 추적·관리되고 보관될 수 있는 환경을 마련
보안감사 독립성 담보 조치	보안감사는 다른 부서에 영향을 받지 않을 만큼 충분히 독립적이어야 함
보안감사 규정 제정	보안 감사가 효율적으로 이루어지고 조직 내부에서 명확히 실시될 수 있도록 규범적 근거를 마련
보안감사 절차 마련	보안감사의 기본 절차를 마련하고 감사 목적에 따라 세부적인 절차를 마련해 두어야 하며, 감사 결과가 감사인의 역량에 따라 좌우되는 것을 최소화하기 위해 절차는 가능한 세분화할 필요
보안감사 조직 구성	보안감사를 실시하는 조직의 독립성과 중립성을 확보하는 것이 중요하며, 감사인의 역할과 권한을 명확히 해야 함
보안감사 준비도 점검	보안감사 준비도랑 "조사비용은 최소로 하고 디지털 증거의 활용 가능성을 최대로 하기 위한 조직의 준비능력"으로, 사고 발생 시 사고의 원인과 과정을 빠르고 정확하게 추적하기 위한 준비부터 단계별 대응 방법까지 모두 포괄

• 보안감사 준비문서

감사팀은 보안감사를 수행하는 중에 직면하는 여러 상황에 맞춰 적법한 감사를 수행하기 위하여 여러 가지 동의서 및 서류들을 준비해야 한다. 아래 〈보안감사 준비과정에서 필요한 문서〉들의 예이다.

표 8-3 _ 보안감사 준비과정에서 필요한 문서

구분	내용
보안감사 근거문서	보안감사 시 전산자산 및 개인 업무 데이터에 대한 회사의 열람이 자능함을 증명하기 위한 근거문서
보안감사 체크리스트	보안감사 목적에 맞게 사전점검 사항을 체크리스트 형태로 목록화 필요
비밀보호서약서	감사팀이 감사 중 획득하는 개인정보 또는 비밀에 대해 비밀을 유지할 것을 동의하는 서약서로 감사 수행 전 감사팀 전원에게 서명을 받아두어야 함
개인정보 수집 및 이용 동의서	감사 수행 도중에 감사팀이 획득할 수 있는 개인정보가 포함된 문서 등의 취급 및 감사에 개인정보를 활용하는 행위에 대하여 감사 대상자가 동의하는 것을 증명하는 동의서를 사전에 받아야 함
보안감사 동의서	감사 대상자에게 받아야 하는 동의서로, 감사가 진행되는 동안 감사팀의 통제와 요구에 즉시 응하겠다는 내용 등을 포함
퇴직자 관리 문서	비밀 유지 서약을 한 직원의 퇴직 시 필요한 문서로, 해당 직원이 기존 비밀 유지를 서약한 사항에 대해 이를 유지 · 이행할 것을 촉구하는 내용을 포함

• 보안감사 도구 및 장비

보안감사의 대상은 대부분이 디지털 데이터로 구성된다. 보안감사의 대상을 세분화한 후 각 대상 분석에 적합한 도구나 솔루션을 사전에 준비해야 한다. 보안감사인은 준비한 도구와 솔루션을 다양한 환경에서 테스트하여 분석 대상의 정보를 오류없이 적절히 표현해주는지 확인해야 한다.

• 교육 및 훈련

내부자에 대한 교육은 입사 후 퇴직 전까지 지속적인 보안사고 예방 교육을 실시해야 한다. 이론만 교육하는 것은 직원들의 흥미와 집중도가 떨어지고, 실제 기밀유출에 대한 인지도가 낮기 때문에 이론과 가상훈련 등의 실무를 겸해야 효과적이다.

• 보안감사인의 사전 점검사항

보안감사가 효과적으로 이루어지기 위해서 보안감사인은 사전에 점검항목을 확인하여야 한다.

보안감사 착수 감사 준비 단계의 점검 결과가 적정한 경우 보안감사 착수 단계를 수행 한다. 보안감사 착수 단계는 감사 목표, 대상 및 범위를 식별하고, 일정을 수립하는데 그 목적이 있다. 보안감사인은 정보 감사의 목표를 식별하고, 해당 목표에 따른 감사 수행 범위와 일정을 설정한다. 감사 목표의 식별은 이어지는 절차들에 대한 의사 결정의 기준이 되는 중요한 절차이며, 감사 범위 역시 감사 목표에 따라서 구체적으로 설정될 필요가 있다.

- **감사 계획 수립**

  보안감사인은 감사의 목표를 식별하고, 해당 목표에 따른 감사 수행 범위와 일정을 설정한다. 준비에서 결과보고에 이르는 세부일정 계획을 수립하고, 각각의 단계를 수행하기 위한 자원, 단계별 산출물 등을 확인하여야 한다. 감사계획은 〈감사 계획서 작성 시 고려사항〉을 참고하여 디지털 포렌식 기술을 활용하여 무결성, 신뢰성, 정당성 등에 오류 없이 진행할 수 있도록 수립하고 문서화해야 한다.

표 8-4 _ 감사 계획서 작성 시 고려사항

구분	내용
보안감사 계획서에 포함되는 기본 항목	감사계획서는 감사목적, 기간, 범위, 장소, 일정, 결과처리 등을 포함하여, 경영진의 승인을 받아야 함
위험평가 결과 반영	감사계획 수립 시에는 반드시 위험평가를 실시해야 하고, 이를 통해 식별된 감사 대상 및 목표를 감사계획에 반영
보안감사 기법	감사기본항목과 위험평가를 기초로 감사대상이 식별되면 감사대상에 적합한 감사기법을 선택

- **감사인력 구성**

  감사 인력은 서로 소통이 가능하고, 각 인원별로 주어진 감사 수행 업무가 명확해야 한다. 또한 기업의 규모에 따라 감사팀이 감사해야 할 범위, 요점 등이 달라지기 때문에 기업의 규모를 고려하여 인력을 구성해야 한다. 감사 인력은 크게 인터뷰, 수집, 분석, 검토 인력으로 나눌 수 있다. 감사 투명성을 보장하기 위해 상황에 따라 외부전문가로 구성된 감사인력을 운영할 필요가 있다. 외부전문가는 변호사, 회계사 등 전문자격을 갖춘 사람과 실무 경험이 많은 IT 전문가 등으로 구성할 수 있다.

- **준비 문서 작성**

  감사 수행 전 감사 대상자에게 정보 제공 및 감사 협조 동의서 등 준비 문서를 받아 추후 법적으로도 문제가 없도록 해야 한다. 보안감사에 필요한 준비 문서로는 개인정보 수집 및 이용 동의서, 보안감사 동의서 등이 있다.

- **대상자 인터뷰**

  인터뷰란 감사 수행 전 감사 대상을 보다 명확히 선정하고, 감사 시 데이터 수집 및 분석범위를 선정하는데 도움을 받기 위해 수행하는 단계이다. 인터뷰 시 감사의 목적과 형식, 범위 등을 명확히 고지할 필요가 있다. 인터뷰만으로는 원하는 결과를 도출하기 쉽지 않기 때문에, 감사 과정에서 확보한 전산 로그 및 보안 로그 등을 분석한 데이터를 기반으로 인터뷰 내용을 검증할 필요가 있다. 일반적으로 인터뷰는 아래그림과 같은 절차를 가진다.

그림 8-6 _ 대상자 인터뷰 절차

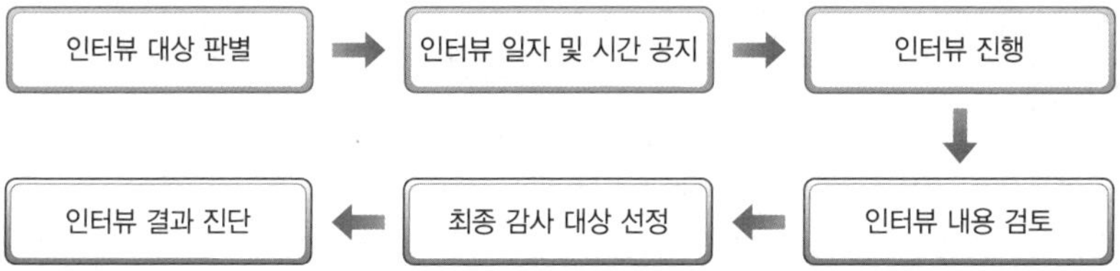

```
┌─────────────────┐    ┌─────────────────┐    ┌─────────────────┐
│  인터뷰 대상 판별  │ ➡ │ 인터뷰 일자 및 시간 공지 │ ➡ │   인터뷰 진행    │
└─────────────────┘    └─────────────────┘    └─────────────────┘
                                                        ⬇
┌─────────────────┐    ┌─────────────────┐    ┌─────────────────┐
│  인터뷰 결과 진단  │ ⬅ │  최종 감사 대상 선정 │ ⬅ │   인터뷰 내용 검토 │
└─────────────────┘    └─────────────────┘    └─────────────────┘
```

보안감사 수행   보안감사 수행 단계는 식별된 감사의 목표 및 범위 등 감사계획에 따라 실질적인 감사를 수행하는 단계로 관련 근거를 확보하는 「데이터 수집」 단계와 수집된 데이터를 감사 목적 에 맞춰 분석하는 「데이터 분석」 단계로 나눌 수 있다.

• 데이터 수집

  보안감사를 위한 데이터를 수집·생성하는 '감사 데이터 수집' 절차로써, '일반 수집' 방식과 '정밀 수집' 방식으로 구분할 수 있다.

  – 일반수집 방식: 일반 수집 방식은 매체의 할당 데이터 중 일부 데이터를 감사 데이터 항목으로 선별적으로 확보하는 방식으로, 비교적 단시간 내 확보 가능하다는 특징이 있으며 시스템 로그 등의 비활성 데이터를 위주로 한다.

표 8-5 _ 일반수집 방식 종류

구분	내용
IT 정보 수집	감사에 유용하게 활용할 수 있는 IT 정보로는 AV 로그, 방화벽 로그, IDS/IPS 로그, 메일서버 로그, DRM 로그, DLP 로그 등
라이브 데이터 수집	시스템 전원이 켜져 있는 상태에서 데이터를 수집하는 방법으로, 구동중인 시스템 상태를 반영하는 정보(프로세스 정보, 네트워크 정보, 열린 파일 목록, 현재 로그온 사용자 정보 등)를 포함하며, 라이브 데이터는 활성 데이터, 비활성 데이터, 물리메모리로 나눌 수 있다.

  – 정밀수집 방식: 정밀 수집 방식은 물리적 데이터를 수집하는 방법으로 매체 이미지 생성·복제를 통해 할당 데이터, 시그니처 등 확보 가능한 데이터 항목을 최대한 확보하는 방식이다. 이미지 생성 또는 복제를 통해 원본을 보존하기 때문에 상대적으로 복잡한 절차와 많은 시간이 소요 된다는 특징을 가진다. 일반수집의 경우 논리적인 데이터만 수집 하는데, 논리적인 데이터만으로는 슬랙 영역을 조사하거나 삭제된 데이터를 복구할 수 없다. 또한, 논리적인 데이터 수집은 데이터 자체보다

는 사용 흔적 수집에 초점을 맞추기 때문에 데이터 자체를 살펴보기 위해서는 물리적인 데이터 전체를 수집하는 정밀수집 방식을 적용해야 한다. 정밀수집 방식의 대표적인 방법으로 복제와 이미징이 있다.

표 8-6 _ 정밀수집 방식 종류

구분	내용
복제	복제란 원본 저장장치의 모든 섹터를 사본 저장장치에 그대로 복제하는 것을 의미하며, 복제된 사본은 원본과 동일하기 때문에 원본의 모든 작업을 재현 가능
이미징	이미징이란 저장장치 원본의 모든 섹터를 파일 형태로 만드는 것을 의미하며, 이미징 역시 복제와 동일하게 원본의 모든 데이터가 복사되기 때문에 삭제된 파일의 복구가 가능

• 데이터 분석

감사 목적에 맞게 데이터를 수집하였다면 수집한 데이터를 바탕으로 데이터 분석을 진행한다. 데이터분석 시에는 〈데이터 분석 시 고려사항〉의 사항들을 고려해야 한다.

표 8-7 _ 데이터 분석 시 고려사항

구분	설명
분석 절차 마련	• 단일 데이터가 아닌 수많은 데이터의 흔적을 연관하여 분석해야 하기 때문에 분석에 경험이 많더라도 일부 데이터를 누락하거나 한쪽에 치우친 분석을 할 수 있음 • 따라서 분석 결과의 객관성을 유지시키기 위해 분석 데이터별로 기본 분석 절차를 마련해야 함
분석 결과에 대해 상호 검토	• 감사의 기본은 주관적인 판단을 제외하고 객관적인 분석 필요 • 주관적인 판단을 최소화하기 위해 분석은 항상 2인 이상이 수행하고 결과는 상호 검토와 재현을 통해 오류를 최소화
수집 데이터 양, 감사 일정에 맞는 분석시스템 성능	• 분석 시스템의 성능에 따라 분석 결과가 1~2일 안에 나올 수도 있고 일주일 이상 소요될 수 있음 • 따라서 조직의 감사 목적에 따라 수집 데이터를 분류한 후 고성능의 작업이 필요한 경우에는 별도의 전용 시스템을 통해 분석 수행

- 데이터 유형별 분석: 데이터 분석은 크게 개별 분석과 통합 분석으로 나눌 수 있다. 데이터 수집 단계에서 일반수집 방식으로 수집된 데이터는 개별 분석으로 진행하고, 정밀수집 방식으로 수집된 데이터는 통합분석으로 진행된다.

표 8-8 _ 일반수집 방식 종류

구분	설명
개별 분석	개별 분석은 복제나 이미징을 이용해 전체 데이터가 수집된 경우가 아닌 감사 목적에 필요한 개별 데이터가 수집된 경우에 수행
통합 분석	통합 분석은 복제나 이미징을 이용해 저장장치 전체가 수집된 경우에 수행하며, 개별 분석보다는 일반적인 형태로 대부분의 통합 분석 도구는 복제된 저장장치나 이미지 형태를 입력받을 수 있음

– 데이터 처리별 분석: 데이터 처리에 방법에 따라 데이터 분석은 크게 데이터 인덱싱, 데이터 탐색, 데이터 복구 등으로 구분할 수 있다.

표 8-9 _ 데이터 처리 방법별 구분

구분	설명
데이터 인덱싱	파일명이나 파일내용을 검색하여 진행할 때 주로 사용하는 방식
데이터 탐색	데이터 탐색은 구조 탐색을 비롯해 은닉된 데이터 탐색과 암호화, 인코딩, 압축 등 변환이 필요한 데이터 처리도 포함하여 진행 ※ 데이터 탐색에 많이 사용되는 분석도구는 부록 5. 보안검사 도구 소개 참고
데이터 복구	데이터 분석 관점에서는 악의적 또는 임의적으로 데이터가 삭제되는 경우를 대비하여 가능한 최대로 복구를 진행한 후에 분석을 수행 ※ 데이터 복구와 관련된 도구는 부록 5. 보안검사 도구 소개 참고

감사결과 보고 및 후속 조치 감사 준비, 착수, 수행이 완료되면 각 과정의 결과를 취합하여 평가를 수행한 후 감사결과를 보고 한다. 감사팀은 감사활동 내용과 이와 관련된 증적자료 등을 기록한 감사조사서를 작성하고 정보누설 또는 분실되지 않도록 안전하게 보관해야 한다. 또한 감사과정에서 발견된 보안관리체계의 미비점을 개선 할 수 있도록 보안감사인은 조직의 정책 · 지침 개정 등을 지원해줘야 한다.

그림 8-7 _ 감사결과 보고절차

• 발견 사항 정리

감사 준비, 착수, 수행 과정에서 작성된 결과 문서를 취합하고 과정 중에 나타난 오류나 특이사항 등을 정리한다.

• 결과 평가

정리된 발견 사항에 대해 절차대로 잘 진행이 되었는지 각 결과가 객관성 있게 작성되었는지를 평가하여 성과와 미비점 등을 정리한다. 분석뿐만 아니라 평가도 객관성 있게 진행되려면 감사 목적에 따라 평가의 각 항목을 미리 문서화하고 평가기준이나 방법을 마련해 두어야 한다.

- 이해관계자 보고

발견 사항과 평가 결과를 모두 취합하여 감사의 모든 이해관계자에게 보고를 수행한다. 보고서를 통해 문서화 된 감사결과에 대해서는 이해관계자들의 검토 의견이 수렴되어야 하며, 이에 대하여 적절한 책임자의 승인이 이루어져야 한다. 특히, 이해관계자들이 다음의 '후속 조치' 단계에서 수행될 수 있는 활동들을 충분히 고려하고 의사 결정한 결과가 감사팀에게 전달될 수 있도록 해야 한다.

- 감사결과의 후속조치

수감기관은 감사 결과에 대한 이해관계자의 검토 및 의견을 반영하여 후속조치를 수행하고 보안감사인은 감사 결과에 따른 사후 조치를 포함해 후속 조치를 지원해야 한다. 후속조치로는 감사대상 조직에 대한 '보안 관리체계 개선 지원' 활동을 들 수 있다. 감사결과 확인 되는 보안 관리체계 정책·지침의 개선점을 구체적으로 식별하고 개선할 수 있도록 보안감사인의 전문성을 바탕으로 해당 활동을 지원하여야 한다. 감사 계획에 따라 수행한 감사 범위 외 추가 혹은 별도로 수행할 필요성이 있다고 판단되는 경우 추가분석 및 조사를 지원할 수 있다. 추가 조사는 네트워크^{Network}, 모바일^{Mobile} 등 다양한 환경을 대상으로 수행될 수 있다. '법적 대응 지원' 역시 후속 조치 중 하나에 해당하며, 법정 제출을 위한별도의 보고서 작성 및 법정 증언이 이에 해당한다. 각 활동에서 요구되는 전문성 등을 고려하여 조직 내 법무부서 혹은 외부의 전문가와 함께 수행할 필요가 있다.

제9장

연구보안

제1절
연구보안의 이해

1. 연구보안의 개념과 범위

1) 연구보안의 개념

연구보안이란, 세상의 여러 측면에 대하여 인간이 새롭게 알게 되었거나 이미 존재하던 지식의 발견, 해석, 정정, 재확인 등에 초점을 맞추는 체계적인 조사를 뜻하는 "연구研究"와 인가를 받지 않은 접근, 변경 또는 파괴 등으로부터 자료를 보호하기 위해 취해진 조치를 뜻하는 "보안保安"의 합성어이다.

이와 같은 연구보안과 관련하여 국내에서 사용되는 용어와 정의는 〈표 9-1〉과 같다.

표 9-1 _ 연구보안의 정의

문헌 및 법령	정 의
산업기술의 유출방지 및 보호에 관한 법률 제12조(국가연구개발사업의 보호관리)	산업기술과 관련된 국가연구개발사업을 수행하는 과정에서 개발 성과물이 외부로 유출되지 아니하도록 필요한 대책을 수립·시행
과학기술기본법 제16조의2(연구개발성과의 보호 및 보안)	보호할 가치가 있는 국가연구개발사업 및 민간연구개발의 성과에 대하여는 지식재산권의 설정 등을 통하여 보호될 수 있도록 적극 지원
국가연구개발혁신법 제21조(국가연구개발사업 등의 보안)	• 국가연구개발사업 및 연구개발과제와 관련하여 연구개발성과 등 중요 정보가 유출되지 아니하도록 보안대책을 수립·시행 • 외부로 유출될 경우 기술적·재산적 가치에 상당한 손실이 예상되거나 국가안보를 위하여 보안이 필요한 연구개발과제를 보안과제로 분류하고 보안관리 조치
국제과학기술협력규정 제7조(과학기술국제화사업의 보안관리)	연구개발결과 등 주요정보가 외부로 무단 유출되지 아니하도록 참여연구원·연구개발 관련정보 및 연구시설·연구개발 결과 대외 발표에 대한 보안조치가 포함된 보안대책을 수립·시행

문헌 및 법령	정의
중소기업기술보호지원에관한법률 제10조(국가연구개발사업 성과물의 보호 지원)	중소기업이 수행하는 국가연구개발사업의 성과물을 보호하기 위하여 기술 자료 임치제도 활용 지원, 기술보호관제서비스 지원, 보안시스템 구축 지원 및 기타 국가연구개발사업의 성과물을 보호하기 위하여 필요한 사업 추진
산업보안학	연구를 수행하는 자가 연구의 준비 단계부터 연구의 수행과정 및 연구 종 료 이후 발생한 주요 연구정보 및 연구성과물이 무단으로 유출되지 않도록 방지하기 위한 제반 활동

출처: 국가과학기술인력개발원, 「연구보안교재」 재인용

앞선 지식재산 기반의 성과보호의 개념을 추가한 연구보안이란 정부의 지원을 받아 국가연구개발사업 혹은 출연금 연구사업을 수행할 때 발생하는 유·무형적 연구 성과물, 기술이나 경영상 필요한 정보 및 지식재산을 각종 침해행위로부터 안전하게 보호·관리하기 위한 소극적 또는 적극적인 대책과 활동을 의미한다.

첨단기술, 국가핵심기술뿐만 아니라 연구보안에 유용한 기술상 정보, 연구내용상 모든 정보, 참여연구원, 연구시설, 연구기자재, 재료 등이 보호 및 관리에 대상에 속한다. 연구보안은 이러한 지식재산이 외부 누출자, 경쟁기업, 산업스파이는 물론이고 직무관계자에게 누설 또는 침해당하지 않도록 보호·관리하기 위한 대책이나 활동 등 소중한 연구 성과를 보호하기 위하여 행하는 제반업무이다.[350]

2) 연구보안의 범위

연구성과물에 대한 보호는 「산업기술의 유출방지 및 보호에 관한 법률(이하 '산업기술보호법')」 제12조에 매우 제한적으로 표현되어 있다. 국가연구개발사업을 통한 최종개발성과물이 산업기술로 지정·고시되면 산업기술로서 보호를 받게 되고, 나아가 국가핵심기술로 지정·고시되면 핵심기술로서 보호를 받을 수 있다. 따라서 이와 같은 법률적 해석을 기반으로 국가핵심기술 또는 산업기술이 될 수 있는 최종성과물을 얻기 위한 연구수행 전 과정이 연구보안 대상이 될 수 있다.

---

[350] 강선준, 「연구보안론」(한국학술정보(주), 2014.3.), p.23 및 한국산업보안학회, 「산업보안학」(박영사, 2012.), p.104, p.343 참조하여 재구성. 연구보안의 정의는 필자의 사견으로 일반용어인 '보안'의 사용보다는 국가연구개발사업의 수행 중 필요한 제반 보안활동을 강조하는 의미에서 '연구보안'이라 정의한 것으로 향후 이에 대한 다양한 학자들의 추가적인 검토나 논의가 필요하다.

그림 9-1 _ 창출된 기술의 지식재산보호체계

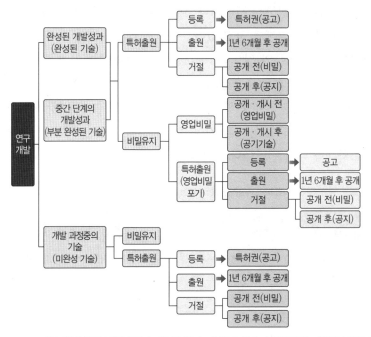

출처: 김윤배, "특허냐 영업비밀이냐 그것이 문제로다 – 사내보유기술의 지재권 보호전략 –"(산업기술보호 이슈, 2010) 자료

세부적으로 연구계획, 연구내용수행(중간결과물), 연구성과 산출 과정 등을 통해 창출되는 특허·논문 등 과학기술적 성과와 유·무형의 경제·사회·문화적 성과물 등이 연구보안의 대상이 된다. 이와 같이 연구보안을 수행하기 위한 방법(연구가 진행되는 전 과정에서부터 산업기술이 지정·보호되기 이전까지 발생하는 모든 연구개발 결과물 및 연구개발 성과물을 적정한 보호수준을 지속적으로 유지)은 상당히 중요한 의미를 갖는다.

2. 연구보안의 중요성

과학기술은 혁신과 변화를 거듭하며, 고도화·전문화·대형화에서 더 나아가 기술의 경계를 허무는 융·복합형태의 개방형 기술혁신을 창조하고 있다.

또한, 우리가 살고 있는 21세기는 과학기술 경쟁력과 첨단기술의 보유 여부가 국가의 발전과 미래를 결정하는 시대이다. 이렇게 중요한 과학기술을 확보하기 위하여 세계 각국은 무한한 경쟁을 하고 있다.

우리정부는 〈그림 9-2〉와 같이 국가R&D에 지속적인 투자를 확대하고 있으며 2021년 국가 R&D 예산으로 총 27.4조 원을 투자하고 있다.(351)

정부는 미래 유망기술분야 육성, 기초연구 및 원천기술 개발 강화, 국민의 삶의 질 향상, 우주기술·핵융합 등 미래지향적 거대기술 지원을 위한 연구개발 투자를 지속적으로 확대해 나갈 전망이다(e-나라지표, 2021).

그림 9-2 _ 국가연구개발사업 R&D 예산현황, 2011-2021

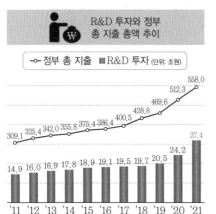

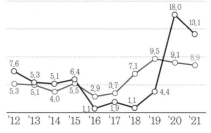

출처: 2021년 과학기술정통부 정부연구개발사업 온라인 부처합동설명회 자료(2021)

막대한 정부 예산과 수많은 연구자의 노력이 담긴 국가 R&D 성과 등에 대해서 외국기업 등이 기술을 빼돌리는 기술유출 적발건수와 피해금액은 매년 급증하는 추세이다. 이렇게 유출된 기술 중에 국가핵심기술 등이 국외로 유출된다면 발생할 수 있는 피해는 상상을 초월할 정도로 막대하기 때문에 국가 R&D 사업의 연구 성과물에 대한 보안관리는 중요하다.

〈표 9-2〉과 같이 2015년부터 2020년 8월까지 산업기술 해외유출 및 유출 시도 적발 건수는 총 121건이며, 그 중 국가핵심기술은 총 29건이다.

여러 국가가 각축을 벌이며 확보하려 하는 첨단기술 분야인 이차전지, 전기자동차, 자율주행 자동차 등의 분야에서 기술유출이 집중되고 있다.

---

(351) 과학기술정보통신부, 2021년 정부연구개발사업 온라인 부처 합동설명회 자료, (2021).

국가 R&D 사업의 수행 주체의 대부분이 보안의식 및 대응 능력이 대기업 및 외국기관에 비하여 상대적으로 부족하다. 대학, 중소기업 등은 연구수행시 도출된 성과물에 대하여 스핀오프Spin-off 과정에서 이러한 위험에 항상 노출되어 있으며 비교적 보안관리가 철저한 공공기관 등에서도 다양한 형태의 기술유출이 늘어나고 있다.

표 9-2 _ 산업기술 및 국가핵심기술 해외유출 및 시도 적발 건수(2015~2020)

구분	2015	2016	2017	2018	2019	2020.7	합계
산업기술유출(건수)	30	25	24	20	14	8	121
국가핵심기술유출(건수)	3	8	3	5	5	5	29

자료: 정보기관 및 이성만 의원실

표 9-3 _ 산업기술 해외유출 및 시도 적발 건수(기업규모별)

구분	대기업	중소기업	기타	합계
건수	33	80	8	121
비율(%)	27.2	66.1	6.6	100

자료: 정보기관 및 이성만 의원실

기술유출 분쟁이 발생하는 경우 대부분 국외와 연결되어 있기 때문에 신속한 대응이 어렵고 유출된 기술의 소유관계나 개발한 내용을 입증하기가 매우 어렵고, 유출자에 대한 처벌이나 피해보상이 사실상 제대로 이루어지지 않고 있다. 법원에서 선고되는 유출범죄의 법적형량이나 양형도 기술선진국 대비 미흡한 실정이다.

또한, 산업기술 유출사고 발생 시, 피해기업 및 수사기관의 신속한 대응을 통해 피해를 최소화할 수 있는 상담·지원 보다는 보안위규자 처벌 위주의 방식으로 사실상 유출된 당사자만 징계나 피해를 입는 경우가 실무적으로는 빈번하게 발생하고 있다.

표 9-4 _ 산업기술 및 국가핵심기술 해외유출 및 시도 적발 건수(분야별)

구분	전기전자	기계	조선·자동차	정보통신	화학·생명공학	기타	합계
산업기술유출(건수)	61	13	22	9	11	5	121
국가핵심기술유출(건수)	12	−	15	1	−	1	29

자료: 정보기관 및 이성만 의원실

국가 R&D의 대표적인 기술 유출 사례를 살펴보면, 2018년 플라스틱 OLED^{유기발}
^{광다이오드} 보상회로 등 국가 핵심기술 자료를 퇴사 직전 인쇄하거나 휴대전화로 촬영
해 유출하고 중국 기업으로 이직하기 위해 부정 사용한 피해기업의 전 직원이 붙잡
힌 사례가 있으며. 선박회사의 수면비행선박 설계도면 등의 국가 핵심기술 자료를
말레이시아 국적의 업체로 유출한 피해기업의 전 해외사업팀장이 검거된 사례가 있
다. 2020년 자율주행차량 관련 첨단 기술을 중국에 유출한 혐의를 받는 한국과학기
술원^{KAIST} 교수가 수사를 받는 사례도 있었다.

국가연구개발사업의 수행 주체의 대부분이 보안의식 및 대응 능력이 부족한 대
학, 중소기업 등은 이러한 위험에 상시 노출되어 있으며 비교적 보안관리가 철저한
공공기관 및 대기업 등에서도 기술유출이 늘어나고 있는 상황이다. 최근 스마트폰
등 첨단 IT기기 활용이 증가하고 노트북, 인터넷 전화, 휴대용 매체 등 장비가 소형
화, 대용량화되어 자료의 유출이 용이할 뿐만 아니라 대량 확산될 우려가 더욱 높아
지는 실정이다.

그러나 기술유출 분쟁발생 시 입증책임의 어려움으로 인하여 처벌이나 피해보상
이 미약하다. 또한 유출범죄의 법적 형량이나 양형도 기술선진국 대비 미흡한 실정
이다.

이처럼 지속적으로 연구개발 산출물에 대한 유출사고가 발생하고 처벌과 피해보
상 수준이 낮음에도 불구하고, 보안투자는 연구개발 투자규모에 비해 여전히 부족
한 상황이다. 특히 국가연구개발사업을 주로 수행하는 정부 출연연구원과 대학교
는 국가핵심 연구기관임에도 불구하고 연구보안에 대한 투자가 소홀하여 연구성과
물 유출사고에 대한 우려가 현실이 되고 있다.

연구 성과 보호를 위한 연구자들의 적극적인 보호 노력과 함께 관계기관과 협업
이 필요 하지만 더욱 중요한 것은 이러한 보호의지 및 노력과 함께 관련 법제도 및
정부에 의한 지원이 선행되어야 한다.

지속적으로 연구 성과물에 대한 유출사고가 발생되고 있고 이를 방지 하기 위
한 연구보안에 대한 투자는 매우 부족한 상황이다. 또한 대부분의 보안 예산이
K-Shield Program 등의 정보통신 보안에 집중이 되어 있다.

국가연구 개발사업을 주로 수행하는 정부 출연연구원과 대학교는 많은 연구비가
투입되는 국가핵심 연구기관임에도 불구하고 연구보안에 대한 투자는 상대적으로
적어 연구성과물 유출사고에 대한 우려가 현실이 되고 있다.

우리 정부는 국가 R&D 기술 유출의 피해를 방지하기 위해 「과학기술기본법」과

「국가연구혁신개발법」 등에 보안관련 내용을 입법화 하고 산업기술유출 방지를 위한 별도의 법인 산업기술 보호법을 제정하였다.[352] 이러한 법적 기반을 구축 하였음에도 불구하고 보안 관련 점검과 제도는 사실상 많은 부분이 형식화 되어 있다. 따라서 공동연구와 기술이전 등이 활발하게 진행되는 미래개방형 연구 환경에서는 안전하고 원활한 연구개발을 진행하기 위해 지식재산 중심의 연구보안 체계를 한층 더 구축할 필요가 있다.

3. 연구성과 유출 사례

대표적인 연구개발 성과물 유출사고 사례로 "태양광 집광 제조기술 유출사건"과 "시스템 에어콘 제조기술 유출사건" 등을 들 수 있다. 태양광 집광 제조기술 유출사건은 기업이 수십억 원의 연구비를 투자해 개발한 태양광 집광장치 관련 기술을 공동연구를 수행한 대학교수와 연구원이 빼돌려 유출한 사건이다. A 연구원은 대학 선배인 B 교수의 지시를 받고 근무하는 회사에서 태양광집광장치 제조기술 자료가 저장되어 있는 하드디스크와 연구노트 4권 등을 외부로 빼돌려 유출하였다. 유출행위는 적발되었지만 피해기업은 추가적인 연구개발비를 지원받지 못해 후속 연구개발에 어려움을 겪게 되었다.

시스템 에어컨 제조기술 유출사건은 대기업 연구원이 수십억이 투입된 정부과제를 수행하던 중 연구개발 성과물을 중국 경쟁사로 유출하여 편익을 취하려 했으나 유출시도 도중에 적발된 사건이다. L사 직원 2명은 서류상 회사를 설립해 약 8억 원의 연구비를 횡령해 오다 자체 내부감사에 적발되자 징계 절차에 대한 시간차를 이용하여 연구개발 성과물을 외장하드 디스크에 복사하여 중국경쟁사로 넘기려는 과정에서 검찰에 적발되어 사건이 마무리 되었다.

최근에도 방위산업용 로봇을 생산하는 C사는 무인 원격제어 로봇을 생산하는 방위산업 전문 업체로서 국내 관련 분야에서 선도적인 특허기술을 보유하고 있었다. 또한 동 기술의 상용화에 성공한 C사는 지난 10년 동안 아랍 에미리트 등 해외 방위산업 수주에 성공하여 약 1,200억 달러에 달하는 수출 실적을 올리는 유망한 중소

---

(352) 과학기술기본법 제11조의5, 산업기술 유출 보호법 제12조, 국가연구개발혁신법 제21조 참조.

기업이었다. 이러한 상황에서 뒤늦게 무인 원격제어 로봇시장에 참여한 다국적 기업 J사는 국내 및 해외 방산 시장 진출에 있어 장애물을 제거하기 위하여 공동연구를 진행하던 중소기업 C사를 상대로 특허무효소송을 진행하여 승소하였다.

표 9-5 _ 연구성과 유출 사례

연구과제 분류	유출대상	유출자	유출방법
국가연구개발과제	선박부품 설계기술	퇴직자	외장하드에 저장하여 유출
국가연구개발과제	시스템 에어콘 제조기술	외국인 연구원	외장하드에 복사한 후 노트북과 연구결과 서류상자를 외부로 유출
국가연구개발과제	태양광 집광장치기술	내부연구원	기술정보를 USB에 저장 후 연구노트와 같이 외부로 유출
국가연구개발과제	휴대용 엑스레이 기술	기술자문인 (대학교수)	개인 이메일과 노트북 저장 후 유출
기업연구개발과제	가전제품 소음방지 기술	외국인 연구원	핵심 기밀자료를 디지털 카메라로 촬영 후 노트북에 저장한 후 유출
기업연구개발과제	반도체 핵심기술	협력업체 직원	유지보수 등을 빙자해 영업비밀서류를 절취하거나 친분을 이용해 영업기밀을 복제 후 외부로 유출
기업연구개발과제	포탄 제조 설비 및 기술 (전략물자 기술)	회사대표	전직 방산업체 기술자들을 영입한 후, 미얀마에 직원을 파견하여 포탄제조공장설립 및 현지 자문
기업연구개발과제	차세대 군사용 디스플레이 기술	내부 직원	국내 OLED 핵심 공정기술 보유업체에 계획적으로 입사하여 국책과제로 개발한 기술을 퇴직 직전 개인 이메일, 인터넷 메신저, USB 등을 활용하여 유출 후 중국 K社에 유출기도하다 적발

출차: 국가과학기술인력개발원, 「연구보안교재」 재인용

제2절
연구보안 법령체계

1. 법령체계

2019년 정부는 국가과학기술정책 총괄규범으로서 법 적용의 한계를 가지고 있는 국가연구개발 사업관리규정을 법제화하기 위해 국가연구개발 혁신을 위한 특별법안을 의원입법으로 추진하였다.

동법은 2001년 이후 20년 동안 좌초된 다수의 입법 시도와 달리, 제20대 국회에서 의결된 법은 내용과 형식 측면에서 국가 R&D에 대한 철학과 체계화된 내용을 반영 하였다. 즉, 새로운 시대에 부합하는 원칙과 기준을 확립하고 연구 현장을 고려한 법률로 인정받고 있다.(353)

「국가연구개발혁신법」은 특별법이기 때문에 부처별로 복잡한 관리규정을 간소하게 정비하는 효과가 있으며, 세부적인 내용에서도 상향식 과제기획 원칙, 국가연구개발사업 통합정보시스템 운영, 연구개발기관의 연구지원체계 구축 등 연구자의 자율성을 높이고 행정 부담은 줄이는 조치들을 담고 있다.

---

(353) 2001년 제정된 「국가연구개발사업 관리 등에 관한 규정(이하 "국가연구개발사업 공동규정"이라 한다」은 법률이 아닌 대통령령으로 입법화된 까닭에 지식재산권의 귀속에 대해 일반적인 내용이나, 위반한 사람이나 법인에게 벌칙이나 처벌조항이 아닌 재재조치 등만을 규정하였고 법체계상 다른 법률 등에 우선 적용되지 못하는 한계를 가지고 있었다. 또한 국가연구개발사업 제도 개선사항을 현장에 적용하기 위해서는 매번 과학기술정보통신부를 제외한 다른 중앙행정 부처별 연구개발 관리규정을 일일이 개정하여야 하는 불편함을 초래하였다. 국가연구개발혁신법의 입법으로 인하여 비로소 지금까지 각 부처별로 운용되고 있는 국가연구개발사업을 통합적 · 체계적으로 운용하는 범부처 공통규범으로 재탄생하게 되었다.

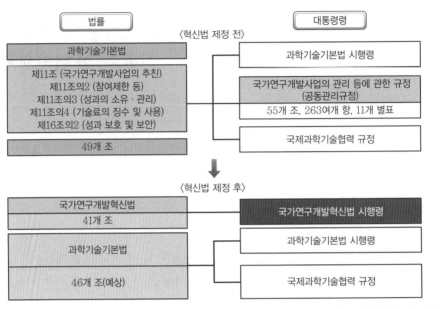

그림 9-3 _ 국가연구개발혁신법 제정 전·후 기존 법령 비교

출처: 이재훈·유지은(KISTEP, 2010)

「국가연구개발혁신법」은 총 5장 41개조로 구성(부칙 제외)이 되어 있으며, 이 중 연구보안에 관한 규정은 제21조에 1개의 조문으로 구성되어 있다. 하위 시행령에는 4개 조문으로 연구보안에 관한 내용을 규정하고 있다.

2. 현행법령

1) 과학기술기본법상 연구보안규정

「과학기술기본법」은 과학기술이 핵심이 되는 지식기반 경제사회에 걸맞게 과학기술에 관한 이념과 발전방향을 새로이 정립하고, 과학기술 관련 정책을 종합적·체계적으로 추진할 수 있는 제도적 장치를 마련하는 등 과학기술발전의 기반을 조성함으로써 과학기술선진국으로 진입할 수 있는 제도적 기틀을 마련하기 위해서 2001년 제정되었다(법률 제6353호, 2001.1.16.). 이는 연구보안에 관하여 기본적이고 선언적인 조항을 규정하고 있으며, 과학기술에 관한 다른 법률을 제정하거나 개정할 때에는 이 법의 목적과 기본이념에 맞도록 하고 있다(과학기술기본법 제3조).

2) 국가연구개발사업의 관리 등에 관한 규정상 연구보안 규정

가. 국가연구개발혁신법의 제정목적

2019년 10월까지 21개 중앙행정기관이 총 286개 R&D 관리규정(법률, 시행령·시행규칙 등)을 통해 운영하던 국가연구개발사업이 통합적·체계적으로 운영될 수 있게 하고, 국가연구개발사업을 추진하는 과정 전반의 비효율과 불필요한 부담을 제거함과 동시에 자율적이고 책임 있는 연구개발 환경을 조성하기 위하여 범부처 공통규범의 제정이 필요하였다. 이에 따라 국가연구개발사업의 추진에 대한 범부처 공통규범으로서「국가연구개발혁신법」을 제정함으로써 국가연구개발사업의 추진체제를 혁신하고 자율적이고 책임 있는 연구환경을 조성함으로써 국가혁신역량을 제고하고 국민경제의 발전과 국민의 삶의 질 향상에 이바지함을 목적으로 한다.

나. 국가연구개발혁신법상 연구보안 규정 주요 내용

「국가연구개발혁신법」제21조 제1항은 국가연구개발사업 보안 관련 정부의 역할을 선언적으로 규정하고 있으며, 기존「과학기술기본법」제16조의2(국가연구개발사업의 보안)의 내용을 대체하고 있다.

연구보안종합계획 수립(제21조 제1항) 「국가연구개발혁신법」제21조 제1항에서는 관계중앙행정기관의 장 및 연구개발기관이 소관 국가연구개발사업 및 연구개발과제와 관련된 중요정보가 외부로 유출되지 않도록 보안대책을 수립 및 시행을 규정하고 있다.

보안대책에서 한발 나아가 국가 R&D 주무부처인 과학기술정보통신부가 중앙부처와 협의하여 연구보안 종합계획을 매 3년 혹은 적정한 시기에 수립하고 시행하여 범 부처적으로 연구보안 정책에 추진력을 확보 하도록 추가 입법이 필요하다.

이러한 연구보안 종합계획은 다음의 주요내용을 포함하여야 한다. ① 국가연구개발사업 보호의 기본 목표와 추진방향, ② 국가연구개발사업 추진단계별 보호에 관한 사항, ③ 국가연구개발사업의 보호 관련 홍보 및 교육에 관한 사항, ④ 국가연구개발사업 보안관리실태 점검(점검 관련 시스템 포함)에 관한 사항, ⑤ 국가연구개발사업 보호에 관련한 정보의 수집, 분석, 가공과 보급에 관한 사항, ⑥ 외국 및 외국인과 관련된 국가연구개발사업 보호에 관한 사항, ⑦ 연구보안사고의 예방, 대응, 유사 사례 재발방지 대책 등에 관한 사항, ⑧ 기타 국가연구개발사업의 보호를 위하여 필요한 사항 등에 대하여 규정할 필요가 있다.

또한, 종합계획의 수립을 위하여 관계 중앙행정기관, 연구관리 전문기관, 연구개발기관에 필요한 자료의 제출을 요청할 수 있도록 하고, 이 경우 자료 제출을 요청받은 기관의 장은 특별한 사유가 없는 한 이에 협조하도록 하여야 한다.

과학기술정보통신부장관은 국가연구개발사업 보호 종합계획을 국가과학기술자문회의에 보고한 후, 관계 중앙행정기관, 연구관리 전문기관 및 연구개발기관에 배포할 수 있도록 하여야 한다.

즉, 국가연구개발사업을 체계적으로 보호하기 위하여 국가연구개발사업을 수행하는 연구기관, 기업 등이 연구성과 보호체계 구축 및 운영이 자율적으로 이루어질 수 있도록 적극 유도 지원하고 체계적으로 보호하기 위한 종합적 계획 수립은 기존의 산업기술보호종합계획, 방위산업기술보호종합계획 등을 참고하여 검토 하는 것이 바람직하다.

앞서 살펴본 대로 지식재산 침해 중심으로 연구보안의 패러다임이 변화하고 있기 때문에 향후 국가연구개발혁신법 개정을 통하여 조문 제목에 연구보안이라는 명칭을 부여하고 국가연구개발사업의 유ㆍ무형적 성과물의 침해에 대해서 법적인 근거를 분명히 하는 규정을 입법화하여야 한다.

보안과제 분류 및 연구관리 전문기관 연구보안 의무부과(제21조 제2항~제4항) 현행법은 연구개발 기술이 외부로 유출될 경우 기술적ㆍ재산적 가치에 상당한 손실이 예상되거나 국가안보를 위하여 보안이 필요한 연구개발과제를 보안과제로 분류하도록 규정하고 있다.

실무상 보안과제로 분류된 연구를 수행하는 연구개발기관은 당연히 보안조치의 의무가 필요하다. 실질적으로 국가연구개발 생태계에 있어서 정부와 연구자ㆍ연구기관 간 가교로서 연구기획, 연구관리, 기술 이전 등 연구개발 전주기적으로 연구개발 기관과 함께 연구보안 관련 핵심적인 역할을 수행하는 한국연구재단, 한국산업기술평가관리원 등과 같은 연구관리 전문기관에게도 광범위 하게 연구보안의 역할과 의무를 부과하여, 연구개발기관과 함께 연구보안의 사전적 예방조치와 관리를 하는 파수꾼의 역할을 훌륭히 수행하도록 하여야 한다.

정보기관 등과 보안업무 위탁 및 협력 (제21조 제5항~제6항)   최근 발생한 국방과학연구소 기술유출사건[354] 등 연구보안 사고는 그 형태나 유형이 다양하게 발생할 뿐만 아니라 유출의 당사자가 국외로 도피하거나 이직하는 등 국제적인 사건으로 비화하는 경우가 많고, 기술 관련 범죄나 형법적인 문제 등이 다수 발생하기 때문에 사법 혹은 수사기관이 아닌 중앙부처 행정기관 차원에서 해결하기가 사실상 불가능 한 경우가 많다.

따라서, 보안과제 관련 업무(보안사고 등) 등은 수사와 정보에 전문성이 있는 국가정보원 혹은 검찰이나 경찰에게 보안업무를 위탁하거나 협업하도록 하고 일반과제 보안업무는 중앙행정기관 등에서 맡도록 하는 등 Two-Track 전략이 필요하다. 이러한 내용을 일부 입법화 시킨 부분은 타당하다.

향후, 연구보안과 관련하여서는 유관기관의 유기적 협력이 매우 중요하기 때문에 국가적 차원의 연구보안 정책 수립을 위한 연구보안 컨트롤 타워Control Tower를 신설해야 하며, 중·장기적으로는 연구보안 전문기관을 설립하여 운영하여야 한다.

3) 국가연구개발혁신법 시행령상 연구보안 규정

가. 서론

「국가연구개발혁신법」상 위임된 세부내용을 규정하기 위해 2020년 12월 29일 제정이 되어, 2021년 1월 1일 「국가연구개발혁신법 시행령」이 시행되었다. 기존 국가연구개발 공동규정 처럼 연구보안의 내용을 별도의 장으로 분류하지 않고 제3장 국가연구개발 혁신환경조성 내 제1절 국가연구개발사업의 효율적 추진기반 구축의 내용상에 제44조부터 제48조까지 5개의 조문으로 규정하고 있다. 입법의 형식문제 이지만 향후 연구보안 관련 별도의 법을 입법화하여야 하는 상황 등을 고려해 볼 때에는 법 형식상 별도의 독립된 장으로 편성하여야 하며, 세부 조문 등도 수정·보완하여야 한다.

---

(354) 2020년 발생한 기술유출 사건으로, 국방과학연구소 고위급 연구원 60여 명이 기밀을 빼내 ADD를 퇴직한 사건으로 유난히 많은 양의 자료를 유출한 20여 명에 대해서는 집중조사를 수행하였다. 또한, 외국 연구기관 및 방산기관 등 취직하고 국내 방산업체나 대학으로 자리를 옮기면서 연구소 기밀을 누설하는 사례, 아랍에미리트(UAE) 칼리파 대학(를 모델로 무기연구소 설립 준비를 위해 한국의 연구원 영입)에 이직하면서 방산기술을 유출하는 사례 등이 큰 문제를 일으킨 바 있다.

나. 주요내용

① **국가연구개발 사업 등의 보안대책(시행령 제44조)** 관계 중앙행정기관의 장 및 연구개발기관의 장은 「산업기술의 유출방지 및 보호에 관한 법률」 제2조 제1호에 따른 산업기술과 관련된 비공개 연구개발성과와 「국가연구개발혁신법」 제21조 제2항에 따라 보안과제로 분류된 연구개발과제의 연구개발성과에 대하여 보안대책을 수립·시행하도록 하고 있다(시행령 제44조 제1항).

중앙행정기관이 수립해야 하는 보안대책에는 연구개발성과의 수집·분석·가공·배포 방안, 보안관리 실태 점검의 구체적 방안, 보안사고의 예방·대응·조사·재발방지 방안, 연구개발과제협약으로 정하는 바에 따라 외국에 소재한 기관·단체 또는 외국인과 공동으로 연구를 수행하는 경우의 보안관리 방안을 포함하도록 하고 있다(시행령 제44조 제2항).

연구개발기관의 장이 수립하는 보안대책에는 보안사고의 예방·대응·조사·재발방지 방안, 연구개발과제협약으로 정하는 바에 따라 외국에 소재한 기관·단체 또는 외국인과 공동으로 연구를 수행하는 경우의 보안관리 방안에 추가적으로 소속 연구자가 준수해야 하는 보안 관련 의무사항, 연구시설 및 연구관리시스템에 대한 보안조치 사항과 이러한 규정사항이 포함된 보안관리규정 제정·운영 방안을 포함하여야 한다(시행령 제44조 제3항).

연구개발과제에 대한 보안과제의 분류(제45조) 중앙행정기관의 장은 「방위사업법」 제3조 제1호에 따른 방위력개선사업과 관련된 연구개발과제, 외국에서 기술이전을 거부하여 국산화를 추진 중인 기술, 보호의 필요성이 인정되는 미래핵심기술, 「산업기술의 유출방지 및 보호에 관한 법률」 제2조 제2호에 따른 국가핵심기술, 「대외무역법」 제19조 제1항에 따른 수출허가 등 제한이 필요한 기술을 보안과제로 분류하도록 규정하고 있다(시행령 제45조 제1항).

중앙행정기관의 장은 시행령 제45조 제1항에 규정된 기술 등을 수행하는 연구개발과제에 대해서 연구개발기관을 공모하기 전까지 보안과제로 분류하도록 하고 있다(시행령 제45조 제2항). 다만, 지정 등 공모 외의 방법으로 연구개발기관을 선정한 경우 혹은 보안과제로 분류되었는지를 공고에 포함시키는 것이 곤란한 경우에는 연구개발기관이 선정된 이후에 지체 없이 보안과제로 분류하여야 한다(시행령 제45조 제2항).

또한, 선정된 연구개발기관이 외국에 소재한 기관·단체 또는 외국인과 공동으로 연구를 수행하는 경우에는 해당 연구개발과제가 「대외무역법」 제20조 제2항에 따라 전략물자에 해당하는지에 관한 판정을 신청하여 그 결과에 따라 그 연구개발 과제를 보안과제로 분류할 수 있도록 하였다(시행령 제45조 제3항).

보안관리조치(시행령 제46조)　보안과제로 분류된 연구개발과제를 수행하는 연구개 발기관이 지켜야할 대통령령으로 정하는 보안관리 조치(국가연구개발혁신법 제21조 제 3항)는 다음과 같다.

첫째, 보안과제를 수행하는 연구실에 대한 보호구역을 설정하여야 한다.

둘째, 보안과제를 수행하는 연구자의 연구실 출입권한을 차등으로 부여하고 출 입 현황을 관리 하여야 한다.

셋째, 보안과제를 수행하는 연구자에 대한 보안교육을 실시하고 보안서약서 제 출을 요청 하여야 한다.

넷째, 보안과제를 수행하는 외국인 연구자의 연구 수행에 대하여는 연구개발기 관의 장의 승인 및 중앙행정기관의 장에 대하여 보고하여야 한다.

다섯째, 연구개발기관이 운영하는 연구관리시스템에 대한 보안관리 조치를 하여 야 한다.

여섯째, 연구개발정보 처리 과정 및 그 결과에 대한 보안관리 조치를 수행하여야 한다(시행령 제46조).

보안관리 실태 점검 및 관련 조치(시행령 제47조)　중앙행정기관의 장은 보안관리 실태 를 점검하려면 그 시기 · 내용 및 방법 등이 포함된 점검계획을 실태 점검을 하려는 날부터 10일 전까지 점검 대상 연구개발기관의 장에게 통보해야 한다(시행령 제47조 1항).

보안관리 실태점검 시 필요한 조치를 명받은 연구개발기관의 장은 해당 조치에 따른 결과의 조치 명령을 받은 날부터 6개월 이내에 중앙행정기관의 장에게 제출해 야 한다(시행령 제47조 2항).

보안사고에 대한 조치(시행령 제48조)　연구개발기관의 장은 연구개발성과의 침해 · 유출 · 누설 · 분실 · 훼손 · 도난 및 연구개발성과를 유통 · 관리 · 보존하는 시스템 의 유출 · 파손 · 파괴에 해당하는 사고가 발생한 경우 그 사고를 알게 된 즉시 필요 한 조치를 하고, 중앙행정기관의 장에게 보고해야 한다(시행령 제48조 제1항).

연구개발기관의 장은 보안사고 관련 보고 시 보안사고의 일시 · 장소, 보안사고를 낸 사람의 인적사항, 보안사고의 세부 내용을 파악하여 지체 없이 중앙행정기관의 장에게 보고해야 한다(시행령 제48조 제2항).

연구개발성과의 공개(시행령 제35조) 연구개발기관과 연구자는 연구개발과제 수행이 종료된 때에는 최종보고서를 제출한 날로부터 3개월 이내에 최종보고서, 연구개발성과관리·유통전담기관에 등록·기탁한 연구개발성과 목록을 공개하여야 한다(국가연구개발혁신법 제17조 제2항).

연구개발기관의 장은 첫째, 「산업기술의 유출방지 및 보호에 관한 법률」에 따른 국가핵심기술 관련 연구개발과제를 수행한 경우, 둘째 「소재·부품·장비산업 경쟁력강화를 위한 특별조치법」에 따른 핵심전략기술 관련 연구개발과제를 수행한 경우, 셋째 보안과제로 분류된 연구개발과제를 수행한 경우, 넷째 연구개발기관의 장이 해당 연구개발성과에 대하여 지식재산권을 취득하려는 경우, 다섯째 외국의 정부·기관·단체와의 협정·조약·양해각서 등에 따라 해당 연구개발기관의 장이 비공개를 요청하는 경우, 여섯째 「대·중소기업 상생협력 촉진에 관한 법률」 제24조의2에 따라 중소기업이 연구개발성과를 임치한 경우, 일곱째 그 밖에 영업비밀 보호 등 정당한 사유가 있는 경우에는 중앙행정기관의 장에게 연구개발성과 비공개의 승인을 요청할 수 있다(시행령 제35조 제1항 제2항).

중앙행정기관의 장은 위 첫째부터 셋째까지의 사유 중 어느 하나에 해당 하는 경우 3년 이내에서 비공개를 승인할 수 있으며, 넷째부터 일곱째까지의 사유 중 어느 하나에 해당 하는 경우 1년 6개월 이내에서 연구개발성과의 비공개를 승인할 수 있다(시행령 제35조 제3항).

벌칙조항 연구자가 국가연구개발사업 수행 중 보안과제 등의 첨단기술을 국외유출하는 행위는 그 자체가 중대한 범죄 행위 이다. 상대방 기술획득기관에 개발기간의 단축 혹은 비용의 절감 등 상당한 이익을 가져다 줄 수 있고 소속된 연구기관이나 국가에는 엄청난 손해와 경제적 손실을 초래하게 된다.

이러한 막대한 손해에 비해 기술을 유출한 범죄자에게는 법 제도적으로 많이 개선되었지만 실질적이고 철저한 형사처벌이 잘 이루어지지 않고 있다.

「국가연구개발사업 혁신법 시행령」(안)에서는 보안대책을 위반하거나 보안과제로 분류된 연구개발과제의 보안사항을 누설하거나 유출하는 행위 등에 대하여 국가연구개발사업에 대한 참여제한 기간을 각각 2년 및 3년으로 부여하고 있으며 제제부과금액을 이미 지급한 정부 연구개발비 기준으로 부과하고 있다.

표 9-6 _ 연구보안 및 기술보호 관련 법률 및 규정 비교

법률/훈령	보호대상	보호수단	불법유출 시 벌칙
산업기술의 유출방지 및 보호에 관한 법률	국가핵심기술, 산업기술	기술관리, 유출, 예방, 유출자 처벌	징역(3년, 5년, 10년 이하), 벌금(3억 원, 10억 원, 15억 원 이하)
부정경쟁방지 및 영업비밀보호에 관한 법률	영업비밀(경영 및 기술 정보)	유출자 처벌	징역(5년, 10년, 15년 이하), 벌금(5억 원 및 5억 원 이상의 경우 재산이득의 2배 이상–10배 이하)
대중소기업간 상생협력에 관한 법률	임치 기술자료(지식재 산권, 경영 및 기술정보)	기술보관	–
국가연구개발 혁신법	국가핵심기술, 미래핵심 기술 등	기술관리, 유출, 예방.	참여제한 및 제제부과금 〈표9–8 참조〉
국가연구개발사업 관리등에 관한 규정	국가핵심기술, 미래핵심 기술 등	기술관리, 유출, 예방.	참여제한 등

자료: 국가연구개발혁신법 등 관련 법령 참고하여 재작성

표 9-7 _ 국가연구개발혁신법상 보안대책 위반

구 분	제재처분		감경	기본	가중
보안대책 위반	참여제한		1년~2년	2년	2년~3년
	제재부가금 (정부지원연구 개발비 기준)	기관	50%~100%	100%	100%~150%
		개인	10%~20%	20%	20%~30%
보안사항 국내 유출	참여제한		1년~2년	2년	2년~3년
	제재부가금 (정부지원연구 개발비 기준)	기관	50%~100%	100%	100%~150%
		개인	10%~20%	20%	20%~30%
보안사항 국외 유출	참여제한		2년 6월~5년	5년	5년~7년 6월
	제재부가금 (정부지원연구 개발비 기준)	기관	125%~250%	250%	250%~375%
		개인	25%~50%	50%	50%~75%

출처: 국가연구개발혁신법 제제처분 매뉴얼 60~64페이지 참조

표 9-8 _ 국가연구개발혁신법상 가중 및 감경사유

구 분		감경요소의 예시	가중요소의 예시
일반인자	행위	• 사소한 부주의·오류	–
	행위자/기타	• 연구개발기관의 검증 후 필요한 조치 • 중앙행정기관의 장이 실시하는 조사에 성실하게 협조	• 동종 전력(참여제한의 경우에 한함) • 하나의 연구개발과제에 대한 복수의 위 반행위
특별인자	행위	• 원상회복	–
	행위자/기타	• 대상자에게 책임을 물리기 어려운 사정 이 있는 경우	

출처: 국가연구개발혁신법 제제처분 매뉴얼 60~64페이지 참조

「국가연구개발혁신법」에는 처벌조항은 입법화하지 않았다. 그 대신 연구자 혹은 소속기관에게 국가연구개발사업의 참여제한 및 제제부과금 형태로 형사법적인 재재 대신 경제적 불이익과 행정적 조치만을 부과하고 있다.

향후 이는 입법적으로 반드시 개선이 되어야 한다. 연구 수행 중 광범위한 자율성과 편의는 인정을 하여 주되, 문제가 되는 행위나 보안위규사항에 대해서는 무관용 처벌과 강력한 재재 없이는 연구 성과물을 보호 하려는 법익 보호를 달성하지 못한다.

또한, 국가핵심기술이 아니거나 전략물자가 아닌 보안과제에 대하여도 국가연구개발혁신법 상 재재조치 등이 적용될 수 있도록 입법의 사각지대를 해소하고, 연구비, 연구 중요도, 연구기간 등과 관계없이 일률화된 조치가 아닌 연구내용과 성과물의 중요도에 따라 재재 범위를 다양하게 적용할 수 있도록 제도를 개선해야 한다.

4) 산업기술의 유출방지 및 보호에 관한 법률

「산업기술유출방지법」 또한 연구보안과 관련된 법률이다. 이는 산업기술을 보호하고 부정유출을 방지함으로써, 국내 산업의 경쟁력을 강화하고 국가의 안전보장과 국민경제의 발전에 이바지하고자 제정되었다. 「산업기술유출방지법」의 탄생배경에는 2000년 이후 세계 각국이 기술개발과 함께 기술유출을 방지하기 위한 자국기술에 대한 보호정책을 펼침에 따라 우리나라도 이에 부응하는 제도적 장치가 필요하게 되었다.[355] 따라서 국가안보에 직접적인 영향을 미치는 국가핵심기술을 보호하고 과학·산업기술인 및 연구 개발자를 보호 지원하여 국가산업경쟁력을 강화하고 국가의 안전과 국민경제의 안정을 보장하기 위한 것이다.[356]

---

(355) 정병일, "산업기술의 유출방지 및 보호에 관한 법률의 운영과 과제"「산업기술보호 제2호」(한국산업기술보호협회, 2010), p.26. 엄청난 물적·지적 자원의 보유와 소비가 이루어지는 중국이 신흥 기술국으로 부상하면서 우리나라의 국가적 차원에서 보호되어야 할 기술들이 쉽게 유출되어 국내산업의 경쟁력을 저하시키고 국민경제발전을 저해시킬 우려가 팽배해 있던 시대적 분위기가 제도 산파의 큰 역할을 하게 된 것이다. 특히 IMF 이후 대우자동차로부터 분리된 쌍용자동차가 2004년 7월 23일 중국의 상하이 그룹(SAIC)에 매각을 위한 우선협상대상자로 선정된다는 보도가 있자 자동차기술이 유출될 우려감과 국내 자동차산업의 경쟁력저하에 따른 국민경제의 악영향 등이 고려되어 유출대상의 국가핵심기술이 지정되지도 아니한 채 산기법이 서둘러 제정된 것이다.

(356) 현대호, 「최근 산업기술 보호법제의 동향과 과제」(한국법제연구원, 2012), p.39.

표 9-9 _ 부처별 기술보호에 관한 법률 비교

구 분	산업통상자원부	과학기술정보통신부
소관법	• 「산업기술유출방지법」 • 동법 시행령	• 「과학기술기본법」 • 「국가연구개발혁신법」
보호대상	• 산업기술 중 국가핵심기술 • 국가연구개발사업 및 기타 연구개발사업에 적용	• 보안과제 중점 • 국가연구개발사업 적용

방지/
보호방식
	• 국가핵심기술이전 시 산업통상부장관의 승인을
	  거치도록 규정
	• 국정원 산업기밀보호센터 상시 활동
		• 수행주체별(부처, 전문기관, 연구기관)로 적정한
		  보안관리 활동 규정
		• 국정원과 합동실태점검(연 1회)

「산업기술유출방지법」의 보호대상은 국가산업기술과 일반산업기술 등으로 구분된다. 먼저 국가핵심기술은 산업기술보호위원회에서 지정한 기술로 국내외 시장에서 차지하는 기술적·경제적 가치가 높거나 관련 산업의 성장잠재력이 높아, 해외로 유출될 경우에 국가의 안전보장 및 국민경제의 발전에 중대한 악영향을 줄 수 있는 기술로 정의하고 있다.

일반산업기술은 국가핵심기술을 창출·보존·관리하는 국가기관이나 정부출연연구소 또는 국가로부터 연구비를 지원받는 연구개발 과제를 수행하는 기업 등에서 관리하는 기술 중 국가핵심기술의 범주에 들지 않는 일반기술로 정의하고 있다.

동법의 연구보안에 대한 법적 근거는 제12조 '국가연구개발사업의 보호관리' 조항에 대상기관의 장은 산업기술과 관련된 국가연구개발사업을 수행하는 과정에서 개발성과물이 외부로 유출되지 아니하도록 필요한 대책을 수립·시행하여야 한다고 규정하고 있다.

제3절
연구보안 추진체계

1. 연구보안심의회 운영

1) 연구보안 심의회 구성

연구기관의 장은 연구보안 환경변화에 따라 발생할 수 있는 다양한 보안 사고를 효과적으로 대응, 보안 사고를 사전에 예방, 보안 사고 발생 시 신속하게 처리 등을 집중적으로 처리하기 위해 연구보안 심의회를 구성하여 운영해야한다. 아울러 연구보안 관련한 중요한 사항을 심의하기 위하여 구성된 연구보안 심의회를 효율적으로 운영하기 위한 방법도 구체적으로 마련할 필요가 있다. 연구보안 심의회 운영에 대한 세부적인 실행지침은 아래의 내용을 참고하여 마련할 수 있다.

가. 연구보안 심의회 구성

연구기관장의 보안업무를 효과적으로 자문하고 심의하기 위한 연구보안심사위원회를 구성하고 그 운영에 관한 세부적인 내용을 규정한다. 3~15인 이상 위원으로 구성하는 것이 일반적이다.

위원회는 간사를 두고 심의결과는 회의록으로 보존하는 등 의사결정을 위한 심의기구로 기능을 할 수 있도록 내용을 규정하고 조직체계상 연구보안심사위원회의 구성이 어려운 중소기업, 벤처기업 등의 경우에는 3인 이상의 위원으로 구성된 소위원회의 구성도 검토가 필요하다.

그림 9-4 _ 연구기관 조직의 보안체계 예시

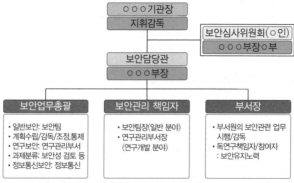

※보안담당부서와 세부내용은 기관별 특성에 따라 변경될 수 있음

출처: 문길주, 연구정보 보안강화 방안, 정부출연연구기관을 중심으로, 2008. 참조.

나. 연구보안 심의위원회 심의내용

연구보안심의위원회에서는 국가연구개발사업과 관련된 보안규정의 제정 및 개정, 보안등급의 변경, 기타 보안 사고의 처리 등에 대하여 심의하고 연도별 보안업무 세부시행계획 수립에 관한 사항, 신원특이자의 채용 및 비밀취급인가 등에 관한 사항 등을 심의하도록 한다.

연구보안 심의위원회 주요 규정 및 내용 예시

제4조(연구보안심사위원회) ① 보안업무의 효과적인 수행과 운영관리에 관한 사항을 심의하기 위하여 연구보안심사위원회(이하 '위원회'라 한다)를 둔다.

② '위원회'는 위원장 1인을 포함하여 5인 이상 10인 이내의 위원으로 구성한다.

③ 위원회의 위원장은 ○○○로 하며, 위원은 직원 중에서 ○○○ 연구원장이 임명하고 위원의 임기는 2년으로 하되 연임할 수 있다.

④ 위원장은 위원회를 통할하며 위원장이 유고시는 위원장이 지명하는 위원이 그 직무를 대행한다.

⑤ 위원회의 서무를 처리하기 위하여 간사 1인을 두며 간사는 보안담당부서의 장이 된다.

⑥ 심의안건 중 경미한 사항은 서면결의로 처리할 수 있다.

⑦ 위원회는 다음 각 호의 사항을 심의 · 의결한다.

　1. 국가연구개발사업과 관련된 연구원 보안관리 규정의 제정 · 개정

---

2. 연구개발과제 보안등급 변경에 관한 사항

3. 국가연구개발사업과 관련된 보안 사고의 처리 및 보안관련 제 규정 위반자의
처리에 관한 사항

4. 연도별 보안업무 세부시행계획 수립에 관한 사항

5. 신원특이자의 채용 및 비밀취급인가 등에 관한 사항

6. 보안업무 감사 · 지도 · 점검에 관한 중요사항

7. 기타 보안업무 수행 상 필요하여 위원장이 부의하는 사항

⑧ 위원회 회의는 재적위원 과반수의 출석으로 개회하고 출석위원 과반수의 찬성
으로 의결한다. 다만, 가부동수인 경우에는 위원장이 결정권을 갖는다.

⑨ 위원회는 필요하다고 인정할 때에는 관계자를 출석시켜 의견을 진술하게 할 수
있다.

⑩ 심의결과는 회의록으로 보존하여야 한다.

2. 연구보안 책임자 지정

국가연구개발사업 보안관리 담당부서는 보안업무총괄부서, 연구정보관리부서,
연구인력 관리부서, 정보통신 관리부서를 말하며, 각 부서의 장은 보안관리책임자
가 되며, 실무담당자로 보안관리담당자를 지정 · 운영한다.

연구기관의 연구개발 보안업무를 철저하게 수행하고 지속적으로 관리하기 위
하여 연구기관의 장은 연구보안관리 업무를 전담해서 처리할 수 있는 연구보안 관
리자(연구보안 책임자 및 담당자)를 지정하여 임명해야 한다. 또한 국가연구개발사업
의 효율적인 보안관리를 위해 연구 및 연구지원 각 부서는 보안담당자 정 · 부를 지
정 · 운영한다. 보안담당자 "정"은 부서장(연구부서: 센터장급, 연구지원부서: 팀장)이
며, 보안담당자 "부"는 부서장이 지명하는 실무담당자로 한다.

이를 통해 연구보안관리 업무가 평상시에 체계적으로 관리되고, 위급한 비상사
태 발생 시 신속하게 대응할 수 있게 된다. 세부적으로 연구보안 관리자는 주기적으
로 연구보안실태 점검을 실시하며 미진한 사항은 보완책을 마련하여 보안 사고 재
발방지를 위한 절차를 수립한다. 그리고 연구보안 관리자는 직전 년도 연구보안 업

무수행 과정에서 발생된 문제점과 이를 해결하기 위한 당해 연도 연구보안 추진계획을 수립하여야 한다. 수립된 연구보안 추진계획은 추진일정과 예산 등을 포함하면서 내부의 연구보안심의회 심의과정을 거쳐야 한다.

연구보안 관리자는 연구관리 업무 또는 그에 합당한 업무경험이 있는 자로서, 외부에서 실시하는 연구보안관련 교육을 이수하고 연구보안 업무를 수행하는데 결격 사유가 없는 자가 될 수 있다. 참고로 연구보안 업무를 효율적으로 수행하기 위하여 각 연구과제별로(또는 부서별로) 보안 담당자를 임명할 수도 있다. 총괄 연구보안 관리자와 부서별 연구보안 관리자는 지속적으로 발생하는 다양한 보안취약점을 선제적으로 해결하기 주기적으로 보안직무교육을 이수해야 한다.

연구보안 관리자 핵심 업무

- 연구개발 보안과제 현황 파악 및 관리
- 연구책임자 및 참여연구원에 대한 보안서약서 징구
- 정기적인 연구보안 교육 및 지도
- 연구보안관리 실태점검 및 개선책 마련
- 연구개발 비밀문서 관리 및 운용/감독(연구개발 비밀의 누설/도난/분실 및 손실방지를 위한 조치)
- 연구보안 사고 보고/조치 후, 사고 방지책 마련
- 기타 연구보안과 관련된 제반 업무 수행

부서별 연구보안 관리자 핵심 업무

- 부서 내 참여연구원의 연구보안 관리실태 점검
- 연구보안 책임자 및 담당자가 지시하는 사항 처리
- 연구개발 비밀문서의 보관 및 관리
- 연구개발 비밀문서 소각 및 파기 확인
- 연구개발 비밀관리기록부의 기록유지 및 확인
- 비상시 연구개발 비밀문서의 안전기출 및 파기
- 연구개발 비밀의 누설, 도난, 분실 및 손상 방지를 위한 조치
- 기타 연구보안과 관련된 사항 처리

3. 연구보안 교육

연구보안 사고의 핵심원인은 참여연구원들이 연구보안에 대한 의식이 부족하여 관리규정을 제대로 숙지하지 못하고 있기 때문이다. 따라서 연구보안 사고를 미연에 방지하고 연구보안 사고 발생에 따른 경제적 피해금액을 최소화하기 위해서는 전(全) 직원을 대상으로 연구보안 교육을 정기적(또는 수시로) 실시하여 참여연구원들이 규정을 제대로 숙지하고 실천할 수 있도록 해야 한다. 이를 위하여 매년 연구보안교육 시행 계획과 교육 내용을 구체적으로 수립 · 이행하여야 하며, 외부 전문가나 전문기관에 의뢰하여 교육을 실시하는 것도 좋은 방법이다. 연구보안관리 규정은 수시로 개정되기 때문에 빠른 시간 내에 연구보안 교육을 실시하거나, 연구보안 교육내용을 배포하여 전 직원이 개정된 규정을 숙지하고 업무에 적용할 수 있도록 조치해야 한다. 연구보안 교육은 시행계획에서 정한 바에 따라 매년 정해진 시점에 정기교육을 실시하되 최소 매년 1회 이상 시행하여야 한다.

4. 연구보안점검

연구보안 사고를 예방하고 그로 인한 피해를 최소화하기 위하여, 구성원들이 연구보안규정 준수여부를 확인하기 위해 정기적인 보안점검은 필수조건이다.

1) 연구보안 점검계획 수립 및 실시

연구보안 관리자는 매년 초 연구보안 점검계획을 수립하면서, 보안점검 대상과 시기, 점검내용과 방법, 점검반 구성방안 등을 설계하여야 한다.

표 9-10 _ 보안점검 세부항목(일반보안)

분야	항목	점검내용
일반보안	보안제도 및 운영	• 기관장의 관심도 및 보안 작업사항 반영 여부 • 보안관련 자체 내규 수립 및 정비 여부 • 보안업무 세부 추진 계획 수립 및 이행 실태 • 보안업무 심사분석 실태 • 정기보안교육 및 수시보안교육 계획 실태 등
	인원보안	• 신원조사(신원조사회보) 실시 및 관리 실태 • 신원특이자 및 비밀취급인가자 관리 실태 • 계약직 및 일용직, 비상임위원 및 각종 자문위원 보안관리 실태 • 보안교육(임시직원 포함) 및 보안 사고 예방관리 실태 • 퇴직자 및 신규 임용자에 대한 보안조치 실태
	문서보안	• 비밀의 분류 · 재분류 · 생산 · 수발 · 보관 · 보관 실태 • 대외 및 외국기관의 자료제출에 따른 보안관리 실태 • 비밀관리기록부, 비밀 원본, 비밀영수증, 비밀열람기록전 등 관리 실태 • 비밀외주용역 및 발간 시 보안절차 준수 • 「공공기관의 기록물관리에 관한 법률」 시행에 따른 이행 실태 여부 등

표 9-11 _ 보안점검 세부항목(일반보안 및 정보보안)

분야	항목	점검내용
일반보안	시설보안	• 자체 시설방호 · 방화계획 수립 및 보호구역 관리 실태 • 출입자 통제를 위한 과학화 장비 설치 및 관리 실태 • 안전지출 및 파기계획 수립 · 운영 실태 • 사무실 출입문 잠금장치 상태 및 열쇠관리 실태 등
	통신보안	• 노후 암호장비 파악 및 신형 장비 교체계획 수립 여부 • 정보시스템 신규 구축 시 보안성 검토 결과에 따른 국가기관용 표준암호 및 국가용 암호모듈 사용 여부 • 보안자재 및 자체 제작 음어(약호) 자체 필용성 및 활용 실태
정보보안	정보보안	• 정보보안 관련 자체규정 및 정보보안 추진계획 수립 · 추진 실태 • 비밀 및 중요자료 보안 실태(비인가 USB 사용, P2P 사용 여부 등) • 사이버 · 보안 진단의 날 이행 여부 • 비밀 전자문서 보안 여부 • 사이버 침해사고 대응 대책 • 정보화사업 보안 및 정보통신망 보안 등 • 개인정보 보안

설계된 연구보안 점검계획은 연구보안심의회의 심의와 연구기관 장의 승인을 거쳐 실행을 준비한다. 연구보안 점검은 사전에 작성된 점검표에 의해 실시하고, 출장 또는 휴가 등으로 연구원 향후에 보안점검을 받거나 그에 준하는 조치를 이행하도록 한다.

2) 연구보안 점검결과 보고서 작성과 사후조치

연구보안 관리자는 점검과정에서 발견된 취약점들과 이에 부합되는 조치/개선 사항들이 포함된 결과보고서를 작성한다. 결과보고서는 연구보안심의회와 연구기관 장의 검토를 거쳐 필요할 경우 연구보안 규정이나 보안교육 내용에 반영하여 공지하게 된다.

5. 연구보안 사고대응

연구개발사업과 관련된 중요한 자료가 외부로 유출되거나 누설, 분실 등의 보안사고가 발생한 경우, 피해를 최소화하고 신속한 사고복구를 통해 업무의 연속성을 보장하여야 한다. 이를 위해서 연구보안 사고발생 시 체계적인 방법으로 대응할 수 있도록 실제적인 이행방법을 정형화된 매뉴얼 형태로 정리할 필요가 있다.

연구보안 관리자가 직접 사고발생 사실을 감지하거나, 내부직원 또는 외부인에 의한 신고접수로 사고발생을 인지한다. 연구보안 관리자는 사고를 인지한 후, 침해사고 관련부서에 사고발생 현황을 즉시 통보하고 피해가 더 이상 확산되지 않고 초기에 대응할 수 있도록 한다.

보안 사고 보고주체는 보안 사고 발생 기관장, 사고를 범하였거나 이를 인지한 자이며 보안 사고의 일시, 장소, 사고내용, 현재 취하고 있는 조치사항을 보고하여야 한다. 또한 보안 사고는 그 특성상 전말조사가 종결될 때 까지 공개할 수 없다.

연구보안 사고 대응팀은 먼저 보안, 법무, 인사, 기술, IT 담당자 등으로 즉시 TFT를 구성하고 각 팀원에게 비밀준수 의무를 부과 및 별도의 비밀준수계약서를 작성 하도록 한다. 필요한 경우 외부 전문가를 선임하도록 유도 한다.

또한 중요한 것은 신속한 증거 확보이다. 대상자의 PC, 메일, 문서 등을 우선 확인 다만, 증거수집 위법하지 않도록 유의하며 일반적으로 위법수집 증거는 추후 형사절차에서 적법한 증거로 사용할 수 없다.

수집된 증거의 핵심을 신속하게 분석하여 그 결과를 종합하고 기술유출 행위, 규모 등에 대한 분석 및 평가 후 대응방안을 수립하여 의사결정을 하여야 한다. 기술

유출과 관련된 자료의 수집 등은 민사상 손해배상의 중요한 근거가 된다.

그림 9-5 _ 보안 사고 상황전파 및 조사체계

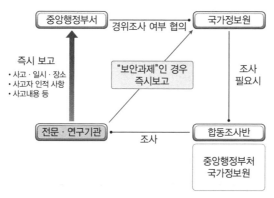

초기 대응체계가 마무리되면 실제 사고 여부 재확인, 보안 사고 유형, 보안 사고 업무 영향 등에 대해 파악할 수 있다. 이를 판단 근거로 하여 현재 발생된 보안 사고를 어떠한 방향으로 처리할 것인지를 결정할 수 있으며, 사고유형에 따라 가장 적절한 대응전략(법, 기술 등)을 수립하게 된다.

심층적인 사고조사를 통해 연구 보안 사고를 유발한 행위자와 사고의 대상이 무엇인지를 알아낼 수 있다.

보고서는 보안 사고를 분석한 내용을 기초로 원인분석과 적정한 대응방안을 기술한다. 전문 · 연구기관은 "연구보안심의회", 중앙행정부처의 "보안관리심의회"를 각각 개최, 보안 사고 발생에 따른 조치사항을 심의한다.

제4절
연구보안 관리

    수행주체들이 다양하고 문화가 다른 연구기관들이 함께 참여하는 연구기관에서 가장 큰 보안상의 쟁점 중의 하나는 성과물의 보호이다. 연구보안의 시작은 연구계약체결에서 시작되며 상대기관은 물론 다른 기관에서 공동연구로 창출된 성과물의 침해보호가 그 핵심적인 내용이다.

    공동연구 수행 시 양 기관이 공동연구계약서를 작성할 경우에 공동 연구를 통한 성과물은 누구의 소유로 할 것인지, 권리의 지분은 어떻게 분배할 것인지, 타인에게 실시허락을 할 경우에 그 수익은 어떻게 할 것인지 등 지식재산권을 둘러싸고 다양한 쟁점들이 발생한다.

    그러나 대부분 선진국의 기업과 대학 및 국내 대기업 등은 우리나라의 연구기관보다 법적 문제를 사전에 충분히 검토하고 처리할 수 있는 전문 법무팀을 두고 있어서 양자 간의 계약에서 유리한 입장에 있다. 반면 우리나라의 대부분의 연구기관과 대학의 현실은 법무팀이 없거나, 있더라도 지식재산권 관련 전문가를 두고 있지 않는 등 협상력에 있어서 매우 불리한 입장에 있는 것이 현실이다. 따라서 연구기관이 공동연구를 수행 시 국내기관이 보유하고 있는 지식재산권의 창출(기술개발계약단계) 및 활용(이전 및 라이선스) 단계에서 이를 보호하는 적절한 수단을 강구할 필요가 있다.

    특히 기술개발계약단계에서는 지식재산권의 권리 귀속 등의 문제, 활용단계에서는 실시권 문제, 권리침해 시 대응문제, 비밀유지 문제 등 다양한 측면에 대하여 계약서상으로 명백히 하지 않으면 소중한 연구성과를 침탈당할 가능성이 있으며 이는 연구보안의 영역에서 새로운 패러다임의 제시가 되고 있다. 공동연구는 특히 지식재산을 기반으로 한 전 단계별 보안관리가 필수적이다.

그림 9-6 _ 연구수행 전 단계별 보안관리

연구기획	연구기획	① 연구기획단계, 상대방과 접촉	비밀유지계약 물질이전계약
	계획서 제출	② 연구계획서 작성 및 논의	보안성심사 등급별 분류
연구계약	계획서 확정	③ 연구계획서 확정	보안등급 보안서약서
	연구계약	④ 연구계약체결(나라별 특성 반영)	비밀유지조항 지식재산조항
연구수행	보안조치	⑤ 연구보안관련 준수사항 이행	직무발명 연구노트
	결과평가	⑥ 결과평가	보안등급
성과활용	성과보호	⑦ 연구성과물 보호	영업비밀 특허출원 개량발명
	기술이전	⑧ 대외 기술이전 시 조치	End-User조항 (제3자 실시금지)

1. 연구기획 단계

수탁과제 수주를 위한 협상 및 연구내용 공개 관련하여서는 연구계획서를 미리 제출하거나 공개하는 경우 후속연구 없이 정보만 유출되는 경우가 많다. 따라서 연구기획 및 시작 단계에서 상대방에게 정보를 제공하기 이전에는 비밀유지계약 및 물질이전 시에는 물질이전계약을 체결해야 한다. 특히 핵심정보는 비밀유지계약을 체결하더라도 블랙박스화 하여 최소한으로 공개해야 한다.

1) 비밀유지계약

비밀유출은 공동연구자의 연구성과에 대한 침해가능성은 물론, 경우에 따라서는 특허요건의 상실사유가 된다. 세계 각국의 경우 '비밀유지성'을 영업비밀의 요건 중의 하나로 규정하고 있다. 따라서 이의 보호를 위해서 문서, 통신, 시설, 인원 보안에 합리적인 상당한 노력을 해야 한다. 가장 효과적인 방법이 바로 비밀유지계약을 Non-Disclourse Agreement: NDA 체결하는 것이다.

비밀유지계약Non-Disclosure Agreement: NDA이란 공동연구 등을 수행하는 양 당사자가 해당연구를 추진함에 있어 필요한 비밀정보를 각 상대방에게 제공하고, 제공받은 비밀정보를 사용 및 보호하기 위하여 필요한 양당사자의 권리와 의무를 정하는 계약이다. 비밀정보의 정의에 포함되는 정보는 계약의 구속을 받게 되기 때문에 비밀정보의 정의를 명확하게 하여야 하며 비밀정보의 리스트나 내용을 문서화하는 것이 필요하다.

2) 물질이전계약

물질특허제도가 도입되고 물질특허의 중요성이 날로 커짐에 따라 물질사용범위의 제한, 물질을 활용·연구하여 발생한 성과물에 대한 지식재산권Intellectual Property의 귀속문제 등이 중요한 이슈로 부각되게 되었고, 물질이전계약Material Transfer Agreement: MTA의 체결이 일반화되고 있다.

물질이전계약이란 유형의 물질을 소유한 자와 물질을 연구 또는 평가 목적으로 사용하고자 하는 자 간에 체결되는 유형의 연구물질(357)(358)Tangible Research Property: TRP(359)의 이전을 관리하기 위한 법적 구속력을 갖는 계약이다.(360)

---

(357) 동물 모델(예컨대, 트랜스 제닉 또는 유전자 조작쥐(Knock-out Mouse), 세포주, 박테리아, 플라스미드, 파지, 뉴클레오티드, 단백질, 의약품, 화학 약품, 및 다른 유용한 연구 시약을 포함한다. 이전 물질은 특허물질일 수도 있으며, 특허 물질이 아닐 수도 있다 전자종이, 디스플레이 입자 등 생명공학 이외의 물질의 종류도 매우 다양하다. 박경선, 「물질이전계약(MTA)에 관한 연구」(한국지식재산연구원 R&D 특허센터, 2007), p.12.

(358) 일본의 산업기술연합연구소(Advanced Institute of Science and Technology, AIST)의 연구시료취급규정을 살펴보면 "공동연구에 사용되는 연구시료 및 시약, 실험동물, 시작품, 화학물질, 균주 등의 연구목적에 사용이 가능한 유형이면서 기술적 관점에서 부가가치를 가지는 것이라 정의하고 있다. 저자가 재직하는 한국과학기술연구원(Korea Institute of Science and Technology, KIST)에서는 냉방제습물질을 사용하여 제작한 시제품에 대해서도 물질이전계약을 체결한 경우도 있다.

(359) 메사추세츠 공과대학(Massachusetts Institute of Technology, MIT)의 연구계약서 MIT 수탁연구계약서 제9조 제C항의 제8호에서는 공동연구 결과 발생 가능한 연구물질에 대하여 연구 이후 물질의 권리(Rights in TRP)와 물질이전계약의 체결에 관하여 규정하고 있다. 강선준 외 공저,「KIST 국제계약 업무표준화방안 연구」(한국과학기술연구원, 2007), p.376.

(360) A material transfer agreement(MTA) is the contractual instrument used to define the terms and conditions for the exchange of materials「Material Transfer in Academia 20 Questions and Answers」, Council on Govermental Relations, 2003, 4pp; 박경선, 위의 보고서, p.12.

물질이전계약은 물질이 유일하거나 자산 가치를 갖는 경우, 상업적 사용 또는 판매를 위한 라이센스 대상인 물질을 이전하는 경우, 물질이 노하우로서 유지되는 경우, 물질 제공자의 면책을 명문화 하고자 하는 경우, 물질이 감염성·독성이 있거나 또는 특별 규정으로 관리되는 경우 등이 포함된다. 물질이전계약에서 주로 문제가 되는 내용은 원물질과 파생물질에 대한 소유권의 귀속 그리고 실시권의 허여 범위이며 이에 대한 많은 사전 연구가 필요하다.

2. 연구계약 단계

현재의 연구 트렌드는 국내 연구기관 혹은 대학의 단독연구보다는 공동연구가 필수적이며 이러한 부분에 현실적인 보안관리 전략이 필요하다.

연구 성과물이 공동소유인 경우에 공유특허권자의 자기실시 가능성 여부 및 허여범위 등에 별도의 정함이 없을 때, 공유자는 자유롭게 연구 성과물인 공유특허권 전부를 실시할 수 있다. 또한 우리의 특허법상 연구계약 등에 별다른 정함이 없는 경우에는 기업은 공유특허를 연구기관의 동의 없이 자유롭게 실시가 가능하다. [361]

특히 미국과 공동연구를 하는 경우에 미국은 공유특허권에 대한 실시권 설정의 제한이 없으므로 각 공유자는 자유롭게 제3자에게 실시를 허락할 수 있으며 실시료 수입의 배분에 대해서 별도의 약정이 없는 한 실시권을 허여한 일방공유자가 타방 공유자에게 이를 배분할 법적 의무가 없다.

계약당사자가 대학이나 출연연 등 비영리기관일 경우 연구 성과물의 자기실시가 거의 불가능하기 때문에, 비록 연구 성과물을 공유하더라도 타방 계약 당사자의 실시에 따른 이익을 향유가 불가능하다. 따라서 형평성의 차원에서 연구기관의 불실시 보상의 도입을 적극 검토할 필요가 있다. 연구기관이 기업과 수탁연구 혹은 공동연구를 수행하는 경우 상대기업이 지불하여야 하는 실시료를 발명의 단계(발생 또는 권리화 단계)에 따라 기업에게 양수 또는 실시권을 허락하는 다양한 선택권의 부여를 검토할 필요가 있다.

---

(361) 미국, 일본, 유럽 대부분의 국가(프랑스, 룩셈부르크 제외)에서는 특허 및 관련법상 공유특허를 실시하는데 각 특허권자는 타 특허권자의 동의를 받을 필요가 없다.

독점실시권을 부여하는 경우에 실시료와 특허비용을 부담하는 조건으로 할 수 있으며, 통상실시권 등 비독점실시권을 선택하는 경우, 연구기관의 단독권리 혹은 상대방과 공동소유하는 지식재산권에 대해서는 실시료를 부담하게 하는 것이 바람직하다. 연구 성과물에 대한 계약당사자의 실시관계를 결정하여야 한다. 공동연구계약의 경우에는 특허공유자의 자기실시 허용 여부, 자기실시의 허용범위 결정 및 특허공유자에 의한 이용·개량발명의 자기실시 등의 사항에 관하여 검토하여야 한다. 위탁연구계약의 경우에는 원칙적으로 수탁자의 연구개발성과물의 실시를 허용하지 않도록 하고 수탁연구개발계약의 경우에는 연구개발성과물의 실시를 허용하는 규정을 두는 방안을 검토하여야 한다.

실시권을 허락함에 있어서 실시권 허락의 제한과 실시권 허락에 따른 이윤배분 방법 등 법률관계를 검토하여야 한다. 성과가 일방 당사자에게 귀속하는 경우 또는 공동 소유하는 경우에 상대방의 실시가능성, 실시료 지불여부 및 지불액을 규정하여야 하며, 또한 일방 당사자가 이미 보유한 기술을 이용할 경우에 대비한 규정도 마련하여야 한다.

3. 연구수행 단계

연구수행 중 보안 관리는 연구 수행 중 도출된 지식재산에 대한 직무발명, 입증책임 완화와 함께 기술이전 시 증거가 되는 연구노트 등의 활용과 이용이 쟁점이 된다.

1) 직무발명

"직무발명"이란 종업원, 법인의 임원 또는 공무원(이하 "종업원 등"이라 한다.)이 그 직무에 관하여 발명한 것이 성질상 사용자·법인 또는 국가나 지방자치단체(이하 "사용자 등"이라 한다.)의 업무 범위에 속하고 그 발명을 하게 된 행위가 종업원 등의

현재 또는 과거의 직무에 속하는 발명을 말한다(발명진흥법 제2조). [362]

특허를 받을 수 있는 권리는 발명의 완성과 동시에 발명자가 발생한다. 하지만 발명자의 소속기관과 근로계약에 의하여 해당 권리를 승계하기로 한 경우에는 발명자의 권리가 소속기관으로 이전된다. 따라서 외부기관에 소속된 연구자가 발명을 공동으로 완성한 경우에는 특별한 사유가 없으면 외부기관 역시 특허를 받을 수 있는 권리를 얻게 된다. 따라서 외부연구자가 파견 등으로 근무를 하는 경우에는 별도의 합의서를 통하여 지식재산의 소유관계를 명확하게 하는 것이 바람직하다. 특히, 공동발명자가 외국인인 경우에는 우리나라와의 권리에 대한 개념이 다른 경우가 많아 특허취득에 어려움을 겪는 경우가 자주 발생하게 된다.

최근에 문제가 되는 것은 종업원과 사용자 간의 고용관계가 종료된 후, 퇴직 후의 발명이 직무발명인지 여부이다. 퇴직 후 완성한 발명이라도 재직기간이 비교적 길고 그 기간에 체득한 지식과 경험이 발명완성당시에 큰 역할을 한 경우 등 특별한 사정이 있는 경우라면 「발명진흥법」 제2조 제2호에 저촉되지 않는 범위 내에서 직무발명이라고 인정될 수 있어야 한다.

종업원이 퇴직한 이후 개발한 업무관련 발명이 재직전 회사의 직무발명으로 인정되고, 재직 전 회사가 그 발명에 대하여 권리를 승계 받을 수 있기 위해서는 직무발명규정을 통하여 내부적인 근거를 마련하여야 한다. 나아가 사용자와 종업원과 고용계약에 추적조항Trailing clause[363]을 포함하는 동시에 재직 중인 종업원에게 충분

---

(362) 임병웅, 「특허법 강의」(한빛지적소유권센터, 2010), p.253.; 정부는 이미 2006년 특허법을 개정하여 직무발명에 대한 보상체계와 내용을 발명진흥법에 통일적으로 규율하는 등의 개선을 시행하였다. 「발명진흥법」은 발명을 하도록 연구개발투자와 시설 등을 제공한 사용자와 창조적인 노력을 제공하여 발명을 한 종업원 사이에 합리적인 이익배분을 함으로써 사용자로 하여금 보다 적극적인 투자를 유도하는 한편, 종업원에게는 창조적인 발명을 할 동기를 촉진하여 사용자와 종업원 간의 관계를 규율하고 있다. 기존에는 직무발련관련규정이 「특허법」과 「발명진흥법」에 산발적으로 규정되어 있어 직무발명의 개념, 직무발명의 완성부터 사용자 승계까지의 절차 및 권리귀속관계, 보상 및 분쟁해결 등 직무관련 절차를 체계적, 통일적으로 규율하는데 한계가 있었으나, 최근에 개정된 「발명진흥법」(법률 제7869호, 2006년 3월 3일 공포/2006년 9월 4일 시행, 2011.3.30. 일부개정, 2011.10.1. 시행)에서 직무발명법제를 단일화 함으로써 제도 활성화를 위한 법적 토대가 마련되었다.

(363) 미국의 경우 판례상 기업 내에서 이루어진 발명은 퇴직 후에도 공공의 질서에 반하지 않는 한도 내에서 해당 발명을 추적할 수 있다. 이와 같은 판례에 근거해서 사용자와 종업원의 계약에 이른바 추적조항을 마련하고 있다. 퇴직 후 일정한 기간 내에 한 발명으로 전 사용자의 업무범위에 속하는 것은 전 사용자가 승계하도록 하는 특약조항이다. 임병웅, 앞의 책, p.258. 주141)재인용.

한 보상[(364)] 등의 조치를 취하여야 한다.

직무발명보상 계획서에는 ① 특허등록, 출원, 및 실시의 경우 평가에 반영 및 보상금 지급, ② 기술실시계약 체결 시 기술료에 따른 평가 반영 및 보상금 지급 등을 세부적으로 명시하여야 한다.

2) 참여연구원 관리 및 연구자 이직 시 양수·양도 관련 주의사항

보안유출 전력자는 원칙적으로 연구과제 참여를 금지하며 참여연구원(외국인 포함)의 채용·갱신·퇴직 시 고용계약서 및 보안서약서를 받고, 이 경우 연구과제 보안관리 의무 및 그 위반 시의 제재 등을 명시하여야 한다.

연구과제 수행 연구원의 보안의식을 높이기 위한 보안 관련 교육을 이수 하도록 하고 퇴직(예정)자의 반출(예상)자료에 대한 보안성 검토, 연구 성과물 회수, 전산망 접속 차단 등의 조치를 취하여야 한다. 참여연구원이 업무 수행 중 취득한 정보는 아무리 관리하더라도 각종 방법으로 유출되기 쉽지만 보안서약서 등을 징구한다면 문제발생시 유리하다.

참여연구원에게는 보안서약서를 징구하는 것은 참여 중에 작성, 개발한 특허나 논문 등 지식재산권의 소유권이 연구원에 있음을 명기하는 중요한 입증자료가 되며 헌법상 보장된 근로자 직업선택 자유를 위배하지 않은 범위 내의 퇴직자 경업금지 의무(동종, 유사업체에 취업하거나 창업 시 사전 협의의무 부여)를 규정하여야 한다.

---

(364) 사실상 대부분의 기술유출이 현·전직 종업원을 통해서 발생하기 때문에 직무발명에 대한 충분한 보상은 기술유출을 방지하는 효과를 가진다. 정진성, "직무발명제도의 개요", 「고무기술 제10권 제2호」(한국고무학회, 2009), p.147.; 직무발명 보상사례를 살펴보면 삼성전자는 1998년 5월 반도체 관련기술로 막대한 원가절감과 로얄티 수입을 창출한 연구부서 직원에 대해 1억 원을 지급한 바 있으며, 포항공대는 1998년 2월 「C형 간염 진단시약」을 개발한 성영철 교수에게 로얄티 수입의 40%인 3천 6백만 원을 지급하였고, 국가는 1996년 6월 산림청 임목육종연구소의 이보식 소장 등에게 함암제 "택솔"의 개발대가로 12억 원의 국고수입 중 1억 2천만 원을 보상한 전례가 있다. 또한 일본의 대표적인 사례로 청색 LED분쟁으로 나카무라 슈지 씨는 6억 857만 엔을 보상받았다.

그림 9-7 _ 연구자 이직 시 양도 · 양수 검토 및 행정절차

○ 부서별 검토 내용 및 기준

구분	소속 연구부서(장)	기술사업단	수탁사업운영팀
검토 내용	• 타기관 양도 · 양수(또는 원내 타 책임자 이관)필요 여부 • 책임자 변경에 따른 제반사항 (학생연구원 활용, 연구비 잔액 등)	• 타기관 양도 · 양수 가능 여부	• 타기관 양도 · 양수 계약 조건 및 절차 준수 여부(양도 · 양수총괄)
주요 기준	• 원내 타 책임자 이관시 정상수행 가능 여부 ※ 원내 이관 원칙 (정상 수행 불가시에만 양도)	• 기술이전계약 체결 유무 • 특허의 원천성 및 주요 포트폴리오 포함 여부 • 특허출원 진행 여부(PCT등) • 기관고유과제 성과물 중복 여부 ※ 특이사항 존재시 양도 범위 결정	• 연구부서 및 기술사업단 검토 의견의 계약서 반영 여부 • 부처 사업규정 및 원내 전결 기준에 따른 절차 준수 여부

○ 수탁과제 양도 · 양수 절차(2주 이내)

필요 여부 검토	내부결재	양도 가능 여부 검토	양도 협의	원장단 보고	전담기관 승인 및 계약체결
• 부서 내 타 책임자 수행 가능 여부 확인	• 연구계획변경 등 원내 필요 절차 및 내부 결재 진행	• 기술이전 계약 유무 등 특이사항 확인	• 특이사항 존재 시 양도 범위 결정 및 협의	• 제반 사항 보고 및 의견확인	• 전담기관 승인 및 계약체결 등 후속조치 진행
소속부서(장)	연구자/ 수탁팀	기술사업단	수탁팀	수탁팀	연구자/ 수탁팀

외부기관 파견자 등 임시직 및 방문자에게는 별도 보안조치를 하여야 하며 연구성과 유출 혐의(전력)자가 과제에 참여할 경우 특별 관리조치가 필요하다. 참여 연구원의 국외 출장 시 사전 보안교육 및 귀국보고(출장기간에 접촉한 사람 및 협의 내용 등을 포함한다.)를 실시해야 한다. 외국인 연구원의 경우에는 별도 보안조치 (영문 보안서약서 작성, 출입지역 제한, 반출 · 반입 물품 제한, 특이 동향 관리 등)를 하여야 한다. 보안과제 참여연구원이 과제와 관련하여 접촉하는 외국인 현황을 관리하고 외국인 연구원의 보안과제 참여 시 소속 기관의 장의 승인절차를 이행하여야 한다.

그림 9-8 _ 참여연구원/외국인 보안서약서

3) 선행특허

공동연구과제의 계약서 중에는 "연구기관이 이미 소유하고 있는 특허의 자유 실시를 허락하여야 한다."는 조항이 포함되는 경우가 있다. 이런 선행특허^{Background IP}의 무단실시 조항은 절대로 허용하지 않도록 계약서 문구 검토에 주의하여야 한다. 선행특허는 별도의 기술실시 계약을 체결하도록 유도하는 것이 바람직하다. 다만, 선행특허의 실시허여를 지나치게 어려운 조건으로 제시한다면 공동연구 자체가 성립될 수 없으므로 사전에 명확한 기준을 협의하는 것이 바람직하다.

또한 공동연구 과제를 수행하기 전에 이미 개발된 기술이 있는지 연구자와 상의하여 원천기술 또는 과제결과물과 이용관계에 성립할 수 있는 기술에 대해서는 연구 착수 시점 이전에 특허출원이 이루어질 수 있도록 해야 한다.

4) 연구노트

연구노트란 연구자가 연구의 수행시작에서부터 연구 성과물의 보고 및 발표 또는 지식재산이 될 때 까지의 과정 및 결과를 기록한 자료를 말한다. 즉, 연구노트는 연구 과정이나 아이디어 등을 순차적으로 기록하기 위한 노트이다.

우리나라는 연구노트의 중요성을 간과하고 있으나 외국에서 연구노트는 연구개발 관련 영업비밀의 요건을 구성하는 가장 중요한 것으로 간주되고 있다. 특허기술의 이전에 있어서 연구노트는 특허 이외의 암묵지를 증명하는 증거이다. 실제로 외국으로의 기술이전 시 기술 도입자는 특허명세서에서 제시하고 있는 실시례에 대한 입증 증거로서 연구노트를 활용하고 있다.[365]

특히 "국가연구개발사업 관리규정"에서 국가연구개발사업에 대한 연구노트의 작성 및 관리를 의무화하였기 때문에 연구노트 작성에 대한 중요성이 증대되고 있다. 연구노트 작성의 주된 목적은 연구자의 연구 활동이 어느 시점에서, 어디까지

---

[365] 특허청 · 미래창조과학부 · 한국지식재산전략원, 「연구개발정보의 보호 및 활용을 위한 필수 연구노트 핸드북」, 2015.12, pp.11-13 참조. 즉, 특허에서 제시하고 있는 실시례에 대한 실제 구현여부를 연구노트를 통해 확인하고 있다. 연구노트가 없는 경우에는 기술 도입자 에게 믿음을 줄 수 없어 금액 산정에서도 손해를 볼 수밖에 없다. 기술이전 시 기술실사의 목적은 연구결과물이 해당 연구실에서 독자적으로 개발된 것인지를 조사하여, 연구개발과정에 대한 판단을 하는 것이다. 학회발표내용, 논문, 특허에 게재된 내용만으로 많은 돈을 투자하여 기술이전을 받으려는 기업은 없다. 기술을 돈을 내고 사려는 입장에서는 다양한 자료에 대한 검토가 필요할 것이고 자료의 신빙성을 요구하게 된다. 이때 연구노트는 연구개발결과의 독창성과 연구개발과정에 대한 신뢰도를 높여주는 역할을 하게 된다.

진행되고 있는가를 기록하고 증명하는 데 있다. 연구노트 작성에 있어서 일정한 물리적 서식을 갖추고 작성요령을 준수하는 경우, 연구노트는 연구자의 연구 활동을 증명할 수 있는 증거로서 활용될 수 있다.

즉, 2015년 개정 「특허법」은 기존의 명세서를 대신해 연구노트 또는 논문을 특허출원서에 첨부하여 제출하여 특허출원을 할 수 있도록 한 것은 아니고, 연구노트 또는 논문의 내용을 소정의 명세서 기재 양식에 따라 편집한 명세서로 특허출원을 할 수 있게 한 것이다.

이렇듯 2015년 개정법은 연구자가 작성한 연구노트나 논문의 내용을 그대로 이용하여 국어 또는 영어로 발명의 설명만을 작성하고 청구범위 없이도 특허출원이 가능하도록 하였는바, 연구노트를 활용하여 빠른 특허출원일의 선점이 가능하게 되었다.

그림 9-9 _ 연구노트를 활용한 특허출원 절차

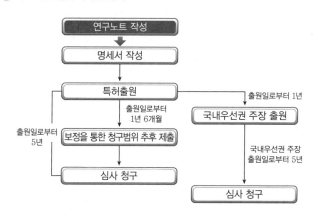

출처: 미래창조과학부 · 한국지식재산전략원, 「연구노트를 활용한 특허출원 가이드」(2015.12), p.19.

4. 연구성과 활용 단계

연구성과 활용 단계에서는 연구 성과물의 특허출원 전략이 중요하며 기술이전 및 후속연구 진행 시 개량발명 관련된 연구 성과물 보호가 중요한 이슈이다. 한편 기술이전 시 에는 핵심기술 등의 수출 등의 경우 신고 또는 허가절차를 주의해야 한다.

1) 영업비밀

특허로 보호할 것인지 영업비밀로 보호할 것인지와 관련하여 고려할 사항은 여러 가지가 있다. 동일 분야에서 기술의 발전에 따른 특허출원 비율, 기술의 수명, 모방가능성, 시장에서 효율적인 독점가능성, 특허침해 가능성 및 특허침해 입증 용이성, 비밀상태의 영구유지 가능성, 기술공개 시의 피해 가능성, 특허 마케팅의 필요성 등이 있다. 예를 들면, 기술수명이 짧고 특허출원비율이 적으며, 특허침해 가능성이 희박하고 특허침해 입증은 어렵다면 영업비밀로 보호하는 것이 좋을 것이다. 그러나 위의 사례처럼 제품이 시장에 나왔을 때 모방이 쉽게 된다면 특허로 보호하는 것이 좋다. 또한 코카콜라의 레시피처럼 비밀상태를 영구히 유지할 수 있거나, 기술공개 시 피해가 우려된다면 영업비밀로 보호하는 것이 좋고, 반면에 특허를 마케팅 등에 활용하고자 한다면 특허출원하는 것이 바람직하다.

영업비밀은 법적으로「영업비밀보호에 관한 법률」로서 보호받을 수 있다. 법에서 규정하고 있는 영업비밀이란 "공공연히 알려져 있지 아니하고 독립된 경제적 가치를 가지는 것으로서, 상당한 노력에 의하여 비밀로 유지된 생산방법, 판매방법, 그 밖에 영업활동에 유용한 기술상 또는 경영상의 정보"라고 정의된다. 즉, 영업비밀이「영업비밀보호법」의 보호를 받기 위해서는 첫째 공공연히 알려져 있지 아니하고(비공지성), 독립적 경제적 가치를 가지고(경제적 유용성), 상당한 노력에 의하여 비밀로 유지되며(비밀관리성), 기술상 또는 경영상의 정보여야 한다.

이 중 영업비밀 관련 소송에서 가장 중요하게 고려하는 사항은 '비밀관리성'이다. 즉, 비밀보유주체가 어떤 정보를 비밀로 생각하고 있다는 주관적인 판단으로는 충분하지 않고, 객관적으로 그 정보가 비밀로서 유지·관리되고 있었으며, 또 제3자가 그 비밀관리성을 객관적으로 인식할 수 있을 정도가 되어야 한다. 비밀관리성 인정여부 판단요소로는 정보접근자 지정 및 제한, 관리규정 제정 및 종업원 서약, 비밀보관소 지정 및 출입제한, 대외비 또는 기밀자료 표시와 같은 등급표시, 보안담당자 지정, 보안장치 설치, 방화벽 네트워크 보안 등이 있다.

2020년「부정경쟁 및 영업보호비밀에 관한 법률」이 개정되어 사업제안, 입찰, 공모 등 거래 과정에서 제공한 아이디어의 무단 사용행위를 보호 할 수 있는 규정으로 제정되었다. 사업제안, 입찰, 공모 등 거래과정에서 제공한 아이디어를 부당하게 탈취당한 경우 영업비밀이 아니더라도 보호받을 수 있다.

영업비밀보호법의 주요개정 내용은 영업비밀 성립요건 완화와 징벌적 손해배상 제도의 도입 및 침해행위에 대한 벌칙 강화이다. 보호대상이 되는 영업비밀의 요건을 완화하고, 영업비밀 침해행위에 대해 손해액의 3배의 범위에서 징벌적 손해배상 제도를 도입하며, 영업비밀 침해행위의 유형을 확대하고, 영업비밀 유출에 대한 벌칙 수준을 상향했다.

영업비밀의 침해행위가 고의로 인정되는 경우에는 손해로 인정된 금액의 3배를 넘지 아니하는 범위에서 배상액을 인정할 수 있도록 하되, 영업비밀의 침해행위가 고의적인지 여부를 판단할 때에는 침해자의 우월적 지위 여부, 고의의 정도, 침해행위의 기간 및 횟수, 침해행위로 인하여 침해자가 얻은 경제적 이득의 정도 등을 고려하도록 하여 영업비밀침해에 따른 피해구제를 강화하도록 했다.

영업비밀 침해행위 등에 대한 벌칙 강화 조항으로 부정한 이익을 얻거나 영업비밀 보유자에게 손해를 입힐 목적으로 영업비밀을 지정된 장소 밖으로 무단유출 한다면 영업비밀 보유자로부터 영업비밀의 삭제 또는 반환을 요구 받고도 이를 계속 보유하는 행위 등도 영업비밀 침해행위로서 처벌하도록 하고 있다. 영업비밀 침해행위에 대한 이전에 벌칙은 원칙적으로 영업비밀을 외국에서 사용하거나 외국에서 사용될 것임을 알면서도 사용한 경우 10년 이하의 징역 또는 1억 원 이하의 벌금, 그 밖의 경우에는 5년 이하의 징역 또는 5천만 원 이하의 벌금으로 하던 것을, 앞으로는 각각 15년 이하의 징역 또는 15억 원 이하의 벌금, 10년 이하의 징역 또는 5억 원 이하의 벌금으로 상향 하였다. 또한, 영업비밀 침해 예비, 음모범에 대한 벌금 상향 영업비밀 침해행위의 죄를 범할 목적으로 예비 또는 음모한 자에 대한 벌금액을 상향 조정하였다.(2천만 원→3천만 원, 1천만 원→2천만 원)

영업비밀은 그 비밀이 유지되는 한, 해당 영업비밀을 보유한 업체는 경쟁 업체와의 관계에서 계속적으로 우위를 점할 수 있다는 장점이 있는 반면, 영업비밀은 특허권과는 달리, 그 영업비밀을 보유한 사업자와 고용관계에 있다거나, 영업비밀을 누설하지 않는다는 신뢰관계가 있는 사람에게만 주장할 수 있다.

2) 특허출원전략

연구과제의 발명을 출원 · 등록을 할 경우에는 사전에 기술유출을 방지하기 위한 특허진행단계별 관리전략이 필요하다. 발명자는 관련과제 연구계획서상 참여연구원 등 공식적으로 승인된 연구원에 한정하여야 하며, 특허출원 전 연구지원의 협조를 통해 필요한 조치사항 파악하여야 한다. 선행기술조사, 발명평가, 출원 진행 및 관리 시 보안유지 강화를 하여야 하며 권리소멸은 기존절차에 따르되, 보안과제 선정의 취지 달성 여부 등을 종합적으로 고려하여 진행하여야 한다. 특허권의 소유관계는 직무발명규정과 관련 연구계약서에서 정하는 바에 따라야 한다.

표 9-12 _ 특허진행 단계별 관리방안

구 분	내 용	비 고
발명신고	• 관련과제, 발명자, 명세서 등 제출 ☞ 과제 관련특허로 구분 관리	
발명신고서결재	• 발명자, 권리관계 확인 및 보안과제 표기 – 발명자: 연구계획서상 참여연구원 – 권리관계: 연구계약서에 따름	연구계획서, 연구계약서 참조
보안주무부서 협조	• 직무발명 발생 통보 및 필요사항 협의 ☞ 직무발명신고서 협조결재	연구지원부서 보안담당부서
발명심의	• 선행기술조사 및 발명평가 ☞ 선행기술조사기관 안내(보안과제 관련특허에 따른 비밀유지) ☞ 기술이전기획위원(비밀유지 서약)	선행기술조사기관 (비밀유지 기포괄계약)
특허출원	• 특허출원진행 – 전담특허사무소 비밀유지 관리 ☞ 특허사무소 안내(보안과제 관련특허에 따른 비밀유지)	특허사무소 (비밀유지 기포괄계약)
특허등록	• 등록특허 관리대행 전담기관 이관	등록특허유지전담기관 (비밀유지 기포괄계약)
특허소멸	• 특허소멸절차 준수 – 소멸 전 보안과제 선정취지 달성 여부 및 달성가능성 검토 필요 ☞ 특허소멸검토기준에 반영	연구책임자 협조

또한 특허의 신규성 의제상실 예외와 연구보고서, 논문 등의 발표에 관한 내용을 검토할 필요가 있다. 「특허법」에서는 반포된 간행물 또는 연구보고서에 의하여 게재된 발명, 원칙적으로 공지된 발명에 대해서는 신규성 상실을 이유로 특허를 허여하지 않고 있다(특허법 제30조 제1항 제1호). 다만, 논문발표 등으로 인하여 신규성을 상실한 경우에도 12개월 내에 출원하고, 출원일로부터 30일 내에 증명서류를 제출하면 공지 예외 규정을 적용받을 수 있기 때문에 가급적 보고서 논문 발표 이전에 특허출원 전략이 필요하다. 유럽 및 중국 등 해외 일부 국가에서는 공지 예외 규정이 없거나 범위가 아주 협소하여 논문 등 발표 이후에 특허출원하는 경우 등록받지 못할 수 있다.

그림 9-10 _ 신규성 상실예외와 논문·보고서의 특허전략

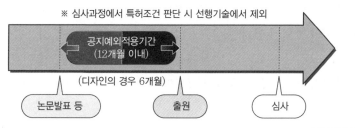

출처: 특허청 홈페이지(2014.9.)

연구자에 의한 특허출원 전 사전공개는 지속적으로 발생하고 있다. 특히 공동연구의 결과물에 대한 사전공개는 비단 연구기관뿐만 아니라 더욱 복잡한 문제를 야기할 수 있다. 따라서 항상 연구실에 대한 철저한 교육이 필요하며 대리인사무소 변리사가 발명 상담을 하는 경우 반드시 사전공개 여부를 확인하여야 한다.

3) 개량발명

개량기술 관련 계약서 조항은 원래 계약기간 동안에 개발되는 개량기술에 대한 권리를 미리 정하기 위한 것이다.

개량 발명은 원 발명을 기초로 새로운 구성이나 기능을 부가하거나 한정한 것으로 원 발명과 개량 발명은 「특허법」상 이용관계가 성립한다고 볼 수 있다. 즉, 공동연구 계약의 연구 결과물을 기초로 새로운 구성이나 기능을 부가, 한정한 발명은 연구 결과물의 개량 발명으로 볼 수 있다.

공동연구 계약의 연구결과물은 계약 기간 동안에 연구계획서상의 목적에 따라 도출된 결과물을 말한다. 따라서 연구계획서상의 목적에서 명시한 결과물에 포함되지 아니하거나 계약 기간에 도출된 결과물이 아닌 경우에는 원칙적으로 공동 연구 계약의 연구 결과물로 볼 수 없다.

「특허법」상 발명은 원천적으로 발명자에게 특허를 받을 수 있는 권리가 귀속된다. 다만, 기업이나 출연(연)의 기술사업화 전담조직(예를 들어, 대학의 경우 산학협력단)은 연구자의 직무발명을 승계할 수 있을 뿐이다. 따라서 개량 발명이라고 할지라도 계약서상에 명확하게 규정되지 않은 경우에는 발명자가 속한 대학의 기술사업화 전담조직에 귀속되기 때문에 기업이 개량 발명에 대한 권리를 주장할 수 없다.

개량기술이 원 특허권자인 기술공급자에 의해서 개발되고 만일 노하우 정보가 현재 기술공급자가 소유하고 있는 기술정보뿐 아니라 미래에 얻게 되는 기술정보도 포함한다고 정의가 되어 있다면 수요기업에게 이런 개량기술을 사용할 권리가 있다고 할 것이다. 그러나 수요기업 입장에서는 실제로 이런 개량기술이 기술공급자에 의하여 개발되었는지를 알기 힘들기 때문에 기술 공급자에게 이런 사실을 통지하는 의무를 부여하는 것이 필요하다.

우월적 지위에 있는 기업이 해당 기술에 대한 독점을 유지하기 위하여 대학에 계약 기간 동안 해당 기술 분야에 대한 연구개발을 금지하거나 개량발명의 소유권도 기업에게 귀속시키도록 계약 조건을 요구하는 경우가 있다. 하지만 개량발명은 다양한 원천기술과 관련성이 발생할 수 있어 향후 문제가 될 소지가 있으므로 주의하여야 한다.

4) 기술이전 계약

가. 기술이전계약 시 주의사항

기업의 해외 진출 확대는 현지 제휴 기업에 대한 라이센스^{License}나 현지 공장에 고용되는 종업원의 교육 등을 통하여 진출하는 국가로의 기술이전을 필연적으로 수반하게 된다. 국내외를 불문하고 자사의 기술을 타사로 이전하는 것은 일정한 기술유출 위험을 수반하는 것이며, 이 위험을 완전히 없애는 것은 불가능하다. 이점을 염두 하여 핵심기술은 이전하지 않는다는 내부 전략을 구축하는 것을 검토하여야 한다.

기술이전 · 기술중개 · 기술사업화 등의 과정에 있어서 공신력 있는 기관의 전문가를 활용하는 것도 중요하다. 기술거래 · 협력업무에 공신력 있는 기술거래 중개 알선기관을 활용하여, 알선에 필요한 최소한의 기술정보범위와 내용만을 제공하도록 전략을 수립한다. 국내외 기술거래 · 협력에서 전문적인 지식과 경험을 보유한 제3자의 개입으로 인한 기술유출의 가능성을 매우 낮출 수 있어서 매우 유리하다 할 것이다.

연구 성과물에 대하여 기술이전 계약 체결 시 목적 외 이용금지, 영업비밀의 철저한 관리 등과 제3자 실시^{Sub-license} 등의 금지조항을 삽입하고 계약 해지 시 해당 기술 및 그에 대한 정보 등을 반환하는 내용을 기술실시계약서에 포함시켜야 한다.[(366)] 기술이전계약 이후 계약준수사항을 철처하게 이행되고 있는지 사후관리 여부도 확인하여야 한다. 기술이전 계약 이후 제품이 생산되는 경우 문서정보 등의 철저한 관리와 기술 지도를 실시할 때 사전 매뉴얼을 준비하여 기술이전 내용을 명확히 하여야 한다. 기술실시 계약 범위 이외의 내용은 블랙박스[Black box]처럼 전체의 내용은 공개하지 않아야 한다. 핵심이 되는 부품ㆍ재료에 대한 정보와 제조에 필요한 기계나 설비에 화체화된 기술은 별도의 비밀보호 의무를 부과하여야 한다.

> **기술이전 계약 시 재실시 금지조항**
>
> 제0조(실시권의 내용) "실시자"는 제3자와 "계약기술"의 전부나 일부를 사용하거나 이용할 수 있도록 하는 "계약기술"의 이전이나 증여, 통상 또는 전용실시권 설정 등에 관한 행위를 할 수 없다.

나. 기술이전과 개량발명

공동연구 수행 전 수행 중에 NDA나 MTA의 체결을 하였다고 하더라도 그것만으로는 핵심기술정보나 노하우를 완벽하게 보호할 수는 없다.

기술이전계약을 체결하기 이전에는 가급적이면 비밀자료, 핵심물질, 노하우 등에 대해서는 기업 측에 제공하지 않는 것이 중요하다. 기술의 시험을 위한 물질이나 정보의 제공 역시 기술이전의 범주에 속하므로, 일단 기술이전계약을 체결하고 난 이후에 테스트를 하도록 유도하는 것이 바람직하다. 필요하다면 진행 단계별로 계약이 진행되는 마일스톤 지급방식의 계약을 이용할 수 있다.

특허법상 선특허권과 이용관계가 성립하는 경우에는 선특허권자의 허락을 받고 실시하여야 한다(특허법 제98조).

판례에 따르면, 이용관계는 후출원 등록 발명이 선등록특허 발명의 요지를 전부 포함하고 이를 그대로 이용하되, 후출원 등록 발명 내에서 선등록특허 발명이 발명으로서 일체성을 유지하는 경우에 성립한다. 따라서 공동연구로 도출된 연구결과물과 연구소 등의 선행특허[Background IP] 사이에 이용관계가 성립되는 경우에는 상대방(기업)이 연구결과물을 실시하고자 할 때 사전에 허락을 받도록 하는 것이 바람직하다.

---

(366) 조재민, "기술이전에 있어서의 기술유출방지방안", 「산업보안 연구논총 제5호」(2009.3), pp.281-283.

대학 혹은 연구기관이 보유한 완성기술에 대한 시험이나 평가는 단순히 성능에 대한 검증이 아닌 해당기술에 대한 노하우나 정보의 공개를 의미하기 때문에 기술이전의 단계에 이미 들어선 것으로 보는 것이 타당하다. 약학조성물과 같은 특정 환경에서의 추가적인 효능실험이나 검증이 필요한 기술에 대하여는 추가 실험단계를 포함하는 형식으로 기술이전계약을 체결하는 것이 유리하다.

따라서 특정 조건을 만족하는 결과가 나올 경우에는 자연스럽게 단계별 기술이전 진행이 될 수 있는 마일스톤 지급방식의 기술이전계약을 체결하고 기업이 원하는 추가 실험을 기술이전 계약단계 중 하나의 단계로 포함시키는 것이 더 효율적인 방법이다.

다. 노하우와 기술이전

특허와 노하우는 기술을 이전한다는 점에서 볼 때 원칙적으로 크게 다르지 않다. 「기술의 이전 및 사업화 촉진에 관한 법률」, 「산업교육진흥 및 산학연 협력에 관한 법률」에서는 이전 및 사업화의 대상이 되고 그 가치를 평가할 수 있는 기술의 범주에 '노하우'를 포함하고 있다. 「기술의 이전 및 사업화 촉진에 관한 법률」 제2조 및 동법 시행령 제2조에서 기술의 정의는 이전 및 사업화가 가능한 기술적·과학적 또는 산업적 노하우를 말하고 있다. 노하우 기술이전은 기업의 제품개발 및 상용화 R&D의 단계에서 필요한 요소기술로 이루어지는 것이 다수의 경우이다. 따라서 노하우 기술의 적용한 후 상용화를 위하여 추가적인 개발이 필요하며 이 경우 상용화 개발 과정에서 개량된 기술의 발명이 발생하게 될 수 있다.

5) 기술이전과 수출통제

원칙적으로 대한민국은 기술의 거래를 자유롭게 허용하고 있다. 하지만 국내외 시장에서 차지하는 기술적·경제적 가치가 높아 산업발전에 중대한 영향을 주거나 국제평화 및 안보유지에 우려가 있는 기술의 해외유출을 국가에서 통제하고 있다.

특히 국가로부터 연구비를 지원받아 개발하였으며 특정 분야에 속하는 기술들은 국가핵심기술, 전략기술 등으로 정부가 직접 규제하고 있으며 이 기술들의 해외 거래는 별도의 승인절차를 거쳐야 한다.

국가로부터 연구개발비를 지원받아 개발한 국가핵심기술 보유 대상기관이 해당

동同 기술을 수출하고자 하는 경우, 관계중앙행정기관의 장과의 협의 및 산업기술보호위원회의 심의를 거쳐 산업통상자원부장관이 승인 또는 거부할 수 있다.

수출 승인 대상 외의 국가핵심기술을 보유·관리하고 있는 대상기관이 동同 기술을 수출하고자 하는 경우, 관계중앙행정기관의 장과의 협의 및 산업기술보호위원회의 심의를 거쳐 수출 중지·금지 및 원상회복 조치를 명할 수 있다.

제 10 장

산업융합보안, 방산보안

제1절
정보통신(ICT)융합보안

1. 개요

최근 정보통신기술ICT 융·복합의 가속화로 융합보안의 중요성이 부각되고 있다. ICT 융합산업의 보안 위협이 국민의 생명과 안전에 직접적이고 심각한 영향을 미칠 수 있게 됨에 따라, 보안 위협을 최대한 낮추어 안전한 ICT 융합 서비스 이용환경을 구축하는 것이 전 세계적으로 화두가 되고 있다.

전통적인 보안산업은 물리영역과 정보영역으로 구분되어 성장해 왔으나, 현재 보안 산업은 출입통제, 주차시설 관리, CCTV, 영상보안 등 물리적 환경에서 이뤄지는 전통적 물리적 보안 산업이 컴퓨터, 네트워크상의 정보를 보호하는 ICT 정보보안 기술과의 접목을 통해 차세대 고부가가치 ICT 융합보안 서비스 산업으로 부상하고 있으며, ICT기술이 자동차·조선·의료·건설·전력 등 기존 산업에 활용되면서 ICT와 산업간 융합에서 발생되는 보안 위협을 해결하기 위한 새로운 형태의 보안제품 및 서비스가 출현하고 있다.

우리나라의 융합보안 개념은 정부가 지식정보보안산업을 정보보안, 물리적 보안, 융합보안 등 3가지로 분류하면서 제시한 융합보안 개념을 일반적으로 사용하고 있으며, 이는 2가지 관점으로 나누어져, 첫째 물리적 보안과 정보보안의 융합이라는 통합보안 관점, 둘째 비ICT 산업에 보안을 적용하는 복합보안 관점 등을 통칭하여 융합보안이라는 개념으로 부른다.

그림 10-1 _ **융합보안 산업의 구성**

ICT 융합보안 산업

광역화, 통합화, 융합화

보안대상		건물		① 물리영역 정보영역		PC	스마트그리드 보안
보안기술	접근통제 (외부-내부)	바이오 인식		침입탐지		시스템 NW 보안	자동차 · IT 보안
	자산보호 (내부-외부)	X-Ray 감지		재난 · 재해 방지		정보 유출 방지	조선 · IT 보안
	관재 · 감시	유 · 무인감시		접근통제		보안관제 서비스	의료 · IT 보안
	재난방지 · 복구	화재, 가스 감지 · 경보		관제 · 감시		재해복구	국방 · IT 보안
							건설 · IT 보안
							② ICT 융합보안 산업

출처: 정보통신산업진흥원

그림 10-2 _ **융합보안의 구성도**

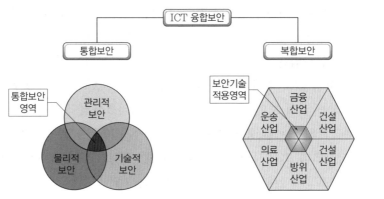

출처: 김정덕(2009)

2. ICT산업 융합보안

융합보안의 개념을 바탕으로 융합보안 기술개발 동향을 통합보안과 복합보안 관점으로 나누어 살펴보면, 먼저 통합보안 관점의 융합보안은 융합인증, 출력물 융합보안, 융합보안관제, 지능형 영상 보안 등 4가지 분야에서 활발한 기술개발이 추진되고 있으며 각각의 특징은 〈표 **10-1**〉과 같다.

표 10-1 _ 통합보안 관점의 융합보안 기술 개념 및 특징

구 분	개념 및 특징
융합인증	• 하나의 인증 수단으로 물리적 영역과 논리적 영역의 통합 인증을 수행하는 방식 (예) 스마트카드로 출입통제, 온라인 접속, 프린터 사용 등을 함께 수행) • 물리적 인증이 되지 않는 사용자는 정보시스템 인증 불가 • 실시간으로 물리적, 논리적 행위 분석을 통한 예방 통제
출력물 융합보안	• 오프라인 출력정보와 온라인 시스템을 연동한 보안관리 방식 • 출력물과 인사 DB 연동을 통한 보안통제, 개인정보 포함 문서 출력 통제 • 프린터 사용 시 스마트 카드를 통한 인증
융합보안관제	• 물리영역, 정보영역, IT 인프라영역, 방재 및 환경 안전 영역 등 관제 영역의 통합관리를 통한 전사적 위험관리 및 사전대응에 의한 보안 관리 방식 • 물리적 보안시스템 및 정보보안시스템의 이벤트를 통합해서 상관도 분석 등을 통해 보안 위험을 사전에 감지 및 예측하여 방지
지능형 영상 보안	• 물리적인 영상시스템을 통합하고 영상인식기술 등을 결합하여 효과적인 보안 기능을 수행하는 방식 • 방범, 교통, 쓰레기 무단 투기 감시, 재난 등 각 목적별로 개별 운영되는 영상시스템을 통합 및 연계하고 영상인식기술 등을 이용하여 행위 탐지를 수행함으로써 보안 사고 예방 및 신속한 대응을 수행

출처: 정보통신산업진흥원

또한 기존의 비 ICT 산업에 보안이 적용되는 복합 보안 관점의 융합보안은 자동차, 항공, 조선, 의료, 산업제어시스템, 스마트그리드 보안 등 6가지가 대표적으로 추진되고 있으며, 각각의 개념 및 동향은 〈표 10-2〉와 같다.

표 10-2 _ 복합보안 관점의 융합보안 기술 개념 및 동향

구 분	개념 및 특징
자동차 보안	• 차량의 모든 정보를 통합 관리하고 다양한 통신 서비스를 인터넷으로 이용하는 스마트카와 이를 모두 원격으로 수행할 수 있는 컨넥티드 카의 발전에 따라 보안 위험 증가 • OBD(On Board Diagnostics) 포트를 이용한 공격, AVN(Audio Video Navigation) 시스템을 이용한 공격, 블루투스 취약점을 이용한 공격 등의 위협 증가 • 자동차의 S/W 개발 보안 프로세스 적용, 자동차 통신 보안 등이 추진 중임
항공 보안	• 공항 및 항공기에 대한 물리적 공격 및 통신 보안 위협 증가 • 승객 프로파일과 연동하여 승객의 위험도에 따라 검색 정밀도를 차별화하는 지능형 검색시스템으로 진화 중임
조선 보안	• 항구 및 선박에 대한 물리적 공격 및 통신 보안 위협 증가 • 해상중계기 설치 등으로 선박에서 모바일 기기 사용도가 증가함에 따라 항공기에 비해 선박의 사이버 공격 위험 증가 • IMO(International Maritime Organization)에서 ISPS(International Shipping and Port Security) 코드를 정의하여 규정된 보안 및 안전기준에 미달하는 선박의 항만 운영 제한

구 분	개념 및 특징
의료 보안	• 기존 의료기관 내에서 수행되던 통신이 다양한 의료 서비스 증가로 외부 네트워크와 연결되어 이에 따른 다양한 보안 위협 증가 • 병원 내부 네트워크에 대한 보안 및 개인의 의료정보 등 프라이버시 보호 등 2가시 방향으로 의료보안 기술 개발이 추진되고 있음
산업제어 시스템 보안	• 전력, 가스, 수도 교통 등 국가 주요 기반시설 및 산업 분야에서 원거리에 산재한 시스템의 효과적인 운영을 위한 산업제어시스템의 보안 사고가 최근 증가함에 따라 중요성 대두 • SCADA 등 원방감시제어시스템에 대한 사이버공격 증가로 이에 대한 보안 기술 개발이 최근 추진되고 있음
스마트그리드 보안	• 에너지 고갈에 대비하여 전력사용을 효율적으로 관리하기 위한 차세대 지능형 전력망인 스마트그리드는 전력망과 인터넷망의 연계, 관리가 어려운 지점에 위치한 노드 등으로 다양한 보안 위협이 존재 • 최근 주요 기기 대상 탬퍼방지 기술, 주요기기 대상 원격 확인(Remote Attestation)기술, 스마트그리드 암호 및 인증기술, 취약점 분석기술, 스마트그리드 특성기반 이상징후 탐지 및 대응 기술, 전력망 주요 시스템에 대한 접근제어 기술 등 다양한 세부 분야에서 보안 기술 개발이 추진되고 있음

표 10-3 _ 정보보호 기술분류

중분류	소분류	요소기술
공통기반 보안	암호기술	동형암호, 검색가능암호, 키공유 및 관리, 경량암호, 블라인드서명, 전자투표기술, 암호 해독기술, 암호 프로토콜, 부채널 분석/대응 암호, 화이트박스 암호 등
	인증/인가 기술	공개키기반구조, 패스워드 인증, 바이오 인증, 토큰기반 인증, OTP 인증, 익명 인증, 멀티팩터 인증, ID관리 및 사용자인증 (IAM), oAuth 인증/인가 등
	취약점 분석 및 SW 보안	소프트웨어/펌웨어 취약성 분석 기술, 역공학, Vulnerability Management, 보안취약성 검색/ 공유 기술, 시큐어 코딩, 프로토콜/웹 취약성 분석, 하드웨어 취약성 분석, 퍼징, 오염분석 등
시스템 · 디바이스 보안	모바일 · IoT 디바이스 보안	모바일 디바이스 보안관리(MDM/MAM), TPM, 모바일 가상화기반 보안, 모바일 악성 앱 분석, 모바일 백신, 스마트폰 운영체제 보안, USIM 보안 · IoT 디바이스 인증 및 식별, IoT 펌웨어 보안, IoT 디바이스 경량 방화벽 등
	시스템 보안	운영체제 보안, 시스템 접근통제, EDR(Endpoint Detection & Response), PC 방화벽, DB 보안(암호화, 접근제어, 로깅, 모니터링 등), 스팸 차단 SW, 안티 멀웨어, USB 보안, PC/서버 가상화 보안, PC 정보유출 탐지기술 등
	악성코드 분석	악성코드 정적/동적 분석, 악성코드 유포 경로 탐지기술, 악성코드 프로파일링, 랜섬웨어/스파이웨어 탐지, 악성코드 디지털 DNA 분석 기술 등
네트워크 보안	유선 네트워크 보안	SDN/NFV 보안, 네트워크 침입차단, 네트워크 침입탐지, 웹방화벽, 네트워크 침입방지, IoT 보안 게이트웨이, 네트워크 접근통제, 가상사설망(VPN), DDoS대응, 망분리(가상화), VoIP 보안, 위협관리기술(UTM) 등
네트워크 보안	무선 네트워크 보안	무선랜 침입차단 시스템, 무선 근거리 통신망(ZiGbee 등) 보안, 이동통신망 보안, LPWAN보안, 블루투스 보안, Ad-hoc 네트워크 보안 등

448 제10장 산업융합보안, 방산보안

중분류	소분류	요소기술
네트워크 보안	보안분석 및 관제	CTI(Cyber Threat Intelligence), 패치관리 기술(PMS), 로그관리 및 분석기술(SIEM), 네트워크 보안관제, 시스템 보안관제, 침해정보 통합분석 기술, AI기반 침해사고 예측 및 분석, 침해정보 연동기술, 정보보호 관리 등
응용 서비스 보안	클라우드 보안	클라우드 가상 네트워크 보안, 클라우드 서버 가상화 플랫폼 보안, 클라우드 가상 스토리지 보안 · 클라우드기반 보안서비스 기술, 클라우드 접근제어 및 인증, 소프트웨어 정의보안 (SDSec), 신뢰 클라우드 연동기술 등
	웹 · 이메일 보안	XML보안, HTML5보안, 웹 스크립트 공격탐지, 웹서비스 암호화 · 스팸탐지, 이메일기반 APT 탐지, S/MINE, PGP/PEM 등
	데이터 보안	DRM, 데이터 유출방지, 제한수신 시스템, 워터마크, 핑거프린팅, 불법적 컨텐츠 유통방지, 유해정보 필터링, 콘텐츠 접근제어 · 개인정보보호, 개인정보 영향평가, 개인정보관리, 비식별화 기술, 익명성 프로토콜, 개인정보 정책 및 운영관리 등
	금융 · 핀테크 보안	금융 이상행위 탐지기술(FDS), FIDO, 스마트지갑, 결제 및 인증 플랫폼, 비대면 인증 기술, 가상화폐, 블록체인 등
	디지털 포렌식	저장매체 이미징, 디지털 증거 무결성 확보, 활성 시스템/ 네트워크 정보수집, 삭제/손상 데이터 복구, 정보은닉 탐색/ 추출, 모바일 포렌식, e-디스커버리 SW, 침해사고 원인분석 및 재현기술 등
물리 보안	휴먼/바이오 인식	바이오인식 센서, 바이오인식(지문, 얼굴, 음성, 홍채, 정맥, 걸음걸이, 귀모양, 심전도, 행위) 알고리즘, 바이오인식 시스템, 대용량 검색 시스템, 사용자 무자각/비제약 인식, cancelable 바이오 메트릭, 바이오 메트릭 암호 시스템
	CCTV · 무인전자감시	영상 City Surveillance, 지능형 영상분석, 영상 침해방지, 영상 클라우드 소싱 분석, 다중 CCTV 연동, 영상 검색 (비디오포렌식), 영상 위험 예측, 지능형 영상센서, 이기종 영상 표준 연동, 무인 감시 디바이스 보안
ICT 융합 보안	스마트홈 · 시티 보안	도시규모(Metropolitan) 통신망 보안, 도시 데이터 분석 플랫폼 보안, 스마트 홈 및 시티연계 센서 보안, 대중교통 통신보안, 수도 및 가스 등 도시기반 통제시스템 보안
네트워크 보안	산업제어시스템 보안	단일링크기반 단방향 데이터 통신, 산업용 애플리케이션 방화벽, 화이트 리스트기반 접근제어 및 이상징후 탐지, 산업제어시스템 행위정보 및 이벤트 관리
	지능형 차량 보안	차량 통신보안, 차량노매딕 디바이스 보안, 자율주행차량 보안, 차량 해킹방지, 지능형 교통망 보안관제, 교통 인프라/ 신호기 제어 보안, 차량 프라이버시 보호
	헬스케어 보안	헬스케어/의료기기의 접근제어, 원격진료 서비스 네트워크 보안, 의료서비스 보안 게이트웨이, 의료/건강 데이터 프라이버시 보호, 의료 정보시스템의 접근제어, 의료정보 분석 보안, 의료보안/위험관리, 의료정보의 전자적 교환에서의 보안
	항공 · 조선해양 · 국방보안	무인비행체 보안, 디지털 해상통신 보안, 해상 e-네비게이션 보안, 항공/조선해양/ 국방 네트워크 보안, 항공/조선해양/ 국방 시스템 보안, 항공/조선해양/ 국방 보안관제
	기타 ICT 융합 보안	3D프린터 보안, 조명ICT, 스마트 섬유 ICT 등 기타 융합보안

출처: 정보통신기술진흥센터

3. 맺음말

　정보통신기술ICT이 우리 실생활의 사물과 주요 사회기반시설 인프라와 접목되면서 기존 사이버 공간의 위험이 현실세계로 전이되어 확대되고 있다. 특히 최근 정부 공공기관 및 중요 인프라를 대상으로 표적공격이 이루어지는 등 사이버 보안이 국가 위기관리의 가장 중요한 과제로 부각되고 있다. 이에 세계 각국은 앞 다투어 사이버 보안 전략을 수립하고 이행하고 있으며, ICT 융합보안 산업도 크게 성장세를 보일 전망이다.

　그러나 우리나라의 경우 아직도 정보보호를 위한 자발적 노력과 인식이 부족하고 산업기반 및 전문인력, R&D 수준이 뒤쳐져 있다. ICT산업 융합보안이 산업 전반에 걸쳐 확고히 자리매김을 하고 창조경제의 새로운 블루오션이 되기 위해서는 새로운 ICT 융합보안 패러다임 전환이 필요하다. 이를 위해서는 첫째, 지속적인 보안투자를 통해 글로벌 기술 격차를 해소하고 핵심 원천 기술 확보에 주력해야 한다. 둘째, 보안은 '비용'이 아닌 필수 불가결한 '보험'이라는 국민의 인식전환이 필요하다. 마지막으로, 최고 보안인재 발굴과 양성을 위해 전 국민이 함께하는 정보 보호 문화 조성이 필요하다.

제2절
사물인터넷(IoT) 보안

1. 개요

　최근 사람과 사람, 사람과 사물의 연결에서 생활 속 모든 것들을^{Daily Life Objects} 상호 연결시키려는 사물인터넷^{Internet of Things: IoT} 기술이 신 성장 동력의 핵심으로 주목받고 있다. IoT기술은 다양한 물리 공간의 사물들과 가상 공간의 프로세스 및 데이터 콘텐츠들이 인터넷으로 상호 연결되어 초연결사회^{Hyper-connected society}가 구축되고, 사용자 중심의 지능형 서비스를 제공하기 위해 거대한 정보가 '생성−수집−공유−활용'되는 광범위한 기술이다. 또한 2020년에 260억 개 이상의 사물들이 상호 연결될 것이며, IoT제품과 서비스 공급업체들은 매년 3,000억 달러의 성장을 기록할 것으로 사물인터넷 산업의 발전을 내다보기도 하였다.(가트너, 2016)

그림 10-3 _ 사물인터넷 개념도

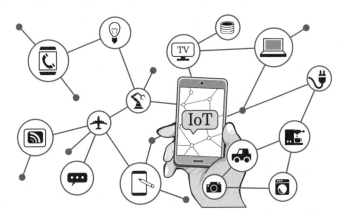

출처: Servity guide

그러나 사물인터넷 보안 취약점 중에 IoT 연결기기의 70%가 암호화나 사용자 접근 권한 등에 있어 취약점을 갖고 있는 것으로 나타나며, 개인정보 보호 문제를 비롯하여 생명과 직결되는 문제를 야기시킬 수 있는 것으로 대두되었다. IoT기술의 활성화 및 신규 서비스 창출을 위해 보안은 반드시 제공해야 하는 핵심기술이다.

인터넷상에 연결된 장치 수의 증가는 공격할 수 있는 대상의 증가와 위협 요소의 확장을 의미한다. 특히 의료서비스나 산업시설 제어서비스에 적용되는 사물인터넷 장치와 통신기술에서 보안 기술은 필수적이다. 이러한 서비스가 침해되었을 경우 단순한 경제적 피해를 넘어서 인명피해가 유발될 수 있기 때문이다. 또한 주변의 일상 사물들이 연결된다는 것은 개인정보유출이나 프라이버시 침해가 우려되는 범위의 증가를 의미하고, 그 침해 정도도 현재와 비교할 수 없을 정도로 증폭될 것은 분명하다. 이러한 보안 위험에 대한 피해를 예방하기 위한 대책과 방안이 필요하다.

2. IoT^{사물인터넷} 보안

사물인터넷기술 표준 노력이 이어지면서 통신 접속기능이 탑재된 단말이 보편화되고 관련 서비스도 대중화 단계에로 접어듦에 따라, 사물인터넷 관련 사이버보안 강화가 새로운 과제로 부상하고 있다. 사이버 공격의 대상이 데이터를 스스로 생성 및 보관, 처리할 수 있는 컴퓨팅 기능을 탑재한 시스템이라 할 경우, 통신기능과 함께 데이터를 자체적으로 확보하고 처리하는 기능이 탑재되는 사물인터넷 단말 및 시스템 역시 사이버공격의 표적이 될 수가 있다. 특히 현재 사물인터넷 수용이 이뤄지고 있는 단말들은 대체로 컴퓨팅 기능이 단순하고 보안성도 취약한 경우가 많아 외부 공격에 취약한 상태이며, IT업계의 사물인터넷 보안에 대한 인식도 많이 부족한 상황이다.

사물인터넷 단말의 보안 취약성은 크게 고도의 보안솔루션을 도입하기 어렵고, 외부에서 해킹 사실을 확인할 수 없으며, 복잡한 네트워크 구조로 침투 경로가 다양하다는 점이 지목되기도 한다. 미국의 보안업체인 프루프포인트의 발표 자료에 따르면 세계 전역에서 기업 및 개인을 겨냥한 악성 스팸 메일이 총 75만 건 발송됐는데, 이 중 25%가 TV, 냉장고 등 통신 기능이 탑재된 가전제품에서 발송된 것으로 발표하였다. 아직까지 대규모 사이버 공격으로 인한 피해사례는 없지만 사물인터넷과 관련된 보안문제는 이미 여러 차례 가시화되면서 업계의 경각심이 높아지는 추세이다.

표 10-4 _ 사물인터넷 해킹 사례

날 짜	내 용
2014년 8월	교통 신호등 해킹 뒤 신호 조작
2014년 11월	자동차 문 잠금 해제한 뒤 절도
2015년 7월	자동차 해킹 후 원격으로 핸들, 브레이크 조작
2015년 12월	아파트 도어록 해킹 후 출입문 열어
2016년 2월	CCTV 영상 불특정 다수에게 유포

자료: 한국경제(2016, 5.)

또한 스마트 TV, 스마트가전, 공유기, 스마트카, 교통, 의료기기 분야에 대한 보안 위협 시나리오를 보도한 자료에 따르면 각 기기의 보안 취약점이 노출되어 제어 네트워크에 접근할 경우에는 기기 및 인프라 조작이 가능한 것으로 나타났다.

표 10-5 _ IoT 분야별 보안 위협 시나리오

분 야	내 용
스마트TV	2013년 8월, 미국 라스베이거스에서 스마트TV에 탑재된 카메라를 해킹해 사생활 영상을 유출하는 시연이 열려, 인터넷에 연결된 가정기기의 보안 취약성을 노출
스마트 가전	2014년 9월, 서울 'ISEC 2014'에서 블랙펄 시큐리티는 로봇청소기 원격조종을 위해 필요한 앱의 인증방식 취약점과 로봇청소기에 연결되는 AP의 보안 설정상의 취약점 등을 이용 해킹하여, 로봇청소기에 탑재된 카메라로 실시간 모니터링이 가능하다는 것을 시연
공유기	2014년 3월, 보안컨설팅 업체인 Team Cymru는 해커들이 D−Link, Tenda, Micronet, TP−Link 등이 제조한 약 30만 개의 공유기를 해킹했다고 경고
스마트카	스페인 출신 해커 팀이 차량 네트워크에 침투할 수 있는 조립 회로보드(20달러)를 공개, 이를 통해 자동차 업체가 컴퓨터 시스템 검사를 위해 엔진 내부에 설치한 차량용 제어구역 네트워크(CAN)에 접근하여 브레이크 조작, 방향 설정, 경보장치 해제 등이 가능
교통	보안업체 IOActive Labs Sensys Networks의 도로차량 감지기술을 조사한 결과, 광범위한 설계 및 보안 결함을 발견, 특히 공격자는 센서를 가장해 교통관리시스템에 위조 데이터를 전송하거나 신호등 같은 주요 인프라 통제가 가능
의료기기	2012년 블랙햇 보안 컨퍼런스에서 해커가 800미터 밖에서 인슐린 펌프를 조작하여 치명적인 복용량을 주입할 수 있음을 증명

자료: 보안뉴스 등 각 언론매체, IITP(2015.7.) 재인용

최근 국내 인터넷 분야 전문가를 대상으로 한 설문조사에 의하면, 사물인터넷 상용화를 위해 가장 필요한 조건으로 '철저한 보안'이 꼽혔으며, 사물인터넷 보급의 가장 큰 우려는 '해킹위험'으로 조사되었다. 지금까지는 해킹 등으로 인해 보안 위협이 개인정보 유출, 금전상 손해 정도로 그치는 경우가 많았으나, 사물인터넷 환경에서의 보안 사고는 사회적 재해나 인명 사고로 이어진다는 데 문제의 심각성이 있다.

사물인터넷은 인터넷과 연결되어 다양한 서비스들이 제공되기 때문에 컴퓨팅, 저장공간 등의 자원이 제한된 사물들을 위한 안전한 S/W 코딩기술, 저전력 Crypto S/W 구현기술 등 임베디드 보안 기술이 요구된다고 할 수 있다. 이러한 보안 기술의 적용과 유관정책이 반드시 수립되어야 하며, 악의적인 행위를 차단하기 위한 보안대책은 필수적이라고 할 수 있다.

그림 10-4 _ IoT 장치의 생명주기 단계별 보안 고려사항

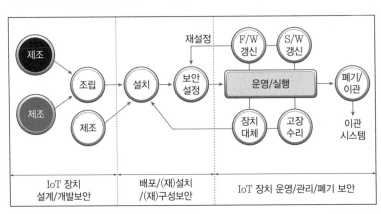

출처: IoT 공통 보안 원칙, 2015.

IoT 기반 융합 서비스가 활성화될수록 기하급수로 증가하게 될 IoT 연결장치들은 작게는 데이터를 수집하는 센서와 간단한 제어가 가능한 액츄에이터Actuator를 포함하여, 복수 개의 센서와 액츄에이터를 갖는 이종 복합시스템들까지 다양해진다. 따라서 기존 시스템 중심으로 설계된 인터넷 보안 기술로 안전과 프라이버시 보호를 수행하기에는 무리가 따른다. 그러므로 IoT 장치 및 서비스의 '설계-개발' 단계부터 보안과 프라이버시 보호 체계를 고려해야 한다. 또한 IoT 장치를 '배포, 설치'하는 단계에서도 사전에 잠재적 보안 위협을 차단할 수 있도록 해야 하며, 실사용이 이루어지는 '설정-운영-실행-폐기' 단계에서는 이 전 단계를 모두 고려하여 생명

주기 전체의 침해 요소의 분석 및 대응 방안을 마련할 필요가 있다고 할 수가 있다.

표 10-6 _ IoT 장치의 생명주기 단계별 공통보안 요구 사항

IoT 장치의 설계/개발 단계의 보안 요구사항
• 정보 보호와 프라이버시 강화를 고려한 IoT 제품 · 서비스 설계 – "Security by Design" 및 "Privacy by Design" 기본 원칙 준수
• 안전한 소프트웨어 및 하드웨어 개발 기술 적용 및 검증 – 시큐어 코딩, 소프트웨어, 어플리케이션 보안성 검증 및 시큐어 하드웨어 장치 활용
IoT 장치 배포/설치(재설치)/구성(재구성) 단계의 보안 요구사항
• 안전한 초기 보안 설정 방안 제공 – "Secure by Default" 기본 원칙 준수
• 보안 프로토콜 준수 및 안전한 파라미터 설정 – 통신 및 플랫폼에서 검증된 보안 프로토콜 사용 (암호/인증/인가 기술)
IoT 장치 및 서비스 운영/관리/폐기 단계의 보안 요구사항
• IoT 제품 · 서비스의 취약점 보안패치 및 업데이트 지속 이행 – S/W와 H/W의 보안 취약점에 대해 모니터링하고 업데이트 지속 수행
• 안전한 운영 · 관리를 위한 정보보호 및 프라이버시 관리체계 마련 – 사용자 정보 취득–사용–폐기의 전주기 정보의 보호 및 프라이버시 관리
• IoT 침해사고 대응체계 및 책임 추적성 확보 방안 마련 – 보안 사고에 대비한 침입탐지와 사고 시 분석 및 책임추적성 확보

출처: IoT 공통 보안 원칙, 2015.

3. 맺음말

사물인터넷 시대에서의 보안 위협은 실생활과 관련된 사물로 확대되면서 사람의 생명을 위협할 수도 있고 전쟁을 방불케 하는 사회 혼란을 야기할 수도 있으며 피해 속도 및 규모도 상상할 수 없을 정도로 커질 것이므로 사회적 비용 부담은 기하급수 적으로 증가할 수밖에 없다. 따라서 사물인터넷 보안에 대한 우려는 사물인터넷 산 업 성장을 저해하는 가장 큰 요인으로 작용하기 때문에 보안이 반드시 실현될 필요 가 있다. 사물인터넷 보안은 기존 PC, 모바일기기 중심의 사이버환경과 달리 그 보 호대상 범위, 대상 특성, 보안담당 주체, 보호방법 등에 있어 새로운 시각으로 접근 해야 한다. 과거에는 보호 대상이 한정되어 있었지만 사물인터넷 시대에는 웨어러 블, 가전, 자동차, 의료기기 등 사물인터넷에 연결되는 모든 사물로 확대되고 기존 고전력·고성능의 보호대상이 초경량·저전력·저성능의 사물로 대폭 확대된다. 그리고 보안 주체도 과거에는 ISP Internet Service Provider, 보안업체, 이용자로 국한되어 있었지만 사물인터넷 시대에는 이들 보안 주체를 포함하여 제조업체까지 확대되고, 보호 방법에 있어서도 기존에는 별도의 보안장비로 보호대상들을 보호했지만 사물인터넷 시대에는 수많은 보호대상들을 통제하고 관리하기 힘들기 때문에 표준화기술획득을 통한 기기의 자체 보안 기능 확보 및 설계 단계부터 보안 내재화를 위한 보안칩셋과 임베디드 보안 기술 개발에 힘써야 한다. 그리고 새로운 기기 및 서비스의 출현에 대비하여 새로운 보안 기술과 기존 사이버 보안 기술의 적절한 조화를 통해 보안 방식 간의 혼돈을 최소화하면서 효율적으로 사물인터넷 보안 능력을 향상시킬 방안을 모색할 필요가 있다. 또한 센서·기기, 통신·네트워크, 플랫폼, 응용서비스로 세분화하여 각각의 보안 대책은 물론 전체적인 관점에서 대응할 필요가 있다. 사물인터넷 기기 및 서비스는 설계 단계부터 보안 기법을 적용해야 하며 사물간 접속 및 정보 전송 시에도 인증 및 암호화 기술을 적용하고 원격 기기에 대한 지속적인 보안 업데이트뿐만 아니라 개인정보 보호를 위한 적극적인 보호 조치를 취하는 것은 사물인터넷 보안을 위한 최소한의 요구사항이라고 할 수 있다. 아울러 새로운 보안 위협에 대한 신속한 탐지와 분석을 통해 사전에 보안 위협을 회피하고 방지할 수 있는 종합적인 대응체계를 마련하고 현재 추진 중인 IoT 디바이스 보안인증제도를 차질없이 추진해야 할 필요가 있다.

제3절
스마트 의료 산업보안

1. 개요

스마트의료는 보건의료정보분야에서 정보통신기술ICT과 융합하여 언제, 어디서나 안전하고 신뢰성 있는 건강관리서비스를 제공하는 것이며, 의학, 표준기반 정보통신기술을 융합하여 개인 및 인구집단의 건강관리와 질병치료를 담당하는 산업영역이다. 점차 스마트기기의 사용이 대중화되면서 기존의 병원과 의료공급자 중심이었던 의료서비스가 사용자 중심의 건강서비스로 확대·발전되고 있다. 최근에는 가정에 있을 때에도 실시간으로 개인의 건강상태를 점검하고 피드백을 주는 스마트 홈 서비스, 사용자의 스마트기기로부터 생성되는 건강관련 데이터를 해석하여 사용자의 건강 이상이 나타날 경우 인근 병원이나 사용자에게 데이터를 전송하는 기술과 서비스개발도 활성화되고 있다. 스마트의료는 한마디로 말해서 ICT와 융합하여 개인화된 건강관리 서비스를 제공하는 것으로, 병·의원, 약국 등 민감한 의료정보 다량 보유, 의료의 스마트화에 따라 외부 해킹위협이 많이 대두되고 있는 실정이다. 2013년 미국에서는 원격조정을 통해 체내 인슐린 농도를 조절할 수 있는 인슐린 펌프 해킹을 시연하였으며, 인슐린 펌프의 통신주파수 해킹을 통해 송수신 정보 하이재킹Hijacking 및 인슐린 투여량 조작이 가능하다는 사실이 알려지기도 하였다. 스마트화로 인하여 많은 데이터를 가지고 있는 병원 및 약국에서도 최근 해킹 사례가 늘어나면서 위험이 증가하고 있는 실정이다. 2015년에는 병원 의료정보 소프트웨어 개발업체가 소프트웨어 업데이트 과정을 이용하여 파일을 수집할 수 있는 모듈을 은닉하여 환자정보 7억 건을 유출되기도 했다. 이에 따라 헬스케어/의료정보 산업에서 사용되는 정보의 수집, 가공, 저장, 검색, 송신 및 수신 도중에 훼손,

변조, 유출 등을 방지하고 의료기기, 시스템 서버 등의 물리적 장치의 도난이나 훼손을 방지하기 위한 관리적 · 기술적 방법을 말하는 스마트 의료보안의 중요성이 나날이 점증하고 있다.

제4차 산업혁명 기술인 IOT, 클라우드, 빅데이터, 모바일, 인공지능, 5G와 같은 디지털 기술이 급속히 확산됨에 따라 연관 산업 발전을 촉진시키며 세계 ICT 기반 의료기기 산업은 나날이 시장이 커지고 있다.

원격 의료, 모바일 헬스, EHR/EMR, 무선의료 분야가 모두 성장할 것으로 예상되나, 그 중 모바일 헬스와 무선의료의 성장이 가장 두드러질 것으로 보인다. ICT 기반 의료기기 산업 생태계는 의료용 기기 · 정보와 관련된 소프트웨어부터 건강에 관련된 맞춤형 건강관리 서비스, 보험 등까지 확장 가능성이 풍부하며, 병원 설립에 필요한 건설 · 장비 · IT에 ICT 기술을 도입함과 동시에 병원 운용과 관련된 HIS/EMR 시스템, 원격의료, 모바일헬스 등이 발전하여 의료 서비스 영역이 확장될 전망이다.

그림 10-5 _ 스마트의료 시스템 환경의 예

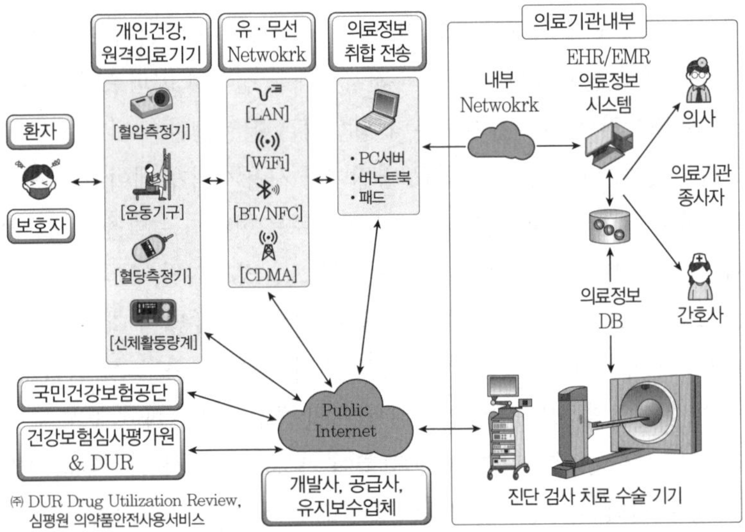

출처: 스마트의료 사이버보안 가이드, 2018.

2. 스마트의료 보안

ICT 기술 도입에 따른 의료정보 전산화, 원격의료, 모바일헬스, HIS, EMR, PHR 등으로의 발전으로 의료정보 데이터 양의 폭발적인 증가가 이뤄짐으로써 스마트 의료기기 해킹, 병·의원 및 약국의 민감한 의료정보에 대한 보안 위협이 증가하고 있다. 심박기와 같은 의료기기의 경우, 해킹을 통하여 과도한 전기 공급 및 심박기에 내장된 펌웨어의 불법조작이 가능하게 되는 등 보안에 취약한 부분을 이용해 개인의 생명에 치명적 영향을 미칠 수가 있다. 또한 정보통신망법과 관련하여 3차(상급) 종합병원은 보안대책 수립 및 구축이 적용되고 있지만 1,2차 병·의원과 약국의 경우에는 보안 및 개인정보보호가 무방비로 노출되고 있는 실정이다. 약사들이 사용하는 약국경영관리 소프트웨어 해킹을 통해 7억 4,000만 건에 달하는 처방약 정보가 유출되는 사건이 발생되기도 하였다.

스마트의료 보안 위협은 디바이스, 네트워크, 서비스/플랫폼, 의료정보 등 각 분야 별로 이루어지며, 이러한 스마트의료 환경에서의 보안 위협을 막기 위한 보안 기술은 크게 의료정보 보호 관련 기술은 개인정보Privacy, 보안Security, 안전Safety 분야로 구성되면 〈그림 10-6〉과 같다.

그림 10-6 _ **스마트 의료 정보 해킹 시나리오**

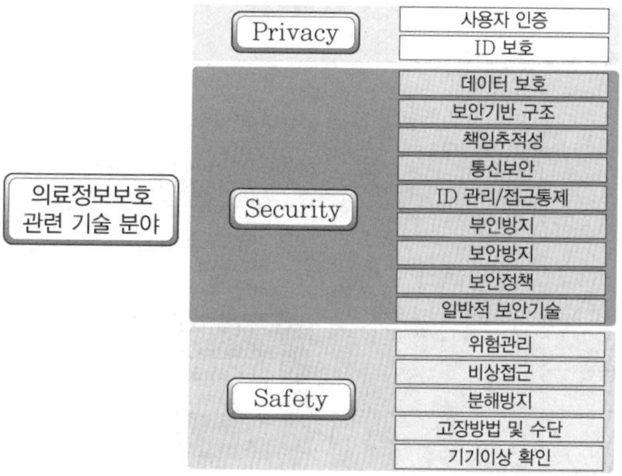

출처: 의료기관 보안 실태 현황, 2017.

이러한 스마트의료 산업의 보안은 개인의 의료정보, 생명과 안전을 보호하기 위하여, 헬스케어/의료정보 산업에서 사용되는 정보의 수집, 가공, 저장, 검색, 송신 및 수신 도중에 훼손, 변조, 유출 등을 방지하고 의료기기, 시스템 서버 등의 물리적 장치의 도난이나 훼손을 방지하기 위한 관리적·기술적 방법에 대한 연구가 활발히 이루어지고 있다. 현재 국내 스마트의료 보안을「정보통신망법」에 따라 상급 종합병원 43개 정보보호관리체계 인증의무화가 시행되고 있다. 의무 인증 범위 기준은 의료정보시스템과 서비스 제공을 위해 필요한 서버, 네트워크, 시설 등을 반드시 포함해야 하며 병원의 경우, EMR 또는 OCS Order Communication System, 처방전달시스템, 병원 홈페이지 등이 인증범위에 포함되어 있다. 미국의 경우 FDA에서는 의료기기 사이버보안 관리지침을 공개하였고, 무선주파수 의료기기, 산업 및 식약청 직원을 위한 지침, FDA Safety communication 운용−의료기기 및 병원 네트워크에 대한 사이버 보안 등의 권고사항, FDA 시스템 품질 규정을 제시하고 있다. GAO에서는 의료기기의 정보보안 대책에 대한 FDA 권고사항을 제시하고 있다. 또한 HIPAA Health Insurance Portability and Accountability Act, 미국의료정보보호법 개정을 통하여 환자가 건강정보 공개를 제한하도록 요청할 수 있는 권한을 강화하기도 하였다. 유럽의 경우 GDPR 유럽 개인정보보호 규정을 통해 개인정보에 대한 강력한 통제권을 확보할 수 있도록 강화되었다. 이처럼 스마트의료 보안은 국제적인 표준화 기업들 간의 논의를 통하여 이익을 극대화하면서 위험을 최소화하는 방향으로 추진되고 있으며, 이러한 표준화 작업에 적극적으로 참여하는 기업들만이 미래 시장에서 생존할 수 있는 시대로 진행되고 있다. 스마트의료 보안 표준은 진료정보보

그림 10-7 _ 의료정보 보호 관련 기술 분야

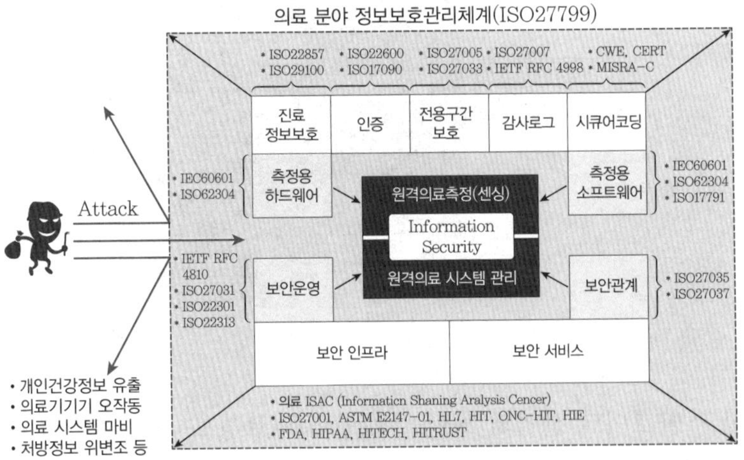

출처: 스마트의료 환경에서 보안 위협 대응을 위한 최근 연구동향, 2018 참조

호, 인증, 전송구간 보호, 감사 로깅, 시큐어코딩, 보안관제, 보안운영, 보안인프라, 보안서비스 등 의료기술 관련 표준과 보안 기술 관련 표준이 안전성과 보안성 관점에서 활발하게 연구가 진행되고 있다.

표 10-7 _ KISA 스마트 의료 사이버 보안 가이드 주요 내용

보안요구사항	주요 내용
사용자 접근 통제 및 인증	• 의료기관과 의료정보의 특징 및 사용자 역할을 고려하여 사용자에게 맞는 권한을 부여하고 인증절차 수립
패스워드 및 암호화 키 관리 방안	• 의료기기와 의료정보시스템의 초기 설정 비밀번호는 운영 전 보안성이 높은 비밀번호로 변경 • 하드코드된 암호화키 사용을 금지하고, 데이터 암호화키와 데이터는 물리적으로 분리하여 안전하게 보관
의료기기 임베디드 보안	• 의료기기 고유한 식별자 인증 정책 및 관리 기법 마련 • 의료기기의 새로운 보안취약점 발생에 대응할 수 있는 펌웨어 업데이트 기능 내재
데이터 보호	• 개인정보, 생체정보, 진단정보 등 의료정보의 생성 · 저장 · 전송 시 암호화 적용
게이트웨이 보안	• 게이트웨이에 대한 상호인증을 통해 비인가 호스트의 접근 방지
악성코드 감염 방지	• 의료기관 내부망에서는 원칙적으로 인터넷 사용을 금지하고 프로그램 실행 통제 정책을 마련 • 개발업체에서 충분히 검증하여 사용을 권고하는 안티바이러스 백신 사용
이동식 저장매체(USB 등) 보안	• 정해진 절차에 따라 승인된 보안 USB 장치만 사용 • 유지보수 시 사전에 등록한 USB만 사용하며 사용 전 악성코드 진단 실시
소프트웨어 보안패치	• 의료기기에 펌웨어나 소프트웨어 보안 업데이트 시 제조사에서 보증(디지털서명)하는 버전을 사용하고 패치 후 제품의 안전성 검증
시큐어 코딩	• 의료기기 및 의료정보시스템은 개발 단계에서 시큐어 코딩 규칙을 준수
네트워크 보안	• 업무와 역할에 따라 네트워크를 분할하고 화이트리스트 기반 정책을 설정 • 네트워크 보안 솔루션을 도입하여 네트워크 트래픽 제어
무선 네트워크 보안	• 기기 인증을 통하여 인가되지 않은 사용자가 무선 네트워크에 접속하는 것을 차단하고 암호화 통신을 적용
망 분리	• 외부 인터넷 영역과 내부 업무 영역은 네트워크를 물리적 또는 논리적으로 분리하여 운영
의료기기 보안성 검토	• 의료기기 구매 시 보안성을 검토한 후 도입 · 운영
감사로그 기록 및 관리	• 접속기록, 정보 조회 및 변경 등의 내역에 대해 감사로그를 생성하며, 감사로그의 위 · 변조 방지를 위한 기술적 조치 적용

출처: 스마트 의료 사이버 보안 가이드, 2018.

3. 맺음말

스마트의료는 ICT기술과 융합하여 언제 어디서나 개인화된 건강관리서비스를 제공하지만 방대해지는 개인정보 관련 데이터들로 인해 개인정보 유출 등 피해가 발생하게 된다. 이에 따라 의료정보 비식별화 기술, 의료정보 안정성 확보조치 등의 보안대책 마련이 필요할 것으로 보인다. 스마트 의료산업은 의료기관, 모바일 OS, 통신사, 의료기기 회사 등 스마트의료 생태계에 이해관계자가 많이 포함되어져 있다. 의료산업 생태계가 ICT산업 영역으로 확대됨에 따라 보안 위험이 상승하게 되기 때문에, 협력 및 하청업체에 대한 보안 준수 요구 및 계약서 상의 관련내용이 포함되어질 필요가 있다. 또한 스마트 의료기기에 대한 보안 취약점 발생은 생명의 위협과 직결되기 때문에 의료기기의 보안 솔루션 및 장치 내재화가 필요하며, ISMS 의무 대상인 상급 종합병원을 제외한 1,2차 병원의 경우, 중소기업보다 보안에 취약한 현실이어서 중소형 의료기관을 위한 안전한 의료정보시스템 개발 및 공개가 중요한 사안으로 대두되어지고 있다.

표 10-8 _ 스마트 의료 보안의 현황과 미래발전 방향

ICT와 융합하여 언제, 어디서나 개인화된 건강관리 서비스 제공
• 방대해지는 개인정보 관련 데이터들로 인해 개인정보 유출 등 피해 발생
• 의료정보 비식별화 기술, 의료정보 안정성 확보조치 등의 보안대책 마련 필요
의료기관, 모바일, OS, 통신사, 의료기기 회사 등 이해관계자 많음
• 의료산업 생태계가 ICT 산업영역으로 확대됨에 따라, 보안 위험 상승
• 협력 및 하청업체에 대한 보안준수요구 및 계약서 상의 관련내용 포함 필요
스마트 의료기기에 대한 보안 취약점 발생
• 스마트의료기기의 취약점은 생명의 위협과 직결
• 의료기기의 보안 솔루션 및 장치 내재화 필요
1, 2차 병·의원과 약국 보안 및 개인정보보호 무방비
• ISMS 의무대상인 상급 종합병원을 제외하면 1, 2차 병원은 중소기업보다 열악
• 중소형 의료기관을 위한 안전한 의료정보시스템 개발 및 공개 필요

제4절
스마트자동차 보안

1. 개요

ICT기술 발전은 단순한 기계 또는 전자 제품에 IoT기술 및 인공지능 등의 접목으로 이어지고 있다. 이러한 현상이 자동차에도 나타나면서 더 이상 단순한 엔진 및 부품의 조립으로 이루어지는 기계로의 자동차가 아닌 IoT기술과 인공지능이 결합된 스마트자동차(커넥티드카)의 탄생으로 이어졌다. 인터넷 통신이 가능해진 스마트자동차는 마치 스마트폰과 같은 역할이 가능해지면서 자동차와 자동차간의 통신 Vehicle to Vehicle, V2V, 자동차와 인프라 통신 Vehicle to Infrastructure, V2I, 자동차와 디바이스 통신 Vehicle to Device, V2D 등이 이루어지게 되었다. 이러한 발전은 스마트자동차를 이용하는 사용자에게 다양한 편의성 등을 제공해 준다. 예컨대 차량 안에서 인터넷접속은 물론이고, 교통 인프라와 실시간으로 통신하여 도로 상황을 손쉽게 파악할 수 있으며, 주차장 등을 사전에 자동차로 예약하는 서비스도 가능하다. 시장조사업체인 BI 인텔리전스에 따르면 2025년이후 생산되는 자동차 중 75%가 스마트자동차가 될 것이라고 예측하며 스마트자동차 산업의 활성화를 기대하게 하였다.

하지만 스마트자동차 역시 ICT기술이 접목되면서 수많은 소프트웨어와 차량용 전자기기장치가 투입되었고, 이는 자연스레 보안 위협을 초래하게 되었다. 스마트자동차에 여러 형태의 통신 기능이 적용되고 차량을 제어 할 수 있는 기능이 제공되면서 이에 대한 인증우회, 데이터 위·변조를 통한 차량의 불법 제어 및 오작동 유발, 운행정보탈취 등이 가능해졌기 때문이다. 실제로 JEEP사의 체로키라는 차량을 원격으로 해킹하여 갑자기 급정거 시키거나, 핸들을 임의로 조작 가능하다는 것을 시연한 사례와 중국 "킨 시큐리티 랩"의 연구원들이 테슬라의 'S모델' 자동차를 원격으로 해킹하여 임의의 핸들조작 및 차량제어권을 탈취하는 시연을 하였다.

그림 10-8 _ 스마트자동차 개념도

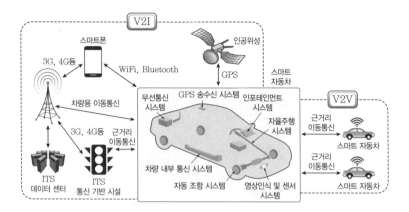

이처럼 스마트자동차의 보안 위협이 대두되면서 자동차 제조업체들은 ICT기술 부서를 적극적으로 확대하고, ICT 보안업체와의 협업을 통해 스마트자동차 보안에 힘을 쏟고 있다. 그럼에도 불구하고 세계 곳곳에서 스마트자동차 보안을 뚫고 해킹 사례 및 피해들이 지속적으로 나타나고 있으며, 보안 위협의 지능화 및 고도화로 스마트자동차 보안에 어려움을 겪고 있다. 따라서 스마트자동차의 안정적인 정착과 관련 산업의 발전을 위해서 스마트자동차 산업현황과 보안 동향 및 핵심기술 등을 파악하고 연구하는 것이 필요하다.

2. 스마트자동차 보안

1) 스마트자동차 내부 시스템 보안 위협

스마트자동차의 내부 시스템 보안 위협은 스마트자동차의 핵심 용어에 대한 개념정립을 통해 이해하는 것이 바람직하다.

먼저 가장 기초적인 자동차 전자장비인 ECU^{Electronic Control Unit}는 자동차의 두뇌에 해당되는 부품으로 자동차 한 대에 평균 100여 개가 장착된다. 이러한 ECU 해킹을 통한 차량 제어권 탈취 및 오작동 유발 등이 가능한데, ECU 펌웨어나 소프트웨어 변조, ECU 플랫폼에 대한 버퍼 오버플로우나 메모리 오류 주입 등의 방식이 활용된다.

다음으로는 자동차 내부 통신 네트워크 프로토콜인 CAN^{Controller Area Network}에 대한 이해가 필요하다. ECU와 차량의 각종 센서 간의 통신을 위해 사용되는 기술로서 자동차 부품 제조사인 보쉬^{Bosch}가 1983년 개발하고 1989년부터 적용하기 시작했다. 자동차가 발전하면서 자동차 시스템에 다양한 모듈^{ECU} 등이 생겨나고 기존의 1:1통신 방식의 UART^{Universal Asynchronous Rx/Tx, 비동기 직렬 방식}이 효율성이 떨어져 이를 대체하게 된 것이 CAN 프로토콜이다. CAN 기술은 CAN 장치끼리 서로 통신할 수 있고, 하나의 CAN 인터페이스로 여러 개의 모듈^{ECU}을 병렬로 제어 가능하다는 장점이 있다. 그러나 CAN기술은 ECU 간의 통신에서 가능한 빨리 센서 판독값에 반응해야 하기 때문에 암호화나 인증기능을 갖고 있지 않다. CAN 프로토콜의 개발 당시에는 자동차가 외부 통신과 연결한다는 개념을 갖지 못하였고, 자동차 내부의 폐쇄적인 통신만 이루어지기 때문에 보안을 고려한 설계가 이루어지지 않은 것이다. 이후 LIN, FlexRay와 같은 자동차 내부 통신 프로토콜이 개발되었지만 마찬가지로 암호/인증이 고려되지 않은 설계이며, 단순히 CAN 프로토콜보다 저비용 또는 고효율 측면만 고려되어 내부 프로토콜에 대한 외부 침투의 보안 위협은 여전이 유효하다.

표 10-9 _ 자동차 내부통신 네트워크 기술

ECU유형	ECU기능	통신 네트워크 프로토콜	
파워트레인	엔진 제어	Mix of CAN-FD & Flexray	Mix of CAN-FD & Ethernet/IP
	변속기 제어		
	구동력 제어		
샷시 및 안전	서스펜션 제어	CAN & Flexray	CAN & Flexray & Ethernet/IP
	Braking Contorl		
	액티브 안전		
	패시브안전	LVDS	Ethernet/IP
	카메라 기반 ADAS		
바디	윈도우 제어	CAN & LIN	
	공조제어		
	램프 제어		
	도어 및 시트 제어		
인포테인먼트	AV엔터테인먼트	CAN or MOST	CAN or MOST or Ethernet/IP
	디바이스 통합		
진단	OBD 2	CAN & Ethernet/IP	Ethernet/IP

출처: 페스카로

표 10-10 _ 자동차 내부통신 프로토콜 보안 위협

프로토콜	보안 위협	예시
CAM	브로드캐스팅 통신, 메시지 ID 기반 통신, 8바이트로 제한된 데이터 페이로드 등 프로토콜의 구조적 문제로 보안 기술 적용이 현실적으로 불가능하여 취약점 존재	도요타 프리우스 CAN 버스 해킹 및 리버스 엔지니어링을 통해 통신데이터 모니터링/분석 (Charile Miller와 Chris Valasek, 2013)
LIN	파워윈도우, 전동시트 등 안전에 무관한 기능에 사용되는 저가형 프로토콜로 단순한 오류처리 메커니즘으로 인한 취약점 존재	단순한 오류 처리 메커니즘을 악용하여 잘못된 응답 값을 주입하여 악의적인 동작을 유도할 수 있는 공격에 대한 사례를 제시(Journal of Information Processing, 2017)
FlexRay	전송 오류에 대한 무결성 보호를 제공하기 위해 CRC 검사값이 포함되며, 할당된 시간 슬롯 기반 통신으로 가용성을 보장하나, 메시지에 대한 읽기, 인증, 재생 방지 관련한 설계사항은 고려되지 않음	위조된 브레이크 상태 데이터 값을 FlexRay 버스에 전송하여 브레이크 표시등이 임의로 켜지게 하는 실험 소개(USENIX, 2011)
Ethernet	스위칭 구조 특성에 따른 Ethernet/IP기반 라우팅 환경에 적합한 비정상 행위 탐지, 송신 ECU 및 메시지 인증 기술이 결여되어 있어 불법 ECU 제어권 획득, 권한 오용공격, 악의적인 프레임 생성 및 전송이 가능	–

출처: 정보통신기술진흥센터

마지막으로 스마트자동차 운영OS에 대한 이해가 필요하다. 스마트자동차는 인터넷 접속을 위해 자동차 내에 전용 OS가 존재한다. 특히 인터넷 통신을 하기 때문에 자동차 전용 IP도 존재하게 되는데, 이러한 자동차 고유의 IP를 해킹 및 원격으로 접속하여 스마트자동차의 제어권을 탈취하게 된다. 실제로 중국 텐센트 킨 시큐리티 랩이 테슬라 자동차 해킹 시연을 하였는데, 전용 OS를 해킹하여 약 20KM 떨어진 곳에서 핸들 및 브레이크 등을 조작하였고, JEEP의 체로키 모델 역시 전용 OS 시스템인 Uconnect의 IP 해킹을 통한 약 16KM 떨어진 곳에서 차량의 제어권을 획득할 수 있었다.

2) 스마트자동차 외부 시스템 보안 위협

스마트자동차 외부 시스템 보안 위협은 크게 3가지로 요약하면 다음과 같다.

첫째, V2V Vehicle to Vehicle 보안 위협이다. 자동차 외부통신 네트워크V2V, V2I에 대한 통신 방해, 위장 도로기지국RSU, V2X Dos 공격 등을 통해 자동차 사고 유발 및 오작동이 가능하다.

둘째, V2I^{Vehicle to Infrastructure} 보안 위협이다. V2I 통신 네트워크에 대한 통신 방해, 위장 도로기지국^{RSU}, V2I DoS 공격 등을 통해 자동차 사고 유발 및 오작동이 가능하다.

셋째, V2D^{Vehicle to Device} 통신 위협이다. 자동차 서비스 앱이 탑재된 모바일 디바이스를 해킹하여 모바일 디바이스와 연결된 자동차를 임의로 제어하는 것이다. 또는 자동차 악성 앱을 직접 제작 및 배포하여 악성코드를 감염시킨 후 자동차의 제어권을 탈취한다.

3) 스마트자동차 보안 핵심기술

스마트자동차의 보안을 위해 각 분야별로 다양한 핵심기술들이 연구개발 진행되고 있다. 〈표 10-11〉은 이러한 스마트자동차 보안을 위한 핵심기술을 요약 정리하여 보여 주고 있다.

표 10-11 _ 스마트자동차 보안 핵심기술

자동차 전장 플랫폼 보안 기술		
핵심요소기술	개요	유형
자동차 ECU/M 가상화 기술	배경: ECU 해킹, 악성 감염, 비인가 접근 공격 등으로 자동차 서비스 거부 개요: 하이퍼바이저 기반 ECU/M가상화를 통해 단일 고장 결함 허용이 가능한 오류, 공격 감내형 서비스 연속성 보장	신규
자동차 시큐어 스토리지 기술	배경: 암/복호키 등 기밀 정보의 불법 유출 개요: ECU의 Crypto 키 안전 저장 및 보안 연산을 제공하는 H/W 및 S/W기반의 시큐어 스토리지 기술 고도화	
자동차 전장용 키관리 기술	위협: 전장 네트워크 간 통신 무결성/기밀성 훼손 개요: 안전한 키 생성, 배포, 갱신, 폐기 관리	
자동차 내부통신 네트워크 보안 핵심기술		
핵심요소기술	개요	유형
OBD2 방화벽	배경: 자동차 내부네트워크 침투, 공격패킷 주입 개요: 규칙기반 필터링, 네트워크 분리 등을 통한 침입 방지	
자동차 방화벽	배경: 자동차 내부네트워크 침투, 공격패킷 주입 개요: 규칙기반 필터링, 네트워크 분리 등을 통한 침입 방지	
자동차 IDPS 기술	배경: 공격용 패킷 주입, 내부버스 점유, ECU 자원 소진, DoS, 자동차 불법 제어 개요: CAN, FlexRay에 대한 침입탐지	

| 자동차 Ethernet
실시간 접근제어 기술 | 배경: Ehernet 기반의 자동차 안전 관련 도메인으로 외부로부터 침입
개요: 자동차 Ethernet 접근제어 및 망분리와 긴급제어 메시지의 전송 신뢰성 보장 기술 | |

자동차 외부통신 네트워크 보안 핵심기술		
핵심요소기술	개 요	유 형
WAVE 기반 V2X 통신 보안 (IEEE 1609.2)	배경: 통신방해, 프라이버시 침해, OBU/RSU 위장 공격 등 개요: 국제표준(IEEE1609.2) 기반의 V2V, V2I 통신 보안 기술	
5G V2X 통신/서비스 보안	배경: 통신방해, 프라이버시 침해, 서비스 거부, OBU/RSU 위장 공격 등 개요: 5G V2X 통신 프로토콜 및 V2P, V2N 등 서비스 보안 기술	
국제표준 기반의 자동차 PKI 기술	배경: 자동차 인증을 위한 인프라 체계 구축 필요 개요: CAMP, IEEE1609.2 기반의 Vehicular PKI 기술	
자율주행 C–ITS 인증 인프라	배경: 자동차 PKI, C–ITS, 도로 인프라를 아우르는 인증체계 미비 개요: C–ITS, ICT, 도로 인프라 등의 개별 인증 체계에서 통합 인증 체계 및 인프라 구축	

자동차 보안성 시험 및 평가 핵심 기술		
핵심요소기술	개 요	유 형
자동차 기능 자동시험 기술	배경: 정상적인 자동차 기능의 구현 미흡으로 인한 자동차 사고 개요: 자동차 사고 예방을 위해 정상 및 비정상 기능시험을 통한 정확성과 견고성 관점에서의 구현 여부를 자동 검증	
자동차 소스코드 기반 취약성 자동분석 기술	배경: 자동차 기능 S/W 보안 설계 미흡으로 인한 자동차 공격 개요: 자동차 기능 S/W표준 보안 설계 지침에 따른 구현 여부에 대해 소스 코드 기반 보안성 자동 분석	
온보드 기반 바이너리 보안취 약성 자동분석 기술	배경: 자동차 소스코드 보안성 시험에 미발견된 펌웨어 바이너리 취약성 개요: 자동차 ECU 하드웨어와 함께 에뮬레이터의 실행을 조정하면서 바이너리 기반 보안 취약성 검증이 가능한 자동 동적분석 도구	

자동차 보안 모니터링 및 관리 핵심기술		
핵심요소기술	개 요	유 형
자율주행자동차 사이버보안 포렌식	배경: 사이버공격에 의한 자율주행 사고 발생 시 원인규명 불가 개요: 사이버 공격 증거보존 및 사고/오동작 다차원 원인 분석	
자동차 ECU소프트웨어/펌웨 어 원격 업데이트 보안 강화	배경: 자동차 진단 및 SW/FW 업데이트 프로토콜 해킹, 악성 S/W설치 개요: 자율주행 자동차(헤드유닛, OBU, ECU 등)에 탑재된 SW/FW의 안전한 원격 업데이트를 지원하는 보안 플랫폼	
악의적/이상행위 자동차 탐지 기술	배경: V2X 기반 자율주행에 따라 위장/공격용 악의 자동차 등장 개요: V2X 통신 분석 및 상황인지 기반 악의적/이상행위 자동차 탐지	
자동차 통합 보안 관제	배경: 현재는 교통관제 중심으로 자동차/교통에 대한 보안관제 부재 개요: V2X 환경의 보안상황을 실시간으로 파악하고 대응, 관리하기 위한 원격 통합 보안 관제 기술	
전기자동차 충전 인프라 보안	배경: EV 충전 인프라 해킹, 과금 우회, 프라이버시 침해 등 개요: 전기자동차 인프라 상에서의 인증, 통신보안, 접근제어 및 결재/과금 기술	

기존 공통보안 핵심기술		
핵심요소기술	개 요	유 형
자동차 안티-멀웨어 기술	배경: 자동차 IVI 등 악성 멀웨어 감염 개요: 자동차 앱의 증가에 따른 자동차 M/ECU 전용 화이트리스팅을 통한 접근제어 고도화	
자동차 블록체인 응용 기술 (키관리, 자동차 데이터 안전 저장/관리)	배경: 해킹을 통한 키 유출, 자동차 데이터 불법 유출/분석 개요: 블록체인 기반의 자동차 전장 키 관리 및 자동차 데이터 안전 저장 관리 기술	
자동차 코드 난독화	배경: 리버스 엔지니어링을 통한 불법 정보 추출 및 해킹 활용 개요: 자동차 탑재 코드, 헤드유닛 SW 및 OEM앱에 대한 난독화	
자동차 고속 서명/암호 기능 고속화	배경: 저성능의 암호화 모듈로 실시간 주행 자동차의 가용성 위협 개요: V2X 통신 메시지 고속 서명 검증, 전장 통신보안을 위한 암호 기능 고속화	

출처 : 정보통신기술진흥센터

3. 맺음말

스마트자동차는 다양한 ICT기술이 접목되어 전통적인 자동차의 영역을 뛰어 넘는 IOT기계로서 자리매김하였다. 자동차 자체에서 네트워크 통신이 가능하며, 이를 기반으로 V2V, V2I 등의 통신을 통해 실시간으로 도로교통 정보수집, 각종 IoT 기기와의 원격 연결 등이 이루어져 사용자의 편의성 및 안전기능의 강화를 도모할 수 있게 되었다. 그러나 ICT기술이 접목된 만큼, 필연적으로 보안 위협이라 는 문제점이 대두되게 되었고 실제로 여러 연구를 통한 시연이나 해커들로 인한 직접적인 피해사례가 발생하고 있다. 이러한 스마트자동차의 보안 위협은 크게 스마트자동차 내부 시스템과 외부시스템의 보안 위협으로 구분할 수 있다. 스마트자동차 내부 시스템 보안 위협으로는 자동차의 핵심 부품인 ECU나 내부 통신 프로토콜인 CAN, LIN, FlexRay 등의 보안 취약점을 이용하여 차량의 제어권을 획득하거나, 오작동을 유발하는 것이다. 반면 외부 시스템의 보안 위협으로는 스마트자동차의 주 특징인 V2V, V2I, V2D 등을 악용하여 잘못된 정보 제공이나 통신 방해 등을 야기해 사용자의 안전을 위협하거나 필요한 정보를 탈취하는 것이다. 이러한 스마트자동차 보안 위협은 스마트자동차 시장의 큰 걸림돌로 작용할 우려가 있기 때문에 자동차 제조사가 ICT회사들과의 협업이나 직접적인 인수합병 등을 통해 스마트자동차 보안에 힘을 쏟고 있다. 다행스러운 점은 자동사 제조사에서 신속한 보안 취약점 패치와 지속적인 스마트자동차 보안 기술의 투자가 이루어지고 있다는 점이다. 히지만 스마트자동차 산업이 점점 확장되는 만큼 해커들의 공격 대상이 될 확률이 높으며, 해킹기술 역시 점점 고도화되기 때문에, 꾸준한 스마트자동차 보안에 대한 관심과 보안 위협에 대한 적절한 대응자세가 필요할 것이다.

제5절
스마트 팩토리 보안

1. 개요

다보스 세계경제 포럼에서 제4차 산업혁명을 처음 언급되며 등장과 동시에 많은 관심을 받았다. 포럼은 "제4차 산업혁명"을 제3차 산업혁명을 기반으로 한 디지털과 바이오산업, 물리학 등 많은 산업을 융합하는 기술적 혁명이라고 설명했다.

그림 10-9 _ **산업혁명의 추이**

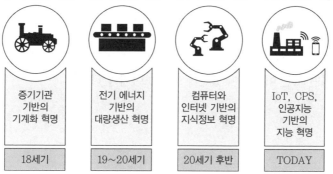

출처: kbrocks.com

독일제조업의 혁신을 불러온 "인더스트리4.0"을 시작으로 ICT와 융합을 통해 전통 제조 공장을 스마트한 공장으로 변화시키고 있다. 국내에서도 "제조업 혁신 3.0"활동으로 스마트 팩토리 보급 확산사업을 전개하고 있다.

스마트 팩토리의 정의는 각 기관, 주체마다 다르게 해석하고 있어 명확한 정의는 없으나, 보편적으로는 생상 전략에 기반을 둔 제조 여건 변화에 유연하게 대응하고, 공급망 관리Supply Chain Management, SCM통합 관점에서의 QCDQuality, Cost, Delivery 및 제약 관리로 생상 운영을 신뢰성 있게 수행하는 공장이라고 할 수 있다. 이러한 스마트 팩토리는 기존 공장과는 차별화되는 특징들이 많다. 미국의 딜로이트사에서는 스마트 팩토리의 특징을 〈표 10-12〉와 같이 5가지로 정리하였다.

표 10-12 _ **스마트 팩토리의 특징**

특 징	설 명	상세 내용
능동성	수동적 대상인 공장이 능동적으로 대응을 수행(일방향에서 양방향으로 전환)	• 신규 데이터 상관성 도출 재고 감축 작업 지시, 장기 재고 이적 등 판단 결과에 기반을 둔 이행 기능 수행
지능성	No Brain System의 탈피	• 변화된 여건에 따라 스로 판단하는 의사결정력을 발휘 • 배치 잡(Batch Job)을 통한 주기적 판단 • 마스터 판단 기준을 통한 Input Data에 따른 Output 도출
연계성	생산 관련 참조 데이터 영역의 확대 운영	• 다양한 대량의 데이터를 유관데이터 영역으로 검토해 활용 • 기능과의 연계
민첩성	생산 운영 체계로서의 시스템 성능 보장	• 실시간 처리 수준의 향상 • 제조 운영 관련 경보, 조치 소요시간, 정보공유 등의 기능의 빠른대응력 확보
신뢰성	생산 작업 운영에 대한 관리의 신뢰 확보	• 수집된 데이터의 신뢰성에서 시작해 인터록(Interlock) 등 작업 이상 상황에 대한 안정성, 예측가능한 작업 수행, 조방까지의 역할 수행

출처: Deloitte

위와 설명한 배경을 기반으로 스마트 팩토리, 스마트 제조산업에 관한 현황과 전망, 그리고 어떤 보안 이슈들이 있는지 살펴보아야 한다.

2. 스마트 팩토리 보안

스마트 팩토리의 관심과 중요도가 증가함에 따라, 정부에서도 스마트 팩토리를 제품의 기획, 설계, 생산, 유통, 판매 등 전 라이프사이클을 ICT기술로 통합하여 최소비용, 최소시간으로 고객맞춤형 제품 생산을 지향하는 공장으로 정의하고 제조산업의 스마트 혁신을 촉진하고 있다. 스마트 팩토리는 통합운영으로 인해 생산프로세스를 관리하기 위한 MES Manufacturing Execution System, ERP Enterprise Resource Planning, PLM Product Lifecycle Management 등과 같은 솔루션들과 연계되어 공장 재조망과 비즈니스망 간의 상호 자료교환 등의 연결된 업무가 이루어지므로 시스템 해킹과 같은 취약점에 노출이 되어 보안에 취약한 실정에 있다.

산업제어시스템 보안 위협과 사례들을 살펴보면서 스마트 팩토리의 도입에 관한 생각을 할 필요가 있다. 2016년 Global CEO Outlook에 의하면 보안장비 도입으로 사이버 위협에 대비하고 있는 기업은 25% 수준으로 들어났다. 이로 인해서 사이버공격으로 인한 제조설비 가동 중단 혹은 피해를 받은 사례들이 지속적으로 증가하고 있다. 각종 제조 설비와 기기 등이 사물인터넷 IoT과 결합하면서 공장 내의 사무, 업무 Information Technology: IT 환경과 산업 제어 설비 Operational Technology: OT의 안전성 및 보안성에 관한 이슈가 부각되고 있다. 〈표 **10-13**〉 스마트 팩토리의 특징에 있는 보안 사례들을 살펴보고 사고에 대한 사전 대응을 한다면 리스크에 대한 비용이나 인력 등을 절약하고 보안성을 강화하는 기회가 될 수 있다.

표 10-13 _ **스마트 팩토리의 특징 제어시스템 보안 사고 현황**

2000	호주 – 오폐수처리시스템 무선 해킹 공격으로 3개월동안 46차례 오 · 폐수 방출
2003	미국 Davis–Besse 원자력발전소 Slammer Worm 감염
2003	미국 동부 철도회사 신호제어기가 컴퓨터 바이러스이감염되어 운전 정지
2005	브라질 여러 도시 해킹으로 정전 발생
2009	미국 전력 핵심기반시설 중, 러 해킹으로 악성코드 감염
2010	이란 부셰르 원자력발전소 원심분리기 'Stuxnet' 악성코드에 감염되어 운전 정지
2011	원전 제어시스템 제조사 Areva 해킹
2012	미국 일리노이 수처리제어시스템. 유지보수 용도 공개 서비스를 이용한 해킹으로 Water Pump 제어
2012	사우디아라비아 에너지 회사 아람코 전산망 악성코드 감염으로 정지
2014	미국 전력회사 전력시설 터빈 기어시스템에 악성코드 감염되어 3주간 운전 중단
2014	일본 후쿠이현 몬주 원자력 발전소 내부 관리자 컴퓨터 악성코드에 감염되어 개인정보 등을 포함한 4만 2천 건 문서 유출
2016	독일 철강회사 용광로제어시스템 장애 발생
2016	우크라이나 발전소 내부 컴퓨터 사이비공격으로 시스템 정지, 대규모 정전사태 발생
2017	랜섬웨어(예 워너크라이, 페티야 등) 공격으로 세계 각국의 석유. 철강. 선박. 자동차공장 등 감염 사태(예 닛산 영국 공장, 르노 유럽 공장, 혼다 일본 공장 등)

출처 : TTA

스마트 공장의 산업제어시스템에 대해 불안전한 원격 유지 보수, 내부망 사용자와의 서버 공우, 불안전한 무선 시스템, 감염된 노트북, USB, PLC 프로젝트 파일 등 다양한 경로의 잠재적인 위협이 존재한다.

스마트 팩토리는 기존의 공장자동화를 넘어서 제조기술과 차세대 디비털 신기술이 접목되어 소비자 중심의 지능화된 공장을 의미한다. 스마트 팩토리 주요 기반 기술로는 ① 사이버물리시스템CPS, ② 로보틱스, ③ 3D 프린팅, ④ IoT 기반 포그 컴퓨팅Fog Computing, ⑤ 사이버 보안 등이 대표적이다.

그림 10-10 _ 스마트 팩토리 개념도

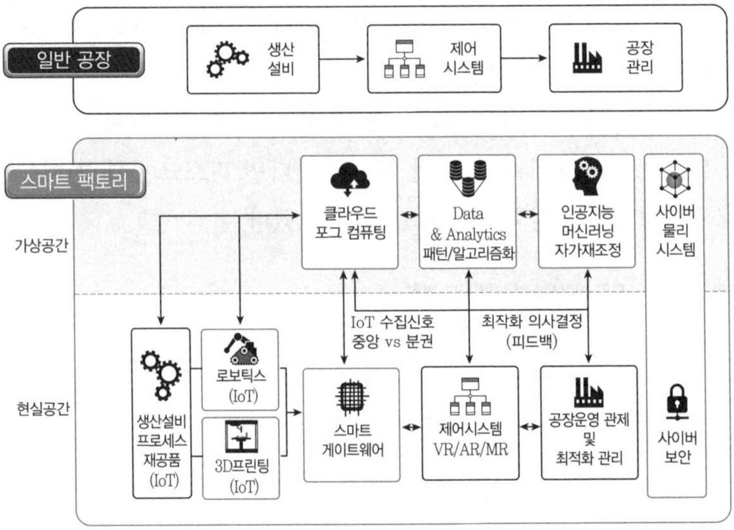

출처: KPMG

산업제어시스템 보안 기술은 정부에서 추진하고 있는 "K-ICT전략"에서 관련 산업 중 하나로 산업제어시스템 보안이 포함되어 있고, 중소벤처기업부의 중소기업 기술로드맵의 정보보호 분야 9개 기술개발 테마 중 하나로 스마트 산업제어시스템ICS 보안이 포함되어 있다. 대부분의 산업제어시스템 보안 기술들은 산업제어시스템 상의 정보를 지키기 위한 정보 보안, 적합한 권한이 없는 비인가 접근을 막기 위한 제어기 및 제어망 부정접근방지, 주요 산업 시스템에 적용 등으로 구성되어 있으며 중소기업 기술로드맵이 제시되고 있다.

그림 10-11 _ 스마트 산업제어시스템(ICS)보안의 중소기업 기술로드맵

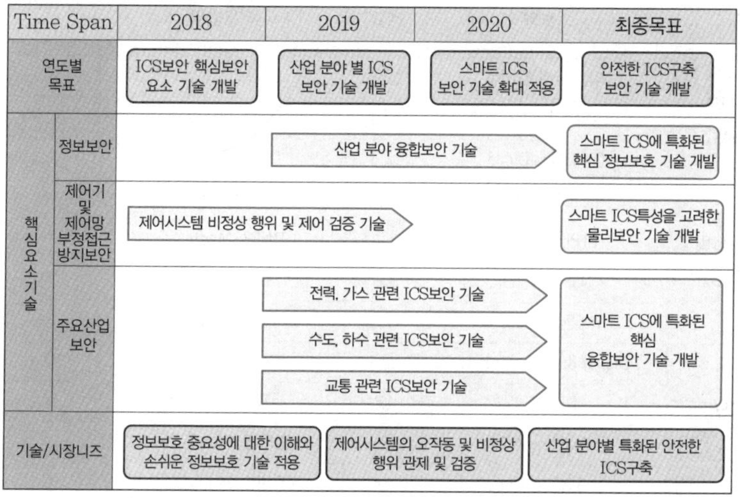

Time Span	2018	2019	2020	최종목표
연도별 목표	ICS보안 핵심보안 요소 기술 개발	산업 분야 별 ICS 보안 기술 개발	스마트 ICS 보안 기술 확대 적용	안전한 ICS구축 보안 기술 개발
핵심요소기술 — 정보보안		산업 분야 융합보안 기술		스마트 ICS에 특화된 핵심 정보보호 기술 개발
핵심요소기술 — 제어기 및 제어망 부정접근 방지보안	제어시스템 비정상 행위 및 제어 검증 기술			스마트 ICS특성을 고려한 물리보안 기술 개발
핵심요소기술 — 주요산업 보안		전력, 가스 관련 ICS보안 기술		스마트 ICS에 특화된 핵심 융합보안 기술 개발
		수도, 하수 관련 ICS보안 기술		
		교통 관련 ICS보안 기술		
기술/시장니즈	정보보호 중요성에 대한 이해와 손쉬운 정보보호 기술 적용	제어시스템의 오작동 및 비정상 행위 관제 및 검증	산업 분야별 특화된 안전한 ICS구축	

출처: 개방형컴퓨터통신연구회

국내의 경우 산업제어시스템 보호기술은 기반시설 보호를 위해 국가보안기술연구소, 한국전자통신연구원 등에서 화이트리스 기반 이상징후 탐지, 산업용 방화벽, 단방향 전송기술 등이 개발되었으며 한국전력공사, 한전KDN 등에서 스마트그리드 보안 기술 등이 개발되고 있으나 상용화되어 보급되고 있는 솔루션은 많지 않으며 ㈜앤앤에스피, 한전KDN㈜ 등의 단방향 전송장비를, ㈜안랩, ㈜에스지에이 등의 호스트 화이트 리스트 정도가 상용화되고 있는 실정이다.

해외의 경우 제어시스템 간 상호 연결과 공개된 시스템 의존성 확대로 산업 제어시스템 보안 취약성을 해소하기 위하여 산업 제어시스템 내부망 위협 방어기술 연구가 활발히 진행되고 있으며 관련 솔루션도 다양하게 출시되고 있으며 최근 인공지능 기술을 이용한 위협분석 기술이 많이 연구되고 있다. 스마트공장을 포함한 산업제어시스템에 대한 보안 기술과 솔루션은 〈표 10-14〉와 같이 일방향 전송장비, 산업용 방화벽, 산업용 침입탐지시스템, 시스템 화이트리스트 제품, 통합보안관리 시스템 등 다양한 솔루션 기술들이 있다.

표 10-14 _ 산업제어시스템 보안 기술

분류	기술명	레벨	적용범위	IT 보안 기술	제어보안 기술
단방향 전송 (연계/예방)	NNSP nNetTrust	L2,3	OPC, DB, File 능	O	O
	Waterfall USG	L2,3	OPC, DB, File 등	O	O
	OWL DualDiode	L2,3	OPC, DB, File 등	O	O
산업용 방화벽 (연계/예방)	BELDEN Tofino	L2,1	CIP, DNP3, Modbus등	×	O
	ETRI IndusCAP	L2	DNP3, Modbus등	×	O
	NSR F.Switch	L2	Ethernet 기반	×	O
	NNSP nNetGuard	L2,1	CIP, DNP3, Modbus등	×	O
산업용 IDS/IPS (탐지)	Digital Bond Quickdraw	L2,1	DNP3, Modbus 등	O	O
	NSR W/L	L2	Ethernet 기반	×	O
	Radiflow iSID	L2,1	DNP3, Modbus 등	×	O
	GE Opshield	L2	DNP3, Modbus 등	×	O
Host W/L (예방)	McAfee Application Control	L2	Whitelist	×	
	AhnLab TrusLine	L2	Whitelist	×	
통합보안 분석기술 (분석/대응)	GE SecurityST	L2,1	GE	×	O
	Emerson Ovation	L2,1	Emerson	×	O
	RAPAEL SCADA Dome	L2,1	CIP, Profinet, Modbus등	×	O
	Cyberbit Claroty	L2,1	CIP, Profinet, Modbus등	×	O
	Darktrace Industrial	L2,1	CIP, Profinet, Modbus등	×	O

출처: 개방형컴퓨터통신연구회

3. 맺음말

지금까지 스마트 팩토리에 대한 기본적인 정보들을 파악해 보았다. 각광받고 있는 시대의 기술과 흐름인 만큼 해외에서는 관련 연구가 활발하다. 하지만 국내에서 스마트 공장 표준화 단체(ISO, IEC, IEEE, ISA 등)의 작업그룹(WG)에 각 분야별로 표준 전문가들이 다수 참여를 하고 있으나, 스마트 팩토리 혹은 스마트 제조와 관련한 전문가, 특히 보안 전문가는 거의 없는 상황이다. 국내에서도 스마트 제조와 관련한 표준을 국내 전문가가 임하여 만들면 미래의 스마트 팩토리에 많은 긍정적인 영향을 미칠 것이라고 예상한다.

제6절
방위산업 보안

1. 개요

1) 방위산업 역사와 발전

방위산업은 「방위사업법」상 "방산물자를 생산하거나 연구개발하는 업"으로 정의되어 있으며, 이는 안정적 조달원 확보와 엄격한 품질 보증 등을 위하여 정부로부터 방산물자로 지정받은 이른바 지정 방산물자를 생산하거나 연구개발하는 산업을 말한다. 광의의 개념으로는 정부가 지정한 방산물자를 포함한 무기체계와 비무기체계를 생산하거나 연구개발하는 산업을 포함한다.

우리나라는 해방 후 60년대까지 주로 미국의 군원에 의존하여 군사력을 유지해왔고, 1970년대에 자주국방 추진으로 국방과학연구소 창설 및 중화학공업 육성과 함께 본격적인 방위산업이 육성되었다. 방위산업의 발전은 국가적으로 자동차, 철강, 기계, 조선, 전자산업이 세계적인 수준으로 발전해온 것과 맥락을 같이 한다. 방위산업의 발전 단계를 보면 정부 주도의 보호 · 육성 및 기반 구축 단계, 경쟁 및 자립 발전 단계, 그리고 국제경쟁력 확보 및 세계시장 진출 단계로 나누어 볼 수 있다. 현재 우리나라 방위산업은 보호 · 육성 단계에서 벗어나 경쟁 및 자립 발전 단계에 접어든 수준이고 일부 앞서 나가는 분야는 국제경쟁력을 갖추기 위한 수준에 진입하고 있다. 1990년대부터 한국형 무기체계 개발을 거의 모든 분야에서 추진해온 결과 전차, 장갑차, 소총, 구축함, 초계함, 잠수함, 고속정, 유도무기, 통신 · 전자전 장비, 훈련기와 전투기에 이르기까지 독자 개발되고 있다. 또한, 국방과학기술 수준은 선진국 미국 대비 80% 수준으로 세계 9위권의 수준으로 평가되고 있다.

K9 자주포, K2 전차, KT-1 기본훈련기, FA-50 경공격기(T-50 훈련기), 209급 잠수

함, 군수지원함 등은 대표적인 수출 품목이다. K9 자주포는 40km의 최대 사거리, 급속 발사 능력, 자동화된 사격통제장비, 자동화된 포탄이송 장전장비를 갖추고 세계에서 두 번째로 전력화한 52구경의 세계 최고 수준의 자주포이다. 2001년 터키에 수출된 이래 폴란드, 핀란드, 노르웨이, 인도 등에 수출되고 있어 세계 시장에서 최고의 장비로 인정받고 있다. K2 전차는 120mm 주포와 표적 자동탐지 및 추적장치, 피아식별장치, 능동 방어장치 등을 갖추고 한국의 독자 기술로 개발한 세계 최상급 전차이다. K2 전차는 터키에 수출되었다. KT-1 기본 훈련기는 국내 기술로 개발한 최초의 군용 항공기로 페루에 수출되었다. T-50 골든 이글은 세계 최초의 초음속 고등 훈련기이다. FA-50 경공격기는 T-50 훈련기에 레이더, 유도무기 및 각종 전자장비를 탑재하여 경공격기로 개조한 항공기이다. FA-50은 성능이 F-16 전투기에 버금가는 우수한 성능을 갖고 있으면서 경공격기로서 세계에서 가장 저렴하다. FA-50은 인도네시아, 필리핀, 이라크 등에 수출되었고, T-50 고등훈련기도 이라크, 태국에 수출되었다. 우리나라 항공기 수출 실적은 사실상 훈련기 수출 실적 덕분이다.

그림 10-12 _ K9 자주포

출처: 셔터스톡

그림 10-13 _ FA-50 경공격기

출처: 크리에이티브 커먼즈

209급 잠수함은 40명의 승조원을 태우고 부산항에서 미국 LA항까지 거리 정도 되는 1만 해리(1만 8,520Km)를 중간 기항 없이 왕복 운항할 수 있는 것으로 알려져 수중 작전능력이 탁월한 것으로 평가받는다. 2011년 인도네시아와 잠수함 건조 계약을 체결하여 세계 다섯 번째 잠수함 수출국 반열에 올랐다. 군수지원함은 해상 작전 시 임무수행 지원을 위한 유류, 청수, 탄약, 식량에 대한 신속한 군수지원 임무를 수행하는 함정으로 말레이시아, 영국, 노르웨이 등에 수출되었다. 이 외에 유도무기 분야도 세계적인 기술력을 갖고 있다. 휴대용 대공유도무기 신궁은 독자 설계로 국산화 개발에 성공했으며, 세계 최고 수준의 함대함 유도무기로 평가받으며 인도네시아로 수출되었다. 경어뢰인 청상어는 초계함급 이상의 수상 전투함과 대잠초

계기 및 해상작전 헬기에서 발사하여 적 잠수함을 공격하는 대잠 무기체계로서 선진국의 경어뢰와 동등 수준 이상의 성능으로 평가받는다. 해상작전 헬기인 와일드 캣과 함께 필리핀에 수출되었다.

그림 10-14 _ 209급 잠수함

출처: 위키피디아

그림 10-15 _ 와일드캣과 청상어 경어뢰

출처: 대한민국해군

이처럼 우리나라 방산물자는 국제경쟁력 확보를 통해 세계 시장으로 진출해 나가고 있으며 방산수출액은 2006년 약 2.5억 달러에서 2014년 약 36억 달러로 증가하여 매년 30억 달러 수준으로 유지되고 있다. 또한 방산수출 대상국도 2006년 47개국에서 2014년 87개국으로 확대되었다.

2) 방산보안 역사

방위산업이 태동하는 초기의 방위산업 보안은 군에 필요한 각종 장비 및 장병들의 의식주에 필요한 물품을 생산하는 업체가 파업이나 화재 등 각종 사고 시 군에 직접적 피해가 올 수 있어 이를 예방하기 위한 제도였다. 이후 방위산업 보안은 적(불순분자)으로부터 군이 필요로하는 방산물자를 생산 공급하는 방산업체의 기밀을 보호하고, 업체가 방산물자를 적절한 시기에 생산 공급할 수 있도록 지원하는 군 전투력을 보장하기 위한 제반 활동으로 정의되었다. 이러한 활동에는 적(불순분자)의 간첩 행위나 태업 등으로부터 방산업체가 보유하고 있는 유·무형 자산(기술, 인력, 장비, 정보 등)을 보호하고 손실을 방지하기 위한 보안 활동을 포함한다.

제도적으로 역사를 살펴보면, 1965년 국방부는「군사보안업무훈령」에 의해 군수업체 보안 업무를 수행하였고 1966년 군수공장 및 군납업체 대상으로 보안측정 결과를 계약체결 시 반영하였다. 1977년에 국방부 훈령인「방위산업보안업무훈령」이 제정되면서 군수업체에 대한 방위산업보안업무 지원체제가 마련되어 오늘에 이르고 있다. 2006년 방위사업청이 개청되었고 2012년 방위사업청 내 방산기술통제관실[367]이 신설되어 수입무기의 기술 보호 및 수출하는 국방과학기술 및 방산물자의 수출을 통제하게 되었으며, 2015년 「방위산업기술보호법」이 제정되어 국방과학기술 중 국가안보를 위해 보호해야 하는 기술을 방위산업기술로 지정하고 보호하는 제도적 장치가 마련되었다.

이처럼 방산업체는 오랜기간 동안 보안 체계를 구축 운영해 오고 있다. 「방위사업법」에 따른 방산업체의 정의를 살펴보면 "방산물자를 생산하는 업체로서 대통령령이 정하는 시설기준과 보안요건 등을 갖추어 산업통상자원부장관으로부터 지정받은 업체"로 정의된다. 본 정의에 명시된 "보안요건"이란 「방위사업법 시행령」에 다음과 같이 규정되어 있다.

방위산업체 보안요건

1. 방산시설이 충분히 보호될 수 있는 지역 및 시설에 관한 보안대책

2. 방산업체에 종사하는 인원에 관한 보안대책

3. 비밀문서의 취급 및 보관·관리에 관한 보안대책

4. 방산물자 및 원자재에 관한 보호대책

5. 장비 및 설비의 보호대책

6. 통신시설 및 통신수단에 대한 보안대책

7. 각종 자료의 정보처리과정 및 정보처리 결과자료의 보호대책

8. 보안 사고에 대비한 관계정보기관과의 유기적인 통신수단

9. 그 밖에 보안유지를 위하여 방위사업청장이 필요하다고 인정하는 보안대책

이러한 보안요건은 군사기밀을 취급하는 방산업체의 기밀 유출을 방지하기 위한 보안체계 요건을 일컫는 것이다. 국방부는 방산업체의 보안 업무를 지원하기 위해 「방위산업보안업무훈령」을 제정하였고, 방산업체는 이 훈령에 따라 「방위사업법」에 규정된 보안 요건의 보안 대책을 운용해야 한다. 국방부는 매년 보안감사를 통해 방산업체의 보안 대책을 점검하고 기밀 유출 예방 활동을 하고 있다. 「방위산업보안업무훈령」의 주요 내용은 계획보안, 문서보안, 기업보안, 인원보안, 시설보안, 정보통신보안 등으로 구성된다.

---

(367) 방산기술통제관실은 2018년에 국방기술보호국으로 개편되었음

방산업계는 무기체계 및 핵심기술의 국제공동연구개발이 확대되면서 해외에서 도입된 기술도 보호가 요구된다. 또한 우리나라는 UN 무기거래조약, 다자간 수출통제체제 등 여러 무기거래 관련 국제조약에 가입하고 있으며 국방과학기술의 수출인 · 허가 제도 운영을 통하여 불법적인 해외 유출을 방지함으로써 세계 평화에 기여하고 있다. 방산업체가 방산물자 또는 국방과학기술을 수출할 때는 승인을 받도록 「방위사업법」으로 통제하고 있으나, 업체가 보유하고 있는 국방과학기술이 국내외로 유출될 위협에 대해서 업체들이 구축해야 할 기술보호체계에 대한 법적 체계는 미비하였다. 이러한 배경에서 방위사업청은 2015년 12월 「방위산업기술보호법」을 제정하고 국방과학기술 중에서 보호할 방위산업기술을 지정 · 고시하였다. 「방위산업기술보호법」의 목적은 국방과학기술을 보호하고 관련기관을 지원함으로써 국가의 안전을 보장하고 국제조약 등의 의무를 이행하여 국가 신뢰도를 제고하기 위한 것이다.

표 10-15 _ 무기거래 관련 국제 조약

구 분	WA	NSG	MTCR	AG
설립년도	1986년	1978년	1987년	1985년
회원국	41개국	48개국	35개국	41개국
한국 가입년도	1996년	1995년	2001년	1996년
주요 통제품목	• 재래식 무기 총기류, 폭탄, 탱크, 장갑차, 항공기, 군함, 군용차량, 군용탐조등, 무기제조설비 • 이중용도 품목 첨단소재, 소재가공, 전자, 컴퓨터 통신, 센서/레이저, 항법, 해양관련, 추진장치	• 원자력 전용품목 핵원료물질, 원자로 및 중수 등 재처리 및 농축시설 • 이중용도 품목 산업용장비 소재, 동위원소 분리장비 시험 및 생산장비, 핵폭발장치부품 등	• Category Ⅰ 300km/500kg 이상 로켓장치, 무인항공기(UVA) • Category Ⅱ 300km 이상/500kg 미만 로켓장치, 무인항공기(UVA) 추진 및 항법장치, 구조용 복합체, 생산장비	• 화학무기 관련 화학원료, 이중용도 화학제조시설 • 생물무기 관련 세균제제원료, 이중용도 제조장비

WA(Wassenaar Agreement), NSG(Nuclear Suppliers Grpup), AG(Australia Grpup), MTCR(Missile Technology Control Regime)

「방위산업기술보호법」의 적용 대상기관은 국방과학연구소, 방사청, 각군, 국방기술품질원 등의 국방관련기관과 방위산업체 및 전문연구기관, 그 밖에 기업 · 연구기관 · 전문기관 및 대학 등으로 방위산업기술을 보유하거나 방위산업기술과 관련된 연구개발사업을 수행하고 있는 기관이다. 국방관련기관은 「국방보안업무훈령」에 의한 보안체계를 갖추어야 하고 방산업체는 「방위산업보안업무훈령」에 의한 보안체계를 갖추어야 한다. 더불어 「방위산업기술보호법」의 시행에 따라 방위산업 기술을 보유하는 국방관련기관 및 방산업체는 모두 방위산업기술 보호체계를 갖추어야 한다.

2. 방위산업기술의 보호

1) 방위산업기술

방위산업기술이란 방위산업과 관련한 국방과학기술 중 국가안보 등을 위해 보호해야 하는 기술로서 8대 분야, 45개 분류, 123개 기술이 지정 고시되어 있다.[368]

표 10-16 _ 고시된 방위산업기술 8대분야 48개 대분류

기술 분야	대분류	기술 분야	대분류	기술 분야	대분류
센서 (19개 기술)	레이더센서	탄약/에너지 (19개 기술)	탄두	제어전자 (13개 기술)	유도조종
	SAR센서		신관		무인/자율
	EO/IR센서		추진체		사격제어
	소나센서		지향성 에너지		구동
	레이저센서		비살상무력화		특수제어/전자
	항법센서		전원/전력발생/공급	소재 (9개 기술)	구조재료
	특수센서	추진 (10개 기술)	공기흡입추진		내열/단열재료
정보통신 (34개 기술)	전장상황인식		로켓추진		스텔스재료
	상호운용성		전기추진		장갑/대장갑재료
	국방S/W		특수추진		특수재료
	통신전송	화생방 (12개 기술)	화생방 탐지/식별/경보	플랫폼/구조 (15개 기술)	생존성/스텔스
	통신교환		제독		탑재구조체
	통신단말		해독		지상체구조
	네트워크 구성/ 관리		화생방보호		해양체구조
	사이버전		연막/차폐		비행체구조
	전자전		화생방 검증/폐기		
	국방M&S				

[368] 최초 고시된 방위산업기술은 8대 분야, 48개 분류, 141개 기술이었으며, 현재 기술은 2020년 1월에 개정 고시된 것임

국방과학기술의 정의는「방위사업관리규정」에 다음과 같이 나와 있다.

국방과학기술의 정의 및 대상

국방과학기술은 군사적 목적으로 활용하기 위하여 군수품을 개발·제조·가동·
개량·개조·시험·측정 등을 하는데 필요한 과학기술(관련 소프트웨어를 포함한다.
이하 같다)로서 다음 각 호와 같다.

1. 정부가 연구개발 비용을 지원한 국과연주관 및 업체주관 연구개발사업에 관련
   된 기술
2. 정부가 재실시권을 행사하는데 제한이 없는 기술협력생산 또는 절충교역에 의
   하여 국외로부터 도입한 기술
3. 정부가 외국 정부 및 외국업체 등 외국자본과의 국제공동연구개발 또는 국내업
   체와의 공동투자를 통해 확보된 기술
4. 민간에서 투자하여 개발된 기술이나, 정부가 군수품 획득을 통하여 군사적 목적
   으로 사용되는 기술

위 정의에 따른 국방과학기술을 보유하고 있거나 연구개발 중인 기관 및 업체는
방위산업기술을 보유하고 있는 지 식별하고 대상기관인지 확인하여야 한다. 방산
업체 및 방산관련업체(협력업체)는 모두 국방과학기술을 보유하거나 연구개발 중이
므로 방위산업기술을 식별하고 목록을 만들어 관리해야 한다. 또한 방위산업기술
보호 체계를 구축하고 방위산업기술이 유출 침해되지 않도록 보호해야 한다.

2) 방위산업기술보호 체계

방위사업청은 대상기관이 활용할 방위산업기술보호 체계 구축과 운용을 위한
지침으로서 방위산업기술보호 지침을 제정하였다. 방위산업기술 보호지침은 총
칙, 기술의 식별 및 관리, 인원통제, 시설보호, 정보보호, 연구개발 시 방위산업기
술보호, 수출 및 국내이전 시 기술보호, 방산협력업체 기술보호 등으로 구성되어
있다.

그림 10-16 _ 방위산업기술보호 체계

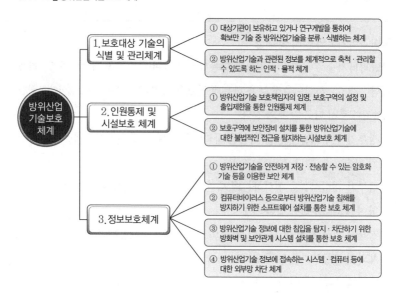

가. 총칙

방위산업기술 보호종류 방위산업기술보호 대상기관이 보호해야 할 종류는 다음과 같다.

1. 방위산업기술 등의 도면(관련 소프트웨어 포함) 및 품질보증 요구서
2. 방위산업기술 등을 설명하는 규격서 및 보고서
3. 방위산업기술 등이 포함된 견본, 시제품, 전자매체기록, 기술자료
4. 그 밖에 방위산업기술 등을 포함하는 자료

방위산업기술보호 연간 시행계획 수립 대상기관은 법 제5조에 따른 방위산업기술의 보호에 관한 시행계획 및 기관의 특성을 참고하여 매년 자체 방위산업기술보호 시행계획을 수립 · 시행하여야 한다.

방위산업기술 보호내규 작성 대상기관은 방위산업기술 보호지침에 따라 방위산업기술 보호내규를 작성하여야 한다.

기술보호 책임자 운영 대상기관은 방위산업기술 보호업무 수행을 위하여 기술보호총괄 책임자를 임명하여야 하며, 대상기관의 규모와 특성을 고려하여 기술보호총괄책임자를 보좌하기 위한 기술보호책임자를 임명할 수 있다. 방위산업기술 보

호업무를 전담하는 부서를 지정하고 해당 부서장을 기술보호총괄책임자로 임명할 수 있다. 대상기관은 식별된 기술을 보유·취급하고 있는 부서별로 기술보호부서 책임자를 임명하여야 한다.

- 기술보호총괄책임자는 대상기관의 장으로부터 방위산업기술 보호업무 전반을 위임받아 조정·감독 임무를 수행한다.
- 기술보호책임자는 기술보호총괄책임자로부터 위임받은 업무를 수행한다.
- 기술보호부서책임자는 소속 부서가 보유·취급하는 방위산업기술보호을 보호하기 위한 업무를 수행한다.

방위산업기술보호 교육　대상기관은 대상기관 소속 방산관련자 및 방위산업 분야 기술협력 등을 위해 대상기관에 상주하거나 상시 출입하는 외부인·외국인 개인별로 매년 1회 1시간 이상 방위산업기술 보호에 대하여 교육을 받도록 한다. 대상기관은 교육 대상자 개인별로 교육 실적을 기록·유지하고, 이를 종합한 후 30일 이내에 방위사업청에 제출해야 한다.

방위산업기술보호 심의회 구성 및 운영　대상기관은 방위산업기술보호 심의회를 구성하여 다음의 사항을 심의한다.

1. 관리대상기술 식별
2. 방위산업기술의 보호에 관한 주요사항
3. 내규 제·개정에 관한 사항
4. 심의회 또는 대상기관의 장이 방위산업기술과 관련하여 필요하다고 인정한 사항

방위산업기술 유출 및 침해 대응　대상기관은 방위산업기술 유출 및 침해에 대응하기 위하여 방위산업기술 유출 및 침해 신고, 상황조사, 재발방지 활동 등의 사항을 포함한 절차를 수립하며, 이를 내규 및 연간 시행계획에 반영한다. 또한 유출 및 침해 대응 절차에 대해 주기적으로 확인 및 점검한다.

자가진단　대상기관은 방위산업기술보호 자가진단표에 따라 매년 주기적으로 방위산업기술보호 현황에 대한 자가진단을 실시한다.

나. 기술의 식별 및 관리

기술의 식별 · 판정 대상기관은 해당기관이 생산하거나 다른 대상기관으로부터 접수하여 보유한 국방과학기술 중에서 방위산업기술보호에 해당하거나 해당 가능성이 있는 기술을 심의회를 거쳐 식별하여야 한다. 기술을 식별할 때 보호종류의 형태로 식별하여야 한다. 식별이 곤란한 경우에는 방위사업청에 판정을 신청할 수 있다. 식별 · 판정된 방위산업기술을 관리대상기술이라 부른다.

기술의 관리 대상기관은 관리대상기술을 보호종류의 형태로 보호하고 관리하여야 하며 이를 관리대상기술 대장에 작성 · 유지해야 한다. 접수된 관리대상기술도 접수 즉시 관리대장에 등재한다. 또한 관리대장은 활용 · 관리하는 부서별로 작성 · 유지해야 한다.

기술의 취급 대상기관은 관리대상기술을 취급할 경우에는 표시 · 관리번호 · 원본(사본) · 보관 등에 있어 일반기술과 구분될 수 있도록 한다. 관리대상기술이 군사비밀을 포함하는 경우 「군사기밀보호법」 등 관련법규에 따른 군사비밀의 생산절차를 적용하되, 관리대상기술이라는 사실을 여백에 표시한다.

기술의 취급 · 관리 인원 대상기관은 관리대상기술과 관련있는 인원에 한하여 관리대상기술을 취급 · 관리하도록 하여야 하고, 기술보호서약서를 작성하도록 한다.

방위산업기술 외부 공개 및 제공시 검토 대상기관은 관리대상기술이 포함된 보도 및 홍보자료, 방산물자 및 모형물, 기술자료 및 SW, 논문, 지식재산권 출원 등을 외부에 공개하거나 제공하고자 할 때에는 관리대상기술의 보호에 필요한 대책을 강구하여 관련 부서장의 사전검토를 거친 후 해당 관리대상기술을 활용 · 관리하는 부서에 속한 기술보호부서책임자가 이를 확인하고 기술보호총괄책임자가 이를 승인하여야 한다.

다. 인원통제

신원조사 대상기관은 방위산업기술을 취급하는 인원에 대하여 정보수사기관에 신원조사를 요청하여야 한다. 소속 연구원이 방위산업과 관련된 연구개발사업에 참여하는 경우, 국가과학기술종합정보서비스를 통해 참여제한 조치 여부를 사전에 확인하며, 이때 '참여제한 제재'에 해당하는 자는 방위산업기술 취급자에서 제외한다. 대상기관은 신규 채용 시 신원조회 결과 적격자에 한해 기술보호 의무사항 등을 반영한 고용계약서를 작성한다. 방위산업기술취급인가자로 신규 지정된 자는 기술보호 서약서를 작성해야 한다.

보직이동 및 퇴직관리 대상기관은 방위산업기술취급인가자가 보직을 이동하거나 퇴직할 경우 다음의 사항이 포함된 보호대책을 수립한다.

1. 관리대상기술 관련 자료의 정리기간 부여
2. 관리대상기술 관련 자료 · PC · 저장매체 등에 대한 실태점검 및 관리대상기술 유출 금지 등을 포함한 기술보호교육
3. 정보체계 계정 삭제 및 퇴직자 컴퓨터 하드디스크 별도 보관
4. 전 · 후임자 인계 인수 실태 확인
5. 기술보호 서약서 집행
6. 관련시설 출입증 회수 또는 출입권한 삭제

외부인 관리 대상기관은 방위산업 분야 기술협력을 위해 외부인을 상주 또는 상시 출입하게 하는 때에는 미리 신원조사를 실시하고 필요한 보호대책을 강구한다. 대상기관은 신원조회 결과 적격 인원을 대상으로 상주 또는 상시 출입시킬 수 있으며, 이때 다음의 보호대책을 강구한다.

1. 계약서 또는 관련 서류상에 기술보호의무 부과
2. 기술보호 서약서 집행
3. 주기적 기술보호교육 실시
4. 지정된 장소 외 출입통제 대책 강구
5. 부서장 통제(승인)하에 이메일, 팩스 등 이용
6. 노트북 및 저장장치 반출 · 반입 시 기술보호총괄책임자 및 기술보호부서책임자 승인
7. 계약조건에 따라 근무부서에 대한 주기적 기술보호 실태점검 실시
8. 사업 종료 후 교부된 자료 및 장비 등의 회수

외국인 관리 대상기관은 방위산업 분야 기술협력을 위해 외국인을 상주 또는 상시출입하게 하는 때에는 대상자 인적사항, 목적, 기간, 신원조사 결과, 보호대책 등이 포함된 외국인 관리 계획서를 작성하고, 계획서 작성 시 다음의 보호대책을 강구한다.

1. 계약서상에 기술보호의무 부과(국내 기술보호법령 준수)

2. 계약 시와 계약 만료 시 기술보호 서약서 집행

3. 주기적 기술보호교육 실시(해외 출 · 입국 시 포함)

4. 지정된 장소 외 출입통제 대책 강구

5. 정보통신망 접근 권한 통제 및 감독 방안

6. 부서장 통제(승인)하에 이메일, 팩스 등 이용

7. 노트북 및 저장장치 반출 · 반입시 기술보호총괄책임자 및 기술보호부서책임자 승인

8. 근무부서에 대해 주기적 기술보호 실태점검 실시

외부인 · 외국인 기술 취급 범위　대상기관은 외부인이나 외국인이 관리대상기술을 취급할 수 없도록 하여야 한다. 다만, 해당 외부인이나 외국인이 기술지원 또는 연구개발 참여 등의 사유로 관리대상기술을 취급해야 할 명백한 사유가 있는 경우 이를 허가하되, 다음의 사항이 포함된 보호대책을 수립하고 이를 방위사업청에 신고하여야 한다.

1. 해당 외부인 · 외국인의 인적사항

2. 관리대상기술의 취급 목적 및 필요성

3. 취급 허용범위와 접근 기간

4. 방위산업기술보호 교육 실시

5. 기술보호 서약서 집행

직무상 해외 출장 관리　대상기관은 공무상 방위산업기술취급인가자 및 방산 관련자가 관리대상기술 자료가 저장된 정보통신망을 직무수행의 목적으로 해외 현지에서 사용하고자 하는 경우에는 해당 정보가 유출되지 않도록 다음의 보호대책을 수립 · 시행한다.

1. 정보통신망 접근통제 및 분실방지 대책

2. 암호화 등 정보통신망 내 저장된 정보의 보호대책

3. 관리대상기술 자료가 저장된 정보통신망과 인터넷 간의 연동 금지

4. 관리대상기술 자료가 저장된 저장매체의 반출여부 점검

5. 방위산업기술보호 교육 실시

6. 복귀 이후 점검 실시

대상기관은 해외 출장자가 외부의 정보통신망을 이용하여 관리대상기술이 포함된 정보를 작성·저장 또는 송·수신하지 않도록 한다. 또한 대상국에서 제공한 USB메모리 등 휴대용 저장매체도 사용하지 않도록 한다. 다만, 불가피하게 사용해야 할 경우 별도의 보호대책을 강구하여 자료가 유출되지 않도록 한다.

라. 시설보호

기술보호구역 설정 및 보호대책 대상기관은 방위산업기술의 체계적 보호를 위하여 일정한 범위의 방위산업기술 보호구역을 설정한다. 관리대상기술은 기술보호구역 밖으로 반출해서는 아니된다. 다만, 직무 수행을 위하여 불가피한 경우에는 사전검토를 거쳐 관리대상기술을 반출할 수 있다. 대상기관은 기술보호구역의 기능, 위치, 규모 및 구조 등을 고려하여 다음의 보호대책을 강구한다.

1. 출입 인가자의 지정과 비인가자에 대한 출입통제 대책
2. 주·야간 경계대책(CCTV 설치 등 감시체계 구축·운영 등을 포함)
3. 방화대책
4. 투시·도청·파괴물질 투척 등의 방지대책

대상기관은 사고(화재, 천재지변 등)로 인한 피해로부터 기술보호구역을 보호하기 위하여 그 구역의 기능, 위치, 규모 및 구조 등에 따라 다음과 같은 보호대책을 강구한다.

1. 전기 및 예비전력 공급장치
2. 항온항습장치
3. 누수탐지 및 차단장치
4. 화재경보 및 진화장치

기술보호구역 출입권한 부여 및 마스터키 관리 대상기관은 출입 허가를 받은 사람에 한해 기술보호구역으로 설정된 사무실 별로 출입할 수 있는 권한을 부여한다. 이때 출입통제시스템(RFID 등을 활용하여 출입 및 관련 기록을 전자적으로 관리하는 장치) 등을 이용할 수 있다. 기술보호구역에 대한 마스터키(기술보호구역으로 설정된 범위 전반에 대한 출입권한이 부여된 출입증)의 발급·승인절차, 보관방법 및 보유자, 사용내역을 매분기말 점검해야 한다.

외부인 · 외국인 근무구역 관리　대상기관은 방위산업 분야 기술협력을 위해 상주 또는 상시 출입하는 외부인이나 외국인이 기술보호구역에 근무하게 해서는 안 된다. 다만, 사유가 있는 경우에는 기술보호구역 내에 별도로 이들이 근무할 수 있는 일정한 범위의 공간을 설치할 수 있다. 별도로 공간을 설치하는 경우에는 상주 · 상시출입 외부인 · 외국인의 근무 동선을 고려하여 기술보호구역 내에 있는 다른 공간 및 시설 등과 해당 공간이 물리적으로 구분되도록 한다.

기술보호구역 정보통신장비 사용 통제　대상기관은 개인소유의 정보통신장비(스마트폰, 디지털 카메라, 차량용 내비게이션 · 블랙박스 등)를 기술보호구역에서 사용할 수 없도록 통제한다. 다만, 개인소유 정보통신장비의 기능을 제한하는 적절한 보호대책을 강구하는 경우에는 사용을 허가할 수 있다. 대상기관 소유 정보통신장비를 반출하거나 직무수행의 목적으로 대외 정보통신장비를 기술보호구역 내 반입할 경우에는 기술보호총괄책임자의 사전검토 및 승인을 받는다. 이 경우 기술보호총괄책임자는 정보통신장비에 저장된 내용을 점검해야 한다.

외부인 · 외국인 방문 시 출입 통제　대상기관은 외부인이나 외국인이 국가외교, 방산물자 수출, 기술협력, 장비 설치 및 수리, 감사 · 조사 · 수사 등 공무상 기술보호구역을 방문하고자 하는 때에는 이를 허가할 수 있다. 외부인이나 외국인이 견학, 위문, 학술조사, 단순방문 등의 목적으로 기술보호구역을 방문하고자 하는 때에는 이를 허가해서는 안된다. 외부인이나 외국인이 기술보호구역 출입을 허가할 때에는 허가 대상자의 임의행동을 통제하기 위한 보호대책을 수립하여야 한다. 외부인이나 외국인의 기술보호구역 출입 현황 및 결과를 기록 · 유지해야 한다.

마. 정보보호

정보보호시스템 설치 및 운용　대상기관은 관리대상기술과 관련된 전산자료를 정보통신망을 이용하여 처리 · 관리하는 경우 다음과 같은 정보보호시스템을 도입하여 운용한다.

1. 방화벽, 침입방지시스템 또는 통합위협관리장비
2. 컴퓨터 바이러스 백신 프로그램
3. 디지털 저작권 관리DRM: Digital Right Management
4. 데이터 유출 방지DLP: Data Leakage Prevention 체계

5. 네트워크 접근제어 인증 시스템^{NAC: Network Access Control}

대상기관은 정보보호시스템 도입 운용 시, IT 보안인증 사무국으로부터 정보보호 제품 평가·인증을 획득한 제품 또는 국가정보원으로부터 보안적합성 검증을 획득한 제품을 선정하여야 한다. 정보보호시스템 관리자를 임명하고 정보보호시스템 설치 및 운용에 대한 내용을 내규에 반영·시행하며 정보보호시스템의 보안정책을 목록화해야 한다.

대상기관은 정보보호시스템를 운용함에 있어 다음의 내용을 따른다.
1. 비인가자의 출입통제 가능 등 보호가 용이한 곳에 정보보호시스템을 설치하고, 출입 및 운용·점검 현황을 유지한다.
2. 정보통신망의 안전한 운용을 위한 목적으로만 정보보호시스템을 사용하고, 설치목적 이외의 사용 및 기능의 임의 변경을 금지한다.
3. 정보보호시스템의 로그 기록을 2년간 보관하여야 한다.
4. 정보보호 시스템에 대한 취약점 분석·평가를 반기 1회 실시하여야 하며, 수시 자체 점검 후 결과를 존안하여야 한다.

정보통신망 관리 운용 대상기관은 정보통신망 해킹 등 사이버 위협으로부터 안전하게 보호하기 위해 다음과 같이 외부망 차단 체계를 구축 운영한다.
1. 관리대상기술과 관련된 전산자료를 처리하고 생산하는 정보통신기기가 접속하는 정보통신망은 인터넷 등 외부망과 연결 차단
2. 정보통신망에는 사전 반입이 허가된 정보통신기기만이 접속 가능토록 조치하고 허가되지 않은 정보통신기기의 접속 시도 시 즉각적인 차단
3. 외부 전산망과 연결된 정보통신망으로 관리대상기술과 관련된 전산자료를 반출할 경우에는 망간자료교환 시스템을 운용하되, 기술보호부서책임자의 승인 등 보호대책을 수립·시행

대상기관은 인터넷에 연결된 정보통신망에 대해서는 관제 시스템 등으로 외부 침입여부를 확인하고 적절한 조치를 한다. 정보통신망에 대한 사이버 침해사고 등 긴급사태 발생에 대비한 예방 및 복구 대책을 수립 시행하여야 하며, 침해사고 등 긴급사태 발생 시 방위사업청과 국정원·군사안보지원사령부 및 한국인터넷진흥원에 즉각 신고하여야 한다.

대상기관은 인터넷 연결이 차단된 지정된 단말기를 통해서만 정보통신망을 관리하여야 하고 다음을 준수하여야 한다.

1. 정보통신망 운용에 필요한 서버 · 단말기 · 네트워크 장비 등에 불필요한 서비스 · 사용자 계정 등은 제거하고 유비보수 업체의 인터넷망 등 외부 전산망을 통한 원격관리 금지

2. 정보통신망 운용에 필요한 서버 · 단말기 · 네트워크 장비 및 정보보호시스템을 원격으로 관리할 경우, 원격관리 단말기를 지정하고 인터넷과 원천 차단하며 원격관리자에 대한 이중 인증기능 사용 등 보호대책 운용

3. 정보통신망 운용에 필요한 서버 · 단말기 등을 대상으로 USB, CD, DVD 등 보조기억매채 사용 통제, 보안 패치 적용, 바이러스 백신 설치 등의 악성코드 감염 및 자료 유출 방지대책을 마련 · 시행하고 매분기 취약점을 분석 · 평가

4. 정보통신망 보호를 위하여 시스템별 사용자 접근, 사용내역 등의 로그 자료를 2년 이상 보관

5. 정보통신망 관리 유지보수 및 취약점 분석과 관련 외부(협력) 업체와의 사업 계약 시 보안서약서를, 종료 시 보안확약서를 징구하고 계약서 등에 비밀 유지 서약, 위반시 손해배상 등을 명시

대상기관은 외부(협력)업체(사내 협력사는 제외) 사용 전산망을 소관 정보통신망과 분리하여 구성하며, 협력업체 직원이 사용하는 PC는 인터넷 연결을 금지한다. 다만, 인터넷 연결이 필요한 경우에는 별도의 PC를 지정하여 제한적으로 이용하도록 한다. 업무상 목적으로 외부(협력)업체에서 반입한 정보통신기기 등을 정보통신망에 연결할 경우에는 저장매채 완전 포맷, 정보보호시스템 설치, 바이러스 검사 및 정보보호시스템 로그 존안을 해야 하고, 외부로 재반출 시 기술보호 전담부서 감독 아래 완전 포맷 또는 반입기간 중 저장된 방산자료를 완전삭제 한다.

정보통신기기 및 저장매체 관리 대상기관은 관리대상과 관련된 전산자료 등을 처리 생산하기 위해 도입한 정보통신기기 및 저장매채에 대해 다음과 같이 관리하여야 한다.

1. 대상기관이 지정한 부서에서 정보통신기기 및 저장매채 도입을 총괄하고 도입 기기 및 매체의 고유번호와 네트워크 카드의 물리적 주소를 기재 · 관리

2. 정보통신망 연결 수단을 가진 모든 정보통신기기는 사업명 장비명으로 등록하지 않고 독립적으로 개별 등록 · 관리

3. 정보통신기기를 정보통신망에 연결하기 위해서는 정보보호시스템을 사전에 설치
4. 정보통신망에 접속하여 사용한 정보통신기기 및 저장매채는 외부에 반출되어서는 안되며 부득이한 경우 기술보호 전담부서 감독아래 완전포맷 등 전산자료를 삭제한 후 반출

대상기관은 관리대상기술과 관련된 전산자료가 처리 · 생산되는 구역에 허가되지 않은 정보통신기기가 반입되지 않도록 하고, 녹음 · 촬영 등의 행위가 발생하지 않도록 한다.

대상기관은 도입한 정보통신기기 또는 저장매채를 분실하였을 경우, 방위사업청 및 국정원 · 군사안보지원사령부에 즉시 신고하여야 한다.

전산자료 반출 관리   대상기관은 관리대상과 관련된 전산자료 등을 외부로 반출할 경우 사전에 허가된 업무용 전자메일과 저장매체로만 제한적으로 할 수 있도록 한다. 또한, 기술보호부서 책임자 승인을 받아 반출하고 반출 · 입 현황을 기록하고 관리한다.

업무상 편의 등 불가피한 경우 노트북 등 정보통신기기에 전산자료를 저장 · 반출할 수 있으나 하드디스크 등 저장매체는 암호화하고, 기술보호 전담부서 감독 아래 반출 전산자료를 목록화하여 존안하되 무결성 검증을 위한 조치를 해야 한다.

바. 연구개발시 방위산업기술보호

연구개발사업의 범위   일반무기체계 연구개발사업과 관련된 개발성과물에 대한 보호는 탐색개발단계, 체계개발단계 및 양산단계에 적용한다. 전장관리정보체계 연구개발사업과 관련된 개발성과물에 대한 보호는 탐색개발단계 및 체계개발단계에 적용한다. 함정 무기체계 연구개발사업과 관련된 개발성과물에 대한 보호는 기본설계단계, 상세설계단계 및 선도함 건조단계, 후속함 건조단계에 적용한다. 핵심기술 연구개발사업은 응용연구단계, 시험개발단계에서 적용한다.

연구개발사업 수행 및 종료 시 방위산업기술 보호   연구개발 주관기관은 연구개발 단계별 방위산업기술 보호에 필요한 대책을 수립할 경우 개발예정인 기술 중에서 방위산업기술에 해당하거나 해당 가능성이 있는 기술을 식별하여야 한다. 또한, 연구개발 사업을 수행하는 동안 방산기술보호계획 및 규정에 따라 식별된 관리대상기술을

보호하여야 한다. 연구개발사업을 종료하기 전에 개발성과물 중에서 방위산업기술에 해당하거나 해당가능성이 있는 기술을 심의회를 거쳐 식별하여야 한다. 심의회결과는 해당 통합사업관리팀장 또는 해당 연구개발 관리기관(국방과학연구소, 방산기술지원센터)에게 제출하여야 한다. 제출받은 기관은 해당 결과를 국방기술보호국에게 통보하여야 한다.

연구개발 간 기술협력 시 방위산업기술 보호대책 대상기관은 연구개발 간 기술습득을 위한 파견, 위탁연구, 공동연구, 기술용역 등 기술협력계약을 체결하는 경우에는 다음의 보호대책을 계약서에 포함한다.

1. 관리대상기술 취급·관리 인원에 대한 신원조사, 기술보호서약서 집행 및 교육
2. 방위산업기술보호 실태점검 실시
3. 사업 종료 후 교부된 방위산업기술 관련 자료 회수(반납)

사. 방위산업기술의 수출 및 국내이전 시 보호

수출 및 국내이전 시 보호체계 구축·운영 대상기관은 관리대상기술을 수출 또는 국내이전 시 유출 및 침해가 발생하지 않도록 관련 사무소의 운영, 인력파견 등을 고려하여 다음 사항을 포함하는 방산기술보호대책을 관련 계약을 체결하기 전에 강구하여야 한다.

1. 수출 또는 국내이전 추진 단계별 관리대상기술의 제공 범위
2. 관리대상기술 취급·관리 계획
3. 관리대상기술 취급 인원관리
4. 기술보호구역 설정 및 출입통제
5. 관리대상기술이 포함된 전산자료의 보호 및 외부망 차단 등

대상기관은 방위산업기술을 이전받고자 하는자의 방위산업기술 보호체계 구축·운영 현황에 대한 자체 점검을 실시하고, 점검 결과 미흡한 사항에 대한 보완조치를 완료한 후 해당 결과를 방위사업청에게 제출하여야 한다.

대상기관은 해외사무소를 개소하거나 폐소하는 경우에 해당 사무소가 관리대상기술을 취급 관리하게 되는 때에는 방위산업기술 보호체계 구축·운영에 대한 계획을 포함하는 보호대책을 강구하고 이를 방사청에게 통보하여야 한다.

합작 및 기술제휴 등의 경우 방위산업기술 보호　대상기관은 국내·외 기업 또는 외국 정부와와 합작·기술제휴 등을 통하여 관리대상기술을 활용한 연구·설계·제조 등의 행위를 하는 경우에는 다음의 사항이 포함된 보호대책을 수립한다.

1. 해당 행위의 시작부터 종료 시까지 적용되는 기술보호 정책
2. 해당 행위를 위하여 파견된 외부인 또는 외국인에 대한 신원조사(확인), 기술보호서약서 집행, 방위산업기술보호교육 실시, 실태점검 실시 등

대상기관은 합작·기술제휴 관련 계약을 체결하는 경우 계약서 또는 별도의 협정으로 관리대상기술에 대한 보호협약을 체결하여야 한다. 보호협약에는 관리대상기술의 제3국으로의 누설방지에 관한 사항 및 기술보호 정책 등이 포함되어야 한다.

대상기관은 합작·기술제휴를 하는 경우 상대 국내·외 기업 또는 외국정부의 방위산업기술 보호능력 수준을 확인하여야 한다. 보호능력이 미흡하다고 판단되는 경우에는 상대방과 협조하여 적절한 보호대책을 강구하여야 한다.

대상기관 매매 등의 경우 방위산업기술 보호　대상기관은 매매·경매 또는 인수·합병, 그 밖의 사유로 경영 지배권의 실질적인 변화가 예상되는 경우, 매매와 관련된 자들과 협력하여 매매 이후에도 방위산업기술 보호체계가 구축 운영될 수 있도록 보호대책을 강구하여야 한다. 대상기관은 방위산업보안업무훈령에 따른 보안측정을 받는 것 외에 방산기술보호대책을 포함하여 관리대장 및 방산관련자에 대한 기술보호서약서, 방산관련자 현황 등을 방사청에게 제출하여야 한다.

아. 방산협력업체 기술보호

협력업체 기술보호　대상기관은 연구·개발 및 제조와 관련하여 동업, 협업 또는 하도급 등의 관계에 있는 협력업체, 기관 또는 개인에 대해 적절한 기술 보호대책을 강구해야 한다.

대상기관은 동업, 협업 또는 하도급관계에 있는 협력업체에게 순차적 재하도급 등의 계약을 체결하고자 하는 경우 해당 업체(재하도급 업체)에게 적절한 기술보호 대책을 강구할 것을 요구하고 주기적으로 관리해야 한다.

대상기관은 동업, 협업 또는 하도급 등의 계약관계 종료 시 배부된 방산자료의 회

수 또는 파기 요구 등 기술보호조치를 해야 하며, 순차적 재하도급 등의 계약에 따라 배부된 방산자료를 회수 또는 파기할 것을 요구하고 해당 결과를 확인하여야 한다.

3. 맺음말

방위산업은 군에 방산물자를 조달하기 위해 존재하며 방산업체는 방산물자의 연구개발 및 생산 과정에서 군의 군사기밀과 국방과학기술을 취급하게 된다. 우리나라의 과학기술이 크게 발전함에 따라 방산업체에서 생산하는 전차, 장갑차, 함정, 잠수함, 유도무기, 통신·전자전 장비, 훈련기와 전투기 등의 성능은 세계 최고 수준이 되었고 방산물자의 수출도 크게 증가하고 있다. 세계적 수준인 국방과학기술이 해외에 불법수출 또는 유출되면 국가안보 및 국가경제에 막대한 피해를 주고 나아가 세계평화에도 악영향을 주게 되므로 국가적으로 통제하고 보호할 필요가 있다.

최근 인공지능, 빅데이터 등 제4차산업혁명 기술을 활용하는 미래 국방산업은 방위산업기술을 연구개발하는 기관을 확대할 것으로 예상되며, 「방위산업기술보호법」은 이미 법의 대상기관을 방산업체 외에 대학 등 다양한 기관으로 정의하고 있다. 앞에서 기술한 방위산업기술보호 지침은 모든 대상기관이 참조하도록 제시된 것이며 각 대상기관은 이를 참고하여 자체 내규를 만들고 기술보호체계를 운영해야 한다. 정부기관은 다양한 대상기관에 맞는 기술보호 정책을 수립·운영해야 하고, 학계에서는 이를 위한 학술적 연구를 뒷받침해야 할 것이다. 방산보안은 국방, 국제정치, 공학, 법학, 경영, 행정, 정보보호 등 다양한 분야를 망라하는 종합 학문으로 아직 전문인력이 부족한 실정이다. 다양한 분야의 전문가들이 방산보안을 연구하여 국가 안보와 경제에 이바지할 수 있기를 기대한다.

제11장

산업기술보호와 산업보안 정책의 미래

제1절
제4차 산업 혁명과 산업보안 정책 과제[(369)]

1. 제4차 산업혁명과 산업보안 정책

1) 새로운 산업보안영역과 중요성

제4차 산업 혁명은 IoT, AI, Fintech, 3D, VR, 빅 데이터, 로봇으로 대표된다. 이를 바탕으로 새로운 기술이 창출되고 있다. 특히 데이터의 급속한 증가와 데이터 처리에 사용되는 AI 기술의 발전은 기존의 산업보안으로서는 해결하기 어려운 새로운 과제를 부여하고 있다. 한편 제4차 산업혁명은 데이터 및 그 분석 기술이 새로운 경쟁력의 원천이라는 점을 일깨워 주고 있다. 또한 신기술의 특성을 이용한 새로운 형태의 비즈니스 모델도 경쟁력의 원천이 되고 있다. 디지털 사회에서는 인터넷을 통해 기업 사이에 지금까지 교류가 없었던 타 업종까지 연계를 확산시키고 있다. 개별적 기술을 응용한 산업 분야도 확대되고 있다. 다양한 연계를 통해 새로운 부가가치가 창출되면서 비즈니스 모델도 늘어나고 있다.

향후 우리나라는 새로운 경쟁력의 원천으로서의 데이터를 중시해야 하고, 이를

---

(369) 이 부분의 집필에는 https://www.iiconsortium.org/; https://www.plattform-i40.de/I40/Navigation/EN/Home/home.html; 閣議決定, 「サイバーセキュリティ戦略の変更について」, 平成30年7月27日; 経済産業省 商務情報政策局 サイバーセキュリティ課, 「事務局説明資料」, 平成30年; 経済産業省 商務情報政策局 サイバーセキュリティ課, 「サプライチェーンサイバーセキュリティ等に関する海外の動き」, 平成30年8月3日.; 経済産業省 商務情報政策局 サイバーセキュリティ課, 「サイバー・フィジカル・セキュリティ対策フレームワークについて」, 平成30年9月4日.; 経済産業省 商務情報政策局 サイバーセキュリティ課, 「WG1の今後の進め方(案)」, 平成30年8月3日.;経済産業省 商務情報政策局 サイバーセキュリティ課, 「WG2(経営・人材・国際)の方向性について」, 平成30年8月3日; 第四次産業革命を視野に入れた知財システムの在り方に関する検討会, 「第四次産業革命を視野に入れた 知財システムの在り方について」, 平成29年4月; 第四次産業革命に向けた 横断的制度研究会, 「第四次産業革命に向けた 横断的制度研究会 報告書」, 2017. 등을 참고로 하여 작성하였음.

산업기술과 국가핵심기술 그리고 방위산업기술 보호와 어떻게 연계할 것인가를 전략적으로 접근해야 한다. 다양한 융합을 시도하는 제4차 산업혁명의 거대한 흐름 속에서 기술의 보호를 어떻게 할 것인가. 기술의 융합과 진보는 새롭게 기술에 대한 중요성과 함께 그에 상응하는 위험 관리의 중요성을 강조하고 있다. 산업기술 현장에서 생산되는 데이터 자체의 중요성뿐만 아니라 산업기술 현장의 데이터가 누설되지 않도록 산업보안을 하는 것이 중요하기 때문이다.

2) 특허권의 남용과 침해

미국에서는 특허 분쟁이 증가하고 있는데 그 대부분이 NPE^{Non-Practicing Entity}에 의한 것이다.[370] 그리고 NPE는 많은 경우 하이테크 관련 기술을 기초로 소송을 제기하고 있다. NPE 중에서도 라이선스 비용과 고액의 금전을 목적으로 한 권리행사를 하는 특허권 행사 전문기업인 PAE^{Patent Assertion Entities}에 의한 활동이 사회문제화하고 있다.[371]

문제는 기업의 지식재산이나 산업기술에 대해 일부 CEO나 경영자들의 이해가 부족하다는 점이다. 특히 지식재산에 대한 수익화를 요구하는 압력이 강해지면서 특허를 매각하는 기업이 증가하고 있다. 이것은 NPE에 유리한 환경이 되고 있다. 수익 개선이 필요한 기업으로부터 NPE가 특허를 매집하기 좋은 환경이 되고 있다.

이른바 특허괴물로도 일컬어지는 이들에 의한 특허권 남용에 대한 규제도 국제적으로 함께 대응해야 할 과제다. NPE나 PAE의 행태는 기술 보호라는 목적으로부터 크게 일탈하는 것이기 때문이다. 이들에 대해 어떻게 법적으로 제한할 것인가. 개별 기업이나 국가적 차원을 넘어 국제적 차원에서 동시에 협력해야 할 과제다.

한편 국경을 넘나드는 침해행위에 대해서도 권리보호를 명확히 할 필요가 있다. 디지털 네트워크의 진전에 따라 인터넷상의 기술침해가 보다 확대되고 있다. 그 방법도 교묘하고 복잡하다. 기술침해와 지식재산권에 대한 국경을 초월한 침해가 심각해지고 있다. 국경을 초월하여 기술을 침해하는 행위에 대해 다른 나라의 법 적용 상황이나, 향후의 재판 사례의 축적, 네트워크 관련 기술의 진전, 지식 재산법의 논의 등을 주시하고, 주요한 사항에 대해서는 이를 적극적으로 검토하여 정책에 반영

---

(370) https://www.panitchlaw.com/articles/the-rise-of-non-practicing-entity-npe-patent-litigation

(371) https://www.ftc.gov/policy/studies/patent-assertion-entities-pae-study

할 필요가 있다.

3) 국제 표준화와 인재육성 정책

제4차 산업혁명에 따라 IoT 등 물건이나 기술이 새롭게 연결됨으로써 부가가치가 창출되는 산업Connected Industries(372)의 중요성이 증대되고 있다. 개별 기술이나 제품과 같은 분야뿐만 아니라 제품의 서비스화 등 새로운 시장창조에 따른 소프트 분야에서 국제표준화에 대응할 필요가 있다. 국가핵심기술을 보유하고 있는 기업과 연구기관을 중심으로 국제표준화 동향을 파악하면서 국제표준화를 추진하기 위해 민ㆍ관 표준화 체제를 강화하는 것이 중요하다. 각각의 제품이나 기술 등의 하드웨어 분야뿐만 아니라 국제경쟁력을 유지해 가기 위해서는 제품과 기술에 있어 공통언어가 되고 있는 국제표준화에 적극적으로 참여하고, 이에 대한 정책을 추진해야 한다.

한편 국내 산업기술의 보호를 위한 인재의 육성 정책을 확대해야 한다. 산업기술보호를 위한 인재 양성의 1차적 책임은 대학이나 전문기관이 해야 한다. 하지만 산업기술보호 인력의 성장은 대기업의 CEO 및 사업 책임자 등이 현장에서 산업보안 인력을 중요하게 생각할 때 발전한다. 제4차 산업혁명에 있어서 기술보호는 국내적 차원뿐만 아니라 국제적 차원에서 노력해야 한다. 기술을 보유한 기업과 연구기관은 물론 대학과 정부기관 등에서도 이에 대한 정책을 추진해야 한다. 향후 제 4차 산업혁명은 플랫폼 등 소프트웨어 분야, 서비스 분야 등에 대한 정부 차원의 대응은 물론 이들 기술의 표준화를 뒷받침하는 인재 육성의 중요성이 부각 되고 있기 때문이다.

4) 새로운 산업기술과 기술보호

일반적으로 특허 제도에서는 단순한 정보의 제시에 불과하고, 기술 사상을 갖추지 못하는 데이터는 보호 대상이 되지 않는다. 하지만 일정한 구조를 가진 데이터는 보호 대상이 될 수 있다. 3D프린터 기술의 진전에 따라 특허권이나 의장권을 가진

---

(372) https://www.meti.go.jp/policy/mono_info_service/connected_industries/index.html; 김규판, 일본의 제조업 혁신 정책 추진 현황과시사점: 'Connected Industries'를 중심으로, KIEP, 2018.9.

제품이 3D 데이터의 형태로 유통할 가능성이 증대하고 있다. 이들 기술에 대한 보호 방안도 강구되어야 한다.

최근에는 산업기술에 소프트웨어에 의한 정보처리 기술과 네트워크 기술을 결합한 발명 또는 AI를 통한 기술융합에 의한 발명도 증가하고 있다. 또한 제품과 서비스의 고도화 그리고 다기능화를 실현하기 위한 특허나 기술도 증가하고 있다. 그 결과 한 제품 또는 한 서비스에 포함된 특허의 수가 증가하고 있다. 하지만 현행의 특허 제도는 지식 창작 활동의 경우 인간이 행하는 것을 전제로, 인간에 의한 발명을 보호하는 체계이다. 향후 AI의 능력이 향상되어, 지식 창작 활동에 대한 인간의 관여가 거의 없는 경우도 상정될 수 있다. 이러한 경우 특허나 기술 보호를 어떻게 할 것인가 하는 점에 대한 대안도 마련되어야 한다.

2. 데이터와 정보시대의 산업보안 정책

1) 데이터의 시대와 산업보안

제 4차 산업 혁명에서 중요한 요소인 IoT 및 AI를 최대한 활용한 다양한 비즈니스 모델이 등장하고 있다. 그것은 산업과 기업, 기업과 연구의 구조 자체에 변화를 주고 있다. 예를 들어, Consumer-to-Consumer, Business-to-Consumer, Business-to-Business 등이 그것이다.[373] 그리고 그 핵심 가운데 하나가 데이터이다. 그러나 데이터 활용과 기술 보호를 위한 법적 환경이 문제가 되고 있다. 데이터의 무단 이용에 대해 보호시스템이 취약하거나 데이터 활용에 대해 사회적인 이해가 미흡하다면 데이터의 생산과 유통 그리고 그 활용에는 제한이 따르기 때문이다.

일반적으로 비밀관리성, 유용성, 비공지성의 세 요건을 충족하는 경우에는 영업비밀로 보호될 수 있다. 하지만 AI와 데이터를 활용한 기술의 경우에도 이러한 요건만으로 기술 보호가 가능할 것인가. 이에 대한 방안도 검토가 필요하다. 특히 공장의 생산과정에서 생성되는 데이터는 기업의 경쟁력과 직결된다. 따라서 그에 대한 아이디어와 노하우를 보호하는 것이 매우 중요하게 된다. 향후 기술 보호의 범위

---

(373) https://www.sendcloud.com/differences-b2b-b2c-ecommerce/

와 기술 보호의 필요성에 대한 명확한 정리가 필요하다. 또한 데이터의 유통과 활용에 관한 당사자 간의 권리관계 등을 규정하기 위한 계약모델 등도 마련되어야 한다.

2) 데이터의 권리보호와 법적 과제

정보의 디지털화, 네트로 연결되는 환경의 확대, 처리·분석 능력의 발전에 따라 데이터의 활용이 확대되고 있다. AI, IoT가 실현되는 제4차 산업혁명에서는 데이터의 수집과 활용 그리고 관련 기술의 개발은 그 중요성이 더욱 높아지고 있다. 그러나 기업 등이 수집한 데이터를 타인에게 제공하거나 수집한 데이터나 그 분석 기술 등에 무임승차의 우려가 있다면 문제가 된다. 즉, 데이터를 제3자에게 제공하거나 관련 기술의 연구개발 등에 대한 의욕과 투자가 감소 될 수 있다.

수집한 데이터베이스나 개발한 기술에 대한 보호가 없이 무임 승차하는 현상이 있게 되면 기업이 투자할 동기나 투자에 대한 인센티브도 발생하지 않게 된다. 향후 데이터의 활용을 촉진해 가기 위해서는 데이터베이스나 수집된 데이터의 분석·해석 기술의 고도화가 필요 불가결하다. 그러므로 기술이나 데이터베이스 등에 대한 적절한 권리보호를 법적으로 보장해야 한다. 즉, 데이터베이스에 대해서 창작성이 인정되면 저작물로서 저작권법으로, 비밀 관리성 등이 인정되면 영업 비밀로서 부정경쟁방지법으로, 데이터베이스에 대한 침해행위에 대해서는 불법에 대한 민사법상 배상책임을 지도록 해야 한다.

그리고 산업기술의 보호 방식에도 변화가 있어야 한다. 현재의 기술은 대부분 연구의 결과물이었다. 지식재산의 형태는 특허나 영업 비밀 혹은 노 하우를 관리하는 방식이었다. 그러나 R&D의 결과가 아닌 생산 현장인 공장에서 발생하는 데이터가 중요한 시대가 될 것이다. 그것은 살아있는 데이터이자 실시간 생명력을 지닌 가장 경쟁력 있는 기술이다. 그것은 아이디어 혹은 노 하우의 형태일 수도 있다. 분명한 것은 생산 현장의 데이터가 산업기술을 촉진시키는 매우 중요한 원천으로 부각 되고 있으므로, 그러한 데이터에 대해 어떠한 권리를 부여할 것인가. 어떻게 관리할 것인가 등에 대해 정책을 수립해야 한다.

생산 현장의 데이터를 보호 대상으로 확대하는 경우 데이터의 활용에 저해가 되는 부작용이 수반되는 것은 아닌가. 데이터가 예기치 않게 외부로 유출되었을 경우 어떻게 복구할 것인가. 기술 보호를 받으면서 제3자와 기술과 데이터를 공유할 수 있는 방안은 무엇인가. 악의적으로 부정하게 데이터 취득하거나 활용하는 행위들은 어떻게 규제할 것인가. 이를 위해서는 IoT 등으로부터 얻을 수 있는 살아있는 데이터들을 어떻게 지식재산권의 범주에 포함을 시킬 것인가. 데이터를 기술로서 간주하여 권리를 보호하고, 활용을 촉진하기 위한 제도적 보완책에 대한 검토가 필요하다. 동시에 데이터를 생성하고 있는 주체들에게 데이터 사용권이나 원천권리를 부여하는 것도 정책적으로 검토하고 이를 반영해야 한다.

구체적으로는, 부정한 수단에 의해 데이터를 취득하는 행위나 부정한 수단에 의해 취득한 행위에 대해 손해배상이나 금지청구권을 행하는 법적 제도적 장치가 필요하다. 향후 데이터 이용에 대한 상관행이나 규정을 보완하고, 이를 둘러싼 권리관계도 명확히 할 수 있도록 법 제도를 정비할 필요가 있다. 데이터의 종류에 따라 기업 간의 데이터 이용 및 계약 실태에 입각하여 보호 방식이나 계약 등의 규칙에 대해 검토하고, 계약에서 이용 권한을 적정하고 공평하게 결정되도록 계약 가이드라인이나 계약 형태 등을 정하도록 해야 한다.

3) 정보재의 활용과 기술보호

디지털과 네트워크 기술의 발전에 의해 AI에 의한 창작물이나 센서 등으로부터 집적되는 데이터 베이스와 같은 새로운 정보재가 계속 창출되고 있다. AI가 물건이나 관련 기술 그리고 프로그램 분야에서 특허를 얻을 기회가 높아지고 있다. 특정의 사람이 지식재산을 활용해 비즈니스를 독점할 가능성도 높아지고 있다. AI를 악용해 스스로가 사용하지 않는 지재권을 만든 후 악의적으로 권리행사를 하거나 방해를 하는 사례들도 나타나고 있다. 새로운 정보재의 출현에 어떻게 대응해 나갈 것인가를 정책적으로 검토해야 한다.

한편 제4차 산업혁명 시대에 있어 정보재의 독점을 법적으로 가능하게 하는 특허권 등은 그 중요성이 한층 강화되고 있다. 플랫폼 포머라고 불리는 미국의 대기업들은 특허 포트폴리오의 내실화 강화 등 각각의 특허전략을 강화하고 있다. 제 4차 산업혁명 시대를 맞이하여 지식재산의 비밀화 · 권리화 · 표준화의 적절한 균형을 재검토하는 동시에 비즈니스의 발전전략으로 연결되도록 하고 있다.

각 국가들은 국제표준화를 선도하거나 기업의 네트워크화를 통해서 다른 국가의 기업들에 축적되어 있는 데이터의 독점을 시도하고 있다. 향후 기업 간 서로 정보를 공유해 새로운 비즈니스의 창출이나 경쟁력의 강화를 도모하는 것이 필요하다. 기술과 노 하우 등의 지식재산을 상호 공유하여, 제4차 산업혁명이라는 흐름에 적절히 대응해야 한다. 기업 간 기술연계를 통해 상생 구조를 확립하고, 그를 통해 이노베이션을 창출하도록 해야 한다. 이를 위해서는 상호 필요한 기술과 정보 그리고 알고리즘 등을 제3자에게 제공하는 동시에 이를 보호하는 법적 장치가 마련되어야 한다. 즉, 기업이 제휴하여 협동하여 알고리즘 등의 고도화를 진행시키는 오픈소스 시스템을 추진하도록 해야 한다.

3. 제4차 산업혁명과 산업보안의 미래

IoT의 확대로 현장에서 생성 혹은 수집되는 빅 데이터의 경우 보안성 확보, 실시간성 확보, 클라우드 정합성 등이 중요하다. 현행 특허 제도에서는 단순한 정보제시에 그치고, 기술 사상을 갖추지 않는 데이터는 권리화의 대상이 되지 않는다. 그러나 구조를 갖고 있는 데이터가 하드웨어 자원을 이용해 구체적으로 실현되는 경우에는 프로그램에 해당하여 권리화의 대상이다.

향후 기술의 진전에 따라 새로운 형태의 기술이 창출되는 것을 상정하여, 구체적으로 어떠한 구조를 갖추면 권리화의 대상이 되는가에 대한 정책적 가이드 라인의 제시가 필요하다. 해당 기술의 구조가 신규성, 진보성 등의 특허 요건을 충족시키는 경우 특허법에 의해 보호를 도모할 수 있다. 기술의 진전에 따라 창출되는 새로운 기술구조에 대해 이노베이션 촉진의 관점에서 그 권리가 적절히 보호되도록 적절한 대책을 수립해야 한다.

IoT가 보급되면서 서비스와 물건이 연결된 비즈니스 관련 발명에 대한 특허 출원이 증가하는 경향이다. 하지만 IoT를 활용한 비즈니스 모델 중 어떠한 것이 특허가 되는지에 대한 기준이 불분명하다. 기존의 기술에 정보처리 기술이나 네트워크 기술을 조합한 발명이나 AI처럼 연합적으로 이용 가능한 발명이 증가하고 있다. 향후 그러한 발명에 대응한 심사나 소송 절차를 내실화하는 것이 필요하다. IoT 관련 기술을 손쉽게 검색할 수 있는 데이터베이스의 정비도 필요하다. 우리나라에서는 인정되지 않는 비즈니스 모델이나 소프트웨어가 해외에서 어떻게 특허로서 권리화되고 있는가에 대해서도 추적해야 한다. 이를 바탕으로 지식재산의 범주를 조정하고, 산업기술의 보호 정책에 반영할 필요가 있다.

AI에 관한 기술은 꾸준히 진보되고 있다. 인간의 창작 과정에서 AI가 활용되는 경우가 갈수록 증가할 것으로 예상된다. 현재는 창작 프로세스에 대한 인간의 관여 비율이 비교적 크다. 향후 AI의 기술 진전에 따라 창작에 대한 인간의 관여가 작아질 수도 있다. 그러한 창작의 성과물로서 얻어진 발명이나 발명자의 특정 등에 대해 대책을 수립하는 것이 필요하다.

현시점에서는 창작에는 인간의 관여가 필요하고, AI의 자율적인 창작은 상정하기 어렵다. 그러나 향후에는 AI의 자율적인 창작을 상정할 수 있으며, AI를 활용한 기술의 진보도 가능하게 될 것이다. 의장과 상표 분야에서는 AI의 자율적인 창작이 조기에 실현될 수 있다. AI에 의한 기술 진보나 발명도 가능하다는 점을 염두에 두고 정책을 수립해야 한다. 향후 AI의 동향과 관련하여 기술적 측면뿐 아니라 AI 연구자 또는 AI 자체가 준수해야 할 윤리규범이나 법적 책임과 같은 현실사회와의 관계에 대한 국내외의 논의에 주목하면서, 구체적으로 정책에 반영해야 한다.

독일은 Industrie 4.0[374], 미국은 Industrial Internet Consortium 등을 통해 제조와 부품산업의 디지털화를 통한 서비스화와 솔루션화를 목표로 전략적 프로젝트가 진행 중이다.[375] 우리나라에서도 제조의 경쟁력을 강화하기 위해 제4차 산업혁명에 적합한 제조와 부품산업의 기술을 네트워크화하고 디지털화하는 것이 필요하다. 이를 위해서는 개별 기업의 테두리를 넘은 공장의 네트워크화 내지 디지털화에 대한 대응 정책을 추진해야 한다.

자동차 분야에서는 커넥티드 기술이나 자율 주행 기술의 중요성이 더해지고 있다. 우리나라 기업이 자율주행 분야에서 세계를 리드하기 위해서는 자동차와 연결되는 통신기술이나, AI를 활용해 주변 환경을 인식하는 안전 주행 기술이 필요하

---

(374) https://www.plattform-i40.de/PI40/Navigation/EN/Industrie40/WhatIsIndustrie40/what-is-industrie40.html

(375) 인더스트리 4.0은 정보통신기술(ICT)을 기반으로 기계와 프로세스의 지능적인 네트워킹을 통한 산업의 변화를 의미한다. 산업계에서 제4차 산업혁명과 혼용되어 사용한다. Industry 4.0은 독일어 Industrie 4.0에서 유래했다. 이것은 생산, 사람, 환경 및 보안을 바탕으로 사물 인터넷 및 사이버-물리적 시스템이 중심이 된 독일 제조를 혁신하기 위한 하이테크 전략 프로젝트에서 처음 사용되었다. 인더스트리 4.0의 설계 원칙과 물리 시스템을 통해 자율적으로 정보를 교환하고, 행동을 촉발하고, 서로를 제어할 수 있는 스마트 팩토리를 가능하게 한다. 인더스트리 4.0을 위한 아키텍처 모델인 RAMI 4.0은 이해관계자들이 서로를 이해할 수 있도록 인더스트리 4.0에 구조화된 방식으로 접근하는 방법을 보여주는 3차원 지도이다. RAMI 4.0은 레이어 및 라이프 사이클 모델의 모든 요소와 IT 구성 요소를 결합한다. https://www.i-scoop.eu/industry-4-0/

다. 이를 실현하기 위해서는 IT 기업을 포함한 타 업종과 자동차 산업과의 제휴가 중요하다. 국가 차원에서 자율주행에 관계된 국제표준화에 대한 전략적인 관여와 이를 뒷받침하기 위한 인재 확보의 필요성에 강조되고 있다.

고령화의 진전과 시장 확대를 통해 의료기기의 수요는 양적으로 확대되고 있을 뿐만 아니라 의료의 질적인 향상과 효율화까지도 기대되고 있다. IT, AI나 IoT 관련 기술을 활용한 의료 기술의 보호가 중요하다. AI에 의해 수시로 갱신되는 알고리즘에 의해서 진단을 지원하는 기술 보호의 중요성에 크다. 의료 분야의 새로운 기술에 대해 특허성의 판단 기준의 명확화가 필요하다. 또한 임상 데이터 등의 활용이라는 관점에서 기업이나 학계의 협력을 통한 연계 시스템이 필요하다.

제4차 산업혁명이나 IoT화에 대응하여 기업 등을 둘러싼 비즈니스에서도 거래 관계에 변화가 생기고 있다. IoT화가 진전되는 가운데 기업 등에서도 데이터나 표준화를 활용해 국경을 초월하여 전 세계를 전개할 수 있게 되었다. 한편 기술침해나 지식재산 문제에 노출될 위험성이 높아지고 있다. 기업 등을 둘러싼 비즈니스 환경이 변화하는 상황이다. 하지만 IoT화에 대응한 비즈니스에 필요한 특허를 국내외에서 취득하지 못해 기술보호에 적신호가 올 수 있다. 우리 경제를 변혁하는 중요기술이 대부분 기업 등을 바탕으로 만들어졌다는 것을 감안 할 때 기업의 기술 보호와 기술 경쟁력을 유지하기 위한 정책이 필요하다.

제4차 산업혁명시대에 적합한 산업기술 보호를 어떻게 할 것인가. 세계적인 기술의 동향은 물론 해외의 각종 기술 보호를 위한 제도와 법적 차원의 동향에 항상 주목해야 한다. 이를 토대로 국내의 주요한 기술의 보호를 위한 다양한 연구와 정책을 수립해야 한다. 이를 토대로 기술 보호와 활용을 위한 산업보안 정책을 적극적으로 추진해야 한다.

제2절
미국의 첨단기술 보호와 한국의 산업기술보호정책[376]

1. 미국과 중국의 기술 패권전쟁

1) 중국제조 2025

2020년 1월 13일, 미국 재무부는 미국 외국인투자위원회Committee of Foreign Investment in the United States이하 CFIUS의 관할 및 권한에 대해 다시 규정하고, 특정 투자와 거래에 대한 CFIUS의 심사절차를 강화하기 위한 「2018년 외국투자위험심사 현대화법 Foreign Investment Risk Review Modernization Act of 2018이하 FIRRMA」의 최종규정을 발표하였다. [377] 미국이 FIRRMA를 통해 달성하려는 것은 중국에 대한 첨단기술 통제라고 할 수 있다. 중국의 비약적인 기술발전의 이면에는 미국의 기술 유출이 있고, 이를 통제하지 못하면 미국의 경제와 안보에 위험이 발생한다고 본 것이다.

한편 중국은 미국을 제치고 세계 최고의 제조 강국을 달성하겠다는 '중국제조 2025'를 발표하였다. 그것은 제조업을 발전시켜 국력 향상과 국가안보를 강화하여 세계강국이 된다는 전략이다. 특히 '중국제조 2025'는 중국 건국 100주년을 맞

---

(376) 이 부분은 김민배, 산업기술보호법, 명문미디어 아트팩, 2011; 김민배, 국가안전보장과 투자규제, 토지공법연구, 45집, 2009, 243–266 참조. 특히 김민배, '미국의 외국인 투자규제 대상과 특징– 미국의 외국투자위험심사현대화법(FIRRMA)을 중심으로–, 법제, 법제처, 2020.9, pp.41–73; 김민배, '미국의 첨단기술보호 정책과 국가안보의 판단기준', 법제, 법제처, 2020.12, pp. 225–270 을 참조하여 작성하였음.

(377) Christopher R. Wall, Nancy A. Fischer, Matthew R. Rabinowitz, Roya Motazedi and Zachary C. Rozen, "Key Takeaways from CFIUS Final Rules Implementing FIRRMA", Pillsbury Winthrop Shaw Pittman LLP, January 15, 2020 : https://www.globaltradeandsanctionslaw.com/takeaways–cfius–final–rules–firrma/#more–1068. 한국의 6 · 25전쟁 중에 제정된 미국의 「국방생산법(Defense Production Act of 1950)」은 CFIUS에 대해 미국의 국가 안전보장상의 리스크를 경감하기 위해 일정한 거래와 투자에 대해 심사할 것을 의무화하였다. FIRRMA의 최종규칙과 관련한 제외대상투자자 요건이나 주된 사무소에 대한 정의 등은 논의중 이다.

이하여 세계 1위를 달성한다는 목표로 단계별 전략을 설정하고 있다.[378] '중국제조 2025'는 다음과 같은 5대 목표를 갖고 있다. ① 혁신중심, ② 품질 제일, ③ 녹색성장, ④ 구조고도화, ⑤ 핵심 인재 등이다. 그리고 ① 국가 제조업의 혁신 능력 구축, ② 정보화와 공업화의 심층적인 융합 추진, ③ 공업기초 능력 강화, ④ 품질과 브랜드 구축 강화, ⑤ 녹색 제도의 전면적인 실시, ⑥ 중점분야에 대한 혁신, ⑦ 제조업의 심층적 구조조정 추진, ⑧ 서비스형 제조업과 생산성 서비스업의 발전, ⑨ 제조업의 국제화 수준 향상 등을 추진한다는 것이다. 10대 중점분야도 설정하고 있다. 즉, ① 차세대 정보통신 기술산업, ② 첨단 수치제어 선반과 로봇, ③ 항공우주 장비, ④ 해양 공정 장비와 첨단선박, ⑤ 궤도교통 장비, ⑥ 에너지절약 및 신에너지 자동차, ⑦ 전력 설비, ⑧ 신소재, ⑨ 바이오의약과 고성능 의료기기, ⑩ 농기구 분야의 혁신 등이다.

그러나 '중국제조 2025'는 미국과의 패권 경쟁에 공개적으로 도전하는 전략이기도 하다. 미국은 중국의 이러한 세계 패권 전략에 적극적으로 대처하고 있다. 미국의 공화당과 민주당은 당파를 초월하여 중국에 대한 통제와 차단을 FIRRMA를 통해 구체화하고 있다. 미국과 중국 간의 무역 갈등은 물론 기술 유출을 목적으로 한 중국의 투자에 대해서는 CFIUS를 통해 사실상 불허하고 있다. 중국제품에 대한 관세 강화, 지식재산 보호 정책, 강제적인 기술이전의 중지 등을 실행하고 있다.[379] 기술 패권을 둘러싼 미국과 중국의 싸움이 FIRRMA를 통해 구체화되고 있다. 첨단 핵심기술을 둘러싼 양국의 대립이 새로운 형태의 경제질서 구축으로 확전되는 상황으로 전개되고 있다.

2) 미국의 중국에 대한 통제 권고

미국은 CFIUS와 FIRRMA를 토대로 첨단기술에 대해 국가안보를 기준으로 투자

---

(378) 오수균, "중국 제조2025에 대한 한국기업의 대응전략에 관한 연구", 통상정보연구 21권4호, 2019, pp.25-50; 조제구 편저, 中國制造 2025 : 중국 국가전략 핵심 내용, 전문가의 전면적 분석 공업강국의 위대한 청사진, 기업과 개인의 기회와 도전, 한국정책재단, 2017

(379) 峰尾 洋一, "技術競爭で欠落する米国の攻めの戦略", 丸紅ワシントン報告, 2020.01, pp.3-4; 杉之原真子, "対米投資規制強化の政治過程──2018年外国投資リスク審査現代化法をめぐって", 国際交流研究, 2019 第21号, p.105; 增田 耕太郎, "中国企業の対米直接投資の急増と米国の 国家安全保障 米国民に歓迎される投資を増やせるのか", 国際貿易と投資 No.108, 2016, pp.44-61; Bob Davis, "Trump Plans New Curbs on Chinese Investment, Tech Exports to China", WSJ, June 24, 2018.

나 수출을 규제하고 있다. 그런데 이러한 규제와 관련하여 주목해야 할 것이 미국 의회 자문기구인 미중경제안보위원회USCC의 2016년 연례보고서이다. 연례보고서에서는 의회가 법률을 개정해 중국 국유기업의 미국 기업 인수를 저지할 권한을 CFIUS에 부여해야 한다고 권고한 바 있다. 그 결과 USCC의 주요한 권고 사항들이 FIRRMA에 반영되었기 때문이다. USCC가 권고한 주요한 권고 사항들은 다음과 같다.

첫째, 중국 국유 혹은 중국 정부가 지배하는 기업에 의한 미국 자산 취득 금지 둘째, 상기 이외의 중국 기업에 의한 미국 자산의 지배권 획득에 관련된 모든 거래에 대해 심사를 의무화 셋째, 중국인이 지배하는 기업에 의한 미국 진출이 미국의 국가 안전보장과 경제보장의 잠재적인 훼손을 초래하는지 여부에 대한 심사의 의무화 넷째, '지배' 정의를 확장하여 조인트 벤처, 벤처 캐피털 펀드, 라이센스 계약 및 중국 기업이 미국 자산에 접근하거나 철수할 수 있도록 하는 기타 계약을 포함할 것 다섯째, 첨단기술 또는 중요 산업기반critical technologies or infrastructure에 관한 지배권을 가능하게 하는 모든 매수 혹은 투자를 금지하고, 미국의 국가안보와 경제가 지켜지고 있다는 점을 확실히 하기 위해 국토안보부, 상무부, 국방부는 중국 기업의 인수 또는 투자에 부적합한 '첨단기술 또는 중요 산업기반' 목록을 마련해 정기적으로 갱신할 것, 여섯째, 미국의 국가 경제와 안전보장을 확실히 높이기 위해 미국 내 중국 기업의 매수 영향 심사에 인터넷 경제 편익 테스트를 추가할 것 그리고 일곱째, 중국 기업에 의한 미디어 자산의 매수 계획에 대해서 중국 공산당의 선전 목표에 대한 해당 기업의 역사적 추이와 미국 여론에 대한 잠재적 영향력의 관점에서 심사하는 것을 의무화할 것 등을 권고하였다.

한편 2018년 미연방통신위원회FCC도 연방정부 프로그램에 관해 국가안전보장상의 위협에 대한 새로운 규제를 제안(380)하였다. FCC는 중국 정부에 의한 대미 사이버 공격 관여가 의심된다는 이유로 연방정부 조달 등에서 중국제품 및 서비스를 배제해야 한다고 했다. 당시에는 구체적인 대상기업 등을 명시하지 않았지만 Huawei와 ZTE가 그 대상이었다. 미국 국방부는 이들 회사가 제조하는 휴대 통신기기의 미군 기지 내에서의 판매를 금지했다. 2019년도 국방수권법안에는 Huawei와 ZTE가 부품·서비스를 공급하는 통신장비에 대해 연방정부가 조달을 금지하는 조항이 포함돼 있다. 미국은 Huawei와 해외 관련 회사들이 중국 공산당의 '중국제조 2025'

(380) Federal Communications Commission, 47 CFR Part 54 [WC Docket No. 18-89; FCC 18-42], "Protecting Against National Security Threats to the Communications Supply Chain Through FCC Programs," Federal Register, Vol. 83, No. 85, May 2, 2018.

목표를 달성하기 위해 미국의 소프트웨어와 기술을 이용해 개발 또는 제조된 최첨단 반도체를 조달하기 위한 활동을 확대하고 있다고 보고 있다.[381]

2020년 5월 미국산 반도체 설계 소프트웨어와 제조장치에 대한 수출규제를 강화하는 결정에 이어, 미국 상무부는 2020년 8월 17일 Huawei 관련 회사 38개를 추가하였다.[382] 이 리스트에 오른 기업이 미국산 최첨단 반도체 기술을 구매할 때에는 수출자가 수출 라이선스를 받아야 한다. 새로운 규칙은 Huawei와 관련한 기업에 대한 미국의 최첨단 반도체 기술의 이용을 배제하는 것을 목적으로 하고 있다.

3) 미국의 핵심기술 등에 대한 규제

FIRRMA는 2007년 FINSA 이후 최대의 개혁이라고 할 수 있다. 한편 '수출관리개혁법Export Control Reform Act(이하 ECRA)'도 2001년 8월 이후 대통령에 의한 국가 긴급사태 선언과 국제 긴급경제권한법의 발동에 의거하여 긴급피난 방식으로 실시되어 온 수출관리규제에 대해 항구적인 근거 법률을 부여한 것이다.[383] 2개의 법률에 공통되는 것은 군사적 이용이 가능한 최첨단의 기술들이 미국의 국가 안전보장에 해를 줄 우려가 있는 외국으로 유출되는 것을 막고자 하는 것이다.

그동안 미국은 대미 투자규제를 통해 미국의 최첨단 기술 획득을 목적으로 한 침해를 예방하고, 수출관리 규제를 통해 최첨단 기술 유출을 금지하였다.[384] 국가안보상의 우려가 있는 대미투자에 대해서는 대통령의 중지 명령이 내려졌다. 만약 수출관리 규제를 위반하면 수출특권이 박탈돼 규제대상 품목을 다루는 국제통상 거래에서도 배제되게 된다. 미국은 국가 안전보장에 중요한 최첨단 기술에 대한 외국의 첩보 활동

---

(381) 물론 이러한 조치에 대해 미국에서도 중국에 대한 일방적인 기술차단을 하는데 대한 우려도 있다. 정치적인 문제로부터 독립하여, 중국에 상용제품을 판매함으로써 미국의 반도체 연구와 기술혁신이 촉진될 수 있다는 것이다. 그러나 미국의 경제와 국가 안전보장 문제를 더 중시하고 있다. 미국 반도체공업협회(SIA:Semiconductor Industry Association)나 북미의 IC기기 제조업체를 대표하는 SEMI(Semiconductor Equipment and Materials International) 등 미국 업계 단체들은 급성장하고 있는 중국의 전자공학 시장과의 관계를 끊는 것에 대해 우려를 표명하고 있다.

(382) George Leopold, EE Times, 2020.08.19.

(383) 小野亮, 'FIRRMA・ECRAの成立と変容する米国の対中観—米中の狭間に立つ日本への示唆', みずほリポート, みずほ總合研究所, 2018.11, pp.1-2; 小野亮, 「最先端技術の保護強化に動く米国 — 対米投資規制と輸出管理規制の見直しの現状」, みずほインサイト, みずほ總合研究所, 2018.6. pp.1-2.

(384) 김민배, 산업기술보호법, 명문 미디어 아트팩, 2011, pp.227-250.

에 대해서는 국방부가 대응을 하고 있다.[385] 지난 트럼프 행정부는 글로벌리즘을 거부하고 미국 제일주의America First Policy의 통상정책을 내세워 추진하였다. 그러나 미국은 자국의 국가안보를 이유로 한 예외 조항을 활용하여 핵심기술 등에 대한 통제를 강화하고 있다.[386] 그것은 국제적인 규범인 WTO를 우회하는 전략이기도 하다.

미국의 FIRRMA는 외국인의 미국투자에 대한 규제의 기준으로 국가안보를 광범위하게 사용하고 있다. 특히 관심 있게 지켜봐야 할 사항은 핵심기술, 핵심 인프라 그리고 민감한 개인정보, 즉 TID 미국 비즈니스를 중심으로 규제를 하고 있다는 점이다. FIRRMA는 미국에 대한 특정 투자에 관한 규정과 외국인에 의한 특정 종류의 부동산 거래에 관한 규정으로 구분되어 있다. 외국인의 미국에 대한 특정 투자에 관한 규정[387]은 기존의 규칙을 개정한 것이다. 주로 외국인에게 중요한 기술 혹은 인프라, 또는 특정 기밀 데이터가 관련된 사업에 대한 일정한 액세스를 부여하는 거래에 대해 강제 심사 절차를 규정하는 것 외에 FIRRMA에 의해 확대된 외국 투자에 대해 CFIUS가 심사하도록 규정하고 있다.

4) CFIUS와 FIRRMA의 두 축

새롭게 외국정부 관련 투자가에 의한 투자나 중요 핵심기술 비즈니스에 대한 투자 중의 일정한 경우에 대해 CFIUS에 대한 사전 신고 의무declaration를 규정하고 있다. 만약 신고 의무가 있음에도 불구하고 신고를 게을리한 경우 벌금 등이 부과된다. CFIUS와 관련한 FIRRMA의 특징은 다음과 같이 정리할 수 있다. 첫째, 심사대상 거래 및 핵심기술과 같은 용어를 다시 정의하면서 CFIUS의 범위와 관할권을 확대하였다. 둘째, 심사와 조사의 타이밍을 포함한 CFIUS 절차를 개선하였다. 셋째, 경감 내지 완화 협약과 관련된 국가안보 위험에 대처하기 위해 CFIUS의 조치를 요구하였다. FIRRMA는 군사시설이나 미국 정부 시설 또는 민감한 국가안보 자산에 관련한 특정 부동산 거래에 대한 검토를 명시적으로 포함시킴으로써 CFIUS의 권한을 확대하였다. 또한, FIRRMA를 바탕으로 CFIUS는 핵심기술, 핵심 인프라 또는 미국 시민에 대한 민감한 데이터 수집에 관련된 미국 기업에 대한 비지배적

---

(385) http://www.dss.mil/ci/ci_reports.html.

(386) NDAA §1261

(387) 31 CFR part 800 and 801.

투자, 외국인 투자자 권리의 변화, 외국 정부가 직접 또는 간접적으로 상당한 지분을 갖는 거래, 외국 투자가의 권리의 변경, 외국 정부가 직접적 또는 간접적으로 상당한 이해관계를 갖고 있는 거래, 그리고 CFIUS를 회피하도록 설계된 심사대상 거래 등을 검토할 수 있도록 하였다.

CFIUS 심사는 FIRRMA의 의회의 결의안을 통해 국가안보에서 미국 리더십에 영향을 주는 핵심기술 또는 핵심 인프라 유형을 취득하려고 하는 실증적 증거 또는 그것을 선언하고, 그 전략적 목표를 가진 '특별한 우려국가'로 지정된 특정국가의 투자자를 구별하도록 하였다.[388] 미국은 국가안전보장을 둘러싼 상황은 변화하고 있으며, 국가안전보장의 차원에서 최대의 잠재적 위협은 중국과 같은 국가로부터의 투자라고 판단하고 있다. FIRRMA는 중국으로부터 미국에 대한 투자가 대폭적으로 증가하는데 대한 대응조치이다.[389] CFIUS는 최근 중국의 투자가 관련된 거래에 민감하다. 미국이 국가안전보장상의 위험의 관점에서 외국 투자를 심사하는 CFIUS의 절차를 재확립하고, 그 권한을 확대하고자 하는 것이 FIRRMA의 주된 입법 취지라고 할 수 있다.

2. FIRRMA의 심사 대상거래와 투자

1) 지배형 거래

FIRRMA에 의하면 외국기업이나 외국인에 의한 미국 비즈니스에 대한 지배control를 미치는 투자가 심사대상이 된다. 특히 특정한 28개 산업 분야에서 이용 또는 개발되는 핵심기술의 설계, 개발, 제조, 시험 등에 관련된 미국 비즈니스에 지배를 미치는 투자에 대해서는 CFIUS에 사전 신고 의무가 부여되어 있다.

FIRRMA가 제정되기 이전에는 외국인에게 미국 비즈니스의 지배권을 부여할 가능성이 있는 거래에 대해서만 CFIUS가 심사하도록 하였다. 그러나 심사대상 지배형 거래는 조인트벤처를 통해 실행되는 거래를 포함하여 외국인에게 미국 비즈니

---

(388) Foreign Investment Risk Review Modernization Act of 2018 (FIRRMA), Subtitle A of Title XVII, Section 1702(c)(1).

(389) Rhodium Group, China Investment Monitor, http://cim.rhg.com/

스의 지배를 부여할 가능성이 있는 외국인에 의한 또는 외국인과의 제안 또는 협상 중인 모든 거래를 포함한다[390]고 정의하고 있다.

특정한 거래를 심사하는 CFIUS의 권한에 관해서는 이러한 사항에 영향을 미치는 외국인의 권한 행사가 직접적인지 간접적인지, 형식적인지 비형식적인지, 또는 해당 외국인 스스로 선택에 의한 것인지 아닌지를 묻지 않는다는 점이다. 거래가 결과적으로 외국인에게 미국 비즈니스의 지배 권한을 부여할 가능성이 있는 경우에는 CFIUS가 해당 거래에 대해 심사할 수 있는 권한을 갖게 된다는 것이다.

FIRRMA에서는 심사대상 지배형 거래에 해당하는 거래Transactions that are covered control transactions에 대해 다음과 같이 규정하고 있다.[391] 첫째, 거래의 조건으로 제공된 실제 지배 약정과 관계없이 외국인이 미국 비즈니스를 지배하거나 그 결과를 초래할 수 있는 거래는 심사 및 규제의 대상이 된다. 둘째, 외국인이 미국 비즈니스에 대한 자신의 지배권을 다른 외국인에게 양도하는 거래는 심사 및 규제의 대상이 된다. 셋째, 기업이나 자산의 일부가 미국 비즈니스를 구성하는 경우로서 기업이나 자산의 일부에 대한 외국인의 지배를 초래하거나 초래할 수 있는 거래는 심사를 통한 규제대상이다. 그리고 넷째, 당사자들이 새로운 법인의 설립에 관한 합의를 포함하여 계약상 또는 그 밖의 유사한 약정을 체결하는 합작기업이지만, 당사자들 중 하나 이상의 당사자가 미국 비즈니스에 관여하고, 외국인이 합작기업의 수단으로 그 미국 비즈니스를 지배할 수 있는 경우는 심사를 통한 규제대상이 된다.

2) 심사 대상투자

FIRRMA에 의해 심사 대상투자covered investments가 CFIUS의 심사 대상이 되었다.[392] 즉, 외국인에 의한 지배를 초래하지 않는 투자도 심사대상에 포함되었다. 심사 대상투자 등에 대해 의무적 신고를 부과하고 있는 CFIUS의 권한은 FIRRMA에서 중요한 변화라고 할 수 있다. CFIUS의 확대된 권한은 TID 미국 비즈니스의 정의에 해당하는 투자를 의미한다. 그리고 외국인에게 지배권을 초래하는 투자 및 초래하지 않는 투자 모두에게 이 규정은 적용된다.

---

(390) 31 CFR § 800.210

(391) 31 CFR § 800.301.

(392) Covered investment는 FIRRMA에서는 구체적인 명칭은 없으나 개정 규칙에서 TID U.S. Business라는 명칭이 붙여졌다. 이들은 명칭의 차이에 지나지 않으며 실질적인 내용의 변경은 없다.

그런데 심사 대상투자란 TID에 관련되는 미국 비즈니스에 대해 지배를 수반하지 않는 투자로 외국 투자가에 대해 중요한 비공개 기술정보에 대한 접근, 이사회 참가 또는 출석 혹은 지명권 그리고 의결권행사 이외의 방법으로 TID 미국 비즈니스의 실질적인 의사결정에 관여하는 투자를 말한다.

그러나 심사 예외 투자가excepted investors에 의한 투자는 CFIUS의 심사대상에서 제외된다. 심사제외 투자자는 CFIUS가 정하는 규칙에 따라 지정되는 미국 동맹국으로 화이트 리스트 국가 등을 참조하여 규정하고 있다. 한편 외국 투자가가 소정의 요건을 충족한 투자 펀드의 유한 책임사원으로서 실시하는 경우에도 심사대상 투자에서 제외되게 된다. CFIUS는 중요한 비공개 기술 정보를 일반에 공개되지 않은 정보로서 대상 투자를 성립시키는 핵심 인프라의 설계·입지·운영에 관련된 지식, 이해 또는 노하우를 제공하는 정보라고 정의하고 있다. 거래가 이 요건에 해당하는 경우 취득하는 의결권의 지분 비율 또는 CFIUS에 의한 과거의 결정과 관계없이 확대된 CFIUS의 권한에 의해 심사의 대상이 되는 것이다.[393]

3) 심사대상이 되는 투자거래

FIRRMA에 의하면 심사대상이 되는 투자거래에는 다음과 같은 사항들이 포함되게 된다.[394] 첫째, 취득한 의결권 지분의 비율과 관계없이 §800.211[395]의 요건을 충족하는 거래이다. 둘째, 위원회가 TID 미국 비즈니스와 관련하여 동일한 외국인에게 과거의 심사 대상투자에 대해 제721조에 따라 조치를 했던 사실과 무관하게 §800.211의 요건을 충족하는 거래가 있다면 그 거래는 심사대상이다. 여기서 해당 거래는 §800.211에 명시된 접근, 권리, 관여에 의한 취득을 포함한다. 셋째, 핵심기술이 통제되기 이전에 거래와 관련하여 §800.1987(b)에 명시된 기준을 충족하지 않는 한 TID 미국 비즈니스에 의해 생산, 설계, 시험, 제조, 제조, 제조 또는 개발된 핵심기술이 2020년 2월 13일 이후 2018년 「수출통제개혁법」 제1758조에 따라 통제된 사실과 관계없이 §800.211의 요건을 충족하는 거래에 해당하게 된다.

---

(393) James K. Jackson, " The Committee on Foreign Investment in the United States (CFIUS)", Congressional Research Service Report, February 14, 2020, pp.23-24.

(394) 31 CFR § 800.303.

(395) § 800.211 심사대상 투자란 2020년 2월 13일 이후 제안 또는 계류 중인 TID 미국 사업에 예외 투자자 이외의 외국인이 직접 또는 간접적으로 투자하는 것을 말한다.

3. CFIUS의 심사대상과 TID 미국 비즈니스

1) CFIUS의 심사대상과 판단기준

가. 심사대상

FINSA가 추가하고 FIRRMA가 강화한 CFIUS 프로세스의 한 요소는 CFIUS 국가안보 검토의 대상이 될 수 있는 광범위한 경제 활동 범주로 중요 산업과 함께 국가 안전보장을 추가하고 있다. 이러한 조치의 선례는 중요 산업과 국토 안보를 규정하고 그러한 산업에 대한 책임을 연방정부 등에 위임했던 2001년 「애국자법USA PATRIOT Act of 2001」과 2002년 「국토안보법」에 기초하고 있다. FINSA는 기존의 법률로부터 중요한 산업과 국토 안보라는 주요한 문언을 차용하고 있다. 9 · 11테러 이후 부시 대통령은 2001년 테러를 저지하는데 필요한 적절한 도구를 제공하여 미국을 강화하기 위해 미국 애국자법에 서명하였다.

그런데 애국자법에 대해 미국 의회는 '물리적이든 가상적이든, 그러한 시스템과 자산의 무력화 또는 파괴가 국가안보, 국가 경제 안보, 국가 공중보건 또는 안전에 영향을 미칠 정도로 미국에 매우 중요한지' 여부를 판단할 수 있도록 하였다.[(396)] 이처럼 광범위한 정의를 통해 국가의 중요 인프라가 심사대상이 될 수 있도록 하였다. 그리고 미국의 국방, 정부의 연속성, 경제 번영, 미국 생활의 질에 중요한 사이버 및 물리적 인프라 서비스가 포함되었다. 미국 의회는 중요 인프라에 관한 애국자법의 문언을 2002년 「국토안보법」에서도 채택하였다.

또한 「국토안보법」은 중요 인프라 목록에 핵심 자원을 추가하고, 그 자원을 경제와 정부의 최소 운영에 필수적인 공공 또는 민간에서 관리되는 자원으로 정의하였다. 국토안보부는 일련의 지시를 통해 17개 분야 53개를 중요 인프라 · 주요 자원의 범주로 특정하였다.[(397)] 이러한 부문에 대한 1차적 책임을 연방정부와 기관들에 위임하면서 SSASector Specific Agency를 지정하였다.

2008년 3월 3일, 국토안보부 장관은 중요제조업을 중요 인프라 리스트의 18번째 섹터로 지정하는 내부 DHS 메모에 서명하였다. 그런데 2013년 중요 산업의 목

---

(396) P.L. 107-56, Title X, §1014, October 26, 2001; 42 U.S.C. §5195c(e).

(397) ① 농업 및 식품, ② 국방 산업 기지, ③ 에너지, ④ 공중 보건 및 의료, ⑤ 국가 기념물 및 아이콘, ⑥ 은행 및 금융, ⑦ 식수 및 수 처리 시스템, ⑧ 화학, ⑨ 상업 시설, ⑩ 댐, ⑪ 응급서비스, ⑫ 상업용 원자로, 재료 및 폐기물, ⑬ 정보 기술, ⑭ 통신, ⑮ 우편 및 배송, ⑯ 운송 시스템, ⑰ 정부 시설. http://www.dhs.gov/critical-infrastructure-sectors.

록이 대통령 정책 지침PPD-21을 통해 변경되었다. 즉, 중요 산업기반의 정의를 '시스템·자산으로서, 물리적이든지 또는 가상적이든지, 미국에 있어서 불가결하며, 해당 시스템·자산이 무력화·파괴되었을 경우에는 시큐리티, 국가경제 안전보장, 국가의 공중위생이나 공안 또는 이들을 복합적으로 약체화 시키는 것'(대통령의 행정명령 제13636호)으로 규정하고 있다. 구체적으로는 다음의 16개 분야를 들고 있다. 즉, 화학, 상업 시설, 통신, 중요제조업, 댐, 구급 서비스, 정보 기술, 원자력, 농업·식량, 방위 기반 산업, 에너지, 건강과 공중위생, 금융 서비스, 물, 정부 시설, 교통 시스템 등이다.

이 지침은 중요 인프라의 보안성과 회복성을 강화하는 연방정부의 추진방식을 담고 있으며, 세 가지 전략적 의무를 예시하고 있다.[398] 첫째, 중요한 인프라 기반의 보안 및 회복성 강화를 위한 전국가적 구조의 통일을 진전시키기 위하여, 연방정부 전체의 기능적 관계를 개선하고 이를 명확히 한다. 둘째, 연방정부의 기본 데이터 및 시스템 요구사항을 파악하여 효과적인 정보 교환을 가능하게 한다. 셋째, 중요 인프라에 관한 계획 및 운영 결정을 알리기 위한 통합 및 분석을 하도록 한다.

나. 판단기준

법령에 따르면 CFIUS에 대해 거래가 국가안보를 해칠 위험이 있는가, 외국기업이 외국 정부에 의해 통제되는가, 국가안보를 해칠 수 있는 중요한 기반구조를 통제하게 되는가. 그러한 문제를 판단하기 위해 모든 대상거래에 대해 외국인 투자거래를 심사하도록 하고 있다. 국가안보의 대상이 되는 외국인 투자거래란 과연 무엇인가. 그것은 합병·인수·매수를 포함하여, 모든 미국 비즈니스에 대하여 외국의 지배를 초래할 수 있는 것으로 정의하고 있다. 그리고 국가안보란 국가안보와 관련된 문제인 핵심 인프라 기반 및 핵심기술에 대한 적용을 포함한다고 정의하고 있다.

미국 연방의회는 대상이 되는 거래에 대하여 심사할 때 CFIUS와 대통령은 다음 사항을 검토하도록 하였다. 첫째, 인적 자원·제품·기술·자재·기타 공급과 서비스의 가용성을 포함하여 외국에 의한 미국 산업 및 상업 활동의 지배가 국가안보 요건을 충족하기 위한 미국의 역량과 능력에 영향을 미치는가를 검토해야 한다. 둘째, 인적 자원의 활용 가능성을 검토하는 경우 미국의 국가안보 발전을 위한 국방부

---

(398) Presidential Policy Directive—Critical Infrastructure Security and Resilience, The While House, February 12, 2013.

또는 기타 연방 또는 정부 기관에 의해 취득될 아이템의 미국에서의 생산을 포함하여, 지식이나 기능을 지닌 미국인의 고용감소로 그 활용 가능성이 상실될 수 있는지 여부도 함께 검토해야 한다. 그리고 셋째, 대상이 되는 거래가 직접 또는 간접적으로 개인 식별 가능 정보, 유전자 정보 또는 미국 시민의 민감한 데이터를 공개하여 국가안보를 위협하는 방식 등에 의하여, 해당 정보를 이용할 수 있는 외국 정부 또는 외국인의 접근에 노출될 가능성 등도 검토해야 한다.

4. TID 미국 비즈니스

TID 미국 비즈니스TID U.S. business란 다음과 같은 미국 비즈니스를 말한다. 첫째, 1개 혹은 그 이상의 핵심기술Critical technologies의 생산, 설계, 시험, 제조, 제작 또는 개발 둘째, 대상이 되는 투자 핵심 인프라Critical Infrastructure와 관련하여 이 규칙의 별표 A의 2란에 명시된 기능의 수행 셋째, 직접 또는 간접적으로 미국인의 민감한 개인 데이터Sensitive Personal Data를 유지하거나 수집하는 것 등이다. [399]

TID 미국 비즈니스는 미국이 보호하고자 하는 핵심기술과 인프라 등에 대해 특정하고 있다. 미국의 입장에서 보면 반드시 지켜야 할 최첨단기술 혹은 핵심기술에 해당한다. 그러나 경쟁국가의 입장에서 보면 반드시 따라 잡아야 할 기술이자 개발해야 할 기술에 해당한다. 미국의 TID 미국 비즈니스를 주목해야 하는 이유이다.

1) 핵심기술

핵심기술의 정의에 대해 규칙(안)이 발표되자 의견수렴과정에서 그 정의를 좁게 할 필요성이 제기되었다. 그런데 규칙(안)의 제안 당시 미국 상무부는 2018년 「수출통제개혁법ECRA」 제1758조에 따라 최첨단 및 기반 기술emerging and foundational technologies에 대해 정의를 하지 않고 있었다. 이러한 상황을 반영하여 FIRRMA에서도 핵심기술의 정의를 변경하지 않았다. 왜냐하면 상무부가 ECRA에서 요구하는 별도의 규칙 제정에 따라 정하게 될 최첨단 기술과 기반 기술을 상호 참조하여 통합할 필요

---

(399) 31 CFR § 800.248. 김민배(2020.9) 참조.

가 있기 때문이다. NAICS 부록에는 이와 관련한 중요 산업 분야들이 예시되어 있다.[400]

그런데 핵심기술에는 일반적으로 다음과 같은 사항이 포함된다. 수출규제 대상이 되는 물품, 국외 원자력 에너지 활동, 핵무기 및 핵물질의 수출입, 지정 약물 및 독물, 미국 상무부 산업안전 보장국[BIS]이 정하는 규칙에 의해 정의되는 최첨단 및 기반기술을 말한다.

첫째, 국제 무기거래 규칙[ITAR]에 기재된 미국 군수품 리스트[USML]에 포함되는 무기 또는 방위 서비스 둘째, 미국 수출관리 규칙(EAR)의 Part 774 Supplement No.1에 기재된 상무부 규제품 목록[CCL]에 포함된 품목으로서 ① 국가 안전보장, 화학, 생물무기 및 핵무기의 확산 방지, 또는 미사일 기술에 관한 이유 등을 위해 다국간 관리체제에 근거하여, 또는 ② 지역의 안정이나 감청에 관한 이유로 규제되는 것 셋째, 미국연방규제기준이 적용되는 특별히 설계, 개발이 이루어진 원자력 관련 기기, 부품 및 구성품, 재료, 소프트웨어 및 기술(외국의 원자력 사업 지원과 관련된 것) 넷째, 미국연방규제기준이 적용되는 원자력 관련 시설, 기기 및 재료(원자력 기기 및 재료의 수출입과 관련된 것) 다섯째, 농업, 동물, 축산물, 공중 보건이나 안전에 중대한 위협을 초래할 가능성이 있는 것으로서 연방규제기준에서 규제하고 있는 화학물질 및 유독물질 그리고 여섯째, 2018년 수출관리개혁법의 Section 1758을 기반으로 규제되는 최첨단 기초기술 등이다.

그리고 2018년 11월 19일 최첨단 기술이 14개 지정되었다. 미국 상무부가 현재 미국의 국가안보에 필수적인 최첨단 기반기술의 존재 여부를 결정하기 위해 추구하는 대표적인 범주의 기술은 생명공학 등 14개 분야이다.[401]

---

(400) NAICS 코드의 자세한 내용은 https://www.census.gov/eos/www/naics/. Paul Marquardt, John McGill, Nathanael Kurcab, Sameer Jaywant and Hani Bashour , "Cleary Gottlieb Discusses Final CFIUS Regulations", COLUMBIA LAW SCHOOL'S BLOG ON CORPORATIONS AND THE CAPITAL MARKETS, February 7, 2020: https://clsbluesky.law.columbia.edu/

(401) James K. Jackson(2020), p.28; John P. Carlin, Nicholas J. Spiliotes, Joseph A. Benkert, Panagiotis C. Bayz, Charles L. Capito III, and Amy S. Josselyn(2019), p.4; 83 FR 58201, Review of Controls for Certain Emerging Technologies, 19 November 2018, p. 58202; https://www.federalregister.gov/documents/2018/11/19/2018-25221/review-of-controls-for-certain-emerging-technologies

표 11-1 _ 최첨단 기반기술 목록

대분류	소분류
(1) 생명공학	(i) 나노생물학 (ii) 합성 생물학 (iii) 유전체 및 유전 공학 (iv) 신경기술
(2) 인공지능(AI)과 기계학습 기술	(i) 신경망 및 딥러닝(뇌 모델링, 시계열 예측, 분류) (ii) 진화 및 유전자 연산(유전자 알고리즘, 유전자 프로그래밍) (iii) 강화 학습 (iv) 컴퓨터 비전(대상 인식, 이미지 이해) (v) 전문가 시스템(의사결정 지원 시스템, 교수 시스템) (vi) 음성 및 오디오 처리(음성 인식 및 제작) (vii) 자연 언어 처리(기계 번역) (vii) 계획(스케줄링, 게임 실행) (ix) 오디오 및 비디오 조작 기술(음성 복제, 딥 페이크) (x) AI 클라우드 기술 (xi) AI 칩셋.
(3) 위치, 항법, 타이밍(PNT) 기술	
(4) 마이크로프로세서 기술	(i) 시스템 온 칩(SoC) (ii) 스택메모리 칩
(5) 최첨단 컴퓨팅 기술	(i) 메모리 중심 로직
(6) 데이터 분석 기술	(i) 시각화. (ii) 자동분석 알고리즘 (iii) 컨텍스트 인식 컴퓨팅.
(7) 양자정보 및 감지기술	(i) 양자 컴퓨팅 (ii) 양자 암호화 (iii) 양자 감지
(8) 물류기술	(i) 이동식 전력 (ii) 모델링 및 시뮬레이션 (iii) 총 자산 가시성 (iv) 유통 기반 물류 시스템(DBLS).
(9) 부가제조기술(3D 프린팅)	
(10) 로봇공학	(i) 마이크로 드론 및 마이크로 로봇 시스템 (ii) 동시다발 공격기술 (iii) 자체 조립 로봇 (iv) 분자 로봇공학. (v) 로봇 컴플라이어 (vi) 스마트 더스트
(11) 뇌-컴퓨터 인터페이스	(i) 신경 제어 인터페이스, (ii) 정신 기계 인터페이스, (iii) 직접 신경 인터페이스 (iv) 뇌-기계 인터페이스

대분류	소분류
(12) 극초음속	(i) 비행 제어 알고리즘 (ii) 추진 기술 (iii) 열 보호 시스템 (iv) 특수 재료(구조물, 센서 등)
(13) 최첨단 소재	(i) 적응형 위장 (ii) 기능성 섬유(예: 첨단 섬유 및 섬유 기술) (iii) 바이오 소재
(14) 최첨단 보안 감시기술	페이스프린트 및 음성프린트 기술

출처: 83 FR 58201, Review of Controls for Certain Emerging Technologies

2) 핵심 인프라

FIRRMA에 의하면 핵심 인프라는 '특정한 심사대상 거래로서 물리적이든 가상이든 간에 그러한 시스템이나 자산의 무력화 또는 파괴가 국가 안보에 지장을 줄 정도로 미국에 매우 중요한 시스템 및 자산'을 의미한다.[402] FIRRMA는 심사 권한이 미치는 대상 투자의 범위를 중요 인프라에 관한 조항의 시행규칙에서 핵심 인프라의 일부분으로 한정해야 한다고 되어 있다. 그 범위를 한정하기 위해, 부록Appendix A에 자산 또는 시스템의 구체적인 종류에 근거한 28종류의 핵심 인프라의 유형(제1란)을 게시하고 있다. 여기에 명시된 핵심 인프라에 대한 투자는 심사대상이 된다. 그리고 핵심 인프라의 유형별 관련 기능 등을 명시(제2란)한 리스트가 게재되어 있다. 부록에서 투자심사대상이 되는 핵심 인프라에 대해 상세하게 규정하고 있다. 주로 인터넷, 정보통신 서비스, 해저케이블, 데이터 센터, 국방부를 위한 위성 인프라, 특정 방산 기반, 전력(발송 배전 등), 석유 · 가스 · 주간 파이프라인, 금융 · 증권 거래, 철도, 공항 · 항만, 공공 수도 등이 그 대상이다.[403]

구체적으로 28개 지정 분야는 다음과 같다.[404] ① 인터넷 프로토콜 또는 통신 서비스, ② 특정 인터넷 교환 포인트, ③ 해저 케이블 시스템, ④ 해저 케이블 착륙 시스템, ⑤ 잠수함 양륙시설의 데이터 센터, ⑥ 국방부에 서비스를 제공하는 위성 또는 위성 시스템, ⑦ 주요 방위획득 프로그램을 위해 제조 또는 운용되는 산업자원, ⑧ DX

---

(402) 31 CFR § 800.214.

(403) 31 CFR § 800.212, appendix A to Part 800.

(404) James K. Jackson(2020), p.16.

우선순위 계약에 따라 제조된 모든 산업자원, ⑨ 특정한 특수 금속, 화학 무기, 탄소를 제조하는 모든 시설, 합금 및 강판 및 기타의 특정 재료, ⑩ 국방생산법, 산업기반기금, 고도혁신기금, 제조기술프로그램, 국방 물류 워스토퍼 프로그램, 또는 방위 물류 증강 및 유지 프로그램에 의해 자금을 지원받은 모든 산업자원, ⑪ 전기에너지 저장시스템, ⑫ 대용량 전기 시스템과 연결된 모든 전기 저장시스템, ⑬ 군사시설용의 전기에너지 생성, 전송 또는 분배, ⑭ 대용량 전력 시스템에 의해 사용되는 산업용 제어 시스템 또는 군사 설비를 직접 지원하는 시설, ⑮ 특정 정유 시설, ⑯ 특정 원유 저장 시설, ⑰ 특정 LNG 수출입 터미널 또는 특정 천연가스 지하 저장 시설, ⑱ 시스템적으로 중요한 금융 시장 유틸리티, ⑲ 특정 금융 시장 거래소, ⑳ 중요 서비스 제공자 프로그램의 기술 제공자, ㉑ DOD 전략 궤도망의 일부로 지정된 모든 철도 노선, ㉒ 특정 주간 송유관, ㉓ 특정 주간 천연가스 파이프라인, ㉔ 주간 석유 또는 천연가스 파이프라인에 의해 이용되는 모든 산업 통제 시스템, ㉕ 특정 공항, ㉖ 특정 해상 항만 또는 터미널, ㉗ 공공 수도 시스템, ㉘ 공공 수도 시스템 또는 처리 시설에 의해 이용되는 산업용 통제 시스템 등이다.

그런데 이들 28개 핵심 인프라의 유형 및 종류에 대한 설명은 TID 미국 비즈니스를 정의하는 핵심 인프라의 범위를 명확하게 파악하는데 중요한 기준이 된다. 부록 A에 기재되어 있는 핵심 인프라는 다른 규제 또는 다른 맥락에서 사용되는 핵심 인프라의 정의에 대한 변경을 의도하지 않는다. 따라서 부록 A에서 정한 종류가 아닌 미국 비즈니스에 대해 투자가 행하여 지고, 그러한 투자에 의해 외국인이 미국 비즈니스를 지배하게 될 때에는 CFIUS의 심사의 대상이 될 가능성이 있다.

3) 민감한 개인정보

FIRRMA에서는 민감한 개인 데이터에 대한 정의를 규정하고 있다.[405] 즉, '미국 비즈니스에 의해 유지 또는 수집되는 일정한 식별 데이터, 금융, 소비자 리포트, 개인보험 신청, 건강, 비공개 전기통신, 지리적 위치, 생체인증(얼굴, 목소리 등), 정부ID 발급을 위한 데이터, 퍼스널 시큐리티 클리어런스, 유전정보 등'이다.

FIRRMA에서는 TID 미국 비즈니스의 범위를 정하는 가운데 미국 시민의 민감한 개인정보에 해당하는 정보의 구체적인 유형이 정의되어 있다. 미국 비즈니스가

---

(405) 31 CFR § 800.241.

다음의 어느 하나에 해당하는 경우에는 이 정의가 적용된다. 첫째 기밀정보를 취급하는 미국 정부의 직원 또는 계약업자를 자사의 제품 또는 서비스의 대상으로 하거나 기밀정보를 취급하는 미국 정부의 임직원 또는 계약업자에 따라 자사의 제품이나 서비스를 조정하는 미국 비즈니스, 둘째 100만 명이 넘는 개인에 관한 민감한 개인정보를 보유 또는 수집하는 미국 비즈니스, 셋째 100만 명을 넘는 개인에 관한 민감한 개인정보를 유지 또는 수집하는 사업상의 목적을 명시하고 있으며, 이러한 정보가 자사의 주요 제품 또는 서비스 전체의 일부를 구성하는 미국 비즈니스 등이다.

그러나 다음의 10가지 유형에 관한 개인정보에 국한한다. ① 개인의 재정난 또는 재정적 곤경에 대해 분석 또는 판단하는데 사용될 가능성이 있는 정보, ② 소비자보고서에 기재된 정보(단, 예외 및 제외사항 있음), ③ 의료보험, 장기 캐어 보험, 전문직 배상 책임보험, 대출 보험 또는 생명보험 신청서에 기재된 일련의 정보, ④ 개인의 육체적, 정신적 또는 심리적인 건강 상태에 관한 정보, ⑤ 비공개의 전자커뮤니케이션[406], ⑥ 모바일 애플리케이션, 차량 GPS, 기타 탑재 매핑 툴 또는 웨어러블 전자기기를 개입시키는 것과 같은 위치정보 시스템, 이동 통신용 철탑 또는 WiFi 액세스 포인트를 사용해 수집되는 지리 위치정보 데이터 ⑦ 생체인증 정보[407], ⑧ 주 정부 또는 연방정부의 ID카드 작성을 위하여 저장 또는 처리된 데이터, ⑨ 미국 정부 직원의 기밀정보 취급허가상황에 관한 데이터, ⑩ 미국 정부 직원의 기밀정보 취급허가 신청서 또는 사회적 신뢰가 요구되는 직급에 대한 응모서류에 기재된 일련의 정보 등이다.

민감한 개인정보 정의에는 유전정보가 포함되고 있다. 위의 데이터 정보 유형과 달리 유전정보는 이를 통해 특정인을 식별할 수 있는 것에 한정되지 않으며 민감한 개인정보인지 아닌지를 판단하는 상기 요건을 충족할 필요가 없다. 즉, 직접적인가 간접적인가를 불문하고, 유전정보를 보관 유지 또는 수집하는 미국 비즈니스는 모두 TID 미국 비즈니스에 해당한다. 다만 민감한 개인정보에서 연구목적으로 일반적으로 사용되고, 미국 정부 데이터로부터 얻은 데이터는 제외를 한다.

민감한 개인정보 정의에서는 다음 것이 명시적으로 제외되어 있다. 즉, 미국 비즈니스가 보유하거나 수집하는 해당 미국 비즈니스의 임직원에 관한 정보, 일반적

---

(406) 미국 비즈니스의 제품 또는 서비스의 주된 목적이 제3자 사용자 의사소통의 원활에 있는 경우 관련된 제품이나 서비스의 사용자간 또는 관련된 사용자간 이 메일, 메시징 또는 채팅에 의한 커뮤니케이션을 포함한다. 그러나 그에 한정하는 것은 아니다.

(407) 얼굴, 목소리, 망막, 홍채 및 장문, 지문 템플릿을 포함한다. 하지만 그에 한정하는 것은 아니되지 않는다.

으로 공중이 이용할 수 있는 재판기록 기타 정부의 기록 등 공적 기록과 관련된 사항 등이다.[408] 또한 FIRRMA에서는 집계 데이터 또는 익명 데이터에 대해서도 해당 거래의 당사자가 해당 데이터를 복원할 수 있거나 관련된 거래의 결과로 장래 데이터의 복원이 가능한 경우, 또는 기타 개인의 신원을 식별 또는 추적하는 데 사용할 수 있는 경우에는 개인을 식별할 수 있는 데이터로 간주하고 있다. 그러나 개인을 식별할 수 있는 데이터에는 암호화된 데이터는 포함되지 않는다. 다만 암호화된 데이터를 보유하거나 수집하는 미국 비즈니스가 개인의 신원을 식별하거나 추적하기 위한 복호화 수단을 가진 경우를 제외한다.

5. 한국의 산업기술보호와 외국의 투자 규제

1) 미국의 외국인 투자 규제가 주는 시사점

FIRRMA는 현재 세계가 어디로 향하고 있는가를 알려주는 상징적인 법령이다. 미국은 최첨단기술의 유출에 대해 왜 그토록 철저하게 법령으로 막아서는가. 기술력은 국가의 안전보장뿐만 아니라 국력의 원천으로서 작용하고 있기 때문이다. 국가의 기술력은 군사력뿐만 아니라 외교에서 주요 수단이라는 것을 미국은 잘 알고 있다. 물론 미국이 최첨단기술이나 기반 기술의 보호를 위해 외국인의 투자를 제한하는 조치들은 일차적으로 중국을 겨냥하고 있다. 하지만 세계최강의 자리를 지키기 위한 결단이기도 하다. 그동안 글로벌을 내세우면서 협업을 중심으로 한 세계적 차원의 기술협력이나 개발 전략과 다르게 정반대로 미국은 디커플링decoupling을 진행시키고 있는 것이다. 미국의 기술우위를 유지하기 위해 외국인과의 기술 레벨 관계를 차단하는 정책들을 거침없이 택하고 있다.

미국은 중국이 기술유출, 산업 스파이, 사이버 공격, 공동 연구 및 공동 개발, 인재 교류, 학술 교류, M&A 등 합법이나 불법을 가리지 않고 미국의 첨단기술을 취득하고 있다고 의심하고 있다. 2018년 8월 트럼프 대통령의 서명으로 통과된 2007년 「국방권한법NDAA」은 중국기업의 제품에 대해 정부 조달 등을 금지하는 내용이 포

---

[408] 다만, 해당 정보가 미국 정부의 계약업자로 미국 정부 직원 기밀정보 취급허가를 취득한 자에 관한 것을 제외한다. 31 CFR §800.241(b)(1)(2).

함되어 있다. 중요한 것은 NDAA가 상하 양원에서 압도적인 지지에 의하여 성립되었다는 점이다. 중국의 도전에 대해 미국이 전면전에 나서고 있는 것이다. 미국의 기술차단과 관련하여 관심을 끄는 것은 최첨단기술 분야이다. 최첨단기술 14개 가운데는 유전자 공학, AI와 기계학습, 양자암호나 양자컴퓨터 등 양자 기술, 그리고 최첨단 감시기술이 모두 포함되어 있다. 모두가 인류의 미래사회를 선도할 기술들에 해당한다.

한국의 시각에서 보면 미국의 외국인 투자규제는 상호의존에 바탕을 두고 이뤄진 기존의 기술생태계와 국제질서에 커다란 변화가 온다는 것을 의미한다. 미국이 강하게 추진하는 중국과의 기술차단 조치들은 향후 그 영향이 크게 나타날 것이다. 한국은 미국과 중국 사이에서 어려운 선택을 강요받고 있다. 한국은 중국과의 무역에서는 큰 위상을 갖고 있다. 미국과의 관계에서는 무역은 물론 동맹 관계가 국가안보의 축을 이루고 있다. 일본도 국가안보를 이유로 한국과의 기술관계에서 이미 디커플링을 하고 있다.

2) 국가핵심기술 등에 대한 외국 투자 제한의 재정립

문제는 기술 디커플링이 미국, 중국, 일본, 한국의 상호의존 관계를 둔화시킬 것이라는 점이다. 미국의 기술차단 조치들은 경제와 기술의 사슬 구조에 매우 부정적인 조치인 것이다. 직접적으로는 중국을 대상으로 하고 있지만 한국의 기술 혁신이나 최첨단 기술개발에 위기적 요소로 작용할 수 있다. 한국이 첨단기술이나 인프라와 관련하여, 어떠한 국제질서에 입장에서 경제적 이익과 국가안보를 추구할 것인가 하는 점도 과제이다.

국가 간 협력과 상호의존을 거부하는 미국의 FIRRMA는 한국에 선택을 요구하고 있다. 경제질서와 첨단기술이라는 선택에서 새로운 시험을 당하고 있는 것이다. 중국과의 경제 관계를 확대해야 하는 한국의 입장에서 보면 미국의 강력한 외국인 투자 규제가 어떠한 상황으로 전개될 것인가를 계속 주시하면서 적절하게 대책을 수립할 필요가 있다.

미국의 투자규제 대상과 관련하여 우리가 주목해야 할 것은 미국이 최첨단 기술과 핵심 산업 분야 등에 대한 외국인의 투자를 제한하거나 불허하는 현실이다. 우리나라의 경우 외국인 투자대상의 제한업종 및 허용기준을 다시 규정할 필요가 있다.

외국인에 의한 투자와 관련하여 미국과 같이 핵심기술이나 핵심 인프라 그리고 민감한 개인정보에 대해서 규제를 할 필요가 있다. 그리고 미국의 외국인 투자규제 대상을 참고로 하여, 우리의 강점을 지키고 부족한 기술을 어떻게 확보할 것인가. 구체적으로 미국의 최첨단기술이나 기반 기술에 해당하는 것이 무엇인가를 검토할 필요가 있다. 첨단기술의 보호라는 시각에서 산업기술과 방산기술 그리고 국가핵심기술을 어떻게 통제할 것인가 하는 점도 검토해야 한다. 그리고 기존의 산업기술보호법, 방위산업기술보호법, 그리고 외국인투자촉진법 등을 바탕으로 한 가칭 기술보호기본법을 제정할 필요가 있다. 또한 대통령 직속으로 기술보호위원회를 설치하여 살아있는 기술보호 조치를 실시하여야 한다. 그리고 기술유출만을 걱정할 것이 아니라 외국의 핵심인재의 영입을 통해 기술개발을 수행할 수 있도록 적극적으로 정책을 추진하기 위한 법과 제도의 정비가 필요하다.

3) 국가안보와 첨단기술의 보호

미국은 외국인 투자를 가장 많이 받는 국가로서 세계에서 가장 큰 해외 직접투자국가이다. 외국인의 투자는 인수합병M&A을 비롯한 광범위한 경제정책에 의해 추진되고 있다. 하지만 미국 의회는 국가안보에 대한 정의를 규정하지 않은 채 CFIUS에 대해 국가안보를 해칠 수 있는 투자로부터 미국을 보호할 것을 요구하고 있다. 미국 의회는 FIRRMA를 통해 미국의 국가안보 이익을 보호하기 위해 CFIUS의 역할을 확대하였다. 미국 의회는 FIRRMA를 통해 미국 기업들이 개발한 핵심기술들이 외국의 투자와 인수를 통해 유출되는 것을 우려하기 때문이다. 그렇다면 국가안보에 대한 영향을 평가하기 위해 CFIUS는 어떤 척도를 사용해야 하는가. 미국의 국가안보를 보호하기 위한 CFIUS의 역할은 어디까지인가.

FIRRMA에서는 28개 산업에 대해 CFIUS와 대통령이 외국인 투자거래를 차단하거나 중단을 결정하는 경우 고려해야 할 요소들을 규정하고 있다. 그러나 외국인 투자에 의존해야 하는 일부 산업에서의 자본 수요 및 요건 등을 어떻게 충족시킬 것인가. 특정 산업에 집중된 외국인 투자에 대해 어떻게 차단해야 하는가 하는 점은 과제이다. 다른 한편으로 CFIUS는 미국 내 일자리와 세수를 확보하기 위해 외국인 투자를 적극적으로 유치하려는 주와의 갈등을 내재하고 있다. 따라서 국가안보와 경제적 차원의 문제를 해결하기 위해 어떠한 기준으로 외국인 투자를 규제할 것인가 하는 점도 과제로 남아 있다.

　미국이 첨단기술의 보호를 위해 국가안보의 기준을 제시하고 있는 점에 대해서도 주목할 필요가 있다. 경제와 산업, 인간의 삶과 운명, 그리고 문화와 삶에 이르기까지 과학기술이 인간, 사회, 공동체, 국가의 미래를 좌우하는 중요한 축이 되고 있기 때문이다. 미국은 국가안보의 범주를 과거 이데올로기를 축으로 한 반공산주의에서 과학기술을 축으로 한 첨단기술 보호로 이동시키고 있다. 냉전 시대의 사상이나 이념투쟁이 아니라 기술 패권이 국가의 미래를 좌우한다는 것을 인식하고 있기 때문이다. 첨단 과학기술을 지배하지 못하면 강대국의 지위를 유지할 수 없다는 것을 가장 잘 표현하고 있는 제도와 법령이 CFIUS와 FIRRMA이다. 그리고 그것을 유지하기 위한 보호 수단이자 잣대로서 국가안보를 내세우고 있다.

　CFIUS는 외국인 투자에 대해 국가의 안전보장 차원에서 광범위하게 그 위험을 평가하고 있다. 첫째, 의도와 능력 등에서 외국인 투자가 미국에 제기하는 위협은 무엇인가. 둘째, 비즈니스 활동의 어떤 측면이 미국의 국가안보에 취약성을 제기하는가. 그리고 셋째, 만약 그 취약점을 악용할 경우 미국의 국가안보에 어떤 영향을 미치는가 하는 점이다.

　미국 첨단기술들이 중국으로 유출되는 것을 방지하려는 것은 중국이 미국을 넘어 세계 강대국이 되는 것을 저지하기 위한 조치들이다. 그러나 중국과 관련된 국가들에 대해서도 유사한 규제조치를 취할 수 있다는 점에 대비해야 한다. 우리나라도 미국이 내세우는 첨단기술의 보호 정책에서 자유로울 수 없다. 그러므로 미국의 제재가 어떤 기술을 대상으로 하여, 어느 부분에 집중하는가를 주시해야 한다. 28개의 산업 분야는 물론 최첨단 기술로 지정된 14개 영역에 대해서 적극적인 대책을 수립해야 한다. 향후 미국은 최첨단 분야로 지정된 14개 영역에 대한 외국인의 투자를 강력하게 규제할 것이다. 미국의 TID 미국 비즈니스에 대한 외국의 투자 심사도 강화될 것이다. 외국인에 대한 투자규제와 기술이전의 차단은 한국의 과학기술과 경제 그리고 국가안보 등에 큰 영향을 줄 것이다. 한국은 미국의 기술이전 거부와 일본의 수출 금지조치 그리고 중국의 중요자원 수출통제도 등을 경험하고 있다. 최첨단 기술이 국가 경제와 국가 안전보장을 좌우하고 있다는 점을 직시해야 한다. 우리나라도 법률과 정책을 통해 단계별, 영역별, 국가별로 최첨단 기술과 인프라의 육성과 보호에 적극적으로 나서야 한다.

참고문헌

◆ 단행본 ◆

김민배, 「산업기술보호법-기술유출과 국가안전-」, 명문미디어 아트팩, 2011.

강선준, 「연구보안론」, 한국학술정보(주), 2014.3.

국가정보원, 「첨단산업기술보호동향」 제10호, 2009.

_____, 「첨단산업기술보호동향」 제9호, 2008.

_____, 「산업보안실무」, 국가정보대학원, 1999.

_____, 「산업보안업무편람」, 2002.

국토교통부, 「2017년 항공보안 시행계획」, 2017.2.

김항곤 & 이창무, "산업기술의 해외유출행위에 대한 간첩죄 처벌 타당성 연구", 시큐리티연구, 2018,
        pp.253-276.

딜로이트 안진회계법인, "포렌식업무의 이해", 새빛에듀넷, 2008.

방위사업청, 2013, 튼튼한 안보와 창조경제 실현, 국방기술로부터: 방위사업청, "국방기술에 우리의 미래
        가 달렸습니다"

손승우, 「지식재산권법의 이해」(개정판), 동방문화사, 2017.

손지선, "목적범에 관한 고찰-불완전한 이행위범과 단축된 결과범' 분류기준의 재고", 형사법연구, 30(1),
        2018, pp.111-140.

신권철, "근로자의 경업금지의무", 「노동법연구」 제18호, 2005.

안성진 · 배상태 · 조용순 · 송봉규 · 김주호, 연구보안론, 박영사, 2016.

윤선희, 「지적재산권법」(17정판), 세창출판사, 2018.

이창무, 「산업보안이론」, 2013.

이창무, 「패러독스 범죄학」, 메디치, 2009.

임병웅, 「특허법 강의」, 한빛지적소유권센터, 2010.

앤서니 기든스 지음, 김미숙외 옮김, 「현대 사회학」, 2009.

정진성, "직무발명제도의 개요", 「고무기술」 제10권 제2호, 한국고무학회, 2009.

조용순, 문화콘텐츠와 저작권, 「전략과 문화」, 2008.

특허청 · 미래창조과학부 · 한국지식재산전략원, 「연구개발정보의 보호 및 활용을 위한 필수 연구노트 핸드
        북」, 2015.12.

한국산업보안학회, 「산업보안학」, 박영사, 2012.

황의창 · 황광연, 「부정경쟁방지 및 영업비밀보호법」, 세창출판사, 2009.

◆ 학술자료 ◆

강선준 외 공저, "KIST 국제계약 업무표준화방안 연구", 한국과학기술연구원, 2007.

김규판, "일본의 제조업 혁신 정책 추진 현황과시사점: 'Connected Industries'를 중심으로", KIEP, 2018.9. 김근우, "휴대폰 플래쉬 메모리 데이터 수집", 제1회 안티 포렌식 워크샵, 2007.

김계관, "하드 디스크 복원 프로그램 동작분석과 삭제된 인터넷 접속 기록의 복원," 디지털 포렌식 연구, 제1권 제1호, 2007.11.

김명아, "국제통상 투자 법제연구(1)", 한국법제연구원, 2019. 10.

김민배, "미국의 외국인 투자규제 대상과 특징- 미국의 외국투자위험심사현대화법(FIRRMA)을 중심으로-", 법제, 법제처, 2020.9, pp.41-73.

_____, "미국의 첨단기술보호 정책과 국가안보의 판단기준", 법제, 법제처, 2020.12, pp. 225-270.

_____, "國家安全保障과 投資 規制-美國의 對內投資規制 및 國家安全法을 中心으로 -", 토지공법연구 제 45집, 2009, pp.243-266.

_____, 산업기술보호법, 명문미디어 아트팩, 2011.

김수엽 · 최종희 · 김찬호, 「항만물류보안산업의 발전방안 연구」, 해양수산개발원 연구보고서, 2009.

김시현 · 신건훈, 「한-EU 해상운송보안 제도 대응전략 비교연구」, 무역상무연구 제 68권, 2015.12.

김여선, "국제투자규범에서 국가안보에 대한 규제", 서울法學 제26권 제2호, 2018, pp. 521-556.

김영균, 「ISPS Code에 규정된 항만시설 보안평가를 시행하기 위한 방법론에 관한 연구」, 석사학위논문, 한국해양대학교 대학원, 2004

김찬호 · 최건우 · 박상원, 「항만보안 관리체계 효율화 방안연구」, 한국해수산개발원, 2017.9.

나수엽, 김영선, "미국의 「외국인투자위험심사현대화법(FIRRMA)」 발효와 미국의 대중투자규제", KIEP 세계경제포커스, 2020.4.28., pp.1-12.

류보라, "산업보안 수사를 위한 디지털 포렌식 연구동향 메타분석," 중앙대학교 대학원 석사논문, 2017.2

박경선, 「물질이전계약(MTA)에 관한 연구」, 한국지식재산연구원 R&D 특허센터, 2007.

방호삼 · 주종광, 「우리나라 항만보안법제 개선에 관한 연구」, 해사법연구, 25(1), 2013.

방효근 · 신동명 · 정근태, "소프트웨어 포렌식 : 프로그램 소스코드 유사성 비교 및 분석을 중심으로," 디지털 포렌식 연구, 제1권 제1호, 2007.11.

백은주 · 성진원 · 이상진, "휴대폰 증거수집 방안," 제1회 안티 포렌식 대응기술워크샵, Vol. 1, 2007

변용남, 「항만보안위협의 효율적 대응을 위한 보안관리시스템 개선에 관한 연구」, 박사학위논문, 한국해양 대학교 대학원, 2009

성원진 · 김권엽 · 이상진, "국내 휴대폰 포렌식 기술 동향," 정보보호학회지, 제18권 제1호, 2008.2

성진원 · 백은주 · 박창욱 · 김역 · 이상진, "휴대폰 데이터 분석을 위한 도구 설계 및 구현 : Mobile Data Analyzer," 디지털 포렌식 연구, 제1권 제1호, 2007. 11

손승우, "산업기술 유출형 M&A에 대한 규제방안", 「법학연구」 제20권 제2호, 충남대학교 법학연구소, 2009.12.30.

_____, 저작권 중재제도에 관한 연구, 문화체육관광부 (2012)

양정윤, "미국 대통령의 행정명령에 대한 소고", 고려법학, 제84호, 2017, pp.111-145.

오수균, "중국 제조2025에 대한 한국기업의 대응전략에 관한 연구", 통상정보연구 21권4호, 2019, pp.25-50.

이상복, "디지털 포렌식 업무의 법 제도적인 개선방향", 서강법학연구, 2008.

이장국, 안전에 대한 용어적 및 어원적 연구, 한국안전학회지, 22권 2호, 2007.

이창무, 산업보안 개념의 비판적 고찰, 한국경호경비학회지, 2017, 제50호.

_____, "우리나라 민간경비 급성장의 동인(동인)분석", 한국정책과학학회보 제10권 제3호, 2006.

임병웅, 「특허법 강의」, 한빛지적소유권센터, 2010.

전상덕 홍동숙 한기준, "디지털 포렌식의 기술 동향과 전망", 정보화 정책 13권 4호, 2006.

정병일, "산업기술의 유출방지 및 보호에 관한 법률의 운영과 과제"「산업기술보호 제2호」(한국산업기술보호협회, 2010.

조제구 편저, "中國制造 2025 : 중국 국가전략 핵심 내용, 전문가의 전면적 분석 공업강국의 위대한 청사진", 기업과 개인의 기회와 도전, 한국정책재단, 2017.

조재민, "기술이전에 있어서의 기술유출방지방안", 「산업보안 연구논총 제5호」, 2009.3.

조용순, 산업보안관리사 자격제도 발전방안에 대한 고찰, 한국경호경비학회지, 2014, 제40호, pp.186-187.

정병수 · 류상일 · 김화수, 산업보안의 연구경향 분석: 학술연구정보서비스(2000년~2011년)를 중심으로, 한국치안행정논집, 2012, 9권 2호.

표인수, "미국의 국가안보를 이유로 한 외국인투자제한의 법률적 검토-Ralls Case를 중심으로", 통상법률 (141), 2018, pp.11-50.

한국교통연구원, 「항공보안 기본계획수립방안 연구」, 국토해양부 보고서, 2011.6.

한국인터넷진흥원, "공장 분야 ICT 융합 제품 · 서비스의 보안 내재화를 위한 스마트공장 사이버보안 가이드", 2019, pp.61-74.

현대호, 「최근 산업기술 보호법제의 동향과 과제」, 한국법제연구원, 2012.

◆ 외국 ◆

Anjana Ahuja, *Lay down rules of engagement for cyber war before it is too late*, FT October 22, 2018.

A Combination of measures and human and material resources intended to safeguard international civil aviation against acts of unlawful interference, ICAO Annex 17, Chapter1, Definition.

A material transfer agreement(MTA) is the contractual instrument used to define the terms and conditions for the exchange of materials 「Material Transfer in Academia 20 Questions and Answers」, Council on Govermental Relations, 2003

A. Sarkar, K. Sullivan and B. S. Manjunath, "Steganographic Capacity Estimation for the Statistical Restoration Framework" Proc. SPIE − Security, Steganography, and Watermarking of Multimedia Contents (X), San Jose, California, Jan. 2008.

Aisha Al−Muslim, Dustin Volz and Kimberly Chin, *Marriott Says Starwood Data Breach Affects Up to 500 Million People*, WSJ Nov. 30, 2018.

Alistair Gray in New York and Barney Jopson in Washington, *Equifax chief quits over data breach*, FT September 27, 2017.

Aliya Ram, Oliver Ralph and David Bond, *9/11 documents hacked from insurers and lawyers*, FT January 3, 2019

Angela Monaghan, *Bank of England stages day of war games to combat cyber-attacks Angela Monaghan*, The Guardian 9 Nov 2018.

Anjana Ahuja, *Lay down rules of engagement for cyber war before it is too late*, FT October 22, 2018.

AnnaMaria Andriotis, *Equifax Identifies Additional 2.4 Million Affected by 2017 Breach*, WSJ March 1, 2018.

Anushka Limaye, *Document: Chinese Intelligence Officer Indicted and Extradited to U.S. for Spying on Aviation Companies*, Lawfare October 10, 2018.

Aruna Viswanatha and Dustin Volz, *Justice Department Announces Charges Against North Korean Operative in Sony Hack*, WSJ Sept. 6, 2018.

Aruna Viswanatha and Robert McMillan, *Two Russian Spies Charged in Massive Yahoo Hack,*, WSJ March 15, 2017.

ASIS (2007). "Trends in Proprietary Information Loss Survey Report." PDF available at 〈 http://www.asisonline.org/newsroom/surveys/spi2.pdf 〉

B. Sterling, *The Hacker Crackdown*, 1992

Barrie Mellars, "Forensic examination of mobile phones," Digital Investigation(2004), Vol. 1, Nov. 2004.

Bob Davis, "Trump Plans New Curbs on Chinese Investment, Tech Exports to China", WSJ, June 24, 2018.

Brad Smith, *Government and business must fight the cyber threat*, FT November 12, 2018.

British hacker Daniel Kaye shut down web for entire nation of Liberia, The Times January 12 2019.

By Kyle Mizokami, *Britain's Doomsday Nuke Subs Still Run Windows XP*, popularmechanics.com
    Jan 21, 2016

Cat Rutter Pooley, *Cyber security efforts turn proactive after sophisticated attacks*, FT November 15,
    2018.

Christopher Mims, *Inside the New Industrial Revolution*, WSJ Nov. 12, 2018.

Christopher R. Wall, Nancy A. Fischer, Matthew R. Rabinowitz, Roya Motazedi and Zachary
    C. Rozen, "Key Takeaways from CFIUS Final Rules Implementing FIRRMA", Pillsbury
    Winthrop Shaw Pittman LLP, January 15, 2020 : https://www.globaltradeandsanctionslaw.
    com/takeaways-cfius-final-rules-firrma/#more-1068.

Chung, TJ. (2009). *Policing Internet Fraud*: A study of the tensions between private and public
    models of policing fraudulent activity in cyberspace, Lexington: Lambert Academic
    Publishing.

CIA - U.S. Central Intelligence Agency (2007). The World Factbook.
    〈https://www.cia.gov/library/publications/the-world-factbook/index.html〉Downloads
    of current edition in various sizes of ZIP files available from 〈https://www.cia.gov/
    library/publications/download/

Dan Strumpf, MinJung Kim and Yifan Wang, *How Huawei Took Over the World*, WSJ Dec. 25,
    2018.

David Bond, *Hostile state hackers blamed for most cyber attacks on UK*, FT October 16, 2018.

Del Quentin Wilber and Aruna Viswanatha, *Russians Charged With Interfering in U.S. Election*. WSJ
    Feb. 16, 2018.

Demetri Sevastopulo in Washington and David Bond in London, *US and UK accuse China-backed
    hackers of cyber attack*, FT December 20, 2018.

_____, *US and UK accuse China-of cyber
    espionage campaign*, FT December 21, 2018, p.1.

Dominic Casciani, *Briton who knocked Liberia offline with cyber attack jailed*, BBC 11 January 2019.

Dustin Volz; editing by Grant McCool, *FedEx Reports Malware Interference in Global Cyberattack:
    Statement*, Thomson Reuters May 12, 2017,

Edward White in Taipei, Alice Woodhouse in Hong Kong and Xinning Liu in Beijing, *China hits
    back at US and UK allegations of cyber attacks*, FT December 21, 2018.

Ellen Nakashima and Craig Timberg, *U.S. investigators point to China in Marriott hack affecting 500
    million guests*, Washington Post December 11.

Ellen Nakashima and David J. Lynch, *Trump administration to condemn China over hacking and economic espionage, escalating tensions between superpowers*, Washington Post December 11 2018.

Fabio Casadei, Antonio Savoldi, Paolo Gubian, "Forensics and SIM cards : an Overview," International Journal of Digital Evidence, Vol. 5, Fall 2006

Gabriel Wildau in Shanghai, *China drafts law to ban forced tech transfer from foreign partners*, FT December 24, 2018.

George B. Vold, Thomas J. Bernard, and Jeffrey B. Snipes, Theoretical Criminology, New York: Oxford University Press, 1998, p.2.

George Parker, Jimmy Burns and Alex Barker, *Millions on fraud alert after benefit breach*, FT November 21, 2007.

Guy Chazan in Berlin, *German data hack suspect was 'annoyed' by politicians, say police*, FT January 9, 2019

_____, *German politicians targeted in cyber attack, Guy Chazan in Berlin*, FT January 5, 2019.

Hannah Kuchler in San Francisco, *'London Blue' hacker group targets chief financial officers*, FT December 4, 2018.

Hannah Kuchler in San Francisco, and Naomi Rovnick and Camilla Hodgson in London, *Marriott breach potentially exposed data of 500m guests*, FT December 1, 2018.

Hannah Kuchler, *Yahoo to pay $50m, provide credit monitoring for cyber attack*, FT October 24, 2018.

Henry Foy in Moscow, *Kremlin says allegations of interference in US election 'unfounded'*, FT December 18, 2018,

Illustrations by Kyle Hilton for Foreign Policy.

Inbau, F., Reid, J., Buckley, J & Jayne, B. (2004). *Criminal Interrogation and Confessions*. Sudbury: Jones and Bartlett Publishers.

Ing. M.F. Breeuwsma, "Forensic imaging of embedded systems unsing JTAG(boundary-scan)," Digital Investigation (2006) 3, 2006

Jack Goldsmith, *How Cyber Changes the Laws of War*, The European Journal of International Law Vol. 24 no. 1 EJIL (2013), Vol. 24 No. 1, 129 – 138 Published by Oxford University Press on behalf of EJIL Ltd.

James K. Jackson, "The Committee on Foreign Investment in the United States (CFIUS)", Congressional Research Service Report, February 14, 2020.

James Politi in Washington and Jim Brunsden in Brussels, *US trade talks with EU on course for November deal*, FT September 10, 2018.

James Politi in Washington, *Nafta talks break up with no deal*, FT September 1, 2018.

James Stavridis, Dave Weinstein, *The Internet of Things Is a Cyberwar Nightmare*, Foreign Policy November 3, 2016,

Jamie Smyth in Sydney, *Australia leads 'Five Eyes' charge against foreign interference*, FT June 27, 2018.

Jane Bird, *Cyber attacks bought 'as easily as online shopping'*, FT July 12, 2018.

Jasper Jolly, *British Airways: 185,000 more passengers may have had details stolen*, The Guardian 25 Oct 2018.

Jens Stoltenberg, *Why cyber space matters as much to Nato as land, sea and air defence*, FT July 12, 2018.

July Jethro Mullen, *Cathay Pacific got hacked, compromising the data of millions of passengers*, CNN Business October 25, 2018.

Jonathan Turner, The Structure of Sociology Theory, Homewood, IL: Dorsey, 1974, p.5.

Josephine Wolff, *Don't Get Carried Away With Cybersecurity*, State.com Dec 04, 2018.

Joshua Oliver, *US and China back AI bug-detecting projects*, FT September 26, 2018.

Kadhim Shubber and James Politi in Washington, *US charges Chinese group with theft of Micron trade secrets*, FT November 2, 2018.

Kadhim Shubber in Washington, *US indicts Chinese intelligence officers for alleged hacking*, FT October 31, 2018.

Kadhim Shubber, *Yahoo's $35m fine sends a message*, FT July 12, 2018.

Kara Scannell in New York, *CEO email scam costs companies $2bn*, FT February 25, 2016.

Kim Zetter, *US and China Reach Historic Agreement on Economic Espionage*, Weird.com September 25, 2015. : Kadhim Shubber in Washington, *US indicts Chinese intelligence officers for alleged hacking*, FT October 31, 2018.

Laurel Wamsley & Barbara Campbel, *Huawei Executive Granted Bail In Canada, Former Canadian Diplomat Is Detained In China*, NPR December 11, 2018.

Louise Lucas, Demetri Sevastopulo and James Kynge and David Crow, China demands release of Huawei CFO held on US charges, FT December 7, 2018.

Mark Gregory, *South Korea network attack 'a computer virus'*, BBC 20 March 2013.

Martin Coulter in London, *British hacker jailed after crashing Liberia's internet*, FT January 12, 2019.

Mayumi Negishi, *Japanese Government Edges Closer to Restrictions on Huawei and ZTE*, WSJ Dec. 6, 2018.

Michael Imeson, *Cross-border investigations help take down hackers*, FT July 12, 2018.

Michael Imeson, *Electricity industry on alert for 'cyber sabotage'*, FT November 8, 2017.

Michael Morell and David Kris, *It's not a trade war with China. It's a tech war*, Washington Post December 14 2018.

Michael Peel in Brussels and Hannah Kuchler in London, *EU investigates huge hack of its diplomatic cables*, FT November 20, 2018. p. 4

NACIC Report (1995).

⟨http://www.ncix.gov/publications/reports/fecie_all/FECIE_1995.pdf⟩

_____ (2000).

⟨http://www.ncix.gov/publications/reports/fecie_all/fecie_2000.pdf⟩

Niels Provos, Peter Honeyman, "Hide and Seek: An Introduction to Steganography," IEEE SECURITY & PROVACY, pp.32−44, May 2003

Oliver Ralph in London and Robert Armstrong in New York, *Mondelez sues Zurich in test for cyber hack insurance*, FT January 10, 2019.

ONCIX (2001). CI Reader: An American Revolution into the New Millennium. Office of the National Counterintelligence Executive. [Author(s) unknown despite use of first person singular pronouns; date of publication unclear.] ⟨ http://www.ncix.gov/issues/CI_Reader/index.html ⟩

Patrick Wintour Diplomatic editor, *US and UK accuse China of sustained hacking campaign*, The Guardian 21 Dec 2018.

Paul Marquardt, John McGill, Nathanael Kurcab, Sameer Jaywant and Hani Bashour , "Cleary Gottlieb Discusses Final CFIUS Regulations", COLUMBIA LAW SCHOOL'S BLOG ON CORPORATIONS AND THE CAPITAL MARKETS, February 7, 2020: https://clsbluesky. law.columbia.edu/

Paul Vieira, *Canada Takes Tougher Stance With China Over Detentions*, WSJ Dec. 21, 2018. ; Yuan Yang in Dongguan, Huawei says it is victim of geopolitical attacks, FT December 18, 2018.

Philip Ewing, *The Russia Investigations: A Case Still Unproven*, NPR December 15, 2018.

Rebecca Smith, *Russian Hackers Reach U.S. Utility Control Rooms, Homeland Security Officials Say*, WSJ July 23, 2018.

_____, *Russian Hackers Reach U.S. Utility Control Rooms, Homeland Security Officials Say, WSJ July 23, 2018. ; Should the Government Require Companies to Meet Cybersecurity Standards for Critical Infrastructure?* WSJ Nov. 12, 2018.

Richard S. Post and Arthur A. Kingsbury, Security Administration: An Introduction, Springfield, IL: Charles C., Thomas, 1970, p.5.

Rob Minto, Encryption is key to security, FT January 12, 2009.

Robert J. Fischer & Gion Green, Introduction to Security, 7th ed. Boston: Butterworth
　　Heinemann, 2004, p.21.

Robert McMillan and Ryan Knutson, *Yahoo Triples Estimate of Breached Accounts to 3 Billion*, WSJ
　　Oct. 3, 2017.

Robin Harding in Tokyo, *Coincheck promises refund after $500m cryptocurrency heist*, FT Jan. 29,
　　2018, p.13.

Rod O'Donnell, "A Critique of the Threshold Concept Hypothesis and an Application in
　　Economics," Working Paper presented to School of Finance and Economics at University
　　of Technology, 2010, pp.2–3

Sam Jones, Sarah Neville and Joshua Chaffin, *Hackers use tools stolen from NSA in worldwide cyber
　　attack*, FT May 13, 2017.

Sans (2001). "Interesting in learning more about security?", http://www.sans.org/reading_room/
　　whitepapers/incident/developing-computer-forensics-team_628

Sarah Neville, Global Pharmaceuticals Editor, *NHS fights to restore services after global hack*, FT
　　May 14, 2017.

Shannon Bond in San Francisco, *Facebook says cyber attack exposed sensitive information*, FT
　　October 13, 2018.

Should the Government Require Companies to Meet Cybersecurity Standards for Critical Infrastructure?
　　WSJ Nov. 12, 2018.

Stu Woo, *Huawei Rivals Nokia and Ericsson Struggle to Capitalize on U.S. Scrutiny*, WSJ Dec. 31, 2018.

Syed Zain Al-Mahmood, *Bangladesh Central Bank Found $100 Million Missing After a Weekend
　　Break*, WSJ March 10, 2016.

Taddeo, M. "The limits of deterrence theory in cyberspace. Philosophy & Technology", 31(3),
　　2018, 339–355.

Tarah Wheeler, In Cyberwar, *There are No Rules,*, Foreign Policy September 12, 2018.

Telegraph Reporters, *British Airways hacking: Customers cancel credit cards as airline defends handling
　　of 'sophisticated' cyber attack*, Telegraph 7 September 2018.

The Associated Press, *US Cybersecurity Firm: Hackers Stole EU Diplomatic Cables*, Dec. 19, 2018.

The FT editorial board, *America's exposure to Russian information warfare*, FT December 20, 2018,

Timothy W. Martin, *As Huawei Pushback Grows, Samsung Will Appoint New 5G Network Chief*, WSJ
　　Dec. 7, 2018.

Timothy W. Martin, Eun-Young Jeong and Steven Russolillo, *North Korea Is Suspected in Bitcoin
　　Heist*, WSJ December 20, 2017.

Wayne Jansen, RickAyers, "Guidelines on Cell Phone Forensics", Special Publication 800-101, NIST, May 2007

_____, "Guidelines on PDA Forensics", Special Publication 800-72, NIST, Nov. 2004

William J. Goode & Paul K. Hatt, Methods in Social Research, New York: McGraw-Hill Book Company, Inc., 1977.

Williams, J. (2007). Governability Matters: The private policing of economic crime and the challenge and the challenge of democratic governance. *Policing and Society*. 15(2), pp.187-211.

Yuan Yang and Ben Bland in Hong Kong. *Who is the Chinese group blamed for cyber attacks on the west?* FT December 21, 2018.

Yuan Yang in Beijing, *Huawei promises strong growth and hits out at 'unfair treatment'*, FT December 28, 2018.

https://www.iiconsortium.org/;https://www.plattform-i40.de/I40/Naviga tion/EN/Home/home.html

閣議決定,「サイバーセキュリティ戦略の変更について」,平成30年7月27日; 経済産業省 商務情報政策局 サイバーセキュリティ課,「事務局説明資料」,平成30年

経済産業省 商務情報政策局 サイバーセキュリティ課,「WG2(経営・人材・国際)の方向性について」,平成30年8月3日

経済産業省 商務情報政策局 サイバーセキュリティ課,「サプライチェーンサイバーセキュリティ等に関する海外の動き」,平成30年8月3日.; 経済産業省 商務情報政策局 サイバーセキュリティ課,「サイバー・フィジカル・セキュリティ対策フレームワークについて」,平成30年9月4日.; 経済産業省 商務情報政策局 サイバーセキュリティ課,「WG1の今後の進め方(案)」,平成30年8月3日.

美国及盟国指责 中国发动 经济间谍活动 起诉 两名 中国人,头条新闻 2018/12/21,

第四次産業革命を視野に入れた知財システムの在り方に関する検討会,「第四次産業革命を視野に入れた 知財システムの在り方について」,平成29年4月; 第四次産業革命に向けた横断的制度研究会,「第四次産業革命に向けた横断的制度研究会 報告書」,2017.

渡邊泰秀, "対米直接投資規制に関する新動向", 国際商事法務, vol 48, no 4, pp. 455-466.

峰尾 洋一, "技術競争で欠落する米国の攻めの戦略", 丸紅ワシントン報告, 2020.01, pp.1-5.

杉之原真子, "対米投資規制強化の政治過程──2018年外国投資リスク審査現代化法をめぐって", 国際交流研究, 2019 第21号, pp. 83-112.

小野亮, "FIRRMA・ECRAの成立と変容する米国の対中観─米中の狭間に立つ日本への示唆", みずほリポート,みずほ總合研究所, 2018.11.

小野亮,「最先端技術の保護強化に動く米国 ─ 対米投資規制と輸出管理規制の見直しの現状」, みずほイン

サイト，みずほ總合硏究所, 2018.6.

増田　耕太郎, "中国企業の対米直接投資の急増と米国の 国家安全保障 米国民に歓迎される投資を増やせ
るのか", 国際貿易と投資　No.108, 2016, pp.44-61.

◆ 기타 ◆

「개인정보보호법」[시행 2017. 10. 19.] [법률 제14839호, 2017. 7. 26., 타법개정]

「과학기술기본법」[시행 2018. 7. 18.] [법률 제15556호, 2018. 4. 17., 일부개정]

「국가연구개발사업의 관리 등에 관한 규정」[시행 2018. 4. 17.] [대통령령 제28799호, 2018. 4. 17., 타법
개정]

「대ㆍ중소기업 상생협력 촉진에 관한 법률」[시행 2019. 1. 15.] [법률 제16290호, 2019. 1. 15., 일부개정]

「대외무역법」[시행 2016. 7. 28.] [법률 제13838호, 2016. 1. 27., 일부개정]

「발명진흥법」[시행 2018. 5. 29.] [법률 제15091호, 2017. 11. 28., 일부개정]

「부정경쟁방지 및 영업비밀보호에 관한 법률」[시행 2018. 7. 18.] [법률 제15580호, 2018. 4. 17., 일부개정]

「산업기술의 유출방지 및 보호에 관한 법률」[시행 2017. 9. 15.] [법률 제14591호, 2017. 3. 14., 일부개정]

「상법」[시행 2018. 12. 19.] [법률 제15755호, 2018. 9. 18., 일부개정]

「상표법」[시행 2018. 10. 18.] [법률 제15581호, 2018. 4. 17., 일부개정]

「저작권법」[시행 2018. 10. 16.] [법률 제15823호, 2018. 10. 16., 일부개정]

「지식재산기본법」[시행 2018. 6. 20.] [법률 제15245호, 2017. 12. 19., 일부개정]

ASIS 홈페이지 (https://www.asisonline.org/store/program_detail.xml?id=109314763)

https://ccdcoe.org/tallinn-manual.html

SK 인포섹 블로그(http://blog.skinfosec.com/221367091097)

경찰청 홈페이지(http://www.police.go.kr). 2019.1

국가정보원 홈페이지(http://www.nis.go.kr). 2019.1

국가정보원, 산업기밀보호센터 홈페이지

군사안보지원사령부 홈페이지(http://www.dssc.mil.kr/main.do?cmd=main). 2019.1

대ㆍ중소기업ㆍ농어업협력재단 기술임치 서비스 홈페이지(https://www.kescrow.or.kr)

대검찰청 홈페이지(http://www.spo.go.kr). 2019.1

미국지적재산권센터. (http://www.ice.gov/iprcenter/, 2011).

방위사업청 홈페이지(http://www.dapa.go.kr). 2019.1

중소벤처기업부 홈페이지(https://www.mss.go.kr). 2019.1

지적재산권보호센터(http://www.kaia.or.kr/ippc/ppc_agency01.html)

통계청 홈페이지(http://kostat.go.kr/portal/korea/index.action)

특허청 홈페이지(http://www.kipo.go.kr). 2019.1

한국산업기술보호협회 홈페이지(http://www.kaits.or.kr). 2019.1.

보안뉴스. 2014.4.19.

강남규 기자, 시진핑, 미국에 양보 안하면 진짜 관세폭탄 맞는다, 중앙선데이 2018년 12월 29일 616호 15
면 : Tom Mitchell, China business forum illustrates risk of trade war, FT March 27, 2018.

강민수 기자, "국부손실을 막으려면 산업기술을 지켜라!", 주간 GOODNEWS, 2018.5

강혜란 기자, "트럼프, 민간 기업도 화웨이·ZTE 장비 전면금지 검토", 중앙일보 2018년 12월 28일 8면.

고란 기자, 사상 최대 거래소 해킹…암호화폐시장 냉각될까, 중앙일보 2018년 1월 29일.

고란 기자, 전 세계 상장된 '잡코인' 1500개 … 하룻밤 새 100% 널뛰기도, 중앙일보, 2018년 2월 3일 15면.

구윤희. (2011). "전 세계 기업 77퍼센트가 데이터손실 경험있다", 아이뉴스24, 2011년 6월 10일.

국제부 문가용 기자, 사이버 보안 목적의 '보복 해킹' 괜찮을까 – 미국 국방대학 게리 브라운 교수오의 대
담, 보안뉴스 2018년 10월 30일.

김민석 기자, 핵·미사일 자금 고갈 … 北, 암호화폐 탈취에 눈 돌리나, 중앙일보 2018년 2월 2일 종합 26면.

김영혜 기자, 美백악관 "'워너크라이' 사이버공격은 북한 소행" 첫 공식 지목, 국방일보 2017년12월 20일.

박현영 기자, 무역전쟁 끝내려는 中, 시진핑 '중국제조 2025' 손댄다, 중앙일보 2018년 12월 11일.

베이징=윤완준 특파원, 中, '외국기업 기술이전 강제금지' 초안 마련…美에 일부 양보안 제시? 동아일
보 2018년 12월 24일. ; 윤완준 특파원, 中 "외국기업 기술이전 강요, 법으로 막겠다", 동아일보
2018년 12월 25일 A 2면.

신무경 기자, "5G 신사업 보안취약점 찾아라"… 글로벌기업, 해커 모시기 붐, 동아일보 2018년 12월 24일
B 3면.

워싱턴=정효식 특파원, 수사 17건, 기소 34명, 의문의 4000만 달러…트럼프 기소? 중앙일보 2018년 12월
19일 8면.

윤완준 특파원,]"美-中 갈등 무역영역 넘어서… 정치외교 충돌 격렬해질 것"– 옌쉐퉁 中칭화대 국제관계
연구원장, 인터뷰, 동아일보 2018년 12월 24일 A 23면.

이다비 기자, 화웨이 회장 딸, 美 요청으로 캐나다서 체포…中 당국 반발, 조선일보 2018.12. 06.

이운호 기자, EU 등 100여곳 3년 이상 해킹 당해…중국 해커 소행 의심, 중앙일보=[뉴시스] 2018년 12월
19일.

일요주간, "지난 6년간 국가핵심기술 해외유출 및 시도 적발 152건…인재, 기술 확보시도 가시화"(http://
www.ilyoweekly.co.kr, 2018.10.5. 게재).

임경업 기자 장형태 기자, 가상화폐 거래소 또 무방비 해킹… 비트코인 12% 폭락, 조선일보 2018년 6월
  12일 B 2면.

장관석 기자, 軍 무기조달 총괄 방사청 PC도 해킹… 내부자료 털렸다, 동아일보 2019년 1월 15일 A1 및 8면,

장정훈 기자, "화웨이 정부산하기관 아니다, 장비 문제 있다면 증거 제시를", 중앙일보 2018.12.19 경세 3면.

조동주, ・장관석, 황인찬 기자, 탈북민 사는 곳까지 털렸는데… 당국, 한달 넘게 피해사실 몰랐다, 동아일
  보 2018년 12월 29일 3면.

조진형 기자, 명완저우 체포 악의적"…두자릿수 매출 증가율 과시한 화웨이, 중앙일보 2018.년 12월 28일.

파이낸셜뉴스(http://www.fnnews.com/news). [경찰IN]"산업기술유출, 꼼짝마!". 2019.1.

https://www.ftc.gov/policy/studies/patent-assertion-entities-pae-study

https://www.i-scoop.eu/industry-4-0/

https://www.meti.go.jp/policy/mono_info_service/connected_industries/index.html

https://www.panitchlaw.com/articles/the-rise-of-non-practicing-entity-npe-patent-litigation

https://www.plattform-i40.de/PI40/Navigation/EN/Industrie40/WhatIsIndustrie40/what-is-
  industrie40.html

https://www.sendcloud.com/differences-b2b-b2c-ecommerce/

2005나90379, 법률신문 2006.12.4.

대법원 1999. 3. 12. 선고 98도4704

대법원 2003. 10. 30. 선고 2003도4382

대법원 2003. 7. 16.자 2002마4380.

대법원 2004. 3. 26. 선고 2003도7878

대법원 2009. 10. 15. 선고 2008도9433

대법원 2011. 2. 10. 선고 2009도291

2018.9.1.-2019.8.31. 기준, 한국소프트웨어산업협회 발표

경찰청 브리핑. 2017.10.

과학기술정보통신부 과학기술혁신본부,「2019년도 정부연구개발 투자방향 및 기준(안)」, 2018.3.

산업기술보호위원회,「제1차(2016~2018) 중소기업 기술보호 지원계획」, 2015. 10.

산업기술보호위원회, 산업기술의 유출방지 및 보호에 관한 종합계획(안), 2015. 10.

집필자 약력

이 창 무 (1장)

미국뉴욕시립대학교 박사
중앙대학교 산업보안학과 교수
중앙대학교 보안대학원장
前 (사)한국산업보안연구학회 회장

손 승 우 (2장)

미국 위스콘신대학교 박사
중앙대학교 산업보안학과
(사)한국산업보안연구학회 부회장
(사)지식일자리포럼 회장
산업기술분쟁조정위원회 위원

조 용 순 (2장)

한양대학교 법학박사 지적재산권법 전공
한세대학교 산업보안학과 교수
(사)한국산업보안연구학회 총무이사
한국지식재산학회 출판이사

장 항 배 (3장)

중앙대학교 산업보안학과 교수
(사)한국융합보안학회 회장
(사)한국산업보안연구학회 회장
(사)한국정보보호학회 상임이사
블록체인서비스연구센터(ITRC) 센터장

김 정 연 (3장)

상명대학교 경영학부교수
(사)한국산업보안연구학회부회장
글로벌경영학회 부회장
한국항공보안학회 감사

신 현 구 (3장)

중부대학교 경찰경호학부 교수
한국산업기술보호협회 기술보호전실장
한국산업보안연구소 부소장
국가과학기술연구회 평가위원
로이드 인증원 선임심사원

박 준 석 (4장, 11장)   용인대학교 경호학과 교수
용인대학교 산학협력단장
前 (사)한국산업보안연구학회 회장
한국경호경비학회 8대, 9대 회장
한국국가안보국민안전학회 회장
(사)한국안전교육정책연구소 이사장

안 상 수 (4장)   중앙대 융합보안학 박사(산업보안 전공)
現 한국 AI거래소/아이캐쉬 대표이사
現 지식재상 경상학회 상임이사
現 (사)지식재산 일자리 포럼 사무총장
前 누리아이엔에스 대표이사
前 동양증권

이 주 락 (4장)   영국 포츠머스대학교 보안관리학 박사
중앙대학교 산업보안학과 교수
(사)한국산업보안연구학회 부회장
한국경호경비학회 명예회장
미국산업보안협회(ASIS) 한국지부 부회장
물리보안전문가(PSP, ASIS)
공인보호전문가(CPP, ASIS)

김 양 훈 (5장)   대진대학교 공학박사 소프트웨어공학 전공
신한대학교 사이버드론봇군사학과
한국산업보안연구학회 편집이사
한국전자거래학회 이사

김 문 환 (6장)   (사)한국산업보안연구학회 초대 회장
국민대학교 법과대학 교수, 학장, 총장
前 산업자원부 전기위원회 이사장
前 대학총장협회 회장
前 방송문화진흥회 이사장
前 지적재산권 학회 회장
前 저작권 위원회 위원

강 욱 (7장)　　　경찰대학교 행정학과 교수
　　　　　　　　　　　드론시큐리티 연구원장
　　　　　　　　　　　(사)산업보안연구학회 부회장
　　　　　　　　　　　국무총리직속 대테러센터 자문위원
　　　　　　　　　　　충남도의회 정책위원

송 봉 규 (7장)　　　동국대학교 경찰행정학과 박사
　　　　　　　　　　　한세대학교 산업보안학과 교수
　　　　　　　　　　　산업보안연구소장 및 사이버범죄정보센터장
　　　　　　　　　　　여성가족부 정책자문위원회 위원

임 준 태 (7장)　　　동국대학교 경찰사법대학원장
　　　　　　　　　　　독일 Freiburg대학교 법학박사
　　　　　　　　　　　미국 Penn State Law LLM
　　　　　　　　　　　(사)한국스마트치안학회 회장
　　　　　　　　　　　고위공직자범죄수사처 수사심의위원회 위원
　　　　　　　　　　　前한국경찰연구학회장
　　　　　　　　　　　(사)한국산업보안연구학회 상임이사

정 태 진 (8장)　　　리즈대학교 법학박사 사이버범죄 전공
　　　　　　　　　　　평택대학교 피어선칼리지 교수
　　　　　　　　　　　국제범죄정보센터 정책위원
　　　　　　　　　　　국가사이버안전센터 자문위원

박 원 형 (8장)　　　상명대학교 정보보안공학과 교수
　　　　　　　　　　　한국산업보안연구학회 교육상임이사
　　　　　　　　　　　국정원 자문위원
　　　　　　　　　　　前 국방부 자문위원
　　　　　　　　　　　前 경찰청 자문위원

김치홍 (8장)

국가공인 산업보안관리사
중소기업전문보안연구소 소장
중소벤처기업부기술보호전문가
방위사업청 방산기술보호자문관
(사)한국산업보안연구학회 자문위원

이재균 (8장)

중앙대학교 대학원 융합보안학 박사
중앙대학교 산업보안학과 산학협력교수
(사)한국산업기술보호협회 전문위원
(사)한국산업보안연구학회 감사
前 국정원 산업기밀보호센터 근무

강구민 (8장)

워싱턴주립대 로스쿨 연구원
주시애틀 총영사관 법률자문위원
수사기관 디지털포렌식 수사전문위원
특검 디지털포렌식 수사팀장
성균관대학교 과학수사학과 초빙교수

강선준 (9장)

숭실대학교 법학박사
한양대학교 과학기술정책학 박사수료
한국과학기술연구원(KIST) 전북 혁신기업협력센터장
과학기술연합대학원대학교(UST) 교수
방위산업청 방산기술보호자문관

이환수 (9장)

단국대학교 융합보안학과 교수
단국대학교 창업지원단 센터장
카이스트 기술경영학과 대우교수
(사)한국산업보안연구학회 연구이사
한국지적재산권경상학회 연구이사

이 기 혁 (10장)
중앙대학교 융합보안학과 교수
한국보안정책개발원 원장
(사)한국FIDO산업포럼회장
과학기술정통부 행정안전부 R&D기획위원
개인정보보호와 활용개론 외 13권 저술 등 다수

류 연 승 (10장)
명지대학교 보안경영공학과 교수
명지대학교 컴퓨터공학과 교수
(사)한국산업보안연구학회 부회장
(사)한국방위산업학회 운영이사
(사)한국정보보호학회 이사
외교부 여권정책심의위원회 위원

김 민 배 (11장)
인하대학교 법학전문대학원 교수
前 인천발전연구원장
前 한국산업보안연구학회장
前 산업기술보호위원회 위원
前 국가정보원 산업기밀보호센터 자문위원
前 방위사업청 자문관

제2판
산업보안학

초판발행	2019년 3월 5일
제2판발행	2022년 1월 31일
지은이	사단법인 한국산업보안연구학회
펴낸이	안종만 · 안상준
편 집	정은희
기획/마케팅	장규식
표지디자인	이수빈
제 작	고철민 · 조영환
펴낸곳	(주)박영사
	서울특별시 금천구 가산디지털2로 53, 210호(가산동, 한라시그마밸리)
	등록 1959.3.11. 제300-1959-1호(倫)
전 화	02)733-6771
fax	02)736-4818
e-mail	pys@pybook.co.kr
homepage	www.pybook.co.kr
ISBN	979-11-303-1391-7 93350

copyright©한국산업보안연구학회, 2022, Printed in Korea

정 가   28,000원